艺术卷 22

中国历代图书总目

李致忠 主编

北京国图书店有限责任公司
北京广臻文化艺术有限公司 编纂

文物出版社

书名索引

K

书名	编号
"卡拉"怎样"OK"?	11501
"看样板戏去！"	3249
"考考你"	8879
"科学的"绑架	5527
"克什米尔公主号"的秘密	4920
《卡泰琳娜》	10453
《开拓》画册	8960
《开心》幽默系列	3458，3466
《渴望》《六个梦》1991最新流行歌曲精选	11725
《渴望》冲击波	13135
《渴望》的世界	13135
《孔雀公主》中的喃穆鲁娜	13107
《孔雀公主》中的召树屯	13107
［孔宙碑］	7748
K博士漫话人生	3458，3466
瞧瞧斋书画记	1463，1464
咖啡猫	6255
喀尔巴阡古堡	5794，5938
喀拉喀什河呀静静地流	11978
喀秋莎	12357，12359
喀山魅粗舞	12656
喀什阿帕霍加墓	8812
喀什噶尔	8947
喀什噶尔速写	2868
喀什赛乃姆	9971
卡巴列夫斯基的歌剧"塔拉斯一家"	11141
卡巴列夫斯基的小提琴协奏曲	11179
卡巴列夫斯基钢琴曲集，作品27	12491
卡查赫舞	12655
卡茨基尔的黄昏	6854
卡达兰	10015
卡蒂埃－布勒松摄影作品选	10140
卡尔·马克思青年时代	5794，5795
卡尔卡西	11194
卡尔卡西古典吉他教程	11194
卡尔卡西吉他教本	11195，12478
卡尔库鲁斯案件	7020
卡尔曼	5564
卡尔文与霍布斯	7047
卡拉OK	11503
卡拉OK 200问	11132
卡拉OK大歌厅	11735
卡拉OK大家唱	11728
卡拉OK歌唱技巧	11126
卡拉OK歌曲	11715
卡拉OK歌曲精华	11728，11812
卡拉OK歌曲精选	11497
卡拉OK歌舞厅榜首金曲	11509
卡拉OK跟我唱	11126

中国历代图书总目·艺术卷

卡拉 OK 国语粤语金曲精选	11509	卡拉瓦乔	6856
卡拉 OK 技巧	11126	卡拉瓦乔 苏巴朗画风	6868
卡拉 OK 金曲 11497, 11498, 11503, 11510, 11515		卡拉熊和 OK 兔	3443
卡拉 OK 金曲 100 首	11754	卡累利阿·芬兰苏维埃社会主义共和国	4888
卡拉 OK 金曲大全	11503, 11515, 11728	卡隆特、蔡斯画风	6865
卡拉 OK 金曲荟萃	12384	卡鲁索的发声方法	11118
卡拉 OK 金曲吉它弹唱技法	11204	卡玛林斯卡亚幻想曲	12542, 12544
卡拉 OK 金曲集	11498	卡迈耶夫人和她的孩子们	6887
卡拉 OK 金曲集萃	11503	卡门	7007, 13004, 13006
卡拉 OK 金曲精品	11519	卡米尔·毕沙罗	6850
卡拉 OK 金曲精品选	11519	卡米基夏威夷吉他演奏法	11202
卡拉 OK 金曲精选	11503, 11510, 11515, 11745	卡内基每日一智钢笔字帖	7580
卡拉 OK 金曲特辑	11728	卡内基智慧语录钢笔字帖	7580
卡拉 OK 金曲选萃	11735	卡农曲作法	11075
卡拉 OK 金曲珍品跟我唱	11510	卡帕	8694
卡拉 OK 劲歌金曲	11503	卡萨特、蔡斯画风	6865
卡拉 OK 精品荟萃	11504	卡桑德拉大桥	5663
卡拉 OK 精品手册	11739	卡什	10153
卡拉 OK "巨星"金曲集	11510	卡莎特	6837
卡拉 OK 流行金曲	11504	卡塔雷托·哈迪的女儿	6887
卡拉 OK 流行金曲珍藏本	11504	卡特利亚兰	10035
卡拉 OK 名歌 200 首	11533	卡通本学电脑	6529
卡拉 OK 齐齐唱	11984	卡通插画百科	6679
卡拉 OK 情歌集	11504	卡通传奇故事大王	6686
卡拉 OK 热门歌曲	11728	卡通创作基础	1247
卡拉 OK 入门	11122	卡通大王	6679
卡拉 OK 神通手册	11125	卡通动物画典	6720
卡拉 OK 通俗歌曲精典	11510	卡通动物形象精华	7067
卡拉 OK 演唱技法	11127, 11131	卡通福尔摩斯探案故事集	6491
卡拉 OK 演唱技巧·设备维修	11124	卡通故事精选	6667
卡拉 OK 演唱技巧与代表曲目	11131	卡通画步骤	1247
卡拉 OK 演唱入门	11126	卡通画技法	1242
卡拉 OK 演唱一点通	11129	卡通画入门	1244
卡拉 OK 演唱指南	11728	卡通画图版辞典	6629
卡拉 OK 与歌唱	11129	卡通简笔画	1244, 6529

书名索引

卡通精选	6679	开发智力的小歌 55 首	12037
卡通聊斋	6529, 6731	开放吧！鲜花	12037
卡通流行歌选	11538	开放的美感	067
卡通破案故事大王	6686	开放的语境	117
卡通起步	6720	开封	10471, 10497
卡通人物画典	6720	开封保卫战	4960
卡通世界	7067	开封县戏曲志	12772
卡通新形象	6720	开国大典	4768, 4843, 4857, 4862, 13141, 13150
卡通形象 2000 例	6720	开国大典	2268, 2724, 2725
卡通一代	542	开国典礼	8867
卡通之谜	6668	开国将军纪念毛泽东诞辰一百周年墨宝选	
卡通制作	10718		8249
卡通智斗故事大王	6686	开国英杰	2390
卡通自然奥秘百科图典	6720, 6721	开国元勋	4539, 4616, 4696
卡通组合故事 660 个	6668	开国元勋	2390, 2409
卡通组合故事 2401 个	6668	开河之前	5317
卡图艳救弟弟	5663	开河筑渠修水利 旱涝无忧保丰收	3082
卡西欧电子琴教程	11283	开花季节	10068
卡希人像摄影选集	10146	开花结果 万象更新	4468
卡寨女社员	3636	开皇本兰亭序	7780
开"跃进"花结胜利果	2719	开皇本兰亭序帖	7780
开辟康藏公路的英雄们	4885	开皇兰亭序	7804
开采更多的煤	8871	开皇兰亭真本	7780
开创社会主义现代化建设的伟大的新局面		开会回来	3834
	3340	开卷考试	3020
开创社会主义现代化建设的伟大新局面	3340	开掘	13123
开创世界我工农	11793	开矿山支援建设 修水利夺取丰收	3686
开创文明新时代	3350	开路	3012, 3014
开创新局面 人人做贡献	3350	开路先锋	2746, 2751, 11639
开创新局面印集	8563	开麦拉美味幻想曲	13298
开到北京去	3797	开门办好学	3884
开发长江画卷	8890	开门办科研	3928
开发矿业	3183	开门办科研道路宽又广	3255
开发陕北 建设陕北	9287	开门办学	3834
开发新油田	1872	开门办学的丰硕成果不容抹煞	3255

中国历代图书总目·艺术卷

开门办学好	3834, 3884	开拓之歌	11735
开门办学展新颜	3884	开箱教子	12119
开门大吉	4818	开心	9697, 9722
开门大吉 出行大利	4616	开心城堡	6452
开门大吉 出门大利	4377	开心岛	6452, 6453, 6721
开门大吉 出行大利	4696	开心果	6453
开门大吉 出门大利	2041	开心街	6707
开门大吉·出门大利	2078	开心乐园	6980
开门大吉·恭禧发财	2079	开心时分	6992
开门大吉出门大利	4468	开心一笑	6491
开门发财	4849	开学第一课	3763
开门红	1758, 3082, 3763, 13247	开学典礼	1842, 3884
开门红日日红月月红满堂红	3082	开学游戏	3636
开门迎春扑面 抬头见喜满堂	8162	开演啦!	3594
开明图画讲义	486	开圆十二生肖幽默故事	6721
开明音乐教程	10785	开展"五讲""四美"活动，树立文明礼貌新风	
开屏迎春	1965		3340
开启灵慧之窗	480	开展"五讲""四美"文明礼貌活动，建设精神	
开枪! 为他送行	5795	文明	3332
开塞36首小提琴练习曲	12475	开展超产运动把灾害损失双倍地夺回!	3082
开塞小提琴基本练习曲	12460	开展对《水浒》的评论	3238
开塞小提琴练习曲36首	12462	开展对《水浒》的评论 使人民都知道投降派	
开塞小提琴练习曲36首	12478		3238
开塞小提琴练习曲36首，作品20	12461,	开展国防体育运动 保卫社会主义祖国	3139
	12463	开展国防体育运动学习科学知识和军事技术	
开山炮响了	1816		3082
开山劈岭灌良田	3126	开展军事体育活动 保卫社会主义祖国	3238
开山引水千劲高 改变山区旧面貌	3729	开展军事体育活动 为国防建设服务	3318
开市大吉	4377, 5663	开展群众性体育运动	9248
开锁	5663	开展社会主义歌咏活动第二批推荐歌曲	
开锁记	12124		11429
开天辟地	5663, 7473, 13248	开展社会主义歌咏活动第一批推荐歌曲	
开天辟地靠两手	11775		11429
开拓前进 振兴中华	3357	开展社会主义劳动竞赛大干社会主义	3279
开拓者	5663	开展狩猎改善生活保护庄稼支援建设	3110

书名索引

书名	页码	书名	页码
开展以机械化、半机械化、半自动化为中心的技术革新和技术革命运动	3082	楷行草三体对照常用汉字钢笔字帖	7495
		楷行草三体钢笔字帖	7429
开展以粮、钢为中心的增产节约运动	3082	楷行草三体毛笔成语字帖	8351
开钻	2757	楷行对照硬笔书写训练	7566
凯成作品	1705, 2848	楷行隶草书唐诗字帖	8196
凯恩斯	7020	楷行隶草篆习字帖	8006
凯歌还	4073	楷行隶三体钢笔描红帖	7551
凯歌向着北京唱	11680	楷行隶三体中国成语	8350
凯歌选	11382, 11383	楷行隶篆四体归去来辞	8264
凯歌阵阵	3884	楷行隶篆四体兰亭集序	8264
凯卡·里加智救姐姐们的故事	6491, 6492	楷行隶篆四体秋声赋	8264
凯勒·海伦	6850	楷行隶篆四体书法教程	7355
凯利的人体与肖像画技法	626	楷行隶篆四体桃花源记	8265
凯斯勒钢琴练习曲15首,作品20	12500	楷行隶篆四体新编千字文字帖	8205
凯绥·珂勒惠支	6916	楷行隶篆四体岳阳楼记	8265
凯绥·珂勒惠支版画选集	6913, 6917	楷行隶篆四体醉翁亭记	8265
凯绥·珂勒惠支画册	6914, 6915	楷行两体对照典范钢笔字帖	7524
凯绥·珂勒惠支画选	6916	楷行两体唐诗绝句字帖	7473
凯绥·珂勒惠支之画	6915	楷行书对联书法	8317
凯文与虎伯十周年记念特刊	7013	楷行书巧对妙联300例	8234
凯旋	4280, 12277	楷行书章法一百例	8396
凯旋歌	11383, 12357	楷模人物报头集	10295
凯旋归来	4199	楷书	7392, 8396
凯旋号起义	5093	楷书《孙子兵法》	8205
凯旋门	1145	楷书爱我中华三字经	8214
凯旋在子夜	6222	楷书百家姓	8153, 8402
恺撒大帝	7054	楷书百日通	7345
楷·行·草·隶硬笔、毛笔字帖精品集	8214	楷书笔法概述	7366
楷、行、草三体钢笔书法字典	7524	楷书笔画、结构习字帖	8177
楷、隶、行、草、篆常用字字帖	8343, 8344	楷书笔画名称笔顺研究	7261
楷草对照硬笔书法字帖	7551	楷书大字典	8398
楷草隶篆成语字帖	8353	楷书大字帖	8196
楷法溯源	7234	楷书订讹	7207
楷行草钢笔字帖	7473	楷书繁简两体唐诗	8330
楷行草隶魏篆六体书法入门指导	7355	楷书繁难结构三百例	7392

中国历代图书总目·艺术卷

楷书概说	7392	楷书快速入门	7345
楷书钢笔字帖	7451	楷书隶书钢笔字帖	7495
楷书古文四篇	8402	楷书练习册	7345, 7346
楷书行草书对照标准钢笔字帖	7551	楷书临范	8265
楷书行书草书硬笔书法要法	7566	楷书临摹范本	8149
楷书行书大字帖	8205, 8344, 8351	楷书临摹练习册	8385
楷书行书的技法	7265	楷书临帖指导	7313
楷书行书钢笔字帖	7451, 7524	楷书毛泽东诗词	8402
楷书行书技法要领	7289	楷书毛泽东诗词选	8389
楷书行书自修	7377	楷书描红帖	8398
楷书华夏正气歌	8317	楷书描红字帖	8407
楷书基本笔法	7255	楷书描摹标准练习法	7618
楷书基础	7377	楷书名家部首一百法	7392
楷书基础技法	7367	楷书欧颜柳赵四家比较字帖	8387
楷书基础技法通讲	7345	楷书欧阳询《九成宫醴泉铭》临写法	7392
楷书基础教程	7367	楷书七言唐诗	8214
楷书基础入门	7335	楷书启蒙	7355
楷书基础知识	7272, 7277	楷书千字文	8265, 8402
楷书集帖	8162	楷书千字文行书琵琶行	8305
楷书技法	7296, 7313, 7345, 7355, 7367	楷书入门	7272, 7306, 7314, 7326, 7346, 7377
楷书技法百日通	7345, 7367	楷书入门(柳体)习字帖	7377
楷书技法入门	7392	楷书入门(欧体)习字帖	7377
楷书间架结构法	7313	楷书入门(颜体)习字帖	7377
楷书间架结构九十二法字帖	8079	楷书入门二十讲	7378
楷书间架结构帖	8124	楷书入门与提高	7326
楷书教程	7335, 7367	楷书入门字谱	7326
楷书教习字帖	7392	楷书诗文选	8292
楷书教学字帖	7355, 7392	楷书书写门径	7272
楷书结构	7257	楷书书写入门	7346
楷书结构规律	7256	楷书四大家硬笔临摹本	7618
楷书结构举要	7367	楷书宋词二十三首	8214
楷书结构习字帖	8139, 8149	楷书速成	7336
楷书结构字帖	8402	楷书探研	7289
楷书结体百零八法	7580	楷书唐诗八十首	8205
楷书结体规律	7313	楷书五十种	8405

书名索引

楷书习字帖	8147, 8381	刊头尾花资料	10298
楷书小字典	8394	刊头新作	10253
楷书新编百家姓	8383	刊头装饰 2000 例	10324
楷书学习指南	7336	勘探队之歌	11955
楷书雁塔圣教序一百天	7907	戡建歌集	11386
楷书阴鹜文	8402	坎坷前面是美景	12940
楷书章法	7326	坎勒玻卡水彩画艺术	2958
楷书章法百例	7326	坎途逢三难	6255
楷书旨要	7336	砍柴的人	6846
楷书指要	7336, 7392	砍刀连长	5401
楷书周恩来诗选	8391	砍雷公	5663
楷书朱子治家格言	8402	看！队旗在飘	12031
楷书自学教程	7346	看·听·读	113
楷书自学津梁	7336	看《雷锋》学雷锋	13095
楷书自学三十六讲	7314	看不见的世界	3509
楷书字范	7306	看不见的战线	5204
楷书字帖	8381, 8382, 8394	看彩霞	11676
楷书字族字帖	8396	看场	4913
楷体蒙求	7232	看春花	12126
楷体字库	7648	看的艺术	8743
楷帖	8377, 8378	看动物 长知识	3763
楷帖四十种	8378	看管得很好的奶牛	6846, 6848, 10432
楷魏行隶宋草篆实用七体钢笔字帖	7524	看闺女	3686
楷篆便检	8359, 8360	看护爸爸的孩子	5938
楷字编	8405	看画报	3538, 3975, 12631
刊头·尾花图案	10310	看画学画	628
刊头·尾花图案续编	10329	看见淡水河	8958
刊头画精选	10310	看见的世界	13056
刊头精作	10271	看金鱼	3538, 3594
刊头设计漫话	10304	看菊花	3594
刊头题花设计艺术	10266	看看认认	4696, 5480
刊头题花图案	10259	看看想想	5480
刊头题花图案集	10304	看看想想说说	5093
刊头图案	10315	看孔雀	4280
刊头图案参考资料	10251	看了就能写好钢笔字的书	7524

中国历代图书总目·艺术卷

看了就能写好毛笔字的书	7314	看图学摄影	8721
看妈妈打球	3884	看万山红遍	13015
看漫画 学漫画	1237	看望革命的老妈妈	3834
看漫画学词语	6957	看我多漂亮	9589
看名画的眼睛	518	看我洗得多干净	4023, 4131
看披翠幕迎风舞	4023	看我洗得干净吗	1939
看齐白石画	1872	看戏	2730
看钱奴	6188, 6387, 6492	看戏路上	12125
看泉听风图	1577	看戏谈戏	12892
看守与囚徒	5564	看戏与听戏	12798
看谁长的高	4378	看一看，他是谁？	1235
看谁储蓄多	4818	看有趣的图画	3636
看谁的社会主义劲头大	11592	看珠录	381
看谁第一	4199	看庄稼	12591
看谁叠的整齐	4280	康·马克西莫夫在中国的写生	6895
看谁飞得高	4073	康巴藏族民间美术	10682
看谁高	9739	康巴的春天	4131, 9859
看谁瞄的准	3729	康巴撷珠	8950
看谁跑得快	4131, 4199	康波夫素描选	2868
看谁认的多	3561	康勃夫素描集	1113
看谁算得对	4199, 4200	康藏公路	1888
看谁套得准	1938	康藏组曲	12327
看谁跳得远	4131	康成元书画作品选	2221
看谁洗的白	1758	康德第一保镖传奇	13129
看谁学得好	4073	康丁斯基	6811, 6831
看谁游的快	1939	康定斯基	6862
看谁最清洁	3340	康定斯基 马克画风	6810
看天下劳苦人民都解放	11882	康恩达彝族风俗专题摄影集	9329
看童话学知识	6686	康金成画集	2235
看图读《聊斋》	6561	康康	4696
看图读《三国演义》	6561	康康安安	4616
看图读《水浒》	6492	康兰英	5010
看图会意识字	4885	康乐	4539
看图识字	4073, 4913, 5285, 5480, 5564	康乐宝宝	4378
看图识字(幼)	4913	康乐宝宝	2379

书名索引

康乐长寿	4616	康熙皇帝御批真迹	8093
康乐长寿吉祥多福	4697	康熙六旬万寿庆典图卷	1677
康乐多福	4200	康熙乾隆皇帝墨宝	8100
康乐儿童战时十二能	2979	康熙书法选	8087
康乐活动资料	12862	康熙书千字文	8100
康乐幸福	1966, 4697, 4857	康熙题匾	5480
康乐有余	2135	康熙雍正乾隆墨宝合璧	8105
康乐园	4200	康熙与乾隆	6084
康里巎书法精选	8004	康熙御笔金刚经	8079
康里巎巎草书习字帖	7993, 7997	康熙御制碑文	8080
康廉	9350	康延补写生集	2906
康矛召·杨玲摄影选集	8907	康雍楷书百家姓	8402
康默如篆书千字文	8364	康雍楷书唐人绝句	8402
康南海书一天园诗稿	8117	康雍楷书唐诗	8393
康南海先生墨迹	8119	康雍隶书千字文	8373
康南海先生自写诗集序墨迹	8114	康有为书法精选	8131
康南海篆书诗稿	8110	康有为书可园诗	8110
康乾版画集	2980	康有为先生墨迹	8124
康师尧花鸟画选	2511	康育义特克斯旅游资源考察画集	2464
康师尧教学画稿	960	康庄大道	2757, 4023
康师尧作品	2283	康庄画集	2135
康淑贞白描花卉	2519	康庄楷书千字文	8249
康思斯画集	6765	扛起革命枪	11680
康斯塔伯	6837	伉俪情深——三浦友和与山口百惠	9012
康斯太勃和透纳	6796	抗暴记	5938
康斯坦丁堡女郎	6860	抗敌的歌声	11544
康斯特布尔	505	抗敌歌集	11374
康卫中作品	2483	抗敌歌曲	11374
康务学书法杂集	8317	抗敌画展特刊	276
康务学书艺生涯	7346	抗敌剧社	12916
康熙瓷	427	抗敌剧社实录	12771
康熙大帝画传	6359	抗敌木刻集	2977
康熙大闹五台山	2135	抗敌女英雄	5938
康熙访宁夏	5663	抗丁洞	5150
康熙皇帝传	6561	抗寒的种子	3928

中国历代图书总目·艺术卷

抗旱标兵姚焕章	4960	抗日烽火文艺兵	12915
抗旱歌	12592	抗日歌曲选	11728
抗旱战歌	11639	抗日及解放战争时期作品选	11465
抗洪钢铁战士	6584	抗日救国歌曲集	11543
抗洪凯歌	5118	抗日救国凯歌传	6359
抗洪抢险勇士	6585	抗日女英雄李林	5795
抗洪英雄	6585	抗日女英雄赵一曼	4280
抗洪英雄包石头	6585	抗日先锋歌集	11378
抗洪壮歌	8914	抗日小兄妹	5285
抗击海盗的印第安人	6084	抗日小英雄	5176
抗建新歌	12356	抗日英雄杨靖宇	5663
抗金兵	13230	抗日战歌	11658
抗金凯旋	5663	抗日战争歌曲选	11632
抗金名将	5938	抗日战争歌曲选集	11581, 11582
抗联司令赵尚志	6084	抗日战争故事	6529
抗联小号手	5939	抗日战争时期的四川话剧运动	12775
抗联小交通	5401	抗日战争时期的重庆电影	13186
抗联小战士	5176	抗日战争时期歌曲选	11632
抗联英雄赞	4468	抗日战争时期革命歌曲选	11632
抗美歌集	11562	抗日战争时期革命歌曲选	11632
抗美援朝	11570	抗日战争时期宣传画	3377
抗美援朝保家卫国歌集	11566	抗日战争史	6453, 6454
抗美援朝保家卫国歌曲集	11566	抗日战争优秀歌曲选	11705
抗美援朝保家卫国歌选	11563	抗天图	3686
抗美援朝保家卫国漫画集	3402	抗倭名将 戚继光	6454
抗美援朝保家卫国宣传画选集	3068	抗倭英雄戚继光	5795, 6084
抗美援朝歌集	11563, 11566	抗严寒 化冰雪 胸有朝阳	3196
抗美援朝歌曲集	11563, 11566, 11567	抗严寒化冰雪我胸有朝阳	1803
抗美援朝歌选	11563	抗战八年木刻选集	2982
抗美援朝英雄赞	6359	抗战版画	4871
抗美援朝在前方	9261	抗战必胜连环画	4872
抗美援朝战地素描集	2850	抗战电影回顾	13182
抗美援朝战争画卷	6327	抗战二部合唱歌曲集	11934
抗日斗争故事	6453	抗战歌集	11545, 11547
抗日烽火	3012	抗战歌曲	11543, 11544, 11548

书名索引

抗战歌曲 100 首	11748	抗震赞歌	3024
抗战歌曲集	11543, 11545	坑琴画和对联	1857
抗战歌曲三十首	11632	坑围画	4073, 4074, 10573, 10576
抗战歌曲新集	11547	坑围画新图案	10573
抗战歌曲选	11546, 11547, 11592, 11728, 11748	考场	5664
抗战歌曲选集	11753	考场·教室静物色彩	638
抗战歌声	11545, 11546	考场·教室静物素描	2917
抗战歌选	11543, 11547	考场·教室人物素描	1153
抗战歌选集	11546	考车	3797
抗战画范	1426	考古秘诀鉴定新书	239
抗战画集	3066, 3067, 3396	考就考	4023
抗战画选集	3396	考考你	4280, 4281, 5480
抗战活叶歌曲	11374, 11543	考妈妈	4131
抗战救亡歌曲集	11748	考涅特 特朗排特教科书	11164
抗战漫画歌谣集	3396	考棻轶事	843, 844
抗战漫画集	3396	考嫂子	6084
抗战名曲 100 首	11749	考生静物素描标准范本	2917
抗战木刻	2976	考生色彩标准范本	565
抗战木刻选集	2976, 2977	考生素描头像标准范本	2917
抗战木鱼	12962	考生速写标准范本	2917
抗战摄影集	9261	考试	3834, 5255
抗战十年来中国的戏剧运动与教育	12712	考验	5480, 13230
抗战小调	11373	考验的道路	6084
抗战小曲	11378	考正篆书在昔篇	8052
抗战新歌	11371	拷红	12108, 12129
抗战宣传画	1217	烤烟时节	5285
抗战与电影	13171, 13172	靠党靠社不靠天	11449
抗战与歌曲	11373	靠毛泽东思想办商店	3173
抗战与美术	243	靠毛泽东思想攻克"玻璃王"	5163
抗战与戏剧	12749	珂勒惠支	6924
抗战与艺术	244	珂勒惠支版画集	6925
抗战与艺术宣传	243	珂勒惠支的艺术生活	1210
抗战与游艺	243	珂赛特的童年	6084
抗震救灾宣传画	3255	柯宝珠	9528
抗震速写	2861	柯楚别依	5939

中国历代图书总目·艺术卷

柯达摄影术	8714	科尔内留·巴巴	1072
柯达实用摄影百科全书选译	8759	科尔沁民歌	11807
柯达伊音乐教育思想与实践	10828	科尔热夫	6877
柯丹丘藏定武兰亭瘦本	7780	科幻故事	6454
柯丹丘藏定武三亭瘦本	7780	科幻连环画	6255
柯丹丘临颜真卿书	1529	科技报头图案	10257, 10267
柯丹丘竹册	1530	科技报头图案选	10256
柯棣华	5939, 6387	科技报头资料	10256
柯棣华大夫	1293, 5664, 5795	科技好似摇钱树	4857
柯尔克孜民间图案集	10267	科技美术图案集	10279
柯尔克孜人民歌唱毛主席	12205	科技题花	10271
柯尔克孜族图案集	10289	科技图案	10258, 10259
柯鸿图作品集	10235	科技图案集	10261
柯华画集	1377	科技图案新编	10256
柯九思老人星赋	7968	科技图案资料	10253, 10284
柯九思墨竹谱	624	科技新花	4023
柯九思史料	496	科技兴农 六业兴旺	4818
柯九思书法选	7998	科技之花	7473
柯居笼翠	10625	科技致富	4378
柯柯	9405	科教电影编导简论	13209
柯克追匪记	5795	科教电影动画	13293
柯勒惠支	1122	科教电影佳作选	13295
柯良,你有支多么好的枪呵	12363	科教电影简论	13295
柯良,你有支多么好的枪呵!	12361	科教影视创作的美学思考	13079
柯灵电影文存	13141	科教影视动画创作	13295
柯罗	6849, 6877	科柯什卡画集	6878
柯罗·米勒·库尔贝	514	科乐的科学疑问箱	7008
柯罗 米勒 库尔贝	1072	科罗	6860
柯罗 米勒 库尔贝画风	6865	科普动画系列片彩图本	6721
柯洛	6849, 6870	科普兰	10896
柯宁科夫	8668	科普兰和他的音乐世界	10891
柯山的奴隶盼解放	11882	科普美术资料	10267
柯桐枝花鸟画选	2541	科普与科幻	6529
柯湘	3884	科学的唱法	11121
科场弊端	5939	科学的春天 1872, 4023, 6622, 9344, 10432, 10438

书名索引

科学的春天来了	3303	科学素描教程	1135
科学的未来祖国的希望	3303	科学天地	2079
科学的艺术概论	010	科学消遣	12984
科学的艺术论	009, 012	科学小百科全书	7008
科学的艺术与艺术的科学	046	科学小魔术	12989, 12998
科学的哲学	6585	科学小杂技	12998
科学宫	13254	科学选良种	3975
科学怪人	3460, 6721, 7054	科学演义	13000
科学花开幸福来	4468	科学养鸡 成果丰硕	3928
科学技术下农村	3636	科学养鱼	4074
科学家的故事	5664	科学养鱼好	4616
科学家的童年	5402, 5480	科学养猪	3834
科学家名句录钢笔字帖	7421	科学有险阻 苦战能过关	3319
科学家之死	5795	科学与"魔术师"	5480
科学教育电影	13291	科学与技术	13239
科学教育电影参考资料	13291	科学与幽默	3415
科学教育电影参考资料之一	13291	科学寓言王国365	6454
科学教育电影创作谈	13294	科学造林	3350
科学教育电影创作问题	13292	科学植棉	4074
科学教育电影剧本选集	13088	科学致富百宝来	4539
科学教育影片中的动画	13292	科学致富发大财	4788
科学教育影片中的动画的摄制工作	13264	科学致富连年有余	4789
科学巨星牛顿	3484	科学种棉夺高产	3777
科学漫画集	3412	科学种田	3763, 3797
科学漫画小百科全书	6973	科学种田 连年高产	4023
科学名言钢笔字帖	7473	科学种田保丰收	4023
科学名言名家书法集	8250	科学种田创高产 多为革命做贡献	3207
科学魔术	12984	科学种田催春忙	1816
科学魔术的秘密	12998	科学种田当尖兵	3797
科学魔术图解	12990	科学种田夺丰收	3729
科学普及电影的技巧问题	13200	科学种田夺丰收(1)	9271
科学普及电影论文集	13291	科学种田夺高产	3221, 4024
科学是生产力	3319	科学种田连年畜产	4281
科学书法	7243, 7296	科研结硕果	4024
科学书法论	7265	科研结硕果五业更兴旺	4281

中国历代图书总目·艺术卷

科研室里春意浓	4024	可爱的小白兔	2581
科研小组	10413, 10414	可爱的小宠物	10084, 10085
科研新花	4024	可爱的小动物	4200
科艺神韵	8956	可爱的小狗	10035, 10062, 10510
嗑乐·搞团	12559	可爱的小鸡	3594, 4132
颗颗红心庆十大	11670	可爱的小鹿	4281, 13111
颗颗红心为集体，齐心合力夺丰收	3139	可爱的小猫	4200, 4617, 10510
颗颗红心向太阳	3164	可爱的小猫咪	10526
颗颗红心忠于党 誓夺革命生产新胜利	3183	可爱的小猫咪	2582
颗颗红枣献亲人	3928	可爱的小天使	2811
颗颗种子育新苗	3884	可爱的小羊	3594
颗粒归仓3538, 3561, 3797, 4024, 4468, 12631		可爱的熊猫4200, 4378, 4468, 4617, 10536, 12633	
颗粒归仓 不浪费一粒粮食	3686	可爱的学校	12002
颗粒归仓，不浪费一粒粮食！	3083	可爱的羊羔	4132
颗粒还仓 割草积肥	4024	可爱的洋娃娃	9434
可爱	9528	可爱的中国	5939
可爱插画集	10337	可爱的中华	4539, 8897, 11700
可爱插图集	7065	可爱的中华歌曲集	11533
可爱宠物	10090, 10525	可爱的祖国	4132, 4200, 4281
可爱的宝宝	9570, 9617	可爱动物区	1519
可爱的北京	3687	可爱简笔想像画	10290
可爱的动物	1747	可读庐印存	8516
可爱的动物折纸	10184	可耕可读图	1605
可爱的儿童 6756, 9570, 9589, 9641, 9697, 10497		可谷作品选	1419
可爱的鸽子	2564	可行草堂诗书集	8223
可爱的海南岛	8871	可可木小传	6721
可爱的花	10018	可口可笑	5795
可爱的花儿	4281, 10042	可怜的秋香	12144
可爱的猫咪	4617	可妈	4960, 5035
可爱的猫咪	2578	可逆反应	3399
可爱的咪咪	10042	可怕的北极熊	7091
可爱的企鹅	7057	可上九天揽月 可下五洋捉鳖	3929
可爱的天鹅	4281	可上九天揽月，可下五洋捉鳖！	3255
可爱的娃娃	3561, 4131, 4132, 6759	可惜无声	1747
可爱的武警战士	9765	可笑的猎人	5564

书名索引

可扬·延年木刻选	2986	克雷洛夫寓言	6454
可扬版画集	3046	克雷洛夫寓言画集	6290, 6931
可扬藏书票	3054	克雷洛夫寓言精选	6454
可疑的花盆	6731	克雷默夫妇	13105
可园官迹诗画册	1602	克里马申水彩画小辑	6909
可知斋乐谱	12325	克里姆林的钟声	12359
可竹轩画谱	1701	克里姆林宫盗宝案	6222, 6223
渴望	9434, 9453	克里姆林宫的钟声	4960, 5035
渴望苍茫	8986	克里姆特、席勒画风	6865
渴望奇迹	13084	克里姆特油画	6852
渴望生活	511	克里木油画集	2808
渴望之谜	13137	克里斯托夫·芒克	8675
渴饮清泉水更甜	3929	克立摄影集	8975
克格勃之谜	5480	克利	6837
克拉克钢琴教程	12513	克利画风	6804
克拉拉·蔡特金	5010	克利日记选	372
克拉玛依	8699, 9059, 9845	克列曼蒂钢琴练习曲选29首	12493
克拉玛依画集	1365	克列门蒂钢琴练习曲29首	12537
克拉玛依人摄影作品选	8937, 8944	克列门蒂钢琴奏鸣曲选集	12537
克拉玛依油区风光	10403	克林姆魅力	6812
克拉玛依赞	11955	克隆迷雾	6721
克拉玛依之歌	11533, 11949	克伦克小提琴把位练习曲选	12471
克拉莫60首钢琴练习曲	12499, 12532	克罗士先生	10858
克拉莫钢琴练习曲60首	12537	克洛德·莫奈	510
克拉姆斯柯依	6858	克璐尔抽象绘画词典	586
克拉那赫	6898	克孜尔壁画装饰图案	10320
克拉萨乌斯卡斯	6924	克孜尔石窟佛本生故事壁画	408
克莱采尔小提琴练习曲42首	12472, 12478	克孜尔石窟线描集	6626
克莱采尔小提琴练习曲42首分课解析	12467	克孜勒山下	5285
克莱德曼演奏的钢琴轻音乐曲选	12504	刻碑	3730
克莱门第钢琴练习曲29首	12537	刻皇明吴郡丹青志	466
克莱斯勒小提琴曲精选	12470	刻苦锻炼 攀登世界体育高峰	3319
克莱斯勒小提琴曲选	12473	刻苦学习，为祖国勇攀科技高峰	3303
克兰比尔的命运	5939	刻苦学习毛泽东思想的好战士	5163
克劳斯兄弟	6388	刻苦钻研 优质高产	3196

刻苦钻研又红又专	3303	肯恩队长	6992
刻印技法图解	8475	肯尼迪案卷争夺战	6084
刻纸图案集	10661	肯尼亚内罗毕	9803
刻纸艺术	10710	肯特版画选集	6923
恪斋临黄小松司马嵩洛访碑图二十四图	1700	垦地新主人	3636, 3687
客窗漫画	3397	垦荒短歌	4960
客窗夜话	12295	空白鸟的枪声	12093
客家·竹笪·老照片	8972	空城计	3561, 5066, 5402, 6290, 6529, 12073,
客家人	8860		12865
客家山歌	11821	空的空间	12692
客家山歌探胜	10912	空谷虎啸	1989
客家戏曲身段教材	12958	空谷兰	5795, 11368
客家艺能文化	082	空谷清溪	9821
客厅	10592	空谷啸月	2079
客厅餐厅与厨房	10586	空谷作品	2329
客厅创意 200	10589	空间构成	138
客厅卧室实用布局	10584	空降团的女翻译	6223, 6255
客谣新调	11820	空降演习	4024, 4378
课本古诗文多用钢笔字帖	7618, 7619	空军导弹学院	10108
课后	3021	空军歌曲	11361
课前	2757, 3834	空军歌曲集	11387
课堂	3834, 3884	空军歌曲选	11700
课堂教学钢琴即兴伴奏	11250	空军英雄杜凤瑞	5010
课堂人体素描	6903	空军英雄战士杜凤瑞	5176
课堂新花	4024	空军壮志震长空	8812
课外辅导	3777	空屋	6561
课外学习班	3777	空心剑客	6529
课外学习小组	3777	空心字的写法和字帖	7638
课余	1816, 4074, 4200	空印盒	5035
课余劳动	3001	空寨计	6084
课余劳动图	3687	空战归来	12590
课余生活	3687	空之颂	372
课余学二胡	11312	空中绑架	6084
窠斋临黄小松司马嵩洛访碑图二十四种	1631	空中大劫	6359
窠斋缩写石鼓文	8073, 8357	空中大学台北书画社师生联展	1372

书名索引

空中大战	6327, 6656		4468, 4469, 10432, 10531
空中蛋糕	6223, 6454	孔雀	2605, 2616, 2627, 2639
空中导游	8907	孔雀 仙鹤 锦鸡 鹦鹉	2568
空中飞人	4074	孔雀 月季 鸳鸯 花卉 花鸟 花篮 鹦
空中降匪	6255	鹉 金鱼	10351
空中奇案	5480	孔雀胆	5402, 5564, 5796
空中哨兵之歌	11446	孔雀蛋	4897
空中小姐	5939, 6084, 9697, 9739	孔雀的变形	10261
空中音乐	12144	孔雀的画法	1001
峥嵘四月	2006	孔雀的焰火	4905
筝箫传情	1966	孔雀东南飞	4132, 4200, 4201, 4697, 4818, 5564,
筝箫天地	11341		5664, 8848, 12076, 13287
筝箫图	4024	孔雀东南飞	2135, 2564
孔柏基固体油画	2782	孔雀东南飞画集	1721
孔伯基固体油画	2782	孔雀东南飞五十二图	6611
孔繁森	6585	孔雀杜鹃	1768
孔繁森颂歌	11752	孔雀繁花	4201
孔繁森之歌	11519	孔雀飞	12552
孔继勋小楷字帖	8059	孔雀富贵图	2670
孔空内	12441	孔雀公主	4074, 4201, 4281, 4282, 5664, 5796,
孔空声乐练习曲 25 首, 作品 10	12443		9535, 9542, 10456
孔空声乐练习曲 50 首, 作品 9	12441	孔雀公主	2359
孔空声乐练习曲 50 首, 作品 9	12442	孔雀公主与王子	4201
孔老三	3484	孔雀姑娘	4378, 5564, 5565
孔令成摄影作品集	8988	孔雀海棠	4378
孔孟好学	8214	孔雀河的故事	5351
孔孟名言钢笔行楷字帖	7451	孔雀红叶	3636
孔孟之乡	8966	孔雀蝴蝶图	1966
孔明 鲁肃	2379	孔雀开屏	1966, 3595, 10021, 10049, 12264,
孔明碑	6085		12332
孔平孙印集	8563, 8582	孔雀开屏	2079, 2719
孔千素描	2910	孔雀开屏喜迎门	4282
孔桥夕照	9803	孔雀开屏幸福来	4539
孔雀	1767, 1768, 1790, 1872, 1903, 1939,	孔雀恋歌	4074, 4132, 9224, 9942, 9945
	3595, 3687, 3975, 4074, 4200, 4281,	孔雀梅花	1768, 4201

中国历代图书总目·艺术卷

孔雀牡丹	1919, 1939, 1966,	孔小瑜画选	2079
	3636, 3929, 3975, 4024, 4074, 4132,	孔乙己	1739, 5481, 5565, 5664
	4469, 4617, 10420, 10456	孔仲起画集	2178
孔雀牡丹	2079, 2616, 2627, 2639, 2658	孔仲起山水画集	2455
孔雀屏	4282, 4378, 4818	孔宙碑	7769, 8373
孔雀山茶	1872	孔子	3377, 6290, 6492, 7041
孔雀少女	9722	孔子 孟子 荀子乐论	10960
孔雀石仙女	5939	孔子及七十二贤彩塑集	8663
孔雀石箱	5939	孔子纪念歌	11364
孔雀舒羽春光好 牡丹盛开景色新	4024	孔子庙堂碑	7828, 7885, 7899, 7938
孔雀松鹤	1966	孔子庙堂之碑	7830
孔雀藤萝	1733, 1872	孔子名言	4837
孔雀通屏	4539	孔子名言钢笔字帖	7438
孔雀图	1768, 3636, 3687, 4469	孔子圣迹图	1690, 3058, 3060, 6255, 6256, 6328
孔雀图	2303, 2616	孔子事迹图	4870
孔雀图案	10261	孔子事迹图 论语箴言印	8651
孔雀图案资料集	10267	孔子说	3436, 6256
孔雀舞	3595, 3637, 4024, 4074, 4132, 4201,	孔子像	4539
	4282, 4469, 4539, 9251, 9960, 9961, 9968,	孔子像	2390
	9971, 12609	孔子像·衍圣公及夫人肖像	1482
孔雀戏春图	4201	孔子修养格言	4849
孔雀樱花	2608	恐怖的城堡	5939, 6085
孔雀迎春	3929, 4201	恐怖的脚步声	5565
孔雀迎春	2597	恐怖的森林	5565, 5796, 5939, 6085
孔雀与少女	4282	恐怖的晚餐会	5664
孔雀玉兰	1758	恐怖的种子人	7106
孔雀展翅	9960	恐怖谷	6529
孔雀之舞	3538	恐怖觉	6290
孔雀之乡的泼水节	6290	恐龙·特急克塞号	6656
孔雀紫荆	1903	恐龙霸	6561
孔雀紫荆	2719	恐龙大探险	7140
孔融让梨	4960, 6223	恐龙大战	6454, 6529, 6707, 6708
孔融让梨	2364	恐龙的奥秘	6529, 7008
孔维克画集	2329	恐龙的孩子	6642
孔维三画集	2552	恐龙的脚印	6561

书名索引

恐龙的足迹	3509	口琴练习法	11212
恐龙金刚覆灭记	6656	口琴流行名曲集	12486, 12487
恐龙竞技场	6585	口琴名曲新集	12485
恐龙卡拉	6708	口琴名曲选	12485, 12486
恐龙考察记	5565	口琴培训教材	11253
恐龙梦幻国	7021	口琴曲100首	12197, 12199
恐龙生儿育女	6585	口琴曲集	12210, 12501
恐龙世界探秘	3472	口琴曲选	12188, 12190, 12197, 12203
恐龙世界探险	6256	口琴曲选集	12199
恐龙世界探险记	3472	口琴如何吹奏	11211
恐龙王	6529	口琴入门	11214, 11217, 11218
恐龙王国	6731	口琴入门基础教程	11263
恐龙系列手工制作	10774	口琴十二课	11253
控制论	6613	口琴新曲集	12186
控制人口势在必行	3373	口琴修理法	11214
控制人口数量，提高人口素质	3350	口琴选曲集	12187
口袋里的秘密	12996	口琴学习手册	11218
口技记	12982	口琴演奏法	11224
口琴	11250	口琴演奏世界名曲80首	12518
口琴编曲法	11221	口琴演奏中国民歌80首	12219
口琴吹奏法	11212, 11213, 11214, 11215, 11217,	口琴演奏中外名曲60首	12520
	11218, 11219, 11220, 11224, 11230	口琴演奏中外抒情歌曲100首	12517
口琴吹奏法初步	11213	口琴音乐知识与入门	11256
口琴吹奏及名曲	11214	口琴圆舞曲选	12493
口琴吹奏技法	11245	口琴重奏合奏曲集	12235
口琴吹奏教程	11230	口琴重奏曲24首	12232
口琴的吹法	11213	口琴重奏曲集	12197, 12224
口琴的吹奏和编配	11222	口弦	9366
口琴独奏曲集	12191, 12193	口弦声声	2639
口琴独奏曲选	12206, 12207, 12500	扣林之战	5796
口琴歌曲集	12187, 12195, 12487	扣马山激战	5481
口琴广播教材	11220, 11224	寇衡画集	2406
口琴合奏曲集	12224, 12486	寇镇画集	2205
口琴基本教程	11260	寇准罢官	5565
口琴讲座	11236	寇准背靴	1966, 4282, 4378, 5565, 9224

寇准审潘杨	5796	苦辣酸甜	12947
寇准魏徵	4469	苦乐年华	311
枯槐鸽鸽图	1574	苦练	9542
枯井魔风	6708	苦练杀敌本领	3196, 3207, 3777
枯木禅琴谱	12307	苦练杀敌本领 大搞科学实验	3730
枯木逢春	3595, 5035, 5066, 5087, 5093, 5351,	苦练杀敌本领 做毛主席的好民兵	3139
	5664, 10049	苦练杀敌本领, 巩固海防!	3207
枯树赋	7938, 8115	苦练杀敌本领, 誓做越南人民后盾!	3139
枯树开花记	4960	苦练杀敌本领, 随时响应祖国号召!	3139
哭庵赏菊诗	12749	苦练硬功夫 争当神枪手	3730
哭成一团的婚礼	5796	苦了我一个幸福十亿人	4540
哭母文	8116	苦妹新生	5118
哭祖庙	12077	苦妹子和冬哥	8996
窟窿山遇险	6085	苦难的芳汀	6085
骷髅格	11003	苦难的琴师	5664
苦菜花	4960, 5137, 5352, 5796, 6085	苦难的同年	5093
苦菜妹	5402	苦难的心	5481
苦禅画选	1903	苦恼的小猪	7028
苦禅教学画稿	2522	苦恼人的笑	5481, 10457
苦禅望云画选	1704	苦女翻身记	5094
苦禅小品	2023	苦人心	4925, 5940
苦从何来	4875, 6597	苦肉计	5796
苦斗	6256	苦涩的美感	094
苦斗记	5093	苦战三年改变全省面貌的廿条奋斗目标(图解)	
苦儿流浪记	5940		4913
苦儿擒匪记	6492	库尔班·吐鲁木见到了毛主席	5035
苦瓜和尚画语	895	库尔贝	503, 6779, 6837, 6848, 6860
苦瓜和尚画语录	895, 896, 897	库克雷尼克塞	503
苦果	5664	库克雷尼克塞的政治讽刺画	6931
苦孩子	3393, 10151	库克雷尼克塞漫画选	6930, 6931
苦海恩仇	6085	库克雷尼克斯选集	6771
苦海游龙	6708	库克雷尼塞插图选集	7058
苦海余生	5481	库兰河上	5285
苦行探道迹	2330	库普兰	10882
苦尽甜来	6085	库因芝集	6872

书名索引

库兹明娜	13215	快活故事	6454
夸对象	4132	快活林	3637, 5035, 5940
夸围女	3797	快活婆婆	4282
夸神枪手	3730	快活三谱	12982
夸食堂	12139	快看俺家新专栏	1835
夸新娘	3595	快快长	4133, 4202
夸愚公	3797	快乐	9590, 9722, 9739
跨凤乘龙	8822	快乐长笛教程	11172
跨过鸭绿江	2730	快乐长寿	4540, 4617
跨海侦察记	5011	快乐的"迪斯科"	4540
跨虎入山	1888, 1966, 4133, 4469	快乐的"六一"节	1939
跨江击刘表	5402	快乐的百灵鸟	11946
跨骏马	4202	快乐的春天	3637, 4469
跨马出征	13115	快乐的单身汉	5796, 5940
跨入九十年代的流行歌曲	11721	快乐的动画弟弟	6642
跨入新世纪的思考	11161	快乐的队日	8848
跨上"跃进"马比翼齐高翔	3561	快乐的儿童	4378, 9745
跨世纪包装	10401	快乐的歌	12040
跨世纪彩虹	120	快乐的伙伴	4202
跨世纪翰墨艺术家书画宝鉴	2283	快乐的家庭	4891
跨世纪画丛	1345	快乐的假日	4540, 9470
跨世纪乐器入门丛书	11167	快乐的节日	4282, 4378
跨世纪新版全国钢琴演奏(业余)考级作品合集		快乐的唠嗑	12200
	12220	快乐的罗苏	12610
跨世纪中国画名家21人	544	快乐的罗嗦	12148
跨世纪中外翰墨艺术家精品大全	205	快乐的萝卜兔	6585
跨世纪中外书画艺术家辞典	6827	快乐的女清洁工	9551
跨世纪著名书画艺术家精典	2283	快乐的女战士	12171, 12202, 12204, 12229
跨溪姑娘	9589	快乐的少女	9667
跨越97吉他弹奏金曲	11208	快乐的少先队	12035
跨越2000流行金曲	11756	快乐的社员	12264
跨越彩虹	11492	快乐的生日	4282, 9590
跨越六千年	10375	快乐的石匠	5796
跨越世纪	199	快乐的售货员	11956
快到芙蓉国里来	11480	快乐的童年	4202, 9697, 9739

中国历代图书总目·艺术卷

快乐的王子	7045	快跑梅洛斯	6085
快乐的为什么	3509	快枪手	6256
快乐的小八仙	4789	快三枪	6085
快乐的小宝宝	4282	快收多藏保管好 一窖蔬菜半窖粮	3103
快乐的小队活动	4379	快速插花图解	10604
快乐的小伙伴	4379, 9668	快速画法造型及应用	561
快乐的小鸡	5066	快速练习曲	12488
快乐的小乐队	12156	快速书法入门	7326
快乐的小骑兵	2379	快速学摄影丛书	8788
快乐的小熊猫	4379	快写法钢笔字帖	7567
快乐的小真真	9570	快雪时晴帖	10438
快乐的旋律	9391	快雪堂法书	7668, 7774
快乐的营火晚会	12029	快雪堂法帖	7728
快乐的邮递员	12228	快雪堂米帖法书	7998
快乐的游乐场	4540	快雨堂诗稿	8022
快乐的驭手	12279	快雨堂题跋	7702, 7703
快乐的早晨	12001	快斋兰亭序正气歌印痕	8592
快乐儿童	4469, 9722	快钻井 多出油	3777
快乐儿童英语歌曲	12445	筷书唐诗艺术作品集	7524
快乐歌唱	12386, 12446	筷子舞	12608
快乐公主	6388	宽胶片电影技术译文选集	13300
快乐画题	771	宽线条铅笔画	1100
快乐看角色学行当	12896	宽银幕电影和全景电影	13299
快乐少女	9028	宽银幕电影与全景电影	13299
快乐时光	6911	宽银幕电影原理	13299
快乐童年	3431, 9698	宽银幕立体声电影	13299, 13300
快乐王子	5796, 6223, 6656	宽银幕立体声电影译文选集	13299
快乐潘	2135	款式与风格	10774
快乐音乐家	11162	匡卢云烟	4617
快乐印	8487	匡庐奇秀	10510
快乐应战歌声集	11376	狂飙支队	5664, 6085, 6086, 6492
快马加鞭	4024, 12329, 12596, 13243	狂歌精萃	11489
快马加鞭学大寨	11685	狂欢季节	10928
快门曝光闪光灯	8760	狂欢节的早晨	12379
快门下的老台湾	8935	狂欢舞曲	12223

书名索引

狂人城的覆没	6086	矿山游击队	6188
狂人日记	5565	矿上新兵	1808
狂生耿去病	6388	窥——裘皮猫·笼·鸟	10035
狂诗曲	12165	奎宁君奇遇记	2977
狂喜之诗,作品第54号	12548	葵花朵朵向太阳	1849
狂想地带非人生活	3484	葵花朵朵向太阳	2598
狂云飞瀑话禅书	7283	葵花朵朵向太阳 人人热爱共产党	3083
邝耀鼎	1380	葵花开放朝太阳	3730
旷工	4961	葵花向太阳	9929
况达山水画集	2475	葵葵和勇勇	5285
况达水墨画辑	2041	葵乡风云	6359
矿长	5664	魁正泼绘	2252
矿灯	4961, 5036, 5094, 5118, 13245	夔门雄姿	1989
矿工	13245	傀儡戏考原	12977
矿工的儿子	4925, 5317, 8630	锟石斋印存	8523
矿工愤	8665	愧庵琴谱	12295
矿工怒火	5163, 5177	坤皋铁笔	8451, 8497, 8499
矿工血恨	5150, 5204	昆虫百图	9319
矿工血泪仇	8659	昆虫大探险	7140
矿山朝晖	2590	昆虫的奥秘	7008
矿山的主人	3764	昆虫生态记录	3472
矿山风暴	5036	昆虫世界的探索	3436
矿山风云	5231, 5285, 5402	昆虫图谱	627
矿山粮店	5204	昆虫王国	3509
矿山女将	5317	昆虫折纸	10764
矿山哨兵	5231	昆剧"十五贯"曲谱	12108
矿山盛开大庆花	11685	昆剧《蔡文姬》	4075
矿山小八路	5402, 6454	昆剧《牡丹亭》	9232
矿山小英雄	5352	昆剧《十五贯》曲谱	12108
矿山新兵	1807, 1816	昆剧表演一得	12898, 12899
矿山新兵	2588	昆剧唱片曲谱选	12110
矿山新歌	5285	昆剧穿戴	12898
矿山新人	5150	昆剧吹打曲	12101, 12245
矿山兄妹	5285	昆剧吹打曲牌	12106
矿山医生	4961	昆剧发展史	12899

中国历代图书总目·艺术卷

昆剧观摩演出纪念文集	12898	昆明世博园	8972
昆剧曲调	12110	昆明市官渡区民族民间舞蹈集成	12618
昆剧生涯六十年	12772	昆明市少年儿童绘画作品集	1373
昆剧演出史稿	12898	昆明西山龙门	9041
昆剧折子戏初探	12943	昆明烟波	9067
昆仑	11956	昆曲《牡丹亭》与古典舞蹈之研究	12898
昆仑冰雪	9039	昆曲《女驸马》	9956
昆仑春晓	1857	昆曲《游园惊梦》	9956
昆仑山大合唱	11944	昆曲唱腔研究	11152
昆仑山上一棵草	5066, 5118	昆曲传统曲牌选	12127
昆仑山下瓜果香	2588	昆曲格律	11149
昆仑盛开大寨花 大庆红旗映天山	12344	昆曲津梁	12117
昆仑堂藏书画集	1485	昆曲皮簧盛衰变迁史	12897
昆明	8944, 9259, 9335	昆曲清唱研究	11155
昆明部队美术作品选	1361	昆曲曲牌及套数范例集	11152, 11153
昆明翠湖	9859	昆曲入门	11141
昆明翠湖公园	9873, 10120	昆曲新导	11822, 11823
昆明翠园	9859	昆曲新谱	11823, 11824
昆明大观公园	9873	昆曲研究会彩觯纪念集	12897
昆明大观楼 9067, 9131, 9250, 9300, 9803, 9821,		昆曲艺术	12847
9833, 9873, 9908		昆曲音乐欣赏漫谈	11158
昆明大观楼长联	8186	昆山	1577
昆明大观园	9061, 9300	昆山逢奇案	6086
昆明当代书法选集	8330	昆阳喋血	5940
昆明滇池	9799	昆阳之战	5352, 6086
昆明风光	9067, 9859	髡残画集	1691
昆明海埂公园石舫	9998	髡残山水册	1691
昆明黑龙宫	9041	鲲鹏展翅	2136
昆明湖畔	9081	壶水盛满四海情	3797
昆明花灯音乐	12134	闲乐纪闻	10789
昆明揽胜	9089	困囚五行山	6256
昆明筇竹寺罗汉选编	8661	扩建	3022
昆明曲剧音乐	12941	扩散	8638
昆明曲剧志	12778	扩张的王国	104
昆明少儿艺术研究	056	括苍山恩仇记	6086, 6256

书名索引

L

书名	编号	书名	编号
"拉革命车不松套，一直拉到共产主义"	5147	［兰亭考］续考	7225
"老"游击队员	5170	［兰亭序十二种］	7777
"老定额"林忠	4935	［乐书］正误	10995
"老烟筒的故事"插图之一	2851	［离骚图］	2968
"李二嫂改嫁"选曲	12112	［梨园丛录］	13009
"连珠箭"逞强	6024	［黎二樵山水］	1616
"辽河在奔腾"插歌	11831	［历代名贤画像］	1698
"刘巧儿"选曲	12107	［林文忠公写经小楷］	8053
"六二六"战士在农村	1804	［临川李氏静娱室四宝］	7845
"龙江风格"万古常青	12874	［刘半农书法］	8118
"吕蓓卡"密码	6379	［柳公权玄秘塔碑］	7827
"绿旋风"新传	5245	［论书法两稿］	7201
《兰亭》传奇	5884	LNWZ 书籍设计四人说	10388
《兰亭序》笔法及其特点	7388	靓女	9765
《乐记》《声无哀乐论》注译与研究	10974	靓女苏珊	7008
《乐记》理论探新	11028	垃圾堆里捡回的孩子	5796
《乐记》论辩	11028	拉班舞谱	12654
《乐记》批注	11028	拉邦的浴场 1895	6878
《雷雨》的舞台艺术	12908	拉比齐出走记	5940
《礼器碑》隶书习字帖	7353	拉卜楞舞	1725
《李闯王》演出专刊	12906	拉大提琴的姑娘	2802
《联林珍奇》对联	7513	拉丁美洲版画	6919
《灵飞经》笔法及其特点	7604	拉丁美洲的音乐	10982
《刘三姐》选曲	11886, 11908	拉丁美洲歌曲集	12366, 12379
《柳浪闻莺》歌谱全集	11888	拉丁美洲歌曲选	12378
《龙江颂》剧词摘录隶书字帖	8367	拉丁美洲古代美术	364
《龙江颂》剧照	9933	拉丁美洲进行曲	12371
《龙江颂》主要唱段选辑	11860	拉丁美洲名歌 100 首	12379
《龙须沟》的舞台艺术	12910	拉丁美洲抒情歌曲集	12427
《吕蓓卡》密码	6025	拉丁美洲现代艺术	114
《骆驼祥子》的舞台艺术	12908	拉丁字母绘写手册	8593
［兰亭］续考	7225	拉丁字母美术体	8594
［兰亭集序］	7773	拉飞尔前派	592
		拉斐尔	504, 505, 1153, 6781, 6782, 6837, 6898
		拉斐尔前派	6790, 6796

拉斐尔前派及其后期绘画	580	喇叭花母鸡	2639
拉封丹寓言	6455	喇叭欢奏丰收乐 短笛横吹喜迎春	3561
拉赫玛尼诺夫	10891	喇嘛沟的变迁	5118
拉赫玛尼诺夫 管弦乐	11277	喇嘛庙的秘密	5036
拉赫玛尼诺夫第二钢琴协奏曲作品,作品18		腊八粥	5481
	12504	腊红	5286
拉赫玛尼诺夫钢琴音画练习曲	12537	腊花舞	12607
拉赫玛尼诺夫歌曲选	12364	腊梅	6086
拉赫玛尼诺夫歌曲研究	10896	腊梅白头翁	1808
拉赫曼尼诺夫	12554	腊梅彩蝶	1791
拉赫曼尼诺夫24首钢琴前奏曲	12493	腊梅孔雀图	1747
拉祜族民间舞蹈	12622	腊梅水仙	1872
拉科夫的小提琴协奏曲	11179	腊梅图	2672
拉科齐进行曲	12549	腊梅绣眼	1872
拉郎配	3538, 4818, 5011, 5940	腊梅迎春	4789
拉骆驼的女人	5797	腊染画	10271
拉木歌	12611	腊子口上红六连	5352
拉纳·特娜	9028	落第忍者乱太郎	7004
拉起手来唱歌跳舞	12005	落凤台	5674
拉萨布达拉宫	9297	落翮山	4966
拉萨风光	10518	落户	1769
拉萨七一农机厂	10102	落户图	3639
拉萨新貌	8963	落花流水	11540, 11541
拉上斜坡	2988	落花游鱼图	1664
拉图尔	6831	落梅花	12054, 12325
拉脱维亚苏维埃社会主义共和国	10130	落实政策大展宏图	9285
拉威尔	11275, 11276	落乡班	12954
拉威尔 管弦乐	11277	落叶魂	5949
拉威尔钢琴曲选	12507	落英集	13156
拉威尔钢琴作品之研究	11225	落鹰歼匪记	6293
拉威尔管弦乐曲	12551	蜡笔画	2927
拉威尔圆舞曲	12452	蜡笔画册	2926
邋遢大王奇遇记	6722	蜡笔水彩画	1201
喇叭吹法	12261	蜡花朵朵	10351
喇叭吹奏丰收乐 短笛横吹喜迎春	4025	蜡染	10353, 10742

书名索引

蜡染画	2799	莱辛寓言	6455
蜡染纹样选	10354	莱阳书生探鬼村	6290
蜡染艺术	10275	莱茵瀑布	9833
蜡染制作技法	10366	赖德全陶瓷艺术	10656
来楚生草书集	8234	赖盖特之谜	6529
来楚生法书集	8162	赖古堂别集印人传	8494, 8495
来楚生画集	1382	赖古堂书画跋	779
来楚生画选	1872	赖古堂印谱	8487, 8488
来楚生印存	8561	赖婚	13087
来楚生印谱	8574	赖婚姑娘	5797
来楚生印章艺术	8459	赖吉钦摄影专集	8983
来楚生篆书千字文	8365	赖宁	6328
来到第二个故乡	1826	赖宁日记钢笔字帖	7495
来到毛主席身边	3884	赖宁日记选钢笔正楷字帖	7451
来复枪团覆灭记	5940	赖宁之歌	11492
来克一世皇帝	5940	赖宁作文钢笔字帖	7473
来历不明的"了"人"	5352	赖宁作文选钢笔字帖	7451
来年我也去夺魁	4818	赖少其八十后新作	2303
来一个歼敌大竞赛	12333	赖少其画集	1939
来一石篆刻选	8587	赖少其山水画选集	1989
来自佛兰德斯的著名画家佩尔梅科	6878	赖少其书画展	1392
来自深山的心雕图腾	8645	赖少其自书诗	8168
来自台湾的歌	11721	赖少其作品选集	1939
来自银河系的姑娘	5665	赖深如国画选	1966
来自远方的民工运输大队	2851	兰	972, 1548, 1747, 1966, 1989
来自中国的旋律	12053	兰	2547
莱奥纳多·达·芬奇绘画论	502	兰草	1490, 1519
莱比锡之冬	2931	兰道人百兰谱	1686
莱顿	1085	兰格仓	6939
莱蒙钢琴练习曲集, 作品 37	12511	兰河湾里幸福长	11775
莱茜	6256, 6257	兰红相亲	4202
莱特湾大海战	6086, 6585	兰花	1654, 1660, 1666,
莱特兄弟	5665		1747, 1857, 1872, 4133, 4379, 9305, 9314,
莱芜神女	6257		10017, 10018, 10079, 10510, 11975
莱西八家书法集	8265	兰花·蜻蜓·蜂·菊花	982

中国历代图书总目·艺术卷

兰花百图	2553	兰亭集刻	7711
兰花奇石	2136	兰亭集序	7773
兰花天牛	1791	兰亭记楷书三种	8234
兰花仙子	4540	兰亭考	7181, 7182
兰花与柳郎	9004	兰亭岭字从山本考	7207
兰蕙画法	957	兰亭论辨	7254
兰蕙同心录	1604	兰亭摹本	8022
兰箭	4961	兰亭墨迹汇编	7819, 8425
兰襟印草	8503	兰亭偶摘五字考	7207
兰菊	1872	兰亭全编	8435
兰军硬笔书法艺术	7495	兰亭四妙	7947
兰考之春	9790	兰亭序	7622, 7821, 7928
兰陵剧评	12726	兰亭序古帖八种	8431
兰坪	8966	兰亭序考	7207
兰坪民间舞蹈	12623	兰亭序三种	7774, 7894
兰谱 930, 939, 1556, 1557, 1591, 1597, 1602, 1697		兰亭序帖三种	8426
兰谱	2541	兰亭序印谱	8540
兰契集	8110	兰亭叙	7819
兰千山馆法书目录	7667	兰亭续考	7172, 7173
兰千山馆名画目录	1482	兰阳百工竞秀	10713
兰巧峰画集	2178	兰吟百咏	7495
兰色的哈纳斯	2023	兰屿, 再见	8935
兰沙馆印式	8559	兰苑集萃	12848
兰社特刊	12857	兰斋任政行书帖	8168
兰石	1660	兰州	9347, 9874
兰石画册	1591	兰州的夏天	3595
兰石画谱	1604, 1605	兰州鼓子研究	12970
兰石轩印草	8488	兰州炼油厂	9990
兰石轩印草劫余集	8537	兰州五泉山	3637
兰天卫士	4379	兰竹	3975
兰铁成画集	2178	兰竹	2639
兰铁头	5066	兰竹古画谱	1423
兰亭博议	7207, 7237	兰竹画法三字经	959
兰亭合集字考	7207	兰竹技法	954
兰亭会	8809	兰竹菊梅	4283

书名索引

兰竹名卉	1600	蓝精灵的新发明	7069
兰竹名世	1602	蓝精灵斗巫士	7069
兰竹谱	1595	蓝精灵放大剂	7069
兰竹清品	2006	蓝精灵故事集	7070
兰竹石图	1989	蓝精灵鬼屋历险	7070
兰竹图	1670, 2023, 4617, 10457	蓝精灵航海记	7070
兰竹图	2079, 2665	蓝精灵和大雪怪	7070
岚山翠色伴水声	2136	蓝精灵和怪鸟	7068
拦羊人	11956	蓝精灵和龙	7070
栏杆、拱券、柱础、墙面装饰	10562	蓝精灵和梦冠	7070
蓝爸爸的错误	7069	蓝精灵和迷童	7070
蓝爸爸的新武器	7069	蓝精灵和魔戒	7070
蓝白相间装饰法	10604	蓝精灵和魔镜	7070
蓝宝石	5481, 6086	蓝精灵和魔术师	7071
蓝宝石案	6529	蓝精灵和魔咒	7071
蓝笨笨和篮灵灵	7069	蓝精灵和外星人	7071
蓝采和	6188	蓝精灵和仙子	7071
蓝采和巧度何仙姑	6359	蓝精灵和项链心	7071
蓝村怪案	6411	蓝精灵和妖瓶	7071
蓝盾保险箱	5940	蓝精灵和紫精灵	7071
蓝惜惜斗死神	7069	蓝精灵抗灾	7069
蓝光空壳	6731	蓝精灵乐乐	7071
蓝光突击队	6290	蓝精灵历险记	6643, 7069
蓝胡子侦探	6492	蓝精灵炼药	7071
蓝花花	11789	蓝精灵梦游	7071
蓝花天牛	1733	蓝精灵与魔鼠	7071
蓝剑	5011	蓝精灵预告石	7071
蓝箭	13261	蓝精灵之战	7069
蓝精猴出世	6609	蓝鲸号盗窃案	6086
蓝精猴与蓝聪聪	7069	蓝立克画集	2178
蓝精灵	6632, 6633, 6642, 6643, 7076	蓝莲花	6948, 7021
蓝精灵报仇	7069	蓝妹妹和巫婆	7071
蓝精灵采菌记	7069	蓝妹妹和小松鼠	7071
蓝精灵大战绒蚁	7069	蓝魔石	6722
蓝精灵的妙药	7069	蓝魔术师	7072

中国历代图书总目·艺术卷

蓝鸟画库	6455	蓝田叔傲梅道人山水卷	1562
蓝皮大脸猫游怪岛	6455	蓝田叔仿古山水册	1567
蓝皮鼠大脸猫	6686	蓝田叔仿梅道人山水卷	1562
蓝旗歌	12371	蓝田叔山水册	1559
蓝桥会	13237	蓝印花布	10348
蓝桥驿七十四图	6290	蓝瑛《澄观图册》	1581
蓝色包裹	4961	蓝瑛仿古山水画册	1562
蓝色档案	5565, 5665, 5797	蓝瑛秋林晚鸦	1573
蓝色的包围圈	5565	蓝瑛山水	1579
蓝色的大海	9845	蓝瑛听泉图	1573
蓝色的海豚岛	5940	蓝瑛夏景山水	1574
蓝色的海洋	3509	蓝瑛雪岑萧寺	1574
蓝色的花	10085	蓝瑛与仿古绘画	795
蓝色的火苗	5797	蓝玉崧书宋词小楷	8384
蓝色的狼	6359	蓝云印存	8580
蓝色的旅行箱	5941	蓝直荣摄影集	8992
蓝色多瑙河圆舞曲	12551	澜沧江——湄公河	9138
蓝色海滨	9922	篮花	9304
蓝色海鸥号	5941	篮球飞人	6992
蓝色航程	13319	揽古轩书画录	1457
蓝色画廊	376	懒惰的孩子	4891
蓝色狂想曲	12546	懒鬼跳出来：城外有个调皮村	6708
蓝色项链	5665	懒悟画集	2283
蓝色象鼻湖	5797	烂漫	9434
蓝色星球保卫战	6731	烂漫年华	9668
蓝色伊甸·马尔地夫	10145	郎冠英印集	8577
蓝仕璧画集	2268	郎静山摄影专刊	9038
蓝天白云跟我来	12044	郎森画集	2526
蓝天彩虹：女子跳伞表演	4469	郎世宁	6840
蓝天防线	5402	郎世宁艾启蒙画十骏图	6839
蓝天翰墨大观	8250	郎世宁百骏图	6838
蓝天姐妹	4025	郎世宁画	6838, 6839
蓝天曲库	11515	郎世宁画百骏图精品	6840, 6841
蓝天卫士	9419	郎世宁画集	6842
蓝天小将	5286	郎世宁画乾隆帝春郊试马图小照	6838

书名索引

郎世宁之艺术	453	朗莎雯波	5566
郎世宁作品专辑	6840	浪荡人的一生	5941
狼	6411	浪高耳敏	3885
狼的故事	6530	浪花	9983
狼儿王子	5566	浪花渡	5231, 5255, 5286
狼孩	6188, 6411	浪花飞出欢乐歌	4697
狼和七只小山羊	12900	浪花集	3038
狼窟	13261	浪花尖上说风流	13161
狼外婆	5066, 6530	浪花之恋	9089
狼外婆讲民间故事	6492, 6493, 6494	浪急情更迫	1857
狼王洛波	5665, 5941, 6257	浪尖上的歌声	5231
狼窝	5941	浪里白条张顺	6494
狼窝除奸记	5066	浪里豹	6188
狼窝里的雷声	4961	浪里飞舟	5286
狼窝扎营	5011	浪漫	9487
狼先生的罗曼史	6643	浪漫的拨弦	12181
狼穴捕"狼"	6223	浪漫的吉他	11708, 12479, 12480
狼穴的爆炸声	5566	浪漫的希茜公主	6086
狼牙山上映朝晖	3929	浪漫的纸粘土娃娃	10748
狼牙山五壮士	2983, 2984, 2985, 2986, 3056,	浪漫风情	12390
	3539, 6360, 6494, 6530, 12311, 13243	浪漫吉他金曲	12484
狼牙山五壮士	2725	浪漫吉它金曲	12184
琅邪碑	7828	浪漫派的巨星	10990
琅琊古今名人书法选	7733	浪漫派的旗手	10990
琅琊深秀	9098	浪漫派的先驱	10987
廊房大捷	3834	浪漫派乐曲赏析	10990
廊桥寻梦	13156	浪漫情调	9507
廊下巡礼	535	浪漫情怀	9483, 11745
瑯琊九华风光	9063	浪漫情侣对唱金曲	11739
朗读基础知识	12814	浪漫时期的艺术	507, 508
朗格多克葡萄园的一角	6846, 6848	浪漫幽默	7028
朗格多克葡萄园一角	6848	浪漫主义艺术	198
朗诵	12797	浪漫主义音诗的巨匠	10984
朗诵艺术这朵花	12797	浪山海战	5566
朗诵与台词	12823	浪山节	3637

中国历代图书总目·艺术卷

浪淘沙	8277	劳动致富 运动长寿	4379
浪子黎明	13210	劳动致富多光荣	1966
浪子奇缘	6086	劳动致富光荣	4379
浪子燕青	6494	劳动致富吉庆有余	4283
捞家仔	3461	劳动致富喜盈门 科学种田保丰收	4379
劳	3371	劳动致富新年好	4283
劳动创造了人	5317	劳继雄画集	2284
劳动大军	3885	劳模风采	8908
劳动带来的喜悦	8803	劳模归来	3687
劳动锻炼联唱	11390	劳模会归来	3797
劳动锻炼诗画册	3069	劳勤致富	4379
劳动多福	1940	劳汝根宣传画选	3386
劳动多福卫生长寿	4283	劳山道士	5481, 5566, 5941
劳动丰收福寿来	3595	劳山怪石岩	9909
劳动丰收图	3637	劳实国画集	2221
劳动妇女是伟大的革命力量	3207, 3221, 3238,	劳斯兰夫人	6884
3239, 3885		劳特累克	6784, 6787, 6827
劳动歌声	11390	劳特累克画风	6810
劳动歌声满山岗	11775	劳武结合	3730, 9338
劳动歌声响彻天	11443	劳武结合 全民皆兵	3730
劳动公园	10102	劳武结合，苦练杀敌本领!	3139
劳动光荣 喜庆丰收	4075	劳武结合保海防	3279
劳动光荣集体幸福	3539	劳武结合全民皆兵	3083
劳动归来	3595	劳作	10174
劳动后休息	3561	牢记过去苦 珍惜今日甜	3126
劳动技术教育	3371	牢记阶级仇 紧握手中枪	3139, 3140
劳动结合	3764	牢记阶级恨 不忘血泪仇	3126
劳动竞赛大开展	11407	牢记前辈血泪仇	3016, 3127
劳动人民的好儿子施加伟	5118	牢记主席话 承做革命人	3730
劳动人民是新文化的创造者	1251	崂山	9794
劳动人民知识化	3126	崂山潮音瀑	1758
劳动与爱情	13258	崂山道士	6388
劳动致富	1940, 4202, 4283, 4379, 4540	崂山风光	2941
劳动致富 勤俭有余	4379	崂山名胜印谱	8577
劳动致富 生产发家	4379	崂山奇观	8952

书名索引

崂山头	1768	老夫子精华本	3462
崂山韵及胶东全真道器乐曲研究	10920	老夫子漫画精选	3436，3462
老Q炒股票	3452	老夫子漫画选	3431，3432
老百姓歌曲集	11544	老夫子谈恋爱	3462
老百姓画集之二	1281	老夫子袖珍版	6411
老百姓抗战小调集	11375	老副末谈剧	12862
老班长	5255	老干繁英	2136
老板难见，秘书难缠	7028	老刚头	5036
老北京·市井风情画	2964	老歌	11533
老北京城城门水彩画集	2949	老歌·金曲	11523
老北京店铺的招幌	10372，10373	老歌金曲大家唱	12408
老北京扎花图样	10366	老歌经典	11533
老兵	5317	老歌曲	11533
老兵新传	4961，5665	老歌新唱	11476
老插和他的驴	3492	老革命家诗词	4379
老车夫	4961	老工人的故事	5118
老传统	12095	老工人讲的故事	12264
老当家的	4961	老公公走好	3637，3687
老当益壮	1989，3975，8305	老公老婆	3462
老道救虎	6494	老共青团员	5036，5119
老德顺和小侯头	5067	老古董	421
老调简史	12932	老古董鉴赏袖珍手册	433
老队长	5011	老古玩店	5797
老队长的节目	1835	老管家和刘三	5094
老队长夸新社员	3797	老广告	10395，10401
老二黑离婚	5797	老海报	13166
老方探亲	11680	老憨漫画	3510
老方丈借尸还魂	6291	老河迷	5204
老房东查铺	3929	老红军	5177
老房东的故事	5011	老红军抢险记	4961
老夫子	3509，3510	老虎	1747，10079
老夫子出洋相	3461	老虎"抽烟"	5941
老夫子吹牛皮	3461	老虎的故事	6530
老夫子逗人乐	3461	老虎画法	626，627
老夫子豪华版	3461，3462	老虎屏	4283

中国历代图书总目·艺术卷

老虎滩渔港	1888	老牧民	1780
老虎学艺	5036, 5941	老年大学中国画教材	857, 906
老虎与美人	2136	老年迪斯科集粹	12668
老虎装牙	6643	老年迪斯科健身舞	12668
老户长	1808	老年迪斯科舞	12669
老槐树的秘密	5286	老年国画教程	715
老骥伏历志在千里 烈士暮年壮心不已	8162	老年画	4867
老家	8972	老年绘画入门	720
老家人	8980	老年人学书法	7289
老甲——画坛内外如是说	809	老年人学书画	692, 706
老将出征	5286	老年三字经	7619
老教授油画选集	2831	老年实用书法指导	7378
老井	13133	老年书法	7314, 7346
老九集邮幽默画	3452	老年书法百题	7336
老矿工登讲台	12592	老年书法基础训练	7346
老矿工话当年	4961	老年书法入门	7392
老来红	3637, 5094	老年书法指南	7283
老连环画	6585	老年艺术赏析	099
老连环画精品画库	6586	老年自娱歌曲精选	11529
老莲汇稿	1640	老农会	3687
老两口比干劲	12598	老贫农的故事	5119
老两口唱对台戏	4961	老婆婆的枣树	4925
老两口谈戏	12732	老青松	5119, 5352
老两口争灯	12126	老琼漫画作品	3432
老俩口争灯	12126	老区新城	10432
老猎人	6087	老区新貌	9287
老猎手新传	5402	老人河	12369
老马识途	5566	老人头像	6907
老马与小马	5941	老人与海	5941
老马正传	3436, 6223, 6388	老人正·侧面顶光集	1154
老漫画	1244, 1245, 1247, 7021	老人正·侧面平光集	1154
老猫	3432	老山的英雄	2875
老猫和小老鼠	6656	老山东	10148
老民兵讲抗战的故事	3764	老山魂	311
老母猪半天还乡梦	4868	老山兰	6188

书名索引

老山前线楹联集锦	8186	老鼠过街 人人喊打	5231
老山英雄谱	6087	老鼠火星历险记	6686
老山追匪	5402	老鼠嫁女	5665, 10692
老商标	10401	老鼠契克	6291
老上海电影	13164	老鼠新娘	7045
老上海广告	10386	老帅下棋	4075
老少同欢	12608	老司机长	5204
老少同乐	4617	老饲养员	1747
老少争先	4961	老饲养员的喜悦	1791
老蛇工的故事	5797	老苏州	8914
老社员	4962	老天使	2958
老社员的歌	11942	老通宝	5941
老师 向您致敬	4025	老同学新教师	3835
老师 向您致敬	10526	老秃山战斗	4962
老师，您好！	2361	老顽童与小精灵	526
老师，您好	9698, 12049	老王卖瓜	12094
老师，听我们为您歌唱	12050	老翁泉	4925
老师好	4202, 4540, 4617	老西开事件	4962
老师和我们照张相	4025	老戏迷侃戏	12855
老师教我第一课	2349	老戏曲年画	1247
老师来了	3730	老侠金钟罩	6223, 6291, 6328
老师您好	3371, 9028	老香烟牌子	10762
老师早	4133	老熊找保姆	6687
老师早，老师好	4133	老燕头	4962
老收发	5286	老羊工当了教授	4962
老手带新手	3687	老一辈革命家手迹选	8223
老寿星	4133, 9542, 9617, 9759	老一辈领袖诗抄行草硬笔书法	7525
老寿星打豹	5797	老一辈无产阶级革命家诗词歌曲集	11728
老胃医	4913	老英雄参观新地道	3835
老书记	1816, 3730, 6752, 10423	老英雄范筑先	2975
老书记赶车	5036	老英雄回到雁翎队	3835
老书记话当年	3835	老英雄回到雁翎队	2349
老鼠大亨的故事	6643	老鹰牌颜料使用的说明	639
老鼠的故事	6530	老鹰捉小鸡	3595, 4133, 12626
老鼠复灭记	4925	老影星·老影片	13196

中国历代图书总目·艺术卷

老幼共欢	3539	乐二爷摆阵	4962, 5011
老霍渡河	5566	乐丰收	10408
老月份牌	1342	乐风	10788
老枪书法集	8214	乐风泱泱	10872
老战士的歌	11728	乐峰陆忠中书法陶塑作品集	8205
老战士摄影	8812	乐哈哈	9379
老战士之歌	11708	乐海沧桑	10924
老樟树的秘密	5317	乐海观潮录	10834
老照片	8908, 8909, 8911, 8914	乐海浪花	10882
老蔗回甘	1709	乐海浪华	10891
老支书的故事	5119, 5205	乐海漫游	10814
老庄画集	2284	乐海情趣示	10814
老子	8115	乐海拾贝	10847
老子出关图	2693	乐海涛声	10917, 11529
老子道德经	8356	乐海无涯	10880
老子道德经楷书字帖	8391	乐海撷英	10828
老子说	3424	乐海絮语	10891
老子说：祸福相倚	3432	乐海扬帆六十年	10832
老子西升经	7831	乐海艺踪	11534
老子英雄儿好汉	2719	乐话	10784, 10865
老子语录	8196	乐饥斋诗草	8033
唠叨鬼的故事	7057	乐楷耀嘉	10935, 10941, 10942, 10944, 10945,
烙在大地上的伤痕	8890		10948, 10964
乐	9350, 9379, 9391, 10471	乐记	11004, 11013, 11016, 11028, 11029
乐不够	1748	乐记补说	10997
乐部	10945, 10946	乐记异文考	10945
乐滴	10928	乐记译注	11028
乐典	10948, 11030	乐家录	12558
乐典讲义	11030	乐建文速写画集	2910
乐典教科书	10783, 11030	乐教流芳	10891
乐典三十六卷	10997	乐教与中国文化	046
乐动声仪	10935, 10941, 10944, 10948, 10964	乐经	10935, 10936
乐都壁画集	6620	乐经凡例	11019
乐都壁画介绍	6619	乐经或问	11014
乐憺玛作品选集	6810	乐经集注	10934

书名索引

乐经律吕通解	10951, 11004	乐蜀侨笔墨积	8305
乐经内编	11011	乐蜀侨墨迹	2284
乐经以俟录	11001	乐蜀侨书法集	8305
乐经元义	10933	乐述	11006
乐境花开	10874	乐述可知	11006
乐凯摄影	10153	乐说	10944
乐老堂集古百廿寿	8501	乐思集	10839
乐乐	9391, 9467	乐思录	11165
乐乐集	10885	乐唐印存	8530
乐陵烽火	5941	乐陶陶	4469
乐路鳞爪	10865	乐淘淘	9487
乐论	11013	乐天集特刊	12861
乐平民间音乐	11780	乐亭新歌	12313
乐圃长春	10868	乐亭影戏音乐概论	11155
乐圃琴史校	11333	乐通	10936
乐浦珠还	10878	乐统博稽	11320
乐泉书法集	8250	乐图南钢笔行书	7525
乐人相重	10891	乐图南书法选	8235
乐山·峨眉山	9134	乐娃	9759
乐山大佛	400, 403, 404	乐为支农出把力	3929
乐山大佛寺	4379	乐纬	10936, 10937
乐山风光	9796	乐纬动声仪	10937, 10946
乐山国际龙舟会	9977	乐纬附录	10942
乐山凌云岩	9992	乐纬稽耀嘉	10937, 10946, 10947
乐山胜景	9859	乐纬叶图征	10937, 10938, 10947
乐社大义	10946	乐文化	10973
乐诗考略	11019	乐闻瀑声	4380
乐石斋名贤印谱	8530	乐仙琴谱正音	12293
乐石斋印谱	8513	乐县考	10943, 10944
乐寿图	1940	乐小英儿童连环漫画选	3417
乐书	10995, 10996, 11017	乐协图征	10964
乐书内编	11010	乐协图微	10944
乐书要录	11005, 11028	乐叙天伦	2639
乐书正误	11005, 11006	乐学大纲	10786
乐叔和虾仔	3415	乐学纲要	11032

中国历代图书总目·艺术卷

乐学轨范	10981	雷地上的脚印	6732
乐学基础	11033	雷电华歌选集	12413
乐学新说	10999	雷电中的风筝	5942
乐学原论	10804	雷动春书画篆刻	1394
乐羊怒喝中山羹	5036	雷峰塔	6388
乐叶图征	10942, 10948	雷峰塔下的传奇	3472
乐仪堂法帖	7658	雷锋	3687, 3730, 3975, 4768, 5067, 5069,
乐艺纵横谈	10891		5119, 5163, 5205, 5208, 5318, 5352, 5566,
乐饮爱趣	1989		5665, 6328, 6561, 8997, 11670
乐于艺	092	雷锋	2390
乐语	10933	雷锋——我们学习的好榜样	4768
乐元语	11013	雷锋杯全国书法大赛作品选	8265
乐园	4202, 9467	雷锋传	5352
乐园的燕语	11367	雷锋的故事	3207, 5067, 5318
乐苑春回	10871	雷锋的少年时代	5137, 5205
乐苑谈往	10832	雷锋的童年	5231
乐韵	9379, 9405	雷锋歌曲新选	11721
乐韵飞扬	12207	雷锋故事三则钢笔字帖	7451
乐韵飘香	10850	雷锋和红领巾	4697
乐在其中	1940, 3436	雷锋和少年儿童在一起	9263
乐在其中	2041, 2079	雷锋和少先队员们	8997
乐震文画集	2475	雷锋和战友	2735
乐只室古玺印存	8552	雷锋精神代代传	3279, 3377, 3929, 3975
乐只室印谱	8566	雷锋精神暖万家	3975
乐种学	10917	雷锋精神永发扬	3929
勒·恰尔威勒风景	6889	雷锋精神永放光芒	3303
勒流书法研究会书画作品选	310	雷锋精神照我心	1919
勒维烈和亚当斯	5402	雷锋屏	3688
勒肖与壮锦	5566	雷锋日记	3930, 7451
雷北大队在前进	9285	雷锋日记(摘录)大楷字帖	8379
雷潮的故事	5942	雷锋日记(摘录)中楷字帖	8379
雷楚早行图	1544	雷锋日记的一页	11951
雷达找牛	5481	雷锋日记钢笔行书字帖	7451
雷德祖插图集	6605	雷锋日记钢笔书法	7451
雷德祖的连环画创作	6360	雷锋日记钢笔字帖	7451, 7452, 7567

书名索引

雷锋日记诗文钢笔四体字帖	7452	雷诺阿、佛洛伊德画风	6865
雷锋日记诗文选钢笔字帖	7452	雷诺瓦	6812
雷锋日记选	3377	雷诺亚	6862
雷锋日记选多体钢笔字帖	7452	雷派登宾馆的魔影	6388
雷锋式的战士黄崇雕	5067	雷劈华清风	6087
雷锋叔叔的故事	4283	雷儒理作品回顾	6872
雷锋叔叔和我们在一起	3777	雷瑞之漫画选	3452
雷锋叔叔和我们在一起	2361, 2396	雷山芦笙曲选集	12268
雷锋叔叔讲革命故事	3637, 3688	雷山银饰	10660
雷锋叔叔教我这样做	3975	雷山远眺	9787
雷锋叔叔请听我的回答	12018	雷神的故事	6388
雷锋叔叔是我们的好榜样	3797	雷神和闪神	5666
雷锋叔叔望着我们笑	3930	雷神显威	6188
雷锋叔叔在我们行列中	2352	雷声阵阵	5942
雷锋颂	12140	雷双作品选	2831
雷锋颂歌	11515, 11618	雷斯必基艺术歌曲之研究	11104
雷锋替战友洗衣服	8997	雷坦画册	1392
雷锋同志模范事迹挂图	3118	雷宇砖刻选	8667
雷锋小组	1835	雷雨	5402, 5666, 5942
雷锋学习毛主席著作	8997	雷雨声音乐作品选	11357
雷锋与红领巾	4202	雷阵子轰鹿台	2136
雷锋语录字帖	8380	雷振邦创作电影歌曲选	11919
雷锋在工作	8997	雷震万方	4617
雷锋赞歌	11670	雷震子轰鹿台	5666
雷锋之歌	11699	雷州十贤	6087
雷锋之歌 100 首	11721	雷州义盗	4962
雷刚(革命现代京剧《杜鹃山》人物	1842	擂台	3885
雷圭元论图案艺术	10214	擂台还没有打完	6087
雷洪连油画作品集	2835	擂台降五狂	6087
雷洪意象色彩	2953	擂台展奇功	6188
雷惊幽谷千里远	2079	镭的母亲一居里夫人	3484
雷龙	10775	镭射新歌	11504
雷鸣陈亮拜济公	6257	镭之魅	5942
雷鸣智勇除妖道	6257	蕾蕾	9366, 9453
雷诺阿	1086, 6772, 6786, 6787, 6827, 6831	肋巴佛起义	5942

中国历代图书总目·艺术卷

泪痕	5481, 5566	离婚喜剧	13150
泪美人	6087	离乱鸳鸯	6328
泪泉	5942	离骚经	8057
泪洒长街送总理	3027	离骚图	2997, 3044, 3058
泪洒暮云观	6291	离骚图人物画选	3044
泪水洒满丰收田	3930	骊山避暑图	2303
泪血樱花	5481, 5666, 5797	骊山怒火	5797
类编古今画史	837	梨黑星病的防治经验	4925
类帖杂考	7231	梨花春雨	1903
类型影片鉴赏	13127	梨花村诗画	3484
棱范木刻	2977	梨花风雨	5318
楞伽岛之战	6411	梨花鳜鱼图	1538
冷冰川的世界	3060	梨花湾	5318
冷淡庵印谱	8510	梨花小鸟	1873
冷宫救昭君	2989, 3637	梨花鹦鹉	2495
冷酷的方程式	6586	梨花狱	6087
冷酷的心	5403, 5942	梨树沟大捷	5403
冷枚山水画册	1594	梨乡八月	3930
冷暖人间	13228	梨园传奇	5798
冷水江	8895	梨园春花	12789
冷仙琴声十六法	11318	梨园红哨	5286
冷雪庵知见印谱录目	8535	梨园话	12858
冷眼观世	3484	梨园佳话	12742, 12782
冷眼热肠	3522	梨园旧匾	12789
冷砚斋·滋芜画集	2284	梨园旧话	12740
冷艳清华一张桂征	2553	梨园考论	12786
冷月	9859	梨园老照片	12793
冷月画集	1718	梨园录	12744
冷月画评	500	梨园女武生	12932
狸猫换太子	4540, 9235	梨园趣闻轶事	12767
离别随想曲	12491	梨园抒怀	8223
离队之前	3885	梨园条例	12857
离歌	9391	梨园外纪	12856
离婚大战	13150	梨园戏艺术史论	12950
离婚合同	13150	梨园相思树	12974

书名索引

梨园撷英	12732	漓江帆	2079
梨园血泪	5255	漓江泛舟	9810
梨园新花	2396	漓江放牧图	1989
梨园新苗	5177	漓江风帆	2007
梨园新声	12889	漓江风光	2839, 4075, 4617, 9081, 9124, 9138,
梨园一叶	12883		9792, 9803, 9833, 9917
梨园轶话	12751	漓江风光	2041
梨园轶闻	12749, 12791	漓江好	3688
梨园影事	12746	漓江黄布风光	9884
梨园原	12744	漓江火种	6257
梨园纵横谈	12933, 12934	漓江揽胜	2007, 10510
梨云馆竹谱	1552	漓江浪石风光	9859
梨庄保卫队	4962	漓江恋	2670
梨庄保卫战	5011	漓江两岸	1857
漓江	1888, 4283, 8929, 9061, 9257, 9821, 9833,	漓江两岸尽朝晖	2588
	9859, 10432, 10510	漓江美景	9902, 10497
漓江	2041, 2627	漓江畔	9821, 9874
漓江百里图卷	2023	漓江轻筏	9810
漓江波影	9108	漓江情	1989
漓江晨渡	2728	漓江日晚	1780
漓江晨晖	9922	漓江山水	9821
漓江晨曲	2041	漓江山水·绿树重阴	2023
漓江晨雾	4757	漓江山水·天际归舟	2024
漓江晨曦	4202	漓江胜景	1966
漓江春	2006, 9257, 9803, 9845	漓江胜境图	1989
漓江春晨	1966, 1989	漓江书童山	9845
漓江春霁	2650	漓江抒情	9821
漓江春色	1817, 1873, 9081, 9833	漓江天下秀	1903
漓江春色	2418	漓江夕照	9821
漓江春水绿悠悠 细雨吴天结伴游 两岸奇山		漓江细雨	9899
看不尽 碧莲峰下泊行舟	8162	漓江小景	9821
漓江春晓	9116	漓江晓雾	9041
漓江春雨	1791, 9076, 9793	漓江新貌	2602
漓江翠竹	9821	漓江秀峰	4618
漓江叠彩山	9067	漓江秀色	1940, 1989, 2007, 2024, 9098, 9810,

中国历代图书总目·艺术卷

9874		黎明	1768, 12164
漓江秀色	2627	黎明 刘德华 谭咏麟 草蜢再续超级港星浪潮	
漓江秀色·黄山劲松·三峡云烟·武陵秋色	2455		11729
漓江烟雨	9057, 9803, 9822, 9902	黎明、郭富城金曲珍藏本	11735
漓江烟雨	2205	黎明的河边	5036, 5352, 5942
漓江一角	9792	黎明的枪声	5403
漓江音画	12230	黎明风暴	5403
漓江渔筏	9803	黎明画集	2330
漓江渔歌	9067	黎明前的搏斗	5798
漓江渔火	5352	黎明前的战斗	13248
漓江渔舟	9834, 9884, 9906	黎明前夜	5094
漓江雨霁	1817, 2007	黎明枪声	6087
漓江雨霁	2590	黎明之声	11931
漓江云壑图	1989	黎青漫画	3432
漓江早渡	9041	黎日晃雕塑集	8654
漓江战歌	11790	黎心斋草书联摘	8418
漓江之晨	9098, 9099, 9884	黎雄才	814
漓江竹排	2650	黎雄才 梁世雄访日画集	2221
漓水春风客舟轻	3975	黎雄才画集	1990
漓水荡舟	9810	黎雄才画集	2205, 2268
漓水渔舟	9089	黎雄才画选	1919
黎巴嫩小姑娘	4925	黎雄才旅桂写生画选集	1791
黎炳昭画集	1394	黎雄才旅行写生	1780
黎炳昭诗画集	1394	黎雄才山水画谱	903
黎村战歌	5286	黎耀西漫画集	3436
黎光祖书法集	8250	黎鹰水彩笔下的澳门	2964
黎鹤廉先生山水册	1648	黎勇打豹	5403
黎家代表上北京	12172	黎振欧花鸟画集	2526
黎简谢兰生书画	1685	黎志文个展	8632
黎锦的心事	4962	黎族少女	9722
黎锦晖儿童歌舞剧选	12651	篱笆·女人和狗	13150
黎锦晖歌曲集	11539	篱菊、牡丹	1733
黎锦晖评传	10971	藜阁十砚铭	1056
黎晶书法集	8305	礼乐	11069
黎民敏行草书	8235	礼貌 友爱 诚实 勇敢	3350

书名索引

礼貌待人	3350	李白诗《下江陵》	8162
礼品包装	10374, 10386	李白诗画屏	4202
礼品包装技巧	10376, 10381	李白诗黄鹤楼送孟浩然之广陵	4025
礼品包装入门	10379	李白诗望庐山瀑布	8147
礼品包装艺术	10373, 10376, 10379	李白诗意画选	1888
礼品包装与制作	10381	李白戏权贵	5798
礼品花艺	10599	李白与杜甫	5567
礼品卡片包装技巧	10381	李白与杨贵妃	9232
礼品选择与包装	10401	李白早发帝城诗	8153
礼器碑	7747, 7748	李百忍行草书法集	8162
礼器碑隶书描红本	8376	李百忍书艺文录	7346
礼器乐器全图	12240	李百战画集	2479
礼让图	4284	李宝峰插图集	6616
礼让图	2041	李宝峰画集	2136
礼物	3637, 4905	李宝林画集	2179
礼物的秘密	4914	李保孚书画集	2304
礼仪乐曲	12351	李保钧书法集	8317
礼仪信函钢笔字帖	7595	李北海法华寺碑	7835, 7877
李爱国国画创意	2221	李北海书古诗真迹	7835
李爱国画集	2136	李北海娑罗树碑	7827
李傲学画	6087	李北海叶有道碑	8053
李白	5403, 5482, 5798	李碧霞花鸟画选	2529
李白、杜甫诗	8186	李滨声画集	1412, 1413
李白《渡荆门送别》书法	8235	李滨声漫画选	3415
李白杜甫论画诗散记	514	李冰	5482
李白杜甫诗	3333	李冰斗蛟	5666
李白凤印谱	8559	李冰父子	4380
李白妇女诗集绘	1903	李冰和都江堰	5567
李白故里书画	1349	李冰画集	2179
李白和杜甫	4284, 5482	李秉正画集	2475
李白进京	3595	李炳荣雕塑集	8633
李白漫游记	5798	李炳义书法选	8250
李白诗	7551	李炳义书法撰联集	8265
李白诗《望庐山瀑布》	8162	李伯安画集	2414
李白诗《望天门山》	8162	李伯庆画集	2537

中国历代图书总目·艺术卷

李才旺书画选集	2284	李大钊烈士碑文小楷帖	8162
李禅花鸟画集	2553	李大钊名言钢笔字帖	7525
李瀌手书诗选	8330	李大钊诗帖	8330
李瀌书法选	8317	李大震作品选	2269
李长蘅山水	1569	李道五画集	2252
李长蘅山水册	1569, 1570	李德君画集	2330
李长路诗书作品选集	8318	李德书戏剧文选	12952
李长顺机班	4885	李德熙歌曲选	11492
李长文画集	2547	李德珍抢救炸药库	4962
李长志	6585	李狄三	5036
李超士粉画集	2929	李棣生山水画选	990
李超士画集	2945	李丁陇书法气功	8250
李超速写艺术	2896	李鼎成画集	2304
李朝炳山水画稿	2461	李东升国画集	2253
李成茂林远岫图	1548	李敦甫隶书字帖	8377
李成山水诀	888	李多木画集	2541
李初梨珍藏书画选	1479	李铎行书千字文	8330
李雕莘画集	2399	李铎书前后出师表	8177
李闯王	3561, 5318	李铎谈书法	7296
李闯王出征	4075	李尔王	5011, 5567, 5666, 5798, 6494, 7054
李闯王大破洛阳城	2353	李二姊	4914
李闯王和高夫人	4075	李发山画集	2253
李春恩龙凤书法集	8305	李方明素描画集	2904
李春富插图艺术作品集	6616	李方膺墨竹册	1660
李春廷将军书法艺术选集	8317	李方膺书画集	2269
李纯博书千字文	8306	李方膺水墨画册	1673
李纯恩摄影作品集	8982	李方玉画集	2136, 2330
李从军大写意古代名贤画集	2411	李芳小姐	4768
李达反投降的故事	5256	李丰田新闻速写集	2885
李大成画集	2541	李凤白画集	1389
李大虎与小刺猬	5942	李凤银歌曲选	11498
李大娘的遭遇	5119	李福龙摄影	8914
李大山画选	2179	李复堂画小册	1620
李大钊	3388, 6087	李复堂秋柳鸣禽	1660
李大钊的故事	5798	李复堂写生册	1638

书名索引

李傅周书法作品集	8265	李郭交兵	5036, 5403
李淦歌曲选	11485	李郭山水画系特展	2483
李刚京剧音乐作品集	11158	李国才	5205
李刚田书法集	8317	李国章陶瓷艺术	10657
李刚田篆刻选集	8582	李国柱画集	2526
李刚油画	2831	李果青书百龙吟	8306
李纲 岳飞书法精选	8004	李海观书法作品集	8317
李庚年国画选	2658	李海陆画牡丹	976
李庚年山水集	2080	李海涛海之恋画集	2269
李耕画录	1940	李涵画集	2584
李耕人物画技法	827	李涵画选	2235
李公麟	789, 1540, 1545	李行百画集	2304
李公麟圣贤图石刻	1542	李和生学生钢笔字帖	7551
李公庙碑	8047	李贺忠印选	8579
李恭临书法选	8293	李鹤年书法	8293
李恭临书法艺术	8250	李鹤三岁书画集	317
李贡	5011	李亨草虫秋树图	1768
李谷一唱片歌曲选	11971	李宏仁人体素描艺术	2890
李谷一演唱歌曲集	11922	李鸿藻临柳书	8022
李谷一演唱歌曲选	11970	李鸿章致李瀚章李鸿藻书札	8017
李谷一演唱新歌选	11919	李后还宫	4540, 5798
李谷斋临古六马图册	1620	李斛画集	2007
李谷斋山水册	1634	李斛作品选	1382
李谷斋山水人物册	1607	李花白水墨画集	2330
李固	5798	李华君书法集	8214
李光春画集	1415	李华英油画作品选	2822
李光羲演唱歌曲集	11975	李桦藏书票	3048
李光远毛笔字速成法	7306	李桦画集	1390
李广 周处	4697	李桦木刻选	8644
李广和霍去病	3637	李桦木刻选集	2991
李广利画集	2585	李焕伦画集	2269
李广射虎	4380	李焕民版画选	3032
李广祥隶书千字文	8373	李焕之声乐作品选集	11523
李广祥书法集	8265	李晖书法选	8196
李广周处	4540	李辉画集	2284

中国历代图书总目·艺术卷

李慧娘	5011, 5567, 5666, 9229, 9945, 12898	李可染册页	2330
李慧书法集	8293	李可染画集	2205, 2284
李慧演唱歌曲集	11984	李可染画辑	1857
李际科国画选	2024	李可染画论	685
李寄	5036	李可染画语	686
李寄斩蛇	6673	李可染论艺术	694
李家骕画集	2330	李可染山水画技法解析	921
李家骕线描	2284	李可染书画全集	1396
李家庄的变迁	5011, 5067	李可染书画全集	2179
李家庄团支部组织青年学习毛主席著作挂图		李可染水墨风景写生画集	2417
	9264	李可染水墨山水写生画集	2417
李嘉评音乐作品选集	12047	李可染水墨山水写生画选	2419
李坚冰墨迹选	8250	李可染研究	527
李建邦书艺	8266	李可染中国画	2007
李剑晨画集	1407	李克全油画展专辑	2831
李剑晨画选	2931	李克瑜舞蹈速写	2870
李剑晨捐赠作品集	1419	李苦禅国画小品	2658
李剑晨水彩画	2936	李苦禅花鸟画选	2041
李剑晨中国画集	2041	李苦禅画册	1967
李江州遗墨题跋	7245, 7703	李苦禅画集	1888, 1903
李洁民国画作品优选	2330	李苦禅画集	2080
李金明	1077, 2835	李苦禅画辑	1857
李金明油画选集	2805	李苦禅画选	1741, 1888, 1919, 2007
李金亭画集	2221	李苦禅画鹰	988
李金玉纪念画册	2041	李苦禅作品	2411
李金远画集	2080	李逵	5567, 5666, 6360, 6530
李津绘画艺术	2414	李逵 鲁智深	4380
李景方水彩画选	2965	李逵·鲁智深	2369
李靖 杨霞	4618	李逵·武松	2380
李靖·哪吒·黄飞虎·黄天化	4697	李逵, 鲁智深	4469
李靖·杨霞	2379, 2380	李逵扮新娘	4962
李炯书法集	8330	李逵扯诏	3885
李开麟国画集	2529	李逵大闹忠义堂	5286
李科长巧难炊事班	5137	李逵反投降	3885
李可染	812	李逵反招安	3885

书名索引

李逵负荆	6388	李梅	5286
李逵闹东京	5798	李梅生画册	1648
李逵闹江州	5798	李美凤小姐	9698
李逵杀四虎	4618	李萌现代绘画艺术作品集	1394
李逵撕"诏书"	3885	李密挂角	1780
李逵下山	5037, 5666, 5942	李明进川	5942
李逵元宵闹东京	2346	李明久画集	2446
李魁正画集	2519	李明良学手艺	5798
李魁正画选	2024	李暮吹笛记	10934
李坤山摄影集	8960	李墨巢书张退庵篆表	8122
李昆璞画选	1888	李默然论表演艺术	12911
李老板	3472	李姆斯基	11267
李老板又唠嘟!	3484	李姆斯基－柯萨科夫的交响组曲舍赫拉查达	
李老十残荷图卷	2547		11267
李雷版画选	3054	李牧之死	5567
李蕾汕画选	2831	李慕白金雪尘年画选	4470
李鲤姑娘	4962	李乃洪摄影作品集	8983
李力生书法艺术集	8317	李乃华国画选集	2459
李力生书法作品集	8187	李乃宙画集	2269
李连庆荧屏艺术文集	13060	李楠报道摄影	9293
李连一水彩风景写生	2953	李宁小传	6088
李凌云画牡丹技法	961	李弄琴	5037
李陵碑	4962, 5567, 12076, 12077	李湃公穷邸遇侠客	6088
李留海画集	2269	李鹏汕画集	2822
李流丹版画	3031	李平凡画文集	1392
李龙眠九歌人物图册	1544	李平凡文集	1213
李龙眠九歌图人物册	1533, 1534	李平秋作品选	2962
李龙眠蜀川胜概图	1533	李凭弹箜篌图	1903
李伦画集	1410	李萍李智山水画集	2471
李罗画集	2284	李普同书法纪念展	8330
李骆公书法篆刻集	7153	李普同书法选集	8196
李马渡康王	5567	李琦画集	2304
李满发夫妇	4962	李汧公穷邸遇侠客	5799
李曼峰画集	1967	李强书法集	8330
李眉生尺牍	8022	李强水墨画集	2330

中国历代图书总目·艺术卷

李青山和李明华	4962	李鳝花卉册页	1656
李青作品	1406	李鳝画册	1691
李清照 1873, 1903, 1940, 4075, 4202, 4203, 4284,		李鳝画集	1691
5667, 13108		李商隐	5567
李清照	2616, 2665	李尚才书画艺术集	2269
李清照闺房和诗	4284	李少白摄影作品选	8978
李清照连舫渡江图	1768	李少文人物画集	1390
李清照燕居图	10457	李少言版画集	3060
李晴画集	1419	李少言版画选	3031
李晴江花卉册	1620	李少言作品选集	3006
李琼久国画选	1990	李绍周工笔画	2253
李琼妹的故事	5150	李申耆先生手札	8039
李曲斋行草书札	8293	李升权水彩创意	1178
李全洲	5153, 5167	李升权水彩画意念及表现	1182
李群儿童歌曲选	12031	李圣和诗书画集	311
李群杰书法作品选集	8293	李师师	4963, 6530
李然书前后赤壁赋 前后出师表	8331	李石曾先生遗赠书画目录	305
李榕书事状碑	8073	李时珍 1990, 3319, 5352, 5403, 5482, 5567, 5568,	
李榕真硬笔书法精品集	7595	6494	
李汝匡书画近作集	2304	李时珍采药图	1758
李瑞年作品小辑	1378	李时珍传	4963
李瑞清楷行三种	8235	李湜谈中国古代女性绘画	544
李润杰快板书艺术	12975	李氏乐书六种	10997
李若农先生书高太君墓铭	8024	李氏乐书四种	10997
李三郎抗倭	5943	李氏三川钢笔字帖	7438
李三娘	5067	李氏圣译楼笔述	10938
李三娃	3394	李氏文物书画展览专辑	1483
李山画选	2007	李氏学乐录	10938
李山新疆画集	1919	李世民登基	5799, 5943
李山作品	2330	李世民登极	5667
李善杰画集	2542	李世南的水墨世界	807
李善一画选	1419	李世南画集	2007
李鳝花卉册页	1673	李世南速写艺术	2877, 2881
李鳝 高凤翰 李方膺画风	1686	李世南作品	2284
李鳝花卉册	1662	李世嵘画选	2269

书名索引

李世伟篆刻作品选	8558	李太白与杨贵妃	5799
李寿万书法集	8317	李太白醉写番表	3595
李书和书法作品集	8277	李太平书法艺术	8205
李叔同	11492	李檀园兰花册	1632
李叔同歌曲集	11430	李唐	795
李叔同歌曲寻绎	10878	李唐伯夷叔齐采薇图	1535
李叔同书法碑林画集	8128	李唐及其水画之研究	805
李叔同印存	8549	李天保娶亲	4075, 4133, 4203, 5482, 8816, 9945
李淑贞	2616	李天马小楷选	8387
李树杰书法篆刻作品选	8331	李铁夫	1389
李树人画集	2221, 2330	李铁夫画集	1383
李树彤金石像印集	3052	李铁夫作品展	1396
李双江演唱歌曲选	11974	李铁拐传奇	6291
李双双 3637, 3638, 3688, 3730, 5067, 5068,		李铁龙	5353
5094, 5119, 12126, 13093, 13095		李廷松演奏谱	12314
李双双四扇屏	3638	李庭芝之死	5068
李双双小唱	11961	李通大义除霸	5943
李思训	792	李同安画集	2331
李思训碑	7877, 7878, 7915, 7939	李娃传	5667
李斯特	10885, 10891	李巍画集	2235
李斯特钢琴曲选	12494, 12496	李维超	5177
李斯特歌曲选	12369	李维杞素描集	2892
李斯特纪念图片	10404	李伟歌曲选	11485
李斯特论柏辽兹与舒曼	10857	李伟画集	2304
李斯特论肖邦	10859	李伟隶书册	8368
李斯特音乐文选	10882	李伟卿水彩画	2931
李斯篆书习字帖	7356	李文诚公缩临醴泉铭	8039
李四打游记	4868	李文敷印章艺术选	8587
李四光	5403, 5482, 6530	李文杰舞台艺术	12938
李四光语录	8196	李文摄影作品集	8989
李似山墨竹谱	1635	李文信作品选	1903
李松茂书画集	1415	李文秀画集	2553
李松石风景画选	2791	李文忠的故事	5146
李愬破蔡之战	5943	李文忠公临怀仁集圣教序	8028
李太白闹殿	6188	李文忠懿公神道碑	8055

中国历代图书总目·艺术卷

李西岩 李剑秋父子画集	2284	李雪柏水彩画集	2953
李息翁临古法书	8118	李亚军水彩	2956
李锡奎调车法	13236	李亚玲	9668
李锡武画集	2815	李亚如画辑	2024
李习勤人体速写	2917	李亚如书法篆刻集	8235
李喜生画集	2479	李亚书画集	2529
李霞生画集	2526	李延声画集	2136
李先润风景水彩临本	1188	李延声毛笔速写	2887
李香君	3562, 4075, 4203, 5799	李岩起义	5353, 5482
李向群的故事	6562	李雁行草千字文	8429
李小春舞台艺术	4284	李雁狂墨	8177
李小镜摄影集	10144	李雁书法选	8163
李小龙传奇	6223	李焱·韩言松画集	2080
李小龙的绝招	6188	李焱、韩言松画集	1888
李小午云南幽默风情游	3523	李燕(壮北)画集	2253
李晓庵速写集	2917	李燕动物画	2584
李晓斌	2639	李燕动物速写	2881
李晓伟油画作品选	2822	李燕军木瓢雕刻艺术	8648
李孝美墨谱	1061	李燕人物画集	2041
李啸仓戏曲艺研究论集	12727	李阳冰城隍庙碑	7660
李新明画集	2331	李阳冰三坟记	7881
李新明书法集	8331	李养一端溪砚坑记	1061
李新摄影作品集	8914	李尧宝刻纸集	10665
李信德梅花画集	2542	李爷爷的家史	5256
李信与红娘子	13123	李野屋花卉册	1712
李杏水彩画选集	2956	李以泰木版画技法	1212
李秀版画集	3058	李亿平版画	3058
李秀成大战杭州	5667	李逸民画选	1967
李秀成特刊	12918	李毅元画选	1122
李秀明	9528	李毅斋山水人物册	1610
李秀实	2787	李尹桑印存	8540
李秀实"京华遗韵"系列	2822	李英书法艺术	8331
李秀实油画选	2787	李邕《李思训碑》临摹解析	7939
李学伦歌曲选集	11492	李邕《岳麓寺碑》及其笔法	7928
李学写意百鹰图	2587	李邕的书法艺术	7925

书名索引

李邕行书间架结构九十二法	7392	李运辉画集	1399
李邕麓山寺碑临写法	7346	李兆军摄影作品	8977
李邕书法精选	7915	李兆麟将军	5943
李邕书法选	7907, 7922	李照东书画集	2253
李邕书麓山寺碑	7915	李谪仙醉草吓蛮书	5799
李邕叶有道碑	7892	李真书法选集	8214
李永国	5974	李真书法作品集	8266
李永平花鸟画选	2542	李震坚画集	1390
李永奇画集	1413	李正刚书法集	8331
李永悌书启功论书诗词绝句	8277	李正元美术字集	7638
李咏森百岁水彩画集	2965	李知非剪纸选集	10682
李勇勇	9641, 9668	李志安书画选	2537
李有行画选	2932	李志平书法作品集	8331
李有行作品选	2938	李志强画集	1404
李右军画集	2253	李铁仁画虎	988, 1003
李渔戏曲艺术论	12726	李智纲画集	2547
李遇秋手风琴曲集	12213	李鸾画品	745
李裕康书法集	8206	李忠纯山水画集	2483
李毓遐草书三篇	8277	李忠翔版画	3054
李渊起兵	5943	李忠翔版画集	3047
李元霸	6455	李仲璟修孔庙碑	7664
李元霸 裘元庆	4380	李仲约书张君墓表	8024
李元霸 裘元庆	4697, 4698	李著豪书法作品集	8331
李元霸比武	2080	李卓吾先生批评西游记插图	1580
李元霸出世	5799	李子酥各体行书	8114
李元霸全传	6088	李子侯画集	2401
李元庆说唱音乐作品选	12142	李子青摄影作品选	8986
李元摄影作品选	8978	李紫贵戏曲表导演艺术论集	12822
李远工笔花鸟画选	2507	李自成 4025, 4203, 5318, 5319, 5353, 5482, 5483,
李远萃女士墓碑	8110	5568, 5667, 6530
李月娥还乡	12093	李自成	2353, 2356
李跃门百蝶图	1595	李自成 高桂英	4618
李云川书法集	8266	李自成 高夫人	3975
李云鹤手风琴曲集	12215	李自成的故事	4025
李云山画集	2523	李自成黄巢	4284

李自成进北京	3835	理想的风筝	4284
李自成怒斩叛徒	3885	理想的歌	11972
李自成起义	5319	理想的美比实际生活更美	117
李自强画集	2542	理想还是美丽的	5667, 5799
李宗津画选	2782	理想纪律愚公移山志——胜利	3368
李宗珂画集	2269	理想与偶像	050
李宗仁归来	5568, 5943	理想之歌	9391
李槠画集	1395	理想之花	4025
李左泉画选	1990	理性的巅峰	6494
李佐书毛泽尔诗词	8251	理性绘画	308
里斯本之夜	5943	理玄缀事	2235
里维耶夫人像	6887	鲤湖飞藻	9041
里言百韵	8014	鲤鱼	1873
理财之道	3472	鲤鱼	2572
理查·克莱德曼	12511	鲤鱼公主	5799
理查·施特劳斯	10986	鲤鱼姑娘	4698
理查·司契米德画人体	6850	鲤鱼挂壁	5667
理查德·克莱德曼钢琴独奏曲集	12506	鲤鱼荷花	2024
理查德·克莱德曼钢琴独奏曲集	12506	鲤鱼荷美	4075
理查德·克莱德曼通俗钢琴曲精选	12508	鲤鱼画法	629
理解的理解	6586	鲤鱼满塘	4203
理解现代书法	7336	鲤鱼满塘	2650
理论队伍在成长	3930	鲤鱼跳龙门	4075, 4133, 4203, 4380, 4470, 4618,
理论辅导员	1835, 3885		4698, 10457
理论花开遍地红	3835	鲤鱼舞	2137
理论基础	133	鲤鱼仙子	4075, 4540, 4698, 4818, 9379
理论课前	3835	鲤鱼献宝	2080
理论联系生产实际，攀登科学文化高峰	3539	鲤鱼跃龙门	2080
理论威力大人红厂也红	3083	鲤鱼洲的枪声	5667
理论小组	3835	漓水船夫号子	11780
理论新军	1292	醴泉铭与欧阳询	7283
理论与实践和声学教程	11101	蠡湖春色	4618
理论战线小尖兵	3885	蠡湖之春	9884
理想	3976, 4025, 4203, 10438	蠡园	9116
理想·情操钢笔字帖	7525	蠡园春光	9099

书名索引

蓝园春色	9108	历代笔记书论汇编	7356
蓝园泛舟	9834	历代草书大典	8423
蓝园倩影	9590	历代尺牍书法	7670
蓝园遗墨四种	8110	历代瓷器茶杯	425
蓝园之春	9917	历代帝王传国玺谱	8480
力挫熊岛	6081	历代帝王法帖释文	7201, 7685, 7693
力夺小偶像	7035	历代帝王法帖释文考略	7681
力举千钧	5286	历代帝王法帖释文考异	7681, 7682
力量	9255	历代帝王千字文	7741
力量的源泉	1274, 3024, 3764	历代帝王像	1271
力剪张天霸	5943	历代动物纹样	10271
力求严肃认真思考的札记	1940, 3499, 6605	历代动物纹样参考	10245
力群版画选集	3038, 3052	历代古玉汇	381
力群美术论文选集	015	历代观音宝像	462
力挽狂澜	8902	历代汉字字体与书法选粹	7327
力与美	9255	历代行书大典	8438
力战韦山王	5667	历代行书技法通讲	7306
力争上游	3083, 3196, 5205	历代行书墨迹精华	8428
历朝画幅集册	1534	历代花鸟画精品集	1519
历朝画征录	754	历代花鸟诗钢笔字帖	7473
历朝名画共赏集	779, 1497	历代花鸟诗三百首行书钢笔字帖	7595
历朝名画观音宝相	1272	历代画家书法选	7666
历朝名人扇集	1472	历代画家姓氏便览	846
历朝圣贤篆书百体千文	8354, 8355	历代画家姓氏便览续编	844
历朝史印	8502, 8503	历代画家姓氏考	844
历朝四杰翰墨精选	7734	历代画马特展	1526
历朝印识	8444, 8488	历代画谱	1457
历代爱国诗词钢笔字帖	7607	历代画史汇传	844
历代百美图	1605	历代家教诗文隶书字帖	8371
历代百寿集锦	8360	历代金铜佛造像特展目录	459
历代碑帖大观	7741	历代绝句百首五体钢笔字帖	7474
历代碑帖法书技法选	7367	历代楷书碑帖钢笔临写入门	7474
历代碑帖法书选	7715	历代楷书大典	8405
历代碑帖鉴赏	7671	历代乐志律志校释	10960, 10961
历代笔记精品钢笔行书帖	7551	历代隶书大典	8376

中国历代图书总目·艺术卷

历代流传书画作品编年表	1273, 1274	历代名家书法荟萃	7741
历代论画名家汇编	686	历代名家书画题跋	775
历代论画名著汇编	783	历代名家书体大字典	8353
历代论书诗选注	7277	历代名家小楷精品	8394
历代美人画选	1477	历代名家学书经验谈辑要释义	7251
历代名碑风格赏评	7674	历代名家篆书字典	8366
历代名碑技法	7735	历代名将画谱	1424
历代名臣法帖第七	7787	历代名句六体字帖	8348
历代名公画谱	1494	历代名女——蔡文姬	4618
历代名公真迹缩本	7147	历代名女——李清照	4618
历代名画大成	1447, 1472	历代名女——王昭君	4618
历代名画大观	1519	历代名女——西施	4618
历代名画观音宝像	1277	历代名女——薛涛	4618
历代名画记	837, 838, 839	历代名女——卓文君	4618
历代名画记全译	839	历代名篇书法丛书	8266
历代名画录	1461	历代名人画谱	1494
历代名画神品	754	历代名人琴式	12240
历代名画题跋录	1457, 8017	历代名人绣像选	3065, 6617
历代名家草书字典	8423	历代名人楹联墨迹	7670
历代名家草字选	8414	历代名人咏江阴	8306
历代名家法书墨迹珍品十种	7737	历代名人咏吴江书画集	1492
历代名家行草字典	8432	历代名人在楚墨迹	1485
历代名家行书鉴赏	8432	历代名诗名言	7619
历代名家行书精选	8430	历代名帖风格赏评	7392
历代名家行书字典	8439	历代名帖临写入门	7393
历代名家行书字帖	8433	历代名帖自学选本	7719, 7720, 7882
历代名家画鹤	1005	历代名言帖谱	8251
历代名家画枇杷	976	历代名作曲家介绍	10924
历代名家画人物	884	历代千字文墨宝	7729
历代名家隶书字典	8377	历代琴印	8488
历代名家论书画	8251	历代勤学诗正草字帖	8346
历代名家论养生	8251	历代情诗名篇钢笔字帖	7607
历代名家名将画谱	1990	历代山水画名作选	923
历代名家山水画要析	904	历代山水画选集	1515
历代名家诗文集联书法集	7672	历代山水画月历	10465

书名索引

历代诗·词·曲名篇七体字帖	7595	历代写意人物画欣赏	1511
历代诗词钢笔书法	7438	历代写竹法	939, 7148
历代诗人画传	1519	历代艺术馆	247
历代诗人咏灞桥书法选	7737	历代印学论文选	8459
历代石画观音像供养狼山目录	6617	历代中国画学著述录目	681
历代仕女画选集	1477	历代钟馗画研究	688
历代书法技艺	7327	历代著录法书目	7672
历代书法家书论精选	7495	历代著录画目	1477
历代书法家述评辑要	7289	历代著名诗人咏黄鹤楼	2007
历代书法精粹字典	8350	历代篆刻风格赏评	8468
历代书法论文选	7256, 7257, 7283	历代篆书大典	8365
历代书法论文选续编	7393	历代字法心传	7226
历代书法名家草书集字丛帖	8424	历法风云	5943
历代书法名家书论	7580	历届党和国家领导人为北京市西城区教育事业	
历代书法名家谈	7356	题词汇集	8306
历代书法名家真迹丛书	7735, 7736	历尽艰辛为人民	1849, 3930
历代书法名品赏评	7378	历尽艰辛为人民——毛主席和周总理在转战陕	
历代书法名作选系列	7738	北途中	3930
历代书法欣赏	7283	历苦衷言	12293
历代书法选	7671, 7726	历类缩样	10477
历代书法字汇	8343	历史·战争·电影美	13074
历代书法作品赏析	7314	历史、神话与传说	8661
历代书论选注	7277	历史悲剧中的女主角	6862
历代思想家作家音乐家论音乐	10855	历史不容篡改	2757, 3835
历代四季风景诗300首	7474	历史长河九十九道湾	11526
历代四季风景诗钢笔楷书字帖	7551	历史的长城	6257
历代陶瓷款识	426	历史的超越	7367
历代题画诗小楷字帖	8387	历史的沉吟	10148
历代图绘定评	754	历史的脚步	8979
历代图绘姓氏备考	755	历史的脚印	8897, 9289
历代图绘要诀	755	历史的脚踪	13192
历代图绘要论	755	历史的教训	4914, 13258
历代图形印吉语印印风	8552	历史的奇迹	9293
历代西域诗词钢笔字帖	7474	历史的审判	3411
历代线描佛像图	1527	历史的瞬间	8966, 8977, 8982

中国历代图书总目·艺术卷

历史的瞬间与瞬间的历史	10145	立立	9379
历史的踪影	8900	立马茅峰	5668
历史歌	12305	立陶宛苏维埃社会主义共和国	10130
历史歌曲 抒情歌曲 影视歌曲 外国歌曲精选		立体博物馆	1237
500首	12385	立体的世界	10762
历史绘画	203	立体动物	10713
历史脚印	8986	立体构成	138, 139
历史京剧《红灯照》	9218	立体构成基础	140
历史卡通乐园	6722	立体构成入门	127
历史人物故事	4075	立体构成原理	127
历史上劳动妇女革命故事选	5256	立体构成资料精选	140
历史生活舞蹈	12659	立体花鸟画	4618, 4698
历史瞬间	8907	立体画迷宫	1237
历史图	1700	立体剪纸画	10677
历史文化名城——丽江	8958	立体卡片造型艺术	10689
历史文化名城——泉州	8960	立体派	527
历史文化名城扬州	4768	立体派绘画	6812
历史与现状	13317	立体派与未来派绘画	581
历险除妖	5667	立体设计原理	126
历险故事	6455	立体摄影	8753
历险记名著精选	6328	立体声电声乐队配器法	11285
历险亚马孙	6455	立体视觉急转弯	7145
厉慧良纪念集	12894	立体造形基本设计	125
厉家寨	5177	立体折纸精选	10710
厉莉华	9668, 9698	立体纸雕	8621, 10689, 10698
立锤武将	4541	立体纸调艺术	10684
立大志 攀高峰	1967	立无产阶级大志 登科学技术高峰	3083
立大志攀高峰大闹技术革命	3083	立下凌云志	3930
立方体——马头	1145	立下务农志 建设新农村	3688
立功赎罪	5568	立下愚公移山志 科学种田不靠天	3756
立功喜报传回家	4470	立下愚公移山志 建设稳产高产田	3127
立功英雄褚墨新	4875	立下愚公移山志 誓把荒山变良田	3173
立共产主义的雄心大志，做毛泽东时代的新型		立下愚公志 开拓青海省	3350
妇女!	3083	立新战歌	5205
立国之本强国之路	3374	立雪台晚翠	1888

书名索引

立雪斋琴谱	12304	丽人与花	9698
立雪斋印谱	8494	丽人奏乐园	8829
立志成才屏	4618	丽日	9884
立志夺冠军	9498, 9765	丽日当空	9470
立志建设新农村	3688	丽日芳春图	2639
立志攀登科学高峰	3357	丽日南天	9892, 11489
立志篇	4380	丽塔的遭遇	5483
立志务农斗志昂 火红青春献给党	3239	丽温线上	6745
立志在农村干一辈子	3118	丽影	9642, 9698, 9722, 9739
立志做坚强的革命后代	3140	丽影欢歌	2080
立志做无产阶级革命接班人	3140	丽苑香妃	6257
立志做有理想 有道德 有知识 有体力的人		丽质	8848
	3333	励精图治	5799
立壮志树雄心学赶超萧德训做技术革命的红旗		励志集	8892
手!	3083	利剑	6088
立足点	5286	利萨之战	6088
丽	9753, 9759	利用《水浒》做反面教材 使人民都知道投降派	
丽姑	9551		3239
丽花飘香	10080	利用粗料喂猪	8874
丽江	8914	利用电影促成三民主义之实现及辅助各种事业	
丽江风光	9859	之进行	13169
丽江古城	8914, 8969, 8970	利用玉米秸做青贮饲料	8874
丽江黑龙潭	9834	利智小姐	9698
丽江黑龙潭	9899	沥血求真美	12698
丽江书画选	2284	隶八分辨	7207
丽晶	4818	隶辨	8368
丽君认母	6088	隶草篆论诗绝句百首	8277
丽君入赘	5943	隶法汇纂	7225
丽丽与小白鹅	12633	隶法琐言	7224
丽人	9698, 9745, 9759	隶法指南	7306
丽人行	5095, 5668	隶篇	7268
丽人佳影	9753	隶书	7393
丽人图	4133	隶书·魏碑技法	7297
丽人图	2617	隶书 篆书	8351
丽人新装	9028	隶书《曹全碑》描红本	8375

中国历代图书总目·艺术卷

隶书《曹全碑》水写贴	7772	隶书入门字谱	7327
隶书《礼器碑》书法入门	8371	隶书书法精选	7770
隶书《乙瑛碑》临帖指导	7367	隶书书写门径	7272
隶书《张迁碑》水写贴	7772	隶书水写字帖	8223
隶书百花诗	8223	隶书唐诗字帖	8331
隶书百日通	7393	隶书帖	8370
隶书保险法	8306	隶书五十种	8376
隶书笔法与汉碑	8369	隶书五体自学字帖	8374
隶书标准习字帖	8371	隶书习字帖	8369
隶书曹全碑一百天	7769	隶书小字典	8374
隶书大字典	8366, 8372, 8375, 8376	隶书写法与汉碑注释	7297
隶书大字帖	8373	隶书写法指南	7306
隶书大字帖《岳阳楼记》	8368	隶书学习与欣赏	7289
隶书概览	7314	隶书银行法	8331
隶书概论	7283	隶书张迁碑一百天	8373
隶书钢笔字帖	7525	隶书章法	7314
隶书汉《礼器碑》临写法	7393	隶书章法举隅	7378
隶书基础技法	7356	隶书指要	7393
隶书基础教程	7367	隶书篆书习字与解析	7290
隶书基础入门	7336	隶书自学教程	7347
隶书基础知识	7268	隶书字典	8371
隶书技法	7297, 8362	隶书字范	8371, 8374
隶书技法百日通	7367	隶书字架结构习字帖	8370
隶书技法入门	7393	隶书字帖	8139, 8235, 8367, 8368, 8373, 8374
隶书佳联选萃	8369	隶体字库	8373
隶书教程	7336, 7367	隶学概论	7378
隶书结构入门字谱	7356	隶韵辨体	7182
隶书临帖指导	7314	隶字编	8371, 8372
隶书临习字帖	8373	隶字汇	8375
隶书启蒙	7356	荔波风情	8935
隶书起步	7356	荔镜记	4380
隶书千字文	8371, 8377	荔门前集外编	666
隶书入门	7257, 7258, 7289, 7314, 7327, 7347	荔熟时节	10426
隶书入门与创作	7378	荔香室石刻	7659
隶书入门与提高	7277	荔枝	1748, 1780, 1791, 10106

书名索引

荔枝	2547	连环画十家	1231
荔枝的传说	5483	连环画收藏指南	1247
荔枝的故事	5286	连环画文学概论	1227
荔枝蜜蜂	1791	连环画小二黑结婚	6455
荔枝树下	5403	连环画新作选	5944
荔枝小鸟	1940	连环画选	5205, 5287
莉莉	9590, 9668	连环画选集	5256
栗子	10104	连环画选辑	5205
砺卿印草	8513	连环画选页	5177, 5205, 5231, 5232
笠翁对韵精粹	7474	连环画学概论	1242
笠舞春光	2080	连环画艺术	1228, 1229, 1230
胭脂印拾	8568	连环画艺术丛书	6291
粒粒皆辛苦	4284	连环画艺术论	1226
粒粒粮食粒粒宝	4203	连环画艺术欣赏	1242
傈僳文赞美诗	12442	连环画作品选	5256
连队的春天	5668	连环画作品选页	5095, 5177, 5178, 5206, 5232,
连队歌唱	11552		5320
连队歌选	11563	连环计	1967, 4203, 4541, 4963
连队黑板报实用手册	10320	连环计四条屏	1967
连队理论小组	3835	连环漫画集锦	3421
连队美术参考资料	10253	连环漫画精品大观 4000 幅	6993
连队墙报美术资料	10253	连环套	3595, 3638
连队生活歌曲六首	11676	连环新画	6586
连队实用美术资料	10250	连环幽默漫画精选	7043
连反五关	5668	连环债特刊	13287
连丰有余	4380	连家生论书绝句	8196
连环洞	5037, 5799, 6189	连家生书法集	8278
连环画编写探幽	1236	连江风貌	9081
连环画参考资料	5353	连理南枝姐妹花	9018
连环画创作谈	1224	连理同心	8829
连环画大有可为	1222	连连报喜	4541
连环画封面作品选辑	5320	连年报喜	4470
连环画画法	1222	连年发财	4698
连环画精选	6088	连年丰	4541
连环画论丛	1223, 1224, 1226	连年丰收	1758, 3976, 4133

中国历代图书总目·艺术卷

连年丰收 岁岁有余	4075	连心水	5287, 5353
连年丰收四季平安	4284	连心锁	5206, 5256, 5287, 5353, 5403, 5404, 6088
连年富有余	2137	连心线	5206
连年富裕	4618	连续作战	2757
连年庆丰收 齐心奔四化	4133	连逸卿粉画集	2965
连年庆功	3731	连玉烨	9570
连年庆有余	4203	连云港曲艺志	12784
连年庆有余 岁岁喜丰收	4075, 4076	连云港市民歌集	11780
连年喜有余	4470	连云港戏曲音乐集成	12134
连年幸福	4541, 4698	连云港戏曲志	12780
连年有余	2024, 3595, 4025, 4026, 4076, 4134,	连云港渔船	1748
	4203, 4204, 4284, 4380, 4470, 4541, 4619,	连战连捷	5668
	4698, 4789, 4818, 4849, 8822, 8848, 9419,	连珠山下	2932
	10405, 10406, 10446, 10471	连奏丰收曲	1835
连年有余	2041, 2080, 2081, 2137	帘前光绪	5944
连年有余 万象更新	4134	莲	10080
连年有余 勤劳致富	4698	莲池得蟹	3595
连年有余·万事如意	2081	莲池奇案	6257
连年有余户户春	4541, 4699	莲池书院法帖	7666
连年有余吉祥如意	4285	莲池鱼肥	1967
连年有余接五福	4619, 4843	莲池鱼跃	1888, 1919
连年有余人添寿	4204, 4541	莲池鸳鸯	4204
连年有余四季春	4699	莲得龙鳞	3595
连年有余喜丰收	4470	莲灯戏狮	3596
连年有余喜上眉梢	4204	莲丰籽壮	4285
连年有余幸福长寿	4285	莲湖花榜	12806
连年有余引彩凤	4470	莲花	10014, 10019, 10042
连年有余迎双喜	4619	莲花洞	5944
连年鱼跃	10532	莲花洞的秘密	5354
连升三级	4619, 4905, 5668, 6088, 6291	莲花洞夺宝	5568
连生贵子	1748, 3595	莲花峰	1791
连氏书法作品选论	7297	莲花湖——镜泊湖风光	9845
连琐	5944	莲花剑	6089
连心扁担	5287	莲花山聚义	6089
连心桥上	5353	莲花生像	449

书名索引

莲花仙子	4134	联拓大观	7660, 7662
莲花韵	8989	联吴抗曹	5944
莲花掌传奇	5799	联友剧社纪念专刊	12751
莲华庵书画	1707	联语书法集	8351
莲华菩提	8986	联中晨报国庆画刊	3395
莲开并蒂喜有余	4470	联珠集·严濬蒋敏学中国画选	2269
莲莲的奇遇	5944	廉锦枫	4134
莲年得鱼	3596, 3638	廉吏风	4963
莲年有余	3638	廉颇请罪	5037
莲蓬	1768	廉政教育画册	6291
莲瑞老人画册	1644	廉州仿云林山水册	1620
莲上得鱼	4380	脸部铅笔素描画	1118
莲塘初夏	2808	脸儿白手儿净身体健康不生病	3103
莲塘鹤影	2574	脸皮复印机	6679
莲塘佳侣	4619	脸谱	12859, 12862
莲塘嬉鲤	4134	脸谱大全	12832, 12834, 12835
莲塘戏鸭	1919	脸谱的分析	12832
莲塘鱼肥	4381	脸形装饰图案集	10304
莲塘鱼跃	1857	练	1817, 9617
莲辨鱼跃庆丰年	4381	练兵场上	12279
莲乡题画偶存	678	练兵场上新一代	3303
莲湘	12587	练出铁手腕	3885
莲醒鱼欢	10035	练川名人画像	1270
涟漪轻泛	9803	练打"乌龟壳"	3239
联邦德国采风	9108	练刀	9233
联邦德国风光	9874	练耳	11052
联邦调查局奇案	6223	练耳初级教程	11053
联合国歌集	12393	练耳和视唱	11039
联合国国际妇女十年	3365	练好本领 保卫祖国	4134
联合书院图书馆馆藏中国现代戏剧图书目录		练好本领 保家卫国	3357
	12685	练好本领 保卫祖国 3596, 3638, 3731,	3885
联合演习保边疆	3371	练好本领 保卫祖国	3110, 3118, 3207
联华年鉴	13171	练好本领, 保卫边疆	3365
联络站	11664	练好本领, 消灭一切敢于进犯的敌人!	3110
联揽大观	7809	练好本领; 保卫祖国	3371

练好本领保国防 五好战士人人当	3104	恋爱问题	4905
练好本领保卫社会主义建设	3104	恋歌集	11932
练好本领时刻准备狠击侵略者	3104, 3127	恋歌三十七曲	11504
练好本领时刻准备狠击侵略者 加强训练随时		恋花	10085
听从祖国召唤	3688, 3731	恋恋风尘	13142
练好本领守海防	3689	恋情妙语钢笔字帖	7525
练好杀敌本领 夺取粮食丰收	3731	恋曲	9405, 9483, 9487
练好身体 大干四化	4076	恋曲	2304
练剑	9570	恋曲 7200 秒	7106
练剑之后	9542	恋曲奉献	11510
练杀敌本领 走大寨之路	3731	恋人寄语	7525
练武归来	2588	良辰	9076, 9391
练武讲评	3731	良辰吉日	4619
练武去	3835, 3885	良辰吉日	2137
练武术	4204	良辰美景	4619, 4849, 4862, 8822, 8829, 9391,
练武之后——《对花枪》中罗焕	9551		9405
练硬功	3731	良辰美景	2446, 2455
练字	7438	良辰美景好姻缘	4963
练字一点通	7327	良师益友	549
炼钢工人	8657	良宵	2787, 4076, 4381, 12224, 12225, 12226,
炼钢炼铁人人夸	11603		12276
炼钢炉前似战场	11775	良宵引	12295
炼钢战线一面持续优质高产的红旗	5011	良缘奇曲	5668
炼好身体	3319	良种鉴定	3731
炼红思想 练硬作风	3196	良种颗颗报丰收	3976
炼焦车间的女主任	4914	良渚文化玉器	407
炼就红心铁骨 建设美好江山	3797	凉山的月亮	11515
炼塔巍巍	5320	凉山牧歌	11412
炼铁厂	2929	凉山需要你们	3930
炼印	5668	凉山彝族民间美术	10185
恋	9405	凉山彝族民间器乐曲选集	12342, 12343
恋	2650	凉山彝族文物图谱	395
恋爱·婚姻·家庭漫画集	3422	凉山月琴	5354
恋爱的季节	6722	凉山在前进	3836
恋爱悄悄话行书隶书钢笔字帖	7495	凉山之春	4134

书名索引

凉州词	8177	梁洛文的转变	4925
凉州美酒	8902	梁梦龙书元曲西厢百韵	8235
凉州钟传奇	5668	梁铭添山水画选	2462, 2471
梁斌画集	2284	梁乃予书汉三公山碑集联	8364
梁冰书长恨歌	8251	梁培浩画集	2253
梁仓室印存	8534	梁培龙画册	1392
梁长林画集	1990	梁培龙水墨儿童画选	2205
梁达明摄影作品集	8988	梁崎画集	2042
梁大娘	5404	梁崎书画作品选	2235
梁鼎光钢笔字帖	7552	梁启超	3377
梁鼎光小楷古赋十八篇	8398	梁启超题跋墨迹书法集	8130
梁栋木刻选集	3032	梁秋燕	3539
梁凤写生集	2462	梁秋燕曲谱	12103, 12104, 12118
梁枫摄影作品选	8979	梁任公临王圣教序	8115
梁钢作品选	2962	梁任公墨迹	8024
梁红玉 3638, 4134, 4204, 5668, 9005, 9347, 9542,		梁任公先生写南海诗集墨迹	8114
9551, 9955		梁荣中山水画集	2459
梁红玉 穆桂英	4076, 4381	梁三喜闭	4963
梁红玉大战金兀术	4619	梁山伯与祝英台	1733, 3596,
梁红玉击鼓(舞蹈《金山战鼓》)	9224		3638, 4026, 4076, 4134, 4135, 4204,
梁红玉击鼓战金山	4204		4285, 4470, 4541, 4699, 4818, 4891, 5068,
梁红玉擂鼓助战	4134		5483, 5568, 5668, 6586, 8829, 9148, 9590,
梁洪涛	2304		9940, 10432, 11828, 11829, 11830, 12167,
梁鸿与孟光	5011		12173, 12180, 12214, 13093, 13101, 13123
梁惠湘摄影文集	8704	梁山伯与祝英台	2380
梁惠湘摄影作品选	8986	梁山伯祝英台	9940
梁纪画集	2253	梁山泊收关胜	3638
梁加坚水彩画集	2946	梁山泊英雄排座次	5037, 6530
梁简文帝梅花赋	7993	梁山泊英雄图	4285
梁洁华画集	2409	梁山泊英雄图像	1591
梁金娜选集	6773	梁山调(川调)与弹腔(北路)同源之我见	12687
梁锦英钢笔书法	7429	梁山好汉	3492, 4619, 4699, 8818
梁巨廷	1381	梁山好汉	2391
梁楷	798, 1547	梁山好汉 水泊英雄	4470
梁楷全集	1548	梁山好汉——武松	3492

中国历代图书总目·艺术卷

梁山好汉豹子头林冲,梁山好汉丑郡马宣赞		梁玉卿	13123
	4471	梁元帝山水松石格	675
梁山将	2380	梁占岩画集	2407
梁山五虎将	4699	梁照堂国画书法集	2270
梁山一百零八将	4135	梁祝	9951
梁山英豪	4620	梁祝化蝶	4204, 4205, 4620
梁山舟祭弟文真迹	8047	梁祝下山	12138
梁山舟孙安人诔墨迹	8039	粮仓风波	5320
梁实秋金句漫画	3492	粮船数不尽	3886
梁实秋妙语钢笔字帖	7496	粮钢高产歌	11444
梁世雄画集	2205	粮钢齐飞跃, 生产大丰收	3539
梁树年画辑	1940	粮棉丰收	3638
梁树年山水画稿	2446	粮棉丰收 瓜果满园	3638
梁天柱画集	2081	粮棉丰收 六畜兴旺	3562
梁同书楷书千字文	8090	粮棉有余	10438
梁王西征	6089	粮食	5011, 5037, 5068
梁炜彬画选	1410	粮食采购队	4963
梁文亮水彩画集	2948	粮食大丰收	3539
梁文忠公书扇面	7657	粮食的故事	5037
梁闻山戴文节书画杂录	8017	粮食丰收 连年有余	3562
梁闻山书	8017	粮食丰收图	2725
梁闻山先生评书帖	7207	粮食满仓 果菜满园	3562
梁锡鸿水彩画选	2940	粮食满仓诗满怀	3836
梁溪书画集	1390	粮食与营养	13237
梁溪书画征	846	粮是宝中宝全在粪上找	3104
梁萧敷及王氏墓志铭	7792	粮鱼双丰收	3797
梁晓庄印存	8574	粮枣丰收	1817, 3777
梁欣基风景油画	2831	梁世雄画选	2008
梁新会临张猛碑	8107	两岸姐妹情	2137
梁鑫喆画集	2304	两岸新声	336
梁星堂篆刻各体书画印章铁笔单	8516	两败俱伤	6291
梁岩画集	2396	两船歌声	3012
梁岩水墨肖像画集	2409	两次救金花	4963
梁永泰画集	1378	两打"镇华台"	5668
梁玉龙油画	2831	两大心愿	4963

书名索引

两代秦皇	5800	两个小偷	7021
两代人	4963, 5037, 5095	两个小武工队员	5256
两代人之间	6948	两个巡逻兵	13230
两代英雄	3689	两个羊倌	5037
两队之间	5068	两个营业员	4878, 4925
两朵大香花	1070	两个元老	5038
两访新疆	2875	两根小扁担	5287
两分钟故事画库	6455	两宫皇太后	4699, 4757
两个"阿信"	9012	两汉论乐文字辑译	10963
两个"洋娃娃"	9344	两汉儒林印谱	8516
两个半条等于两条	6530	两汉文学故事	6291, 6360
两个稻穗头	5206	两汉兴衰	6412
两个队长	5095	两汉印萃	8497
两个辅导员	3886	两河口	2840
两个孤女	5944	两伙伴	10510
两个互助组	2984	两家春	5668, 13093
两个黄鹂鸣翠柳，一行白鹭上青天；窗含西岭		两家人	13247
千秋雪，门泊东吴万里船	8161	两家小娃拾寿桃	4381
两个鸡蛋	4925, 5232	两江名胜图册	1577, 1578
两个老"侦察兵"	4963	两姐妹	5287
两个女孩子	6223	两界山	5668
两个青工的秘密	4963	两京名贤印录	8502
两个时代	13217	两颗铃曲谱	12115
两个饲养员	12094	两颗手榴弹	5178, 5206
两个太阳	11951	两块"罗马牌"手表	5354
两个探险家	4925	两块六	12094
两个文明花盛开	4285	两块钱	4905
两个小八路	5404, 5483, 6562	两狼山	5800, 5944
两个小伙伴	5256, 9367, 9419	两罍轩印考漫存	8534
两个小伙儿一般高	11956	两垄地	12120
两个小伙一般高	11956	两路入关	5944
两个小路特	5944	两路突围	5404
两个小洛特	5944	两猫图	10049
两个小牛仔	9770	两面神行动计划	7032
两个小淘气	6530	两亩岗地	5232

中国历代图书总目·艺术卷

两年来国产影片本事汇刊	13171	两只小孔雀	5287, 13100
两匹瘦马	4963, 5095	两只小猫	10062
两破童贞	5038, 5800	两姊妹	6388
两栖人	5800, 6388	亮哥的婚事	5800
两栖生涯	9292	亮亮	9347, 9379
两起谋杀案	5669	亮眼睛	9453
两情缠绵	9391	量不完的新田	3797
两情相依依	8829, 9419	晾葡萄干	3638
两届亲王	5669	辽碑九种	385
两世姻缘	5669	辽北历史名人书画选	1488
两首民歌主题小提琴独奏曲	12462	辽北一片米粮川	11775
两宋瓷器	422	辽瓷选集	390
两宋名画册	1542, 1543	辽瓷艺术	10646
两宋名画精华	819	辽代壁画选	6623
两体·注释·千家诗	8168	辽恩卡历险记	6360
两体草诀歌	8422	辽海崩溃	5669
两条半枪闹革命	5484	辽海除奸	6292
两小无猜漫画珍藏集	7066	辽河两岸好风光	11775
两心不语暗知情	9367	辽河油田一日	8856
两性乡愁	13129	辽金元音乐史料	10966
两性一生	13129	辽南皮影戏音乐	12137
两性之间	6944	辽宁	8937, 9041
两兄弟	5404	辽宁博物馆藏画	1302
两用钢笔字帖	7421	辽宁创作歌曲选	11612
两盏矿灯	5232	辽宁二人转资料	12927
两张布告	5484	辽宁风光	9038, 10510
两张彩票	5484	辽宁革命歌曲选	11664
两张地图	5354	辽宁工人歌曲选	11608
两张电影票	5484	辽宁工人画选集	1361
两张图纸	5354	辽宁工业颂	3731
两张纸条	5404	辽宁工艺美术	10198
两张纸条儿	5354	辽宁鼓吹乐论文集	11351
两浙藏书家印章考	8537	辽宁美术家作品选	1366, 1368
两只花母鸡	5287	辽宁民香的考察与研究	12784
两只鸡	4897	辽宁民族民间舞蹈集成	12621, 12622, 12623

书名索引

辽宁名人油画肖像	2835	辽宁十年歌曲选	11444
辽宁年画	4285	辽宁书法	8147
辽宁年画选集	3539	辽宁书法论文集	7297
辽宁农民歌曲选	11608	辽宁文史资料	8587
辽宁农民书画选	1372	辽宁舞蹈50年纪念文集	12587
辽宁摄影50年	8914	辽宁舞台美术	12828
辽宁摄影艺术作品选	8928	辽宁原野的早晨	9041
辽宁省1960年高粱丰产技术纲要(草稿)图解		辽宁展览馆	9990
	4963	辽宁政协委员书画集	1374
辽宁省1960年谷子丰产技术纲要(草稿)图解		辽宁篆刻作品集	8592
	4964	辽沈、平津战役的胜利是毛主席军事路线的伟	
辽宁省1960年花生丰产技术纲要(草稿)图解		大胜利	9275
	4964	辽沈战役	6429
辽宁省1960年马铃薯丰产技术纲要(草稿)图		辽沈战役、淮海战役、平津战役	6455
解	4964	辽阳市政协书画院作品集	2304
辽宁省1960年棉花丰产技术纲要(草稿)图解		辽源煤矿今昔	3127
	4964	辽远的乡村	13230
辽宁省1960年青麻、大麻丰产技术纲要(草稿)		聊且居印赏	8488
图解	4964	聊斋	6328, 6329
辽宁省1960年水稻丰产技术纲要(草稿)图解		聊斋百图	6609
	4964	聊斋故事选	5944, 6292
辽宁省1960年小麦丰产技术纲要(草稿)图解		聊斋四女图	2366
	4964	聊斋印谱	8566
辽宁省博物馆藏法书选集	7712	聊斋影视评论	13146
辽宁省博物馆藏画	1520	聊斋志异	3436, 6257, 6456, 6562
辽宁省博物馆藏画集	1276, 1287	聊斋志异故事	5484
辽宁省博物馆藏画集续集	1287	聊斋志异精品连环画	6562
辽宁省工农兵美术作品选	1360	聊自娱斋印存	8488
辽宁省获奖歌曲集	11412	聊自娱斋印集	8520, 8521
辽宁省获奖器乐曲	12246	像机飞行员	5068
辽宁省青年美展作品选集	1355	燎原	5068, 5119, 5120, 5484
辽宁省师范学校风琴练习曲	12189	燎原歌集	11563
辽宁省师范学校音乐课本	10791, 10792	燎原集	2977
辽宁省首届行业歌曲电视展播大赛行业歌曲集		了解艺术	515
	11729	了庐画集	2541

中国历代图书总目·艺术卷

了庐中国画选	2136	列车新风	3836, 3886
了如指掌	3484	列夫·托尔斯泰	2786
蓼儿洼	5800	列航	2730
蓼怀堂琴谱	12295	列牧和九公主	5945
廖碧兰摄影绘画作品选	336	列那狐	5800
廖初江	5104, 5139	列那狐的故事	7021
廖继春油画集	2783	列那狐偷鱼	6656
廖江初 丰福生 黄祖示学习毛主席著作挂图		列宁	3001, 3303, 3388, 6747, 10403
	3140	列宁	2345
廖连贵作品集	2205	列宁爱孩子	4205
廖平书法作品选集	8235	列宁的反映论与艺术	012
廖其澄水彩画集	2950	列宁的故事	5404, 5945
廖伟彪人物写生	10555	列宁的青少年时代	6360
廖伟彪中国画作品集	2685	列宁格勒	10174
廖新学油画选集	2715	列宁格勒风光	8878
廖修平	3044	列宁格勒交响曲	13259
廖养泉楷书治家格言帖	8045	列宁工厂	10128
廖织云女士蝴蝶花草册	1638	列宁和克鲁普斯卡雅	8995
廖仲恺	5945	列宁纪念碑宣传计划的伟大作用	014
廖仲恺先生自书诗词	8118	列宁莫斯科地下电车道	10131
廖宗怡画集	2206	列宁像	2735
列·托尔斯泰	6089	列宁运河	10128
列奥纳多·达·芬奇	6776, 6783, 6796	列宁栽的橡树	4964
列奥什·亚那切克	10858	列宁在拉兹里夫湖畔祖国的草棚	3009
列宾 503, 1122, 6827, 6831, 6845, 6848, 6880,		列宁在森林里的一天	4914
6901		列宁在十月	4964, 5150, 5163, 5206
列宾美术学院毕业创作选	6831	列宁在一九一八年	5178, 5179, 5207
列宾美术学院水彩画作品选	6912	列宁主义万岁	2765, 2777
列宾美术学院学生作品选	6810, 6831	列宁主义万岁!	6747
列宾美术学院油画人体习作选	6878	列维坦	1086
列兵邓志高	13243	列维坦集	6872
列车穿过万重山	10432	列仙酒牌	2972
列车飞奔	5232	列仙全传	2997, 3058
列车飞越鬼门关	5012	列子说	3436, 3472
列车上的战斗	5206	烈火丹心	4964, 5095, 5287

书名索引

烈火红桥	5256	林葆家先生纪念集	10655
烈火金刚	5095, 5096, 6531	林碧清人体写生选	2910
烈火金钢	4964, 4965, 5945, 5946	林碧英寿山石雕	8655
烈火炼真金	2746	林遹手札二帖	7958
烈火燎原	3127	林布兰	6898
烈火真金	4965	林布兰版画集	6926
烈火中永生	5354	林布兰特	6837
烈马河畔	3886	林长民遗墨	8118
烈女牌坊	5946	林场风波	5320
烈士	4875	林超群摄影集	8984
烈士公园	9071	林成翰画集	2137
烈士日记	12227	林城翰画集	2581
猎	2995, 3009, 9405	林冲 5404, 5569, 6089, 6360, 6531, 12905, 13093,	
猎场擒敌	5800	13230	
猎狗	5800	林冲进香	4285
猎狗狮毛	6089	林冲秦明	4541, 4542
猎归	3596, 3639, 10426	林冲武松	4205
猎虎记	5404, 5568	林冲雪夜上梁山	5038, 5484, 5669
猎火记	5484	林冲夜奔	3539, 12073, 12108, 12310
猎狼	5669	林冲与林娘子	4026
猎人	5946	林聪权画集	2179
猎人的眼睛	5354, 5404	林达川油画集	2815
猎人格桑	5569	林大岫山水画集	2467
猎人海力布	5946	林带花香	1817
猎人占布	5484	林黛玉 4026, 4076, 4285, 4699, 9148, 9379, 9405,	
猎狮大王	6089	9420	
猎手	5256, 5287, 5320	林黛玉	2608
猎熊打虎射野猪	5569	林黛玉的扮演者——陈晓旭	9668
猎鹰	6189	林黛玉和贾宝玉	4076
裂变——仇德树画集	2235	林黛玉魁夺菊花诗	4076, 4135, 4471
邻鹤斋琴谱	12295	林黛玉魁夺菊花诗	2650
邻居	5669, 13113	林黛玉与贾宝玉	4542
邻里新风	3731	林黛玉与贾宝玉	2380
邻里之间	13245	林黛玉重建桃花社	3639
林百石画集	2253	林道静	5669

中国历代图书总目·艺术卷

林端声山水画集	2479	林海清流	4768
林筏画集	2808	林海哨兵	3930，5320
林凡风景画选	2467	林海哨兵	2350
林凡画集	1888	林海添翠	5320，8928
林凡选书中国历代妇女诗词名作	8278	林海雪原	3596，4965，5012，5038，5096，5484，
林凡艺术	2304		6494，6732，9041，13090
林芳兵	9759	林海银波	8848
林丰俗画集	2462	林海之春	3930
林丰俗画选	1919	林汉涛书增广贤文	8187
林风眠	520，1738	林和靖先生诗稿	7946
林风眠画集	1381，1382	林和靖先生书稿	7946
林风眠画论	484	林黑娘 红娘子	4135
林风眠画选	1381	林黑娘与田小雁	9233
林风眠画语	482	林红和伙伴	5137，5164
林风眠论	523	林红和她的伙伴	5038
林风眠全集	1381	林华强楷书钢笔字帖	7595
林风眠谈艺录	056	林加冰油画集	2827
林风眠研究文集	535	林家驹书画作品集	2304
林风眠艺术随笔	549	林家铺子	5012，5405，13231
林风眠与二十世纪中国美术	549	林间	1477，2929
林风眠之路	1381	林间小溪	2786，2793，9391
林风眠致全国艺术界书	256	林建钟画集	2284
林风眠作品集	1381	林教头误入白虎堂	6089
林峰作品选	8972	林镜秋国画展览纪念册	1940
林夫版画集	3056	林镜秋画集	2179
林岗庞涛油画选	2788	林军版画选	3039
林公则徐家传饲鹤图暨题解咏集	8083	林俊	5096
林海朝晖	1817	林俊龙·李淑华人物画	2396
林海朝晖	2593	林俊起义	4965
林海晨雾	2137	林俊寅油画 水彩画专辑	2823
林海冬运	9785	林锴画选	1919
林海绿浪	9286	林锴书法	8177
林海明珠	8848	林锴书画	2008
林海娘子军	3140，3731，5120	林肯	3388，6089
林海轻骑	4026	林肯之死	6224

书名索引

林蓝金版水墨	2553	林散之书毛泽东词	8318
林良丰画集	2467	林散之序跋文集	805
林良画古树寒鸦	1576	林散之研究	7337
林良日纪画集	1587	林山清集图	4542
林良中国画选集	1581	林少丹钟馗画集	2401
林聆画选	2939	林少明书法选集	8223
林梦星艺文选集	8865	林时熊画集	2253
林明琛油画作品选	2835	林枢创作歌曲选	11515
林明书签艺术	2253	林述棠山水画集	2479
林鸣岗素描肖像集	2917	林树山	4879
林墨源画集	2304	林顺国画选	2284
林乃干富家珍画集	2179	林顺雄水彩画	2947
林楠子	6089	林思齐风光摄影	9131
林娘子	13105	林似春钢笔临碑帖精品	7619
林培松山水画集	2467	林遂航先生遗墨	8111
林启容	5569	林廷美书法选	8293
林禽漫画集	3462	林畏庐遗迹	1706
林清卿薄意艺术	8666	林文杰书画集	1479
林清玄文化集	097	林文直公登岱图	1698
林区晓色	2596	林文忠公手札	8027
林区吹号子	11768	林文忠公写经小楷	8053, 8060
林泉高致	732, 733	林屋山民送米图卷子	8122
林泉高致集	733	林屋山人山水画谱	1600, 1620
林泉歌曲选	11523	林曦明	2305
林容生新工笔山水	923	林曦明国画选	1967
林若熹画集	2235, 2305	林曦明画集	2179, 2254
林散之	8293	林曦明画牛	1003
林散之笔谈书法	7336, 7337	林曦明画选	1967
林散之草书长卷	8177	林曦明剪纸选集	10684
林散之临《孔庙碑》	8376	林曦明作品选集	2483
林散之临《礼器碑》	8376	林县红旗渠	9273, 9985
林散之诗书画选集	1990	林县南谷洞水库	9991
林散之书法集	8306	林祥谦的故事	5669
林散之书法选集	8168, 8235, 8318	林校伟中国画选	2270
林散之书画集	1920	林信成现代书法艺术	8223

中国历代图书总目·艺术卷

林秀英	13105	林则徐手札	8105
林业工人学大庆	12267	林则徐书法精选	8100
林业生产景象	9787	林则徐小楷佛经四种	8087
林逸鹏画集	2305	林振芝画集	2206
林因姐妹画册	2024	林之助绘画艺术之研究报告展览专辑汇编	1265
林英印山水画集	2459	林志颖偶像专集	8856
林瑛珊花鸟画集	2553	林智信迎妈祖版画	3058
林瑛珊画集	2533	林中	1482, 9453
林墉	2409	林中采撷	9845
林墉插图选	6604	林中的小路	11701
林墉画选	1888	林中空地	6872
林墉速写	2877	林中乐	1990
林勇逊书画集	2254	林中乐园	2802
林语堂金句漫画	3492	林中迷案	6090
林语堂妙语钢笔字帖	7452	林中木屋	9300
林玉彬写生作品	2917	林中奇兽	4620
林玉山论画法	692	林中生活三十六昼夜	5038
林钰源民族风情速写	2911	林中响箭	5256
林毓豪	8609	林中小猎人	5038
林毓豪雕塑选	8660	林中雨滴	6872
林园花锦	4768	林仲兴书法集	8266
林月光作品	2414	林宗毅先生捐赠书画目录	1479
林云求师	5120	临安县电影志	13189
林运华画集	2305	临本郭有道碑	8035
林宰平先生帖考及书画集	340	临标准草书千字文	8122, 8413
林则徐	3639, 4381, 4885, 4905,	临沧地区电影志	13188
	4965, 5012, 5068, 5354, 5405, 6089, 6090,	临城劫车案	6292
	13090, 13101, 13231	临池管见	7232
林则徐 邓世昌	4471	临池墨宝荟萃	8352, 8383, 8419, 8427
林则徐，邓世昌	4471	临池琐语	7207
林则徐虎门禁烟	4471	临池心解	7147, 7231
林则徐黄自元书治家格言	8079	临川李氏静娱室四宝	7845
林则徐禁烟	3689, 5354	临川十宝	7659
林则徐抗英	6090	临川四梦	11873
林则徐墨宝	8103	临桂况君墓志铭	8039

书名索引

临江民兵	5207	灵赞	1780
临界大十字架系列及其它	113	灵空山招手松	9822
临流灌足	1660	灵灵漫游世博园	6732
临摹·写生·创作技法及审美	720	灵棚假尸	5670
临摹字帖	8168	灵栖洞天	9874
临朐年画集	4699	灵气经小楷字帖	7872
临时工	5801	灵泉洞	5038
临时收购站	5287	灵山参佛祖	5801
临宋元十二景	1620	灵台小补	12736
临帖指南	7306	灵犀	5670
临潼斗宝	5038	灵犀点通	9434
临潼华清池	9892	灵心劲节	8236
临危不惧	5485	灵星小舞谱	12584
临野斋书印集	8266	灵修圣歌	12440
临骑名家书画集	1374	灵岩山	5801
临沂历代碑帖法书选	7720	灵隐	2925, 8891
淋浴	4076	灵隐大川济禅师塔铭	7971
琳达和吉尔	5801	灵隐风光	9834
琳琅珠玉	8812, 9288, 9405	灵隐清溪	9071
琳琳	9350	灵隐寺	9796
麟骨床	5801	灵与肉	5670, 5801
凛凛雄风	4818	灵芝草	5069
齐飞馆印留	8538	灵芝姑娘	5569
齐蒿鬼	5038, 5801, 6495	灵芝仙子	2391
蔺铁头	4965	泠四家印存	8519
伶仃洋上捉蟹记	5405	玲儿的生日	12091
灵飞经法帖	7828	玲玲	9453
灵飞经小楷字帖	7854, 7892	玲珑	8839
灵芬馆印存	8521	玲珑泪	5670
灵感庙里救儿童	6090	玲珑木雕	8646
灵歌集	12436	玲珑剔透	8820, 9498
灵歌新集	12439	玲珑潇洒各有姿	10577
灵谷塔	9803	玲珑雪月山房	1605
灵魂之光——黄岛油库灭火抢险纪实	9289	玲珑雪月山房百梅图	1607
灵机一动生活添彩	6973	玲珑玉雕	422

中国历代图书总目·艺术卷

铃木春信作品	6927	菱荇鹅儿水	9039
铃木大提琴教材	11185, 12469	翎毛画入门	995
铃木钢琴教学法	11234	翎毛集	2565
铃木小提琴教材	11185	翎毛谱	1557
铃木小提琴教程	12178	翎毛与花卉	867
铃声响了	5256	翎舞	9981
凌波	9356	绫边笺谱画片	2987
凌波闹春	9507	绫巾缘	5569
凌波仙子	4699, 9233, 9570, 9642, 10622	零售商店的技术美学	10611
凌波仙子号	13287	岭东名画集	1474
凌河歌声	11603	岭格萨尔王	4205
凌河两岸起歌声	11775	岭南春色	9790
凌架在山崖上的高空作业	2851	岭南风情	8935
凌空	9367	岭南风物传说画笺	1990
凌空爆炸	6224	岭南歌选	11430, 11592, 11593
凌空展翅	10024	岭南好	8804
凌霜怒放	10028	岭南画派	852, 2008
凌文虎画集	2254	岭南画派研究	852, 853
凌霄	1873	岭南画学春秋	2222
凌霄	2627	岭南画征略	575
凌霄白玉鸟	2639	岭南佳果	4471
凌霄花	1733	岭南历画	10526
凌霄松鼠	2665	岭南历画缩样	10536
凌虚画金鱼	1005	岭南连环画封面选	5946
凌烟阁功臣图	1677, 1678, 2995, 3058	岭南民间百艺	10201, 10692
凌烟阁功臣图像	1620	岭南农村新景	2733
凌烟阁图	1594	岭南派画法	852
凌云	9356	岭南盆景	10589
凌云生书画集	2305	岭南书法史	7164, 7165
凌云志	8206	岭南书艺	7154, 7155
凌再型画集	1407	岭南新歌	11440
陵县风貌	2081	岭上青松	3732
陵园春色	1758	岭下战鼓	5405
聆听心灵乐音	10839	领导带头干 大干促大变	3239
菱川师宣 一立斋广重作品	6927	领导带头干 建设大寨县	3239

书名索引

领导干部深入生产第一线	3083	刘冰庵篆刻书法选集	8592
领导我们事业的核心力量是中国共产党		刘秉江少数民族素描集	2871
	3374, 3377	刘秉江速写	2892
领导我们事业的核心力量是中国共产党，指导		刘秉江新疆速写	2864
我们思想的理论基础是马克思列宁主义		刘秉贤焦墨人物画集	2409
	3255	刘秉义演唱歌曲集	11974
领航	5288	刘炳清书画集	2270
领你进入音乐的殿堂	10872	刘炳森楷书百家姓	8318
领袖	3523	刘炳森楷书千字文	8389
领袖·将帅·名人	9290	刘炳森楷书三字经	8266
领袖风采	9759	刘炳森楷书滕王阁序	8416
领袖风采	2391	刘炳森隶书《百家姓》	8375
领袖与人民共乐	4818	刘炳森隶书杜诗	8158
另一个世界	549	刘炳森隶书历代游记选	8169
令箭	9357	刘炳森隶书明北京城城墙遗迹维修记	8370
令箭荷花	9058, 10013, 10014, 10015, 10019,	刘炳森隶书千字文	8214, 8376
	10021, 10024, 10028, 10035, 10042,	刘炳森隶书现行字字汇	8375
	10043, 10049, 10056, 10062, 10063, 10087	刘炳森隶书字帖	8223, 8375
令箭荷花	2602	刘炳森书板桥道情	8278
烩秋馆藏古封泥	8545	刘炳森书包公神道碑	8224, 8388
溜冰芭蕾	4285	刘炳森选编等慈寺碑字帖	7939
溜冰圆舞曲	12501	刘炳森选编勤礼碑字帖	8398
刘白花鸟画选集	2517	刘伯承 贺龙	6329
刘邦	5670	刘伯承血战鬼城	6258
刘邦登基	5569	刘伯承元帅	4205, 4285, 4381
刘邦贤	5146	刘伯林和他的战马	5120
刘宝纯访日写生画集	2042	刘勃舒画马	2578
刘宝华书法集	8318	刘昌潮、刘家骥、严玉莲、刘洋三代画集	2206
刘保罗论抗战戏剧	12914	刘昌潮画集	1990
刘保申花鸟画集	630	刘昌潮画集	2081
刘备·关羽	2380	刘超书法	8318
刘备招亲	4205	刘成基舞台艺术	12924
刘备招亲的故事	4205	刘赤水艳遇狐仙子	6292
刘备征吴	4965	刘崇寿书法艺术	8214
刘斌素描艺术	1131	刘崇速写集	2887

中国历代图书总目·艺术卷

刘春华画集	2137	刘复莘画集	2137, 2138
刘春杰版画集	3061	刘孑	5012
刘春霖书朱子治家格言	8073	刘管乐笛子曲选	12270
刘春霖先生楷法	8073	刘广云画集	2285
刘春霖小楷墨迹	8075	刘贵宾油画作品选	2823
刘春霖小字帖	8111	刘贵参观展览会	4882
刘存惠画集	2206	刘国辉	2179
刘大林画集	2331	刘国辉人物画教学随笔	1408
刘大明画集	2331	刘国辉人物画选	2366
刘大为画集	2414	刘国辉水墨人体画集	2374
刘丹枫书法作品集锦	8251	刘国辉水墨人体琐谈	2404
刘旦宅红楼人物笺	2364	刘国瑞、刘晖画集	2138
刘旦宅画集	2042, 2270	刘国松的艺术构成	800
刘旦宅聊斋百图	6606	刘国松画辑	1967
刘德海传统琵琶曲集	12318	刘国松画选	1991
刘德海琵琶练习曲	12317	刘国松研究文选	710
刘德海中外琵琶曲集	12318	刘国玉诗书画集	1408
刘德华、张学友金曲珍藏本	11735	刘海	8812
刘德华《雷洛传》	13137	刘海砍樵	4135, 5946, 12115, 12195, 12919
刘德润、李燕油画集	2823	刘海粟	1375
刘德维绘画集	2823	刘海粟草书长卷	8177
刘德文素描集	2918	刘海粟国画	1719
刘德舟杨瑞芬画集	2042	刘海粟画选	1375
刘棣画选	2137	刘海粟画语	482
刘东瀛工笔花鸟画创意	2533	刘海粟黄山纪游	2423, 2437
刘恩画集	2529	刘海粟绘画展览	1383
刘二刚书画选集	2137	刘海粟近作展览会	1376
刘二虎火烧洋教士	5096	刘海粟美术馆藏品	1375, 1487
刘二愣智斗妖魔	5946	刘海粟名画集	1375
刘繁昌书法选	8224	刘海粟艺术文选	025, 477
刘凤兰水彩画集	2953	刘海粟油画选集	2783
刘福臣线描艺术	2896	刘海粟游欧作品展览会	1375
刘福芳、董淑娥、王雁人物画选	10555	刘海粟中国画近作选	2008
刘福芳画集	2206, 2331	刘海粟中国画选集	1940
刘福寿楹联书法	8215	刘海粟作品选集	1375, 1941

书名索引

刘海戏金蟾 4135, 4381, 4699, 5670, 8813, 8816,		刘济荣画集	2081
13150		刘济荣人物画选	2361
刘海义书法集	8293	刘既明画册	1991
刘海与金蟾	3639	刘继卣中国画选	1991
刘海志油画集	2823	刘继瑛画集	2222
刘汉画集	2222	刘继卣动物画集	2584
刘行之先生法书集	8206	刘继卣动物画手稿	2878
刘皓画集	2305	刘继卣动物画选	2570, 2575
刘和璧百荷画集	2553	刘继卣动物写生集	2896
刘赫男	9698	刘继卣画集	1903
刘鹤鸣水彩画	2965	刘继卣画集	2180
刘黑仔	5096	刘继卣画马选	2578
刘恒篆刻集	8580	刘继卣绘画精品选	2254
刘洪彪翟振喜作品爱国百家言书法集	8278	刘继卣人物画	2354, 2366
刘洪彪硬笔签名	7452	刘继卣人物画集	2415
刘鸿声的声腔艺术	12868	刘寄踪画辑	1903
刘厚生戏曲长短文	12729	刘家五兄弟	5069
刘胡兰 2746, 3689, 3777, 3798, 4965, 5164,		刘家峡水电站	3976, 8807
5179, 5207, 5320, 6189, 6562, 6586, 6732,		刘嘉玲小姐	9698
6749, 8657		刘建生诗文书画篆刻	218
刘胡兰	2349	刘建友画集	2553
刘胡兰妈妈	2719	刘健画集	2285
刘胡兰小时候的故事	4897	刘健楷书千字文	8224
刘胡兰赞	9150	刘健书法作品集	8215
刘华	5354	刘江篆刻选	8579
刘怀山画集	2270	刘杰敏摄影作品集	8991
刘焕章雕刻选	8631	刘介梅	13231
刘焕章雕纽艺术	8656	刘介梅忘本回头	4914
刘焕章雕塑选	8632	刘进安画集	2396
刘焕章篆刻艺术	8592	刘静沅文集	12697
刘晖画选	2180	刘巨德素描集	2896
刘晖书画选	1681	刘巨德线描	2906
刘惠浦钢笔行书	7474	刘巨德作品	2305
刘惠浦钢笔楷书	7438	刘开渠雕塑集	8629
刘济荣、叶绿野、姚北全、陈荣胜画选	2180	刘开渠美术论文集	126

中国历代图书总目·艺术卷

刘开渠作品集	1399	刘明洲简体楷书千字文	8407
刘开云书画篆刻集	2331	刘牧画集	2235
刘克宁画集	2206	刘佩珩画集	2235
刘奎官京剧脸谱集	12870	刘朴画集	2081
刘奎官舞台艺术	12877	刘其敏素描风景选集	2893
刘奎龄花鸟画手稿选	2495	刘其伟绘画创作文件	1188
刘奎龄画集	1738, 1797	刘其伟水彩集	2946, 2948
刘奎龄画集	2081, 2270	刘启端画选	2236
刘奎龄画选	1889	刘启林书潮汕名胜诗词	8278
刘奎龄扇面集	1748	刘启新寿篆六百例	8360
刘奎龄作品选集	1797	刘千山水画集	2451
刘昆	5087	刘倩倩学写诗	5670
刘兰	5096	刘巧儿	4285, 4381, 13240
刘姥姥游大观园	1873, 4699	刘钦栋水墨集	2206
刘雷西藏摄影作品选	8952	刘庆涛幽默画选	3428
刘丽川起义	4926	刘仁刚书法作品集	8318
刘梁合璧	8039	刘汝阳画集	2464
刘梁墨宝合册	8029	刘三姐 3539, 3562, 3596, 3639, 3976, 4026,
刘凌沧	1449	4077, 4135, 4381, 4471, 4620, 5039, 5069,
刘凌沧画集	1991	5405, 5670, 8995, 12209, 13090
刘凌沧纪念画集	2180	刘三姐对歌	3596
刘鲁生画选	1967	刘三姐家乡美	8848
刘仑国画近作选	2206	刘三姐新歌	3976
刘仑作品选集	1389	刘少奇的故事	6388
刘懋善	2331	刘少奇同志	1273, 2736, 4285
刘懋善山水画选	2441	刘少奇同志和安源矿工	2782
刘梅中国民歌少儿钢琴曲集	12220	刘少奇同志和安源矿工	2728
刘渭书画记	755, 1457	刘少奇同志和孩子在一起	4135
刘美泉	5143	刘少奇同志在安源	5670
刘蒙天画集	1415	刘少奇主席	8997
刘孟嘉、段玉鹏书法篆刻选	8215	刘绍荟画集	1393
刘勉怡油画集	2819	刘绍昆油画作品选	2823
刘明君草原速写集	2900	刘声道书画金石集	321
刘明油画创意	1081	刘胜平画集	2529
刘明油画作品选	2823	刘诗东作品集	2475

书名索引

刘石庵编年书集	8052	刘天礼民谣吉他作品精选	12182
刘石庵法帖	8029	刘天礼民谣吉它讲座	11200
刘石庵公家书真迹	8048	刘铁峰篆刻	8574
刘石庵行楷四种真迹	8055	刘铁平书法选集	8177
刘石庵行书诗稿	8049	刘铜成山水画选	2475
刘石庵行书习字范本	8046	刘维之写生画集	2900
刘石庵楷书墨迹	8039	刘文华画集	2305
刘石庵墨迹	8030, 8039	刘文梁画集	2254
刘石庵扇集	8053	刘文棵画集	2081
刘石庵书古本大学真迹	8051	刘文清公手书谢折	8057
刘石庵先生小楷	8039	刘文清公真迹	8030
刘石庵相国墨迹	8039	刘文清真迹	8039
刘石庵小楷写经	8039	刘文泉印痕	8575
刘石庵真迹	8056	刘文硕画集	2206
刘石庵致法梧门手札	8039	刘文西藏区写生	2864
刘石芙先生山水精册	1642	刘文西访日写生	2885
刘寿祥静物·风景水彩临本	1189	刘文西画集	2024
刘寿祥水彩画	2962	刘文西画集	2180
刘寿祥水彩画集	2954	刘文西画选	1389, 1920
刘叔华画竹集	2547	刘文西画选	2081
刘淑度刻石残存集	8570	刘文西速写	2911
刘淑芳演唱歌曲选	11480	刘文西速写册	2911
刘树春画选	2042	刘文西速写选	2870
刘双印画集	2138	刘文西肖像画选	2356
刘水父子救万鱼	6562	刘文西新疆写生	2890
刘说字画	809	刘文西新作	1941
刘斯奋人物画选	2403	刘文西作品	2412
刘松年画罗汉	1545	刘文星硬笔书法	7595
刘松年罗汉图	1549	刘文选画集	2305
刘天华创作曲集	12244, 12245, 12251, 12260	刘文选作品选	2537
刘天华的创作和贡献	11298	刘文学	3798, 5151, 5207, 5257, 6189, 6668
刘天华二胡曲集	12275	刘文学	2348
刘天华全集	12260, 12261	刘文学的故事	5179
刘天华先生创作曲集	12244	刘文正国画集	2236
刘天礼吉他电视讲座曲目精选	12182	刘文质先生墨迹选	8278

中国历代图书总目·艺术卷

刘锡山书法	8331	刘延捷画集	2236
刘锡铜隶书选	8371	刘砚木刻	1277
刘熙载书法论注	7315	刘艳霞评剧表演艺术唱腔集	11146
刘熙载书法概签注	7297	刘阳画集	2082
刘曦光影集	8986	刘阳画集——沂蒙山水情	2305
刘岘版画选	3039	刘洋印象	9036
刘岘画集	1415	刘一光隶书作品选	8236
刘岘木刻	3039	刘一仓书法篆刻	8331
刘岘木刻集	2990	刘一闻印稿	8570
刘岘木刻选集	3037	刘一闻楹联书法	8306
刘晓庆	9528, 9551, 9590, 9642	刘一闻作品	2547
刘相训画集	2254	刘一原水墨艺术	2305
刘祥成速写插图选	2918	刘依闻油画集	2819
刘翔复素描作品集	2918	刘怡涛工笔画新作选	2306
刘项出世	5801	刘怡涛花鸟集	2526
刘项起兵	5801	刘艺草书琵琶行	8251
刘小东	2815	刘艺草书秋兴八首	8293
刘小娟剪纸百鸡图	10705	刘艺草书滕王阁序	8251
刘小曼画集	2270	刘艺书法作品集	8331
刘小明画集	2305	刘艺斯画选	2784
刘晓刚版画选集	3047	刘艺章草千字文	8332
刘晓刚画集	2464	刘溢	2823
刘孝安	5012, 5039	刘溢线迹	2254
刘心安画集	2586	刘毅作品选	8637
刘昕文画集	2180	刘茵祥作品选	2270
刘新春书画集	2542	刘银威二人台唱腔集	11872
刘歆钟律书	11014	刘英俊	5139, 5140, 5147, 5179
刘兴隆甲骨文集联	8278	刘英奎油画肖像写生集	2827
刘兴隆书法篆刻艺术	8266	刘墉画集	2082
刘秀	5670	刘墉翎毛花卉写生画法	865
刘雪湖梅谱	928	刘墉书法艺术精品	8096
刘迅油画作品选集	2802	刘永福和黑旗军	6090
刘迅中国画作品集	2305	刘永杰速写	2893
刘亚兰画集	1411	刘永杰作品	2412
刘亚兰画选	1383	刘永增画集	2306

书名索引

刘咏阁画选	2180	刘志诚	4965
刘宇甲画集	2475	刘志丹	5012, 6360
刘雨晨绘画作品	6769	刘志丹的青少年时代	5485
刘禹锡	5801	刘志丹和老土地部长	5012
刘玉璞画集	2331	刘志丹在北伐时期	5801
刘玉山画集	1396	刘志江摄影作品集	8909
刘玉山画盘作品选	1396	刘志平书法作品集	8215
刘玉山速写集	2893	刘治油画选	2805
刘玉田弃商入伍	2975	刘智强艺术歌曲选集	11990
刘毓基硬笔书法作品集	7619	刘中慎画集	2455
刘元普双生贵子	2989	刘主席	8997
刘远智建筑速写	2900	刘主席探亲	2366
刘月芳画集	2526	刘主席像	2736
刘云龙行书千字文	8318	刘卓茹画集	2236
刘云泉书画选	2526	刘子和花卉翎毛册	1620
刘云泉书流沙河对联	8293	刘子久画集	1748
刘云山画集	2138	刘子久作品选集	1797
刘运君国画集	2483	刘子龙画集	1397
刘运芝	5179	刘自读书法选	8187
刘泽荣篆刻选	8587	刘宗河版画选集	3040
刘泽文水粉画选	2948	刘宗敏飞越汉江	4077
刘泽文现代绘画集	1406	刘祖鹏画集	2285
刘贞晦印存	8536	刘祖鹏作品选	2270
刘振东作品选	2331	浏阳工农画选集	1357
刘振铎山水画选	2483	浏阳河	8944, 11790, 11794, 12205, 12312
刘振夏中国画肖像作品选	2364	浏阳河(2版)	11790
刘镇诗人微诗节略	1457	留别兹诺夫	13215
刘征诗书画集	2306	留得丰功万古存	7474
刘正成草书归去来辞	8306	留芳溢香	9357
刘正成书法集	8224	留声集	11822
刘正成书法文集	7393	留学画家油画选	2797
刘正亮获奖歌曲集	11493	留园	10510
刘知白画集	2331	留云集	1369
刘止庸书画集	2285	留在远方的"奴隶"	5039
刘志超摄影作品集	8992	流波曲	12282

中国历代图书总目·艺术卷

流波蕴馨	9379	流行歌曲鉴赏	12404
流彩的旋律	11715	流行歌曲精萃	11715, 11753
流畅练习曲	12488	流行歌曲精粹	11715, 11735
流传的恋歌	11729	流行歌曲精华	11711
流动电影放映单位技术操作暂行规程	13276	流行歌曲精选	11705, 11711, 11715
流动风景	110	流行歌曲赏析	10882
流动红旗到车间	3798	流行歌曲新编100首	11716
流动加油车	2998	流行歌曲新辑	11739
流动书店	3798	流行歌曲选	11701, 11711
流动书箱	3798	流行歌曲演唱的探讨与研究	11134
流动书箱到田间	3836	流行歌曲演唱入门	11128
流动小学	2751	流行歌曲硬笔书法	7452
流光溢彩	9483	流行歌坛	11756
流光溢彩的民族瑰宝	10202	流行歌王	11519, 11716
流行壁报画	10337	流行歌星张颖	9770
流行初级钢琴曲集	12516	流行广告字体	7653
流行电影电视歌曲	11924	流行海报	10337
流行电影歌曲	11919	流行吉他	11208
流行电子琴曲集	12238	流行交际舞迪斯科霹雳舞	12663
流行服饰图画集	6910	流行金曲	7525, 11711, 11739, 11756
流行钢琴大教本	11224	流行金曲100首	11721
流行钢琴独奏弹唱曲集精选	12207	流行金曲大荟萃	11515
流行钢琴金曲	12221	流行金曲大全	11749
流行钢琴名曲200首	12517	流行金曲分类集锦	11745
流行钢琴曲集	12210	流行金曲钢笔楷书字帖	7525
流行歌词精选钢笔行书字帖	7525	流行金曲钢琴篇	12213
流行歌曲	11697, 11698, 11705, 11707, 12405	流行金曲吉他精彩弹唱	11209
流行歌曲：当代青年的家园	10877	流行金曲吉他弹唱	12184
流行歌曲100首	11698	流行金曲吉它弹唱	11204
流行歌曲150首	11708	流行金曲集	11716
流行歌曲沧桑记	10988	流行卡拉OK金曲	11729
流行歌曲词作集粹	7496	流行乐坛最前线	10885
流行歌曲大全	11729, 11756	流行名歌改编的通俗钢琴曲集	12528
流行歌曲大全(续)	11739	流行曲	12402
流行歌曲歌词精选	11729	流行曲风云录	12407

书名索引

流行热门金曲	11749	流逝的昨天	827
流行色彩配色实例	150	流水欢歌	3018
流行色的色调与情调	156	流送	2715
流行时尚	9765	流亡三部曲	11376
流行抒情歌曲精品总汇	11749	流亡异邦	6090
流行舞速成	12662	流萤	7595
流行舞艺速成	12661	流月斋金石书法论集	7393
流行音乐	10834	流韵	2890
流行音乐的悲与欢	10891	琉璃志	10640
流行音乐和声技法	11101	榴红欲燃	8897
流行音乐启示录	10925	榴花双莺	1889
流行音乐手册	10837	榴花英杰	6090
流行音乐与爵士乐和声学	11101	榴开百子	3596, 3639
流行折纸 100 例	10692	榴开百子 子孙满堂	3596
流花集字帖	8266	榴岗山房印谱	8516
流金岁月	12392	曈城陆生三弦谱记	12304
流口水的怪物	6993	柳暗花明	5485, 6258, 9405
流浪儿	5802, 5946	柳堡的故事	5671
流浪儿从军记	5947	柳春桃	12119
流浪儿小传	5802	柳村琴谱	12295
流浪奇遇记	6722	柳大娘	5320
流浪王妃	6258	柳获	9698
流浪艺人	13257	柳舫集印	8502
流浪者	5405, 5485	柳公权	7868, 7894
流浪者之歌	12467	柳公权·神策军碑	7939
流泪的红蜡烛	5802, 5947	柳公权·玄秘塔	7939
流氓大亨	11716, 12421	柳公权·玄秘塔碑	7939
流民图	1941	柳公权《神策军碑》临帖指导	7917
流民图	2236	柳公权《玄秘塔》楷书大字谱	8402
流盼	9420, 9434, 9454	柳公权《玄秘塔碑》	7939
流泉飞瀑	2808	柳公权《玄秘塔碑》笔法图解	7928
流泉欢腾	9811	柳公权《玄秘塔碑》描摹练习册	7939
流沙河	5569, 5670, 5671	柳公权《玄秘塔碑》书法入门	7894
流逝的记忆	1086	柳公权大楷水写帖	7917
流逝的岁月	5947	柳公权大楷习字帖	7894

中国历代图书总目·艺术卷

柳公权大楷字帖	7866	柳公权书法名品全集	7929
柳公权法书全集	7928	柳公权书法全集	7908
柳公权法帖	7912	柳公权书法选	7899, 7922
柳公权行书	7899	柳公权书归林诗太和帖	7908
柳公权行书习字帖	7899, 7917	柳公权书回元观钟楼铭	7882
柳公权行书字帖	7895	柳公权书教弟子言	7899
柳公权楷摹临帖	7874	柳公权书金刚经	7899, 7908, 7922
柳公权楷书	7845, 7847, 8393, 8407	柳公权书金刚经选字	7854
柳公权楷书笔法水写帖	7378	柳公权书李晟碑	7899
柳公权楷书笔顺分解字帖	7378	柳公权书神策军碑	7854, 7899, 7900
柳公权楷书标准习字帖	7378	柳公权书玄秘塔	7854, 7857, 7900, 7912, 7922
柳公权楷书部首水写帖	7394	柳公权书玄秘塔碑	7922, 7929
柳公权楷书部首一百法	7394	柳公权书玄秘塔碑临习指南	7908
柳公权楷书技法	7394	柳公权书玄秘塔碑文集字联帖	7929
柳公权楷书间架结构 100 法	8398	柳公权小楷	7908
柳公权楷书间架结构九十二法	7347	柳公权小楷习字帖	7307, 7327
柳公权楷书结构分析字帖	7892	柳公权小楷字帖	7859
柳公权楷书结构水写帖	7394	柳公权玄秘塔	7836, 7850, 7855, 7878, 7922
柳公权楷书临摹解析	8402	柳公权玄秘塔碑	7828, 7912, 7915, 7929
柳公权楷书毛边纸描红本	8407	柳公权玄秘塔碑临写法	7940
柳公权楷书入门	7356, 7394	柳公权玄秘塔碑铭	7857
柳公权楷书神策军碑解析字帖	7928	柳公权玄秘塔集联	7878
柳公权楷书帖	7367	柳公权玄秘塔楷书字帖	8398
柳公权楷书习字帖	7315, 7347, 7356	柳公权玄秘塔选字放大本	7929
柳公权楷书写法	8391	柳公权原道碑	7885
柳公权楷书字汇	7899, 8398	柳公权中楷字帖	7861
柳公权楷书字帖	7899	柳河湾	5802
柳公权楷体红模字	7922	柳湖新颂	13243
柳公权兰亭	7835	柳欢花笑贵宾来	3596
柳公权神策军碑	7922, 7929, 7939	柳郎与兰花	4077
柳公权神策军碑及其笔法	7939	柳浪闻莺	4205, 4286, 9351
柳公权书《金刚经》	7907	柳林女杰	5947
柳公权书大唐回元观钟楼铭并序	7929	柳绿花香笑春风	4205
柳公权书法精品选	7929	柳茂青参军	5354
柳公权书法精选	7907, 8402	柳娘教子	4849

书名索引

柳牛	1991	柳体楷书结构大字帖	8402
柳齐亚·维拉头像	6907	柳体楷书口诀一百首	8224
柳谦歌曲选	11813	柳体楷书临摹技法	7357
柳倩柳晓叶父女诗书画集	2533	柳体楷书描红	7922, 7923
柳倩诗书卷之二	8196	柳体楷书水写字帖	8224
柳倩诗书卷之一	8196	柳体楷书宋诗字帖	8389
柳琴独奏曲四首	12317	柳体楷书唐诗字帖	8385
柳琴剧曲调介绍	12108	柳体毛笔字帖	8408
柳琴戏常用曲调	12120	柳体描临	7929
柳琴演奏法	11335	柳体摹书帖	8386
柳禽白鹏图	2627	柳体实用习字帖	8388
柳如是山水册	1611	柳体习字帖	8385
柳如是山水画	1611	柳体玄秘塔标准习字帖	7855, 7857
柳上话语	9367	柳体学习指南	7327
柳士瑞水彩作品选	2958	柳体原碑集字帖	8393
柳书字帖	8399	柳体正楷标准字描红	8405
柳塘荷鹏	2617	柳体中楷字帖	8380
柳塘牧马	1768	柳体字基本笔法与结构	7337
柳塘情趣	2024	柳汀杂著	8017
柳塘倚红	2138	柳外闻燕语大田春播时	3111
柳体《神策军碑》临摹习字帖	7922	柳湾彩陶	10646
柳体《玄秘塔碑》临摹习字帖	7922	柳西游击队	5569
柳体笔法与神策军碑	7277	柳西战歌	5164
柳体部首偏旁临帖	7922	柳湘莲与尤三姐	4286
柳体大楷临习册	8384	柳晓叶书画集	2553
柳体大楷水写字帖	8408	柳新生水彩画选	2941
柳体大楷一百天	8396	柳学健画集	2331
柳体大楷字帖	7252, 7272, 7297, 7357	柳燕	1768
柳体集字作品解析字帖	7394	柳叶刀	5947
柳体技法	7327	柳诒征书法选	8294
柳体楷书常用字习字帖	8402	柳毅传书	1920, 3639, 4026, 4077, 4135, 4897,
柳体楷书古诗规范字帖	8396		5069, 5569, 5671, 8829, 9148
柳体楷书间架结构九十二法字帖	8266	柳阴黄鹂	2627
柳体楷书间架结构习字帖	8380	柳荫白鹭	1858
柳体楷书教学字帖	7327	柳荫底下书声高	3539

中国历代图书总目·艺术卷

柳荫记	12069, 12070	六朝墓志选字	7793
柳荫倩影	9018	六朝青瓷	433
柳荫下	9845	六朝人手书左手传	7833
柳吟百咏	7496	六朝时代新兴美术之研究	267
柳樱	10446	六朝隋唐写经真迹六种	7711
柳鹰	1991	六朝艺术	592, 593
柳玉娘	6090	六朝造像精华	7711
柳玉娘传奇	13119	六朝字学精华	7775
柳赵欧颜四体楷书摹本	8396	六大洲插图选	7062
柳枝接骨的故事	5039	六代小舞谱	12584
柳枝鹦鹉图	1666	六法初步研究	683
柳志光书法	8306	六法管见	1596
柳州	8944	六法论对中国绘画的指导和运用	807
柳州钢铁厂	10101	六法生态论	694
柳州市戏曲志	12773	六个简易变奏曲	12487
柳子谷画集	2270	六国大封相	12945
柳子谷画辑	2207, 2236	六国封相	5802
柳子谷画选	1967	六国封相衣锦荣归	3639
柳子谷书画辑	2306	六好社员	3689
柳子戏简史	12938	六号门	5485, 5569
柳子戏音乐简编	12930	六合糕	6090
柳子戏音乐研究	11157	六合三侠	12981
柳字帖	7847	六合同春	4471
柳宗元	5671, 5947	六合同春	2042, 2082
六安兵变	4965	六和塔	9786
六臂香音	4620	六和填江	5485, 6090
六长寿	1941	六和同春	1968
六长寿	2082	六鹤同春	4849
六长寿图	4700	六鹤同春图	6839
六朝的清谈	6258	六姐妹运军粮	1720
六朝古都南京	9116	六斤县长	13113
六朝怪谈	3493	六郎告御状	5802
六朝画家史料	585	六郎收三将	5671
六朝画论研究	580, 697	六老赏梅图	4381
六朝墓志菁英二编	7780	六律正五音考	11014

书名索引

六名家书心经	7736	六体书唐诗二十首	8343
六么令	12054	六体书唐宋词廿二首	8154
六盘山	9048	六体书楹联	8347
六盘山上高峰	1768	六体习字入门	7368
六盘山乡换新颜	11465	六体正气歌	8294
六盘山药场	9786	六弦琴弹奏法	11191
六千常用词钢笔行书字帖	7567	六兄弟	6456
六千常用词钢笔楷书字帖	7567	六畜兴旺 连年有余	4135
六千浑寻母记	5947	六畜兴旺千家富	4620
六人舞	12653	六言唐诗画谱	2970, 3031
六榕寺内之补榕亭	1780	六研斋笔记	687
六如画谱	641	六样机	11624
六如居士画谱	640, 641	六一题跋	7687
六如居士题画诗	755	六亿人民的声音	11612
六如唐先生画谱	641	六亿人民的意志	13237
六扇屏	3689	六亿人民心向党跟着红旗建天堂	3104
六十年代第一个春天	3083	六亿人民一盘棋	11603
六十年京剧见闻	12880	六亿五千万中国人民誓作越南兄弟的坚强后	
六十年摄影选辑	8921	盾!	3140
六十四卦故事画册	6495	六艺之一录	7146
六兽图	1748	六艺之一录目录	7146
六书缘起	8452	六艺之一录目录附引得	7159
六韬	3452	六忆神州尽舜尧	3886
六体 3500 常用字钢笔字帖	7526	六月荷花朵朵开	3597
六体百家姓钢笔字帖	7474	六月花儿红	4620
六体常用美术字字典	7648	六月花儿香	3976
六体常用字钢笔字帖	8347	六月西湖锦绣乡	4381
六体钢笔书法字典	7421, 7422	六月雪	4965, 8820
六体钢笔字典	7422	六月银花	9391
六体钢笔字帖	7413, 7417, 7567	六只天鹅	5947, 6258
六体钢笔字帖续集	7452	六子戏鱼	4542
六体千字文	7968, 7976, 7980	六祖坛经	6586
六体千字文钢笔字帖	7526	六祖坛经：曹溪的佛唱	3432
六体书法入门	7307	龙	8892, 9405, 10518
六体书法字典	8349	龙霸天下	3485

中国历代图书总目·艺术卷

龙蝙蝠	6708	龙凤	4700
龙藏寺碑	7664, 7859, 7921	龙凤呈祥	1968, 1991, 3597, 3639, 4077, 4136,
龙城飞将	6189		4205, 4286, 4382, 4472, 4542, 4620, 4621,
龙灯	12321		4700, 4701, 4819, 4849, 8818, 8822, 8839,
龙灯起舞闹元宵	4382		9224, 9225, 9232, 9244, 9245, 9344, 9406,
龙灯狮舞	4077, 4471		10404, 12066, 12086
龙灯异彩	4700	龙凤呈祥	2042, 2082, 2138
龙灯迎四化 舞狮庆丰年	4135	龙凤呈祥 百鸟和鸣 丹凤朝阳 凤穿牡丹	4382
龙的传人	2024, 4471, 7394	龙凤呈祥 富贵有余	4382
龙的传人	2138	龙凤呈祥(窗旁)	4136
龙的传人在加拿大	7049	龙凤呈祥福寿如意	2082
龙的儿歌	12445	龙凤呈祥回荆州	4621
龙的五千年	288	龙凤呈祥吉庆有余	4382
龙的旋律	11716	龙凤呈祥双喜临门	4382
龙的艺术	10279, 10510	龙凤呈祥喜临门	4382
龙洞垂钓	10471	龙凤呈祥喜满门	2024
龙洞擒贼	6090	龙凤呈祥喜盈门	4819
龙飞呈祥	4542	龙凤呈祥印谱	8568
龙飞凤舞	4026, 4077, 4135, 4205, 4286, 4382,	龙凤对	8822
	4471, 4542, 4620, 4700, 9979	龙凤飞舞	4769
龙飞凤舞	2138, 2670	龙凤福字	4621
龙飞凤舞 福寿万年	4700	龙凤和鸣	4621
龙飞凤舞丰收乐	4382	龙凤花烛	2024, 4621, 5671
龙飞凤舞福寿全	2138	龙凤吉祥	4789
龙飞凤舞福寿有余	2042	龙凤吉祥图案	10310
龙飞凤舞贺新春	2138	龙凤剑	6091, 6189
龙飞凤舞庆丰年	2138	龙凤剑曲谱	12130
龙飞凤舞庆丰收	3562, 4542	龙凤美女	4701
龙飞凤舞双喜盈门	4620	龙凤配	2138
龙飞凤舞喜临门	4542	龙凤谱	10315
龙飞凤舞雄姿英发	4471	龙凤双喜	2008, 2024, 4472, 4542, 4621, 4789
龙飞凤舞争玉壶	8839	龙凤双喜	2082
龙飞歌曲选	11504	龙凤双喜图	4382, 4472, 4621
龙飞虎跃	6091	龙凤送宝	4701
龙飞迎新春	4542	龙凤送喜	4542

书名索引

龙凤锁	4286	龙虎大将军	4819
龙凤图	3689	龙虎斗	5570, 6456
龙凤图案	10280	龙虎斗香江	6293
龙凤图典	10329	龙虎二将	4701
龙凤图集	10271, 10329	龙虎风云记	5671
龙凤艺术	10175, 10563	龙虎剑	5671
龙凤迎春	4286	龙虎将	4819, 4843
龙凤缘	4701	龙虎将	2042
龙凤怨	5569	龙虎将军	2391
龙凤舟	3539	龙虎山诗词书画	1483
龙凤装饰艺术集	10304	龙虎山天师道音乐研究	10919
龙岗风云	5288	龙虎娃娃	4543
龙岗战火	5569, 6224	龙虎五胞图	6258
龙戈和珍姑	4621	龙虎武将	2380
龙宫得宝	5569, 6656	龙虎异道	6189
龙宫洞	9797	龙虎战南疆	6224
龙宫归来	6389	龙虎争斗	6531
龙宫借宝	5671	龙虎字书法	8187
龙宫漫游	9884	龙华碑苑	8306
龙宫平湖	9099	龙华富贵	9406
龙宫奇遇	3031, 5570, 5947	龙华桃花分外红	4136
龙宫奇缘	12098	龙剑行动	6293
龙宫情缘	4701	龙江大队党支部书记江水英——革命现代京剧	
龙宫取宝	4621, 4769	《龙江颂》剧照	9934
龙宫取宝	2082	龙江颂	3777, 5096, 5120, 8804, 9207, 9208,
龙宫石	5570		11859, 11860, 12083, 12084, 12123, 12874
龙宫探宝	4286	龙精虎猛	2082
龙宫舞缘	8822	龙井初春	1791
龙宫献宝	4383	龙井道上	1791
龙国屏画集	2285	龙颈夺枪	6293
龙海	8892	龙菊	10015
龙海县西溪闸桥全景	9990	龙均爵	4926
龙泓馆印存	8519	龙口夺珠	5570
龙泓山人印谱	8510	龙口取水	4914
龙湖奇遇	6292	龙口阻击	5948

中国历代图书总目·艺术卷

龙老化	5163	龙女戏鱼屏	4789
龙力游速写	2897	龙女献珠	4622
龙鳞凤爪	9379	龙女云花公主	2380
龙马精神图	8914	龙女赠宝	4472
龙脉书画	2271	龙女赠珠	4136, 4383, 4701
龙梅和玉荣	6668	龙盘虎踞	8608, 10625
龙门暴动	5320, 5354, 5485	龙蟠福地·虎踞财源	2139
龙门二十品	7794	龙潜虎归	6091
龙门二十品的书法研究	7258	龙泉	5948
龙门佛教造像	462	龙泉激流	5288
龙门激流	1991	龙泉青瓷杯全国中师书法大赛获奖作品集	
龙门廿品	7794		8215
龙门山	5570	龙泉山	4965
龙门石窟	8658	龙泉窑青瓷	427
龙门石窟造像选萃	8652	龙泉战歌	11456
龙门四品	7793	龙犬骀马	6224
龙门图	1941	龙瑞 王镛 陈向迅 赵卫 陈平 卢禹舜画选	
龙门造像记	7809		2139
龙眠居士画册	1535	龙山游击队	5671, 6091
龙年大吉	4701, 8820	龙山寨	6091
龙年的悲怆	13129	龙生和海姑	4966
龙年国际书赛获奖作品	8206	龙生与虎生	5232
龙年劲歌	11711	龙狮表演与竞赛	12625
龙年如意	2025	龙寺传奇	6258
龙年如意幸福多	4621	龙潭	1873
龙年腾飞喜福临门	4621	龙潭碧桃	10080
龙年娃娃壮	4621	龙潭波涛	5120, 6091
龙年有余	4621	龙潭飞瀑	9834
龙女 4543, 4622, 4701, 6091, 6189, 9955, 13115		龙潭湖春色	2672
龙女拜寿	9590	龙潭湖之夏	9099
龙女采珍宝	4543	龙潭虎口夺绥定	6389
龙女凤舞	4383	龙潭虎穴	6091
龙女更爱人间美	4077	龙潭桥	5288
龙女牧羊	3597, 5802	龙潭新貌	1817, 9131
龙女嬉珠	4206	龙腾 鱼跃	4383

书名索引

龙腾丰余	4622	龙跃云霄	8816
龙腾凤舞振兴中华	4543	龙争虎斗	6092, 9379
龙腾福至	4622	龙之魂	8278
龙腾虎跃 1991, 3886, 4026, 4472, 4622, 4819,		龙之谜	6993, 6994, 6995, 6996
6091, 9253, 9357		龙之舞	1490, 7740
龙腾虎跃喜迎春	4622	龙志光	5671
龙腾吉祥	4789, 4819	龙舟凤艇庆丰年	4383
龙腾江陵图	2008	龙舟竞渡	4077, 4206, 9477
龙腾千里传捷报 凤翔九天奏凯歌	4077	龙舟竞渡端午节	6531
龙腾神州	4472, 4622	龙舟图	1541
龙腾狮舞	4286	龙舟战鼓	5288
龙腾四海	13142	龙州枪声	6092, 6456
龙腾鱼跃	4136, 4622	龙珠	7136
龙腾鱼跃贺新春	2082	龙卓钦	5012
龙图 400 例	10280	龙琢龙	8564
龙王岛伏霸记	5257	龙子太郎	5948, 6389
龙王店大捷	6258	龙子与泉姑	5672
龙威奋飞	8960	龙字集	8352
龙威虎猛	2082	龙字配联中堂	8154
龙尾巴	4966	垄棵取宝	4926
龙文鞭影	6412	聋道人百种诗笺	1600
龙纹艺术	10275	聋哑工人的悲欢	5120
龙舞	4026, 9225	聋哑妹上学了	3886, 12592
龙溪河拦河坝工程	1733	笼鸡有食汤锅近 野鹤无粮天地宽	8163
龙翔凤舞	4136	笼天地于形内	252
龙心兄弟	6091	隆昌县戏曲志	12776
龙须沟	5671, 13231	隆务河畔的枪声	6190
龙牙颗颗钉满天	5405	隆兴寺传说	6329
龙羊峡水电站	10518	隆中恩仇	6092
龙吟凤舞	4622	隆重的庆典	4543
龙吟阁秘本琴谱	12295	隆重纪念西藏和平解放四十周年	3382
龙吟虎啸	6091, 6092	陇东民俗剪纸	10679
龙友妙墨	8039	陇东南影子戏初编	12980
龙与虎	2042	陇剧唱腔选	11836
龙跃鱼欢	4701	陇剧音乐	11864

中国历代图书总目·艺术卷

陇剧音乐简介	12116	楼辛壶金石书画	340
陇剧音乐研究	11161	楼辛壶西湖十景画册	1718
陇剧走上戏曲舞台的组织领导工作点滴体会		陋室铭	8111, 8215, 8502
	12921	陋室谈艺录	032
陇南山区好民兵	5120	卢本斯	6898
陇上行	11924	卢沉画集	2180
陇原春早	4026	卢沉论水墨画	694
陇原奇峰	2627	卢沉周思聪作品选集	1298
陇原渔歌	3836	卢承庆水彩画集	2954
娄东画派	853	卢德平山水画集	2462
娄东太原王氏画系表	572	卢浮尔博物馆藏画	6865
娄山关	4286, 9986	卢浮宫博物馆	6878
娄山关夕阳	1808	卢浮宫美术馆	212
娄山关夕照	2589	卢浮宫油画精品	6880
娄师白画集	2139	卢府风波	6092
娄师白画辑	1904	卢沟桥的炮声	5570
娄师白画鸭	992	卢沟桥事变回忆录	3397
娄师白印草	8563	卢沟桥之战说明书	12751
娄世棠画选	1404	卢光照程莉影近作集	2533
娄寿碑	7746	卢光照画辑	1904
娄以忠联语集	8224	卢鸿草堂十志图	1523, 1620
娄中国水彩画	2956	卢鸿草堂十志图册	1549
楼的乐章——新加坡市政广场	9922	卢进桥雕刻艺术	8633
楼阁	1520	卢京春画集	2139
楼阁参差倚夕阳	9845	卢俊义	5802
楼阁山水	10446	卢坤峰画集	1968
楼阁仙境	2451	卢坤峰画选	1873
楼阁迎朝晖	4701	卢坤峰兰竹谱	2507
楼观客话	2139	卢坤峰水墨花鸟册	1920
楼兰古国	8941	卢乐群书法集	8215
楼台殿阁	1541	卢平画集	2396
楼台会	10457	卢前钢笔字帖	7417
楼台琴声	4383	卢清插图艺术	6616
楼台相会	9939, 9940	卢瑟福——卓越的原子核物理学家	5405
楼下的枪声	6092	卢施福黄山摄影选	8928

书名索引

卢石臣闲章集	8575	芦哨	5320
卢世曙画选	2547	芦笙和马头琴	12262
卢苏书法	8266	芦笙恋歌	13231
卢梭	1086, 6870, 6872, 6878	芦笙选集	11303
卢延光插图新作选	6602	芦塘得蟹	3597
卢炜卢鹏儿童画集	6759	芦蛙	1889
卢西林版画选	3050	芦苇恋歌	9392
卢象升抗清	5405	芦苇青青	9834
卢延光插图集	6606	芦雪双鸟图	1991
卢延光武侠小说插图集	6615	芦雁	1681, 2611
卢野画集	2271	芦雁	2627
卢野书法集	8294	芦雁画谱	1600
卢有光书法	8332	芦雁图	2611
卢有光书法集	8251	芦叶船	5803
卢有光书法新作选	8215	庐剧唱腔选	11839
卢有光楹联书法集	8215	庐剧传统小戏选	12130
卢禹舜画集	2180	庐剧学习移植革命现代京剧《杜鹃山》	12124
卢禹舜山水画集	2439	庐剧音乐	12113
卢兆祥画集	2271	庐山 1817, 1873, 3836, 3976, 8884, 9039, 9041,
卢兆祥书法集	8332	9044, 9251, 9787, 10418, 10471
卢子枢书画集	2484	庐山——含鄱口	9811
芦荡鸡鸣	3019	庐山——劳动人民的天然疗养区	8871
芦荡尖兵	5672	庐山——庐林湖	9811
芦荡枪声	5355	庐山晨色	9822
芦荡小英雄	5232	庐山春色	4702
芦笛岩	9067, 9341, 9392	庐山东南五老峰	10465
芦港战斗	5207	庐山冬雪	9912
芦沟桥的炮声	5570	庐山飞瀑图	2425
芦花	10068	庐山风光	4027, 9081, 9116
芦花大公鸡	5120	庐山风光传	4543
芦花荡	3597	庐山风景	3639
芦花山鸡	2602	庐山高	1589
芦林会	12115	庐山高	2451
芦林晓云	1791	庐山含鄱口	1797, 9041, 9061
芦芒画集	1387	庐山含鄱口	2042

中国历代图书总目·艺术卷

庐山花径	9793	炉前喜讯	3732
庐山会议开的好	11440	沪沽湖风情	8963
庐山锦绣谷	2042	泸西	10518
庐山揽胜	9081	泸州民间歌曲选	11775
庐山恋	4383, 5570, 9344, 9797, 13101, 13103	泸州戏曲志	12780
庐山龙首崖	9044	闽山画会国画作品选	2237
庐山青松	10014	鸬鹚	1748
庐山日出	9787	吕半隐山水册	1638
庐山三叠泉	9144, 9834, 9845	吕半隐山水十二帧	1611
庐山胜景	4472, 9893	吕布 周瑜	4384
庐山胜境图	2650	吕布典韦	4287
庐山四季风光	9124	吕布和貂蝉	8809
庐山四季图	4543	吕布与貂婵	4769, 8839
庐山松	9912	吕布与貂婵	2391
庐山望江亭	9803	吕布与貂蝉	4206, 4384, 4472, 4544, 8848, 9225
庐山五老洞	9116	吕布与貂蝉	2361, 2391
庐山五老峰	1797, 9041, 9071	吕布之死	5949
庐山仙人洞	3836, 9793	吕传良的控诉	5121
庐山香炉峰	1941	吕大郎还金完骨肉	6093
庐山小天池	1798, 9845	吕德 卡尔波	8670
庐山小天地	9787	吕丁画集	2222
庐山新装	1858	吕洞宾	6190
庐山雄姿	9045, 9046, 9048, 9784, 9785, 9786	吕洞宾布阵	5804
庐山秀色	9859	吕洞宾飞剑斩三虎	9247
庐山植物园	8930	吕洞宾怒擒穿山甲	6094
庐星堂山水集	2456	吕洞宾三拜师	6224
驴	2602	吕洞宾戏牡丹	6360
驴耳朵王子	6389	吕方·郭盛	2370
驴子的称赞	6360	吕凤子画集	1758
驴子和他的朋友	5120	吕凤子画鉴	814
驴子与财主	4967	吕复慧画集	1404
炉边蟋蟀	5948	吕光远行草书法	8278
炉火正红	1826, 2736	吕后临朝	5674
炉前	2746, 3886	吕后斩韩信	5288
炉前大战	3001	吕厚民摄影作品集	8977, 8991

书名索引

吕吉人画集	2237	吕四娘	4544, 4769
吕纪花鸟画特展	1586	吕四娘刺雍正	6224
吕骥歌曲选集	11485	吕四娘三刺雍正帝	8829
吕骥文选	10815	吕晚邨墨迹	8045
吕建军	2836	吕文成广东音乐曲选	12348
吕剑利速写集	2904	吕戏音乐	12104
吕剧《半边天》剧照	9938	吕霞光画集	6801
吕剧流行唱段集粹	11878	吕先生遗墨	8022
吕剧起源与发展	12957	吕相友摄影集	8983
吕剧音乐创作基础知识	12126	吕学勤书画	2181
吕剧音乐研究	11144, 11153	吕荧文艺与美学论集	065
吕剧音乐艺术规律的研究	10993	吕远歌曲选	11469
吕魁渠山水画集	2471	吕智凯水粉画集	2952
吕梁地区中阳民俗剪纸	10685	吕雉弄权	5804
吕梁民间剪纸	10692	郦亭书画经眼录	1457
吕梁英雄传	5406, 5486	旅程	9036
吕琳版画选	3039	旅程画眼	2083
吕蒙画集	2254	旅窗清课	8444
吕蒙画选	1392	旅大	8927
吕母蔡太夫人墓志铭	8122	旅大儿童画	2934
吕母复仇	5949	旅大工人版画选	3022
吕品水彩画选	2941	旅大工人画选	1360
吕瑞英	9570	旅大少年儿童画选	6754
吕瑞英扮演的萧皇后	9948	旅大中学生版画	3024
吕三传奇	6094	旅行的歌	12005
吕绍福画集	2254	旅行漫画	3393
吕胜中线描集	2237	旅行写生画选	2866
吕胜中线描选	2181	旅客的贴心人	3777
吕胜中作品	1397	旅客之家	3836
吕氏春秋	6429	旅美加中国书画家洪锡生师生书画集	2306
吕氏春秋音乐文字译注	10960	旅顺博物馆藏画选	1483
吕氏春秋中的音乐史料	10962	旅顺口	8960, 8963
吕寿琨的世界	1842	旅顺木刻选	8644
吕寿琨纪念画集	1873	旅途摄影	8753
吕斯百画集	2715	旅途寓深情	2757

中国历代图书总目·艺术卷

旅游必备周历：1986	10484	鲁莽的小伙子	12410
旅游地理素描	1122	鲁美业余少儿美术学校学生作品选	6765
旅游风光摄影	8778	鲁牛	5233
旅游和旅游广告	10728	鲁朴爷爷教画画	1261
旅游去	9977	鲁山大战	5948
旅游摄影 8737, 8739, 8760, 8767, 8774, 8788, 8795		鲁山县戏曲志	12778
		鲁石画集	2332
旅游摄影技巧	8753	鲁石珍藏名画	1647
旅游摄影举要	8731	鲁斯兰与柳德米拉	6258
旅游摄影手册	8753	鲁颂歌曲选	11498
旅游摄影旨趣	8767	鲁提辖拳打镇关西	5672
旅游摄影指南	8760	鲁王和小黄马	5013
旅游胜地厦门风光	9254	鲁王与小黄马	5039
旅游文物艺术	102	鲁翁诗抄	8251
鲁班	5405, 5406	鲁屋楷墨编	8266
鲁班的故事	4966, 5207, 5406	鲁西南鼓吹乐初探	11294
鲁班学艺	6495	鲁西南鼓吹乐曲集	12322
鲁班造锯	4966	鲁西南鼓吹乐曲选	12322
鲁北江南	2420	鲁西南鼓吹乐选集	12337
鲁北人民战海河	9273	鲁相乙瑛碑	7661
鲁本斯	6849, 6880, 6908	鲁学斋自用印谱	8533
鲁宾孙漂流记	7054	鲁迅 1292, 3377, 3388, 6749, 9000, 9001, 10404	
鲁滨孙飘流记	5485, 6708	鲁迅	2713
鲁滨孙漂流记	6732	鲁迅——"五四"新文化运动的英勇旗手	
鲁滨孙漂流全集	6092		3221
鲁滨逊漂流记	3510, 6329, 6562, 6586	鲁迅——伟大革命家、思想家、文学家	1290
鲁波——幽默丛书	6944	鲁迅——中国伟大的文学家和思想家	3371
鲁赤水墨菊	1758	鲁迅笔名印谱	8539, 8556
鲁达拳打镇关西	4819	鲁迅编印画集辑存	3029, 3030
鲁东	6898	鲁迅传	5321, 5355, 5672
鲁风花鸟画集	2511, 2526	鲁迅诞辰一百周年	3333
鲁虹美术文集	483	鲁迅的方向，就是中华民族新文化的方向	
鲁峻碑	7769		3104
鲁凯族民歌	11821	鲁迅的故事	5257, 5321
鲁鲁的房间	6586	鲁迅的青少年时代	5406, 5485

书名索引

鲁迅的童年	5406	鲁迅诗文钢笔字帖	7452
鲁迅故居(上海）	9295	鲁迅诗文选钢笔字帖	7452
鲁迅故里人像	8900	鲁迅诗印谱	8558
鲁迅行书联	8134	鲁迅收藏苏联木刻拈花集	6924
鲁迅和平民学校	5355	鲁迅收藏中国现代木刻选集	3006
鲁迅和青年的故事	5288	鲁迅手稿文摘之二	8458
鲁迅金句漫画	3485	鲁迅手稿文摘之一	8458
鲁迅警语钢笔字帖	7496	鲁迅手稿选集三编	8134
鲁迅论连环画	1219, 1220	鲁迅手稿选集续编	8135
鲁迅论美术	014, 090	鲁迅文学精品钢笔字帖	7526
鲁迅论文·杂文 160 图	6617	鲁迅先生	2924
鲁迅美术论集	511	鲁迅先生诗存	8294
鲁迅美术形象选	1302	鲁迅先生像	2350, 2353
鲁迅美术学院美术教育教程	140, 157, 355	鲁迅先生之墓	8882
鲁迅美术学院五十年美术作品选集	1306	鲁迅象	8644
鲁迅美术学院中青年教师素描作品集	2918	鲁迅像	2374
鲁迅美术学院作品集	336	鲁迅小说插图	6601
鲁迅名言	4837	鲁迅小说插图集	6601
鲁迅名言钢笔字帖	7526	鲁迅艺术学院	345
鲁迅墨宝真迹	8131	鲁迅印谱	8539
鲁迅墨迹	8123	鲁迅与木刻	1204, 1209
鲁迅木刻形象百图	3048	鲁迅与青年	1733, 4027, 4383
鲁迅墓	9325	鲁迅与瞿秋白	3001, 5672
鲁迅诗	8124	鲁迅与新兴木刻运动	8604
鲁迅诗《亥年残秋偶作》	8138	鲁迅与中国新兴木刻运动	580
鲁迅诗《无题》	8138	鲁迅与中外美术	186
鲁迅诗稿	8123	鲁迅在北大讲课	8642
鲁迅诗稿《悼杨铨》	8141	鲁迅在北京	5308
鲁迅诗稿《亥年残秋偶作》	8139	鲁迅在广州	5288, 5321, 5334
鲁迅诗稿《无题》	8123, 8124	鲁迅在南京	5355
鲁迅诗稿《自嘲》	8140	鲁迅在日本	5406
鲁迅诗稿《自题小像》	8141	鲁迅在厦门	5570
鲁迅诗歌	8425	鲁迅在厦门著作篇名印谱	8556
鲁迅诗楷书字帖	8394	鲁迅之世界全集	1327
鲁迅诗篇钢笔字帖	7496	鲁迅著作印谱	8545

鲁砚	1062	陆军豪情撼河山	8813
鲁砚谱	1062	陆康所刻印存	8566
鲁英	9642	陆康印选	8577
鲁愚力钢笔画与技法	1135	陆康作品集	8377
鲁玉嵏怀亲画集	2332	陆廉夫衡山纪游图	1651
鲁豫冀苏皖民间杂技马戏艺术研讨会文集		陆廉夫花卉十六幅	1639
	12993	陆廉夫临董思翁山水册	1639
鲁智深 4383, 4472, 4622, 5039, 5570, 5672, 5803,		陆廉夫山水八景	1651
5948, 6329, 6456, 6531		陆廉夫蔬果册	1673
鲁智深 李逵	4383	陆秒坤漫画集	3412
鲁智深大闹桃花村	4383	陆秒坤幽默画集	3428
鲁智深痛打高衙内	4287	陆判	5672, 5948
履卿书画录	658	陆润庠书西湖风景记帖	8111
履园画学	470	陆上胜猛虎 水中赛蛟龙	3732, 3756
陆包山秋夜六景图册	1565	陆上与海上丝绸之路	8895
陆沉集	13111	陆维钊	8294
陆春龄笛子曲集	12269	陆维钊楷书字帖	8405
陆春涛画集	2207	陆维钊书法选	8158
陆大家宰手札	8107	陆维钊书画集	2207
陆定一同志题词	8136	陆维钊书画选	1920
陆放画集	3048	陆文龙	12917
陆海空军联合演习	3689	陆文龙	2366
陆海空军事大演习	4383	陆文龙 何元庆	4543
陆海空纸模型	10685	陆文龙 岳云	4383
陆鹤龄中国画选集	2180	陆文龙·牛皋	2370
陆徽彰书法集	8294	陆文龙大战金兀术	4383
陆佳插图	6614	陆文龙大战岳云	4702
陆家衡书法作品集	8236	陆文龙归宋	6092
陆柬之书法选	7900	陆文慎公墨迹	8034
陆柬之书陆机文赋	7900	陆修伯书法作品选	8278
陆柬之书陆机文赋钢笔临本	7526	陆学士题跋	7684
陆柬之书文赋真迹	7845	陆俨少册页精选	2254
陆柬之文赋	7923	陆俨少画集	1391
陆金山笛子曲选	12271	陆俨少画辑	1889, 1941
陆军海战队	5485, 5571	陆俨少画语	720

书名索引

陆俨少画语录	715	律和声	12744
陆俨少画语录图释	923	律话	11014
陆俨少课徒山水画稿	905	律吕	11011
陆俨少书法精品选集	8306	律吕别书	10998
陆俨少书画精品集	2467	律吕阐微	11006
陆俨少作品精粹	2236	律吕成书	11012
陆燕生画集	1419	律吕古义	10997
陆一飞	2479	律吕古谊	11018
陆一飞画集	2446, 2464, 2471, 2475	律吕卦义大成	11012
陆一飞画山水	916	律吕或问	10997
陆抑非	2526	律吕节要	11006
陆抑非行草长卷	8236	律吕解注	10998
陆抑非花鸟画辑	2497, 2510	律吕精义	11012, 11029
陆抑非教学画稿	699	律吕精义内编	10999
陆游	5485, 5486, 5672	律吕精义内篇	10999
陆游和唐琬	4287	律吕精义外篇	11000
陆游诗	7552	律吕考	11006, 11007
陆游与唐婉	4819	律吕考正	10998
陆游与唐婉	2380	律吕名义算数辨	11015
陆元鼎画集	1720	律吕母音	11007
陆越子教你画花卉	982	律吕剩言	11014
陆越子教你画禽鸟	1005	律吕通今图说	11015
陆云歌曲选	11476	律吕透视	11027
陆在易合唱作品选	11989, 11990	律吕图说	11012
陆志文画集	2285	律吕心法全书	11011
录何义门评孙退谷庚子销夏记	755	律吕新论	11007
录下一支幸福歌	4543	律吕新书	10998, 11007
录象世界	13137	律吕新书补注	10998
录音	13267	律吕新书初解	11014
录音机里的秘密	5672	律吕新书分注图纂	11007
录音遗飓	7028	律吕新书解	10998
录音音响学	11162	律吕新书浅释	11018
录影学	13064	律吕新义	11007
律动	9470	律吕臆说	11018
律动教育与律动教材	10790	律吕元音	11015

中国历代图书总目·艺术卷

律吕元音正录	11018	鹿羚	10275
律吕原音	11012	鹿鸣翠谷	2802, 4702, 5257, 5672
律吕正论	11000	鹿鸣翠谷	2083, 2181
律吕正声	11001	鹿母夫人	5948
律吕正义	11022, 11023, 11024, 11025, 11026,	鹿台遗恨	5673
11027		鹿衔草	5571
律吕直解	10998	鹿苑长春	6092
律吕质疑辨惑	11000	鹿壮春色	4077
律吕纂要	11007	逐国胜教你篆刻	8479
律笺	10998	绿宝石护身符	5949
律书律数条义疏	11018	绿宝石失窃案	7021
律书详注	11007	绿遍池塘草图咏	1708
律悟	11012	绿波碧玉	9874
律学	11027	绿波翠竹间	9799
律学会通	11028	绿波轻流画长安	8829
律学新说	11000	绿波清流画长安	9874
律易	11015	绿川诗词书画集	2139
律音汇考	11007, 11008	绿簇山庄	9067
鹿场春意浓 高原狩猎归	4136	绿岛怎样变成火烧岛	5949
鹿场新兵	3930	绿度母	4757, 4849
鹿场新歌	1817	绿肥植物紫穗槐	13239
鹿城歌声	13293	绿海明珠	8950
鹿床画絮	1634	绿海天涯	5572
鹿床墨戏小册	1638	绿化	12628
鹿的角和脚	2990	绿化城市美化环境	3365
鹿顶迎晖	9874	绿化广东画展选集	1368
鹿鼎记	6495	绿化室内设计	10575
鹿鹤长春	4544	绿化祖国	3340, 3732, 4288, 8885, 8888, 9273
鹿鹤呈祥	4819	绿化祖国 美好环境	3333
鹿鹤姑娘	4287	绿化祖国 造福万代	3340
鹿鹤同春	3597, 4077, 4136, 4206, 4287, 4543,	绿化祖国多植树	4288
	4622, 4702, 4790, 4819	绿化祖国宣传挂图	9268
鹿鹤同春	2139	绿廊倩影	9668
鹿鹤仙子	4383	绿浪	9834
鹿回头传奇	12177	绿林白鹅	2788

书名索引

绿林大侠罗宾汉	3510	绿色的金子	4967
绿林巾帼	5804	绿色的梦	11487
绿林女杰	5674, 6224	绿色的钱包	5572, 5949
绿林奇缘	9244, 9246	绿色的世界	3510
绿林青天	5039	绿色的威士忌	5804
绿林群英	5949	绿色的旋律	9367
绿林神箭手	6094	绿色的原野	13245
绿林探胜	9834	绿色浮香	9392
绿林县官	6094	绿色钱包	5572, 5674
绿林英雄罗宾汉	6732	绿色随响	9470
绿柳塘畔	5257	绿色天国的乡音	10872
绿满淳化	9286	绿色信号弹	6293
绿满高原	3836	绿色之梦	9454
绿满平原	8888	绿色之王	6190
绿梅	5804, 10043	绿十字船之谜	6094
绿魔	6259	绿十字号沉船之谜	6259
绿牡丹	6389	绿树成林果满枝	3689
绿牡丹巴路和大闹酸枣岭	3006	绿树丛中万点红	1808
绿牡丹传奇	8822	绿水丹心	5486
绿绮清韵	12295, 12305	绿水青山	12325
绿绮新声	12292, 12293	绿水青山带笑颜	4078
绿秋盦集印	8509	绿水万波争流，青山千岩竞秀	2083
绿染春山	2043	绿天红雪轩剩墨	8050
绿染金城两山	8902	绿星国际少年儿童美术摄影作品集	168
绿染神州	8279	绿秀：赵晓沫版画作品	3047
绿绒蒿	9345	绿杨林里	5257, 5288
绿榕山馆琴谱	12295	绿杨茵里白沙堤	9859
绿色宝库	3510	绿野探踪	12620
绿色长城	1817, 1826	绿野仙踪	5486, 5572, 5674, 6225, 7021
绿色长城	2590	绿野印草	8508
绿色窗口	5804	绿叶	10043, 11483
绿色的丛林·绿色的海洋	11624	绿叶红花	12119
绿色的地狱	5096	绿叶集	314
绿色的冬天	2423	绿叶小鸟	1874
绿色的风采——内蒙古大兴安岭	9089	绿衣民兵	5288

中国历代图书总目·艺术卷

绿衣女郎	9753	路歌	11658
绿绮室京俗词	8117	路巨鼎油画作品选	2835
绿意红情	4849	路矿支队	5355
绿茵	9392, 9420	路路进宝	4384
绿茵场边	4472	路路致富	2139
绿茵春煦	9884	路漫漫	5673
绿茵梦	9252	路南大叠水	9793, 9834
绿茵	10446	路南石林	9067, 9874
绿茵晨曲	9874	路南现代民间绘画优秀作品集	1371
绿茵飞瀑	8848	路线斗争天天讲 阶级斗争永不忘	3777
绿茵古亭	9906	路易·大卫	6797
绿茵深处	8848	路易斯·布努艾尔	13142
绿茵下	3006, 8829	路迁	8879
绿茵掩秀	9803	路遇	1758, 1798, 12096
绿玉皇冠案	6531	路在前方	2139
绿原红旗	4967	路中汉画集	2529
绿云画艺	2008	路走对了	5013
绿中缀素	9822	滤光镜	8743
绿洲	9893	滤色镜的应用	8729, 13265
绿洲长渠	8806	滤色镜原理	8729
绿洲凯歌	5013	纙铲·女人和井	13150
绿珠坠楼	5949	纙铲、女人和井	13137
绿竹红梅	2025	蒋谷虹儿画选	6771
绿竹牡丹	2501	潞藩新刻述古书法篆	7201
绿竹园风云	5406	潞藩篆集古音正宗	12293
禄劝彝族土司府礼仪乐	12260	璐璐	9698
禄字大观	7737	鹭江激流	5013
路	4769, 5803, 8893	鹭情	9319
路·人交通安全漫画辑	3432	鹭鸳	1664, 1769
路——"天使"与"野马"的故事	5673	麓湖晨曲	8829
路碑	2976	麓山传奇	5571
路边石亦可入药	7008	麓山寺碑	7882, 7885
路边拾零	13190	麓台题画稿	774
路灯隶书伯阳青牛园记	8376	露	9811
路灯下的宝贝	5803	露浸玉臂寒	9420

书名索引

露冷幽雀	2639	伦勃朗素描	6896
露两手	4905	伦池斋印谱	8530
露润吐芳	9379	伦敦大桥	9874
露水地里穿红鞋	11816	伦敦国家画廊	376
露营	2719	伦敦国家美术馆	6831
孪城歼敌记	5571	伦敦奇遇	5486
孪城惊案	5803	伦敦泰特美术馆	6831
孪生姐妹	9542	伦敦雾迷	6093
栾正锡画选	2332	伦文叙	5803
鸾飞凤舞	8839	轮唱歌曲	11932
鸾凤朝阳	2083	轮船集锦	4287
鸾凤和鸣	1941, 2008, 4287, 4622, 4790, 8848	轮台思过	5803
鸾凤和鸣幸福多	1920	轮下血	6293
鸾凤吉祥	2139	论《兰亭》书体	7261
滦水联吟图	1635	论八十年代西洋新绘画之发展	516
卵石艺术	10518	论巴托克	10855
乱马 1/2	7122, 7123, 7124, 7125, 7126	论柏辽兹与舒曼	10858
乱判葫芦案	5571	论梆子腔	11155
乱世风云	6329	论碑帖诗	7207
乱世佳人	6258, 6259, 6429, 13263	论北京人艺演剧学派	12915
乱世奇缘	6259, 9241	论贝多芬交响曲的演出	12551
乱世擒魔	5571	论编戏道德主义与美术主义并重	12700
乱世枭雄 曹操	6456	论标题音乐	10795
乱世英雄	6092	论表演艺术的改革与建设	12824
乱世英雄乱世情	6093	论布莱希特戏剧艺术	12721
乱世影劫	13133	论柴科夫斯基	10854
乱弹集	12729	论柴科夫斯基的歌曲	10854
乱云飞	12334	论超现实摄影	8706
乱云书	13133	论潮剧艺术	12936
掠浪的鱼镖	5948	论成荫	13209
略画范本	1425	论川剧高腔音乐	11141
略画事典	599	论川剧音乐改革	11151
略论常香玉的演唱艺术	12923	论当代画家	532
略论新疆蒙古族民歌的音乐特色	10906	论导演构思	12682
伦勃朗	1154, 6843, 6844, 6845, 6854	论导演剧本	13206

中国历代图书总目·艺术卷

论导演艺术	12804	论画膰说	772, 773
论第三代画家	532, 539	论画辑要	674
论电视剧	13053	论画绝句	779
论电影	13024	论画绝句自注	690
论电影导演	13205, 13207	论画梅	954
论电影的编剧、导演和演员	13200	论画浅说	673
论电影的镜头组接	13263	论画十则	668
论电影剧本创作的特征	13081	论画琐言	658
论电影剧本中的人物	13081	论画五种	755
论电影剧作	13033	论画小传	671
论电影美术	13224	论画杂评	755
论电影喜剧	13299	论画杂诗	781
论电影艺术	13032	论画正则	467
论电影艺术的视觉性	13073	论话剧导表演艺术	12909
论电影艺术的特性	13033	论黄山诸画派文集	582
论电影艺术中的家庭道德	13072	论绘画的技法	600, 601
论电影音乐	11150	论绘画速写	1115
论电影与戏剧的美术设计	13223	论绘画与素描教学法	485
论电影与戏剧中的冲突	13031	论绘画中的典型问题	495
论电影招贴画家的创作	1221	论纪录电影创作中的几个问题	13291
论东北中国画	812	论纪录性艺术片	13292
论俄罗斯民间合唱	11111	论蒋齐生	8782
论鄂西土家族哭嫁歌	10906	论匠艺	12682
论钢琴表演艺术	11222, 11224	论焦菊隐导演学派	12909
论钢琴演奏	11229	论经书诗	7812
论歌唱艺术	11122	论剧场艺术	12829
论工艺美	10184	论抗战戏剧运动	12904
论工艺美术	10211	论李姆斯基——柯萨科夫	10855
论古代名家书法	7315	论李渔的戏剧美学	12757
论古代艺术	522	论列宾的技法	1069
论观众	12722	论六线谱	11061
论管子演奏	11304	论吕骥的艺术道路	10875
论汉族民歌近似色彩区的划分	10908	论马思聪	12180
论红线女舞台艺术	12954	论梅耶荷德戏剧艺术	12722
论画	774	论民间舞蹈	12604, 12656

书名索引

论墨	1058，1059	论苏联群众歌曲	10853，11074
论墨绝句诗	1057	论苏维埃艺术中美的问题	362
论穆索尔斯基	10854	论提香、戈雅、大维特、陀密埃的创作道路	124
论聂米罗维奇——丹钦柯导演方法	12801	论外国画家	518
论评剧的振兴	12952	论维吾尔古典音乐《十二木卡姆》	10907
论青年电影演员的创作	13216	论维吾尔木卡姆	10913
论曲式与音乐作品分析	11098	论维吾尔十二木卡姆	10912
论曲五种	12755	论文人画	518
论山水画	899	论文学与电影	13033
论设计图与舞台空间	12825	论无边的现实主义	024
论摄影	8710	论吴冠中	549
论摄影艺术	8680	论五度相生调式体系	11046
论神似及其它	474	论舞台艺术	12680
论声乐创作	11082	论西方的三种和声体系	11092
论声乐训练	11117	论西方美学与艺术	077
论视觉艺术	131	论西方写实绘画	522
论视听	13166	论析贝多芬钢琴奏鸣曲	11239
论书	7208	论戏剧	12675，12691，12822
论书百绝	7667	论戏曲表现现代生活	12701
论书丛稿	7158	论戏曲电影	13089
论书法	7239	论戏曲反映伟大群众时代问题	12701
论书集刻	7236	论戏曲观众	12704
论书绝句	7208，7233，7297	论戏曲音乐	11149
论书绝句百首	7297	论现代电影录音技术	13266
论书名句	7337	论现代和声	11079
论书偶存	7232	论现代中国美术	113
论书浅语	7208	论现代资产阶级艺术	090
论书剩语	7250	论现实在音乐中的反映	10792
论书十二绝句	7233	论现实主义艺术法则底客观性质	195
论书十则	7242	论肖像创作	623
论水华	13210	论谢晋电影	13213
论说戏曲	12730	论新歌剧	12901
论斯坦尼斯拉夫斯基的创作方法	12707	论新闻纪录电影	13291
论苏联的造形艺术	361	论新现实主义艺术创作	086
论苏联电影	13088	论匈牙利民间音乐	10903，10904

中国历代图书总目·艺术卷

论旋律	11079	论郑律成	11357
论演出的艺术完整性	12686	论指挥	11106
论秧歌	12602	论中国古代艺术	245
论艺术	007, 080	论中国民间美术	10685
论艺术表演团体体制改革	13020	论中国民间舞艺术	12624
论艺术的技巧	086	论中国人物画	870
论艺术的精神	582	论中国少数民族电影	13161
论艺术的内容和形式	081	论中国戏剧批评	12723
论艺术的内容与形式问题	081	论中国现代美术	099
论艺术的特性	018	论篆	8444
论艺术对现实的关系	081	论装饰画	10566
论艺术里的精神	024	论综合治理振兴山西戏曲	13019
论艺术形式美	072	论作曲的艺术	11090
论艺术在社会生活中的地位和作用	081	罗宾的三件宝物	6389
论音乐表演艺术	10849	罗宾汉	5803
论音乐的革命化、民族化、群众化	10844	罗宾汉的故事	6531
论音乐的阶级性	10799	罗宾汉之死	5803
论音乐的美	10844, 10845	罗宾在狱中	6224
论音乐的民族特点	10843	罗伯·俄尔多水彩画技法	1194
论音乐的特殊性	10861	罗步臻画集	2271
论音乐教育	10823	罗刹海市	5571, 5673, 5803
论音乐为工农兵服务	10798	罗刹海市奇闻	6330
论音乐文学创作	11098	罗昌秀	4966
论音乐写法	10851	罗成	5673, 5803, 6093, 6456
论音乐形象	10849	罗成 秦琼	4384
论音乐与音乐家	10855, 10860, 10882	罗成 罗松	4702
论印绝句	8450, 8451, 8452	罗成大战窦线娘	4790
论印绝句十二首	8451	罗成大战宇文霸	4702
论影剧艺术	13052	罗成夺魁	4702, 5673, 6330
论用笔十法	7225	罗成叫关	6093, 12073
论语	3437, 8024, 8027	罗成袁元庆	4472
论语箴言名家书法集	8318	罗成破阵	5673
论语箴言书法赏评	7394	罗成擒五王	5673
论云南少数民族戏剧	12941	罗成威震紫禁门	6224
论张艺谋	13158, 13211	罗成战线娘	4544

书名索引

罗成招亲	2361, 2374	罗汉画	452
罗成之死	5803	罗汉钱	12103, 12106
罗川儿	5486	罗汉钱曲谱	12110
罗次冰水彩画集	2958	罗汉图汇	448
罗丹	6899, 8669, 8671	罗汉图卷	449
罗丹雕刻	8668	罗汉图轴	1550
罗丹雕塑精选	8609	罗鹤鸣画集	1991
罗丹论	8605	罗宏画集	2306
罗丹书法	8177	罗虹画集	2831
罗丹水彩人体	6910	罗虎闯亲	6093
罗丹艺术论	8603, 8609	罗家将	6531
罗德里戈吉他曲集	12484	罗家将搬兵	6093
罗登贤烈士的故事	5917, 5988	罗家宽书画集	2271
罗尔纯画集	2788	罗家伦夫人张维桢女史捐赠书画目录	1487
罗尔纯油画集	2808	罗家枪	6224
罗浮宫	6868	罗家叔侄对花枪	4287
罗浮宫博物馆	6812, 6878	罗剑钊写生·创作画集	1397
罗浮宫美术馆	366	罗健夫	5803, 5804, 5948
罗浮宫五百年名画巡礼	592	罗江速写	2890
罗浮幻质	644	罗康祥人物画选	2409
罗浮梅仙	10432	罗克威尔	6783
罗浮胜景	1941	罗克威尔画风	7064
罗浮侠女	6190	罗兰妙语钢笔字帖	7452
罗浮相会	5948	罗兰青春小语钢笔字帖	7581
罗浮烟雨	9081	罗兰情语钢笔字帖	7619
罗福颐印选	8563	罗兰珊	6802
罗复堪书法选	8318	罗兰小语钢笔书法	7526
罗工柳画集	1387	罗兰小语钢笔书法欣赏	7552
罗工柳留苏习作选	1748	罗兰小语钢笔字帖	7496
罗工柳人像风景画选	2788	罗累莱	12370
罗工柳艺术对话录	484	罗两峰鬼趣图	1611
罗工柳油画选	2823	罗两峰花鸟草虫画册	1647
罗冠群　潘懋勋篆刻集	8580	罗两峰画册	1620
罗光达摄影作品·论文选集	8986	罗两峰画罗汉册	1637
罗国士书画集	2043	罗两峰几秋图册	1611

罗两峰兰竹	1644	罗密欧与朱丽叶	5571, 5673, 6360, 7008, 7054
罗两峰双钩水仙册	1644	罗密欧与朱丽叶	12415
罗两峰印存	8526	罗明深画集	2236
罗马——不设防的城市	13250	罗铭访闽粤侨乡写生画集	2855
罗马11时	13101	罗铭画集	2433
罗马复仇	6293	罗帕记	8809
罗马狂欢节	5571	罗品超舞台艺术七十三年	12958
罗马尼亚19-20世纪绘画精品	6881	罗聘人物山水册	1658
罗马尼亚歌曲集	12368, 12376	罗聘人物山水册页	1658, 1673
罗马尼亚工艺美术品选集	10724	罗普倒霉透顶	7072
罗马尼亚画家格里高莱斯库	6778	罗普急救员	7072
罗马尼亚绘画的现实主义	502	罗普奇妙的发明	7072
罗马尼亚马拉穆列什民间歌舞团举行首场演出		罗普运输公司	7034
	12671	罗琪漫画	3523
罗马尼亚马拉穆什民间歌舞在京演出	12672	罗启潮	5096
罗马尼亚美术	362	罗青看电影	13156
罗马尼亚美术作品选集	361, 6774	罗清桢木刻作品选集	2991
罗马尼亚民间艺术展览会	363	罗荣桓元帅	4206, 4287, 4384, 5804
罗马尼亚人民共和国的实用艺术	10723	罗瑞卿大将	6360
罗马尼亚人民共和国国歌	12394	罗瑞卿的青少年时代	6093
罗马尼亚人民共和国民间艺术展览会	361	罗衫记	5039
罗马尼亚人民共和国音乐生活	10980	罗少保招亲	6190
罗马尼亚舞	12652	罗生门	13101
罗马尼亚现代版画选	6917	罗盛教	5138
罗马尼亚艺术大师科尔内留·巴巴	1072	罗盛教	2713
罗马尼亚音乐	10980	罗盛教式的小英雄	4966
罗马艺术鉴赏	181	罗盛教小时候的故事	4966
罗马之夜	6093	罗斯金的艺术论	003
罗迈生	5163, 5164	罗特第七协奏曲	12553
罗曼·罗兰音乐散文集	10896	罗特列克	6831
罗曼蒂克原理	3499	罗天婵演唱歌曲集	11972
罗曼诺·蒂克姑娘	6884	罗通扫北	9229
罗美群作品	10555	罗网	5673
罗蒙诺索夫	4966, 5804	罗西尼	10885
罗蒙诺索夫的故事	5013	罗锡铎书法集	8236

书名索引

罗宪成难字草字汇	8423	裸体艺术谈	060
罗阳书画选集	2236	裸体艺术欣赏	451
罗勇书法作品选	8307	裸体园	10126
罗渊诗书画集	2222	洛宾歌曲集	11476
罗远潜画选	2399	洛川民间美术	10677
罗振玉法书集	8307	洛德·吉姆	7043
罗振玉手札	8111	洛东儿童画	6769
罗芷生书画集	2236	洛都美术史迹	258
罗智慧作品集	2332	洛夫诗选	7474
罗专才	5179	洛嘎	5406
罗宗海·感受乡土·水彩画	2965	洛魔岛上的谋杀案	6531
罗宗贤歌曲选	11469	洛宁县戏曲志	12782
萝卜蝈蝈	1748	洛杉矶迪斯尼乐园一角	9973
萝庐画谱	1635	洛神 3562, 3597, 4077, 4287, 4544, 5039, 9148,
萝轩变古笺谱	1556	10438, 10457, 12073, 12076, 13239
锣鼓秘诀	12065	洛神赋	7809
锣鼓谱	12320	洛神赋十三行旧拓四种	7795
锣鼓敲击法	11347	洛神赋图	1517
锣鼓声中	3836, 5257	洛神凌波图	4136
锣鼓诗	12320	洛神曲	12295
锣鼓迎春 鲜花报喜	4027	洛羊论画	536
锣经摘要	12056	洛阳	10471, 10518
螺号响了	2751	洛阳出土铜镜	406
螺髻山与邛海	8941	洛阳春色	4287
螺旋	5673	洛阳大捷	5486
裸妇的描法	627	洛阳红	10063
裸女人体速写技法	1118	洛阳令	5571
裸女素描大全	1100	洛阳牡丹	8937, 9063, 9144, 9306, 9307, 10028
裸女与素描	1122	洛阳牡丹	2650
裸体的艺术与艺术的裸体	463	洛阳牡丹对屏	4287
裸体美之研究	060	洛阳牡丹红	10063
裸体摄影选集	8995	洛阳牡丹集锦	10021
裸体艺术	099	洛阳牡丹扇面	2553
裸体艺术论	178, 450	洛阳桥 4287, 4472, 4966, 5013, 5069, 5571, 5804
裸体艺术面前的中国人	451	洛阳市戏曲志	12773

中国历代图书总目·艺术卷

洛阳唐三彩	393	《毛泽东颂》歌曲集	11694
洛子舞	12607	《梦溪笔谈》音乐部分注释	10962
骆恒光古代散文名篇钢笔字帖	7595	(美好的祝愿)云南花卉集	10046
骆恒光唐诗名篇钢笔字帖	7595	[马钦临颜鲁公争坐位帖]	8015
骆恒光西湖诗词名篇钢笔字帖	7595	[梅尚程荀京剧剧本选]	12858
骆玃玃印章选	8568	[米海岳墨迹三种]	7948
骆驼背上的医院	5207	[米襄阳明道观壁记真迹]	7958
骆驼山的来历	6259	[米襄阳章圣天临殿记真迹]	7958
骆驼蹄印	5355	[米元章帖]	7954
骆驼图案	10280	[苗族风俗图]	1596
骆驼祥子 5069,5673,5804,5948,6093,6562,		[名画琳琅]	1534
13133		[名家书札]	8015
骆驼祥子电影的设计、施工和完成图谱	13247	[名人书画集]	2587
骆文冠画集	2332	[明人书札]	8013
骆玉笙和她的京韵大鼓	12969	[明人印谱]	8455
骆玉笙演唱京韵大鼓选	12140	[明文彭刻石]	8528
骆玉笙演唱京韵大鼓选集	12143	妈妈	5804,5949
珞巴姑娘	5321,5355	妈妈,你在哪里	6562
名言妙语	7525	妈妈,电话	9551
弄堂集	9302	妈妈,您好!	9535
摺纸入门	10677	妈妈安心去工作	3539
		妈妈抱	9590
M		妈妈抱抱	4544
"马"字钢刀	5741	妈妈参加了篮球队	3886
"蚂蚁"啃泰山	4936	妈妈成了神枪手	3976
"迈进中的香港"摄影展览	8933	妈妈出海去	1817
"蟒蛇出洞"破产记	6211	妈妈戴了大红花	4472
"美国生活方式"	10127	妈妈的爱	4819
"闷块"开窍	4936	妈妈的好帮手	4472
"模范共青团员"胡业桃	2740,5157	妈妈的生日	5674
"模范饲养员"	5170	妈妈的心愿	4384
"模范饲养员"叶洪海	5157	妈妈放心吧	4027
"茉莉花"传奇	5883	妈妈光荣 宝宝健康	4384
"穆桂英挂帅"选曲	12110	妈妈光荣我幸福	4473
《马兰花》的舞台艺术	12798	妈妈好	2083

书名索引

妈妈红花献阿姨	4206	麻柳挑花	10355
妈妈讲：一天一个聪明故事	6531	麻柳鞋垫枕头图案	10357
妈妈讲的故事	6456	麻雀·红梅画法	969
妈妈讲一天一个智慧故事	6708	麻雀先生和狐狸先生	6687
妈妈教我来识字	4384	麻雀郁金香	1889
妈妈教我一支歌	4384, 4702, 11705	麻鸭大嫂求经记	5674
妈妈就要来了	12632	麻疹的护理	13240
妈妈开着拖拉机来了	3539	马	1492, 1748, 1780, 1858, 1904, 1991, 4623,
妈妈夸我干得好	3930		10457, 10518, 10526
妈妈买的新玩具	9551	马	2579, 2658
妈妈美术教室	605	马鞍山铁厂	4888, 8870
妈妈咪亚	6744	马鞍山俞伯牙抚琴	3640
妈妈你好	9739	马鞍子的故事	6562
妈妈请放心	4473	马半仙外传	5949
妈妈上工了	3836	马帮铃声	5674
妈妈喂猪肥又大	3689	马保林画集	2530
妈妈牺牲以后	5486	马背上的死神	6259
妈妈先进我光荣	1941	马背上的摇篮	4137
妈妈心中一枝花	9542	马背小学	5233
妈妈一笑算通过	11975	马波生速写集	2918
妈妈又笑了	4206	马伯乐	2332
妈妈再见	4288, 4384	马长江画集	2815
妈妈真光荣	4702	马常利油画写生集	2823
妈妈只生我一个	4136	马超	5949
妈我爱你	9739	马超 赵飞	4703
妈祖千年祭	8893	马超姜维	4623
麻城奇案	6094, 6259	马车	12224, 12233
麻疯女	6190	马车商店	5321
麻姑献寿	1889, 3562, 3640, 4078, 4136, 4206,	马驰画集	2237
	4473, 4544, 4622, 4702, 4819, 8822, 8848,	马达的故事	4967
	9345	马达画集	1384
麻姑献寿	2139, 2608, 2658	马大夫和她的孩子	4967
麻姑献寿图	1675, 1904	马大林书法艺术作品选	8318
麻姑与人参娃娃	4702	马岱 魏延	4703
麻辣情歌	11519	马刀	5321

中国历代图书总目·艺术卷

马岛之战	6094，6293	马格利特	523，549
马到成功	9484	马格南特手风琴演奏法	11230
马到成功	2581	马国强人物画选	2140
马得，田原小品	1769	马海陶艺选集	10656
马得戏曲画	6743	马寒松作品选	2306
马得戏曲画选	2370	马翰章画集	2207
马得戏曲人物画	2364	马和艺术	628
马的速写技法	1122	马鸿增美术论文集	539
马的造型和解剖	557	马虎和尚歼敌记	6094
马的装饰与变形	10324	马基光画集	1387
马谛斯	6827	马骥画集	1413
马蒂斯	1154，6794，6797，6812，6832	马加和凌飞	5949
马蒂斯和莫里茨	7021	马家集之战	6259
马蒂斯画风	6865	马家窑文化的彩陶艺术	395
马蒂斯论创作	582	马颊河畔的战歌	5288
马蒂斯论艺术	051	马建钧书法篆刻集	8332
马蒂斯线描	6901	马江西部人物画	2412
马殿普山水画集	2462	马江香女士草虫花卉册	1621
马迭尔旅馆	6094	马江香女士草虫画册	1621
马丁篆刻集	8570	马江香女士花鸟册	1621
马东生印集	8580	马江香女士花鸟画册	1621
马儿快快跑	10043	马介甫	5674，13287
马尔华	13259	马金萍	4926
马尔科姆入门	7021	马金星歌词钢笔字帖	7453
马尔鲁夫奇遇	5805	马军敦煌画集	6625
马二先生	5805，6094	马可·波罗	5950
马夫摄影作品选	8911	马可歌曲选	11465
马扶羲花卉册	1645	马可戏曲音乐文集	11153
马扶羲梅花册	1646	马克·波罗	5674
马扶曦花鸟草虫册	1620	马克白斯	5572
马扶曦花鸟草虫拟古册	1620，1621	马克思	1276
马负书书画集	1411	马克思爱孩子	3368
马改户木雕选	8645	马克思恩格斯列宁论艺术	009
马革裹尸	6094	马克思恩格斯论艺术	021
马格里特、德尔沃画风	6805	马克思刻苦读书的故事	5207

书名索引

马克思列宁主义美学概论	061	马龙幽默漫画集	3443
马克思列宁主义艺术论	016	马路	2823
马克思像	2736	马路奇案	6293
马克思主义、列宁主义、毛泽东思想万岁！	3183	马路天使	13133
马克思主义的艺术理论	025	马路英雄	13286
马克思主义是最明快的哲学	3024	马门教授	5069
马克思主义与现代艺术	012	马蒙托娃像	6884
马克思主义与艺术	032	马明钢笔书法选	7453
马口事件	4967	马奈	6782, 6787, 6797, 6832, 6872
马口英雄颂	11444	马南坡书画集	2255
马拉多纳带球突破	9977	马年有余	2083
马拉松	5406	马年中国硬笔书法大展精品选	7474
马来西亚城市街景	9893	马娘娘	6094, 8809
马来西亚传统工艺	10725	马庆云水粉水彩画集	2955
马来西亚风情：邓崇龙油画选	2823	马泉艺画集	2222
马兰花3562, 4027, 4137, 4473, 4906, 5013, 5406, 6495		马群	1722
马兰开花	4137	马若雕刻集	8668
马兰开花幸福来	4137	马塞尔·哈尔东	8676
马勒	10892, 11277	马上发财	2083
马里共和国国歌	12394	马上送宝	2140
马立华画集	1419, 2918	马上舞蹈	4206
马立祥花鸟画集	2526	马上杂技	4703
马连良唱腔选	11873	马少童书画脸谱选	12892
马连良唱腔选集	11877	马少宣与内画艺术	819
马连良舞台艺术	12879	马神医选徒弟	5487
马连良艺术评论集	12883	马石山十勇士	4967
马连良专集	12862	马世治画选	2542
马莲花	5487	马寿华先生书画特展目录	1889
马良	6656	马术	9250
马陵道	5805, 9071	马术新花	4623
马流洲画集	2456	马双喜书法作品集	8307
马六甲度假村	9985	马思聪歌曲选	11520
马六甲总督广场	9922	马思聪小提琴曲集	12169, 12179
马龙青画选	1941	马蹄躔根艺美术	8646
		马素贞复仇记	4769

中国历代图书总目·艺术卷

马骀画宝	1702, 1711, 1715	马戏团里的小演员	10035
马骀画谱	679	马下双驹	1858
马骀画问	1706	马骁的艺术	6808
马套丢钱	5805	马小哈奇遇记	5950, 6293, 6330
马腾 马超	4703	马晓晴	9668, 9698
马腾神州	2083	马燮文国画选辑	2181
马蹄莲	9351, 9379	马燮文画集	2472
马天戈山水画选	2471	马形图集	10337
马头琴	4878	马叙伦书法选	8169
马头琴传奇	6095	马叙伦先生法书选集	8206
马头琴教程	11311	马学鹏画集	2451
马头琴演奏法	11311	马彦祥文集	12916
马头琴演奏知识	11310	马一浮诗翰六种	8252
马万高	10192	马一浮遗墨	8224
马万高平面设计师之设计历程	10220	马一浮篆刻	8570
马万里三代书画选	2255	马艺春秋	539
马万里书画篆刻集	2255	马亦钊书法篆刻选	8279
马王堆帛书艺术	7770	马樱花	5805
马王堆汉墓帛书竹简	8369	马玉浩书法集	8236
马王堆汉墓简帛选字	8377	马育文摄影作品选	8989
马魏华书法刻字作品集	7167	马豫竹谱	933
马五哥和尕豆妹	5674	马远	1545, 1548
马西光画集	2401	马远 夏珪	789
马西光作品集	2083	马远绘画之研究	794
马西园书画	317	马远与夏珪	787
马戏·杂技·市场	13008	马约尔	8678
马戏——没有边疆的世界	12998	马约尔人体素描	6901
马戏场上的丑角	13003	马跃檀溪	5406
马戏丛谈	13009	马扎斯华丽练习曲, 作品 36	12461
马戏团	5487, 6095	马扎斯特殊练习曲, 作品 36	12461
马戏团的故事	6293	马扎斯为艺术家而作的练习曲	12461
马戏团的秘密	12986	马扎斯为艺术家作的练习曲, 作品 36	12461
马戏团放假	6330	马扎斯小提琴练习曲 50 首	12476
马戏团里的动物表演·魔鬼之王	7083	马扎斯小提琴练习曲 75 首, 作品 36	12463
马戏团里的小狗	10043	马振声朱理存国画选	1968

书名索引

马志和画集	2255	迈开大步学大庆 支农争作新贡献	3279
马忠群画集	2824	迈向二十一世纪——甘肃	8909
马子贞鸡毫书正气歌	8116	迈向二十一世纪的河南城市	8911
马字镰刀	5096	迈向现代的古老戏剧	12854
马左夫舍歌曲集	12364	迈向新世纪	8961
玛尔科特·德·圣玛丽夫人肖像	6852	迈向新世纪的中国城市	8909
玛法达的世界	7029	迈向质朴戏剧	12688
玛里夫人像	6889	麦场风波	5288
玛丽	520	麦场小哨兵	3777, 5233
玛丽及佐治伯乐现代艺术珍藏	307	麦场战歌	3886
玛丽莲·梦露	10144, 10146, 10165	麦翠丝	10192
玛莉娜的命运	13254	麦地仇	5179
玛瑙鹰兵	5487	麦恩齐的设计笔记	10194
玛瑙眼波斯猫	10035	麦盖提察布查尔农民画选	6755
玛塞林为什么会脸红?	7014	麦秆画	10507
玛提斯	6772	麦海机声	5407
玛亚历险记	7140	麦海新歌	4078
玛祖卡船长	5805	麦华三楷书	8206
码头	3006	麦华三楷书册	8381
码头工人唱"海港"丰收时节颂"龙江"	3886	麦积山	2924, 9795
蚂蚁大战的故事	6562	麦积山石窟	403, 6495
蚂蚁和大象	6330	麦积山雄姿	1991
蚂蚁王国的战争	6456	麦加纪行	8909
蚂蚱·豆角画法	969	麦假的一天	5355
埋在心底的仇恨	5069, 5096	麦假里	3836
买菜	12127	麦克白	7032, 7054
买凤凰	5013	麦克笔技法	1178
买猴儿	6294	麦克多纳魔术讲义	13001
买猎记	5121	麦克伦一号	6643, 6644
买买提·阿尤甫插图作品集	6456	麦克米伦艺术百科词典	032
买买提油画作品选	2815	麦克瑞一号	6259, 6260
买奴诛逆	5950	麦浪千里	1817
买枪记	5096	麦唛绒里手套	6687
买猪记	5121	麦唛三只小猪	6687
迈步学大庆 攀登新高峰	3279	麦唛算忧郁亚热带	6695

中国历代图书总目·艺术卷

麦尼埃的雕塑	8670	卖树苗的故事	5950
麦收的战斗	5233	卖水	4384, 8808, 8818, 9229, 9379
麦收服务队	3732	卖炭翁	5487
麦收上场	3689, 3732	卖小鸡的故事	5407
麦收时节	10411, 10414	卖雪糕的姑娘	6095
麦收夜的风浪	4906	卖椰子的老大娘	5121
麦收之前	5257	卖油郎	6586
麦绥莱勒木刻选集	6920	卖油郎独占花魁	4703, 8848
麦绥莱勒画展	6918	卖油郎情重花魁女	6225
麦绥莱勒木刻选	6918	卖杂货	12106
麦绥莱勒木刻选集	6920	卖猪广告	5805
麦文燕	9642, 9698	卖座电影情报站	13166
麦贤得	5141, 5153	脉搏	5289
麦香千里谢亲人	3111	脉脉情深	9642
麦新歌曲选	11695	蛮牯复仇记	6095
麦芽白飞瀑	10432	蛮帅部落的后代	5572
麦烟	6883	瞒天过海	5674
麦雨	5487	满杯豪情献厚礼高歌欢庆五届人大	3280
麦兆暗书醉翁亭记	8187	满船金谷满船歌	3977
麦正山水花鸟画集	2181	满船新棉满船歌	9335
麦种的故事	5257	满地黄金	4473
麦子熟了	3001	满地锦	3001
卖财神木像的人	5487	满地铺金	4857
卖鹅仔复仇记	5950, 6457	满湖冰封满湖春	5179
卖工记	5013	满怀革命豪情投入生产新高潮	3140
卖瓜计	5407	满怀豪情战矿山 鼓足干劲夺高产	3886
卖花词	11541	满怀深情歌唱周总理	11690
卖花姑娘	5207, 9028	满怀深情望北京	11911, 12173
卖花集	11380	满怀信心 破浪前进	3326
卖画郎	13115	满怀信心 争取农业大丰收	3118
卖火柴的小女孩	6260, 6294, 6531	满江红	5039, 5487, 7981, 7985
卖驴	5950	满林红桔喜丰收	3540
卖马	12078	满门秀才	4967
卖妙郎	6095	满蒙喇嘛教美术图版	446
卖树苗	5805	满面红光	9542

书名索引

满目春光	4137	满园荷香	9308
满目芳菲	2043	满园花开喜迎春	3640
满目芬菲	9392	满园飘香	4544
满目青山夕照明	1858, 1874, 2935, 3977	满院生辉	12093
满腔仇恨　紧握钢枪	3196	满载而归	3640
满腔热忙	2765	满载丰收果	4288
满腔热情为人民	3836	满载归来	3689, 8803
满山遍野歌声响	11579	满枝金秋色	9860
满山遍野鲜花开	11775	满洲曲	12325
满山红	5951	满洲偷诗	12325
满山红旗飘	1769	满族画家刘宝平画集	2255
满山花果喜丰收	3562	满族民歌选集	11821
满山新竹	3931	满族萨满乐器研究	11299
满树荔枝红	11582	满族萨满神歌译注	12053
满堂富贵	4623, 4703	曼·瑞	8694
满堂红	1748, 3597, 3640, 3689, 4623	曼飞龙塔	9860
满塘金鱼	4623	曼谷皇宫	10002
满塘鱼肥	4137	曼纽因访谈录	10830
满田红旗满田歌	11691	曼生印谱	8510
满网	3001	曼苏尔	9945
满网鲤鱼满船歌	3836	曼舞	9961
满西塔	4967	曼舞婆娑	9963
满意不满意	5121	蔓萝花	3597, 5069
满意的答卷	3837, 4078	漫步欧洲	8678
满意的新产品	3540	漫步在林中	6872
满映——国策电影面面观	13185	漫步中国画廊	584
满园春	4027	漫瀚调	11813
满园春	2456	漫画 3402, 3405, 3406, 3407, 3411, 3443,	
满园春光	9076	3452, 3453	
满园春色 1748, 1889, 1968, 3597, 3931, 3977,		漫画·婚恋心理	3443
4078, 4384, 4473, 4544, 4703, 8177, 9090,		漫画·漫话	1225
9834, 9874, 9899, 13108		漫画·企业家36计	3472
满园春色	2446	漫画·世界民族礼仪	3453
满园春色万紫千红对屏	2507	漫画·哲学谈	3453
满园春色谢东风 叶碧花繁月月红	3977	漫画BQ	3510

中国历代图书总目·艺术卷

漫画阿 Q 正传	3395	漫画韩非子	3486
漫画爱因斯坦	7005, 7008	漫画汉书	3486
漫画奥林匹克科幻游戏	3499	漫画后汉书	3493
漫画奥林匹克探案游戏	3485, 3486	漫画后西游记	6412
漫画奥林匹克头脑游戏	3486	漫画绘画基础技法	1248
漫画奥林匹克智商游戏	3499, 3523	漫画绘制基础	1225
漫画本随机学	3499, 3500	漫画霍金	7005, 7009
漫画别趣谈	1226	漫画急救小百科	3511
漫画菜根谭	1231, 3437	漫画集锦	3432, 3433
漫画禅	3510	漫画集锦综合篇	3433
漫画禅说	3432	漫画技法与技巧	1231
漫画长白山	3425	漫画技巧	1225
漫画常识	1220	漫画技巧入门	1239
漫画成语	3472, 3473	漫画加拿大	7049
漫画成语词典	3510	漫画家入门	1231
漫画成语故事	3500	漫画家谈漫画	1232
漫画初中文言课文	3486	漫画简论	1235
漫画创作入门	1242	漫画交通法规	3486
漫画创作研究	1218	漫画教室	1248
漫画达尔文	7005, 7008	漫画捷径	1217
漫画达芬奇	7005, 7008, 7009	漫画精品集	3511
漫画大观	3392	漫画九七禅	3443
漫画大学	6996	漫画卡森	7005, 7009
漫画的描法	1218	漫画科学百科	3511
漫画的研究	1218	漫画科学史探险	3493, 3511
漫画地方税	3510	漫画孔子	3424
漫画动物 2000 例	10304	漫画老子	3424, 3523
漫画法句经	3523	漫画礼仪	3486
漫画范本	1217	漫画梁山好汉	3511
漫画封神榜	6429	漫画列子	3424
漫画佛陀说	3511	漫画六朝怪谈	3437
漫画复制与创作	1219	漫画漫话	1248
漫画概论	1217, 1218	漫画漫谈	1220
漫画广告	3523	漫画美国西部	7049
漫画贵阳	3397	漫画名家 Calendar 插画特集	6948

书名索引

漫画名人	3523	漫画图解厚黑学	3453
漫画名人逸事	3453	漫画外国笑话	3511
漫画名贤集	3462	漫画吾爱吾家	3438
漫画名作选	3394	漫画西洋美术史	176
漫画牛顿	7009	漫画西游记	3438, 3474
漫画七侠五义	3473	漫画详解《千字文》《名贤集》《增广贤文》	3493
漫画启蒙故事精粹	3500	漫画笑林广记	3511
漫画千字文	3462	漫画心经	3493
漫画人生	3523	漫画欣赏入门	1235
漫画人物技法资料	1230	漫画选	3406
漫画日本经济入门	6944, 6948	漫画选萃	6957
漫画入门	1235	漫画选集	3399, 3400, 3401, 3402, 3410
漫画三百六十行	3523	漫画选辑	3400, 3422
漫画三国演义	3473	漫画选刊	3416
漫画三国志	3437, 3493	漫画一分钟商业心理学	3500
漫画三十六计	3493	漫画艺术 ABC	1233
漫画三字经	3443, 3473	漫画艺术讲话	1218
漫画上海	3399	漫画艺术欣赏	1239
漫画社会	3523	漫画异言堂	1245
漫画社交	3437	漫画与连环画	1236
漫画十谈	1224	漫画与漫画作法	1218
漫画时政	3524	漫画与戏语	3462
漫画史记	3428, 3486	漫画与欣赏	3433
漫画世界历史大事典	3453	漫画与幽默	6980
漫画世界历史人物事典	3453	漫画原创现场	1248
漫画世界五千年	3453	漫画原子弹	3493
漫画世说新语	3428	漫画造型速成	1237
漫画水浒传	1231	漫画增广贤文	3462
漫画税法	3500	漫画知识辞典	1232
漫画丝绸之路	3473, 3474	漫画指导百科	1225
漫画四大名著	3486	漫画制作教室	6531
漫画宋词	3443	漫画中国成语故事	3500
漫画俗语三百篇	3500	漫画中国的历史	3443, 3444
漫画唐诗三百首	3487	漫画中国古代笑话	3511
漫画同人志：金虹画集	3493	漫画中国历史故事	3511

中国历代图书总目·艺术卷

漫画中国人的智慧	3474, 3475	漫游科学世界	3463
漫画中国少数民族笑话	3512	漫游美术大观园	051
漫画重庆	3397	漫游蜜蜂王国	5487
漫画周易	3475	漫游神州	4623
漫画周易故事	3454	漫游水晶宫	4385, 4473
漫画庄子	3422, 3524	漫游太空	9345
漫画着色基础技法	1248	漫游万鱼国	5951
漫画资治通鉴	3524	漫游小小音乐王国	10835
漫画自选集	3396	漫游音乐大观园	10832
漫画自学百问	1235	慢慢来奇游	5951
漫话芭蕾	12659	慢诉	12163
漫话慈禧	3493	慢吞吞国	5675
漫话刘罗锅	3494	芒比	12371
漫话三国	3494	芒砀山	5805
漫话水浒	3494	芒果	9420
漫话遗传学	7135	芒市菩提寺	9846
漫话幽默	068	盲目生育将导致生存危机	3357
漫话越剧	12932	盲人国醒梦	5951
漫话中国工艺美术	10226	盲童喜见红太阳	5257
漫山风雪满山春	1818	盲童造型艺术创作论	088
漫水渡头	3009	盲眼复明见太阳	3798
漫谈《红旗谱》的摄影创作	13266	茅父风画集	1703
漫谈儿童电影戏剧与教育	13299	茅父楷书帖	8399
漫谈旅游摄影	8760	莽林猎踪	6095, 6190
漫谈漫画	1221	莽原歌	11520
漫谈中国画	814	蟒蛇洞	6095
漫谈中国剪纸	10197	猫	1520, 1668, 1677,
漫堂墨品	1037, 1038		1725, 1874, 1942, 4078, 4137, 4288, 9306,
漫堂书画跋	780		9311, 10024, 10035, 10049, 10056, 10063,
漫堂续墨品	1038		10068, 10497, 10518, 10519
漫天风雨走单骑	4967	猫	2565, 2567, 2605, 2608, 2674
漫馆青丝	9392	猫·蝶·图	533
漫文漫画	3394	猫·花卉	10510
漫游的存在	549	猫鼻和鹅鸾	5675
漫游海底	4078	猫的故事	6531

书名索引

猫蝶	1733	猫趣图	2579
猫蝶百花图	4544	猫人	6673
猫蝶春花	3640	猫人沃尔特	6644
猫蝶富贵	4206, 4385, 4703	猫石图	1858, 1889
猫蝶富贵	2565, 2575, 2581	猫石图	2043
猫蝶富贵图	4820	猫头鹰、猫的画法	995
猫蝶富贵图	2658, 2672	猫头鹰的故事	5121
猫蝶千秋	4385	猫头鹰破案	6294
猫蝶同春	1904, 4473, 4704	猫兔猴鹿	4027
猫蝶图 1904, 2025, 4027, 4137, 4206, 4385, 4544, 4623		猫嬉图	10063, 10080
		猫嬉图	2570, 2572, 2574, 2575, 2581, 2582
猫蝶图	2640, 2677	猫嬉图系列单片	10075
猫蝶图对屏	4288	猫嬉鱼	2581
猫蝶戏春	4704	猫禧屏	4544
猫儿山擒虎记	4926	猫禧图	2579
猫狗耕地	4891	猫戏蝶	2565
猫狗水墨画速成	1001	猫戏多姿	4137
猫狗四条屏	4385	猫戏屏	4545
猫怪麦克	6996, 6997	猫戏十二姿	2570
猫观灯	10043	猫戏四条屏	2570
猫国春秋	3524	猫戏图	4078, 4207, 4385, 9312, 9315, 10043
猫和花	4623	猫戏图 2562, 2565, 2570, 2574, 2579, 2581, 2582,	
猫和老鼠	6687, 7072, 7076, 7106, 7107	2617, 2674	
猫欢蝶舞	4473	猫眼三姐妹	6973, 6974, 6975, 6976
猫科动物条屏	2572	猫与花	10085
猫来福到	10090	猫仔	13093
猫咪 4704, 10028, 10035, 10043, 10049, 10056, 10063, 10080, 10484, 10532		毛笔·硬笔真行草隶四体字帖	8346
		毛笔、钢笔、粉笔书法教程	7368
猫咪	2658	毛笔多体字帖	8350
猫咪观鱼	4623	毛笔钢笔草书教程	7347
猫咪和狗	9312	毛笔钢笔粉笔习字帖	8215
猫咪戏金鱼	2579	毛笔钢笔行书教程	8435
猫趣	9316, 10043, 10096	毛笔钢笔楷书教程	7347
猫趣	2140	毛笔钢笔楷书正误辨析千例	7327
猫趣图	4623, 9313	毛笔钢笔隶书教程	7347

中国历代图书总目·艺术卷

毛笔钢笔书法教程	7378	毛笔写实图案	1422
毛笔钢笔书法精解	7378	毛笔硬笔行草唐诗三百首	8318
毛笔钢笔书法精解字帖	7378	毛笔硬笔五体书法字典	8351
毛笔钢笔魏书教程	7347	毛笔字	7379
毛笔钢笔正草字帖	8420	毛笔字的教与学	7262
毛笔钢笔篆书教程	8362	毛笔字基础训练	7268
毛笔行书钢笔楷书字帖	8237	毛笔字练习册	7283
毛笔行书一百天	8435	毛笔字入门	7273, 7395
毛笔行书字帖	8428	毛笔字帖	8402
毛笔画册	1780	毛笔字帖大全	7395
毛笔画法	679	毛笔字帖十体及练写诀窍	7315
毛笔楷书笔法教程	7394	毛霞画集	2831
毛笔楷书技法字帖	7315	毛儿盖藏族妇女	2715
毛笔楷书教程	7337	毛发祥书法作品集	8294
毛笔楷书结构教程	7394	毛富利历险记	6644
毛笔楷书入门与提高(柳公权)	7394	毛公鼎放大本	7724
毛笔楷书实用技法字帖	8388	毛公鼎铭文	7671
毛笔楷书实用字帖	8396	毛古警长	6294
毛笔楷书习字帖	8388	毛广淞书法选	8318
毛笔楷书一百天	8396	毛国伦	2412
毛笔楷书章法教程	7395	毛国伦画集	2407
毛笔楷书字帖	8386, 8390	毛国伦画选	2399
毛笔隶书一百天	7347	毛健全画集	2237
毛笔隶书字帖	8370	毛拉汗	4926
毛笔六体对联字帖	8350	毛驴	3977
毛笔三体字帖	8352	毛驴	2640
毛笔书法基础入门	7378	毛驴	2557
毛笔书法教程	7290	毛毛	9379, 9380, 9420, 9454
毛笔书法艺术自修指导	7298	毛毛和兵兵	5675
毛笔书法指南	7307	毛毛熊	6673
毛笔书法自学教程	7379	毛毛雨	11365
毛笔速写与技法	1113	毛毛雨漫画	3487
毛笔魏碑字帖	8386	毛奇	1154
毛笔小楷字帖	8149	毛诗品物图考	6744
毛笔小楷字写法	7272	毛树棠李树堂倭仁翁同	8017

书名索引

书名	编号	书名	编号
毛田新貌	3689	毛泽东诗词	7496, 7552
毛委员和我们在一起	3837	毛泽东诗词碑铭	8294
毛委员来到我家乡	11967	毛泽东诗词草书	8266
毛选选楷书杜甫秦州杂诗	8397	毛泽东诗词唱段精选	11876
毛选选楷书毛泽东词	8252	毛泽东诗词创意画集	2332
毛雪峰画集	2237	毛泽东诗词独唱歌曲集	11985
毛泽东	9759	毛泽东诗词钢笔行草	7453
毛泽东	2401	毛泽东诗词钢笔行书帖	7496
毛泽东 邓小平 江泽民名言书法集	8307	毛泽东诗词钢笔行书字帖	7453, 7496
毛泽东 刘少奇 周恩来 朱德同志在机场		毛泽东诗词钢笔字帖	7453, 7526, 7527, 7552,
	9286		7607
毛泽东 刘少奇 周恩来 朱德同志在一起		毛泽东诗词歌曲	11740
	9286, 9287	毛泽东诗词歌曲百首	11504
毛泽东 周恩来 刘少奇 朱德 邓小平 陈		毛泽东诗词歌曲集	11510, 11534
云同志在一起	9287	毛泽东诗词歌曲选	11493
毛泽东 刘少奇	6330	毛泽东诗词歌曲选集	11515
毛泽东藏画	2306	毛泽东诗词行书字帖	7527
毛泽东陈毅诗词选钢笔字帖	7474	毛泽东诗词简化字楷书字帖	8252
毛泽东传	6389	毛泽东诗词楷书字帖	8237
毛泽东词选	8252	毛泽东诗词谱曲选	11618
毛泽东的故事	13150	毛泽东诗词七体书法艺术	8252
毛泽东的故事钢笔字帖	7526	毛泽东诗词沁园春书法	8237
毛泽东的女战士	4898	毛泽东诗词全编钢笔正楷字帖	7607
毛泽东的战士最光荣	11563	毛泽东诗词三十九首楷行草钢笔字帖	7527
毛泽东故居藏书画家赠品集	291	毛泽东诗词三十七首	8237, 8252
毛泽东和他的儿子	13151	毛泽东诗词三体钢笔字帖	7474
毛泽东画传	6412	毛泽东诗词赏析硬笔书法	7608
毛泽东画典	1318	毛泽东诗词书法集	8266
毛泽东历史视象	3384	毛泽东诗词书法字帖	8252
毛泽东论人口行书字帖	8279	毛泽东诗词四十二首	8252
毛泽东妙语警句钢笔字帖	7526	毛泽东诗词四十三首印谱	8557, 8558
毛泽东名言	3385, 7496	毛泽东诗词四十首四体钢笔字帖	7527
毛泽东名言钢笔字帖	7526	毛泽东诗词四体钢笔字帖	7475
毛泽东青少年时代	6361	毛泽东诗词四体硬笔书法	7527
毛泽东人生格言钢笔行书字帖	7526	毛泽东诗词五十首	8252

中国历代图书总目·艺术卷

毛泽东诗词五十首楷书行书字帖	8253	毛泽东思想闪金光	11639
毛泽东诗词五十首硬笔书法字帖	7475	毛泽东思想胜利万岁	8630
毛泽东诗词选	7643	毛泽东思想使我们心明眼亮	3183
毛泽东诗词吟赏	11985	毛泽东思想是世界革命人民的指路明灯!	3164
毛泽东诗词硬笔行书字帖	7527	毛泽东思想是世界人民革命的灯塔	3160
毛泽东诗词硬笔隶书帖	8319	毛泽东思想是我们心中的红太阳	3168
毛泽东诗词硬笔书法精选	7527	毛泽东思想是一切工作的指导方针!	3154
毛泽东诗词硬笔书法作品集	7527	毛泽东思想颂歌	11645
毛泽东诗词字帖	8224	毛泽东思想宣传栏	10247, 10248
毛泽东诗意画选	1942	毛泽东思想宣传栏 报头资料	10247
毛泽东时代的歌	11740	毛泽东思想宣传员关成富	5164
毛泽东手书古诗词《李白·庐山谣寄卢侍御虚舟		毛泽东思想永放光芒	3280, 11639, 11645
句》	8169	毛泽东思想永远放光芒	11639
毛泽东手书古诗词《陆游·诉衷情》	8169	毛泽东思想永远放光芒	11639
毛泽东手书古诗词《陆游·夜游宫·记梦寄师伯		毛泽东思想永远指引我们前进!	3280
浑》	8169	毛泽东思想育新人	3183
毛泽东手书古诗词《王昌龄·从军行之一》		毛泽东思想照亮了戏剧舞台	3196
	8169	毛泽东思想照全球	11639
毛泽东手书古诗词选	8163	毛泽东思想照耀着舞剧革命的胜利前程	12649
毛泽东手书精选	8332	毛泽东思想指方向 万里长空不迷航	3280
毛泽东手书真迹	8319	毛泽东思想指挥我们战斗	5138
毛泽东书法大字典	8253	毛泽东颂	11695
毛泽东书法精选	8253	毛泽东颂歌	11567, 11985
毛泽东书法选	8307	毛泽东颂歌200首	11735
毛泽东书法艺术	7290	毛泽东颂歌钢笔行书字帖	7496
毛泽东书信手迹选	8158	毛泽东颂歌金曲100首	11735
毛泽东书艺精萃博览	8237	毛泽东颂歌五十首	11735
毛泽东思想哺育我们成长	3887	毛泽东同志	4288
毛泽东思想的光辉永远普照祖国大地	3280	毛泽东同志	2348
毛泽东思想的光辉永远照耀着我们前进的道路		毛泽东同志 刘少奇同志 周恩来同志 朱德	
	3255, 3280	同志在一起	9003
毛泽东思想的颂歌	11649, 12902	毛泽东同志、周恩来同志、刘少奇同志、朱德同	
毛泽东思想的赞歌	5145	志在一起	9287, 9289, 9292
毛泽东思想放光芒	3732	毛泽东同志去上海出席中国共产党第一次全国	
毛泽东思想光辉照前程	11691	代表大会	2766

书名索引

毛泽东同志诗词·沁园春·长沙	8237	毛竹	5164
毛泽东同志诗词·沁园春·雪	8237	毛竹丰收	2491, 2492, 2499, 2500, 2589
毛泽东同志是当代最伟大的马克思列宁主义者		毛主席 各族儿童怀念您	12027
	3164, 3168, 3169	毛主席 我们心中的太阳	11740
毛泽东同志率领长沙泥木工人游行示威	1849	毛主席 韶山旧居	1826
毛泽东同志在工人群众中	1849	毛主席、周总理、朱委员长和我们在一起	3931
毛泽东同志在陕北	5407	毛主席、周总理和朱委员长	2777
毛泽东同志在韶山组织"雪耻会"	6747	毛主席、周总理接见地质学家李四光	3977
毛泽东同志在枣园	4027	毛主席《论十大关系》语录	8143
毛泽东同志在自修大学上辅导课	1849	毛主席，我们心中的太阳！	3154
毛泽东同志主办农民运动讲习所旧址	10102	毛主席，我们永远跟着您前进！	3732
毛泽东同志主办农民运动讲习所颂歌	11685	毛主席，您好！	12012
毛泽东像章精品荟萃	10651	毛主席，我永远为您站岗	11967
毛泽东像章收藏图鉴	10651	毛主席啊 世界革命人民无限热爱您	3169
毛泽东像章收藏与鉴赏	10651, 10656	毛主席啊，我们怀念您	11695
毛泽东像章图谱	10652	毛主席啊，我们永远忠于您	11649
毛泽东像章五十年	10652	毛主席爱儿童	6747
毛泽东像章珍品集	10652	毛主席拜年	2366
毛泽东像章之谜	10652	毛主席版画肖像汇编	3014
毛泽东像章纵横谈	10652	毛主席参观丰产田	3640
毛泽东硬笔书法	7567	毛主席参观试验田	3690
毛泽东与书画文化	819	毛主席参观造船厂	3562, 3563
毛泽东与戏曲文化	12731	毛主席创办的农民夜校旧址(韶山)	9296
毛泽东语录钢笔字帖	7496	毛主席词	3255, 8133
毛泽东语录格言钢笔书法	7527	毛主席词《卜算子·咏梅》	8138
毛泽东赞歌	11740	毛主席词《念奴娇·鸟儿问答》	8141
毛泽东之歌	11567, 11735	毛主席词《水调歌头·重上井冈山》	8141
毛泽东主席	2736, 2791, 4837, 8995, 8998	毛主席词二首	3255, 3256, 8143, 8413, 11685
毛泽东主席词《浪淘沙·北戴河》	8143	毛主席词二首隶体习字帖	8145
毛泽东主席词《沁园春·长沙》	8143	毛主席词二首隶体新字帖	8368
毛泽东主席词《清平乐·会昌》	8143	毛主席词二首谱曲	11685
毛泽东主席和他的战友	4207	毛主席词十六字令	8139
毛泽东主席是当代最伟大的马克思主义者		毛主席词意	1798
	3255, 3931	毛主席登上庐山	11671
毛泽东主席照片选集	9001	毛主席的"五·七"指示	3256

毛主席的恩情比海深 3931
毛主席的恩情唱不完 3778，11670，12172
毛主席的革命路线胜利万岁 3183
毛主席的革命路线胜利万岁！——热烈欢呼第四届全国人民代表大会胜利召开 3222
毛主席的革命路线指引咱永向前 11964
毛主席的革命文艺路线胜利万岁 3196，3239，9176，11841，12650
毛主席的革命文艺路线胜利万岁 12649
毛主席的革命文艺路线胜利万岁 12201
毛主席的革命文艺路线胜利万岁！ 3183
毛主席的故事 4926，5321，5407
毛主席的关怀 9030
毛主席的光辉 11786，12599
毛主席的光辉把炉台照亮 11224，11965
毛主席的好工人——尉凤英同志 3154
毛主席的好工人纪茂 5190
毛主席的好工人盛林法 5151
毛主席的好孩子 5151
毛主席的好民警——张学让 3154
毛主席的好学生 5138
毛主席的好学生焦裕禄 5138，5164，5179，6599，8658
毛主席的好战士 5069，5121，5139，5144，5208
毛主席的好战士——雷锋 3012，3118，3640，3641，3690，3931，8997，8998
毛主席的好战士——王杰 3140，3154，3756
毛主席的好战士雷锋 3196，3208，3732，5164，5207
毛主席的好战士刘英俊 5144，5164
毛主席的好战士吕祥璧 5144
毛主席的好战士王杰 3140
毛主席的好战士王树庆 5151，5164
毛主席的教导记在心 11633
毛主席的教导永远记在心！ 3732
毛主席的人民战争思想永放光芒 3280
毛主席的书天天读天天用 3183
毛主席的书我最爱读 11639
毛主席的思想放光芒 11789
毛主席的无产阶级革命文艺路线胜利万岁 12649
毛主席的无产阶级文艺路线胜利万岁 3197
毛主席的信来到帕哈太克里 2752
毛主席的战士 5139
毛主席的战士最听党的话 3025，11633，12200，12599
毛主席恩情比海深 3977
毛主席恩情万代颂 11685
毛主席革命路线的伟大胜利 9278
毛主席革命文艺路线胜利万岁 3197，3222
毛主席鼓舞咱们攀高峰 3887
毛主席故乡——韶山 3732
毛主席关怀我们成长 11676
毛主席关怀咱山里人 11966，12172
毛主席关怀着我们 3563
毛主席关心咱健康 1842
毛主席观察广州重型机器厂 3887
毛主席光辉暖人心 3887
毛主席光辉照西藏 11793
毛主席号召农业学大寨 11685
毛主席号召我们学理论 11680
毛主席号召学大寨 大寨红花向阳开 3887
毛主席和安源工人在一起 2766
毛主席和白求恩 2738
毛主席和纺织工人在一起 3837
毛主席和钢铁工人在一起 2739，2741
毛主席和各国朋友在一起 3732
毛主席和各民族在一起 6747
毛主席和各族人民在一起 9262
毛主席和华国锋同志 9281

书名索引

毛主席和井冈山人民心连心	3837	毛主席和朱德同志在挑粮路上	3977
毛主席和井冈山人民在一起	3887	毛主席和朱总司令	4288
毛主席和马钢工人在一起	2752	毛主席和朱总司令在挑粮路上	2766
毛主席和民兵在一起	3931	毛主席话儿记心上	3733
毛主席和牧羊人	2861	毛主席挥手我前进	2741, 3164
毛主席和牧羊人谈话	2858	毛主席会见白求恩同志	2758, 2766, 3239
毛主席和农村知识青年	3641	毛主席会见外国朋友	2777
毛主席和农民谈话	3931	毛主席纪念堂	3978, 4027, 9296, 9297, 9992
毛主席和女民兵在一起	3732	毛主席纪念堂	9992
毛主席和青年农民	3563, 3732, 3733	毛主席纪念堂北大厅内的毛主席塑像	8630
毛主席和社员在一起	2766	毛主席纪念堂珍藏画集	2222
毛主席和他的战友	2391	毛主席纪念堂珍藏书法集	8253
毛主席和外国朋友	2777	毛主席纪念堂珍藏书画集	2237
毛主席和我们亲又亲	4027	毛主席家乡迎亲人	3978
毛主席和我们同劳动	3931	毛主席建军思想是民兵建设的根本	3197
毛主席和我们心连心	2740, 2746, 2752, 2757,	毛主席教导记心间	3764, 10418
	2766, 3208, 3690	毛主席教导记心中	3931
毛主席和我们在一起	1273, 1826, 3563, 3641,	毛主席教导金光闪, 字字句句记心间	3764
	3642, 3733, 11640	毛主席教导我们学理论	3256, 3932
毛主席和我们在一起	11645	毛主席接见工人代表	3759
毛主席和我们在一起劳动	2730	毛主席接见劳动模范	3690, 3691
毛主席和武钢英雄	3563	毛主席接见少数民族青年代表	3733
毛主席和小八路	2351, 2353	毛主席旧居——韶山	9786
毛主席和小八路在一起	2598	毛主席旧居韶山	3173
毛主席和亚洲、非洲、拉丁美洲人民在一起	3104	毛主席看戏	5487
毛主席和元帅们在一起	4545	毛主席夸我们的枪法好	3733
毛主席和造船工人在一起	2741	毛主席夸咱能文又能武	2766
毛主席和造纸厂工人在一起	2766	毛主席来到炊事房	2741, 2742
毛主席和周恩来同志	9281	毛主席来到珞珈山	11780
毛主席和周总理	9281	毛主席来到我的家	12014
毛主席和周总理、朱委员长在一起	9281, 9282	毛主席来到我家	12014
毛主席和周总理、朱委员长在一起	9986	毛主席来到我们队	3691
毛主席和周总理在中央人民政府委员会第		毛主席来到我们家	3642, 3778
二十四次会议上	9282	毛主席来到我们连	11603
毛主席和朱德同志	9283	毛主席来到咱"公社"丰产田	6747

毛主席来到咱们社	3642		8140
毛主席来到咱棉田	2349	毛主席诗词《清平乐·会昌》	8140
毛主席来到咱农庄	11949, 11956	毛主席诗词《水调歌头·游泳》	8140
毛主席来到咱校办工厂	3932	毛主席诗词《忆秦娥·娄山关》	8140
毛主席来广西	2934	毛主席诗词大合唱	11946
毛主席来了	3642	毛主席诗词大楷字帖	8253
毛主席领导我们胜利前进	11664	毛主席诗词二十一首	8133, 8379
毛主席您是我们心中不落的红太阳	11691	毛主席诗词二十一首祝贺中国共产党四十周年	
毛主席您是我们心中不落的红太阳	11691		8133
毛主席您是我们心中的红太阳	11664	毛主席诗词仿宋体字帖	8138
毛主席派来访问团	11956	毛主席诗词钢笔字帖	7475
毛主席派来访问团	11768	毛主席诗词歌曲	11651
毛主席派来慰问团	11685	毛主席诗词歌曲集	11646, 11649
毛主席派人来	11956	毛主席诗词歌曲选	11603, 11646, 11649, 11651
毛主席七律	8135	毛主席诗词歌曲选	11646
毛主席沁园春(长沙)词意	6747	毛主席诗词歌曲选集	11646
毛主席沁园春雪	8457	毛主席诗词行书字帖	8425, 8430
毛主席去安源	2738, 2739	毛主席诗词合唱五首	11971
毛主席热爱我热爱 毛主席支持我支持……		毛主席诗词楷书字帖	8253
	3164	毛主席诗词刻石	8557
毛主席热爱我热爱，毛主席支持我支持……		毛主席诗词隶书小字帖	8367
	3164	毛主席诗词隶书字帖	8367
毛主席如梦令元旦	8149	毛主席诗词六首楷体习字帖	8139
毛主席韶山旧居	9990, 9991	毛主席诗词六体书法	8350
毛主席少年时代读过书的地方——韶山南岸		毛主席诗词墨迹	8136, 8137, 8139
	9048	毛主席诗词谱曲	11610
毛主席声音传下来	6749	毛主席诗词谱曲选	11646
毛主席诗《七律·答友人》	8138	毛主席诗词三十九首	8343
毛主席诗词	7552, 8136, 8140, 8367, 8425	毛主席诗词三十九首草书帖	8413
毛主席诗词 大楷字帖	8137	毛主席诗词三十九首小楷字帖	8145
毛主席诗词 隶书小字帖	8367	毛主席诗词三十六首隶书字帖	8253
毛主席诗词 隶书字帖	8367	毛主席诗词三十七首	7253, 7254, 7315, 8137
毛主席诗词《菩萨蛮·黄鹤楼》	8140	毛主席诗词三十七首草书字帖	8138
毛主席诗词《七律·冬云》	8458	毛主席诗词魏书字帖	8138
毛主席诗词《七律·人民解放军占领南京》		毛主席诗词选	8372

书名索引

毛主席诗词印谱选	8557	毛主席是中华人民共和国的缔造者	3350
毛主席诗词正楷体字帖	8138	毛主席手书《清平乐·六盘山》	8141
毛主席诗词正楷字帖	8138	毛主席书赠日本朋友的鲁迅诗	8137
毛主席视察安徽舒茶"人民公社"	2740	毛主席率领我们反潮流	11681
毛主席视察北园	3837	毛主席率领我们继续革命	11685
毛主席视察抚顺	2746, 2747, 3932	毛主席思想光辉灿烂 共产党领导正确英明3757	
毛主席视察高坎	2752	毛主席送我们上红大	3887
毛主席视察广东农村	2740	毛主席送我上讲台	11686
毛主席视察广州造纸厂	2747	毛主席颂歌	11788
毛主席视察海军	2740	毛主席万岁	279, 2742, 3104, 3118, 3127, 3161,
毛主席视察杭州小营巷	3978		3733, 3798, 4967, 9000, 10411, 10420,
毛主席视察南泥湾	5355		10423, 10670
毛主席视察农村	2747	毛主席万岁	2349
毛主席视察农机展览馆	2766	毛主席万岁！	2742, 3127
毛主席视察上海钢铁厂	1274	毛主席我们永远歌唱您	11691
毛主席视察四二二水泥厂	3932	毛主席无限信任华主席 全国人民热烈拥护华	
毛主席视察天津大学	2752	主席	3887
毛主席视察新港	2752	毛主席无限信任华主席 全国军民热烈拥护华	
毛主席视察耀华玻璃厂	3978	主席	3256
毛主席视察造纸厂	2766	毛主席五篇名著钢笔书法字帖	7475
毛主席是不落的红太阳	11691	毛主席像	1273, 1288, 4891, 8649, 8997
毛主席是人民大救星	3978	毛主席像	2346, 2347, 2348, 2351
毛主席是世界革命人民的大救星	3165	毛主席像红太阳	11449, 11603, 11625
毛主席是世界革命人民心中的红太阳	3160	毛主席像太阳照到哪里哪里亮	3104
毛主席是世界革命人民心中最红最红的红太阳		毛主席延安凤凰山旧居	3932
	3160	毛主席一九五九年到韶山	3978
毛主席是世界人民心中的红太阳	3161, 10673	毛主席一九五九年回韶山	2742, 2747
毛主席是我们心中的红太阳	3154, 3161, 3165,	毛主席吟诗	6748
	3183, 8993, 11640	毛主席永远和我们在一起	3932
毛主席是我们心中太阳	11640	毛主席永远和我在一起	11949
毛主席是我们心中永远不落的红太阳	3256	毛主席永远活在人民心中	1295
毛主席是我们心中永远不落的红太阳	3280	毛主席永远活在我们心中	3256, 3280, 3303,
毛主席是我们心中最红最红的红太阳	3161		11691, 11695, 11968
毛主席是咱社里人	3733, 11618, 11624, 11633,	毛主席语录	8137
	11956	毛主席语录、诗词、戏曲唱腔选	11841

中国历代图书总目·艺术卷

毛主席语录歌	11640, 11651	毛主席在韶山和少年儿童在一起	8996, 9262
毛主席语录歌曲	11640, 11641, 11646, 11647,	毛主席在十二月会议上	2728
	11649, 11651	毛主席在天安门上	3691, 3733
毛主席语录歌曲集	11647, 11648, 11649	毛主席在田间	3642
毛主席语录歌曲几首	11648	毛主席在文家市	2767
毛主席语录歌曲选	11641, 11648	毛主席在文家市	2725
毛主席语录歌曲选集	11649	毛主席在我家作客	4967
毛主席语录京剧唱腔专辑	11841	毛主席在延安	6748
毛主席语录楷体习字帖	8145	毛主席在延安的时候	8996
毛主席语录隶书字帖	8367	毛主席在延安干部会议上作整风报告	2767
毛主席语录谱曲选	11451	毛主席在延安窑洞著作	2767
毛主席语录诗词歌曲选编	11649	毛主席在延安著作	2731
毛主席语录诗词谱曲选	11648	毛主席在延安作整风报告	2725, 2726
毛主席语录戏曲唱腔集	11841	毛主席在中南海住过的地方	9325
毛主席语录新魏体习字帖	8145	毛主席怎样说的 我就怎样做	3140
毛主席语录新魏体字帖	8137	毛主席怎样说的 我就怎样做——像王杰同志	
毛主席语录字帖	8137	那样学习毛主席著作	3140
毛主席在"抗大"	2861	毛主席怎样说的, 我就怎样做! ——王杰	
毛主席在北戴河	3932		3141
毛主席在大生产运动中	2747, 2752	毛主席真爱护我们	4885
毛主席在飞机中工作	8998	毛主席支持我支持 毛主席热爱我热爱……	
毛主席在河南与牧羊人亲切谈话	9274		3161
毛主席在晋绥边区题词	2747	毛主席指示我照办 毛主席挥手我前进	11649
毛主席在井冈山	2725	毛主席指引金光道	1849, 3932
毛主席在井冈山农村调查	3757, 3759	毛主席重访井冈山	1826
毛主席在井冈山上	2725	毛主席重上井冈山	1849, 2767, 2841, 3887,
毛主席在军舰上	2742		3932, 3978
毛主席在抗大	2861, 2862	毛主席周总理和我们在一起	3932
毛主席在延队建党	2766, 2777	毛主席周总理和朱委员长	2777
毛主席在炼钢炉旁	3691	毛主席主持制定的党政干部三大纪律、八项注	
毛主席在马鞍山钢铁厂	2725	意	3303
毛主席在农村调查	3597, 3837	毛主席主持中国共产党第十次全国代表大会	
毛主席在农民讲习所	2731		8883
毛主席在陕北	2728, 2731	毛主席著作对我来说好比粮食和武器, 好比汽	
毛主席在陕北的故事	5355, 5356	车上的方向盘……	3303

书名索引

毛主席著作闪金光	3932，11641	冒富大嫂上广播	4385
毛主席著作像太阳	3127	冒名顶替	6095
毛主席著作像太阳，字字句句闪金光。……		冒牌荒唐王	6708
	3161	冒失鬼和同学们	4914
毛主席著作像太阳照得心里亮堂堂	3154	冒险家皮皮	5805
毛主席著作越学心里越亮堂 毛泽东思想用在		冒险入京华	6095
哪里哪里灵	3734	贸易开新花	4027
毛主席走遍全国	1849	贸易连四海 朋友遍天下	1843
毛主席走遍祖国大地	3887，11664	贸易盛会迎佳宾	4027
毛主席最新指示歌曲选	11649	耄耋长春	1769
毛主席最新指示语录歌曲	11649	耄耋多福	4704
毛主席作《关于农业合作化问题》的报告	9268	耄耋富贵	4473
毛主席作整风报告	2777	耄耋富贵	2043
毛锥艺痕	7167	耄耋富贵图	4790
毛子佩闯宫	4288	没	080
矛海童	9759	没骨人物技法入门奥秘	884
茅大容印辑	8577	没落之家	13255
茅盾笔名印集	8560	没牙的老虎	6644
茅盾印谱	8563	没有共产党 就没有新中国	3357
茅庐出诸葛	3540	没有共产党就没有新中国	3333，3350，3382，
茅坪	1808		11729
茅塞顿开	6190	没有故事的故事	13161
茅山风云	5951	没有航标的河流	5951
茅山下	5407	没有号码的房间	4967
茅山新春	4207	没有毛主席就没有新中国	3319，4027
茅舍的火光	13258	没有土地的人们	4875，4876，4877
茅舍访贤人	5675	没有心的驴子	6361
茅台侦察记	5951	没有学位的博士	6095
茅为惠	9551	没有牙齿的老狼	5488
茅屋出世	6260	没有眼泪，没有悲伤	11882
茅屋盗诗图	1611	没有一个人民的军队 便没有人民的一切	
茂荷	1733		3183
茂九中歌选	11390	没有字的故事	6912，6927
茂陵	8649	没有祖国，就没有幸福，每个人必须根植于祖	
茂斋之画	1704	国的土壤里。	3371

中国历代图书总目·艺术卷

玫瑰 10019, 10028, 10035, 10049, 10056, 10063, 10075

玫瑰丛中 6891, 10063

玫瑰翰墨情 2306

玫瑰花 2935

玫瑰花案件 6646

玫瑰花精 5675

玫瑰色的年华 9434

玫瑰诗情 11756

玫瑰香奇案 5572

玫瑰小姐 5806

玫瑰园故事 1349

玫瑰月季 10035

眉公书画史 841

眉户剧《屠夫状元》 9945

眉户音乐 12127

眉山苏氏三世遗翰 7958

眉寿图 2658

眉孙水彩画 2923

眉州远景楼记 8237

眉子砚图 1053

梅 939, 972, 982, 1546, 1547, 1664, 1749, 1904, 1920, 1968, 1992, 3030, 4623, 10063, 10457, 10526

梅 2548, 2665, 2670

梅·桃·荷·菊 2507

梅壁音乐作品选 11520

梅道人遗墨 755

梅朵电影评论集 13115

梅妃 10457

梅姑 5675

梅和樱 11493

梅鹤图 4288, 4385

梅鹤图 2083, 2140, 2674

梅鹤迎春 1759, 10438

梅花 1490, 1726, 1858, 1889, 1942, 2008, 3691, 3978, 4790, 9305, 9306, 10056, 10063

梅花 2587, 2602, 2617, 2640, 2665

梅花·喜鹊·桃花·牡丹 982

梅花庵二香琴谱 12241

梅花案 5806

梅花百图 9320

梅花报春 1942

梅花镖传奇 6260

梅花柄的七首 5951

梅花册页 2640

梅花丛中月月鹊 2083

梅花道人遗墨 755, 756

梅花馆画谱大全 1708

梅花画谱 2519

梅花欢喜漫天雪 1803, 1808

梅花巾 5572

梅花开得好 11446

梅花鹿小熊猫金丝猴松鼠 4623

梅花梦 8816

梅花磨 5013

梅花情影 2514

梅花三弄 12305

梅花山茶 1749

梅花诗梦庵印存 8488

梅花诗屏 4849, 8215, 8216

梅花寿鸟 2640

梅花绶带 4288

梅花双鹊 1722

梅花双喜 2675

梅花喜神谱 934, 2966, 2967, 2968

梅花仙馆琴谱 12295

梅花香自苦寒来 516, 4623, 8187

梅花玉兰 1749

梅花正发竹枝垂竹里梅花相并枝 8849

书名索引

梅华庵二香琴谱	12295, 12296	梅兰竹菊	2510, 2512, 2517, 2519
梅景画笈	1506	梅兰竹菊花鸟四条屏	4624
梅景书屋画集	1720	梅兰竹菊画法大全	941
梅景周先生抗战言论集	12862	梅兰竹菊画集	2489
梅菊图	4207	梅兰竹菊画谱	710, 1512
梅开雪霁	1942	梅兰竹菊历代名家技法大全	964
梅兰芳唱腔集	11869	梅兰竹菊诗屏	4862
梅兰芳唱腔选集	11876	梅兰竹菊四屏	4288
梅兰芳的生活和生平	13231	梅兰竹菊四香图	4704
梅兰芳的舞台艺术	12863, 12864	梅兰竹菊章法举要	976
梅兰芳歌曲谱	11031, 11827	梅岭百鸟画谱	960
梅兰芳绘牵牛花	1769	梅岭除奸	6190
梅兰芳绘人物	1769	梅岭激战	6095
梅兰芳京剧艺术	4623	梅岭三章	11695, 11968
梅兰芳剧照集	12886	梅岭颂	4545
梅兰芳剧照屏	9149	梅岭星火	5572, 5675, 5806
梅兰芳平剧唱腔研究	11151	梅岭英豪	6096
梅兰芳文集	12816	梅岭战火	5951
梅兰芳舞台艺术	3642, 4028, 12864	梅洛蒂斯钢琴名曲集	12528
梅兰芳戏剧散论	12866	梅墨生画集	2285
梅兰芳戏剧条屏	3597	梅墨生书法集	8307
梅兰芳戏曲唱谱汇编	12087	梅鸟屏	4545
梅兰芳演出剧本选集曲谱	12076	梅纽因论小提琴	11191
梅兰芳艺术评论集	12883	梅纽因谈话录	10805
梅兰芳艺术一斑	12860	梅奴谢翰华印稿	8540
梅兰芳游美记	12746	梅奴印存	8536
梅兰芳与二十世纪	12883	梅女	5675
梅兰芳在戏曲艺术片"梅兰芳的舞台艺术"中饰		梅谱	937, 1557, 1597
演"霸王别姬"的虞姬	13090	梅谱	2542
梅兰芳在戏曲艺术片"游园惊梦"中饰演杜丽娘		梅阡	12915
与柳梦梅(俞振飞饰)在梦中相会	13090	梅清仿古山水画册	1651, 1652
梅兰菊竹	2512	梅清黄山图册	1654, 1667
梅兰珍唱腔集	12952	梅清山水画册	1691
梅兰珍的戏剧人生	12954	梅瞿山画册	1639, 1648
梅兰竹菊 982, 4137, 4288, 4385, 4473, 4624, 4704		梅瞿山画集	1654

中国历代图书总目·艺术卷

梅瞿山黄山胜迹图	1615	梅园榴花	1858
梅瞿山黄山胜迹图册	1615	梅园新村	1874
梅瞿山黄山十九景册	1648	梅云堂藏张大千画	2222
梅瞿山梅鹿墅山水合册	1611	梅忠智中国画选	2181
梅瞿山墨笔山水册	1648	梅州市一九八八年山歌剧研讨会论文集	12938
梅雀争春	1904	梅竹	1780, 10043
梅山即景	1874	梅竹花鸟选集	2530
梅山书画辑	2271	梅竹画谱	976
梅山水库	3978, 8875	梅竹鸣禽	10439
梅石庵印鉴	8516	梅竹双清	1664
梅石临百二古铜印谱	8516	梅竹题跋	756
梅石水仙图	10457	梅竹图	1678, 1769, 1904, 1992, 2008, 4850,
梅石图	1582		10092, 10457
梅寿图	2083, 2140	梅竹图	2043
梅涌	4862	梅竹仙鹤对屏	4624
梅艇画稿	1718	梅竹轩成三问先生遗墨	8135
梅图斯的青年近卫军	12449	梅竹幽禽图	1889
梅西安作曲技法初探	11093	鄚鄂·道情曲选	12099
梅香盗宝	4078	鄚鄂常用曲选	12110, 12111
梅香兰清竹秀菊丽	4704	鄚鄂的音乐	11138
梅肖青画选	1384	鄚鄂调	12099
梅尧臣	5806, 5861	鄚鄂曲集	12101
梅耶荷德论集	12696	鄚鄂曲选	11828
梅耶荷德谈话录	12820	鄚鄂音乐	12104
梅吟百咏	7496	煤城怒火	5407
梅隐草堂题画诗	773	煤城游击队	5572
梅英	9003	煤店新工人	3734, 12096
梅樱图	2640	煤海	5257
梅影书屋画集	1699, 1708	煤海传喜讯	3887
梅与天水彩画	2922	煤海红心	5151
梅玉配	1769, 9004, 9233	煤海盛开大庆花	1808
梅渊公黄山胜景全图	1650	煤海书艺集英	8307
梅园长春	2598	煤海铁人	5356
梅园春晓	10087	煤海新歌	5257
梅园风范	218	煤海战歌	12257

书名索引

煤海之光	8897	美的情怀	10519
煤矿安全歌字帖	8267	美的设计	10234
煤矿安全生产漫画选	3454	美的生活美的歌	4473
煤矿工人田成富	4885	美的生灵	10267
煤气灶的风波	5951	美的世界	1256, 9467
煤乡山西	8932	美的思索	9420
煤乡之歌	11702	美的速写	2881
煤油灯下刻苦学 继续革命方向明	3208	美的天使	2805, 9420
每逢佳节倍思亲	3326	美的童年	9617
每日十二首钢琴技法练习	12504	美的网络	12703
每日十二首钢琴技术练习	12211, 12504, 12505	美的西湖	9037
每天写一字	7497	美的遐思	10519
每周一歌集锦	11925	美的相位与艺术	068
每周一歌一百首	11923	美的写照	10140
美	3371	美的心灵	4207, 5676
美の丝	10145	美的心灵美的花朵	3375
美，在你身边	536	美的旋律	8839, 9351, 9357, 9367, 9380, 9406,
美辨	078		9467, 10526
美不胜收	4704	美的旋律之二	9380
美丑的纠缠与裂变	068	美的旋律之三	9380
美德	4288	美的旋律之四	9380
美的边陲美的歌	11489	美的源泉	10693
美的常识与美术史	123	美的运动	9392
美的沉思	252	美的找寻	074
美的分析	064	美的住宅特集	10564
美的风采	9420	美的装潢	10564, 10565
美的歌曲	11368	美的装饰与设计	10369
美的和谐——影坛新秀董智芝	9590	美的姿态	128
美的呼唤	10526	美的足迹	544
美的花	10526	美帝国主义从越南南方滚出去!	3118
美的环境 美的心灵	3358	美帝国主义在朝鲜的暴行	10128
美的回忆	8818	美帝侵华漫画册	3068
美的觉醒	078	美帝侵华史	4879
美的历程	178, 248	美发图	10115
美的历险	196	美凤夺窝	6225

中国历代图书总目·艺术卷

美感与交流	12702	美国电影表演艺术	13220
美感与认知	530	美国电影大观	13191
美工	487	美国电影的兴起	13186
美工剪贴图谱	10284, 10285	美国电影电视工程师学会简介	13201
美工教材	015	美国电影史	13179
美工艺术辞典	10180	美国电影史话	13186
美国"冬日"	9846	美国电影史事拾零	13183
美国ICP摄影百科全书	8702	美国雕塑百图	8670
美国奥斯卡金像奖大全	13313	美国动物卡通	6644, 6656
美国奥斯卡金像奖电影连环画册	6294	美国儿童	9551
美国白蛾	5676	美国儿童动物画	7144
美国插图画家	7062	美国儿童流行钢琴曲	12538
美国插图画家诺尔曼·罗克威尔	515	美国费城郊区公园	9846
美国插图艺术	7063	美国风光	9099, 9116, 9117, 9134
美国超级写实主义雕塑	8673	美国风情	9081, 9131
美国大丑闻	3454	美国歌曲集	12376
美国大众音乐	10983	美国歌曲选	12375, 12378, 12382
美国当代版画艺术	6927	美国公园之秋	9874
美国当代插图	7063	美国广告艺术大观	10775
美国当代画家哈博·芬克作品集	6801	美国广告用语及图形设计225例	10393
美国当代绘画性陶艺展图录	10757	美国黑人音乐史	10982
美国当代水彩画技法	1189	美国画家	579
美国当代水彩画写生技法70讲	1195	美国画家惠斯勒	512
美国当代素描教学	1115	美国画家霍麦	514
美国当代素描艺术	6907	美国画家卡萨特	6782
美国当代通俗绘画资料集	6805	美国画家罗克威尔	6783
美国当代油画艺术	6881	美国画家魏斯	514
美国当代展览设计	10744	美国绘画	583
美国的城市雕塑	8670	美国绘画选	6862
美国的绘画	504	美国街景	9834
美国的舞蹈	12575, 12577	美国街头广告	10768
美国迪斯尼乐园迷人王国	9973	美国旧金山	9822
美国电视剧	13198	美国旧金山风光	9108
美国电视明星	13183	美国旧金山金门大桥	10161
美国电影——帝国主义的侵略工具	13305	美国旧金山艺术宫	10006

书名索引

美国爵士钢琴小曲	12538	美国新闻处电影影片分类目录	13087
美国科学家和发明家托·阿·爱迪生（1847—		美国亚利桑那州	9902
1931）	3319	美国亚特兰大之夜	9884
美国流行歌曲 101 首	12404, 12408	美国一瞥	13156
美国掠影	10149	美国音乐教育概况	10986
美国洛杉矶好运旅馆中庭	9999	美国音乐文论集	10877
美国美术史	365	美国银幕上的中国和中国人	13178
美国美术史话	374	美国印象派画选	6852
美国民歌选集	12412	美国影星	9722
美国民间音乐	12412	美国影星波姬·小丝	10158
美国名画	6827	美国影星波姬小丝	10156
美国纽约摄影学院摄影教材	8734, 8735	美国影星戈蒂·霍恩	10156
美国霹雳舞	12669	美国影星海伦·丝莲特	10156
美国企业识别设计	10748	美国影星斯泰隆	10158
美国萨凡那设计艺术学院作品集	10768	美国影星伊莎贝拉·阿加尼	10159
美国三藩市屋兰桥	10155	美国幽默画集	6944
美国山河风光摄影佳作	10149	美国早期漫画中的华人	7009
美国时装画技法	629	美国重金属吉它演奏有声教程	11206
美国水彩画	6910	美国著名钢琴家班努维茨教授讲学译稿	
美国水彩画技法	1176		11226
美国水彩技法介绍	1166	美国著名影星波姬小丝	10156
美国素描大系	6906	美国专业音乐发展简史	10985
美国素描精品	6907	美好的回忆	11716
美国素描新选	6908	美好的理想	9351
美国索格罗漫画集	6948	美好的理想	2043
美国韦斯特福特	9884	美好的明天	4137
美国戏剧论辑	12715	美好的日子万年长	3798
美国戏剧史	12782	美好的童年	3540, 4207, 4289
美国戏剧选读	12726	美好的未来	4078
美国夏威夷的盛夏	9860	美好的未来属于我们	3358
美国夏威夷威基基海滩	9140	美好的心愿	12639
美国现代插图选	7059	美好的赞歌	11701, 11702
美国现代橱窗设计	10754	美好的祝愿	4028, 4704
美国现代绘画	590	美好的祖国	4386
美国现代素描教程	1145	美好环境	4289

中国历代图书总目·艺术卷

美好青春	4704	美酒敬亲人	9542
美好人间	2140	美酒敬英雄 鲜果献模范	4078
美好生活	4138	美酒飘香	9454
美好瞬间	13271	美酒飘香传友情	3333
美好童年	9698	美酒一杯敬英雄	4624
美好心灵屏	4790	美丽	9484
美好幸福	4207	美丽的白莲	11483
美好一瞬	8704	美丽的包河	12276
美猴王	4704, 6457, 6722, 9590	美丽的布达拉宫	9822
美猴王	2397	美丽的草原	9786
美猴王出世	5572, 5951	美丽的草原我的家	4386, 4705, 11972
美猴王大战二郎天君	2397	美丽的城市——大连	8966
美猴王齐天大圣	2397	美丽的大公鸡	4820
美猴王三斗	6532	美丽的大公鸡	2567
美猴王新传·深海擒魔	6457	美丽的大连	8956
美猴王寻师学艺	5572	美丽的大自然	10141
美猴王重游花果山	5573	美丽的风帆	11701
美华十字挑绣图	10345	美丽的姑娘	11943
美化房间小窍门	10584	美丽的桂林	8963, 9884, 11476
美化居室	10581	美丽的花	9303
美化居室全书	10576	美丽的花朵	3642, 4545
美化你的居室	10573	美丽的花环	4926, 11811
美化生活	8830	美丽的黄山	9063
美化生活 纸藤艺术	10698	美丽的家乡	4769
美化我们的声音	11134	美丽的金鱼	9308
美化小坪数	10565	美丽的路	5070
美化住宅	10573	美丽的马来西亚	4837
美佳乐	8849	美丽的玫瑰花	6096
美家	10607	美丽的磨坊姑娘	12374
美景大观	9144	美丽的南京	9117
美景良辰迎吉日·和风甘雨兆丰年	1942	美丽的内蒙古	9899
美景如画	9811, 9846	美丽的娘阿莎	5951
美景争秀	4820	美丽的鸟	2501
美酒	10115	美丽的鸟岛	9117
美酒贺新岁 蟠桃献寿翁	4705	美丽的鸟儿	2511

书名索引

美丽的青海 闪光的柴达木	11516	美满幸福	2043, 2083, 2084, 2140, 2640
美丽的瑞丽江	9792	美满幸福庆有余	4790
美丽的山村	12215	美满姻缘	4138, 4473, 4545, 4624, 4705, 4790,
美丽的汕头	8947		4850, 8822, 8830, 8849, 9009, 9233, 9241,
美丽的少女	12517		9420, 13123
美丽的首都	3083	美满姻缘	2084, 2140
美丽的松花湖	11498	美满姻缘屏	4545
美丽的梭罗河	12332	美貌芬芳	2084
美丽的台湾	9131	美美	9434
美丽的五彩笔	9367	美妙的瞬间	9484
美丽的西藏	1300	美娘	9668
美丽的西藏，可爱的家乡	11476	美妞与怪兽	5806
美丽的西双版纳	9090, 9117	美女爱之路	7049
美丽的西双版纳	9791	美女半身像	9528
美丽的鲜花在开放	12206	美女骷髅	5952
美丽的香港	9124, 9138	美女蛇	6096
美丽的小帽	4138	美女梳妆	5676, 9357
美丽的小简裙	12239	美女头像	9528
美丽的心灵	11699, 11971	美女像	9528
美丽的扬州	9124	美女与宠物	9739
美丽的叶画	10720	美女与天使	2802
美丽的一天	13250	美曲引金鸡	4386
美丽的云南山茶花	1355	美髯公朱全插翅虎雷横	4474
美丽的折纸	10677	美髯中书	6330
美丽的中国工艺	10174	美人百态画谱	1424
美丽的珠海	11489	美人的心弦	11931
美丽富饶的安徽	8935	美人计	5676, 5806, 6096, 6190
美丽富饶的昭乌达	8966	美人计特刊	13087
美丽香港	8929	美人蕉	1726, 1733, 1858, 9351, 9380, 9745, 10021
美仑美奂的音乐世界	10896	美人图谱	872
美满和合	4207	美人鱼	4138, 5488, 6656, 9435
美满家庭	9698	美人鱼的歌声	5573
美满良缘	2043	美人鱼与镇山虎	4474
美满幸福	1968, 4386, 4473, 4545, 4624, 4769,	美少女战士	7128
	4820, 4862, 8830, 9018, 9019, 9420, 9470	美少女战士原画集	7141

中国历代图书总目·艺术卷

美社照片选刊	8866	美术电影创作研究	13294
美神	6881, 9471	美术电影动画技法	1224
美声的金钥匙	11119	美术概论	123, 130
美食	9454	美术干部下厂下乡生活速写	2853
美食台历	10497	美术高考3小时范画	1452
美式漫画学习法	6981	美术高考半小时范画	1452
美兽吉祥	4820	美术高考辅导班学生优秀习作评析	219, 2911,
美术 056, 465, 472, 474, 475, 477, 479, 480, 481,		2962	
482, 483, 484, 486, 489, 612		美术高考辅导系列挂图	610
美术·图案	493	美术高考临摹范本	1450
美术、设计综合专集	099	美术高考色彩指南	556
美术百科大辞典	043	美术高考素描指南	1102
美术笔谈	528	美术高考指南	351, 352
美术参考摄影图库	616	美术工艺概论	10186
美术参考资料	465, 485, 10248	美术工艺两用教材	10238
美术长短录	10185	美术工艺展览目录	10226
美术长廊	272	美术构图例释	559
美术常识	025, 476, 479	美术广告画	10368
美术初步	054, 601	美术花边集	10242
美术创作	088	美术画	1280
美术创作规律二十讲	498	美术画典	1447, 2878, 6744, 10280, 10737
美术创作经验谈	496, 497	美术画片	1284, 10457
美术创作评价	506	美术基本功训练	493
美术创作学习参考材料	497	美术基础教程	476, 478
美术创作学习资料	496	美术基础教学分科辅导大全	619, 620
美术创作诸问题	124	美术基础训练画库	1317
美术辞林	032, 033	美术基础与欣赏	466
美术丛刊	226, 227, 228, 229	美术基础知识	016, 465
美术丛书	214, 220, 221, 222, 223, 224, 225, 226	美术及其教育	491
美术大辞典	017	美术技法丛书	615, 621
美术大师经典	205	美术技法大全	605, 606, 607, 608, 609, 610, 694
美术的表现与背景	169	美术技法辅导材料	2873, 2945
美术的教学选择	493	美术技法理论	613
美术的魅力	099	美术技法入门	616, 621
美术的起源	001	美术家手册	128

书名索引

美术家作品集	1318	美术商标设计	10381
美术简史	178	美术少年宫	618
美术鉴赏	093, 094, 110, 117	美术设计	125
美术教师作品集	321	美术设计·作品集	10235
美术教学示范作品	1317, 1448	美术设计 123	10208
美术教育丛书	466	美术设计的超现实构思	125
美术教育方法论	488	美术设计的基础	125
美术教育家张鹤云	2306	美术设计基础	10185, 10208
美术教育简明辞典	210	美术设计解误法	10224
美术教育论丛	491	美术设计师手册	10187
美术教育论文集	054	美术设计透视图法	145
美术教育论与教学法	493	美术设计中的构成·色彩·图象技法	610
美术教育选集	022	美术设计中的色彩　图象　构成	153
美术教育学	493	美术设计中的质感表现技法	611
美术教育与技法：版画	1213	美术设计资料	10315
美术解剖图鉴	557	美术设计作品文论	10214
美术界、建筑界、装潢界、制造界装饰的指南		美术摄影	8795, 8922
	10562	美术摄影创作学习材料	8806
美术锯术	10668	美术摄影大纲	8680
美术考场说明书	636, 637, 1373	美术摄影书法作品选	280
美术理论参考资料	124	美术摄影作品选	8928
美术理论书目	015	美术审美漫话	076
美术理论知识	478	美术十体字典	7637
美术论	123	美术实用图谱	10298, 10299
美术论集	215	美术史	168, 239
美术论文选	530	美术史参考书	168
美术美学文集	079	美术史论丛刊	248, 249, 250
美术名作鉴赏	120	美术史论基本知识	193
美术明信片	3009, 10414, 10519	美术史论季刊	250
美术批评家年度提名展	1079	美术史文选	174
美术批评学	109	美术手册	601, 1721
美术评论集	091, 113, 506	美术书法摄影作品集	2332
美术趣谈 123	048	美术书法摄影作品选	319
美术人类学	046	美术书简	486
美术人形	10670	美术书刊介绍	215

中国历代图书总目·艺术卷

美术术语与技法辞典	129	美术院校高考·业余美术辅导作品	303, 304, 305
美术思维与创作	088	美术院校高考练习挂图	1447
美术速写指南	1107	美术院校高考美术辅导作品	1448
美术图案	10275	美术院校考前生素描色彩作业评析	2911
美术图案画	10238, 10240	美术院校考生创作训练	499
美术图案选编	10290	美术院校考生基础绘画分论	482
美术文集	100, 104	美术院校考生教学辅导临本：水粉静物	2956
美术文献	219, 489, 490, 491, 1345	美术院校考生考卷讲评	522
美术五十讲	476	美术院校考生色彩训练	559
美术现状散评	117	美术院校考生素描训练	1119
美术向导	602, 603, 604, 605	美术院校考生指导	352
美术小博士	056	美术院校升学考试资料	346
美术撷英	167	美术院校升学指南	612
美术心理学	046, 487	美术院校师生速写选	2904
美术欣赏	091, 105, 517, 539	美术院校应试指南	356
美术欣赏与美术基础	114	美术战线上的一颗卫星	503
美术新闻话芳菲	536	美术照相习作集	8917
美术新作	1303	美术之旅	174, 175
美术新作	2441, 2512	美术之路	611
美术形态学	135, 480, 481	美术之友	486
美术宣传实用手册	10295	美术知识	051
美术宣传员手册	1223, 7632, 10251	美术志	272
美术选修教程	491, 492	美术中国	250
美术学文库	130	美术中考3小时范画	2965
美术学习与高考指南	481	美术中考3小时范画·素描	1154
美术学习资料	474	美术中考3小时范画·图案	10329
美术学研究	133	美术专业常用词汇编	020, 124
美术研究	097	美术专业词汇	465
美术研究会画集	1307	美术专业高考试卷评析	466
美术演义	491	美术专业教学大纲	486
美术音乐的奇话	048	美术专业教学指导	466
美术用透视学	144	美术专业优秀试卷评析	1154
美术与美术教育	090	美术资料	1289, 1290, 1292, 1293
美术与欣赏	114	美术资讯：版画特辑	1210
美术园地气象新	1290	美术自修100问	478

书名索引

美术字 7626, 7629, 7630, 7633, 7634, 7635, 7636,		美术字与版头图案集	10246
7637, 7638, 7643		美术字与黑白画	10215
美术字·图案	7637	美术字与图案	7635
美术字·图案大成	10304	美术字之道	7643
美术字变化法	7629	美术字作法基本练习	7630
美术字参考	7633, 7634	美术字作法及应用	7629
美术字参考资料	7631	美术纵横	253, 475
美术字的写法和练习	7628	美术作品	288, 289, 1298
美术字范	7626	美术作品介绍	092, 506, 507, 1288, 1292
美术字画法大全	7627	美术作品小辑	279, 280
美术字绘法	7638	美术作品形象选	2935
美术字绘写练习	7639	美术作品选	280, 281, 1285, 1293, 1300, 1363
美术字集	7639	美术作品选集	276, 1285
美术字集锦	7634, 7641	美术作品选辑	1287
美术字技法	7634, 7637	美术作品选页	1292
美术字技法与应用	7652	美术作品展览图录	281, 282
美术字讲话	7627	美术作品展览预览图录	1294
美术字教程	7650, 7652	美术做学教	001
美术字入门	7646	美树本晴彦画集	7091
美术字设计	7653	美厅	10000
美术字设计基础	7637, 7638	美学	036
美术字示例	7626	美学沉思集	065
美术字手册	7627, 7628, 7629	美学和未来美学	072
美术字书法字典	7650	美学和中国美术史	251
美术字书写参考资料	7632	美学例说	069
美术字速成	7648	美学书怀	061
美术字速成作法	7629	美学文艺学方法论	065
美术字帖	7628	美学问题讨论集	062
美术字图案新编	7632	美学新解	025
美术字写法	7631, 7633, 7634	美学要义	072
美术字新编	7629, 7631, 7632, 7633, 7634, 8138	美学艺术论	077
美术字新研究	7627	美学与电子文化	13079
美术字新作	7630	美学与艺术构思	069
美术字选编	7632	美学与艺术讲演录	062
美术字学习	7628	美学与艺术讲演录续编	069

中国历代图书总目·艺术卷

美学与艺术教育	078	美在窗前	10595
美学与艺术理论	067	美在民间	10679
美学与艺术评论	024, 064	美在人间	8860, 9420
美学与艺术诠释	066	美在生活中	1307
美学与艺术实践	062	美在乡土	10186
美学与艺术学研究	077	美展特刊	342
美学与艺术总论	030	美之歌	11716
美学与意境	067	美洲豹飞行大队	7034
美呀,生活	11922	美洲非洲原始民族艺术	178
美言美语	7475	美洲来的哥伦布	5676
美艳	9487	美洲民间美术	10198
美意延年	2043, 2658	美洲民间艺术	10737
美影集	8866	美洲人体绘画选	6799
美与美的追求	7395	美洲图案集	10742
美与艺术	066, 068	美姿	9471
美与艺术规律	066	妹妹!我爱你	11541
美与艺术审美价值	069	妹妹你大胆的往前走	12384
美与智慧的融集	107	妹妹喜做光荣花	3978
美宇之歌	8238	媚秋堂藏名人书画	1473
美玉吐珠	4207	魅	9477
美育	3371	魅惑的广告艺术	10376, 10742
美育钢笔书法字帖	7475	魅力	9435, 9454, 9745, 9759
美育硬笔书法字帖	7429	魅力 POP 美工字典	7648
美育与美术	123	魅力吉他	12483, 12484
美育与艺术欣赏	117	魅力人体摄影	8743
美育指南	073	魅力无穷的人像摄影	8795
美苑漫谈	018	魅态摄影	10138
美苑拾花	530	门采尔	1135, 6783
美苑文集	120	门采尔的素描	6896
美苑星辰	1327	门采尔素描	6896, 6901
美哉!马蒂斯	6810	门采尔素描大师原作展览	6895
美哉北京	1318	门采尔素描选集	6895
美哉京华	9081	门当户对	3540
美哉南投	7889	门德尔松	10892
美哉中华	8866	门德尔松儿童小曲	12522

书名索引

门德尔松无词歌	12538	蒙古西侵	5952
门合	5145, 5146, 5153	蒙古族小八路	5407
门画	3734, 3757, 4028, 4138, 4289	蒙古族小调	12165
门画年画缩样	3734	蒙古族古代音乐舞蹈初探	12613
门画缩印样本	3531	蒙古族美术史	270
门将	2084, 2140	蒙古族美术研究	270
门捷列夫	3388	蒙古族民歌的音乐曲线和音差数据	11093
门类艺术探美	069	蒙古族民歌调式初探	11048
门前青松老；云里白鹤闲	8187	蒙古族民歌与交响乐研究	10917
门神	2989, 4546, 4705	蒙古族民间故事画库	6532
门厅与客厅	10620	蒙古族民间美术	10679
门外谈画	800	蒙古族民间图案	10261
门外絮语	536	蒙古族青少年舞蹈	12619
门迎百福	4850	蒙古族四胡演奏家孙良	11311
门迎春夏秋冬福，户纳东西南北财	4757	蒙古族图案集	10295
门迎福祥	2140	蒙古族娃娃	9590
门迎四季福	2141	蒙古族舞蹈基本训练	12611
蒙城激战	5407	蒙古族舞蹈基本训练教程	12619
蒙德里安	6832	蒙古族音乐史	10976
蒙德利安	6812	蒙郭勒津乐曲选	12142
蒙复旦插图设计	6615	蒙卡奇	6795
蒙根花	5573, 5676	蒙卡契	504
"蒙古大夫"	6944	蒙克	6795, 6832
蒙古歌集	11762	蒙克画风	6810
蒙古歌曲集	11760, 12368	蒙克画选	6827
蒙古筝乐语	12261	蒙克历险记	5952
蒙古秘史线描人物	2897	蒙马特尔的炮声	6096
蒙古盘肠图案选	10275	蒙面人	5676
蒙古人民共和国的造型艺术	361	蒙娜·丽莎的启示	530
蒙古人民共和国国歌	12393, 12395	蒙娜丽萨	6854
蒙古人民共和国美术展览会	359	蒙娜丽莎	6887
蒙古人民共和国美术作品选集	359	蒙娜丽莎的微笑	596
蒙古人民共和国艺术团在北京	13236	蒙泉外史印谱	8510, 8511
蒙古人民共和国造型艺术展览会	6779	蒙人驭虎	4820
蒙古舞蹈文化	12620	蒙仁周书法作品选集	8307

中国历代图书总目·艺术卷

蒙太奇技巧浅谈	13267	孟法师碑字帖	7855
蒙太奇技巧浅探	13265	孟凡玉画集	2332
蒙太奇论	13273	孟繁锦书法集	8332
蒙太奇原理	13267	孟光涛画集	2043
蒙特玛德大街的游行人群	6851	孟光涛画辑	1968
蒙特威尔第牧歌	10885, 10886	孟广治行草唐宋诗词集	8267
蒙特威尔第宗教音乐	10882, 10920	孟国华教学素描	2906
蒙托那义的故事	6330	孟国君	4474
蒙学楷字帖	7596	孟豪森奇遇记	5676
蒙学六篇三体硬笔字帖	7497	孟浩然诗过故人庄	8147
蒙学三种	8346	孟华摄影作品集	8988
蒙学诗文硬笔书法	7567	孟姜女 4882, 5676, 6190, 6361, 6586, 8839, 13129	
蒙学四篇钢笔字帖	7528	孟姜女号	13288
蒙妍书画集	2306	孟津县戏曲志	12793
蒙演百孝图	1595	孟克	6812
蒙子军书画	2043	孟丽君 4138, 4207, 4289, 5188, 5806, 5952, 8822,	
萌芽	3500	8839, 9007, 9014, 9221, 9699, 9942, 9945,	
盟誓	6096, 9958, 13108	9948, 9951	
朦胧月夜	12380	孟丽君	2397
勐戛巴王复国记	6096	孟丽君对镜画容	4474
猛攻高精尖力争第一流	3083	孟丽君游上林苑	13123
猛虎	4706	孟丽君与皇甫少华	9019
猛虎报恩	6457	孟良 焦赞	4386, 4624
猛虎山歌	11367	孟良 焦赞	4706
猛虎神威	4790	孟良·焦赞	2369, 2374, 2380, 2391
猛虎神威	2583	孟良盗马	5952
猛虎图	2025, 4624, 4706	孟良焦赞	4289, 4474
猛虎图	2579, 2582	孟良驯马	5806
猛虎武将	4820	孟鸣画集	1411
猛龙斗金山	6330	孟母三迁	4546
猛禽猛兽谱	2585	孟母择邻	3642
猛兽屏	4289	孟庆谷画集	2181
孟尝君	5573, 5676	孟庆云创作歌曲精选	11534
孟法师碑	7878, 7930, 7940	孟泰爷爷和小螺	5070
孟法师碑铭	7836, 7844	孟宪成水粉风景画集	2938

书名索引

孟祥顺画集	2587	梦惊张知县	6096
孟小冬与高谭马	12882	梦狼	4906, 5488, 5952
孟昕线描	2181	梦里笑声甜	4028
孟学三问龙王	5573	梦楼先生倡和诗	8028
孟子故里	9834	梦楼先生真迹	8017
孟子说	3475	梦庐花鸟画谱	939
梦	5806, 9435, 9454	梦庐画谱	1607
梦笔生花	9380, 9392	梦坡画史	1272
梦残作品	2553	梦坡室金玉印痕	8534
梦从现在开始	8830	梦坡室收藏琴谱提要	11030
梦的凝固	2285	梦思	9420
梦二先生	5356	梦乡	8915
梦华琐簿	12737, 12738	梦想号星球	6294
梦华小录	12674	梦影集	13133
梦幻	3031, 5676	梦游假话国	3454
梦幻 photoshop4 创意设计	136	梦游昆虫国	5952
梦幻大迷宫	6532	梦游童话世界	6722
梦幻的彼岸	6801	梦游租界记	4868
梦幻的乐园	13193	梦园书画录	1465
梦幻的民谣	12484	梦远星稀	13181
梦幻吉他	12483	梦章画集	2222
梦幻精灵族	6997	梦中的启明星	11498
梦幻居画学简明	668	梦中皇后	13123
梦幻居题画诗	8024	梦中婚	6294
梦幻狂想奏鸣曲	12822	梦中情人	10526
梦幻尼雅	9134	梦中求官	6260
梦幻曲	2675	梦中缘	6606
梦幻世界 – 电影	13151	咪咪	4546, 9289, 9309, 9315, 10024, 10028,
梦幻无穷	9902		10036, 10043, 10049, 10056, 10063,
梦幻艺术世界名作	6801		10069, 10075, 10080, 10081, 10085, 10087
梦回	9420	咪咪快长大	4289
梦回神州	11474	咪咪乐	10081
梦迹图	1597, 1600	咪咪连环画	6330, 6331
梦佳期	9507	咪咪同乐	9316
梦见毛主席	11951	咪咪图	10056

中国历代图书总目·艺术卷

咪咪系列	10081	谜笛	6732
咪咪照影	10075	麋砚斋印存	8537
咪咪之家	10082	米庵鉴古百一诗	781
弥勒佛	6587	米尔奇遇记	6457
弥勒戏童	8823	米芾	7990
弥撒歌集	12441	米芾 黄庭坚行书	8006
弥赛亚神曲	12363	米芾 米友仁	792
迷	9345	米芾《蜀素帖》行书大字谱	7379
迷彩人伦	039	米芾《蜀素帖》技法赏析	8436
迷藏一晌	12982	米芾草书	7950
迷宫除怪	6096	米芾尺牍	7961
迷宫之门	5806	米芾的书法艺术	7975, 7988
迷胡牌子音乐	12117	米芾多景楼诗册	7993
迷胡清曲剧选	12115	米芾行草字帖	7988
迷惑人的鱼塘	5208	米芾行书	7608, 7985, 7993
迷狂的独行者	540	米芾行书二帖	8009
迷离错置的影像	117	米芾行书钢笔临本	7528
迷恋	9488	米芾行书技法	8435
迷路的孩子	5573	米芾行书间架结构九十二法	7395
迷路的小姑娘	4891	米芾行书结构习字帖	8431
迷迷之音	10882	米芾行书精选	7395
迷你车	10124	米芾行书临摹解析	7395
迷你钢琴	11245	米芾行书临帖指导	7368
迷你歌王	11927	米芾行书墨迹精选	8431
迷你卡拉OK新!新!新!	11498	米芾行书墨迹五十五种	8006
迷人的侧影	5573	米芾行书帖	8435
迷人的东南亚	10146	米芾行书习字帖	7993, 8004
迷人的海滨	2446	米芾行书至宝	7994
迷人的乐队	13119	米芾行书字帖	8006, 8430, 8436
迷人的迷笛	11104	米芾集	8006
迷人花季	10551	米芾墨迹大观	7986
迷童之家	5039	米芾墨迹三种	7973, 7974
迷雾案	5573	米芾书《昼锦堂记》	8000
迷雾园奇案	6096	米芾书(离骚经)	7973
谜岛	5573	米芾书法集	8009

书名索引

米芾书法精品选		8009	米克		5407
米芾书法精选		7998, 8006, 8437	米克罗比		6657
米芾书法屏		8196	米拉日巴		4757
米芾书法全集		8000	米莱		6783
米芾书法选		7994, 8004	米兰奇迹		13259
米芾书翰墨迹		7980	米老鼠	6294, 6644, 6645, 6657, 7066	
米芾书虹县诗		7994	米老鼠——催眠术		7035
米芾书虹县诗 多景楼诗		7990	米老鼠——神秘的侯爵夫人		7043
米芾书离骚经		8002	米老鼠——失踪的法老像		7073
米芾书帖		8009	米老鼠——淘气的乘客		7073
米芾书舞鹤赋		8002	米老鼠——乌龟岛的秘密		7035
米芾蜀素帖		8006, 8009, 8439	米老鼠——智破盗窃案		7073
米芾蜀素帖 苕溪诗帖 多景楼诗帖		8012	米老鼠和黑骑士		7076
米芾蜀素帖临摹教程		8438	米老鼠和七个幽灵		6657
米芾蜀素帖临写法		8433	米老鼠和唐老鸭	6629, 6630, 7072, 7073	
米芾苕溪诗蜀素帖墨迹		7971	米老鼠和唐老鸭系列彩色画册		7073
米芾苕溪诗帖蜀素帖及其笔法		7347	米老鼠和鸵鸟奥斯克		7076
米芾帖		7429	米老鼠空中历险记		7033
米芾魏泰诗		7983	米老鼠巧计捉贼		7073
米芾小楷		7998	米老鼠日记		7083, 7084
米芾选集		8012	米老鼠勇斗大巫师		7076
米芾篆隶		7665	米老鼠与唐老鸭	6633, 7067, 7073	
米谷画辑		1889	米老鼠与小飞象系列故事画册		7073
米谷漫画选		3401, 3418	米老鼠侦破假币		7073
米哈依诺夫素描集		6908	米老鼠侦探		6668
米海尔古里		5257	米老鼠智救气象博士		6657
米海岳方圆庵记		7953	米勒	1123, 6812, 6832, 6856, 6899	
米海岳画史		733, 734	米勒素描集		6894
米海岳书史		7173	米列		504, 6780, 6844
米酒献给华主席		9961	米龙老爹		5488
米开兰基罗		6899	米罗		6832
米开兰哲罗雕刻选		8668	米罗画风		6805
米开朗基罗		364, 1122, 1154	米米变成小女孩		6562
米开朗基罗雕刻		8673	米莫斯逃生记		6563
米开朗琪罗		506, 510	米南宫多景楼真迹		7973

中国历代图书总目·艺术卷

米南宫蜀素帖真迹	7958	秘窟夺宝	6260
米南宫天马赋	7955	秘密	5488
米南宫苕溪诗	7956	秘密搏斗	6331
米书千字文	7985	秘密的斗争	4891
米书无为章吉老墓表	7945	秘密行动	5677
米文杰画集	2255	秘密交通线	5806
米夏回来啦	7035	秘密揭穿了	4967
米襄阳书天衣禅师碑	7956	秘密警察和小孩	4926
米襄阳魏泰诗真迹	7980	秘密军刺客	5677
米雪布维	10190	秘密军火库	6096
米亚斯科夫斯基的第21、27交响曲	12540	秘密窟的宝藏	5573
米亚斯科夫斯基的第十三弦乐四重奏	11180	秘密联络站	5807
米叶	505	秘密列车	6096
米元章行草书易说帖	7947	秘密路	5039, 6331
米元章书画史	839	秘密使命	6260, 6563
米元章书史	7173	秘密图纸	5488
米字格楷行钢笔字帖	7429	秘密文件	5573, 5807
弭菊田画集	2484	秘密武器	6657
弭菊田画选	1968	秘密战线	4906
汨罗沉流	12236	秘密纵队	5677
汨罗江幻想曲	12337	秘戏图考	704
汨罗江上	12322	密件	5807
觅	2675	密勒氏漫画选集	3391
觅句	1791	密林丛中	2719
觅魂记	10705	密林笛声	5574
觅石书法作品选	8224	密林红哨	9336
宓风光毛笔速写集	2905	密林歼匪	5807
秘本琴谱	12296	密林剿匪	5807
秘本中外戏法图说	13001	密林里的战斗	6096
秘殿珠林	756	密林量火	5039
秘殿珠林石渠宝笈	756	密林枪声	5574
秘殿珠林石渠宝笈合编	756	密林哨兵	5488
秘殿珠林石渠宝笈索引	811	密林深处	4289, 4625, 5488
秘殿珠林续编	1462	密林深处的枪声	5952
秘境香格里拉	8972	密林幽泉	1769

书名索引

密林中的火光	5407	棉花大丰收	3691
密令	6097	棉花丰收	3563，3978
密码的故事	5233	棉花姑娘	3691
密山万林图	1675	棉花红铃虫	4898，13238
密探	6225，6294	棉花仙子的故事	4968
密县戏曲志	12778	棉麻丰收	1781
密叶疏枝鹤顶丹	1858	棉农来访	3734
密友	9617	棉区的一面红旗	9265
密云水库	1818，9797	棉桃	13255
密云水库歌曲选	11444	棉田姐妹谱新曲	3887
密云新景	1843	棉田新歌	3798
蜜蜂、蝴蝶、螳螂	1733	棉织	10348
蜜蜂的风波	5321	棉纸撕画	10186
蜜蜂叮癞痢	3524	棉纸撕画自己作	10190
蜜蜂和地球	4914	沔阳卢木斋先生手简	8111
蜜蜂计	5574，5677	勉从军	11934
蜜蜂来到百花园	12651	勉励	3978
蜜蜂王国奇遇记	5952	勉县武侯祠	9860
蜜蜂小姐	3512	缅甸"大金塔佛塔群"	9846
蜜蜂与熊	9961	缅甸"水上餐厅"	9846
蜜柑	10063	缅甸联邦国歌	12394
蜜桔	9326	缅甸戏剧	12780
蜜桔丰收	4289	缅怀敬爱的周总理	11691，11968
蜜桃丰收	4289	缅怀毛主席丰功伟绩 紧跟华主席继续革命	
蜜意	9454		3280
蜜月	11541	缅怀周恩来诞辰一百周年全国书画名家邀请展	
蜜月从现在开始	5677	作品集	2306
眠云听泉	8206	面包	11879
绵河滚滚上高山	4968	面对旧世界的挑战	6563
绵延之维	191	面粉花手艺	10687
绵阳农民画选	6746	面具	10707
绵阳市戏曲志	12771	面临危机的选择	217
绵竹年画	4769	面人	10680
棉海哨兵	3887	面塑	10701，10707
棉花	1874	面塑大师汤子博画稿	2404

中国历代图书总目·艺术卷

面条之花是什么颜色的?	7047	苗山怒火	4914
面向21世纪	720	苗山新绣	1826
面向农村 为五亿农民服务	3141	苗势喜人	3837
面向生活	081	苗为青	9406
面向世界的上海	8902	苗乡晨曲	9822
面向未来的哈尔滨	8941	苗猫图	1269
面向新世纪	114	苗寨烽火	5258
面向新世纪的思考	12960	苗重安画集	2237
面形艺术博览	10764	苗重安作品	2484
喵喵	10056	苗族刺绣图案	10346
苗地漫画	3512	苗族侗族服饰图案	10261
苗地漫画选	3413, 3422	苗族歌曲集	11765
苗儿肥 花儿大 只生一个胖娃娃 女儿强 男		苗族婚礼舞	8802
儿壮 生男生女都一样	4078	苗族老英雄龙奇古	5013
苗家儿女	13231	苗族芦笙	11301, 11303
苗家儿女比武归	3691	苗族民歌	11781
苗家儿女多奇志	3888	苗族民歌钢琴小曲三十二首	12195
苗家儿女热爱华主席	3978	苗族民间歌曲集	11766
苗家山寨开新花 科学种田结硕果	4028	苗族民间剪纸	10679
苗岭苍松	5677	苗族女民兵	3734
苗岭春辉	2008	苗族娃娃	9524
苗岭春晓	3001	苗族舞蹈与巫文化	12620
苗岭的春天	11903	苗族装饰艺术	10275, 10285
苗岭的早晨	12172	描春绘彩	9340
苗岭风雷	5289, 5321, 5407, 9338	描仿	3598
苗岭歌声	11771	描红	8150
苗岭乐论	10915	描红钢笔练字帖	7453
苗岭山麓	2988	描绘技法	1123
苗岭山下映山红 乌江河畔鱼米乡	3979	描绘四化图 书写创业史	4079
苗苗 4706, 5677, 5807, 9351, 9367, 9392, 9454,		描绘秀丽景色	4474
9535, 9987, 9988		描绘照片的写实画新技法	617
苗苗歌舞	12635	描祭南山	12130
苗苗快长	1968	描龙绣凤	2044
苗培红书法集	8332	描影练字法钢笔字帖	7497
苗圃之歌	12036	描影练字法字帖	8353

书名索引

描影练字硬笔楷行草书法字帖	7528	民兵锄奸队	5356
瞄准了再打	8861	民兵的儿子	5321
渺一斋刻印自存稿	8511	民兵的故事	2983, 2984, 5139
妙笔情书钢笔书法	7528	民兵的三项任务和十项要求	3119
妙笔生花	7581	民兵歌	11944
妙法惩奸官	6097	民兵歌曲	11703
妙法莲华经从地涌出品	7946	民兵歌曲二十首	11633
妙法莲华经观世音菩萨普门品	8058	民兵歌曲集	11593
妙吉羊室琴谱	12307	民兵歌曲选	11608
妙乐仙姿	4706	民兵工作要做到组织落实、政治落实、军事落	
妙龄	9699, 9723, 9745, 9759	实。	9271
妙龄女郎	9012	民兵进行曲	11956
妙龄少女	9699	民兵连长罗传坤	5164
妙龄时光	7528	民兵连长战加信	5179
妙曲同唱	4289	民兵练武	3734
妙趣横生的发明漫画	7014	民兵两姊妹	3734
妙趣横生的音乐世界	10815	民兵模范	3642
妙趣天成——贵州梵净山一隅	9108	民兵模范郭胜全	4968
妙手缀春	9357	民兵炮手	4968
妙香山上重逢	5952	民兵三大任务十项要求	3111
妙音	9367	民兵三项任务十项要求	3111, 3119, 3141
妙语警心	9454	民兵图	3734
妙语警心 红楼二尤	4028	民兵小分队进驻里弄	3888
妙指新曲	9987	民兵英雄郝怀友	5040
庙会	12191	民兵英雄李桂英	5040
庙基的秘密	5408	民兵赞	3888
庙堂碑唐本存字	7828	民兵战歌	11603
庙堂碑唐石本	7831	民兵之歌	11633
庙子湖上的神火	4926	民兵组织即是军事组织 又是劳动组织 又是	
灭虫如杀敌保苗如保粮	3084	教育组织 又是体育组织	3084
灭商封神	5952	民初十二家：上海画坛	1716
灭武兴大唐	5953	民风化境	13081
灭纣兴周	6097	民风舞曲	12170
篾工姑娘	4926	民富国强	4289, 4474, 4546, 4850
民兵比武大会	3734	民富国强 连年有余	4386

中国历代图书总目·艺术卷

民富国强福万代	2181	民国艺术	267
民富国强万物盛·人和家兴百业昌	4757	民国影坛	13195
民歌	11762, 11775, 11781	民国影坛风云录	13191
民歌独唱曲	11767, 11771	民国影坛纪实	13187
民歌独唱曲集	11775	民国元戎 黄兴	6457
民歌二集	11761	民国篆刻艺术	8464
民歌风独唱曲十首	11781	民间表演灯彩选集	12613
民歌合唱集	11771	民间彩印花布图案	10243
民歌合唱曲选	11775	民间藏扇集	2207
民歌合唱三首	11771	民间藏珍	417
民歌合唱选	11776	民间插花	10599
民歌集	11762, 11781	民间窗花	10664
民歌九首	11767	民间雕塑工艺	8628
民歌名曲珍品精选	11813	民间雕塑艺术	8628
民歌三十首	11776	民间歌集	11764
民歌手风琴曲集	12198	民间歌曲	11788
民歌搜集者须知	10902	民间歌曲概论	10904
民歌小曲五十首	11784, 12191	民间歌曲选	11768, 11769
民歌新唱	11763, 11781	民间歌曲选集	11766
民歌选	11761, 11798	民间歌舞	4079, 13236
民歌选集	11761, 11771, 11776	民间工艺	10679
民歌选辑	11761, 11767, 11768	民间工艺绘制	10705
民歌主题创意曲	12199	民间工艺技法基础	10710
民歌主题儿童钢琴小曲七首	12195	民间工艺开发	10705
民国唱歌集	11363	民间鼓吹乐研究	11352
民国瓷器	433	民间故事	1419, 1420, 6389
民国第一案	6191	民间鬼神画	1327
民国二十三年八月点录各种碑帖	7661	民间画工史料	573
民国二十五年双十节国庆纪念日剧目	13011	民间吉祥字篆荟	8575
民国名画大观	1716	民间技艺	214
民国名人手迹	8131	民间技艺人才与民族艺术传承研究报告	452
民国女子工艺学校征信录	10173	民间祭礼与仪式戏剧	12707
民国时期书法	8197	民间剪纸	10663, 10670, 10710
民国书法	8127	民间剪纸精品鉴赏	10693
民国书法史	7167	民间剪纸选	10663

书名索引

民间结线	10346	民间舞蹈音乐选	12150
民间刻纸集	10662	民间舞蹈音乐选集	12146
民间蓝印花布图案	10346	民间舞曲选集	12146
民间乐器简易制造法	11292	民间喜庆节日图案	10304
民间乐器练习法	11291	民间戏曲	12957
民间乐曲选	12247	民间相	3399
民间锣鼓	12320	民间小曲选编	11806
民间锣鼓乐结构探微	11348	民间笑话	3512
民间锣鼓选集	12321	民间新年神像图画展览会	3530
民间美术	10366, 10677, 10678, 10713, 10714	民间艺人方炳南画稿	1675
民间美术概论	10685	民间艺术的文化寻绎	456
民间美术欣赏	10705	民间艺术瑰宝	10680
民间美术巡礼	10675	民间艺术和艺人	437, 438
民间木版画	3047	民间艺术研究联席座谈会代表通讯录	245
民间木版年画选	3598	民间音乐	11759
民间目连戏中庶民文化之探讨	12958	民间音乐采访手册	10907
民间器乐广播曲选	12246	民间音乐论文集	10900
民间器乐合奏曲集	12327	民间音乐选	12244
民间器乐曲二百首	12245	民间音乐研究	10901
民间器乐曲选	12247	民间音乐与戏曲	10902, 10903
民间器乐选	12247	民间印花布	10357
民间情歌	11759	民间印染纹样集	10354
民间情歌谱	11760	民间造型图谱	8627
民间染织刺绣工艺	10346	民间珍品图说红楼梦	321
民间十种曲	11759	民间枕花图集	10357
民间实用图案	10280	民间智力玩具	10722
民间说唱艺术选集	12971	民间装饰画	10558
民间陶瓷	413	民教歌选	11760
民间体育表演	13238	民警家的"贼"	5574
民间图案	10325	民警奇遇	6191
民间图画展览会特刊	501	民居庭院	2332
民间玩具	10717	民乐漫话——龙乡龙乐未了情	10916
民间文学资料	11802	民乐小合奏曲四首	12337
民间舞	9148	民乐小合奏曲选	12338
民间舞蹈	1874, 6622, 12624	民联剧院[节目单]	13013

中国历代图书总目·艺术卷

民鸣	12836	民谣吉他弹唱曲集	12482
民鸣新剧社一周年纪念书	12902	民谣吉他弹唱自修(演奏)教程	11209
民俗百科	7475	民谣吉他原版弹唱	11206
民俗版画大观	1211	民谣吉他原版弹唱精选	12184
民俗风情二百图	1694	民谣吉他之旅	11201
民俗画集	2271	民谣流域	10990
民俗剪纸	10710	民谣摇滚吉他实用与突破	11194
民俗美术探访录	111	民艺学论纲	10192
民俗美术与儒学文化	10689	民众歌集	11538
民俗器物图录	8664, 10654	民众歌咏 ABC	10951
民俗艺术的维护	448	民众剧场与草根民主	12705
民俗意匠	8647	民众抗敌歌谣活叶集	11546
民俗与民间美术	10685	民众圣歌集	12051, 12435
民校歌曲选集	11593	民众学校音乐教材	11377
民校歌选	11395	民众艺术及工人娱乐	207
民校教师王淑云	4898	民众艺术夜话	004
民校教师周翠兰	4926	民主大合唱	11935
民校散学	1749	民主德国旅行写生	2853
民学军并肩战斗 军学民携手前进	3798	民主德国美术家在中国的作品	6776
民窑青花	417	民主歌声	11549, 11552
民谣	11191	民主革命时期云南创作歌曲选	11716
民谣吉他初步	12182	民主抗战进行曲	11381
民谣吉他初级教程	11210	民族唱法金曲集萃	12412
民谣吉他大教本	11210	民族大秧歌	12624
民谣吉他基础教程	11208	民族的吼声	3394
民谣吉他基础演奏法	11193	民族调试与和声	10994
民谣吉他讲座	11198	民族风貌	8889
民谣吉他教程	11200	民族风情	9329
民谣吉他经典	11209, 12184, 12484	民族风情版画集	3052
民谣吉他经典教程	11202	民族歌唱方法研究	11131
民谣吉他经典弹唱	11209	民族歌声	11376
民谣吉他轻松弹唱	11211	民族歌舞	1858
民谣吉他弹唱教程	11209	民族歌舞	2588
民谣吉他弹唱金曲	12482	民族管弦乐法	11351
民谣吉他弹唱精选	12182	民族管弦乐总谱写法	11084

书名索引

民族呼声集	11371	民族团结	4207
民族花环——戏曲	12727	民族团结获奖歌曲集	11703
民族化复调写作	11093	民族团结万岁	3358
民族吉他弹唱金曲及技巧	11201	民族舞蹈	4207, 9232
民族健康	2981	民族舞蹈基本动作	12618
民族解放斗争的雄伟史诗 无产阶级英雄的光		民族艺术	081
辉典型	9265	民族艺术论集	107
民族救亡歌声	11371	民族艺术与审美	076
民族乐队编配简说	11351	民族音乐概论	10904, 10913
民族乐队乐器法	11293	民族音乐工作参考资料	10904
民族乐队配器常识	11351	民族音乐基础教程	10912
民族乐器	11298	民族音乐简谱视唱教材	11114
民族乐器传统独奏曲选集	12257, 12258, 12259	民族音乐结构研究论文集	10908
民族乐器独奏曲选	12251, 12258	民族音乐论	10900, 10901, 10902
民族乐器改良文集	11164	民族音乐论集	10909
民族乐器合奏曲集	12332	民族音乐论述稿	10908
民族民间音乐工作指南	10913, 10915	民族音乐论文集	10905, 10909
民族民间音乐散论	10906	民族音乐史杂识二题	11356
民族器乐	11293, 11297	民族音乐文论选萃	10913
民族器乐的体裁与形式	11294, 11295	民族音乐问题的探索	10906
民族器乐概论	11294, 11295	民族音乐问题研究资料	10901
民族器乐广播讲座	11294	民族音乐新论	10917
民族器乐广播曲选	12327, 12328	民族音乐学	10909
民族器乐合奏曲集	12328	民族音乐学概论	10915
民族器乐讲座	11292	民族音乐学论文集	10906
民族器乐曲集	12247, 12251	民族音乐学论文选	10909
民族器乐曲选	12245, 12246	民族音乐学译文集	10907
民族器乐小合奏曲集	12337	民族音乐研究	10909, 10910
民族器乐欣赏手册	11295	民族音乐研究论文集	10901, 10902
民族器乐知识广播讲座	11297	民族音乐研究所藏中国音乐书目	11355
民族曲式与作品分析	11081	民族音乐与舞蹈	10915
民族声乐独唱歌曲选	11123	民族音乐志的理论与设计	10907
民族声乐独唱曲选	11134	民族音乐资料集	12345
民族声乐教程	11124	民族英雄	3598, 4079, 4138, 4625
民族声乐教学曲选	11817	民族英雄	2391

中国历代图书总目·艺术卷

民族英雄屏	3563, 4290, 4386	闽西·客家祖地	8963
民族英雄什特凡	5953	闽西汉剧史	12955
民族英雄尤拉也夫	13255	闽西民间音乐资料	11797
民族英雄郑成功	4474	闽西山歌	11797
民族英雄郑成功	2361	闽西上杭高腔傀儡与夫人戏	12980
民族之光	8961	闽县洪碾记先生梅谱	1639
民族之声	11520	闽中书画录	756, 757
民族之音优秀小提琴曲集	12178	敏儿演剧史	12806
岷江欲雨	1781	敏豪生奇游记	6457
岷山之声	1890	敏求轩印存	8526
闵行	3002	名宝上珍	418
闵行新姿	3007	名碑名帖集联	7741
闵祥德书法作品集	8225	名碑实录选刊	7726
闵学林书画集	2523	名笔集胜	1272
闽东	8895	名车美人	10526
闽都画院书画家作品集	2271	名城风光	4138
闽侯尧沙职业中学师生素描作品	2918	名城之光耀广州	8956
闽剧常用曲调	12113	名川艺术作品集	319
闽剧历史资料汇编	12923	名旦风采	12892
闽剧音乐	12105, 12113	名店设计实例	10758
闽南风光	10519	名歌200首续编	12411
闽南风情	8950	名歌唱词汇编	11371
闽南金三角	10519	名歌唱家论歌唱艺术	11116
闽南傀儡戏	13231	名歌大观	12386
闽南乡曲联奏	12167	名歌荟萃	11486
闽南筝曲集	12316	名歌金曲	11534
闽山春秋	5070	名歌金曲321首	11510
闽台工艺美术家采风	10235	名歌金曲1000首	12391
闽台历代国画鉴赏	819	名歌金曲卡拉OK	11729
闽台民间艺术散论	10687	名歌剧主题	12450
闽台情歌	11510	名歌赏析精编100	12388
闽台戏曲关系之调查研究计画成果报告		名歌新集	11364
	12855	名歌选集	11378, 11889
闽涛书画	2285	名公扇谱	3060
闽西	8915	名古诗钢笔楷书字帖	7497

书名索引

名古书画集	1472	名画韵联	2332
名湖的传说	6361	名家藏扇集	1484
名湖竞秀	2084	名家册页画选	1277
名画	778, 2843	名家纯情小品钢笔字帖	7552
名画	2141	名家点评大师佳作	544
名画表	1453	名家动物画艺术	1349
名画大观	1506	名家风景写生探秘	1141
名画大观暨技法	1520	名家风景艺术	1345
名画的故事	536	名家花鸟画艺术	2554
名画购藏与鉴赏	811	名家画稿	6823
名画观止	6832	名家画桂林	1303
名画记	734	名家画艺撷秀	1515
名画家笔下	6878	名家技法	1081, 1082
名画家论	908	名家教你学中国画	720
名画家再创辉煌系列丛书	1349	名家精品	6823, 6824, 6825
名画鉴赏	795, 798, 800	名家精品临摹范本	2911
名画经典	6812, 6813, 6814, 6815, 6816, 6817,	名家静物艺术	1345
	6818, 6819, 6820, 6821, 6822, 6823	名家楷书字帖	8384
名画精览	588	名家美术课堂	720
名画精英	2307	名家妙语钢笔字帖	7619
名画猎精	757	名家名画精选	2084
名画猎精录	757	名家名帖	7581
名画琳琅	1535	名家明星留真	8982
名画录	1457	名家墨迹	8187
名画目录	1471	名家墨迹钢笔临	7567
名画奇案	6294	名家情书钢笔字帖	7568
名画扇册	1497	名家人体艺术	1345
名画神品目	1269	名家散文钢笔字帖	7422, 7596
名画世界中的风景	6872	名家散文诗钢笔字帖	7430
名画世界中的静物	6872	名家山水画艺术	2484
名画世界中的人体	6872	名家诗词钢笔字帖	7439
名画题跋	757	名家书法精选	8206
名画选粹	1272	名家书法选集	7668
名画与画家	590	名家书法要旨	7315
名画与疾病	549	名家书法字典	8349

中国历代图书总目·艺术卷

名家书名文汇编	7736	名曲背后的故事	10877
名家书信	7379	名曲的创生	10872
名家书信钢笔字帖	7528	名曲的诞生	10892
名家水彩技法	1174	名曲的命运	10868
名家水彩作品专集	6910	名曲的盛宴	10880
名家素描动物	6903	名曲鉴赏入门	10866
名家素描风景	6903	名曲解说	10853
名家素描艺术	2911	名曲赏析	10870
名家速写大系	2900	名曲填词歌曲	12387
名家小品钢笔字帖	7568	名曲逍遥游	10882
名家楹联集粹	8100	名曲欣赏与演奏	11295
名家楹联墨迹	7742	名曲选粹	12357
名家寓言钢笔字帖	7422	名曲逸话	10882
名家指导少年书法	7348	名曲与大师	10880
名家篆刻印谱	8523	名曲与巨匠	10861
名将之死	6261	名泉的传说	6361
名菊花	4386	名人·香港	8966
名句佳联集字字帖	7379, 7812, 7908, 8393	名人尺牍墨宝	8035
名剧·名人·名唱	11873	名人读书格言钢笔字帖	7596
名窟的传说	6361	名人格言	8238
名利纲	12900	名人格言多体钢笔字帖	7497
名联楷书	8163	名人格言钢笔字帖	7552
名联硬笔书法集	7608	名人格言硬笔楷书字帖	7497
名伶百影	12747	名人故事	6668
名伶小影	12857	名人翰札墨迹	8061
名流手札	8107	名人行楷楹联	8424
名楼古韵	2141	名人花卉集	1571
名妹赏花图	4706	名人花卉集锦	1474
名模情影	9031	名人画册	1271, 1533, 1565, 1630
名模靓颖	9753, 9759	名人画像	2808
名模小姐风采	8856	名人家训	7552
名模辛颖	9759	名人警句格言	7552
名尼	6532	名人隶书楹联	8053
名片、信封、信纸	10536	名人脸谱	3444
名片设计制作1000例	10561	名人翎毛草虫集	1473

书名索引

名人漫像	3428	名人印存	8488
名人妙语	7497	名人楹联大观	7662
名人名歌200首	11516	名人楹联墨宝集锦	8087
名人名言 3333, 3334, 3377, 4820, 4850, 8154,		名人楹联墨迹	7743
8187		名人楹联墨迹大观	7742
名人名言：爱迪生、哥白尼	3385	名人楹联真迹大全	7662
名人名言：爱因斯坦、居里夫人	3385	名人与音乐	10866
名人名言：邓小平、门捷列夫	3385	名人珍藏书画展选集	311
名人名言：华罗庚、李四光	3385	名人箴言钢笔书法字帖	7453
名人名言：刘少奇、邓小平	3385	名人篆书楹联	8053
名人名言：马克思、毛泽东	3385	名山 名寺 名塔 名窟	6587
名人名言：毛泽东、周恩来	3385	名山碧水	2451
名人名言：牛顿、詹天佑	3385	名山大川	9038
名人名言：伽利略、富兰克林	3385	名山大川	2441
名人名言：周恩来、爱因斯坦	3385	名山大川的传说	6457, 6495
名人名言钢笔行书字帖	7417, 7581, 7596	名山大川速写集	2878
名人名言钢笔书法	7453	名山古刹——普陀清影	4625
名人名言钢笔书法字帖	7439	名山画稿	630
名人名言钢笔字帖	7498, 7528, 7581, 8187	名山胜景	3598
名人偶像馆	6532	名山胜景图	2433
名人情书钢笔字帖	7453	名山胜水速写	2893
名人入琼墨踪选	8197	名山四季	2446
名人山水集	1473	名山条屏	4625
名人手札真迹大全	8050	名山图	1269, 1463, 1603
名人书画	1469, 1470, 1471	名山雄姿	4386
名人书画集	1467, 1471	名山雄姿	2439
名人书画扇面集	1467	名山学艺	6097
名人书札	8111	名扇珍盆	4850
名人书札墨迹	8017	名胜古刹	9860
名人探案集	7034	名胜古迹对联钢笔字帖	7568
名人题画诗词	7146	名胜古迹楹联钢笔楷书书法	7453
名人透视	9035	名胜山水画谱	1424
名人写竹	1570	名胜书艺	7714, 7715
名人形象	2878	名胜新闻百图	1694
名人演说词钢笔字帖	7475	名胜珍联	7528

中国历代图书总目·艺术卷

名师出高徒	613，614	明边文进春禽花木图	1576
名师点化	484	明卞文瑜摹古山水册	1573
名师访谈	056	明彩瓷	428
名诗佳句书法	8332	明朝皇帝墨宝	8103
名诗精选	7422	明朝生动画园	1558
名诗名句钢笔行草字帖	7552	明臣印谱	8482
名手佳作鉴赏	7439	明陈淳草书千字文墨迹	8083
名书扇册	674，7711	明陈道复草书杜诗六首	8096
名书扇册十五面	7659	明陈道复古诗十九首	8061
名寺的传说	6361	明陈道复书杜甫陪郑广文游何氏山林诗	8064
名塔的传说	6361	明陈洪绶水浒叶子	3027
名帖纪闻	7226	明陈洪绶雪蕉图	1576
名物蒙求	7596	明陈洪绶杂画册	1571
名贤手翰真迹	7663	明陈录推篷春意图卷	1580
名贤题咏	8332	明陈眉公手书诗册	8039
名星·名曲·卡拉OK	11735	明陈章侯隐居十六观	1571
名言集锦	7553	明陈章侯杂画册	1571
名言集锦钢笔字帖	7439	明程南云行书千字文	8064
名言警句钢笔书法集	7475	明仇十州琴图	1562
名言警句宋体字帖	8197	明仇十洲秋原猎骑图	1576
名言妙语钢笔字帖	7619	明仇十洲仕女真迹	1567
名言名诗钢笔字帖	7475	明仇英观瀑图	1576
名言与祝词钢笔字帖	7620	明初版画集	2980
名医何鸿舫事略及墨迹	8075	明初拓北魏嵩高灵庙碑	7794
名优奇冤	6097	明初拓本张猛龙碑	7801，8046
名优之死	5953，6097	明初拓史晨前后碑	8050
名园的传说	6361	明传奇排场三要素发展历程之研究	12793
名园十二景	4546	明春阁	5953
名园四果	2141	明春花更红	4208
名园新姿	9108	明雌雄剑	8823
名震京华	6097	明崔宗伯手书诗卷精品	8057
名著歪传	3494	明代版画书籍展览会目录	2981
名字就有戏	12854	明代传奇之剧场及其艺术	12770
明·文徵明墨迹精选	8083	明代瓷器工艺	386
明 唐寅书禅宗六代祖师图跋	8097	明代雕漆图案选	426，10646

书名索引

明代宫廷与浙派绘画选集	1580	明董其昌墨迹二种	8075
明代花鸟画	1578	明董其昌琵琶行	8075
明代民间青花瓷画	10641	明董其昌书东方朔答客难并自书诗	8065
明代民间青花瓷器	387	明董其昌书杜诗三首	8077
明代民窑青花瓷大观	413	明董其昌书海市诗	8077
明代名臣墨宝	8025	明董其昌书乐志论	8101
明代名画集锦	1562	明董思翁书多心经真迹	8056
明代名画集锦册	1573	明董玄宰书敕赐午门麦饼宴诗册	8014
明代名画选	1574	明杜堇古贤诗意图卷	1580
明代名人尺牍	8030	明杜堇梅下横琴图	1576
明代名人尺牍墨迹	8039	明方密之画四妙图	1567
明代名人墨宝	8057, 8063, 8093	明方正学临麻姑仙坛记卷	8053
明代名人手迹	8039	明姑嫂	5807, 5953
明代名人书画扇翰集	1563	明关九思石谱	1563
明代名贤手札墨迹	8039	明海忠介大草墨迹	8035
明代木刻观音画谱	3060	明胡元润金陵名胜图册	1566
明代南戏声腔源流考辨	11161	明华园	12952
明代女诗人曹寿奴	10458	明画	1573
明代人物画风	1587	明画录	571, 847
明代山水画风	1586	明画姓氏编韵	782, 846
明代山水画集	1590	明黄道周书自作诗二首	8097
明代沈周文徵明唐寅仇英四大家书画集	1581	明季忠烈尺牍初编	8040
明代书家书古诗词选	8083	明洁	9435
明代陶瓷大全	422, 10643, 10644	明解缙自书诗	8065
明代吴门绘画	1584	明金宁远之战	5953
明代宣德官窑菁华特展图录	428	明锦	10346
明代印风	8552	明精拓多宝塔	7836
明代院体浙派史料	581	明镜高节清风	4790
明戴进春山积翠图	1576	明刊孤本画法大成	710
明灯永照心头	3932	明刊画谱墨谱选集	2980
明灯盏盏庆丰年	3979	明刊名山图版画集	2991, 3019
明灯照征程心连工农兵	3303	明刊十竹斋画谱	1552
明东林八贤遗札	8031	明刊西厢记全图	5807
明董其昌潞路马湖记	8105	明刻三十二篆体金刚经	8103
明董其昌临米芾蜀然山铭卷	8100	明蓝田叔山水册	1559

中国历代图书总目·艺术卷

明蓝瑛花卉兰石册	1580	明倪元璐诗卷墨迹	8080
明朗的天	3061	明钱谷山家勺水图	1576
明乐八调研究	10956	明钱忠敏公山水画册	1568
明李淳进大字八十四法札子	7225	明乔一琦将军手迹	8077
明李僧筏山水册	1567	明乔一琦书金刚经	8073
明李在琴高乘鲤图	1576	明青花	428
明丽	9477, 9759	明清一色釉瓷	393
明利玛窦题宝像图	1062	明清安徽画家作品选	1583
明两大儒手帖	8031	明清白话	6495
明亮的眼睛	9435	明清百家画梅	1585
明亮的阳光	3009, 3012	明清彩瓷	404
明林良灌木集禽图卷	1580	明清藏书家尺牍	8056
明林良灌木集图卷	1580	明清藏书家印鉴	8543
明林良山茶白羽图	1576	明清瓷器	428
明陵石雕	396	明清瓷器目录	433
明刘宾仲藏三家赠言真迹	8014	明清瓷器押印印风	8552
明卢忠肃公象升草书手迹	8040	明清帝后宝玺	8550
明吕纪锦鸡图	1576	明清珐琅器展览图录	433
明吕纪浴凫图	1576	明清宫像画图录	1589
明吕纪竹枝鹦鹉图	1576	明清画家黄山画册	1581
明陆应阳自书诗	8065	明清画家印鉴	8537, 8538, 8540
明陆治蔡羽书画合璧	1571	明清绘画选辑	1583
明陆治作品展览图录	1585	明清家具	10619
明陆子渊自书诗墨迹	8035	明清近代名画选集	1526
明露香园顾绣精品	10349	明清两朝画苑尺牍	8057
明媚	8849, 9454, 9765	明清两代珐琅器之研究	10644
明媚春光	4769	明清两代名人尺牍	8040
明媚春色	2008	明清民居木雕精粹	8647
明末怪杰	807	明清名家书法大成	8090
明末清初书法展	7742	明清名家书法楹联汇刊	8093
明末三大家墨迹	8103	明清名家写竹	1585
明末英雄张苍水	5574	明清名家楹联书法集粹	8073
明莫是龙杂书	8065	明清名家楹联书法选	8103
明眸	9435, 9454, 9765	明清名人百家手札	8058
明能书人名	7657	明清名人尺牍墨宝	1291, 8049

书名索引

明清名人尺牍墨迹大观	8087	明人花鸟集妙	1569
明清名人刻印精品汇存	8545	明人画学论著	794
明清名人兰竹合册	1571	明人书学论著	7155
明清名人名联选	8094	明人肖像画	1578
明清名人书法选	8077	明日要开课	3888
明清情歌九百首	12053	明容与堂刻水浒传图	3012
明清人物肖像画选	1580	明邵瓜畴梅花册	1569
明清山水画选集	1586	明邵弥画山水人物册	1578
明清扇画选	1585	明沈粲千字文	8065
明清扇面画风	1587	明沈石田乔木慈鸟图	1576
明清扇面画选	1583	明沈石田水村图长卷	1566
明清扇面画选集	1574	明沈士充山水册	1563
明清扇面集锦	1574	明沈子居仿古山水册	1567
明清扇面选	1580	明沈子居仿古山水十帧	1567
明清扇面选粹	1586	明诗词名篇多体钢笔字帖	7596
明清书法论文选	7337, 7348	明诗精萃	7528
明清书画家尺牍	8097	明十三陵	9138, 9860
明清私藏印选集	8550	明十五完人手帖	8028, 8029
明清四大家书法墨宝	8090	明史阁部杜诗	8040
明清文人画新潮	586	明式家具珍赏	10617
明清戏曲国际研讨会论文集	12855	明四家画集	1585
明清戏曲史	12746	明四家扇面选	1590
明清隶文书法汇辑	7655	明宋比玉长亭秋暮卷	1560
明清楹联	8063	明宋克书急就章	8058, 8065, 8069, 8070
明清楹联墨迹选	8067	明宋太史真迹小楷	8040
明清楹联选	8069	明孙雪居画石谱	1566
明清之际版画集	2980	明孙帅端藏宋拓夏承碑	8047
明清织绣	418	明太祖功臣图	1591, 1592
明清竹刻艺术	8613	明唐荆川草书诗稿真迹	8077
明清篆刻流派印谱	8539	明唐荆川草书诗稿真迹书	8417
明清篆刻选	8541	明唐六如秋风纨扇图	1576
明瞿忠宣公手札及蜡丸书	8031	明唐六如自书诗墨迹	8035
明瞿忠宣手札及蜡丸书	8031	明唐寅行书龙头诗	4028
明人草书	8103	明唐寅书落花诗	8065
明人附录	757, 758	明天	6191

中国历代图书总目·艺术卷

明天不是梦 小虎队新歌	11729	明王铎草书诗卷	8068
明天更美好	4474, 9484, 12048	明王觉斯草书人秦行真迹	8040
明天就要决赛	5807	明王冕墨梅图	1578
明僧合录	12740	明王守仁高攀龙两大儒手帖	8025, 8029
明僧小录	12740	明王守仁龙江留别诗	8065
明僧续录	12740	明王文成大草墨迹	8035
明拓本曹全碑	7748	明王文成客座私祝墨迹	8035
明拓碧落碑	8014	明王文成与朱侍御三札	8031
明拓曹全碑	7748	明王雅宜大草墨迹	8036
明拓道因法师碑	7892	明王雅宜楷书洛神赋真迹	8040
明拓汉曹全碑	7748	明文伯仁诗意图	1572
明拓汉礼器碑	7764	明文衡山小楷《离骚》《九章》《九歌》	8031
明拓汉隶四种	7753	明文五峰山水册	1566
明拓汉张迁碑	7759	明文微明碧树成荫图	1576
明拓衡方碑	7764	明文微明春深高树图	1576
明拓急就章	8070	明文微明行书	8075
明拓孔宙碑	7765	明文微明行书兰亭序轴	8059
明拓礼器碑	7765	明文微明行书墨迹二种	8097
明拓李药师碑	8046	明文微明墨迹	8061
明拓柳公权玄秘塔	7831	明文微明墨迹选	8060
明拓齐修孔子庙碑	8040	明文微明清兰竹石图卷	1580
明拓史晨前后碑	7766	明文微明书赤壁赋	8062
明拓史晨飨孔庙碑	8025, 8047	明文微明书前赤壁赋	8103
明拓肃府本淳化阁帖	7724	明文微明书滕王阁序	8065
明拓唐褚遂良雁塔圣教序	7868	明文微明书元旦朝贺诗卷	8101
明拓唐纪太山铭	7847	明文微明西苑诗	8103
明拓唐元君次山碑	8014	明文微明小楷四山五十咏	8084
明拓魏郑文公下碑	7821	明文微明潇兰竹石图卷	1580
明拓夏承碑	7766	明文微明自书梅花诗	8094
明拓雁塔圣教序	7851	明文微明自书西苑诗	8065
明拓伊阙佛龛碑	7836	明吴宽、文微明、王宠、董其昌四家书	8097
明拓乙瑛碑	7766	明吴宽、沈周次韵东园菊花诗	8065
明拓张迁碑	7759	明吴宽沈周次韵东园菊花诗	8087
明王宠临帖	8055	明吴宽诸家杂书诗文稿	8065
明王铎行书墨迹	8074	明吴门四君子法书	8040

书名索引

明贤名翰合册	8031	明张瑞图诗卷三种	8076
明贤墨迹	8052	明张铁桥画马卷	1566
明相国徐文定公墨迹	8028, 8053	明张元春山水卷	1560
明星	9570, 9739, 13218	明争暗斗	6097, 6294
明星——月季	10036	明郑世子瑟谱	12307
明星卢玲	9723	明治花鸟画	6841
明星名曲	11745	明州画史	844
明星照片的拍摄技法	8760	明周白川泼墨山水	1570
明星之门	13221	明周臣山斋客至图	1577
明徐青藤水墨花卉卷	1560	明周之冕写生画册	1581
明徐渭(文长)书唐岑参诗《和贾舍人早朝》		明珠	4079, 5408, 6097, 8861
	8067	明珠莹莹	9357
明徐渭榴实图	1584	明祝允明草书洛神赋卷	8068
明徐渭青天歌卷	8061	明祝允明草书前后赤壁赋	8062
明宣德瓷器特展目录	407	明祝允明行书牡丹赋	8103
明雅宜山人小楷真迹	8067	明祝允明书琴赋卷	8101
明颜色釉瓷	428	明祝允明书唐宋四家文	8065, 8090
明艳	9471	明祝允明小楷书东坡记游	8066
明艳水彩	1195	明祝枝山草书	8076
明姚广孝书金刚经正楷	8040	明祝枝山草书诗翰	8062
明遗民画	1573	明祝枝山赤壁赋墨迹	8084
明遗民画续集	1573	明祝枝山书曹植诗	8052, 8053, 8074
明遗民书画录	1575	鸣春	4290
明于忠肃公手迹	8025	鸣春图	1874, 1942, 1968, 1992, 4546
明园揽胜	9803	鸣春图	2085, 2628, 2659
明苑宾馆	9299	鸣镝篇	12911
明月	2008	鸣禽百图	9320
明月中秋	9834	鸣禽翠竹	4290
明杂剧概论	12981	鸣禽画法	994
明杂剧研究	12981	鸣禽图	2640
明泽山水画集	1392	鸣禽迎春	1920, 4474
明詹景凤书千字文	8071	鸣盛阁琴谱	12307
明张君度苏台十景册	1563	鸣喜图	1475
明张瑞图草书晋郭璞游仙诗	8097	鸣野山房汇刻帖目	7657
明张瑞图墨迹二种	8071	鸣野山房书画记	7208

中国历代图书总目·艺术卷

茗壶竞艳	10650	模范社员榜	3691
茗花山馆印谱	8503	模范饲养员	3691
冥间酒友	6294	模范学生水彩画	2922
冥想	9406	模仿	3540
铭雀砚斋印存	8516	模糊摄影	8774
命运	5677, 6098	模糊艺术论	040
命运交响曲	12539	模特·结构·动态	10151
命运交响曲总谱	12540	模特·结构·姿态	10151
摸花轿	4138, 5488, 5677, 9225	模特儿摄影	8725
摸花轿	2141	模特儿史话	598
么喜龙书法	8319	模特装饰	10290
么喜龙书法作品集	8196	模型与原型	128
么喜龙书法作品选	8224	摩登	9467, 9760
摹古印存	8504	摩登的帽子	9435
摹古印谱	8508	摩登和尚	7005
摹拟画像	632	摩登家庭	10582
摹印传灯	8454, 8457	摩登居室	8760, 10635
摹印秘论	8455	摩登女郎	9028, 9723
摹印千字文	8482	摩登少女	9699
摹印述	8453, 8454	摩登室内装饰	10582
摹印要诀	8473	摩登舞星	5953
摹印篆分韵	8469	摩登吸血鬼	7006
模范唱歌教科书样本	11109	摩登照相	8906
模范炊事员易秀英	4968	摩尔达维亚、拉脱维亚民间舞蹈	12657
模范歌曲集	12355	摩尔达维亚苏维埃社会主义共和国	10130
模范共产党员郑水龙	5164	摩河般若波罗密多心经	8017
模范共青团员——胡业桃	2742	摩揭星一号	5677
模范共青团员胡业桃	2742	摩里索 卡萨特	6785
模范共青团员周春山	5272	摩洛	6899
模范家庭	4869	摩墨亭墨考	1038
模范家中添新彩	4028	摩托	8994
模范矿工李九德	4968	摩托飞盗	6430
模范民兵营长——孙天柱	5408	摩托化部队进行曲	12235
模范民兵营长孙天柱	9283	摩托佳丽系列画	9024
模范人民武装干部——扎江	5408	摩托靓女	4837

书名索引

摩托女郎	9019, 9024, 9668, 9723, 9739, 9745	魔怪小精灵	6657
摩托女郎	2375	魔鬼城的传说	5808
摩托世界	10510	魔鬼岛奇遇	6225
摩托世界明信片	10519	魔鬼的深渊	13260
摩托王	10526	魔鬼的峡谷	6098
摩托小姐	9699	魔鬼和四色鱼	6191
摩西	1154	魔鬼湖捕龙记	5574
摩雅傣	4968, 5096	魔鬼湖的秘密	5678
磨杵成针	4474	魔鬼机器人	6587
磨刀	11951	魔鬼角的歌声	5488
磨坊之役	5807, 5953	魔鬼三角与"UFO"	5574
磨练	3778	魔鬼三角与 UFO	6563
磨炼	5121, 8206	魔鬼三角之谜	5574
磨盘山	5488	魔鬼之足	6563
蘑菇冬笋、南瓜慈姑	1733	魔海的秘密	5574
蘑菇行动	5807	魔海事件	5954
魔编	12852	魔海之谜	6668
魔城的毁灭	6098	魔合罗	5954
魔城奇遇	6668	魔幻世界	12992
魔橱	6098	魔幻艺术	12996
魔磁大盗	6708	魔幻与科幻绘画技法百科全书	1248
魔岛探险	6708	魔剪	12852
魔岛之谜	5574	魔戒指	6098
魔灯	13211	魔镜	5678, 6657
魔洞盗宝	5677	魔镜花缘	6732, 6733
魔发道士	7049	魔窟斗法	6412
魔法戒指	5953	魔窟里的战斗	6098
魔法师的宝典	13211	魔窟隐剑	6098, 6099
魔法师芬埃德	6657	魔窟余生	5678
魔法世界	6722	魔窟遇奇	6532
魔法小天地	12992	魔力盒	6563
魔方大厦	5953, 5954, 6098, 6673, 6674	魔力面具·女巫的阴谋	7084
魔宫夺火记	5807	魔林	5954
魔宫追宝	5677	魔林想象画	6457
魔鼓	7045	魔马	5574

中国历代图书总目·艺术卷

魔瓶	5574	魔术戏法精华	12984
魔球	5954, 12852	魔术与神功	12998
魔犬	6099	魔术之谜	12988, 12989
魔犬复仇	6532	魔水失盗案	6532
魔伞	5574	魔网	5808
魔山救母	5808	魔匣窃国	6708
魔神英雄坛	7128	魔绣	12993
魔石的灾害·时间的长廊	7084	魔星岛探险	6733
魔手	12993	魔眼	7145
魔兽战士	6981, 6997	魔妖与护符	6225
魔术	12985, 12987, 12988	魔衣冠军历险记	6532
魔术·戏法	12993	魔椅	5954, 6099
魔术、催眠术	12990	魔影	5575, 5678, 6261
魔术 ABC	12995	魔域传奇	3524
魔术奥秘	12996	魔园	5408, 5488
魔术奥秘 200 例	12993	魔掌脱险	5954
魔术百变	12991	魔针	6191
魔术百科	13006	魔纸	10680, 10681
魔术表演艺术与方法	12997	抹不掉的记忆	11526
魔术彩照及流行摄影	8779	抹去吧, 眼角的泪	12177
魔术大观	12983, 13001, 13007	末代皇帝	3463, 4757, 6099, 6261, 8830, 13129
魔术大观园	12992	末代皇后	13119, 13123
魔术大篷车	12992	末代皇后饰演者潘虹	13127
魔术大全	13005	茉花村	3598
魔术大师	6099	茉莉花	11776, 11783, 11786, 12215, 12227, 12609
魔术的秘密	3512	茉香花	10019
魔术跟我学	12998, 12999	陌路逢侠士	6099
魔术集锦	12988, 12991, 12995	陌生的朋友	5808
魔术秘传	13001, 13002	莫测黑白版画选集	3052
魔术入门	12990	莫测黑白木刻	3031
魔术师斗法	6099	莫测木刻选集	3027
魔术实验法	13000	莫愁	10439
魔术世界	13007	莫愁湖	9067
魔术探秘	12996	莫愁女	5488, 5808, 9570, 9940, 13111
魔术万花筒	12990	莫道桑榆晚·为霞尚满天	8216

书名索引

莫等闲白了少年头	8178，8216	莫斯科国立音乐剧院演出节目简介	13013
莫迪里阿尼	517，6828	莫斯科红场	9874
莫迪利阿尼	6832	莫斯科回忆	12453
莫迪利亚尼	6858	莫斯科郊外的响午	6873
莫迪洛漫画	6976	莫斯科郊外的晚上	12382，12385
莫迪洛漫画全集	7014	莫斯科近郊	6887
莫尔迪略幽默画集	6948	莫斯科颂	12360
莫干飞瀑	9822	莫斯科艺术剧院	13014
莫建文画集	2271	莫斯科艺术剧院与苏联军队	13012
莫兰迪	6881	莫谢莱斯钢琴练习曲二十四首，作品七十号	
莫雷附近的杨树林荫道	6846，6848		12494
莫立唐画集	2222	莫雄画集	1413
莫咪与海豚	7137	莫犹人先生墓表	8024
莫娜	5808	莫友芝正草隶篆墨迹	8040
莫娜·丽萨	6854	莫裕胜	5151
莫奈	1086，6772，6786，6873，6878	莫扎特	10886，10892，12455
莫奈、马奈画风	6865	莫扎特：音乐的神性与超验的踪迹	10882
莫内	6825，8706	莫扎特的 C 大调交响曲——朱庇特	11270
莫内的魅力	6825	莫扎特的钢琴协奏曲	11230
莫朴画集	2805，2813	莫扎特第三协奏曲，G 大调 作品编号 216	
莫日根版画选	3047		12545
莫善贤硬笔书法	7596	莫扎特第四十交响曲	12552
莫什科夫斯基钢琴技巧练习曲 15 首，作品 72		莫扎特第四十一交响曲	12552
	12538	莫扎特第五协奏曲	12465
莫什科夫斯基钢琴练习曲十五首	12538	莫扎特钢琴变奏曲集	12533
莫说山歌不是歌	11800	莫扎特钢琴协奏曲	11263
莫斯科——北京	8871	莫扎特钢琴奏鸣曲集	12499，12520，12522，
莫斯科——北京访问演出	12671		12523，12538
莫斯科不相信眼泪	6099	莫扎特歌曲集	12363
莫斯科大会战	6191	莫扎特管乐与弦乐协奏曲	11175
莫斯科大学	4891，8871	莫扎特交响曲	11277
莫斯科的小院落	6878	莫扎特室内乐	11277
莫斯科风光	10131	莫扎特弦乐小夜曲	12539，12553
莫斯科国立音乐剧院舞剧"天鹅湖"的新演出		莫扎特小提琴奏鸣曲集	12476，12477
	12670	莫扎特小夜曲、嬉游曲与舞曲	10896

中国历代图书总目·艺术卷

莫扎特小奏鸣曲六首	12520	墨海青山	803
莫扎特之魂	10863	墨海散记——秦岭云谈山水画	908
莫扎特	11258	墨海双帆	8267
莫扎特钢琴奏鸣曲之研究	11229	墨海四记	044
莫扎特歌曲集	12363	墨海探笔	8332
莫扎特管乐与弦乐协奏曲	11275	墨海图	1016
莫扎特交响曲	11275	墨海微波	827
莫扎特室内乐	11274	墨海旭日	8238
莫扎特小夜曲、嬉游曲与舞曲	10886	墨海烟云	804
莫扎特音乐会咏叹调之研究	10880	墨海遗珠	8225
秣陵碑	8019	墨行墨竹	2533
墨	1026, 5575	墨荷	1734, 1791
墨表	1038, 1039	墨荷图	1992
墨彩大观	8225	墨荷图	2640
墨彩幻象	2332	墨猴	1759
墨巢秘笈藏影	1272	墨花禅印稿	8499
墨乘	1057	墨华册	1557
墨池	8332	墨鸡	1749
墨池编	7182, 7183	墨记	1041
墨池散记	519, 540	墨笺	1028
墨池琐录	7208, 7209	墨经	1016, 1017
墨池堂选帖	8025	墨井画跋	758
墨池游踪	7368	墨井书画集	1615
墨蹈古兵法	8267	墨井题跋	758
墨道人画集	2237	墨菊	1808
墨翟	3388	墨菊画谱	950
墨法集要	1039, 1040	墨菊小品画谱	2548
墨法通精	1057	墨诀	1051
墨耕园课画杂忆	678	墨君画论	506
墨海	1015	墨君题语	734
墨海飞龙	8279	墨兰	1669
墨海风流	7368	墨兰	2670
墨海壶天	10652	墨兰画谱	950
墨海精神	812	墨兰梅石四种画谱	1458, 1592
墨海弄潮集	8178	墨兰谱	1592

书名索引

墨兰说	959	墨西哥歌曲选	12385
墨兰小品画谱	2548	墨西哥绘画选	6777
墨林初集	1048	墨西哥全国造型艺术阵线油画版画展览会	6776
墨林存粹	1469	墨西哥人	5575, 5678, 13250
墨林鸿宝	7663	墨戏与逍遥	591
墨林集珍	7669	墨香居画识	758, 845
墨林今话	807	墨影禅心	7395
墨林星凤	7662	墨友书画精作集	2255, 2285
墨林轶事	581	墨馀赘稿	1050
墨录	1052	墨雨堂印馆	8498
墨绿萃观	8319	墨缘撷英	2307
墨梅	1675	墨缘画集	2255
墨梅	2491	墨缘汇观	758, 759
墨梅画谱	950	墨缘汇观录	759
墨梅图	2628	墨缘集：书画作品选	218
墨梅小品画谱	2548	墨缘五人集	2332
墨妙楼铁笔	8502	墨缘小录	759
墨妙轩法帖录	8020	墨苑丛谈	1043
墨妙纂	7196	墨苑撷英	7743
墨妙法式论注	1028	墨苑荟萃	8333
墨品	1041	墨苑奇珍	7738
墨谱	1017, 1049, 1057, 1062	墨苑亭	1060
墨谱法式	1018	墨苑序	1060
墨情	8187	墨杂说	1043
墨色山水	1781	墨志	1043, 1062
墨史	1041, 1042, 1048	墨竹	1578, 1781, 1992, 2009, 2025, 4625
墨书丛钞	1042	墨竹	2044, 2085, 2628, 2650, 2659, 2670
墨说	1042	墨竹翠鸟	2650
墨薮	1063, 7183, 7184	墨竹对屏	4290
墨谈	1018	墨竹对屏	2503
墨谭	1042, 1043	墨竹画法	943, 946
墨童诗书作品集	8279	墨竹画谱	950
墨舞之中见精神	7284	墨竹记	466
墨西哥版画选	6917	墨竹教程	960
墨西哥版画展览	6917	墨竹谱	1494

中国历代图书总目·艺术卷

墨竹四条	4706	母女同批《女儿经》	1835
墨竹通屏	1672	母女学文化	4927
墨竹图	1672, 1992, 10439	母女英雄	4625
墨竹图	2659, 2670	母亲	4968, 5321, 5408, 5678, 5808
墨竹析览	941	母亲的雕像	5808
墨竹小品画谱	2548	母亲湖	5955
墨竹要述	941	母校来访	1835
墨竹艺术	960	母佑歌集	12441
墨子·非乐	10959	母与子 3454, 5678, 6856, 6884, 6887, 8628, 9012,	
默盒集锦	1621	9392, 9420, 9776, 10156	
默片	8941	母子安康	3598, 3642, 4386
默者如歌	10886	母子比武	2141
默铸版画集	2974	母子虎	1968
眸	9435	母子康乐	4706
谋略六十四篇	3475	母子康乐图	4706
谋杀外交官事件	6294	母子乐	4208
缪法宝画集	2222	母子乐	2366
缪克斯夫人像	6887	母子平安	4706
缪鹏飞	1086	母子情	4208, 9367
缪斯的牧歌	115	母子情趣	9776
缪斯的女儿邓在军	13212	母子情深	2802, 9746
缪斯的琴弦	10927	母子图	1969, 3564, 4475
缪斯的眼睛	13212	母子图	2640
缪斯殿堂的巡礼	078	母子戏鹦	4546
缪印堂儿童漫画集	3438	母子英雄	4546
缪印堂漫画选	3413	母子愿	8823
缪篆分韵	8444, 8445	牡丹	973, 1490,
缪篆分韵补	8445	1666, 1722, 1726, 1734, 1769, 1781, 1849,	
母爱	6884, 9420	1858, 1874, 1904, 1920, 1942, 1969, 2927,	
母爱情深	4820	3642, 3643, 3734, 3933, 4079, 4208,	
母河吟	2307	4546, 9305, 9314, 10015, 10019, 10021,	
母鸡咕咕和她的蛋	6587	10024, 10029, 10036, 10044, 10056,	
母老虎上轿	13123	10082, 10433, 10439, 10446, 10458	
母女	2842	牡丹	2497, 2548, 2590, 2598, 2608, 2617, 2628,
母女教师	13241	2659, 2672	

书名索引

牡丹 芙蓉 秋菊 冬梅	2501	牡丹画法	966
牡丹 荷花 菊花 梅花	2493	牡丹画稿	982
牡丹 木棉 杜鹃 红梅	3933	牡丹画谱	2492, 2496, 2498
牡丹·葡萄·麻雀画法	976	牡丹画选	2507
牡丹 珠砂垒	10029	牡丹画艺	941
牡丹白描图集	859	牡丹黄鹂 荷花翠鸟 山茶喜鹊 芙蓉白头	4706
牡丹百蝶	1769	牡丹黄雀	2500
牡丹百家	1490	牡丹魂	5955
牡丹百图	9317	牡丹集	2548
牡丹杯大奖赛作品选	2141	牡丹江名人肖像选集	8963
牡丹春燕 夏荷鸳鸯 秋菊翠鸟 喜鹊冬梅		牡丹江戏曲志	12776
	1859	牡丹锦鸡	1942, 3692, 10458
牡丹翠竹图	2672	牡丹锦鸡图	2650
牡丹的画法	973	牡丹孔雀	1749, 4290, 4707, 10458
牡丹对课	4028	牡丹孔雀	2617
牡丹对屏	4386	牡丹兰鹅	4625
牡丹飞蝶图	2650	牡丹令箭荷大丽菊山茶	4208
牡丹飞燕	1890	牡丹蜜蜂	2617
牡丹富贵图	2672	牡丹名画特展图录	1518
牡丹鸽子	1770, 1792, 4138	牡丹屏	4139, 4290
牡丹鸽子	2617	牡丹谱	2542
牡丹各种	10050	牡丹盛开	10433
牡丹和鸽子	1781	牡丹诗词书法选萃	8178
牡丹和小猫	2603	牡丹仕女图	2608
牡丹蝴蝶	1904, 10439	牡丹寿带	2659
牡丹蝴蝶	2650	牡丹寿鸟	2628
牡丹蝴蝶对屏	4386	牡丹绶带	4475
牡丹蝴蝶图	4079	牡丹绶带	2498
牡丹花 1992, 9305, 9311, 10024, 10044, 10063		牡丹双鸽	1969, 10447
牡丹花白描画谱	969	牡丹双鸽	2640
牡丹花魂	6389	牡丹双鹤	4079
牡丹花开放了	11949	牡丹双雉	1969
牡丹花猫	10069	牡丹水仙	1770
牡丹花仙	4790	牡丹四喜	4475
牡丹画参考资料	946	牡丹颂	8816

中国历代图书总目·艺术卷

牡丹亭 1942, 3564, 4139, 4208, 4475, 4546, 5575,	木版初印任伯年扇册	1603
6587, 8813, 9957, 12070	木版画	3065
牡丹亭	2085	木版画工作室	1216
牡丹亭、游园	9958	木版年画	4707
牡丹亭晨色	9090	木本花卉谱	2542
牡丹亭还魂记	3044	木本花鸟画谱	3060
牡丹亭人物集	1583	木笔	4968
牡丹亭人物图	1583	木笔画浅谈	688
牡丹图谱	946	木笔水彩画技法	1170
牡丹鸠鸡	2640	木船打兵舰	5139
牡丹仙鹤	4625	木胆与苦莲	4968
牡丹仙女	4546, 5575, 5955	木雕	8625, 8647
牡丹仙子 4079, 4139, 4208, 4290, 4386, 4547,	木雕的艺术	8621
4707, 9225, 10447	木雕工艺	8621
牡丹仙子	2380	木雕技法	8624
牡丹仙子 荷花仙子 菊花仙子 梅花仙子	2380	木雕教室	8618
牡丹仙子和人参娃娃	4547	木雕小辑	8645
牡丹乡之春	10423	木雕制作技法	8624
牡丹小猫	1749, 1890	木卣藏画考评	794
牡丹小鸟	2628	木工王全禄	5013
牡丹写生资料	1097	木管乐器研究	11167
牡丹银雉	1781	木管乐器演奏法	11171
牡丹迎春	2501, 2628	木果和阿尔莫	4968
牡丹玉兰	1770	木家具烫画	10616, 10617
牡丹鸳鸯	4387, 4625	木简隶书	7765
牡丹争春色	10439	木匠退亲	5356
牡丹争艳	4387	木匠迎亲	4927, 4968, 5356
牡丹之歌	10029	木卡姆	2799
牡丹之乡新花开	3798	木刻	1210, 2985, 3024, 8644, 10404
牡丹祝寿	1920	木刻版画概论	1203
牡蛎采苗	5179	木刻版画技法	1208
拇指姑娘	4898, 5408, 6532, 7141	木刻版画技法研究	1205
拇指小人动画大世界	6457	木刻常识	1203
木板四体千字文	8341	木刻初步	1202
木板烫画	10721	木刻创作法	1202

书名索引

木刻刀下的版艺术	1213	木兰换装	1942
木刻的技法	1202, 1203	木兰凯旋还故乡	9007
木刻的理论与实际	1205	木兰飘香	10050
木刻的实习与创作	8617	木兰荣归	4139, 4290, 4387, 4547
木刻雕法谈	8615	木兰诗	5808
木刻画集	2985	木兰梳妆	4208
木刻画刻制过程	1202	木兰图与乾隆秋季大猎之研究	798
木刻画片	2998, 3019	木兰围场风光	9140
木刻集	2977, 2979	木兰习剑	4387
木刻技法	1208, 1209	木兰巡营	4079
木刻技法初步	1211	木兰巡营	2605
木刻技法分析	1210	木兰夜巡	9232
木刻技法浅析	8618	木驴拉磨	5679
木刻讲座	1205	木马沉思录	040
木刻教程	1203, 1204	木马计	5679
木刻教程新编	1209	木绵庵	6099
木刻联展纪念册	2982	木棉庵	5808
木刻入门	1211	木棉裟裟	5955, 6099
木刻实际制作法	1201	木木	5575
木刻手册	1203, 1204	木乃伊七号	6563
木刻术	8617	木偶传情话友谊	4080
木刻图案	2972	木偶皮影	10705
木刻小画片	3002, 3016	木偶片《三只蝴蝶》歌曲集	11904
木刻小辑	3012	木偶奇遇记	5408, 5489, 6563, 6587, 7141
木刻新选	2980, 2983	木偶戏	4080
木刻选集	2979, 2983, 2986, 2987, 3012	木偶戏技术	12978
木刻艺术	1211, 8619	木偶戏艺术	12978
木兰	1904, 9351	木偶小演员	9552
木兰陂	5040	木偶新花	4139
木兰辞	5955	木炮破宾州	4969
木兰从军 1726, 3979, 4028, 4208, 4820, 4968,		木琴演奏教程	11266
5489, 5808, 10447		木寿高节	1942
木兰从军	2354, 2369	木炭画	1093
木兰从军	4079	木炭人像画大全	1101
木兰花	5678, 5679	木屑巨人	5808

中国历代图书总目·艺术卷

木艺十讲	1203	牧鹿图	4290
木月摄影	8989	牧马姑娘	5258, 9723
木中幽人家	4625	牧马人	4290, 5679, 5808, 6099, 13248
目标	5258, 5289	牧马人之歌	5809
目标在前方	8849	牧马战士之歌	12265
目击	9293	牧马之歌	11956
目击抗洪	8911	牧民爱读马列书	3888
目击世界	10135	牧民的心愿	4028
目击者	10137	牧民归来	12277
目连戏学术座谈会论文选	12688	牧民心向华主席	3933
目前正当春耕时节	3165	牧民新歌	12266
目秀	9406	牧牛图	1749
牟钢摄影艺术集	8992	牧女的心愿	13260
沐牛图	3564	牧区"大寨"——乌审召	9264
沐雨楼翰墨留真	8333	牧区人物画参考资料	2354
沐雨楼书画论稿	803	牧区生产、生活用品美术参考资料	1362
沐浴	4290, 9406	牧区小景	2731
牧	2932	牧区医疗队	1734
牧场春	4208	牧人舞	12654
牧场的春天	3933	牧人与家狼	6458
牧场情话	3007	牧人之子	13241
牧场喜添铁牛群	3888	牧神午后	12548
牧场新春	3933	牧童	1154, 11370
牧场新歌	3778	牧童阿扎提	5489
牧场雪莲花	4969	牧童班	3735
牧耽图	10447	牧童吹笛	1759
牧笛	1726, 4387, 12263	牧童短笛	12057, 12193
牧鹅	4139	牧童投军	13231
牧鹅少年马季	5489	牧童舞	12653
牧鹅跳皮筋	12633	牧童舞曲	12158
牧歌	4547, 6889, 8640, 11786, 11944, 12164,	牧童新曲	4625
	12222, 12906	牧童之歌	12008
牧歌画集	2307	牧鸭姑娘	5208
牧归	3002, 6873	牧羊姑娘	4080, 5013, 8995, 11949
牧鹿欢歌	1874	牧羊老人	4969

书名索引

牧羊女	4547, 6887, 9024	穆桂英点兵	9234
牧羊女	2364	穆桂英挂帅 3540, 4028, 4139, 4387, 5679, 6587,	
牧羊女与王子	6390	9219, 9940, 12085, 12111, 13231	
牧业生产景象	10101	穆桂英挂帅	2391
牧之随笔	12809	穆桂英挂帅 花木兰从军	3643
牧猪人	4891	穆桂英挂帅屏	3564
牧主的"巧计"	4969	穆桂英和杨宗保	4080
墓场与鲜花	5489	穆桂英花木兰	4209, 4291
墓志书法精选	7726	穆桂英屏	2362
幕边絮语	12733	穆桂英上阵	4387
幕后大盗	6361	穆桂英射雁	13109
幕前幕后集	12723	穆桂英趋马下山《穆柯寨》	9948
睦剧发展史	12958	穆桂英威震沙场	9241
慕尼黑美术馆	212	穆桂英下山	4387, 4625, 5809, 8895, 9225
慕尼黑女子肖像画廊	6797	穆桂英杨宗保	4291
慕田峪长城	10519	穆桂英与杨宗保	2381
慕王在苏州	5040	穆桂英招亲	4969, 5809
暮归图	1874	穆柯寨 1992, 3643, 3644, 4080, 4209, 4475,	
暮趣墨缘	2285	4547, 5809, 6100, 9225	
暮色兰竹图	1547	穆柯寨	2364
穆公求贤	5575	穆柯寨结亲	4547
穆桂英 3598, 3643, 4028, 4139, 4209, 4969,		穆柯寨聚义	6100
5575, 6495, 6587, 8893, 9005, 9009, 9149,		穆柯寨招亲	5809
9233, 9528, 9939, 9940, 9945, 9953, 9955,		穆柯寨宗保招亲	4291
13093		穆奎信篆刻集	8592
穆桂英	2355, 2361	穆青摄影选	8991
穆桂英 花木兰	4387	穆清遽斋陆氏藏画	1272
穆桂英 梁红玉	4387	穆庆东作品集	2479
穆桂英打雁	4707	穆索尔斯基的图画展览会	10854
穆桂英大破天门阵3007, 3598, 4209, 4475, 4707,		穆索尔斯基歌曲选	12428
8816		穆铁柱出山	5809
穆桂英大破天门阵	2358, 2380	穆希娜	8669
穆桂英大战韩昌	2381	穆益林画集	2285
穆桂英大战洪州 3979, 4291, 4625, 5408, 13105		穆宗新	5208
穆桂英大战洪洲	4028		

N

		哪里有石油哪安家	2755
		哪里有石油哪里就是我的家	2840
"脑筋不会拐弯"的学生	4920	那达慕	8952
"泥人张"张铖的作品	8663	那达慕大会速写	2859
"泥腿子"书记	3867	那达慕归来	4547
"你要证据吗？我给'你'！"	7026	纳拉	5408
"农垦 68"	5245	纳凉	9846
"女驸马"选曲	12112	纳日松画集	1326
《哪吒》系列连环画	6404	纳书楹曲谱	12133
《南方来信》木刻组画	3011	纳天为画	10261
《霓裳》舞曲·笛子	1912	纳文慕仁	11516
《霓裳》舞曲·独舞	1912	纳西东巴文书法艺术	7656
《霓裳》舞曲·琵琶	1912	纳西民歌选	11808
《霓裳》舞曲·檀板	1913	纳西一奇	12235
《霓裳》舞曲·铜钹	1913	纳西族古代舞蹈和舞谱	12640
《霓裳》舞曲·献花	1913	纳鞋底	11625
《农业学大寨》舞蹈选集	12639	纳新	3798, 5258, 5289
[南楼老人花卉]	1632	娜仁花	9552
[南韵斋主人书兰亭]	8015	乃琼画选	2025
[牛鉴等名家书札]	8015	奶茶飘香	1969, 4209, 4547
拿黑帽子的男子肖像	6851	奶茶献给华主席	9986
拿花少女	9699	奶场春天	4291
拿破仑	5955	奶场之春	4080
拿破仑传	5809	奶奶，我也去	3764
拿破仑塑像	6191	奶奶的喜悦	3979
拿破仑与动荡的欧洲	6412	奶奶教我学算术	4080
拿破仑在奥斯特里茨	5679	奶奶今晚要演出	3837, 3888
拿破仑在奥斯特里茨战役	5679	奶奶进森林	5955
拿起胜利的铁锤	11567	奶奶先吃	4291, 4387, 4626
拿起哲学武器进行战斗	3184	奶奶熊	6533
拿去给咱毛主席看	11567	奶牛	3002
拿谢虎	2989	那达慕盛会	3735, 3778, 12170, 12177
拿鱼	1770	那拉氏	5356
拿着樱桃的女孩	6887	那时候	12376
哪儿开来一队兵	11603	那是什么	8818

书名索引

那是谁的眼睛	11925	男子竞技体操	13241
呐喊	3494	南安市成功中心小学学生绘画作品	6769
呐喊歌集	11365	南安市第一小学学生书画作品	6769
纳粹杀人工厂	10127	南安市水头中心小学"观海画室"作品	6769
纳福驱邪	4820	南碑瑰宝	7704
奶香千里	3837	南北大侠	5955
奶油猴的故事	7091, 7092	南北和	4914
耐安	9420	南北派大筝琵琶新谱	12308
耐青印谱	8511	南北派十三套大曲琵琶新谱	12307, 12308
耐心教 虚心学	3692	南北皮黄戏史述	12890
耐枝头	2617	南北青少年硬笔书法联艺会百人精品荟萃	7439
囡囡	9367	南北少林	4707
囡囡与汪汪	9535	南北石窟寺	9860
男扮	7107, 7108	南北书派论	7209
男女并肩前进	13255	南北书派论·北碑南帖论注	7209
男女工友的英勇斗争	4878	南昌	9039
男人·女人侧面顶光集	1154	南昌"八一"公园	9041
男人·女人侧面平光集	1155	南昌采茶戏新腔选集	11837
男人·女人正面顶光集	1155	南昌采茶戏音乐	12103
男人·女人正面平光集	1155	南昌民歌二百首	11804
男人侧身像	6907	南昌起义	5679, 9325, 13083
男人的风格	6261	南昌起义	2726
男人的海	6533	南朝陵墓雕刻	8631
男人更搞笑	7029	南充市群众歌曲创作选	11603
男人体画法	6900	南窗风口	5955
男人夜话	3524	南邠帖考	7702
男生、女生	3463	南邠斋学人书	1280
男生禁止步	6722	南村帖考	7702
男声合唱曲四首	11942	南丹情韵	11360
男声小合唱曲集	11945	南岛情	9893
男同性恋电影	13151	南岛椰林	9906
男娃喜鱼丰收图	4291	南岛夜会	12167
男校魁首	7108	南方村头	1726
男性摄影的魅力	8747	南方的原野	8642
男子汉之歌	11529	南方来信	3012, 3141, 3735, 5121

中国历代图书总目·艺术卷

南方怒火	3141, 5122, 5164	南国园林	9893
南方少数民族音乐文化	10914	南国之春	9099
南方神话	7528	南国之冬	9811
南方铁路之战	5575, 6100	南国之秋	2733
南方油城	2589	南海	9099
南方战歌	5122	南海碧波	4626
南飞的彩云	11467	南海长城	3735, 5122
南丰汤氏兰林百种	1705	南海潮	5070
南风歌	2955	南海晨曲	2591
南浮义渡印谱	8525	南海风暴	11961
南阜砚史	1051, 1052	南海风光	2926, 9846
南宫县学碑记	8063	南海姑娘	9019, 9699
南瓜锅	5955	南海观世音	4850, 4862
南瓜鸡	1759	南海观音	6225
南瓜记	5489	南海观音	2381
南瓜生蛋的秘密	5208, 5233, 5258	南海观音图	4820
南瓜与螳螂	1734	南海观音图	2381
南冠草	5809	南海归舟	8839
南管戏	12958	南海红帆	2788
南郭后传	5809	南海湖	5097
南国春	1905	南海激浪	5208
南国灯节	4209	南海歼匪	5233
南国都市电影研究论集	13151	南海蛟龙	5321
南国风采	4291	南海凯歌	3010
南国风光	1905, 9099, 9874, 9909	南海康先生法书	8125, 8169
南国风情	9893	南海码头添彩虹	3933
南国烽烟	5489	南海民兵	2752
南国姑娘	8839, 9668	南海明珠——西沙群岛	9054
南国古榕	9884	南海女民兵	9523
南国揽胜	9822	南海前哨钢八连	3012, 5122, 8644
南国荔枝红	4291	南海轻骑	2736
南国明珠——珠海	8699	南海书一天园记	8111
南国情	8830, 9884, 9885	南海书一天园诗稿	8117
南国少女	9699, 9723	南海夕照	9885
南国夏日	9909	南海先生翰墨	8117

书名索引

南海先生诗集	8111	南画独学挥毫自在	1602
南海先生戊戌书稿后跋	8111	南画津梁	6839
南海小哨兵	12205	南画山水技法	920
南海扬威	5139	南画指南	470
南海椰林	4769, 9900	南极采访	4475
南海遗珠印谱	8544	南极和北极	3512
南海鱼港	10433	南极和平鸽	4707
南海渔歌	9340	南极黑背鸥	10056
南海渔歌组唱	11945	南极寿星	4820
南海渔工	5208	南极探险记	5679
南海渔光曲	11523	南极向你招手	8889
南海渔民唱丰收	12159	南极小主人	10085
南海战歌	5070	南迦巴瓦大峡谷	8970
南海招子庸书札墨迹	8040	南涧民间音乐	11812
南海诸岛之——西沙群岛	8925	南疆飞来一朵云	11982
南海诸岛之——西沙群岛摄影展览	8923	南疆花儿红	3358
南海诸岛之——西沙群岛	9278	南疆民兵	4080
南海诸岛之——西沙群岛摄影展览作品选	8925	南疆卫士	4626, 4821
南海诸岛之——西沙群岛摄影作品选	8925	南疆舞曲	12343
南海自跋戊戌遗书真迹	8116	南疆巡逻	4850
南行记	13151	南疆巡逻	2085
南濠文跋	7209	南疆战旗红	5489
南河底	4898	南疆侦察兵	5956
南胡曲选	12273	南疆侦察兵(1)	5897
南湖	1808, 1818, 3798, 8920, 9784	南京	8856, 8967, 9099, 9367, 9380
南湖晨曦	1850	南京博物馆藏画	1508
南湖春晓	1826	南京博物院藏瓷器	394
南湖的春天	3564	南京博物院藏画	1483, 1508
南湖革命纪念船	1808	南京博物院藏画集	1509, 1544
南湖四美	1699	南京博物院藏画选集	1273
南湖晓霁	1792, 1808	南京博物院藏明清扇面书画集	1587
南湖月	5809	南京博物院藏青铜器	394
南华篆刻	8498	南京博物院藏文物	8993
南画大成	850, 851	南京部队美术作品选集	1287, 1363
南画的位置	782	南京长江大桥	2742, 2747, 3778, 8921, 8923,

9048, 9295, 9786, 9996, 10420

南京长江大桥通车是毛泽东思想的伟大胜利!　3165

南京出土六朝墓志　7795

南京出土六朝青瓷　387

南京的陷落　6533

南京风光　8875, 9042, 9059, 9132, 9846, 10497, 10510

南京夫子庙　9301, 9998

南京歌声　11394

南京工农兵画选　1357

南京古今雕刻　8635

南京剪纸　10665

南京街道壁画选　6620

南京解放　2767

南京金陵饭店　9995

南京军区美术作品选　1349

南京梁州晨曦　9090

南京梁州观鱼亭　9090

南京梁洲　9109

南京路上好八连　3119, 3692, 5070, 5097, 5122, 8926, 11625

南京路上好八连 继续革命谱新歌　5165

南京路上好八连事迹挂图　3127

南京路上好八路　5097

南京鹭洲　9109, 9117

南京鹭洲湖畔　9117

南京梅花山　1726

南京梅花山之春　2719

南京民间歌曲集　11781

南京曲艺资料汇编　12972

南京山歌　11763

南京师范大学美术系作品集　307

南京师范大学美术学院教师作品集　340

南京石油化工厂　10101

南京市文联五十年美术书法摄影作品选集　340

南京首都电影院股份有限公司第十四届股东大会记录　13173

南京书画院建院20周年作品集　2333

南京书画院作品选集　1365

南京戏曲资料汇编　12936

南京小红花　13020

南京新貌　8915

南京玄武湖　9090

南京玄武湖芳桥　9860

南京玄武湖公园　9099

南京艺术学院美术作品选集　314

南京艺术学院史　352

南京云锦　10347

南京中山植物园　3388

南靖　9109

南九宫谱大全　12054

南九宫十三调曲谱　12054

南开话剧运动史料　12909

南柯一梦　5956

南炼藏画集　217

南梁烽火　5490

南林饭店　10471

南陵无双谱　1592, 2972, 2974

南岭赤卫队　5322

南岭欢歌　11691

南岭路上　5258

南流江大合歌　11440

南楼老人花鸟山水册　1621

南罗和他的狗　5680

南泥湾　2998, 8879, 8883, 8886, 9274, 11729, 12328

南泥湾途中　1770, 4029

南泥湾屯垦　5040

南泥湾新战士　1826

书名索引

南宁	8929, 9329, 9962	南斯拉夫雕塑家梅斯特罗维奇，克尔什尼奇作	
南宁清秀山公园	9134	品选集	8669
南宁市戏曲志	12771	南斯拉夫歌曲选	12375
南宁戏曲志	12771	南斯拉夫社会主义联邦共和国国歌	12395
南宁战歌	11465	南斯拉夫现代版画艺术展览会	6918
南盘江的早晨	10465	南斯拉夫现代雕塑选	8670
南皮张氏碧霞精舍印谱	8535	南宋·马远《水图》册	1550
南皮张氏两烈女碑	8115	南宋耕织图	1538
南皮张氏双烈女庙碑	8120	南宋江天楼阁图	1541
南平建设	8950	南宋将领牛皋 南宋将领张宪	4475
南坪秋色	9063	南宋卤簿玉铭图卷	1549
南莘老人画册	1571	南宋四家画集	1550
南屏行馌录	7657	南宋桃花鸜鹆图	1538
南屏行馌录残本	1464	南宋文天祥宏斋帖	7977
南蒲之春	12277	南宋院画录	771, 772
南枪北剑集	3524	南宋张即之书佛遗教经	7977
南曲谱法	11158	南宋赵构临虞世南真草千字文	7972
南曲选集	12117	南宋赵孟坚自书诗	7970
南拳	9255	南宋朱熹城南唱和诗	7977
南拳冠军黄惠贞	9570	南唐澄清堂帖	7784
南拳王	4547, 5956, 6100, 13116	南唐澄心堂拓右军父子四人法帖	7788
南沙海战	6331	南唐澄心堂拓右军洛神赋全文	7789
南山传奇故事	6563	南唐李后主墨迹	7845, 7987
南山归木	10625	南天烽火	6295
南山绿洲	5289	南天话剧运动史料	12759
南山牧鹿	10044	南天门雄姿·庐山三迭飞瀑	4548
南山十咏	8111	南天王·北天王	2085
南山松柏青又青，人人爱社莫变心。莫学杨柳		南田草衣花卉	1621
半年绿，要学松柏四季青。	3119	南田丛帖	8034
南山献寿	4626, 4707, 4821	南田花卉	1600
南山献寿	2085, 2141	南田花卉册	1621
南山祝寿	2141	南田花卉山水合册	1621
南十番曲牌	12325	南田画跋	777, 802
南水北调结硕果	3933	南田画学	499
南斯拉夫的民间歌舞	12656	南田山水花果册	1622

中国历代图书总目·艺术卷

南田题跋	777	南洋漂流记	6100
南通地区民歌集	11780	南洋拳师	6191
南通范伯子墨迹	8051	南洋血泪	5575
南通费氏濠远楼图	1270	南音、龙舟和木鱼的编写	12965
南通风光	10497	南音教材	11338
南通蓝印花布纹样	10356	南音三籁	11822, 11838, 11872
南通民间曲调选	11781	南音学术讨论会简报	11337
南通书法国画研究院作品集	2307	南音粤讴的词律曲韵	12976
南通文峰塔	9300	南游记	4873, 6657
南通州费君鉴清小传	8111, 8122	南园谋影	5809
南投陶二百年专辑	10655	南园楷书大招册	8040
南投县茶乡茶香特展	350	南园楷书鹏赋册	8040
南湾水库	8875	南园临各种法帖	8056
南戏北词正谬	12054	南园梦	8840
南戏论集	12692	南园书洞庭春色赋	8040
南下第一春	3888	南原激战	5356
南翔摄影	8911	南原突围	5409
南学制墨札记	1056	南原之战	5409
南雪斋藏真	7658	南岳	9834
南薰殿图像考	775	南岳衡山	9822
南薰殿尊藏图像目	1471	南越人民战歌	12428
南巡盛典名胜图录	1696	南越是座大火山	11956
南亚别墅	10006	南越王墓玉器	408
南亚风光	9860	南粤风采	9109
南阳地区曲艺志	12974	南粤银海潮	13317
南阳法书表	7184	南粤之春	12336
南阳关	5575, 5680	南斋校勘书画记	1458
南阳汉代画像石刻	8650	南张北溥藏珍集萃	1349
南阳名画表	1453, 1454	南诏妃	9009
南阳市戏曲志	12781	南征北战	5165, 5180, 5258
南阳书画表	688	南中国的画像	2984
南洋漫画录	3392	南珠传友情	11813
南洋美术专科学校复校三周年第三届毕业纪念刊	359	南竹北移	3837
南洋魔影	6191	南宗抉秘	676
		南邹族民歌	11821

书名索引

难得糊涂	8074, 8077, 8094, 8178	闹九江	5956
难得真言	13146	闹龙宫	4626, 6331
难忘的歌 100 首	11735	闹龙廷	4969
难忘的歌声	11735, 11736	闹年锣鼓	12341
难忘的行程	4969	闹碾房	12120
难忘的航行	5409, 5490	闹蟠桃	2141
难忘的会见	3979	闹秦廷	5956
难忘的教海	2767, 2777	闹秦延	5956
难忘的年代	13250	闹秋种	11945
难忘的时刻	3979, 4029	闹太湖	4969
难忘的瞬间	9988	闹天宫	1721, 4475, 4707, 9225
难忘的岁月	1808, 3979	闹五更	12113
难忘的旋律	12392, 12506	闹县城	5576
难忘的夜行	5810	闹新春	3598, 4081, 4790, 10406
难忘的一九一九年	13250	闹严府	12109
难忘的音乐之旅	11534	闹秧歌	12262
难忘的友谊	5180	闹元宵 3644, 4081, 4209, 4291, 4388, 4476, 4548,
难忘的战斗	5289, 5322, 5409	4626, 11786, 12329, 12605, 12609
难忘颂歌歌词钢笔字帖	7528	闹元宵	2141
难忘乡间路	827	闹元宵花灯放异彩	4388
楠溪江——温州永嘉风光	9860	闹院杀媳	12066
楠溪江晨曲	9902	闹钟	4927
楠溪江暮色	9906	哪吒	2359, 4291, 4387, 4707, 5809, 5955, 6261,
楠溪秀色	2025	6295, 6657, 9232, 9617, 9951
楠竹山里	5322	哪吒成材记	5809
脑筋急转弯	1233, 3444, 3445, 3446	哪吒出世	4291, 4547, 4625, 5679, 9951
脑筋快转弯	3487	哪吒出世拜仙师	6412
闹朝击犬	5576	哪吒大战乾元山	8813
闹朝扑犬	5014	哪吒大战群妖	6331
闹春	3933, 9367	哪吒斗龙王	6295
闹海戏蟾	4209	哪吒闹东海	5679, 6733
闹花灯 1920, 3540, 4080, 4291, 4388, 5040, 5576		哪吒闹海	3564, 4029, 4080, 4139, 4387, 4475,
闹花堂	4758	4547, 4625, 4626, 4707, 5489, 6532, 6622,
闹华山	5040, 5680	8813
闹江州	5040, 5810, 5956	哪吒闹海大闹天宫	4209

中国历代图书总目·艺术卷

哪吒闹海杨戬梅山收七怪合刊	13288	内蒙古工人美术作品选	1362
哪吒闹海中的鱼仙	9951	内蒙古剪纸集	10689
哪吒三兄弟	6633	内蒙古剪纸选集	10670
哪吒下山	6100	内蒙古建筑	9296
哪吒显威	6100	内蒙古美术选集	1357
哪吒兄弟	6687	内蒙古美术作品选	1366
哪吒寻仇败李靖	6412	内蒙古美术作品选集	281
哪吒与哈吒	6709	内蒙古蒙古族民间图案集	10246
哪吒镇四海金猴舞长空	4291	内蒙古民间图案选集	10245
哪吒智救孙悟空	6413	内蒙古民间舞蹈屏	3644
哪吒杨戬	4820	内蒙古民族之歌	11763
讷维版画选	3032	内蒙古名胜印谱	8584
讷维木刻	3037	内蒙古年画	4388
内部资料介绍	10959, 11293, 11356	内蒙古群众歌曲选集	11603
内当家	5680, 5810	内蒙古人民出版社	8699
内府藏李龙眠蜀川胜概图	1533	内蒙古摄影艺术作品选	8926
内府书画编纂稿	1458	内蒙古水利	8878
内功拳师复仇记	6100	内蒙古舞蹈基训	12613
内画鼻烟壶	712	内蒙古舞蹈选集	12610
内黄现代民间绘画	1373	内蒙古西部区民间歌曲选	11444
内家拳传人	6295	内蒙古戏曲资料汇编	12934
内奸	5576	内蒙古写生	2864, 2866
内江地区戏曲志	12778	内蒙古艺术史料选编	256
内蒙古 8927, 8937, 8941, 8967, 9053, 9330, 9335,		内蒙古昭乌达	9811
9846		内蒙古自治区、新疆维吾尔自治区、广西壮族	
内蒙古 山西 河北 天津摄影作品选	8883	自治区、宁夏回族自治区、西藏自治区	
内蒙古创作歌曲选集	11444	摄影展览作品选集	8885
内蒙古创作歌选	11593	内蒙古自治区歌曲选集	11771
内蒙古得奖歌曲集	11448	内蒙古自治区画集	8875
内蒙古风情	8941	内蒙古四弦独奏曲	12275
内蒙古歌曲	11456	内幕新闻	6645
内蒙古歌曲选	11462	内务部古物陈列所书画目录	1475, 1476
内蒙古歌曲选集	11603	内务府墨作则例	1063
内蒙古歌舞团舞蹈服装集	12581	内秀	9406, 9477, 9484, 9488
内蒙古工农牧兵绘画选集	1357	嫩绿的蓓蕾	11493

书名索引

能变大人的药水	6645	尼亚加拉大瀑布	9124, 9127
能尔斋印谱	8494	呢商同业公会理事	7144
能高山的传说	5576	泥金豹	10064
能高山上的塔林石	5956	泥马渡康王	5680
能高山与火烧岛	5680	泥模艺术	10275
能工巧匠	13246	泥泥狗	8664
能仁寺除恶结良缘	6100	泥鳅看瓜	5233, 6495
能书录	7657	泥人	10510, 10689
能文能武	3222, 3837	泥人常传奇	5957
能文能武 亦工亦农	3933	泥人张	8657, 8658, 10411
能文能武 亦农亦兵	3598	泥人张彩塑艺术	8661
能文能武的文艺战士	12907	泥人张传奇	6101
能文能武红透专深 互教互学共同前进	3692	泥人张作品选	8657
能文能武建设社会主义新农村 又红又专培养		泥石流	5180
革命事业接班人	3735	泥塑·工艺雕塑	8627
能媳妇	5956	泥塑与玩具制做	8622
妮	9668	倪承为声屏歌选	11523
妮的凝视	8988	倪高士狮子林图	1534
妮古录	745	倪鸿宝山水画石册	1566
妮妮的婚礼	5576	倪焕之	5680
尼·康·契尔卡索夫	13216	倪墨耕人物	1705
尼奥和尼娜	5810	倪氏春秋	13137
尼泊尔王国国歌	12394	倪氏杂记笔法	7209, 7210
尼得克勒山阻击战	6100	倪氏杂著笔法	7210
尼尔斯	6332	倪苏门笔法	7231
尼尔斯骑鹅旅行记	5810, 5956, 6100, 6101, 6332	倪亚云画集	2537
尼古拉·阿法纳西耶维奇·克留其科夫	13216	倪衍诚画集	2285
尼古拉·菲钦素描选	6896	倪贻德画集	1384, 1397
尼古拉·费申油画选	6856	倪贻德美术论集	530
尼古拉斯·特罗斯勒	10768	倪贻德艺术随笔	550
尼加拉瓜大瀑布	2446	倪云林	788
尼克趣事	3425, 6759	倪云林九龙山居图	1534
尼罗河女儿	7108, 7109, 7110, 7111, 7112, 7113	倪瓒	791
尼娜的新生	4969	倪瓒画集	2207
尼维尔内的田间劳动	6846, 6847, 6848	倪瓒画之著录及其伪作	1474

中国历代图书总目·艺术卷

倪瓒楷书	8012	你是谁	5490
倪瓒狮子林图神品	1534	你属啥	4626
倪瓒作品编年	806	你死我活	6225
霓虹	9982	你弹我唱	3644
霓虹灯下的哨兵 3735，3979，5097，5122，5409		你先玩	4140
霓裳	9367	你想当个小荧星吗	13221
霓裳旧谱	12296	你想学风琴吗	11222
霓裳曲	12896	你潇洒我漂亮	12382
霓裳曲	2085	你也会变魔术	12998
霓裳曲谱	12240	你也可以是室内设计师	10595
霓裳羽衣	12585	你在想什么？	5957
霓裳羽衣曲	6101	你怎样制作电视节目	13268
霓裳羽衣舞	4140，9973	你知道我在等你吗	11498
霓裳羽衣舞曲	9951	你追我赶	3735，4081，4292，4969
霓裳韵雅	12242	你追我赶学大寨	12312，12335
拟阿房宫图	10439	你追我赶勇攀高峰	3319
拟山园帖	8071	你最爱唱的歌	11711
拟声幻象	13203	倪队长	3837
你办事 我放心	3933，3934	逆风千里	4970，13247
你办事 我放心	2761，2767，2768	逆光	5810
你猜是什么	9367	匿名电话	6101
你的花儿	12144	腻	9421
你的幽默会转弯	7029	拈花集	6924
你的姿势好不好	4969	年大将军真迹	8025
你好	9009，9454	年方八八	2085
你好，青春	9699	年丰猫欢	4388
你会吹泡泡吗？	9570	年丰人长寿	2141
你会画吗	5957	年丰人乐	4388
你会认吗？	5957	年丰人寿	4081，4292
你家的鸡蛋	4209	年丰寿长	4476
你见过雷公山的山顶吗	11957	年丰畜壮	3644
你见过这些动物吗	4915	年过半百头一回	3888
你就是角色	12706	年华	9723
你可以拍得更好	8796	年画	1173，1232，1242，4707，4708
你明白了什么？	5490	年画 挂历 年历 字画	4708

书名索引

年画、农民画选辑	1291	年年丰收岁岁如意	2025
年画对屏	4388	年年逢春年年乐，今春人更乐	3010
年画获奖作品集	4626	年年富裕	9507
年画集锦	3598, 3735	年年吉庆	9328
年画技法	1224, 1248	年年吉庆岁岁有余	4626
年画史	1243	年年平安	2085
年画四条屏	4548, 8861	年年庆丰收	4292
年画缩样	3530, 3532, 3598, 3644, 3692, 3735,	年年如意	3599, 4292, 4548, 4708, 4758, 4791,
	3736, 3756, 3757, 3778, 3798, 3799, 3837,		4821
	3838, 3888, 3889, 3934, 3935, 3979, 3980,	年年如意 岁岁平安	4389, 4476
	4029, 4081, 4140, 4209, 4210, 4292, 4388,	年年如意·岁岁平安	2085
	4476	年年如意春 岁岁平安日	2044
年画小集	3692, 3799, 3838	年年如意岁岁平安	2141
年画选	3889	年年如意岁岁增产	3084
年画选编	3564	年年送宝户户进财	2085
年画选辑	3799, 3889, 3935	年年喜事多	4389
年画选页	3935	年年喜有余	4758
年画艺术	4388, 4708	年年幸福	8830
年画与剪纸	1225	年年有福	2141
年画资料辑	3778	年年有余	1921, 2025, 4029, 4030, 4081, 4140,
年节故事大观	6430		4210, 4389, 4626, 4708, 4850, 9406
年历国画·中国画	1905	年年有余	2085, 2142
年历国画、中国画缩样	1890	年年有余 事事如意	4476
年历缩样	4476	年年有余 岁岁丰收	4030, 4081
年历图	10406	年年有余 岁岁丰收	3644
年门画缩样	3838, 3839	年年有余 岁岁平安	3599
年年大吉	4548, 9498	年年有余福满门	4791
年年夺丰收 岁岁广积粮	3778, 3889	年年有余福寿临门	4769
年年夺魁	4626	年年有余年年富	4389
年年发财	4850	年年有余年年聚	4292
年年发大财	4821	年年有余人欢笑	4476
年年丰收	3644	年年有余岁岁如意	2085
年年丰收 家家康乐	3599	年年有余岁岁兴隆	4210
年年丰收财神来	2085	年年鱼	4708
年年丰收家家有余	4548	年年增产 岁岁丰收	3599

中国历代图书总目·艺术卷

年年增收 岁岁丰收	3564	念奴娇·赤壁怀古	8216
年年走鸿运	2142	念圣缔缘集	1272
年粘糕	4389	念中翰墨初集	8121
年青的朋友	9552	娘子关瀑布	9791
年青的朋友来相会	11701	鸟	9306
年青的一代	5122	鸟、昆虫形态写真	10153
年青的英国人	5680	鸟翅	11474
年青人	3002	鸟虫篆大鉴	8545
年青人朝气勃勃建设社会主义新农村	3119	鸟的生活	3512
年青一代四海创业立功 红色种子到处生根发		鸟儿飞回来了	10036
芽	3736	鸟儿飞了	10025
年轻的喝采	11498	鸟儿是我们的好朋友	4292
年轻的酒神	6884	鸟居清长作品	6927
年轻的朋友	5680	鸟类动态写生	2872
年轻的朋友来相会	11476, 11708, 11973	鸟类画谱	957, 961
年轻的朋友们	5957	鸟类绘画图典	982, 983
年轻的朋友最爱美	11802	鸟类奇观	3475
年轻的眼睛	13212	鸟类摄影	8788
年轻女孩	10135	鸟类写真画谱	983
年轻人的歌	12379	鸟丽花香	4389, 4626, 4708
年轻人是太阳的子孙	12377	鸟笼里的猛兽	6191
年胜一年	4210	鸟鸣花放	4140
年四旺	5144	鸟鸣花香	4708
年月峥嵘	9368	鸟鸣花香屏·天鹅戏水屏	2085
捻军奇制曾国藩	5680	鸟鸣花香四条屏	4292
捻军勇挫李鸿章	5957	鸟谱	626, 633
捻军浴血沙僧王	5680	鸟趣图对屏	4389
攮母	4915	鸟雀屏	4389
碾玉观音	4970	鸟噪葡萄香	2659
廿世纪台湾画坛名家作品集	1364	鸟山明	7084
廿世纪之科学	016	鸟山明的世界	6997
廿世纪中韩书法家作品精赏	8294	鸟兽虫鱼	8813
廿四节气图	10404	鸟兽画法	1424
廿一世纪大地震	5576	鸟兽屏	4627
念念不忘突出无产阶级政治	3184	鸟兽鱼变形大全	10329

书名索引

鸟叔养作品小辑	1759	聂耳歌曲选集	11608
鸟树	5576	聂耳纪念图片	8998
鸟王的报酬	4898	聂耳评传	10868
鸟王做寿	4898	聂耳全集	11352, 11353
鸟旋花丛月季	2659	聂耳冼星海独唱曲选	11948
鸟旋花丛月季香	2665	聂耳冼星海独唱选	11948
鸟鱼虫图案设计	10224	聂耳冼星海歌曲选	11681
鸟与音乐	10877	聂干因画集	2237
鸟语	10064	聂干因作品集	2181
鸟语花香 713, 849, 1483, 1749, 1921, 1943, 1969,		聂根升刘洪彪书法作品集	8216
1992, 2009, 3564, 3644, 4081, 4082,		聂家大队	8881
4140, 4210, 4292, 4293, 4389, 4476, 4548,		聂南溪白描人物选	2402
4627, 4708, 4758, 4769, 4791, 4837, 8816,		聂南溪中国画集	2307
9144, 9309, 9311, 10036, 10057, 10075		聂鸥水墨画集	2207
鸟语花香 2044, 2255, 2489, 2503, 2511, 2513,		聂荣臻碑文楷书字帖	8394
2514, 2517, 2640, 2651, 2665, 2670		聂荣臻元帅	4293, 4390
鸟语花香 人勤春早	3599	聂松岩诗品印谱	8538
鸟语花香对屏	4293	聂太夫人书金刚经心经	8118
鸟语花香富盈门	4821	聂小倩	5490, 5576, 5681, 5957, 9244
鸟语花香四季春	2515	聂银初	4970
鸟语花香四屏条	2507	聂隐娘九十图	6295
鸟语金秋	4709	聂政刺奸贼	5957
鸟悦天香	8840	涅斯特洛夫 马列维奇画风	6810
鸟噪葡萄香	10057	涅兹道夫斯基木刻装饰版画精选	6925
捏面人	10676	孽海花	13231
聂崇良水彩画集	2965	孽海惊涛	13288
聂春吾声乐作品选	11534	您的情怀	7439
聂尔曼和诺尔美	5680, 5957	您的人生是最美好的	5576
聂耳	5014, 5097, 5681, 13093	您看像谁	5681
聂耳	5040	您是谁	9570
聂耳、冼星海歌曲选	11695	您喜爱的钢琴百曲集	12516
聂耳、冼星海纪念图片	8995	您喜爱的通俗钢琴小曲 14 首	12217
聂耳的创造	10865	您最喜爱的歌	11504
聂耳歌曲集	11582	宁保生笛子曲选集	12272
聂耳歌曲选	11577	宁波	9797

中国历代图书总目·艺术卷

宁波风光	9900	宁夏民间歌曲资料	11786
宁波昆剧老艺人回忆录	12817	宁夏民间剪纸	10670
宁波曲艺志	12976	宁夏木刻选	3010
宁波书画	2333	宁夏文史研究馆四十年	2223
宁波优秀美术作品选	340	宁夏戏曲史料汇编	12767
宁都地方戏音乐	12103	宁学金	5154
宁都县戏曲普查资料汇编	12932	宁园春	9090
宁斧成书法篆刻选	8163	柠檬树	3446, 6361
宁斧成印存	8564	凝	2842, 9421
宁冈	2768	凝固的乐章	495
宁冈荟市	1875	凝固的旋律	8613
宁冈县茅坪民兵营	5150	凝固音乐	10886
宁钢陶瓷艺术	10656	凝眸	9368, 9380, 9421
宁海平调史	12786	凝目	9739
宁河戏部分资料	12934	凝神	9392, 9435
宁河小三峡	9861	凝神屏息	9351
宁静	9488	凝视	9380, 9392, 9406, 9435, 9454, 9488, 9753
宁静——九寨风光	9834	凝视女像	13302
宁静的亚运村	9258	凝思	9529, 9590, 9617, 9669, 9699, 9739, 9765
宁静致远	8206, 8216	凝望	9357, 9368, 9392, 9435
宁宁	5810	凝重与飞动	8606
宁宁的故事	5810	拧身格剑	9965
宁死不屈的解文卿	5180	妞妞	9617, 9776
宁妥·云丹嘉波	6625	妞妞和小白兔	9570
宁夏	8937, 9058, 9099	牛	1520, 1741, 2995
宁夏版画	3033	牛鼻子全集	3524
宁夏电影史话	13191	牛鼻子三讲	1218
宁夏风光	9063, 10497, 10510	牛丙硒盐店	4970, 5070
宁夏风光	2719	牛博士	6533
宁夏歌集	11445	牛场风波	5289
宁夏歌声	11603, 11604, 11784	牛大爹	4970
宁夏革命歌曲选	11671	牛德光老虎画选	2575
宁夏好地方	11990	牛的故事	6533
宁夏美术书法作品集	1345	牛东"公社"阶级教育展览画选	6752
宁夏美术作品选	281	牛痘的故事	4927

书名索引

牛犊	3644	牛通岳云	4627
牛顿	2791, 3388, 5490	牛头山	3644, 5070, 5490, 5576, 6101, 6588
牛顿、爱因斯旦、达尔文、居里夫人	2797	牛娃	5289
牛顿的故事	4970	牛娃钓鱼	5258
牛顿名言	4838	牛文版画选	3044
牛多喜坐轿	4210	牛文作品选集	3007
牛皋 何元庆	4548	牛眼看家	9247
牛皋 陆文龙	4476	牛印川摄影作品集	8984
牛皋 岳云	4476	牛永刚	4906
牛皋 王贵	4709	牛浴	1781, 1875
牛皋·何元庆	2371	牛折桂画集	2333
牛皋·王贵	2391	牛折桂中国画选	2142
牛皋·杨再兴	2391	牛仔	7009
牛皋成亲	4210, 4293	牛仔画集	3412
牛皋岳云	4476	牛子厚与中国京剧事业	12890
牛皋造反	6101	牛子祥摄影作品选	8986
牛皋招亲	8813	纽约堡名歌手歌剧序曲	12450
牛桂英舞台生活回忆	12947	纽约的艺术世界	094
牛和尚接亲	6101	纽约美术家十一人作品展	366
牛津简明音乐词典	10821	纽约霹雳舞	12669
牛栏岗大捷	3839	纽约奇景	4769
牛郎与织女	8849	纽约图案	10775
牛郎织女	3599, 4030, 4082, 4140, 4210, 4293,	纽约现代艺术博物馆	6832
	4390, 4476, 4898, 5409, 5490, 5576, 5957,	纽约艺术现场扫描	374
	6225, 6390, 6588, 8657, 8830	农场岁月	6533
牛郎织女相会碧莲池	4210	农场新兵	1798
牛郎织女笑开颜	4970, 12921	农场战歌	11681
牛虻	5070, 5356, 5490, 5576, 6496	农村"大跃进"	13231
牛魔王新传	4758	农村安全用电宣传画	3389
牛奶生产换新貌	3889	农村板报报刊头图案新编	10325
牛牛	5490	农村报头图案	10259
牛群	3002	农村壁画范本	6619
牛市的战斗	5289, 5490	农村晨曦	9044
牛事一牛车	2827	农村的唱和	11931
牛首春光·钟山之夏·栖霞秋色·九华冬雪	2434	农村儿童看图识字	5810

中国历代图书总目·艺术卷

农村放映单位的组织与经营	13276	农村人物	8629
农村放映员	2348	农村少年儿童歌曲集	12018
农村风景	6847	农村社会主义高潮	2731
农村妇女歌曲集	11618	农村生活速写	5491
农村妇女屏	3564	农村实用美术	10175
农村妇女谱新歌	3980	农村是广阔的天地	3208
农村歌本	11633	农村是一个广阔的天地 在那里是可以大有作	
农村歌曲	11593, 11618	为的	3169
农村歌曲选	11633, 11686	农村是一个广阔的天地, 在那里是可以大有作	
农村歌选	11618	为的	3111
农村公园	10241	农村说唱	444, 445
农村姑娘志气高	3565	农村四化	3084
农村合作化的歌声	11577	农村四景	3644
农村黑板报报头设计	1221	农村速写集	2851
农村黑板报报头资料	10250	农村天地广阔 青年大有可为	3111
农村黑板报参考资料	3303	农村文化开新花 科学种田结硕果	3839
农村黑板报美术参考资料	10245	农村文化生活屏	3692
农村活页歌选	11633	农村文化室	445, 3736
农村活页器乐曲	12149, 12153, 12264	农村文艺宣传队	1835, 1843
农村即景	1287	农村文娱晚会	445
农村剪纸集	10664	农村戏剧与农村教育	12700
农村教歌员手册	11112	农村小景	8642, 12167
农村俱乐部	438, 439, 440	农村小晚会	443
农村俱乐部美术参考资料	10247	农村小演唱	445
农村剧团参考	12753	农村写生画	2847
农村剧团的方向问题	13013	农村写真	4869
农村剧团怎样编剧和排剧	13012	农村新唱	11582
农村连环画库	5070	农村新窗花	10664
农村流动放映队的工作组织	13275	农村新歌	11618, 11641, 11701
农村美术手册	465	农村新歌选	11567
农村美术速成讲话	1250	农村新景	1781
农村青年歌集	11578	农村新貌	3764, 4293, 4390, 9274
农村青年歌曲集	11618	农村新貌画选	1300
农村青年歌选	11579	农村新貌图	3692
农村青年学摄影	8760	农村新生事物屏	3935

书名索引

农村新事	3736, 3889	农家乐园	4477
农村需要我 我更需要农村	3239	农家喜	4390
农村需要我们 我们更需要农村	3257	农家新趣	2142
农村需要我们 我们热爱农村	3239	农家迎客	4627
农村宣传队	3084	农具厂炉间	3012
农村宣传画参考资料	3084	农军初战	5357
农村演唱	443, 444	农乐图	4210
农村演唱歌曲	11618, 11619	农历图	10404, 10405, 10406, 10408
农村业余剧团戏曲演出常识	13012	农林牧付渔五业齐"跃进"	3084
农村业余剧团演戏常识	13014	农林牧副渔	3540, 3565, 3889
农村业余剧团怎样排戏和化装	13012	农林牧副渔美术参考资料	10254
农村业余美术基础知识	497	农林牧综合发展的典型	9285
农村医疗卫生工作的新面貌	9268	农忙妇女屏	3644
农村应用美术	10175	农忙时节	4477
农村应用美术字	7631	农忙时节亲人来	3599
农村阵地日日新	3799	农忙托儿所	3799, 3839, 3889, 3890, 3980
农村之歌	12278	农民爱戴的"好打头的"高清连	4970
农村知识青年学习小组	3692	农民参观化肥厂	3692
农大办到乡下来	3889	农民大办工业	2854
农大毕业当农民	3889	农民代表参观炼铁厂	3692
农大新学员	3799	农民的好儿子	6496
农丰书画作品选	2086	农民发明家张广义	4915
农夫和蛇	5409	农民翻身组歌	11563
农副齐发展 致富道路宽	4390	农民歌本	11579
农歌十曲	11759	农民歌曲选	11579, 11580
农机盛会	3935	农民歌曲专辑	11580
农机试耕	10101	农民歌选	11580
农机新兵	3889	农民革命家张小礼	5014
农机展销好	3935	农民黑板报	4882
农家宝宝	4476	农民画的故事	5322
农家晨曲	4293	农民画范	1422
农家副业图	4476	农民画家到车间	3839
农家花篮	10044	农民画选集	6755
农家乐	1969, 4082, 4390, 4476, 4882	农民剧	12905
农家乐	2628	农民看图识字	4906

中国历代图书总目·艺术卷

农民靠党幸福来	11700	农业机械化	1875
农民科学家刘万善	4970	农业机械化的尖兵	3693
农民炼铁	9262	农业集体化给苏联人民带来了幸福生活	
农民美术教材	600		10128
农民木刻组画选	3019	农业技师 拖拉机手	3645
农民摄影作品选	8932	农业技术学校的新课堂	3010
农民小唱	12057	农业靠大寨精神	9263
农民育种家陆财	5123	农业科学结新果	4030
农民杂字钢笔字帖	7408	农业前景无限好	3111
农牧结合 以牧促农——贵州省威宁彝族回族		农业前景无限好 劳动青年乐无穷	3127
苗族自治县	3141	农业庆丰收 工业传喜报	3980
农牧结合喜丰收	3799	农业摄影	8715
农牧连双喜同庆万年春	3645	农业生产的榜样	8869
农奴	5123, 13095	农业生产工具参考资料	1446
农奴的女儿	3935	农业生产合作社的包工制	13240
农奴的女儿上讲台	3839	农业生产合作社社员的幸福生活	4892
农奴的新生	5357	农业生产景象	10101
农奴愤	8659	农业生产日日新	3540
农奴戟	5357	农业是国民经济的基础 各行各业都来支援农	
农奴女儿上大学	3778	业	3084
农女芒达·拉梅特里	6847	农业是基础, 各行各业都来支援	3084
农女舞	12652	农业是基础, 各行各业都来支援!	3084
农人种麦	4886	农业是我的志愿立志做个新型的农民	3104
农业"八字宪法"好	3222	农业四化图	3693
农业"跃进"跨骏马	11608	农业现代化 大地谱新曲	4030
农业八字宪法	3890	农业学大寨 1809, 2862, 3173, 3184, 3197, 3759,
农业的根本出路在于机械化	3208, 3222, 3239,	3799, 3935, 8804, 9265, 9268, 9279
	3257, 3281, 3935	农业学大寨 工业学大庆	3980
农业发展靠四化	3692	农业学大寨 旧貌变新颜	3890
农业合作化的歌声	11578	农业学大寨 普及大寨县	11691
农业合作化高潮	8875	农业学大寨 普遍大寨县	3980
农业合作化歌曲集	11580	农业学大寨 山河重安排	3839
农业合作化歌选	11580	农业学大寨 大干促大变	3240
农业后勤	2593	农业学大寨 连年创高产	3197
农业机械大发展 科学种田捷报传	4030	农业学大寨 普及大寨县	3240

书名索引

农业学大寨，干部社员齐心干！	3240	弄玉吹箫	1890, 4082, 4477
农业学大寨报头选	10251	奴里	5681
农业学大寨的带头人	9285	奴隶	1155
农业学大寨歌曲	11681	奴隶的仇恨	5233
农业学大寨歌曲集	11686	奴隶的儿子	5577
农业学大寨歌曲选	11676, 11681, 11686	奴隶的后代	5258
农业学大寨画集	5180	奴隶的女儿	3693
农业学大寨器乐曲集	12155	奴隶的新生	5208
农业学大寨写生画	2859	奴隶们创造历史	3016, 3019
农业影视佳作选	13296	奴隶英雄柳下跖	3839
农业展览会的美术设计	10610	女编织家黄道婆	3326
农业战线上的红旗	5123	女兵	5577
农业战线上的红色标兵陈正宽	4970	女捕快	6101
农业战线上的红色标兵康兰英	4970	女采油工	2736
农业战线上的红色标兵林淑英	4970	女测量队员	3693
农业战线上的红色标兵王时中	4970	女长工	5123
农业战线上的文化尖兵	13279	女赤卫队员	5357
农业战线添精兵搞好生产有保证	3084	女船王婚变记	5681
农艺会上情谊深	3693	女闯将	5289
农展讲解员	4030	女词家李清照	13109
农中好	11608	女大当婚	6102
农仔与摩登女	6458	女大学生宿舍	5958
农作舞变奏曲	12187	女盗	6102
浓爱	9471	女电焊工	3645
浓梦清歌	12793	女店主	5681
浓浓情谊	10526	女谍路丝丝	5681
浓妆淡抹	2397	女锻工	12600
秾艳凝香入夜浮	2651	女队长	1818, 5322, 11861
弄臣	13004	女队长	2591
弄翰余沈	7307	女儿国	4390, 5014, 5491, 5681, 5811, 6192
弄翰余�	7241	女儿国招亲	5681
弄假成真	5577	女飞行员	3736, 5123
弄巧成拙	6295	女飞侠	6658
弄虚作假	4915	女驸马	3599, 4082, 4210, 4390, 4971,
弄玉乘凤	4082, 4140		5014, 5491, 5577, 8840, 9006, 9009, 9942,

中国历代图书总目·艺术卷

11866, 13246		女民兵	2349
女驸马	2362, 2381	女民兵英雄谢氏娇	5123
女高音独唱歌曲集	12429	女民警	5958
女工	2719	女魔	5682
女工屏	3084	女农民画作品选	6757
女工血泪	5208	女奴	6102, 6103
女孩	9004, 9535, 9542, 9617, 9669, 9723	女排队长张蓉芳	9590
女孩	2598	女排夺魁	4210
女孩和咪咪	10471	女排高手——杨锡兰	9987
女孩像	6885	女炮班	3799, 4971
女孩与米老鼠	9590	女炮兵	3736
女孩与小猫	9723	女炮工	5209
女护士的秘密	6332	女仆	5811
女皇错断梨花案	4709	女仆马尔基娜	5958
女皇的舞伴	6226	女仆玛莎	5040
女技术员	5040	女骑兵	4971
女间谍	6102	女骑手	9739, 9765
女间谍覆灭记	6261	女骑手	2369
女建筑师	4082	女起解	12079, 12086
女将	3890	女潜水员	4082
女将慧梅	5681	女桥工	3799
女交通	5289	女清洁工	5289
女交通王	6295	女囚泪	5682
女交通员	5357, 5409	女区委书记	5123
女教师	4391, 4627, 5097	女人不是月亮	11740, 13151
女杰除奸	6102	女人的一生	5958, 13250
女杰情仇记	6102	女人街	4769
女警之歌	9776	女人今时今日	10371
女矿工	5258	女人体	6907
女篮5号	5409	女人体画法	6900
女篮五号	5097	女人体绘画	631
女理发师	5071, 5577	女人体素描画法	1115
女炼钢实习生	2925	女人体速写	2881, 2897
女旅游裙套	9570	女人体写生工笔画技法	884
女民兵	3599, 3645, 3693	女人体写生素描技法	1155

书名索引

女人体写生速写技法	1155	女委员	2839
女人体写生油画技法	1086	女委员长	5409
女人要带刺	7014	女文人屏	4548
女人真搞笑	7029	女武士恩仇	6261
女人作品集	6997	女侠柳枝蝉	6103
女少年们，打乒乓球去！	3127	女侠野玫瑰	9247
女社长	13243	女县令	9244
女社长金花和姑娘们	13093	女小儿语	7596
女社员	3645	女刑警	6103
女神的圣斗士	7092, 7093, 7094, 7095	女性	111
女神探宝盖丁	4770	女性的摄影	8729
女神之舞	6860	女性电影理论	13068
女声合唱曲四首	11942	女性裸体	536
女声合唱一百曲集	12424	女性美	060
女声小合唱曲集	11945	女性美姿画法	627
女声重唱曲四首	11942	女性巧手艺	10721
女士们从空气的流动中感觉到夏天	8830	女性人体美	8995
女仕	9753	女性人体美与造型艺术	1399
女书记	3799	女性人体素描	1098
女饲养员	3764	女性人体素描专集	6900
女体素描	1115	女性摄影	8782
女体姿势照片集	8743	女性摄影入门	8747
女跳伞员	3540, 3756	女性世界	10113
女童	9617	女性书写：电影与文学	13068
女拖拉机手	3693, 3736	女性素描	6900
女拖拉机手	2349	女性形象广告	10765
女拖拉机手尹阿妹	4971	女性艺术摄影赏析	10153
女娲	5682	女性艺术饰物	10656
女娲补天	4082, 4141, 4391, 4892, 4927, 5491	女性与电影	13068
女娲伏龙	4293	女性与艺术的生态自述	460
女娲神和聚宝盆	6103	女性与影像	13151
女娲抟土造人	5682, 6496	女性之美是自然的一部分	9019
女娲之灵	550	女性主义	7021
女娃喜鱼丰收图	4293	女性主义与艺术历史	191, 192
女王戏唐僧	2182	女性主义作为方式	120

中国历代图书总目·艺术卷

女性装饰画集	10304	女子刺绣教科书	10344
女秀才	4971	女子放牧班	3840
女秀才移花接木	4770	女子技艺造花术新书	10572
女秀才移花接木	2207	女子健美	9988
女演员	9535, 9669	女子掘进队	3935
女演员古孜丽努尔	9617	女子突击队	2350
女艺论	117	女子闲暇时装	10138
女英雄古丽雅	5958	女子肖像油画集：封尘作品选之一	2819
女英雄贺英	5958	女钻工之歌	11681
女英雄红娘子	9007	努尔哈赤	6225, 6226
女英雄刘胡兰	2985, 5289	努尔哈赤传奇	6192
女英雄屏	4082	努力	12144
女英雄双枪王八妹	2979	努力奋斗建设强大的海军	3281
女英雄谢氏娇	5139	努力活学活用毛主席的哲学思想	3184
女英雄谢氏桥	5165	努力建设高度的社会主义精神文明	3340
女英雄尹林芝	5014	努力建设两个文明 迎接国庆三十五周年	3358
女英雄赞	4082	努力攀登 实现四化	4140
女英雄贞德	5958	努力攀登科学高峰为社会主义建设服务	3304
女游击队长	5577, 5682	努力攀登现代科学技术高峰	3304
女游击队员	5209	努力生产 支援前线 肃清敌特 巩固后方歌曲	
女友	5577, 5682, 5811		11612
女御史	5811	努力生产支援前线	3111
女园艺师	4030	努力生产支援前线 肃清敌特巩固后方	3111
女运输队长	5682	努力实现四个现代化	3736
女贼	6103	努力塑造工农兵英雄形象	3197, 8684
女战士	8840	努力提高马克思主义的理论水平	3281
女侦察员	4971, 5491, 5811	努力完成和超额完成国民经济计划	3222
女支书	1827, 6754	努力完成整党任务 实现党风根本好转	3358
女中豪杰	6104	努力学好基础科学知识为祖国建设贡献力量	
女中郎	8823		3304
女中英杰	4391, 7475	努力学好毛主席著作	3693
女中英烈	5958	努力学习	3127
女装卸工	5209	努力学习 做无产阶级的革命接班人	3693
女子采伐队	3890	努力学习马列主义 巩固无产阶级专政	3839
女子采油队	3839	努力学习毛主席著作高速建设社会主义	3084

书名索引

努力学习为了祖国的明天	3281	暖房新瓜香	4030
努力学习准备为社会主义现代化贡献力量	3326	暖流	5681
努力增产棉花 支援国家建设	3119	暖暖日记	7135
努力掌握现代化军事技术	3281	暖小猪	11786
努力争取做一个三好学生	3334	挪威版画家爱德华·孟克作品展览会	6919
怒潮	2983	挪威风光	10155
怒惩麻面虎	6101	挪威王国国歌	12394
怒闯五关	6101	挪用的策略	198
怒打假国丈	5491	傩蜡之风	12945
怒打潘仁美	4477	傩史	12784
怒打铁面佛	6101	傩坛戏概观	12934
怒打谢金吾	6101	傩戏·少数民族戏剧及其它	12941
怒发冲冠	5491	傩戏、傩文化	12941
怒放	9351, 9368, 9392, 9406	傩戏论文选	12936
怒放	2603	傩戏面具	10714
怒放图	10433	傩戏面具艺术	12941
怒海红心救亲人	4970	傩戏傩文化资料集	12943
怒海轻骑	3890	傩戏艺术源流	12960
怒吼	5070	傩与艺术宗教	12947
怒吼吧黄河	5491	诺贝尔	3389, 5577
怒吼吧中国之图	2975	诺贝尔文学奖得主代表作全集	6362, 6363
怒吼的中国	4879	诺多尔江边	12411
怒火	5322, 13257	诺尔曼·罗克威尔插图作品48幅	7060
怒江飞虹	5491, 5577	诺朗飞瀑	9803
怒江新城——知子罗	9790	诺曼底登陆战	6101
怒砍青龙旗	4548	诺桑王子	4390
怒杀西门庆	5577	诺桑王子中的英卓拉姆	9948
怒涛	5097	诺亚·诺亚	6795
怒鞭陈世美	5958	O	
怒斩关平	5810		
怒斩洋妖	5577	[瓯香馆模古]	8032
恶庵印存	8532	[瓯香馆诗稿]	8032
恶厂印存	8532	[瓯香馆手札]	8033
暖冬——九○《渴望》热	13296	[瓯香馆题画]	1466
暖房里采番茄	8803	噢, 呜!	10029

中国历代图书总目·艺术卷

哦，香雪！	6104	欧美居室	10740
瓯钵罗室书画过目考	1463, 1464	欧美居室博览	8995
瓯江春晖	4548	欧美连环漫画精品	7009, 7021
瓯江帆影	9039	欧美流行金曲30首	12407
瓯剧史	12960	欧美流行音乐撷英	12389
瓯香馆画跋	759	欧美漫画精选	6930
瓯香馆画语	759	欧美日广告设计作品集1000例	10737
瓯香馆写生册	1622	欧美速写集	6907
欧·亨利精选集	7054	欧美土风舞	12654
欧·美·日广告设计作品集1000例	10748	欧美现代美术	188
欧·美·日装饰设计作品集1000例	10748	欧美现代商业展示	10758
欧伯达书法选集	8294	欧美现代戏剧史	12773
欧道文书画集锦	2286	欧美幽默与漫画杰作	7029
欧法字汇	7661	欧美幽默与漫画精选	7029
欧公试笔	7200	欧内斯特·沃森铅笔写生教程	1110, 1123
欧广勇书法集	8238	欧仁·鲍狄埃	5180
欧行写生小辑	2856	欧书概论	7277
欧豪年彩墨画	1969	欧书入门	7298
欧豪年彩墨画	2286	欧书字帖	8384
欧豪年画集	2255	欧体《化度寺碑》临摹习字帖	7923
欧姬芙	6837	欧体《九成宫碑》临摹习字帖	7368
欧陆旅情	10146	欧体部首偏旁临帖	7368
欧罗巴	6104	欧体大楷一百天	8397
欧美当代绘画艺术	6805	欧体大楷字帖	7912, 8403
欧美电影名导演集	13212	欧体简化字雷锋名言字帖	8388
欧美电影指南1000部欧美电影指南1000部		欧体九成宫标准习字帖	8379, 8380, 8381
	13116	欧体楷书常用字习字帖	8403
欧美雕塑名作欣赏	8672	欧体楷书古诗规范字帖	8405
欧美风光	9090	欧体楷书间架结构九十二法字帖	8267
欧美风景画精品	6878	欧体楷书间架结构习字帖	8383
欧美革命历史歌曲选释	12406	欧体楷书结构大字帖	8403
欧美近代人物画	6881	欧体楷书临摹技法	7357
欧美近代肖像画	6881	欧体楷书描红	7923, 8403
欧美近现代钢琴小曲集	12517	欧体楷书水写字帖	8225
欧美静物范画精品	6832	欧体楷书习字与解释	8386

书名索引

欧体描临	7930	欧阳询《九成宫》	7908
欧体习字帖	7918, 8390	欧阳询《九成宫》楷书大字谱	7923
欧体学习指南	7357	欧阳询《九成宫醴泉铭》描摹练习册	7395
欧体正楷标准字描红	8405	欧阳询《醴泉铭》临帖指导	7357
欧体中楷临习册	8384	欧阳询《虞恭公碑》选字帖	8390
欧体中楷字帖	8379, 8384	欧阳询《张翰帖·梦奠帖》	7892
欧体中小楷字帖	8385	欧阳询大楷水写帖	7918
欧体字基本笔法与结构	7337	欧阳询大楷习字帖	8390
欧体字书写要领字帖	7315	欧阳询法帖	7912
欧颜柳楷书技巧对比	7357	欧阳询行书	7900
欧颜柳三家楷书初探	7368	欧阳询行书《千字文》笔法举要	8433
欧阳海 3736, 5098, 5123, 5409, 6588		欧阳询行书帖	7930
欧阳海舍身救列车	1798	欧阳询行书习字范本	7841
欧阳杰印选	8592	欧阳询行书习字帖	7900, 7918
欧阳结体三十六法诠释	7252	欧阳询行书字帖	7895
欧阳锦画集	2237	欧阳询化度寺	7866
欧阳龙画集	2142	欧阳询皇甫君碑	7851, 7912, 7923
欧阳世俊写意画集	2533	欧阳询九成宫	7836, 7918, 7940
欧阳书考	7236	欧阳询九成宫碑	7915, 7930
欧阳通《道因法师碑》	7908	欧阳询九成宫碑选字帖	7900
欧阳通大德法师字帖	7918	欧阳询九成宫楷书习字帖	7918
欧阳通楷书	7908	欧阳询九成宫醴泉铭	7889, 7912, 7930
欧阳通楷书习字帖	7900	欧阳询九成宫醴泉铭 行书千字文	7940
欧阳通书法精选	7918	欧阳询九成宫醴泉铭临摹教程	7923
欧阳通字帖	7866	欧阳询九成宫临本	8158
欧阳文忠公泷冈阡表	7950	欧阳询九成宫临写法	7912
欧阳文忠集古录跋尾真迹	7956	欧阳询九成宫选字放大本	7930
欧阳西、钟怀海外掠影集	8902	欧阳询楷书	7395, 7908
欧阳修	5811	欧阳询楷书笔法水写帖	7379
欧阳修练字	5491	欧阳询楷书笔顺分解字帖	7379
欧阳询	7895	欧阳询楷书标准习字帖	7380
欧阳询·九成宫	7940	欧阳询楷书部首水写贴	7396
欧阳询 颜真卿 柳公权碑帖精选	7878	欧阳询楷书部首一百法	7396
欧阳询、颜真卿、柳公权、赵孟頫四家楷体选字		欧阳询楷书技法	7396
帖	8383	欧阳询楷书间架结构100法	8399

中国历代图书总目·艺术卷

欧阳询楷书间架结构九十二法	7337	欧阳询小楷千字文	7874
欧阳询楷书结构水写贴	7396	欧阳询小楷习字帖	7895, 7909
欧阳询楷书兰亭记	7900	欧阳询颜真卿柳公权行书草书习字帖	7895
欧阳询楷书临摹解析	8403	欧阳询姚辩墓志铭	7885
欧阳询楷书毛边纸描红本	8408	欧阳询虞恭公碑	7892
欧阳询楷书全本钢笔临本	7498	欧阳询正草九歌千字文	7892
欧阳询楷书全集临本	8393	欧阳询正楷描红本	7357
欧阳询楷书入门	7396	欧阳询中楷字帖	7861
欧阳询楷书帖	7368	欧阳询字帖(皇甫府君碑)	7868
欧阳询楷书习字帖	7357, 7900, 8399	欧阳予倩戏剧论文集	12721
欧阳询楷书写法	8391	欧阳中石临元倪墓志	8408
欧阳询楷书虞恭公碑解析字帖	7380	欧阳中石书沈鹏诗词选	8197
欧阳询楷书字汇	8391	欧也妮·葛朗台	5682, 5811, 5958
欧阳询李怀琳草书习字帖	8419	欧斋石墨题跋	7726
欧阳询梦奠帖	7923	欧赵集字作品解析字帖	7396
欧阳询书法范本	7847	欧洲城市雕塑	8676
欧阳询书法集	7930	欧洲传统绘画技法演进 300 图	592
欧阳询书法精品选	7930	欧洲传统绘画技法演进三百图	588
欧阳询书法精选	7909, 8403	欧洲当代电影新潮	13146
欧阳询书法全集	7909	欧洲当代黑白画资料集	7144
欧阳询书法入门	7298	欧洲雕塑拾贝	8677
欧阳询书法选	7901, 7923	欧洲风光	9090, 9117
欧阳询书化度寺碑	7901	欧洲钢琴教程	11260
欧阳询书皇甫诞碑	7870, 7901	欧洲钢琴艺术史概论	11263
欧阳询书皇甫府君碑	7918	欧洲工艺美术史纲	10197
欧阳询书九成宫	7889, 7901, 7912, 7923	欧洲工艺图案选集	10724
欧阳询书九成宫碑	7923	欧洲古典静物画	6873
欧阳询书九成宫碑临习指南	7912	欧洲古典名曲欣赏	10866, 10868
欧阳询书九成宫醴泉铭	7855, 7882, 7930	欧洲古典抒情歌曲集	12431
欧阳询书九成宫醴泉铭选字	7855	欧洲古典油画	1081
欧阳询书醴泉铭	7855	欧洲古典重奏·合奏曲精选	12554
欧阳询书醴泉铭碑精华	7852	欧洲广告艺术	10768
欧阳询书心经	7836	欧洲环境艺术	7065
欧阳询宋拓九成宫	7940	欧洲绘画大师技法和材料	1078
欧阳询帖	7498	欧洲绘画简史	582

书名索引

欧洲绘画史	579	**P**	
欧洲纪事	5958		
欧洲近代戏剧	12745	"破耳朵"的故事	7016
欧洲漫游	9140	《培尔·金特》第二组曲	12543
欧洲美术馆导游	365	《培尔·金特》第一组曲	12542, 12543
欧洲美术鉴赏	366	《破体书法国际展》作品集	8261
欧洲美术史	365	[裴琴纪功碑]	7745
欧洲美术中的神话和传说	6788	[平定回部张格尔图咏]	1596
欧洲美术中的神话与传说	367	[评剧观]	12674
欧洲名画采访录	6773	[蒲石居士画集]	1709
欧洲名画大观	6772, 6773	辟辟拍	4141
欧洲情爱插图	7066	辟斯顿和声学	11076
欧洲声乐发展史	10983	辟雪前进	8640
欧洲声乐史	11134	扁舟一叶	719
欧洲所藏中国青铜器遗珠	418	番禺陈东塾先生书札	8055
欧洲现代画法画论选	576	爬行人	6563
欧洲现代画派画论选	508	爬山调三首	11769
欧洲现代绘画美学	584	帕格尼尼 24 首随想曲	12465
欧洲艺术大师油画风景作品选	6878	帕格尼尼 24 首小提琴随想曲, 作品 1	12470
欧洲艺术之旅	365	帕格尼尼第一协奏曲	12545
欧洲音乐简史	10982, 10984	帕加尼尼的 24 首小提琴随想曲	11183
欧洲音乐节庆之旅	10985	帕雷特	10192
欧洲音乐进化论	10979	帕雷特平面设计师之设计历程	10220
欧洲音乐史	10983	帕列达尔	6891
欧洲音乐史话	10984	帕米尔的春天	12268
欧洲在漫画中	3396	帕诺夫斯基与美术史基础	186
欧洲著名音乐家及其作品欣赏	10896	帕帕杰诺的咪叹调二首	12364
欧字帖	7848	帕提古丽	9529
鸥鹭忘机	12296	怕老婆的鞋匠	6192
偶像金曲	11746	怕羞的黄莺	5040
偶像金曲榜	11740	拍出更好的录像带	13273
偶像卡拉 OK	11510	拍出精采照片	8689
藕花庵印存	8533	拍出生命的感动	8774, 8796
藕塘关	5811	拍鼓舞龙图	1969
藕壮鱼肥	4211	拍脑袋的发明	6938

中国历代图书总目·艺术卷

拍球	9973	排戏与演戏	12800
拍球舞	9962	潘安邦徐小凤特辑	11716
拍摄儿童照片诀窍	8779	潘必正与陈妙常	6563
拍摄幻灯片的200种技巧	13303	潘秉衡琢玉画稿	10226
拍摄技术百科	8739	潘秉衡琢玉技艺	8618
拍摄人的乐趣	8760	潘伯鹰法书集	8267
拍手舞	12626	潘伯鹰行草墨迹	8147
拍水拍光拍夜景	8767	潘伯鹰楷书豫园记	8158
拍下美好的生活	4391	潘伯鹰题二王帖卷	8333
拍张照片寄回家	3764	潘朝阳摄影作品选	8986
拍照，为生命写真	8696	潘传贤书法选集	8253
拍照妙诀	8788	潘冬子紧握红缨枪	13098
俳优教育	13009	潘多拉的匣子	5812
排个民族团结舞	3565	潘朵娜的匣子	5491
排工怒火	5041	潘方凯墨序	1060
排灌机，真出力，灌得庄稼饱饱的，长个粗杆大穗子！	3645	潘葛思妻	12130
排行榜金曲	11721	潘公墓志铭	8070
排行榜金曲100首	11740	潘鹤·走进时代的艺术	1413
排行榜金曲118首	11740	潘鹤水彩纪游	2936
排行榜金曲钢笔字帖	7453	潘鹤作品选集	8629
排行榜金曲九十九首	11729	潘红莉	9642
排行榜金曲一百首	11721	潘虹	9570, 9571, 9617, 9618
排练"白毛女"	3693	潘虹、三田佳子(日本演员）	9571
排排坐	4211, 4971, 9393	潘鸿海国画集	2286
排排坐吃果果	4293	潘鸿海油画选集	2831
排排坐分果果	4293	潘鸿海油画选辑	2793
排球健儿	2362	潘虎	4971, 5014, 5958
排球女将	5682, 5683	潘静淑甘五岁临兰亭叙	8111
排山倒海 乘胜追击	12202	潘君诺花虫小品集	1943
排坛精英	9987	潘君卓吾纪念画册	1280
排弹英雄	5233	潘岚花卉	1781
排头兵	5357	潘龄皋弟子规	8019, 8055
排湾族传统歌谣	11818	潘龄皋行书四种	8125
排戏常识	12802	潘龄皋论诗繁体中号行书字帖	8128
		潘龄皋太史墨宝	8084

书名索引

潘龄皋太史手札	8119	潘天寿作品集	1890
潘懋勋画集	2271	潘王合璧	1647
潘梦石书法集	8333	潘渭滨画集	2182, 2286
潘仁美妒贤	5683	潘文慎公墨迹	8020
潘氏三松堂书画记	783	潘伍德	10194
潘受诗墨	8206	潘小庆书装艺术	10387
潘受诗书集	8307	潘晓玲作品集	1406
潘顺棋幽默画	3447	潘絜兹画集	2402
潘思同水彩画选	2931	潘星斋山水册	1642
潘天寿	1667, 8294	潘学聪书法作品集	8294
潘天寿、吴弗之、诸乐三课徒画稿笔记	859	潘学固先生遗墨	8238
潘天寿册页	2307	潘杨和	4971
潘天寿册页选	1969	潘杨讼	11866
潘天寿诞辰一百周年纪念	2286	潘杨讼	2346
潘天寿的画	1377	潘缨画集	2403
潘天寿国画小品	1921	潘膺祉墨评	1061
潘天寿行草二种	8225	潘玉良美术作品选	1392
潘天寿画册	1749	潘玉良油画集	2712
潘天寿画集	1781	潘裕钰中国画集	2333
潘天寿画集	2182, 2286	潘再青画集	2272
潘天寿画辑	1875	潘真山水画集	2484
潘天寿画论	713	潘之恒曲话	12773
潘天寿画选	1875	潘主兰诗书画印	2272
潘天寿画语	713	潘祖华硬笔行楷书法选	7596
潘天寿绘画技法简析	812	攀	9368
潘天寿兰竹长青图	1875	攀登	5812
潘天寿论画笔录	799	攀登	2640
潘天寿美术文集	514, 519	攀登集	13313
潘天寿山水	1782	攀登科学高峰为实现四个现代化多做贡献	3304
潘天寿山水	2479	攀登世界高峰	2927
潘天寿书画集	1921	攀登世界体育高峰为祖国争光!	3319
潘天寿书画集	2271, 2286	攀登音乐艺术高峰的途径	10830
潘天寿谈艺录	482, 519, 800	攀登知识高峰 飞向未来世界	3358
潘天寿研究	522, 816	攀弓带	9238
潘天寿作品	2333	攀龙附凤	4211, 5577

中国历代图书总目·艺术卷

攀龙麟附凤翼	7828	叛逃的"跳伞皇后"	6226
攀上珠穆朗玛峰	8879	叛徒	5683
盘查哨	5209	叛徒露真容	6104
盘夫	9225	叛徒是谁	6332
盘古河畔的传说	5958	彷徨	3494
盘吉勒和兰玛妮	4971	庞国钟书法集	8295
盘江曲	11391	庞守义摄影作品集	8992
盘径寻幽上九宵	1943	庞泰嵩 黄知秋 卢有光诗书画集	2484
盘龙嬉珠	4391	庞泰嵩山水画选	2447
盘妻索妻	4627	庞希泉百猫图技法与作品赏析	997
盘山秋色	9077, 9811	庞薰琹工艺美术设计	10236
盘丝洞	2009, 4971, 5577, 5578, 6192, 6658	庞薰琹工艺美术文集	10179
盘丝毒茶	5683	庞薰琹画集	1415
磐石花	5357	庞薰琹画辑	1382
蟠螭山房论画	468	庞薰琹画选	2182
蟠龙	10625	庞薰琹随笔	527
蟠桃会	4211, 5578, 5683	庞薰琹研究	533
蟠桃献寿	4850	庞媛作品选	1420
蟠桃献寿	2086	庞中华钢笔书法速成帖	7553
蟠桃园	4141	庞中华钢笔字帖	7413, 7414
判婚记	4758	庞中华诗抄	7581, 7596
盼	9380, 9393, 9435	庞中华书法集	7596, 8307
盼到了	1859	庞中华现代硬笔字帖	7422
盼归	2665	庞中华硬笔书法规范字帖	7528
盼红军	11957	庞中华最新钢笔字帖	7529
盼望	5357, 9435, 9467	旁注楷书三希堂草书字帖	7727, 8424
盼望祖国早统一	4391	螃蟹	6104
盼圆棒	5410	胖姐儿	3494
盼云轩法帖	7657	胖猫加菲	6363
盼云轩画传	775, 1598	胖囡	9543, 9591
盼周总理再来	4030	胖妮	9591
叛国者	5578	胖妞	9552, 9618
叛逆	5492, 5958	胖胖	4211, 9368, 9406, 9421, 9484, 9739, 9765
叛逆天才	13210	胖胖和半半	5492
叛逃	5683	胖嫂回娘家	2391

书名索引

胖娃娃	3599, 3645, 4082, 8849, 9535, 9543, 9552, 9591, 9642, 9669	培养有社会主义精神文明的新一代	3334
		培养又红又专的新一代	3304
胖娃娃与布老虎	4141	培英绘画	1281
胖小猪和小兔子	6533	培育	4211, 9393
胖小子	9535, 9642, 9699	培育新苗	3840, 4082
胖子和瘦子	6104	培育壮秧	13240
抛老牛，骑骏马，高速度实现自动化！	3085	培育祖国的花朵	3085
刨洋芋	11786	裴爱群书法篆刻集	8267
咆哮的黑龙江	5492	裴多菲	5959
炮兵神威	8909	裴家乐画集	2286
炮打"一只虎"	5209	裴建华画集	2831
炮轰《女儿经》	3840	裴奇的奇遇	5492
炮灰画传	3402	裴树生画集	2479
炮火下的红领巾	12628	裴休楷书习字帖	7901
炮击金门	3693	裴休字帖	7869
炮击金门	2719	裴艳玲表演艺术评论文集	12940
炮击之后	3010	裴艳玲舞台艺术	4627
炮台前的激战	5258	裴玉林画集	2533
炮竹声声除旧岁·梅花点点报新春	1943	裴元庆 李元庆	4549
鲍庐集印	8513	裴元庆锤打程咬金	4709
跑旱船	4549	裴元庆全传	5959
跑驴	12247	裴元庆上山	5812
泡泡乐	9351	沛县祖字	7745
陪嫁的传家宝	3645	佩吉的命运	6226
培尔·京特第一组曲	12491	佩剑将军	5812, 6192
培根	527, 3389	佩岚书法选	8238
培根、霍克尼画风	6805	佩文斋书画谱	658
培灵诗歌	12437	佩西游动物园	6645
培轮斯钢琴左手练习法	11215	佩觿集	8055
培养高尚道德	3377	配画唐诗五体钢笔字帖	7498
培养高尚的道德情操	3358	配器法	11081, 11084
培养既能劳动又有文化的红色接班人	3154	配色的要素	149
培养三八作风 发扬优良传统！	3104	配色技法	147
培养拖拉机手	3840	配色事典	147
培养勇敢精神	13255	配色图典	155

中国历代图书总目·艺术卷

配色应用实务	147	朋友	5492, 9421
喷笔画技法	1165	朋友俩	5041
喷笔书技法	1070	朋友自远方来	3012
喷画	1091	彭"善人"的剥削史	5123
喷画技法 1.2.3	1090	彭本人作品集	2223
喷画技艺	1089	彭才年油画作品集	2836
喷画与喷修	1089	彭醇士书翰	8295
喷画造型艺术	1090	彭大将军	4293, 5959
喷绘技法	1090, 1091	彭大司马手札	8025, 8026
喷绘技法指南	1090	彭德怀	5683
喷喷香	4477	彭德怀"坐"轿	5959
喷洒画大全	1089	彭德怀的故事	5492
喷雾广告术	10367	彭德怀元帅	4082, 4211, 4293, 4391, 5812
喷雾画集	278	彭德怀元帅检阅三军	4477
喷修技法全书	1089	彭德怀自述	5812
喷药	1875	彭飞诗词	8253
喷玉流芳	9380	彭飞诗词楹联字帖	8307
盆花	10044	彭飞书诀千韵	7290
盆景	10586, 10621, 10623, 10634, 10636	彭广林的音乐说法	10896
盆景花卉	10577	彭国良儿童系列连环漫画选	6760
盆景瓶花	10574	彭鸿廪虞书集	8216
盆景瓶花	2507	彭蕙清书画集	2238
盆景诗画	10579	彭纪·秦明	2392
盆景诗情	10637	彭加木魂系罗布泊	6564
盆景仕女	10579	彭莉	9025
盆景双猫	10628	彭林画集	2142
盆景小猫	10575	彭年生摄影作品	8982
盆景艺术	10577, 10579, 10580, 10582, 10628,	彭湃	6363
	10630, 10633	彭启宇书画集	2307
盆景艺术精萃	10634	彭擎政绘画作品选	6767
盆史	10571	彭世强画民居	2333
盆玩	10571	彭特莫	6899
盆玩品	10572	彭先诚画集	2086
烹饪工艺大趋势	8623	彭先诚水墨人物画集	2403
朋嘎尔牧歌	5959	彭蕴章等书札	8021

书名索引

彭昭俊画集	2044	捧空花盆的孩子	6363
彭昭俊文集	827	碰壁	5492
彭总出差	5812	碰钉先生	6942
彭总扶我上战马	5959	碰了钉子以后	5578
彭总光辉一生	2367	批评的姿态	816
彭总和儿童团员	4391	邳县民间剪纸	10678
彭总在朝鲜	2364	邳县农村业余木刻小辑	3013
蓬－阿凡的洗衣妇	6847	邳县农民画	6746
蓬勃新姿	1818	邳县农民画选集	1369
蓬莱阁与八仙	10511	披虎皮的羊	6496
蓬莱初雪	9811	披荆斩棘的人	5492
蓬莱阁	9835	披麻戴	918
蓬莱阁海市蜃楼	2431	披毡献给毛主席	12610
蓬莱佳景	4141	劈波远航	5258
蓬莱居士珍藏书画目录	1467	劈波斩浪	5322
蓬莱清晓	2451	劈风斩浪	3016, 3840, 5259
蓬莱仙阁	4791	劈风斩浪向前进大风浪里炼红心	3257
蓬莱仙阁	2640	劈峰截岭	2589
蓬莱仙阁图	4791	劈峰截岭开山渠	1809, 1818
蓬莱仙景	9835	劈湖造田创新天	9264
蓬莱仙境	4211, 4627, 4709, 9885, 10536	劈华山	5812
蓬莱仙境图	2307	劈开马陵山引沂汶入大海	3890
蓬莱渔汛	1827	劈浪擒敌	5233
蓬莱渔汛	2593	劈山救母	1921, 4211, 4549, 8840, 9241
蓬蓬雕刻集	8668	劈山引来幸福水	9788
蓬园印萃	8507	劈山引水	2747
鹏程万里	1970, 2009, 2026, 4391, 4627, 4628,	劈山引水歌声扬	12280
	4791, 5322, 8163, 8197	劈山引水灌新田	3840
鹏程万里	2086, 2307, 2640, 2651	劈山引水绘新图	3024
鹏飞年代庆有余	4628	霹雳	12669
鹏秋书札	7237	霹雳贝贝	6709
澎湖列岛的传说	5959	霹雳火秦明 急先锋索超	4628
澎湃	5492	霹雳火秦明 大刀关胜	4391, 4477
澎湃的故事	5578	霹雳火秦明 急先锋索超	4628
篷山取乐图	1670	霹雳女郎	9699

中国历代图书总目·艺术卷

霹雳人出世	6668	皮司令从天而降	6458
霹雳弹	6295	皮司令野营遇险	6458
霹雳舞	9982, 12669	皮司令智斗魔星	6458
霹雳舞·柔姿舞·交谊舞·模特儿步	12586	皮特斯脱鲁普	6940
霹雳舞	9979	皮特斯脱鲁普连环漫画选	6931
霹雳舞精英	12669	皮影	10668, 10710, 12978
霹雳舞入门	12670	皮影史料	12979
霹雳舞速成	12669	皮影戏	12978, 12980
霹雳舞图解	12670	皮影戏艺术	12978
霹雳舞与迪斯科	12670	皮影戏音乐	12136
霹雳舞与迪斯可	12668	皮之先画钟馗百图	2409
霹雳舞在中国	12647	皮之先皮崴画集	2208
霹雳星	6458	皮之先钟馗百图	2399
霹雳一刀	8849	枇杷	2548, 2617
霹雳再造人	3512	枇杷丰收	10064
皮埃尔·罗德24首随想曲	12476	枇杷花鸟	1890
皮德漫画全集	7014	枇杷寿鸟	2651
皮德生活漫画	6948	枇杷双兔	2559
皮德斯特鲁普连环漫画选	6939	枇杷小鸟	1875, 1890, 10447
皮雕技法的基础与应用	8618	枇杷小鸟	2640
皮雕艺术	8618	毗陵画徵录	847
皮雕艺术技法	8619	毗陵曲坛撮录	12786
皮黄锣鼓秘诀	12066	毗陵汤氏书画集	1696
皮黄谭声	11136	毗陵庄繁诗女士楷隶楚辞	8342
皮黄戏指迷	12858	毗庐精舍画剩	057
皮簧唱片谱	11824	琵琶春晓	9345
皮匠挂帅	5041	琵琶独奏曲集	12313
皮诺曹	6658	琵琶峰	5812
皮诺曹历险记	6533	琵琶古曲李廷松演奏谱	12314
皮皮登彩虹	7076	琵琶行	1905, 4141
皮皮哈哈镜	6533	琵琶基础技法演奏	11341
皮皮和星星	7076	琵琶记	3044, 6390
皮皮鲁和鲁西西全传	6332	琵琶记曲谱	12130
皮皮钻云朵	7076	琵琶教材	11341
皮司令	5578	琵琶教程	11341

书名索引

琵琶教学法	11338	媲美	4141, 9467, 9507, 9765
琵琶教学与演奏	11341	偏安艺流	12734
琵琶乐谱	12308	偏旁假借通用书法备查	8469
琵琶练习曲	12316	翩翩	5684
琵琶练习曲选	12316	翩翩起舞	9961, 9965, 9968, 9971, 9977
琵琶录	10932, 12288	片面之言	13116
琵琶名曲选浅说	12319	片言录	8253
琵琶女	5683	片羽集	12740
琵琶谱	12296, 12304, 12307	片玉碎金	8120
琵琶曲	10458	骗来的新娘	6295
琵琶曲集	12309, 12315, 12319	骗亲记	5812
琵琶曲论选	12319	骗子的结局	6104
琵琶曲谱	11333	骗子们	5959
琵琶曲选	12314	骗总爷	12987
琵琶泉	5812, 6458	飘	8849
琵琶三十课	11336	飘零者	5960
琵琶声里的斗争	5259	飘然太白	2367
琵琶仕女图	2641	飘香的歌	11809
琵琶弹奏法	11335	飘扬吧,军旗	12230
琵琶舞	9977	飘逸	9406, 9454, 9760
琵琶新曲与基础练习	12319	飘逸的乐思	11104
琵琶演奏法	11333	瓢碧坠落红	8840
琵琶演奏技法	11340	漂泊的少女	5959
琵琶演奏曲	12319	漂泊南洋	6226
琵琶演奏艺术	11338	漂泊奇遇	5813, 5960
琵琶演奏与练习	11337	漂亮的布贴画	10720
琵琶音阶琶音练习曲	12315	漂亮的狐先生	4873
琵琶缘	5959	漂亮的新衣	4031
貔貅舞曲	12149	漂亮的纸贴画	10707
匹克吉他	11200	漂亮手绣	10363
匹克吉他讲座	11200	漂流	5960
匹克吉他与弹唱	11201	漂流记	7073
匹克民谣吉他精选	12182	漂流瓶	6226
辟斯居画谭	497	漂流瓶里的秘密	6192
渑史杭展新容	3840	票房行销	211

中国历代图书总目·艺术卷

骠国乐颂	10978, 10979	贫协委员	5259
拼搏归来	4211	频罗庵论书	7231
拼搏进取	8238	频罗庵题跋	7702
拼命三郎石秀	6104, 6496	嫔耿氏墓志	7824
拼贴画	1253	品茶	3800
拼贴艺术之历史	10200	品茶图	1579
拼音字母的字体和书法	7655	品多样新	3840
拼音字母美术字体的常识和范例	7631	品江南	2836
拼音字母习字帖	7655	品戏斋神游录	12890
拼音字母写字本	7655	品戏斋夜话	12883
拼音字帖	8399	品戏斋札记	12888
贫非罪	4915	品学兼优	3358
贫管代表	5290	聘请校外辅导员	3890
贫苦人	4906	乒乓少年	6564
贫农的儿子	2768	乒坛名将容国团	5452
贫农的女儿	3840	乒坛名将童玲	9987
贫农送女上大学	12344	娉婷	9421, 9435
贫农下中农是顶梁柱	11633	娉婷秀丽	9700
贫农下中农心最红	11641	平安	8830
贫农下中农一条心	11633	平安长寿	2659
贫农下中农之歌	11642	平安多喜	10477
贫下中农参观农具厂	3736	平安富贵	2086
贫下中农代表参观工业展览会	3736	平安欢乐图	2142
贫下中农代表参观水轮泵	3736	平安吉祥·连年有福	2142
贫下中农的称心店	3764	平安如意喜有余	4791
贫下中农的好闺女	3799, 3840	平安如意幸福长	4821
贫下中农的好医生	1809, 3016, 3764	平安幸福	2026
贫下中农的好医生王玉莲	5290	平坝县下溢坝苗族民兵联防队的斗争故事	5258
贫下中农的女代表	10414	平淡的灿烂	1415
贫下中农的贴心人——焦裕禄	3155	平淡天真	1551
贫下中农管理学校好	3840	平等互助 团结合作 共同繁荣	3382
贫下中农好队长	2348	平地一声雷	9357
贫下中农欢迎你们	3208	平顶山	5578, 8941
贫下中农协会红旗飘	3736	平顶山除妖	6261
贫下中农赞	3737	平顶山市戏曲志	12778

书名索引

平顶山市业余美术摄影作品选	280	平面构成入门	140
平定西川	5960	平面构成设计	138
平定伊犁回部得胜图	6838	平面构成图案	10212
平凡的岗位	1818, 1827	平面构成图形 1000 例	10310
平凡的事业	4927	平面构成艺术	141
平凡的事业不平凡的人	4971	平面构成原理	139
平格尔的奇遇	6390	平面构形基础	138
平湖	3002	平面构形设计	140
平湖竞舟	9971	平面广告 150 年	10775
平湖派琵琶曲十三首	12316	平面广告版式创意技巧	10395
平湖秋色	2142	平面广告创意经典	10401
平湖秋月	9081	平面广告创意设计	10384
平湖遗韵	12316	平面广告电脑设计指南	10401
平湖渔歌	4083	平面广告设计	10390
平江起义	3599	平面广告艺术	10376
平津夺宝	13127	平面海报设计专集	10734
平津馆鉴藏书画记	1463	平面设计	127
平津决战	5960	平面设计创意	10221
平津战役	6430, 13151	平面设计的创意与表现	10396
平剧歌谱	11827, 11828	平面设计构成研究	10211
平剧歌谱精选	11827	平面设计构图	141
平剧精选工尺曲谱	11827	平面设计基础	10209, 10216
平剧脸谱	12882	平面设计师之设计历程	10191
平剧琴谱	12066	平面设计十人	10775
平剧手册	12863	平面设计实践	10216
平剧新谱	12067	平面设计手册	10214, 10379, 10401
平剧寻声	12918	平面设计在中国 96	10218
平剧研究院成立特刊	12862	平面设计之基础构成	10211
平剧总论	12862	平面视觉传达设计	10215
平均律钢琴曲集	12488	平面图形构成	140
平林浅画	10625	平面造形基础	134
平面构成 139, 140, 141, 10211, 10214, 10221,		平民唱歌集	12353
10267		平民千字帖	8119
平面构成基础	141, 10211	平平安安	8830
平面构成教程	141	平平安安四季春	4391

中国历代图书总目·艺术卷

平埔族民歌	11821	评剧剧目考略	12932
平泉书屋珂罗版印古画第一集	1271	评剧锣鼓点	12113
平沙落雁	2009, 12304	评剧名家演唱艺术	12938
平山郁夫	6802	评剧明星	12932
平社画册	1708	评剧器乐入门	11141, 11350
平升三级	10625	评剧曲谱	12101
平生壮观	1458	评剧谈艺录	12952
平时为了战时 一切立足于打	3155	评剧现代剧目唱腔选	11839
平台——'98青年雕塑家作品集	8637	评剧向阳商店唱腔选集	11864
平潭岛	9099	评剧小戏考	12921
平型关大捷	2719, 2726	评剧选曲	12111
平阳新年画选	4867	评剧音乐常识	11143
平原奔马	1798	评剧音乐大全	12128, 12132
平原的太阳	11520	评剧音乐概论	11155
平原歌声	11552	评剧音乐史	11159
平原枪声	5014, 5123, 5124, 5209, 5684, 5960,	评书帖	7241
	6496	评弹曲调	12138
平原太平记	6997	评弹散记	12966
平原游击队	3693, 5098, 5290	评弹散论	12966
平原作战	9214, 12084, 13097	评弹文化词典	12975
评腰回来	1770	评弹演员	9529, 9571
评电影《闪闪的红星》	13098	评弹演员倪迎春	9591
评风云漫画	1237	评弹艺人谈艺录	12966
评功表模庆丰年	3645	评弹艺术	12966, 12967, 12968
评花新谱	12749	评弹艺术浅谈	12966
评画行	734	评弹知识手册	12971
评剧唱词乐谱	12101	评戏集	12723
评剧唱腔辅导	11140	评戏音乐入门	11140
评剧唱腔讲座	11873	评戏在天津发展简史	12943
评剧唱腔结构研究	11140	评选歌曲15首	11469
评剧唱腔选	11836, 11838	评纸帖	1058
评剧唱腔选集	11829	苹果大娃娃胖	3599
评剧革命的可喜成果	9276	苹果丰收	1809, 3540, 3737
评剧革命现代戏唱腔选	11840	苹果丰收	2728
评剧简史	12754, 12927	苹果花	10017

书名索引

苹果花开的时候	2923	婆娑倩影	10625
苹果乐理	11051	婆媳官司	6332
苹果熟了	3693	婆媳和睦娃娃乖	1970
苹果树下	4898, 5259	婆媳乐	4211
苹果树下喜丰收	3645	婆媳俩	12093
苹果真香	9357	婆媳情	6261
凭栏揽翠	4709	婆媳争锻	12093
屏东县音乐发展概说	10974	婆媳之间	4972
屏幕前的探索	13123	鄱湖风浪	5492
屏书华实	12975	鄱湖擒妖	5578
屏下谈书	12975	鄱湖渔歌	3840
瓶花 1859, 2925, 10621, 10622, 10630, 10633,		鄱阳湖大战	5961
10636		鄱阳湖风情	8958
瓶花	2641, 2719	鄱阳湖之战	5684
瓶花谱	10572	珀米克	6879
瓶花艺术	10572	珀塞尔	10897
瓶菊	10623	破案故事	6459
瓶梅	1890	破宝钹	5684
瓶谱	10572	破壁记	5961
瓶笙馆修箫谱	12261	破冰捕鱼	2998
瓶史	10571	破冰斩浪	5180
瓶水间情秋波小影	1597	破城计	5813
瓶水闲情秋波小影	1597	破除对"三十年代"电影的迷信	13179
萍寄室印存	8524	破除迷信	13243
萍乡戏曲资料汇编	12934, 12937	破敌堡	5124, 5961
坡公小品	8105	破斗笠的风波	6104
泼墨斋法帖	7661	破釜沉舟	5578, 5813
泼水佳节话情深	4211	破姑苏	5961
泼水佳节清泉流	3778	破坏王	6998
泼水节	6363	破旧立新	13243
泼水舞	4211	破浪追踪	4972
婆罗多舞	1734	破辽国徒劳无功	5813
婆罗洲土著文化艺术	369	破镣铐，争自由	13094
婆婆好 媳妇巧	4141	破灭的梦	6609
婆婆们的笑声	4972	破青龙关	5813

中国历代图书总目·艺术卷

破山神	6104	莆仙戏目连救母	12950
破碎的镜中像	6588	莆仙戏史略	12955
破铁网	760	菩萨	8667, 8668
破魏灭赵	4972, 5813	葡萄	1734, 1770, 1875, 10064, 10433, 10465
破雾飞腾	5290	葡萄	2548, 2651
破襄阳	5492, 5684	葡萄丰收	1859, 3540, 3694, 4031
破邪论	7832, 7842	葡萄和藕	2926
破雪	3645	葡萄画法	983
破窑记	5813, 6105	葡萄画基础技法	965
破译色彩之谜	155	葡萄架下	3007, 12600
破译效果图表现技法	141	葡萄熟了	1943, 3565, 4212, 4294, 10465
破阵乐	11934	葡萄熟了的时候	4883
剖腹辨冤	5961	葡萄香又甜	4212
仆人、财主和强盗	5578	葡萄小鸟	1875, 1905
扑不灭的火焰	4972	葡萄小鸟	2641
扑不灭的烈火	5233	葡萄牙瓷砖壁画艺术	7065
扑步亮刀	9965	葡萄牙当代摄影展	10133
扑蝶	1921, 4083, 4212, 9357	葡萄牙当代陶瓷展	10725
扑蝶盛会	9942	葡萄牙电影史	13196
扑蝶图	1970, 4392, 10458	葡萄牙美术史	374
扑蝶舞	12605	葡萄牙摄影史	8708
扑光掠影	8905	葡萄牙舞蹈史	12580
扑蝴蝶	12605	葡萄牙戏剧史	12791
扑克魔术	12993	葡萄牙辛特拉现代艺术博物馆	6832
扑克魔术99法	12995	葡萄牙音乐史	10986
扑克魔术100例	12990, 12994	葡萄燕子	1905
扑克魔术变法大全	12997	蒲公英	10025
扑克牌魔术	12991	蒲国昌	540
扑萤图	1905	蒲国昌黑白艺术	1392
铺花的歧路	5684	蒲国昌画集	2182
铺满红叶的小路	5961	蒲河水弯又弯	11776
铺满阳光的路	5259	蒲华	1675
莆画录	1466	蒲华行草三种	8080
莆田历代书画选集	1482	蒲华画集	1686, 1691
莆田书画选集	2223, 2255	蒲华墨竹选	1683

书名索引

蒲华墨竹选	2519	浦蕴秋画集	2142
蒲华山水图册	1685	普唵咒	12305
蒲华书画	1694	普遍提倡和推行一对夫妇只生育一个孩子	3350
蒲华书画集	1684	普多夫金论文选集	13034
蒲江朝阳湖	9822	普及大寨县 县委是关键	3257
蒲剧简史	12947	普及大寨县 知识青年做贡献	3257
蒲剧史魂	12843, 12924	普及大寨县双手谱新篇	3257
蒲剧新秀任根心	9591	普及科学知识 破除封建迷信	3358
蒲剧移植革命现代京剧《杜鹃山》主要唱段选		普及型电子琴原理·维修·演奏法手册	11283
	11862	普及与提高相结合 努力发展体育事业	3319
蒲剧艺术	12926	普及与提高相结合 努力发展体育事业	3304
蒲剧音乐	11139, 11149	普降吉祥	4821, 4862
蒲剧优秀唱腔选	11878	普拉多美术馆	211, 212
蒲妹	5813	普里希别叶夫中士	5492
蒲松龄	5961, 6413	普烈作品选	11530
蒲田大捷	5813	普鲁古丽宫女	6885
蒲仙戏音乐	12117	普罗科菲耶夫	10892
璞玉集	319	普罗科菲耶夫的"阿历山大·涅夫斯基"	11142
朴书	7357	普罗科菲耶夫的保卫和平与冬日的篝火	
朴堂印稿	8563		11140
浦东琵琶谱	12296	普罗科菲耶夫的歌剧"战争与和平"	11142
浦东向我们走来	8963	普罗拉菲夫的"保卫和平"与"冬日的篝火"	
浦江朝晖	2595		10854
浦江红侠	5814	普罗米修斯盗火	5684
浦江红侠传	5578, 5684	普普亚三	3487
浦江两岸	1382	普普艺术	082
浦江两岸——上海	8938	普契尼	10892, 10897
浦江乱弹音乐	12135	普赛尔	10883
浦江民间剪纸集	10670	普桑	6837, 6856
浦江怒潮	4972	普氏曲体学	11074
浦江游览	9963	普世诗歌	12440
浦江月色	3002	普太拉成长记	7057
浦江之晨	9038	普天颂赞	12433, 12437, 12439, 12440
浦契后歌剧"蝴蝶夫人"	12499	普天同欢庆 各族大团结	3358
浦山论画	469, 470, 666	普天同庆	3541, 4392, 4477, 4549, 4628, 4709,

中国历代图书总目·艺术卷

4843

普天同庆	2142, 2333
普天同庆 皆大欢喜	4392
普天同庆 举国欢腾	4031
普天同庆 四海归心	3358
普通党员	5493
普通高校音乐教程	10839
普通劳动者	3281, 3935, 4972, 5014, 5814
普通老百姓	5684
普通乐学	10783
普通人	13111
普通学校音乐教育学	10824
普通一兵	1859, 2768, 2777, 2778, 3890, 3980
普通音乐教育学概论	10819
普陀山	8938, 9846, 9861
普陀山传奇	6295
普陀山风光	9822
普陀山胜境图	4549
普陀山胜境图	2143
普陀山秀色	9099
普陀胜景	2434
普陀胜境	9140
普陀晚春 九华盛夏 五台秋色 峨嵋冬雪	4628
普陀之夏	9822
普维·德·夏凡纳	512
普希金	4709, 5814
普希金诗选	7454
普希金诗选钢笔字帖	7476
普希金文学插图	7062
普希金造型艺术博物馆藏画	6873
普贤菩萨	6588
普选	2931
普选唱本	12137
普选歌曲	11573
普选运动歌曲集	11573

溥心畬画集	1905
溥心畬书画集	2208, 2286
溥心畬书画全集	1859
溥心畬书画全集	2353, 2422
溥心畬书画文物图录	2238
溥心畬先生书画遗集	2223
溥心畬先生书画遗作	2223
溥佐画集	2009
谱系杂说	7707
谱新歌	3841
谱新曲	1835, 3800
瀑布	9797, 9874
瀑布·溪流	2475
瀑布舒洒碧玉	9822
瀑布之歌	12008
瀑鸣翠谷	2143
曝书亭书画跋	780

Q

"七一"金曲	11522
"枪杆子里面出政权"剪纸集	10671
"请各位蚂蚁注意"	5445
"穷棒子"精神创大业	3172
"穷棒子"精神万岁	5001
"屈原"插曲	12091
"全国美术作品展览"在北京展出	9269
《七一》刊头集	10293
《千家诗》钢笔字帖	7419
《千字文》钢笔七体字帖	7575
《瞧,那边!》照	9346
《青春万岁》中杨蔷云	13113
《清明上河图》与清明上河学	866
《情探》选曲	11831
《屈原》插曲	12091
《屈原》的导演艺术	12909

书名索引

《全国连环画、中国画展览》中国画选集	1290	七彩舞台	12704
《全国卫生美术摄影作品展览》图录	209	七彩香烟牌	10396
《群星璀璨电视歌会》歌曲集	11923	七个尖角房	7043
［钱唐许君墓志铭］	8036	七个少先队员	4927
［秦碣石颂］	7955	七个水晶球	7022
［青秋阁印谱］	8455	七个小套	12054
［青野书画］	1595	七个资本主义国家电影动向	13307
［青在堂画法浅说］	674	七根火柴	5814
［清宫戏曲演员表］	12806	七国叛乱	5685
［清名家手札］	8020	七号公路的秘密	5041
［清世恩临淳化阁帖］	7710	七家印跋	8445
［清拓多宝佛塔感应碑］	7827	七家印谱汇存	8524
［群众歌曲选］	11547	七剑下天山	4549, 6105
龟兹壁画线描集	1935, 1986, 6622	七姐妹花	2617
龟兹壁画艺术	10455	七进阿佤山	5685, 5814
龟兹乐舞壁画	6623	七绝百首行草	8253
龟兹艺术研究	456	七绝名篇钢笔毛笔对照字帖	8429
裙样姑娘	5560	七绝山	5578, 5685, 6192
犍陀罗佛教艺术	451	七郎八虎	4770
犍陀罗式雕刻艺术	8602	七郎力闯四门	4477
犍陀罗艺术	452, 460	七里香	9885
七·二六颂歌	12370	七龙珠	7095, 7096, 7097, 7098
七·七事变——卢沟桥抗日战争纪念馆历史画		七面风	13093
	2797	七年之痒	048
七把叉	5357	七品芝麻官	4141, 4212, 4294, 4477, 5493, 5814,
七宝莲花樽	6105		6496, 13105, 13123
七宝烧装饰画	10728	七巧板	5410
七彩的歌	12040	七巧板新童谣竞唱歌曲集	12044
七彩虹	12651	七擒孟获	5961
七彩葫芦	6709	七曲山大庙	2026, 4549
七彩梦	9435	七色光	12446
七彩人生	11099	七色花	4898, 4899, 5579, 6363
七彩世界	3050, 3433	七姊和全胜婆	4899
七彩世界；山东即墨市第二实验小学学生绘画		七尸八命案	6332
作品集	1327	七十八翁傅真山书	8163

中国历代图书总目·艺术卷

七十二变	1324，6687	七言对联	7553
七十二变化	6658	七言对联行书字帖	8267
七十二候笺	1605	七言诗硬笔书法字帖	7498，7529，7597
七十二候图	1615	七言唐诗	7553
七十二候印谱	8520	七叶一枝花	3841，5234
七十二家房客	5685	七一颂	11729
七十二景诗画情	1696	七英雄结义	5961
七十年代美术	176	七友画会及其艺术之研究	593
七十年风云	6390	七月的歌	11472
七十年优秀流行歌曲选	11721	七月流火	5685，13105
七十一号街幽灵	6332	七月七	4628
七颂堂识小录	7210	七子夺盔九子夺梅	2989
七体书法字典	8347	妻兄杀人案	5961
七体硬笔书法	7581	妻子的杰作	10182
七天革个命	4972	栖梧山	4972
七天七夜	5098	栖息	1770
七侠五义	6497	栖霞山	3013
七仙女	4294，4972	栖严寺新修舍利塔殿经藏记	7658
七仙女盼人间	4141	戚	2143
七仙女思凡	1890	戚继光	5041，6497
七仙女送子	8813	戚继光 韩世忠	4392
七仙女下凡	4083，8861	戚继光抗倭	6105
七仙女下凡学纺织	3541	戚继光抗倭斩子	4899
七仙女祝寿	4709	戚继光平倭	4392，5493
七弦琴讲座提纲	11332	戚继光招兵	5961
七弦琴音乐艺术	11341	戚继光郑成功	4212
七笑拳	7113，7114，7115	戚雅仙表演艺术	12945
七星宝刀	6226	期待	8830，9406
七星碧玉刀	13151	期望 2778，3980，3981，4083，4392，4477，9393，
七星剑	5961，9238	9406	
七星剑传奇	6105，6226	漆德琉水彩画作品与技法	1171
七星岭上展宏图	5209	漆黑的夜晚	5685
七星岩	9044，9811	漆画的艺术和技术	1091
七星岩风光	9109	漆画绘制工艺	1090
七星岩之晨	9822	漆画技法	1090

书名索引

漆画技法与艺术表现	1091	齐白石画辑	1859
漆画设计基础	1091	齐白石画论	720
漆器	418, 10642	齐白石画谱	2333, 2415, 2484
漆器工艺技法摘要	8618	齐白石画虾	994
漆器型制与装饰鉴赏	415	齐白石画虾画蟹	997
漆器艺术	10655	齐白石画选	1739, 1770, 1890
漆器制造技术	8616	齐白石画选	2086
漆器制作技法	10653	齐白石画语录图释	827
漆艺概要	10660	齐白石绘画精萃	2238
漆艺鉴赏	10647	齐白石绘画精品集	2182
亓官良花鸟画集	2527	齐白石绘画精品选	2182
齐白石	816, 1449	齐白石绘画选集	1891, 1905
齐白石白菜蘑菇	1770	齐白石绘画艺术	498, 803
齐白石白菜秋虫	1770	齐白石九秋图卷	2026
齐白石彩色精选	2009	齐白石昆虫小品	10497
齐白石草虫册	1759	齐白石老公公的画	1726
齐白石册页	2333	齐白石墨梅	1771
齐白石茶花	1721	齐白石牵牛花	1782
齐白石大寿图	1782	齐白石蜻蜓老少年	1759
齐白石的画	1726, 1739	齐白石秋荷	1782
齐白石丁二仲经亨颐简经纶来楚生印风	8592	齐白石全集	321, 1411, 7166
齐白石动物小品	2659	齐白石群蛙	1759
齐白石法书集	8307	齐白石群虾	1771
齐白石工笔草虫	2497	齐白石人物画册	2346
齐白石荷花翠鸟	1770	齐白石山水画选	2423
齐白石红莲鸣蝉图	1759	齐白石山水扇面	2479
齐白石红牵牛	1782	齐白石扇面	1741
齐白石花果小品	2659	齐白石手批师生印集	8564
齐白石花卉	4628	齐白石书法篆刻	8150
齐白石花鸟扇面	2548	齐白石书画集	2009
齐白石画册	1719, 1739, 1759	齐白石书画鉴定	816
齐白石画册初集	1718	齐白石书画用印谱	8579
齐白石画法与欣赏	789, 790, 807	齐白石丝瓜	1759
齐白石画集	1721, 1734, 1741, 1798, 1921, 2009	齐白石谈艺录	498, 499
齐白石画集	2143, 2208	齐白石谈篆刻艺术	8460

中国历代图书总目·艺术卷

齐白石先生画墨荷翠鸟	1759	齐鲁安泰	3512
齐白石先生画竹篱秋菊	1759	齐鲁长勺之战	5685
齐白石小品	10411	齐鲁风光	8890
齐白石写意花卉册	2490	齐鲁古印攟	8519
齐白石研究	790	齐鲁民间艺术通览	10710
齐白石研究资料简编	798	齐鲁群星大汇:山东省群众文化干部论文集	
齐白石遗作展览会纪念册	1738		217
齐白石艺术研究	827	齐鲁书画名家作品选集	2308
齐白石印汇	8566	齐鲁谈艺录	095
齐白石印集	8582	齐鲁戏曲春秋	12793
齐白石印影	8572, 8579	齐鲁音乐文化源流	10973
齐白石与当代名家书画集	2307	齐鲁影视评论	13133
齐白石篆刻及其刀法	8479	齐鲁杂技文集	12996
齐白石篆刻集	8584	齐鲁之战	5685
齐白石篆刻艺术的研究	8462	齐玛诺夫斯基	10886
齐白石篆刻自藏印海外遗珠	8584	齐鸣颂艳阳	3599, 3645
齐白石篆刻字典	8575	齐平山发兵	6105
齐白石作品	2307	齐如山全集	12860, 12861
齐白石作品集	1782	齐上阵	3935
齐白石作品集	2143	齐天大圣	5014, 5493, 5962, 6390, 6658
齐白石作品选集	1741	齐天大圣·大闹天宫	6332
齐百人造像	7773	齐天小圣历险记	6332
齐唱合唱歌曲经典	11990	齐王求将	5814
齐唱民族大团结	9336	齐心插下幸福秧 秋收定打万担粮	3119
齐唱曲集	11934	齐心斗天	5041
齐唱新歌	12351	齐心合力 吉庆有余	3599
齐唱新歌合集	12351	齐心合力 年年有余	10408
齐放	10458	齐心协力	1970, 3800, 9336
齐佛来画诗选	2537	齐心协力共同富余	2086
齐观山摄影作品选集	8920, 8976	齐辛民画集	2519, 2542
齐国瓦当艺术	428	齐燕铭印谱	8558
齐欢庆	4212	齐勇立	2828
齐桓称霸	5814	齐云山明代碑刻选	8068
齐会歼灭战	5814, 6459	祁恩进画集	2475
齐良已国画选集	2143	祁海峰油画作品选	2824

书名索引

祁红梅	5290	奇怪的大鸡蛋	5815, 6261
祁连冰封	9109	奇怪的动物医院	5815
祁连积雪	8979	奇怪的俘房	4972
祁连山	1722, 9071	奇怪的火光	5209, 5493
祁连山啊, 祁连山!	11412	奇怪的脚印	5410
祁连山狂想曲	12238	奇怪的旅客	5410, 6295
祁连山区写生画选	2857	奇怪的骆驼蹄印	5322
祁连山色	1771	奇怪的墓碑	5815
祁连松雪	1992	奇怪的苹果	5493
祁连新貌	1921	奇怪的签名	6332
祁连驯鹿	3694	奇怪的潜水员	5493
祁太秧歌研究之二	12843	奇怪的枪声	5290
祁太秧歌研究之一	12843	奇怪的泉水	5815
祁太秧歌音乐	12147	奇怪的收音机	5323
岐蚨治印	8566	奇怪的四脚蛇	5815
岐山封神	6413	奇怪的小猎人	5962
岐舌国九公显神通	5685	奇怪的信号弹	5493
岐阳世家文物图像册	1272	奇怪的雪茄	7022
其加达瓦版画选	3050	奇怪的雪中人	5685
奇兵捣匪巢	6105	奇怪的演出	5685
奇兵夺宝	6353	奇怪的英国绅士	5815
奇兵夺粮	5814	奇果图	3565
奇兵袭敌	6295	奇花	5685, 5686, 5962
奇春火花	5209	奇花珍宝	10082
奇斗	5259	奇幻人间世	3475
奇峰拔秀	9822	奇婚记	5962
奇峰画集	1706	奇恋	13151
奇峰竞秀	9081, 9811	奇梦异境	5962
奇峰绕雾	9835	奇妙的电影	13069
奇峰异洞	5579	奇妙的电子乐器	11279
奇功异彩	4083	奇妙的动物世界	3475
奇怪的"101"马兰花	4083	奇妙的公鸡	5815
奇怪的"凶手"	5579	奇妙的公园	4392
奇怪的《101》	5493	奇妙的乐器王国	11165
奇怪的车号	6733	奇妙的旅行	5579

中国历代图书总目·艺术卷

奇妙的冒险	7115	奇袭保安团	6106
奇妙的魔术	12986	奇袭迪口乡公所	4972
奇妙的染纸	10688	奇袭敌兵站	5259
奇妙的色彩王国	189	奇袭匪巢	5686
奇妙的视错觉	144	奇袭蜂娘洞	5962, 6193
奇妙的折纸	10688	奇袭古仙镇	5686
奇妙的中国民间玩具	10722	奇袭黑风口	5686
奇妙构图	142	奇袭虎狼窝	6106
奇妙乐园：睡童笔下的神奇王国	3487	奇袭奶头山	5124, 5357, 6106
奇妙世界	9454	奇袭擎天骄	5686
奇谋妙计	3454	奇袭十房院	5323
奇男侠女	8840	奇袭汪集	5259
奇普的故事	6687	奇袭乌龙镇	5962, 6106
奇普里安·波隆贝斯库	5579	奇袭西高地	6193
奇奇鱼	6390	奇袭杏石岭	5323
奇情侠侣	4770	奇袭延陵镇	5493
奇趣小魔术	12999	奇袭鹰头山	6261, 6459
奇趣小魔术 270 例	12996	奇侠俏妹闯热河	13151
奇人怪想	5579, 5962	奇药救父女	6645
奇人管万斤	6193	奇异的宝花	6106
奇人像	1494	奇异的蝴蝶	5579
奇山秀水	9144, 10511	奇异的化石蛋	5358
奇山异石——无锡蓝园	9822	奇异的机器狗	6106
奇鼠嘎嘎朋	6710	奇异的蜜蜂	5493
奇双会	4083, 4477, 8830, 9236, 9238, 12111	奇异的巧克力工厂	6645
奇思妙想	3433, 10748	奇异的锁	6262
奇思灼见	7498	奇异的战车赛	5962
奇松下望莲蕊峰	1891	奇异的折纸	10693
奇特的一幕	5686	奇异世界大探险	7141
奇特的战斗	5815, 6261	奇冤记	5686
奇袭	5165, 5815	奇冤一案	5494
奇袭"太平号"	5815	奇冤昭雪记	5962
奇袭白虎团	3694, 3778, 5180, 5234, 9150,	奇缘巧配	4821
	12081, 12083, 12874, 13096	奇斩恶魔	5686
奇袭保安队	5815	奇珍异宝	8994

书名索引

奇阵良缘	6106	棋魂	1992, 5962
奇志	1809	棋盘山	4628, 8813
奇志	2589	棋王	5967
奇志贯长空	3890	旗开得胜	5259, 6459
奇志篇	5263	旗漫东溪	6107
奇志图	3841	旗旗号巡洋舰漂流记	6226
奇智奇谋绘图宝鉴	6533, 6534	旗手的儿子	5358
歧路	13228	旗委书记	5124
歧路悲歌	6193	旗正飘飘	11366
歧路徘徊	6106	蕲蛇老人传	5963
歧舍国	5815	麒麟寿星图	4709, 4710
淇园肖影	929	麒麟送宝	4392, 4549, 4628, 4710, 4821
骑白骏马的人	5124	麒麟送宝	2044, 2087, 2143
骑兵进行曲	12222	麒麟送子	2989, 3565, 4549, 4710, 4821
骑兵随想曲	12210	麒麟送子	2087
骑电马	4212	麒麟锁	4758
骑鹅历险记	6564	麒麟武将	4710, 4821
骑鹅旅行记	5816	麒麟雄师武将	2143
骑驴回山村	11951	麒麟引凤	9955
骑马康康	4888	麒派浅谈	12868
骑马女郎	6885	麒艺丛编	12894, 12895
骑马少女	9700	屺瞻百岁画集	2143
骑木马	4294	企鹅激光唱片指南	10897
骑上红骏马	11604	企高金石	8587
骑上我的红战马	2086	企业恋歌	11722
骑师与美人鱼	6193	企业象征图形	10393
骑士	4294	企业形象设计	10401
骑士的故事	5098	企业之歌	11753
骑士的荣誉	6107	企周画胜	1701
骑士舞	12652	杞县戏曲志	12773
骑着灰狼的伊凡王子	6890	启迪	117, 4392
骑自行车来的新娘	4392	启笛手书毛泽东诗词	8333
骑自行车请注意交通规则	3368	启笛手书毛泽东诗词四十首	8254
棋·纸·艺	319	启法寺碑	7775
棋逢对手	3600, 4142, 4294	启功草书千字文	8216

中国历代图书总目·艺术卷

启功丛稿	093	气贯长虹	9393
启功行书	7608	气贯长虹——邓中夏烈士	5494
启功论书钢笔字帖	7454	气化谐和—中国古典审美意识的独特发展	072
启功论书绝句百首	7348	气节高坚	2255
启功论书札记	7315	气节高坚图	8865
启功书法选	8169	气球兵历险记	6459
启功书法作品选	8169	气球闯沙漠	6364
启功书画留影册	2272	气球上的五星期	5963, 6497, 6733
启慧画集	1420	气球探险记	5963, 6459
启蒙简笔画新编	1123	气势撼人	533
启蒙巧学	7597	气象观测	3512
启南女士小真书精品	8111	气象日历	10465
启骧书艺集	8319	气象哨	3737
启斋藏印	8584	气象万千	1970
启智折纸	10698	气象新兵	3841
起爆之前	5165	气象学家竺可桢	5494
起搏书	13119	气象员	10414
起步	1792	气象侦查员	13253
起得早锻炼身体好	3327	气象蝉蝶	2929
起根发苗	5234	气英布	4972, 5816
起宏图	5323	气韵生动的中国雕塑	8611
起居平安图	2628	气壮山河	1943, 2009, 4477, 4758
起死回生	6679	弃"官"回山	5963
起头难	9436	弃暗投明	5816
起舞	9971	汽车	145
起义者之歌	12371	汽车博览	10526
起重工	11462	汽车大观	4758
起重输送机械安全生产	5209	汽车大赛	6674
绮丽	9436	汽车开到荆竹寨	3737
绮丽四景	4710	汽车列车	2998
气垫船载来科学考察队	3981	汽车猫传奇	6680
气氛设计	10570	汽车司机见到了毛主席	12052
气功强身法图解	9253	汽车与火车	3512
气功书法及养生	7307	汽笛长鸣	5290
气功与声乐呼吸	11125	汽笛声声	5290

书名索引

契尔柯夫	13215	千峰竞秀	2009
契诃夫	5494	千峰流翠	2010
契诃夫与艺术剧院	12754	千峰迎客	4821
契克过河奇遇记	5816	千佛岩	5816
契兰堂书画录	668	千歌万曲歌唱毛主席	11691
器乐	11246, 11263	千歌万曲献给党	1843
器乐·钢	11263	千歌万舞献给党 红心向着华主席	3890
器乐合奏曲集	12330	千歌万舞献给党 红心向着华主席	3257
器乐曲	12154, 12453	千歌万舞献给华主席	3935
器乐曲式学	11089	千古的绝唱	3475
器乐曲选	12155	千古丰碑：纪念海河治理30年	8856
器乐欣赏基本知识	11165	千古绝唱	12135
器乐知识	11166	千古名句钢笔书法	7581
器乐作曲基础教程	11104	千古神威	3463, 3464
器皿	1189	千古文化名山——庐山	8938
器皿造型与装饰	127	千古忠烈	5963
器物杂录	10195	千红百梅图选集	2507
憩	9351, 9393, 9436, 9454, 9455, 9484	千花万卉斗芬芳 春兰秋菊开不败	9313
憩息	9406, 9455	千花万锦量不尽	3841
憩园	10116	千家诗	7597, 7608
恰、恰、恰之技巧	12663	千家诗钢笔行书字帖	7498
恰克与飞鸟亚洲巡回演唱纪实	10886	千家诗钢笔书法	7608
千变万化的天气	3475	千家诗钢笔圆珠笔字帖	7454
千仇万恨录	3141	千家诗钢笔正楷行书帖	7476
千锤百炼	11665	千家诗钢笔字帖	7529
千锤百炼 精益求精	12685	千家诗精粹	7476
千锤百炼铸新风	827	千家诗精选钢笔行书字帖	7553
千岛湖	9811, 9861	千家诗楷书字帖	8370
千岛圣湖	1992	千家诗硬笔行书字帖	7597
千蝶剪纸集	10706	千家送福	4821
千帆竞秀	2808	千家姓正行草钢笔字帖	7430
千方百计，争取农业丰收！	3104	千娇百媚	2367
千方百计找饲料	4973	千娇万态破朝霞	10447
千方百计争取以粮棉为中心的农业全面丰收！		千斤队	4973
	3119	千斤神力王	6226

中国历代图书总目·艺术卷

千金买骨	5686	千里新河运粮忙	3890
千军横扫"四人帮"	3257	千里寻仙遇寿星——杭州楼锡龙	9618
千军万马奔下乡	11608	千里野营炼红心	3208
千军万马齐上阵	3890	千里野营学大庆	3890
千军万马上战场	3022	千里姻缘百年好	4843
千军万马战金山	2861	千里油田处处春	3800
千钧一发见红心	4973	千里渔场变新颜	12281
千里冰封捕鱼忙	1809	千里跃进大别山	11938
千里草原春送暖	3935	千里云山	2641
千里草原添骏马	3841	千里走单骑 4212, 4478, 4628, 4710, 4770, 4850,
千里春风万家丰登	4294	4899, 5071, 5410
千里大追捕	6669	千里走单骑	2367
千里封江	5358	千猫图	2583
千里戈壁迎亲人	3016	千年藏帖	7743
千里共婵娟	5816, 8207	千年传世珍宝鉴赏	433
千里海河夺丰收	12334	千年的仇要报，万年的冤要伸	1274
千里海河起宏图	9053	千年的铁树开了花	11676, 12171
千里行程一路春	1818, 3800	千年佛雕史	460
千里洪湖浪滔滔	12322	千年古筝获新生	3841
千里回马枪	6107	千年铁树开了花 如今聋哑说了话	3764
千里嘉陵图卷	2010	千鸟袍	13124
千里江陵一日还	1905	千女闹海	13246
千里江山	596	千奇百怪	6763
千里江山图	827, 1550	千奇百怪的国外艺术	165
千里进财一帆风顺	4549	千奇百怪的鸟	6710
千里驹	1792	千秋功罪 我们评说	3841
千里飘香	4478	千秋功罪 我们评说	1835
千里擒狮王	6733	千秋佳丽	1943
千里三峡图	2476	千秋节	5687
千里沙漠绘新图	8928	千秋绝艳图	1271
千里送京娘 1970, 4392, 4549, 4791, 5686, 5687,		千秋快乐	4294
5816, 6107		千秋颂	1943, 4294, 4549
千里送京娘	2143	千秋万代高唱东方红 五湖四海齐颂华主席
千里探亲人	3737		3936, 3981
千里突围	5816	千秋万代战旗红	11794

书名索引

千秋中华魂	1490	千针万线	4142
千人千面	3438	千纸鹤	6534
千人万人唱起来	11593	千种书法大观	8238
千山	1850, 9797, 10471	千重仇, 万重根	11882
千山叠翠	4628	千重浪	5358
千山覆翠	1992	千姿万态破朝霞	1943
千山古秀	4710	千字文 7608, 7729, 7930, 7950, 8023, 8041, 8050,
千山竞秀	1771, 1792	8366, 8377, 8408, 8424, 8439
千山乐话	10833	千字文集古	8117, 8357
千山龙泉寺	9795	千字文楷行草书钢笔字帖	7498
千山龙泉寺南望	1771	千字文描红	8279
千山四景	2434	千字文三体钢笔书法字帖	7553
千山万岭换新装	11776	千字文习字帖	8341
千山万水	6597	千字文小楷法帖	7901
千山之春	9812	千字文注	8355
千手观音	4478	迁往新居的途中	1749
千手千眼观音	4838	牵驴花鼓	12609
千思录	8254	牵牛	6840
千万不要忘记 3694, 3737, 5098, 5124, 5139,		牵牛	2548
9149, 13095		牵牛粉蝶	1792
千万个雷锋在成长	3281, 3334, 3981	牵牛花	1726, 1734, 1771, 1782, 1859, 10064
千万个铁人在成长	2747	牵牛花	2497, 2507, 2603
千万颗红心献给党	11671	牵牛花的来历	4973
千万颗红心献红党	11456	牵牛花粉蝶	1734
千万人站起来	11558	牵牛蜻蜓	1734
千文字	7828	铅笔	5098
千禧之交——两岸戏曲回顾与展望研讨会		铅笔淡彩速写画法	1093
	12793	铅笔风景画	1093
千岩竞秀	2010	铅笔画	1107, 1110
千岩竞秀	2044	铅笔画册	2854
千岩竞秀万壑争流对屏	2434	铅笔画法	1093
千阳布枕	10722	铅笔画基础训练	1119
千载缘	6534	铅笔画集	2849
千丈山	5579	铅笔画技法	1113, 1131, 1141
千嶂迭翠	9875	铅笔画技法基础入门	1145

中国历代图书总目·艺术卷

铅笔画入门	1098, 1123	前汉演义	6534
铅笔画素描	1125	前后出师表	7990
铅笔画帖	2854	前进	11367
铅笔画学习技法	1125	前进！伟大的祖国	11695
铅笔画之艺术	1102	前进，亚非拉美人民	11957
铅笔名胜画	2850	前进，进！	1859
铅笔人物画	2849	前进,拉丁美洲人民！	12402
铅笔素描	1100, 1155	前进吧！祖国	11450
铅笔素描学习法	1131	前进吧，祖国	3327
悭吝人	5579	前进的歌声	11469
谦恭虚心 刻苦学习	6459	前进的列车	3800
谦斋印谱	8495, 8496	前进歌	11655, 11659
签名	6564	前进歌唱手册	11573
签名的艺术	7357	前进歌声	11567
签名技巧指南	7396	前进歌声集锦	11568
签名艺术	7380, 7430, 7439	前进在光辉的大道上	8883
签名艺术举要	7380	前进在康藏高原上	2987
铃山堂书画记	243, 1458	前进在毛主席的伟大旗帜下	3281
前程锦绣 丰衣足食	4142	前进在社会主义大道上	11462
前程似锦 1818, 3046, 3281, 3694, 3800, 3936,		前进在新长征的路上	12235
4031, 4294, 4392, 4850		前进战歌	11466
前程似锦	2087, 2651	前进中的蒙古人民共和国	10128
前程似锦 万象更新	3981	前进中的内蒙古	13238
前程似锦万象更新	4294, 4629	前进中的天祝	8804
前程似锦重任在肩——周总理鼓励我们搞革新		前进中的中国航天工业	8893
	3981	前面是急转弯	5098
前程万里	3841, 9019, 9467, 9700	前明太祖新书二帖	8025
前程万里	2651	前清十一朝皇帝真像	1271
前赤壁赋	8105, 8170	前哨	2978, 5041, 5234
前赤壁赋草帖	8122	前途	3500
前方打了大胜仗	3981	前卫的原创性	111
前方后方齐努力	3936	前卫电影	13124
前方来信	13243	前卫设计专集	10374
前风韵	12054	前卫艺术的理论	041
前赴后继	5816	前卫艺术的转型	372

书名索引

前卫艺术理论	054	钱君匋的艺术世界	807
前线"红小兵"	10426	钱君匋行书游黄山记	8436
前线春节	13246	钱君匋画集	2542
前线歌声	11552	钱君匋精品印选	8575
前线歌舞团	12672	钱君匋刻长跋巨印选	8561
前线歌选	11376	钱君匋刻书画家印谱	8565
前线和后方	5209	钱君匋论艺	524
前线相会	4927	钱君匋艺术论	120
前线侦察兵	6107	钱君匋印跋书法选	8279
前沿的姑娘	12590	钱君匋篆刻选	8564
前沿虎将	5041	钱君匋篆书千字文	8363
前沿小八路	12650	钱君匋作品集	1384
前沿一家人	5124	钱开文书历代碑帖集	7819, 8403
前夜	2728	钱刻鲁迅笔名印集	8558
前奏曲	12199, 12548, 12551	钱刻文艺家印谱	8579
前奏曲《牧神午后》	12546	钱来忠画集	2208
前奏曲与舞曲	12503	钱利生创作歌曲选	11526
钱币魔术	12991	钱茂生	8319
钱伯伟画选	2459	钱母戴太夫人墓志铭	8111, 8120
钱财成山	4843	钱母费太夫人花卉画册	1622
钱财广进 福寿齐临	4850	钱纳利及其流派	6790
钱道宗书法	8319	钱南园行书墨迹	8067
钱定一画集	2238	钱南园楷书墨迹	8041
钱行健百鸟画集	2501	钱南园墨迹	8061
钱行健画集	2144, 2182, 2308	钱南园书施芳谷寿序	8059, 8101
钱洪兵水彩画特技	2953	钱南园书正气歌	8047, 8060
钱洪兵作品选	2963	钱南园争坐位	8041
钱胡两家印辑	8525	钱沛云硬笔书法技巧	7620
钱胡印谱	8513	钱沛云最新钢笔字帖	7454
钱黄史和黄道台	5816	钱平吉探索画集	1416
钱慧安画集	1691	钱磬室山水卷	1571
钱吉生先生人物画谱	1622, 1635	钱仁康音乐文选	10835
钱济鄂南洋艺展之辑	1859	钱如命	6332
钱江春色	9792	钱商	5579
钱君匋藏印谱	8551	钱绍武人体素描选	2875

中国历代图书总目·艺术卷

钱士青都转六十自述诗拓本	8111, 8119	钱秀才错占凤凰俦	5963
钱士青都转六秩寿序拓本	8111	钱秀才迎亲	5816
钱瘦铁画集	1970	钱玄同先生遗墨	8122
钱瘦铁隶行六种	8267	钱雨	6413
钱叔盖先生印谱	8488	钱震之书籍装帧与装饰画	10379
钱叔美燕园八景册	1628	钱钟书文学精品钢笔字帖	7529
钱四娘	5963	钱竹初山水画册	1632
钱松壶画山水卷	1638	钱竹初山水精品	1634
钱松壶西溪田居图卷	1632	乾淳教坊乐部	10932
钱松喦八旬后指画集	1943	乾千修斋集锦谱	8521
钱松喦花鸟作品选	2548	乾嘉名人手札	8061
钱松喦画集	1749, 2026	乾坤清气	10551
钱松喦画集	2208, 2484	乾坤清气	2144, 2334
钱松喦画辑	1798, 1875, 1876	乾陵唐壁画	6622
钱松喦画选	1750, 1970	乾陵唐三彩	396
钱松喦画语	713	乾隆宝谱	8533
钱松喦近作选	1970, 2010	乾隆皇帝传	6564
钱松喦近作选	2431	乾隆皇帝江南足迹	9258, 9259
钱松喦山水册页精品选集	2476	乾隆皇帝与九小姐	6227
钱松喦山水画选	2044	乾隆皇帝与玉牡丹	8830
钱松喦谈艺录	716	乾隆皇帝御批真迹	8094
钱松喦研究	805	乾隆认母	6262
钱松喦作品选集	1782, 1891	乾隆时代绘画展	1677
钱松印谱	8547	乾隆外传	6262
钱塘春色	4550	乾隆游江南	6333, 13124
钱塘观湖	1905	乾隆玉	428
钱塘江	1792, 9081	乾隆御笔避暑册庄碑诗	8103
钱塘江畔	9786	乾隆御书惠山杂咏	8041
钱塘江写生	1734	乾隆御题董东山山水册	1631
钱塘书画研究社乙丑年刊	688	乾隆御制碑文	8081
钱塘血案	6107	乾县儿童画选	6755
钱塘轶事	6459	潜渡北冰洋	5687
钱王和保俶塔	5687	潜伏的勇士	6107
钱王射潮	4392	潜吉堂杂著	8017
钱辛稻画集	2832	潜龙风云	6107

书名索引

潜水娃	5963, 5964	浅予速写	2855
潜逃者	5687	浅予速写集	2848
潜网	5687	浅斟低唱	2183
潜研堂书品考	7210	茜窗小品	1269, 1467
黔北花灯初探	12770	茜窗小品画谱	1467
黔东花灯曲调选	12113	倩女情	8861
黔东南苗族侗族自治州雷山芦笙曲选集		倩女侠义记	4838
	12268	倩女幽魂	6497
黔东南苗族侗族自治州美术摄影展览作品选集		倩女悠然	9753, 9760
	344	倩女遇救	5687
黔桂版画集	2981	倩倩	9723, 10484
黔江	8902	倩影	9009, 9618, 9669, 9700, 9723, 9739, 9746,
黔境古风	8915		9753, 9760, 9765
黔剧史话	12767	倩影芬芳	9020
黔剧音乐	11144	倩影清波	9823
黔灵夕照	1726	倩影却在想象中	9006
黔南第一山	9823	羌笛声声颂太阳	11795
黔南民间舞蹈选	12613	羌寨苹果香	9340
黔南州戏曲音乐	12063	羌族民间歌曲选	11786
黔山人黄牧甫先生印存	8530	羌族挑绣图案	10256, 10351
黔西北彝族美术	589	枪	5139, 5358, 5410, 6296
黔苑墨迹	2256	枪从背后打来	6262
浅谈彩色摄影	8696	枪打地头蛇	5098
浅谈电影照明技术	13224	枪的故事	5494
浅谈歌曲创作	11087	枪杆子是咱们的革命传家宝	3737
浅谈剪纸艺术	10674	枪击杨八癞	5358, 5410
浅谈摄影	8731	枪杀独眼龙	6227
浅谈摄影构图	8702	枪声告诉人们	6193
浅谈书法	7256	枪手	7035
浅谈音乐节奏	11051	枪挑小梁王	5687
浅笑	9723	枪震古城	5323
浅易民族管弦乐合奏曲集	12338	腔调考原	11137
浅易外国儿童钢琴曲集	12538	强巴佛像	448
浅予画舞	1782	强大的祖国保卫者	3358
浅予画舞	2359	强盗覆灭记	5579

中国历代图书总目·艺术卷

强盗太子	6107	抢修	2924
强渡大渡河	5358, 5494	敲锣打鼓庆丰年	4710
强渡汉水	5410	敲起鼓来唱起歌	8813
强渡黄河	4973	敲起战鼓夺丰收	12333
强力集团	10849, 10985	乔·黑尔	12402
强力集团作曲家论民间音乐	10903	乔厂长上任记	5580
强恕斋画论	659	乔大壮书法	8267
强恕斋图画精意识	659, 777	乔大壮印集	8581
强项令	5494	乔大壮印蜕	8530
强易窗印稿	8489	乔老爷上轿	4212, 5410
强中更有强中手	5964	乔麦皮大侦探全集	6687
墙报·装潢图案	10329	乔木花鸟画集	2519, 2523, 2537
墙的秘密	5125	乔木画花鸟	965
墙头记	4294, 5041, 5579	乔木画集	2287
墙头马上	4295, 4629, 5580, 6107, 6391, 12113	乔木课徒花鸟画稿	973
墙头马上	2144	乔女嫁鬼	6296
蔷薇, 蔷薇, 处处开	11482	乔迁之喜	13231
蔷薇花案件	6107, 6108	乔清秀坠子唱腔集	11149
蔷薇花爆炸案	6108	乔十光漆画集	2814
蔷薇花开	10075	乔太守乱点鸳鸯谱	4770, 5964, 8831, 8840
蔷薇园	3487	乔太守乱点鸳鸯谱	2087
抢"财神"	4478	乔太守妙点鸳鸯谱	8831
抢扁担	12598, 12600	乔玉川中国画作品集	2334
抢渡三关	5209	乔治·阿伦斯	8676
抢夺泸定桥	2998	乔治·贝克	6957
抢躲马	9238	乔治·贝克《炮灰画传》全集	7014
抢婚	4973	乔装打扮	5687, 5817, 6108
抢救	4973	乔梓之别	6459
抢救生命的人	4927	侨乡·侨情	9329
抢救生命的战斗	5015	侨乡风光	4142
抢救瞎老人	4888	侨乡风貌	1300
抢亲	12648	侨乡恋歌	11480
抢伞	4083, 12109, 12111	桥	5290
抢手绢	12606	桥的世界	2890
抢新郎	3565	桥断车飞	5410

书名索引

桥江人民的血泪仇	4880	巧姑娘	4142, 4973
桥隆飙	5580, 5817, 6497	巧护手提箱	7035
桥隆飙	5817	巧计	5964
桥头陈尸	6227	巧计锄奸	5817
桥头卖酒	5071	巧计斗梅村	5817
桥屋舟石竹芦树瀑摄影资料集	8904	巧计过敌卡	5964
桥与塔	10499	巧计过关中	5071
翘望	9357	巧计歼顽敌	5817
樵歌	12305	巧计迷敌	6108
樵丽与公主	6108	巧计擒文富	5494
鹊	9347, 9455	巧计胜女国	6108
鹊男人真面目	3487	巧计捉特务	4906
鹊这一家子	4083, 5494	巧嫁女	5817
巧摆牛阵	5817	巧歼猪头师	5687
巧扮花灯	4478	巧截军车	5358
巧捕吃人狮	6534	巧姐避祸	5687
巧布迷魂阵	6296	巧救关胜	5015
巧布迷阵	5964	巧救王叔叔	5180
巧裁缝	3841	巧救小虎	6333
巧斗黄袍怪	5580	巧克力城历险记	6669
巧斗四天王	6413	巧理千家事	8813
巧渡恩阳河	5015	巧妈妈	3646
巧渡金沙江	2998, 5323, 5358, 5494, 5580	巧妙的鬼计谋	6722
巧渡西陵峡	5358	巧女的故事	5964
巧断垂金扇	6108	巧女散花	3541
巧断奇案	5817	巧女图	3541
巧夺天工	4031, 4083, 4212, 4295, 4478, 10175,	巧女绣花	11781
	10182, 10184	巧女绣花山	3646
巧夺天工蝶争艳	3600	巧破地雷道	6108
巧服"刘关张"	6193	巧破聚宝楼	6193
巧干	4973	巧破谋财案	6109
巧哥儿	5494	巧巧手	10698
巧攻葛家堡	5580	巧擒崇侯虎	5687
巧购马鞍	5410	巧取北兴镇	4973
巧姑	5259	巧取财宝	6609

中国历代图书总目·艺术卷

巧取陈家寨	4973	巧砸葫芦瓢	5323, 5359
巧取豪夺	6109	巧炸敌人军火库	5125, 5260
巧取红河渡口	6109	巧战"煤老虎"	5323
巧取金凤寨	5818	巧战顽敌	5964
巧取军火船	5290, 6459	巧制作	10678
巧取硫磺	5818, 6460	巧捉残敌	5495
巧审	5688	巧捉鬼头蟹	5260
巧胜敌副官	5410	巧捉潘仁美	5964
巧施反间计	6262	巧做窗帘	10775
巧施拖兵计	6109, 6460	巧做垫子	10775
巧手编绳结饰品	10364	巧做花灯庆丰年	3646
巧手出新花	3890	巧做椅套	10775
巧手夺天工	10701	巧做遮帘	10775
巧手新花	4142	悄读西厢	4791
巧手引来金凤凰	4212	悄悄话	4392, 9535, 9552, 9571, 9669, 12132
巧手扎彩灯	4083	俏不争春	1827, 1836
巧手织出春光来	3778	俏丽	9723, 9746, 9753, 9760, 9765
巧送钱	12121	俏丽少女	9724
巧团圆	5818	俏也不争春	10423
巧袭列车	5125, 5165	峭壁苍松	9893
巧袭伪民团	5494	峭书	7357
巧媳妇	4142, 5964	切尔卡什	13250
巧县官	9236	切花栽培与保鲜及插花艺术	10597
巧绣金堤	3936	切实把卫生工作的重点转向农村!	3161
巧学工笔画丛书	720, 721	切实地完成和超额完成发展国民经济的国家计	
巧用你的摄影机	8721	划	3222
巧用闪光灯 60 例	8788	茄子蚜虻	1782
巧用摄影	8760	且听龙吟	1944
巧用摄影技术	8788	怯跟班	6296
巧遇海盗	6644	窃车大盗	6262
巧遇良缘	4213	窃符救赵	4295, 4629, 5015, 5818
巧遇外星人	6658	窃国大盗	5964
巧遇徐文秀	8809	窃国大盗袁世凯图画故事	6333
巧云和小锡匠	6109	窃金奇案	6193
巧砸葫芦礁	5494	窃取公司资源·创造优质生活	7022

书名索引

惬意	9436	亲切的关怀 巨大的鼓舞	2747
锲而不舍	4851, 8207	亲切的关怀 伟大的教导	2742, 2747
锲而不舍·金石可镂	8216	亲切的会见	8996
锲而不舍金石可镂	8178	亲切的教导	2742, 2743, 2747, 3891
钦差大臣	5580, 5688, 5965	亲切的教导殷切的期望	3981
钦定淳化阁帖释文	7693, 7694	亲切的接见——周总理与《洪湖赤卫队》演员在	
钦定各郊坛庙乐章	12241, 12242	一起	3936
钦定乐律正俗	11008	亲切关怀	3936
钦定秘殿珠林三编	1458	亲亲我	12036
钦定秘殿珠林石渠宝笈三编	1458	亲人	5234, 5410
钦定秘殿珠林石渠宝笈续编	1458	亲人到咱村	3800
钦定佩文斋书画雅集	1458	亲人放映到山村	3842
钦定诗经乐谱	10948	亲如姐妹	3541
钦定诗经乐谱全书	10938, 10939	亲如手足	3694
钦定石渠宝笈三编总目	1458	亲如一家	1759
钦定石渠宝笈续编	1458	亲吻一朵微笑	13146
钦定西清砚谱	1044	亲心唤我心	11722
钦定重刻淳化阁帖	7709	秦·泰山刻石	8363
钦定重刻淳化阁帖释文	7694	秦·峄山刻石	7772
钦命大侠	5965	秦、西汉故事	5818
侵略七十二图	3395	秦兵马俑印谱	8570
亲	4083	秦超·秦琼	2392
亲爱的军队亲爱的人	11570	秦朝的灭亡	6109
亲爱的妈妈 伟大的中华	11510	秦楚钜鹿之战	5818
亲爱的小猫咪	10036	秦川黑白木刻选	3030
亲播火种	1850	秦川新歌	12280
亲家	5071	秦川之春	2998
亲近泥土	2918	秦大虎油画选	2791, 2819
亲密的战友	4392, 4851, 9740	秦代书法	7772
亲密无间	9421, 9436	秦代印风	8553
亲密战友	8998	秦东戏剧论文集	12723
亲昵	9351, 9407	秦都文物	10471
亲昵图	4629	秦咢生行书册	8425
亲切的关怀	2778, 3764, 3841, 3936, 3981,	秦咢生诗书篆刻选集	8268
	4142	秦咢生自书诗	8188

中国历代图书总目·艺术卷

秦古柳画辑	1944	秦剧名家声腔选析	11154
秦寒光油画集	2815	秦军·胡帅	4791
秦汉碑述	407	秦军·胡帅	2375, 2381
秦汉工艺史	10199	秦军胡帅	4629
秦汉画集	1420	秦军胡帅	2375, 2392
秦汉金篆八种放大本	7757	秦岭风光	4393
秦汉美术史	242	秦岭山麓展新图	2593
秦汉南北朝官印征存	405, 8542	秦岭山色	10526
秦汉鸟虫篆印选	8542	秦岭新城	1792
秦汉三十体印证	8507	秦岭云山水画集	2442, 2464
秦汉石刻的篆书	7762	秦岭云山水画选	2465
秦汉瓦当	391	秦岭云山水小品选	2479
秦汉瓦当图	392	秦岭云山水写生画辑	2425
秦汉音乐史料	10963	秦岭云山水作品	2484
秦汉印典	8550	秦岭云涛	9835
秦汉印谱	8497, 8530	秦岭之最	6597
秦汉印章	8550	秦龙画集	1413
秦汉印章拾遗	8489	秦楼胭脂红	9571
秦汉篆书	7396	秦明 索超	4629
秦淮灯影	9900	秦明 彭玘	4550
秦淮风光	9885	秦明 索超	4393, 4550, 4629
秦淮河畔	9134	秦明 索超	2375
秦皇岛	8856, 9846	秦明·关胜	2381
秦皇岛输油忙	3891	秦明·黄信	2392
秦皇岛外打鱼船	9788	秦明·索超	2392
秦皇岛外打渔船	1876	秦铭刻文字选	7760
秦皇剑	6364	秦母遭劫二龙山	6227
秦皇入海	6109	秦穆公霸业	5965
秦会稽刻石	7767	秦齐争雄	5965
秦惠浪书画集	2087	秦起	4973
秦吉了	5580	秦腔板胡简明教材	11310
秦将 胡帅	4393	秦腔板胡入门	12111
秦褐石门颂	7755	秦腔唱法研究	11157
秦锦章书法选	8216	秦腔唱腔选	11830, 11837
秦晋淝水之战	5965	秦腔词典	12952

书名索引

秦腔打击乐	12135	秦弱兰	4973
秦腔打击乐谱	12115	秦胜国书法选	8207
秦腔荟萃	11877	秦石鼓文	7763, 7764
秦腔记闻	12918	秦始皇	4711, 5234
秦腔脸谱	12930	秦始皇兵马俑	8856, 10511
秦腔牌曲	12109	秦叔宝	2382
秦腔趣闻	12945	秦叔宝 尉迟恭	4393, 4550, 4630
秦腔史稿	12937	秦叔宝 尉迟恭	4711, 4822, 4851, 4863
秦腔戏散论	12941	秦叔宝 尉迟恭	2375
秦腔现代剧《祝福》主要唱腔选	11867	秦叔宝·程咬金	2382
秦腔研究论著选	12928	秦叔宝·胡敬德	2392
秦腔移植《海港》选场	12124	秦叔宝·尉池恭	4758
秦腔移植《龙江颂》选场	12125	秦叔宝·尉迟恭	4792
秦腔移植《龙江颂》主要唱段选	11862	秦叔宝·尉迟恭	2371, 2382, 2383, 2392
秦腔音乐	12099, 12100, 12103	秦叔宝，尉迟恭	4478
秦腔音乐唱板浅释	11147	秦叔宝尉迟恭	4295, 4478
秦腔音乐唱腔浅释	11146	秦泰山碑	7753
秦腔音乐创作探微	12134	秦泰山残字	7755
秦腔音乐概论	11157, 11159	秦天柱画集	2087
秦腔音乐欣赏漫谈	11157	秦铜器	396
秦腔优秀折子戏·小戏·唱段选编	11876	秦王李世民	4393, 5818, 5965
秦腔著名演员唱腔精选	11874	秦王入狱	5688
秦琼	5818	秦王赢政	5965
秦琼 敬德	4393, 4550, 4629	秦王斩荆轲	5291
秦琼 牛皋	4550	秦威作品集	2947
秦琼 尉迟恭	4550, 4629	秦西炫艺术歌曲集	11523
秦琼 敬德	4710, 4711, 4822, 4851, 4862	秦锡麟陶瓷艺术	10656
秦琼·敬德	4791	秦锡麟陶瓷艺术文集	10655
秦琼·敬德	2367, 2369, 2375, 2381, 2382, 2392	秦玺始末	8452, 8472
秦琼发配	5580	秦香莲 5041, 5581, 5688, 9149, 9219, 9232, 12105	
秦琼赴京应皇插	6227	秦香莲	2355
秦琼敬德	4838, 4857, 4863	秦香莲后传	13119, 13124
秦琼卖马	5041, 5581, 5688	秦香莲寿堂唱曲	4630
秦琼与敬德	2392	秦彝托孤	5688
秦融艺苑	2208	秦峄山碑	7748

中国历代图书总目·艺术卷

秦绎山碑	7748	琴笺	11318
秦谊庭山水册	1638	琴笺图式	11318, 11319
秦谊庭山水松鹤画典	1622	琴剑合谱	12296
秦逸芬羊城八景图册	1651	琴剑相慕	4478
秦英锁阳城救驾	3600	琴况	11327
秦英征西	4393	琴历	11329
秦咏诚音乐作品选	11356	琴录	11327, 11328
秦俑	395	琴律揭要	11329
秦俑魂	9236, 9955	琴律考	11326
秦邮帖	7765, 7985	琴律谱	12296
秦邮续帖	7765	琴律细草	11321
秦赵邯郸之战	5818	琴律一得	11330
秦仲文画选	1921	琴律指掌	11330
秦仲文山水画集	2419, 2426	琴窗	12296
秦仲文作品选集	1783	琴论	11321
秦篆二刻石	7724	琴梦	8856
秦篆书刻石四种解析字帖	8364	琴魔	6333
琴	11187, 11318, 11336	琴纳的故事	5830
琴操	11320, 11321	琴女	9760
琴操补	11327	琴谱	12291, 12296, 12305, 12306, 12307, 12315
琴操补释	11330	琴谱二十首	11321
琴操补遗	11327	琴谱合璧	12259, 12293
琴操水东游	12305	琴谱合璧二种	12291
琴操题解	11327	琴谱集解	12306
琴操佚文	11321	琴谱漫钞	12307
琴粹	11330	琴谱妙选	12296
琴调谱	12306	琴谱七种	12296
琴法	11224, 11225	琴谱四种	12296, 12306
琴法进修教程	11226	琴谱五曲	12297
琴法与伴奏	11243	琴谱析微	12303
琴房送灯	4711	琴谱谐声	12297
琴歌	12052	琴谱新声	12297
琴鹤堂藏印	8500	琴谱序	11330
琴鹤堂印谱	8524	琴谱正传	12288
琴话	12242	琴谱正律	12305

书名索引

琴谱指法	11321	琴童之死	6109
琴谱指法秘诠	11321	琴统	11317
琴谱指法省文	11325	琴问	11322
琴棋书画 102, 258, 1970, 3565, 4550, 4630, 8831,		琴弦	11986
8849		琴弦不断	3512
琴棋书画屏	4792, 8823, 8994	琴弦上的梦	11487
琴清英	11329, 12297	琴弦雨丝	11312
琴曲萃览	12303	琴香堂琴谱	12303
琴曲集成	11334, 11335, 11336	琴心	9436
琴曲谱	12306	琴心共鸣	9393
琴曲谱录	12289	琴学	11322, 11323
琴瑟合谱	12306	琴学八则	11323
琴瑟和乐	4142	琴学初津	11323
琴瑟和乐	2144	琴学丛书	11330, 11331
琴瑟永好	4863	琴学汇成	11323
琴声	4393, 5688, 9345	琴学汇粹	12297
琴声叮咚	9380	琴学捷径	11331
琴声经纬	11322	琴学考正	11327
琴声袅绕	9477	琴学练要	11341
琴声十六法	11322	琴学秘诀	11330
琴声悠扬	9455	琴学内篇	11326
琴史	11315, 11316	琴学韧端	12297
琴史补	11331	琴学入门	11323
琴史初编	11336	琴学琐言	11327
琴适	12293	琴学图考	11323
琴手	9571	琴学心声谐谱	12302
琴书	11316, 11317	琴学新编	11264, 12320
琴书大全	11318	琴学正声	11325
琴书类集	11317	琴学尊闻	11329
琴思	5818, 9421, 9436	琴言十则	11328
琴台的传说	5819	琴义问答	11330
琴台的故事	5688	琴音标准	11327
琴台碎语	10865	琴音记	11327
琴潭晚奏	5688	琴音记续编	11327
琴童	4142, 5581, 9552, 9571, 9642	琴音袅袅	9368

中国历代图书总目·艺术卷

琴余	11332	勤俭办社 勤俭持家	3737
琴苑	11317	勤俭办社连年有余	3646
琴苑心传全编	11326	勤俭持家	4213
琴苑要录	11317	勤俭持家 勤俭办社	3694
琴韵	11339	勤俭持家 五谷丰收	3646
琴韵传情	10458	勤俭的二小	5495
琴韵微波荡柳梢	9042	勤俭发家 劳动致富	4393
琴斋诗词翰墨	8308	勤俭建国	4711
琴旨	11319	勤俭建国 勤俭持家	3600
琴旨补正	11327	勤俭节约一字歌	3737
琴旨申邱	12305	勤俭是我们的传家宝	3842
禽场鸡壮 水库鱼肥	4031	勤俭是咱们的传家宝	11957
禽鸟八百图锦	999	勤俭有余	4295
禽鸟画法	996	勤俭有余建四化	2087
禽鸟画谱	939, 1005	勤俭致富	1944, 4857
禽鸟基础图案	10337	勤劳长寿	2087
禽鸟类·写意画法	983	勤劳创财富 军民保国防	4084
禽鸟速写	2881	勤劳得福	2144
禽鸟速写画集	2890	勤劳的医学家	6109
禽鸟速写技法	1145	勤劳多福	4630
禽鸟图	4083	勤劳多吉庆	4393
禽鸟图谱	2572	勤劳发财	2087
禽兔	4083	勤劳富有余	2144
禽畜条屏	3600	勤劳篇	1944
禽畜兴旺	4393	勤劳庆有余	4393
勤读	9012	勤劳人家	3565
勤奋	8163	勤劳人家庆有余	1876
勤奋出人才	3358	勤劳益寿 增产获福	3565
勤奋学习	3359, 3842, 4084	勤劳有余	4393
勤奋学习	2044	勤劳有余福寿来	1944, 4478
勤奋学习 茁壮成长	4031	勤劳增寿	2087
勤奋学习 发扬新风	3327	勤劳致富	2026, 4213, 4295, 4394, 4478, 4550,
勤奋学习勇于创造	3368		4630, 4711, 4792
勤姑娘与懒姑娘	6227	勤劳致富	2087
勤积肥保丰收	3104	勤劳致富 节俭持家	4394

书名索引

勤劳致富 劳动光荣	4394	擒虎记	5359
勤劳致富 美满幸福	4394	擒狼捉豹记	5688
勤劳致富 生产发家	4394	擒孟达	5071, 5411
勤劳致富 幸福满门	2144	擒三帅	5819
勤劳致富 连年有余	1971	擒贼记	5819
勤劳致富百业兴旺	4822	擒智囊	5965
勤劳致富光荣	3365, 4394	沁沁	9436
勤劳致富硕果满园	4394	沁阳县戏曲志	12771
勤劳致富幸福来	4394	沁园春	8134, 11523
勤劳致富摇钱树	4792	沁园春 祝中日恢复邦交	8139
勤劳致富最光荣	4478	青霭过春山	2010
勤劳走上富裕路	4394	青白瓷	428
勤理园林瓜果甜 大办农业五谷香	3694	青钹鸭	12261
勤练本领	9338	青藏公路全线通车	13238
勤能胜贫谦可治家	8225	青藏民族工艺美术	10204
勤嫂嫂	3541	青藏线上	8947
勤为摇钱树 俭是聚宝盆	1971	青草地动物城堡丛书	6460
勤学·爱国·守纪·整洁	3340	青城春晓图	1944
勤学古诗硬笔楷书字帖	7581	青城叠翠	2641
勤学苦练	10411	青城风云	5359
勤学苦练 又红又专 为建设社会主义而奋斗		青城石室印谱	8518
	3111	青城天下幽	1971
勤学苦练保卫祖国 奋发图强建设农村	3737	青出于蓝	10366
勤学苦练的人	4927	青春	2802, 4479, 4770, 5323, 8840, 8849, 9010,
勤学苦练赶超世界先进水平	3304		9529, 9536, 9543, 9552, 9571, 9591, 9618,
勤学苦练勇猛顽强	3319		9642, 9669, 9700, 9701, 9724, 9753, 9760,
勤学篇	4031, 4084, 4213, 4295		9765
勤学勤业勤交友	8207	青春	2087
勤学图	4031, 4142	青春、人生、哲理	7498
勤学习 守纪律	3368	青春伴侣	9746, 9760
擒"狼"记	5260	青春不老的加菲猫	7029
擒豹记	5819	青春常驻	9368
擒豹英雄	5965	青春的光辉	1274
擒敌	5410	青春的呼唤	12601
擒匪记	5291	青春的火焰	9393, 9407

中国历代图书总目·艺术卷

青春的凯歌	4974	青春年代	2731
青春的魅力	9669	青春年华	9024, 9029, 9618, 9642, 9643, 9669,
青春的梦	8856, 8857		9670, 9701, 9702, 9724, 9766
青春的声音	4974	青春年华	2144
青春的舞姿	12601	青春年华	9701
青春的遐想	9421	青春偶像金曲钢笔字帖	7498
青春的旋律 4142, 4551, 8831, 8849, 9618, 11469,		青春倩影	4551, 9020
11472, 11504, 11703, 11708, 11803, 11973		青春曲	4551
青春的旋律 优美的心灵	3334	青春热血谱壮歌——田德军的故事	3257
青春的韵律	9357	青春少女	9766
青春的赞歌	11493	青春诗精粹钢笔字帖	7529
青春迪斯科	11711	青春时代的开始	13258
青春帝国	8909	青春时光	9702
青春放光华	1944	青春时装之二	9591
青春歌曲集	11703	青春时装之三	9591
青春歌手的风采	9028, 9029	青春时装之一	9591
青春歌选	11704	青春似花	4712
青春格言二百一十四首	7476	青春似火	3800, 5210, 9436, 13151
青春格言钢笔字帖	7498	青春颂	4142, 5291
青春关不住	8964	青春宿舍族	6944, 6981
青春呵多么美	11472	青春万岁	13246
青春红似火	2758	青春无悔	13151
青春活力	9380	青春无季	9746
青春火花	1363, 5180, 5234	青春无秀	9760
青春寄语	7476, 7553	青春舞步	4551
青春寄语钢笔字帖	7608, 7609, 7620	青春舞与桔梗舞	12656, 12657
青春节拍	11516	青春系列画	8840
青春进行曲	11978	青春献给伟大的党	11047, 11462, 11681
青春卡拉 OK	11505, 11520	青春献给新长征	3320
青春卡拉 OK 手册	11510	青春献四化	4142
青春灵魔谭	6534	青春咏叹	11530
青春绿草地	9407	青春圆舞曲	9393, 11493
青春美 4712, 4770, 9020, 9618, 9642, 9701, 10519		青春在塞外闪光	6227
青春美	9701	青春赞	4295
青春妙语	7553	青春赞歌	4084

书名索引

青春赠言钢笔行书字帖	7499	青凤屠龙	6333
青春赠言精品钢笔字帖	7529	青虹剑	6262
青春赠言录钢笔行书字帖	7499	青工艺术顾问	026
青春赠言情卡365 钢笔行书字帖	7553	青海	8935, 8938, 9140
青春战歌	5291, 11671, 11676	青海彩陶	394
青春之歌	4551, 4974, 5015, 5098, 5495, 5581,	青海彩陶纹饰	10649
	5688, 5965, 6534, 8813, 9351, 9455, 13091	青海传统民间歌曲精选	11809
青春之光	9254	青海创作歌曲	11465
青春之旅	107	青海春色	8957
青春之韵	9702	青海灯影音乐	12128
青春组画	2941	青海的清真寺	10526
青词碧箫	457	青海电影志	13184
青瓷风韵	433	青海风光	3778, 9063, 10497
青瓷青白瓷珍品	426	青海湖	9071, 9812
青岛	9100, 9421, 9803	青海湖边	5071
青岛风采	8973	青海湖的传说	6109
青岛风光	9061, 9823, 10511	青海湖风情	8699
青岛风光	2431	青海湖畔	9109
青岛风景画	1298	青海花儿曲选	11797
青岛风景写生	10439	青海辉煌50年	8973
青岛海滨	2929, 9063, 9124, 9835, 9885	青海回族宴席曲	11808
青岛教育学院美术系师生素描作品集	2918	青海掠影	9100
青岛崂山	8973	青海鄂郢	12109
青岛啤酒厂珍藏当代名家画集	2223	青海美术作品选	1361
青岛市博物馆藏画集	1585	青海美术作品选集	1363
青岛水族馆	8871, 13238	青海美展作品选集	1357
青岛小鱼山公园	10106	青海民歌	11764
青岛小鱼山公园观潮阁	9996	青海民歌探宝	10909
青岛印象	8952	青海民间刺绣图案集	10357
青岛迎宾馆	9995	青海民间歌曲百首	11782
青岛浴场	9823	青海民间歌曲集	11771, 11772
青娥	5689	青海民间建筑图案	10562
青风山剿匪记	6364	青海民间小调	11795
青蜂凌霄图	2088	青海民族民间舞蹈集成	12619
青风	4142, 5495, 5965	青海民族图案集	10271

青海穆斯林	8895	青年阿信的扮演者田中裕子和中国演员龚雷	
青海皮影	10685		9010
青海平弦音乐	12104	青年必知音乐知识手册	10839
青海山水	3646	青年创作歌曲集	11412
青海省美术作品展览会选辑	1360	青年点唱歌曲 120 首	11707
青海十年美术作品选集	279	青年电影演员	9552, 9571
青海舞蹈文集	12618	青年电影演员——陈冲	9543
青花瓷器	387	青年电影演员——陈肖依	9543
青花名瓷	413	青年电影演员——董智芝	9543
青话四十年	13019	青年电影演员——李小盼	9543
青睐	9421	青年电影演员——李秀明	9543
青琅玕馆印存	8504	青年电影演员——廉金津	9543
青莲舫琴雅	12291	青年电影演员——沈虹	9543
青莲乐府	12309	青年电影演员——吴海燕	9543
青莲鸳鸯	1876	青年电影演员——张瑜	9543
青林密信	4974	青年电影演员——朱碧云	9543
青龙坝突围	5819	青年电影演员陈冲	9552
青龙山破敌	5965	青年电影演员陈烨	9552, 9618
青龙塔花	10044	青年电影演员龚雪	9552, 9591
青龙探海(五针松）	9875	青年电影演员韩月乔	9536
青龙与白龙	5819	青年电影演员何涛	9643
青龙镇传奇	5965, 5966	青年电影演员解颐	9571
青楼集笺注	12724	青年电影演员厉苹	9536
青楼管梦	7201	青年电影演员乐韵	9618
青绿山水技法	923	青年电影演员李羚	9619
青绿山水图	2617	青年电影演员李小力	9619
青萝庵真赏集	1271	青年电影演员李小燕	9619
青梅	5581	青年电影演员李秀明	9536
青梅煮酒论英雄	4143, 4394, 4851	青年电影演员李芸	9619
青梅煮酒论英雄	2144	青年电影演员刘冬	9536, 9571
青冥会曲谱	12130	青年电影演员娜仁花	9536
青面兽杨志	5966, 6497	青年电影演员庞敏	9619
青面兽杨志	2144	青年电影演员邵慧芳	9552
青面兽杨志小李广花荣	4295	青年电影演员魏慧丽	9571
青年,青年,早晨的太阳	11469	青年电影演员相虹	9591

书名索引

青年电影演员叶红霞	9571	青年们，争当养猪红旗突击手！	3085
青年电影演员殷新	9552	青年骑手	3694
青年电影演员余娅	9619	青年人的本色	4974
青年电影演员张瑜	9536, 9553, 9571	青年摄影技巧100例	8754
青年电影演员周洁	9619	青年声乐教师须知	11113
青年电影演员朱碧云	9553	青年诗歌	12434, 12435
青年电影演员朱琳	9571	青年诗歌节本	12434
青年电影演员朱筱青	9572	青年时代	13261
青年电影演员邹倚天	9619	青年书法讲义	7277
青年钢琴协奏曲	12197	青年书法入门	7307
青年歌唱家陈美玲	9619	青年数学家陈景润	5411
青年歌唱家成方圆	9619	青年唐诗习字帖	8158
青年歌唱演员苏小明	9004	青年突击队	1750
青年歌集	11387, 11538, 12355	青年突击队员之歌	11593
青年歌曲	11573	青年文娱手册	11549, 11550
青年歌声	11547, 11553, 11558, 11705, 12355,	青年舞	12652
	12401	青年舞蹈家——杨丽萍	9740
青年歌手成方圆	9591	青年舞蹈家杨丽萍	9670
青年歌手苏红	9020	青年舞蹈演员顾红	9619
青年歌舞	12637	青年舞蹈演员宣维	9670
青年歌星程琳	9643	青年舞蹈演员杨丽萍	9619
青年歌选	11472, 11604	青年舞选集	12653
青年红旗手麦淑芳	4974	青年先锋 时代楷模	3350
青年集体舞	12594, 12596, 12600, 12601	青年先锋 时代楷模——张海迪	9553
青年集体舞·交谊舞	12601	青年先锋时代楷模——张海迪	4394
青年建设	5689	青年显微镜	6929
青年建设者	5689	青年学生创作歌选	11430
青年近卫军	5323, 5411, 12093	青年学生歌曲选集	11412
青年军歌集	11383	青年学生歌选	11582
青年军人歌集	11370	青年演员	9529, 9543, 9572, 9591, 9619, 9702,
青年卡拉OK精选	11730		9592, 9643
青年鲁班	3694, 5125, 5139	青年演员——何晴	9620
青年美术新作	1316	青年演员白灵	9619, 9740
青年们！到劳动中去锻炼自己	3085	青年演员蔡丽君	9702
青年们！鼓足干劲！	11943	青年演员蔡灵芝	9702

中国历代图书总目·艺术卷

青年演员陈丹	9643	青年演员李颖	9725
青年演员陈红	9702, 9724	青年演员李勇勇	9643, 9670, 9671, 9703, 9725
青年演员陈红明	9670	青年演员厉莉华	9643, 9671
青年演员陈俊华	9020	青年演员廉金津	9572
青年演员陈肖依	9591	青年演员梁玉瑾	9671
青年演员陈晓旭	9702	青年演员林芳兵	9592, 9703
青年演员陈燕华	9619	青年演员林晓杰	9671, 9703, 9725
青年演员陈烨	9592	青年演员刘冬	9703
青年演员陈怡	9014	青年演员刘芳	9671
青年演员丛珊	9592, 9702	青年演员柳获	9024
青年演员崔佳	9014	青年演员卢玲	9703
青年演员邓婕	9702	青年演员鲁英	9703
青年演员邓婕	9670	青年演员陆剑波	9014
青年演员董智芝	9020, 9572, 9592, 9619	青年演员马军勤	9620
青年演员范峻	9724	青年演员麦文燕	9620
青年演员方舒	9670	青年演员米丽新	9020
青年演员盖丽丽	9702	青年演员穆晓瑛	9671
青年演员高非	9592	青年演员耐安	9014
青年演员高建华	9702	青年演员潘虹	9620
青年演员龚雪	5553, 9592, 9620, 9670	青年演员曲雁	9671
青年演员古泽·丽奴尔	9572	青年演员茹萍	9643, 9671, 9725
青年演员贺薇	9702	青年演员沈志美	9671
青年演员胡丽英	9702	青年演员石宝红	9671
青年演员华怡青	9670	青年演员宋佳	9592, 9671, 9703
青年演员宦柳梅	9029	青年演员宋忆宁	9620, 9643
青年演员宦柳媚	9724	青年演员谭小燕	9703
青年演员黄超	9724	青年演员田晓梅	9620
青年演员黄霞	9703	青年演员万琼	9006, 9020, 9643
青年演员姬培杰	9703	青年演员万琼	9671
青年演员姜黎黎	9592, 9620	青年演员汪玲	9671
青年演员蒋燕	9724	青年演员王姬	9703
青年演员金梦	9724, 9740	青年演员王坛	9015
青年演员乐韵	9620	青年演员王薇	9544
青年演员李梦薇	9670	青年演员文萍	9672
青年演员李山鹰	9724	青年演员雯琼	9592

书名索引

青年演员乌兰托娅	9620	青年演员张莉	9672
青年演员邬君梅	9643	青年演员张琪	9621, 9672, 9704
青年演员邬倩倩	9672	青年演员张姜	9024
青年演员吴引红	9672	青年演员张瑜	9593
青年演员吴玉芳	9592, 9643	青年演员张志红	9704, 9725, 9760
青年演员吴玉华	9592	青年演员赵明明	9760
青年演员夏菁	9592, 9593, 9620	青年演员赵瑛	9704
青年演员夏菱	9593	青年演员郑爽	9672, 9725
青年演员夏沙沙	9703	青年演员周洁	9593, 9704
青年演员夏莎莎	9746	青年演员周笑莉	9725
青年演员相虹	9593	青年演员朱碧云	9621
青年演员肖宁	9725	青年演员左翎	9704
青年演员徐燕丽	9672	青年业余摄影	8715
青年演员许丽丽	9644	青年英雄挂图	3127
青年演员许志群	9740	青年英雄谱	3359
青年演员许志崴	9672	青年硬笔书法	7430
青年演员薛莉娜	9672	青年硬笔书法百家楷书佳作选	7476
青年演员薛淑杰	9620, 9644	青年硬笔书法百家隶书佳作选	7476
青年演员羊蕊新	9703	青年硬笔书法艺术	7529
青年演员杨世华	9644	青年硬软笔字帖	8346
青年演员伊芳	9760	青年有志奔千里 革命种子播四方	3800
青年演员殷亭如	9593, 9620	青年圆舞曲	12149, 12451
青年演员于慧	9740	青年战士之歌	11563
青年演员于莉	9672	青年侦察兵	11573
青年演员余娅	9621, 9703, 9704	青年之歌	11362, 11378, 11388, 11395, 11430,
青年演员郁雯	9753		11625
青年演员袁园	9644	青娘	5819
青年演员曾丹	9670	青鸟	5966, 6227, 6534
青年演员詹萍萍	9672	青牛怪	5966
青年演员张超	9621	青苹果的乐园	12385
青年演员张弘	9725	青青草儿喂大鹅	10029
青年演员张红叶	9760	青青艺术	054
青年演员张虹	9024	青纱帐	2736
青年演员张乐	9644	青纱帐	2733
青年演员张莉	9672	青山白云	2641

中国历代图书总目·艺术卷

青山不老	4031	青少年钢笔楷书习字帖	7621
青山朝晖	2088	青少年钢笔隶书入门	7568
青山叠翠	1944	青少年钢笔字帖	7412, 7422
青山飞瀑	9823	青少年歌曲选	11671
青山飞瀑图	2651	青少年革命理想教育丛书	6333
青山飞泉	1971	青少年行书范本	8433
青山古寺	4394	青少年绘画入门	618
青山红楼	2223	青少年绘画五十讲	612
青山积翠图	1993	青少年活动礼仪曲集	12161
青山激战	6262	青少年吉他弹唱速成	11195
青山里田野大丰收	12542	青少年集体舞选	12600
青山烈火	1783	青少年楷书范本	8395
青山流水	4822	青少年楷书字范	8383
青山楼观	4551	青少年口琴竖笛吹奏法	11247
青山绿水满春光	2144	青少年隶书范本	8374
青山绿水图	2651	青少年柳体习字帖	8395
青山农分书千文	8121	青少年美术欣赏读本	100
青山农书画集	1706	青少年美术字五十讲	7648
青山琴谱	12302	青少年们! 积极参加四项体育活动	3141
青山寺	2665	青少年们积极参加体育锻炼	3197
青山颂	1944	青少年们积极参加体育锻炼!	3208
青山泻银	2088	青少年器乐考级指南	11166
青山秀岭伴涛声	2844	青少年色彩五十讲	153
青山秀水	4822, 9875	青少年摄影	8747
青山岩	9799	青少年摄影入门	8740
青山着意化为桥	3891	青少年摄影入门指南	8775
青珊瑚馆遗墨	8117	青少年时代的毛泽东	5967
青少年保护系列连环画	6391	青少年手风琴波尔卡曲集	12528
青少年电子琴独奏曲集	12239	青少年手风琴初级教程	11258
青少年儿童电子琴通用教程	11287	青少年手风琴进行曲曲集	12219
青少年钢笔行书入门	7529	青少年手风琴曲集 100 首	12216
青少年钢笔画	1253	青少年手风琴圆舞曲曲集	12219
青少年钢笔楷行书习字帖	7439	青少年书法丛书	7160
青少年钢笔楷书行书速学教程	7609	青少年书法入门	7284, 7328
青少年钢笔楷书入门	7499	青少年书法三十五讲	7368

书名索引

青少年书法五十讲	7316	青石峰的战斗	5411
青少年书法自学指南	7307	青石山	11822
青少年抒情歌曲100首	11982	青石山上	5180, 5210
青少年抒情诗钢笔字帖	7553	青史英名	4822
青少年素描五十讲	1141	青霜剑	11837
青少年唐宋词钢笔书法	7454	青水湖上	5291
青少年魏书范本	8395	青松	9311
青少年小提琴曲选	12472	青松傲冬	9309
青少年小提琴协奏曲集	12473	青松白描画谱	973
青少年小提琴协奏曲集	12477	青松翠柏迎朝阳	11449
青少年小提琴中国曲集进阶教程	11188	青松翠谷	2442
青少年小提琴重奏曲集	12237	青松杜鹃	9823
青少年学二胡	11313	青松飞瀑	2026
青少年学古筝	11340	青松高洁	1971
青少年学画导引	860	青松更翠	5323
青少年学吉他	11195	青松竞长山河壮	3936
青少年学口琴	11247	青松岭	3737, 5125, 5234, 5260, 9214, 13097
青少年学琵琶	11339	青松双马	4479
青少年学手风琴	11263	青松双鸟图	2026
青少年学扬琴	11350	青松颂	8141
青少年学竹笛	11303, 11304	青松仙鹤	10458
青少年学作曲	11099	青松迎风立；红梅斗雪开	8170
青少年音乐欣赏	10872	青藤萝	1734
青少年硬笔练字丛书	7529, 7530	青田神石	5819
青少年硬笔书法习字与参赛指南	7621	青田石雕	8649, 8650, 8652
青少年硬笔正楷习字帖	7553	青田石雕瑰宝	8654
青少年优秀歌曲精选	11526	青田石雕技法	8622
青少年正楷钢笔书法	7430	青田石雕与传说	8651
青少年治学锦言	7476	青田石雕志	8620
青少年篆刻五十讲	8475	青田石刻的故事	8648
青少年作曲入门	11101	青田石全书	8655
青少年座右铭硬笔字帖	7476	青铜宝剑	5495
青蛇传	4770, 6109, 8840, 9238, 9241	青铜剑	5495
青狮白象	4551	青铜礼器	422
青狮舞	3600	青铜鸟	6109

青铜器	391, 1490, 10411	青在堂翎毛花卉谱	986
青铜器赏析	403	青在堂梅谱	931
青铜器与牡丹	10465	青在堂竹谱	931
青铜装饰纹样选	10263	青家藏墨选	8188
青蛙	1735, 1876	青州龙兴寺佛教造像艺术	463
青蛙茨菇	1759	青竹	5139
青蛙呱呱地叫	6688	青竹梁鸟	1859
青蛙和蛤蟆	6413	青竹飞雀	1905
青蛙雷地	6296	轻风	9407
青蛙卖泥塘	6564	轻歌	4712
青蛙漫画	3525	轻歌泛舟	9753
青蛙骑手	5689	轻歌曼舞	4712, 9962, 9973
青蛙王子	5495, 6296, 6534, 6710	轻歌漫舞	9973
青溪琴况摘录	11323	轻舸看山趁好风	2641
青虾	1792	轻描淡彩	4551
青霞馆论画绝句	776	轻骑兵	3541, 3542, 3737
青霞馆论画绝句一百首	774, 776	轻骑英姿	4770
青箱堂印隽	8516	轻轻地走近你	11526
青箱斋琴谱	12297	轻轻松松学吉他	11209
青崖滴翠	1921	轻音乐	11357
青崖山花	10025	轻音乐讲座	11268
青岩春色	9812	轻音乐论文选	10804
青岩山	9846	轻音乐曲集	12224, 12230, 12231
青岩山瞭望	9861	轻音乐曲选	12541
青岩山秋色	9861	轻音乐手风琴独奏曲集	12199
青岩樱花	10025	轻音乐手风琴曲集	12517
青岩云海	2088	轻音乐欣赏	10866, 10877
青衣·花脸·小丑	12882	轻音乐选集	12541
青衣江览	1783	轻盈	9488
青玉案·元夕	8188	轻盈的舞姿	9974
青玉版十三行	7775	轻舟飞浪	4143
青云题画诗辑印集	8581	轻舟桂林风光	9835
青在堂草上花卉谱	930	轻舟书法选	8295
青在堂画梅浅说	930	倾国怨伶：古镜奇谭	3487
青在堂菊谱	930, 931	倾慕	9455, 9740

书名索引

倾听星光	120	清代广式家具	10619
卿云歌	11363	清代行书	8087
清·伊秉绶墨迹精选	8084	清代花鸟画	1664
清·张子祥花鸟写生画谱	965	清代画珐琅特展目录	401
清 王铎行书与大觉禅师等信札卷	8097	清代画论四篇语译	477
清艾启蒙八骏图	1647	清代画史	575
清爱堂法帖	8034	清代画史补录	581
清八大山人果熟来禽图	1660	清代徽宗印风	8553
清八大山人芦雁图	1660	清代匠作则例汇编	440
清八大山人双鹰图	1660	清代京剧百年史	12882
清兵入塞	5359	清代楷书	8087
清波碧莲	9893	清代隶书	8087
清彩瓷	428	清代民窑彩瓷	433
清操轩画剩	1632	清代民窑彩瓷500图	422
清唱剧《换天录》	12094	清代民窑瓷器	433
清朝名家书画录	779	清代名画选	1652
清晨	6757, 9393, 9436, 12191	清代名家山水册	1622
清晨	2733	清代名家篆隶大字典	8356
清承堂印赏	8503	清代名人翰墨	8062
清初六家与吴历	801	清代名人画稿	1688
清初四王画派研究论文集	809	清代名人墨迹	8062
清初印风	8553	清代名人手札选	8105
清初正统画派	851	清代内廷演戏史话	12793
清处士颜令瞻先生画集	1650	清代青花瓷器	433
清纯	9766	清代青花瓷器鉴赏	422
清瓷萃珍	418	清代人物画风	1687
清瓷荟锦	401	清代山水画风	1687
清代草书	8087	清代书法四屏	8072
清代瓷器鉴赏	415	清代书家篆隶字集	8344
清代瓷器赏鉴	415, 416	清代台湾民间刺绣	10359
清代单色釉瓷器特展目录	410	清代台湾职官印录	8548
清代帝后像	1694	清代陶瓷大全	10647, 10649
清代宫藏书画集	1520	清代舞蹈的传承与变异	12641
清代宫廷绘画	1696	清代戏曲史	12771
清代宫廷音乐	10965	清代学者象传	1664

中国历代图书总目·艺术卷

清代学者象传合集	1682	清风寨	5042, 5689, 5819
清代燕都梨园史料	12740, 12741, 12755	清风	5689
清代燕都梨园史料续编	12741, 12755	清傅青主行草墨迹	8077
清代扬州画派研究集	851	清傅山墨迹精选	8084
清代以来的北京剧场	12791	清傅山书丹枫阁记	8066
清代玉雕之美	426	清傅山小楷千字文	8077
清代玉器之美	428	清高凤翰花卉册	1669
清代玉玺谱	8535	清高凤翰隶书联	8059
清代御制铜版画	3065	清高凤翰山水册	1669
清代院画	589	清高凤翰书秋兴诗册	8101
清代浙派印风	8553	清高其佩什画册	1663
清代织绣团花图案	10348	清歌妙舞霓裳曲	4143
清代中期燕都梨园史料评艺三论研究	12791	清宫藏耕烟画册精品	1622
清代篆书	8087	清宫藏宋宣和六鹤图	1533
清道人拟古画册	1699	清宫藏宋元宝绘	1531
清邓石如白氏草堂记墨迹	8076	清宫藏唐孙过庭书谱序墨迹	7238
清邓石如阴符经	8041, 8084	清宫藏吴道子释迦降生图	1522
清殿版画汇刊	3061, 3062, 3063	清宫藏渔山画册神品	1639
清二十家画梅集册	1649	清宫瓷器	428
清法事	12350	清宫汉印选	8530
清费密书后赤壁赋	8074	清宫精绘各国人物妆饰图	1594
清芬阁米帖目录	7663	清宫旧藏历代花鸟集珍	1509
清风店	5071	清宫秘藏南田墨戏册	1630
清风飞翠	2026	清宫秘史	5689
清风高节	4712	清宫三百年	6333
清风化远	8238	清宫外史	5495, 5581
清风朗月	457	清宫演义	6333
清风亮节	4792, 4822, 8207	清宫怨	5819
清风绿甲子新秋	4551	清宫珍宝丽美图	1271, 6608
清风掠影	4630	清龚贤书渔歌子	8066
清风墨韵	1370	清故恭王府音乐	12316
清风曲集	11367	清故山东提学使罗君之墓表	8041
清风书画	2223	清故优贡生诏举孝廉方正俞君墓志	8031
清风亭	4915	清官册	12087
清风叶黄还待霜	9922	清官的故事	5495

书名索引

清官二更"钻窑记"	5819	清髡残苍山结茅图	1660
清官图	4213, 4295	清漓泛舟	9846
清国俗乐集	11822	清漓新颜	1905
清寒寂寂	816	清漓渔歌	1792
清河秘箧书画表	760, 1454	清李复堂富贵多寿图	1660
清河书画表	760	清李鱓花鸟册	1667
清河书画舫	760, 761	清李鱓写生花卉册	1669
清华歌咏团合唱歌曲选	11933	清丽	9421, 9436
清华堂印稿	8519	清凉的泉水	12279
清华斋赵帖	7945	清凉歌集	11932
清画	1622	清凉山上望延河	9875
清画传辑佚三种	782	清凉胜景	9812
清黄慎花卉册	1660	清凉世界	113, 9357, 9407
清辉	9436	清凉世界	2144, 2334
清江叠翠	9812	清粼粼的水来蓝莹莹的天	11881
清江泛舟	2665	清秘藏	238
清江竞帆	9861	清秘录	8445
清江引	12054	清明	2780
清江壮歌	5689, 5966	清明案	6109
清洁长寿 劳动多福	3646	清明上河图	1539, 1540, 10353
清洁工的爱情	5819	清明上河图	2183
清洁工人的怀念	1850	清明上河图卷	1540
清洁欢喜	4213	清明血祭	6193
清洁卫生身体好	3334	清末上海名家扇面	1664
清金冬心诗卷墨迹	8079	清内府本王右军游目帖	7780
清金农楷书消寒诗序册	8068	清内府藏晋拓保母帖	7781
清金农临华山庙碑	8101	清寓馆治印杂说	8456
清金农墨梅	1658	清贫	6193
清金农漆书联	8059	清贫, 洁白朴素的生活, 正是我们革命者能够	
清津浦船歌	12410	战胜许多困难的地方!	3111
清居廉"二十四番花信风"画册	1657	清乾隆补刻明代端石兰亭图帖	8105
清居廉二十四番花信风图	1657	清青花	428
清康熙前期款彩〈汉宫春晓〉漆屏风与中国漆工		清清	9455
艺之西传	418	清清渠水笑山坡	3981
清康雍乾名瓷特展	402	清秋声色	1944

中国历代图书总目·艺术卷

清泉	2641	清王铎行草书三种	8097
清泉的歌	11474	清王铎临古帖	8097
清泉话喜讯	12269	清王铎诗册墨迹	8077
清泉楼观图	4712	清王鉴仿三赵山水	1661
清泉幽趣	9861	清王原祁画山水	1691
清人画学论著	795	清王芸阶人物图	1678
清人书学论著十八种	7265	清闻录	383
清任伯年小品	1660	清吴大澂篆书五种	8076
清任渭长白描人物	1675	清吴让之临帖精品	8077
清升平署存档事例漫抄	12747	清吴让之庚信诗墨迹	8079
清升平署志略	12749, 12750	清五家书札墨迹	8017
清圣祖南巡回銮图记略	1468	清西陵风光	9875
清盛世瓷选粹	416	清溪悠悠	596
清诗词名篇多体钢笔字帖	7597	清溪云烟图通屏	4712
清十大家山水扇集	1647	清夏图	1859
清十二名家山水集	1639, 1648	清乡木刻集	2981
清石涛仿米颠山水	1660	清香	1993, 2010, 9436
清石涛花卉册	1662	清香阁	9846
清石涛华阳山居图	1660	清湘老人山水册	1607
清石涛山水	1661	清湘老人山水卷	1642
清石涛山水人物画册	1657	清湘老人题记	775
清石涛听泉图	1661	清湘书画稿	1677
清石涛细雨虬松图	1661	清湘书画稿卷	1657
清史乐志之研究	10962	清新罗山人秋枝鹦鹉	1661
清释溥睿仿宋元山水册	1650	清新罗山人山水	1661
清瘦阁读画十八种	470	清新罗山人松鼠图	1661
清书千字文	8355	清秀	9467
清水出芙蓉	9436	清虚谷春波鱼戏图	1661
清水河畔	5324	清徐三庚出师表墨迹	8081
清水塘	3016, 3981	清学部所属印集	8530
清水塘	2728	清颜色釉瓷	428
清太宗平冤	6109	清杨沂孙篆书	8070
清婉	9407	清杨沂孙篆书诗经	8357
清王铎草书杜律	8094	清仪阁藏名人遗印	8489
清王铎草书杜律并枯兰复花赋	8066	清仪阁古印偶存	8512

清仪阁印存 8511
清逸山房竹谱 1595
清音谱 12436
清饮一杯茶 4143
清影翠华 1944, 1971
清幽 9407
清余穉花鸟草虫册 1646
清於女史仿宋人花果真迹 1622
清於女史恽冰仿宋人花果真迹 1629
清袁江秋涉图 1661
清袁江水殿春深图 1661
清源书画集 6767
清远堂选抄琴谱 12306
清恽寿平仿古山水册 1669
清恽寿平画花卉册 1682
清恽寿平落花游鱼图 1661
清恽寿平瓯香馆写生册 1667
清恽寿平欧香馆写生册 1668
清韵 1318
清张裕钊楷书字帖 8094
清赵之谦积书岩图 1661
清赵之谦瘦梅 1661
清赵之谦吴镇诗墨迹 8076
清桢木刻画 2975
清郑板桥行书联 8059
清郑板桥兰石图 1661
清忠谱 6391
清朱耷山水花鸟册 1655
清朱耷山水花鸟集 1655
蜻蜓·秋荷画法 969
蜻蜓凌霄花 1818
蜻蜓咬尾巴有志能上天 4974
蜻蜓之歌 12542
情 9290, 9437, 9455, 9467
情爱悄语钢笔字帖 7554
情爱丝语 7530
情伴 11544
情报 5820, 5966
情不自禁 3433
情操与鉴赏 096
情场漫画 3512
情从山野来 11520
情的奉献 8840
情调钢琴公主——孙颖小姐 9776
情调吉他讲座 11201
情短藕丝长 11986
情感的栖居地 1086
情感的实践 11101
情感的音符 10511
情感圣殿 10926
情感与符号 585
情感与形式 040
情感语丝钢笔字帖 7554
情歌唱遍天下 12408
情海拾萃 10527
情海乡思 5689
情话丝丝 7582
情寄漓江水 8823
情节剧 13007
情节剧电影 13137
情景与表现 2965
情侣 2802, 4770, 4822, 9024, 9644, 9704, 9725, 9740, 9746
情侣落难 6110
情侣名言钢笔字帖 7582
情侣散文钢笔字帖 7582
情侣赠言钢笔字帖 7582
情满青山 2088
情满西湖 4143
情满校园硬笔字帖 7609

中国历代图书总目·艺术卷

情牵天涯客	11800	情系港澳名家艺术珍品丛书	323
情趣	9455	情系国魂当代书法家精品集	8268
情趣	2651, 2666	情系国魂书画大成	2272
情趣盎然	8831	情系荒原	2256
情趣摄影	8788	情系剧专	13019
情人	6883	情系蓝天	11530
情人,拉西玛	12169	情系吕梁	12784
情人蜜语行书隶书钢笔字帖	7530	情系三峡	9138
情融山河	819	情系山水	813
情如兄妹	4295	情系中华	2256, 2334, 2405, 2468, 2530
情若无花	3433	情系祖国大地的人	10886
情深	9437, 12109	情义无价	7499
情深笔墨灵	827	情意	9471
情深似海	2861, 5324, 12125	情意更比湖水深	3981
情深谊长	4296, 4394, 4974, 11740, 12175	情意绵绵	4479
情深谊长花更艳	3327	情与爱的通信	7454
情深意长	4551, 4630, 4712, 9010, 9471	情语绵绵	7582
情深意长	2088, 2145	情寓西厢	4031
情诗集锦	7554	晴晨	1783
情诗情言钢笔字帖	7454	晴晨	2628
情诗与梦幻	10142	晴川书画家——墨粹	2272
情书精萃行书 隶书钢笔字帖	7476	晴空展翅	3891
情书妙句钢笔书法	7554	晴岚春满	1971
情书名篇	7422	晴岚山暖翠图	4551
情书写作技法钢笔字帖	7554	晴朗的天空	13300
情丝	2145	晴麓横云	1798
情丝系南疆	4712	晴梅馆存笺	7664
情思	8849, 9015, 9407, 9437, 9455, 10118	晴山堂法帖	8279
情思妙语三体钢笔帖	7476	晴天喜雨	3694
情探	12920, 13231	晴雯	4296, 4479, 5581, 5690, 5820, 9004, 9238
情天恨海	5689, 9529	晴雯补裘	4213, 4296, 8813
情天外史续册	12741	晴雯传绢	10465
情天外史正册	12741	晴雯撕扇	4143, 4551, 4712, 8813
情投意合	10484	擎旗喜有后来人	3842
情投意合	2088, 2145	擎起影星的人	13188

书名索引

擎天碍捣敌记	5324	庆丰年牢记基本路线 渡佳节不忘阶级斗争 3842
擎天碍擒谍	5359	庆丰年喜迎春	4213
擎云——榆树	10064	庆丰收	1809, 3542, 3565,
请"财神"	4395		3600, 3779, 3800, 3981, 4031, 4084,
请包公	4143		4143, 4213, 4296, 4395, 4479, 6746, 9150,
请不要随地吐痰	3350		9986, 10226
请茶歌	11612	庆丰收 度新春 欢乐歌舞	3694
请大家注意	5125	庆丰收 广积粮	3779
请到我们山庄来	11957	庆丰收 迎新春	3646
请跟我来	10892	庆丰收 鼓干劲	3141
请工人叔叔上主课	3936	庆丰收 送公粮	1809
请喝一杯酥油茶	9357	庆丰收感谢共产党 迎佳节歌颂华主席	3982
请喝一碗马奶酒	4552	庆丰收舞	12638, 12654
请教	3737, 3842, 3891	庆丰晚会	3842
请借夫人一用	6334	庆丰祝寿	4552
请进来	3779	庆功图	3982
请客	5820	庆功晚会	3936
请来华主席像到咱家	3936	庆贺新年 万象更新	3694
请老师	1836	庆回归楹联书法集	8308
请你吃糖	1921	庆佳节	4479, 10527
请你回答	10479	庆节日	3600
请你们留一留	11957	庆粮棉增产 贺瓜果丰收	3600
请您步入摄影王国	8761	庆赏元宵	3647
请叔叔交还失主	3694	庆升平	12325
请饮一杯丰收酒	4395	庆寿图	1760, 4479
请允许	11973	庆寿图	2088
请战	3842, 3936	庆新春	4084, 4296, 4395
请众颂主	12437	庆新年	4395
请自觉遵守公共秩序	3365	庆阳	8959
庆澳门回归马万祺诗词选粹书画作品集	2334	庆祝"六一"儿童节	3085
庆顶珠	3600	庆祝"六一"国际儿童节	3304
庆丰会	3779	庆祝"三八"国际劳动妇女节五十周年	3085
庆丰年	4395, 4630, 9455, 12311	庆祝阿克塞哈萨克族自治县成立十周年	3127
庆丰年	2145	庆祝澳门回归祖国书画作品集	2334
庆丰年 迎新春	4712	庆祝澳门回归祖国招贴画优秀作品选	3389

庆祝北方昆曲剧院成立四十周年　13019
庆祝长征胜利　2715
庆祝成渝铁路通车　2713
庆祝党的"十大"胜利召开!　3208
庆祝党二十五周年　11384
庆祝第二个五年计划提前三年胜利完成　3085
庆祝甘南藏族自治州成立十周年　3119
庆祝光荣、伟大、正确的中国共产党诞生四十周年　3104
庆祝广西僮族自治区成立五周年　3119
庆祝国庆节唱的基本歌曲　11394
庆祝国庆十周年推荐歌曲　11440
庆祝国庆喜洋洋　12329
庆祝建国45周年全军摄影艺术展览作品集9258
庆祝建国九周年推荐歌曲集　11430
庆祝建国十八周年　3161
庆祝建国十周年广东美术作品选　279
庆祝建国五十周年诗书画篆刻歌曲集　340
庆祝节日　4084
庆祝六·一儿童节　3320
庆祝六·一国际儿童节　3320
庆祝六一国际儿童节　3085
庆祝南京解放十周年　1284
庆祝宁夏回族自治区成立二十周年美术作品选　1294
庆祝上海市第六次妇女代表大会胜利召开　3208
庆祝社会主义改造的伟大胜利速写　2852
庆祝社会主义改造胜利画集　3068
庆祝社会主义改造伟大胜利　2715
庆祝胜利过新春　11553
庆祝十三陵水库落成典礼序曲　12225
庆祝肃北蒙古族自治县成立十五周年　3141
庆祝天祝藏族自治县成立十五周年　3142
庆祝伟大的中华人民共和国成立二十周年　3169
庆祝伟大的中华人民共和国成立二十周年游行的中国人民解放军指战员迈着整齐的步伐通过天安门广场,接受伟大领袖毛主席的检阅　9265
庆祝伟大十月社会主义革命三十三周年音乐晚会　12558
庆祝五一国际劳动节　3085
庆祝五一国际劳动节推荐歌曲　11604
庆祝西藏自治区成立二十周年　3365
庆祝新疆维吾尔自治区成立三十周年　3365
庆祝中国共产党成立六十周年　3334
庆祝中国共产党成立七十周年　3377
庆祝中国共产党成立四十周年　3105
庆祝中国共产党诞生四十周年　3105
庆祝中国共产党第十次全国代表大会胜利召开　3208
庆祝中国共产党建党七十周年　3382
庆祝中国人民解放军建军七十周年中国书画邀请赛获奖作品选　1342
庆祝中国人民解放军建军五十周年美术作品选　1294
庆祝中国人民解放军建军五十周年美术作品展览图录　1859, 2778, 3026
庆祝中国人民解放军建军五十周年美术作品展览油画作品选　2778
庆祝中国人民解放军建军五十周年全军第四届文艺会演歌曲选　11695
庆祝中国人民解放军五十周年全军第四届文艺会演评论情况　12714
庆祝中华人民共和国成立30周年　3320
庆祝中华人民共和国成立50周年暨澳门回归歌曲50首　11534
庆祝中华人民共和国成立二十六周年　3240
庆祝中华人民共和国成立二十六周年推荐歌曲　11463
庆祝中华人民共和国成立二十四周年　3208

书名索引

庆祝中华人民共和国成立二十五周年	3222	琼瑶爱语钢笔字帖	7597
庆祝中华人民共和国成立二十五周年全国美术		琼瑶的歌	11926, 11927
作品展览目录	281	琼瑶情语钢笔字帖	7554
庆祝中华人民共和国成立二十五周年全国美术		琼瑶诗选	7477
作品展览作品选集	344	琼瑶影视歌曲总集	11927
庆祝中华人民共和国成立二十周年口号	3169	琼瑶影视金曲钢笔字帖	7499
庆祝中华人民共和国成立三十五周年	3359	琼瑶影视金曲集	11927
庆祝中华人民共和国成立三十五周年全军摄影		琼瑶作品歌曲选	11980
展览作品集	9326	琼苑揽胜	8577
庆祝中华人民共和国成立三十周年	3320	登音低回	2145
庆祝中华人民共和国成立三十周年	3320	丘吉尔的女间谍	6193
庆祝中华人民共和国成立十八周年	3165	丘金峰画集	2468
庆祝中华人民共和国成立十九周年	3165	丘克和盖克	6110, 13250
庆祝中华人民共和国成立十五周年	3127	丘石篆刻选集	8588
庆祝中华人民共和国成立五十周年系列书法大		邱柏源书法集	8333
展作品集	8333	邱冈含卡通	6629
庆祝中华人民共和国计量法颁布书画集	2010	邱丽玉	5690
庆祝中苏友好同盟互助条约签订十周年	3085	邱瑞敏油画作品选	2824
馨室所藏玺印	8527	邱少华谈书法	7380
馨室所藏玺印续谱	8527	邱少云	3737, 5125, 6564
穷棒子精神万岁	3197, 5151	邱寿岩仕女图	1679
穷棒子扭转乾坤	5071, 5125	邱受成画集	2523
穷人根	5099	邱陶峰	2480
穷山变成花果山	3085	邱祥锐画集	2256
穷山沟变成文化村	4974	邱玉祥水粉写生画集	2957
琼岛风光	9081	秋	1750, 2641, 2791, 2799, 2806, 2808, 4712,
琼岛今更美	9912		4770, 4822, 6110, 8644, 9124, 9357, 9380,
琼阁仙山图	2145		9381, 9393, 9407, 9437, 9455, 9885
琼宫玉女	2088	秋碧堂法书	7716
琼虎	5180	秋波荡漾	9381
琼花	5125, 9937	秋灿	9358
琼剧文化论	12958	秋草画集	1944
琼楼高雅	9380	秋草诗人姚茫父印存	8535
琼楼玉宇图	2088	秋晨	9368
琼轩鹦戏图	1922	秋虫的音乐会	11430

中国历代图书总目·艺术卷

秋虫菊石图	1993	秋景澄兰	9847
秋虫音乐会	12008	秋景山水画特展图录	1482
秋丛虫鸟	1726	秋菊	1876, 1971, 9305, 10015, 10017, 10019,
秋的诗韵	9117		10021, 10029, 10036, 10044, 10050,
秋冬	8823		10064, 10069, 10085, 10408
秋冬花艺	10734	秋菊	2617
秋风吹下红雨来	1922	秋菊傲霜	1876
秋风凝翠	2678	秋菊傲霜	2488
秋风紫蟹醉黄花	2672	秋菊白鸡	10019
秋枫唱腔选	11865	秋菊打官司	13151
秋高晴岚	2208	秋菊多佳景	9312
秋高寿长	1971	秋菊花猫	1922
秋耕	8640	秋菊山雀	9311
秋耕	2145	秋菊四条屏	4213
秋耕增产	4915	秋菊小鸟	3565
秋馆论诗册	8112	秋菊迎阳	10029
秋光好	1750	秋菊有佳色	9310
秋光秀姿	9455	秋菊争妍	10019
秋光艳阳	9368	秋菊争艳	9308
秋光艳阳	2629	秋葵	1582, 5966
秋海棠	6110	秋葵纺织娘	1783
秋荷图	1860	秋葵花	1783
秋后热	5820	秋兰	5291, 9393
秋湖丽影	9071	秋蕾	9437
秋卉	1490	秋恋	9437
秋季摄影	8796	秋林	9132
秋涧跳波	9358	秋林归鸦图	1580
秋江	4084, 4143, 9225, 9342, 11828	秋林黄叶	275
秋江待渡	2641	秋林丽影	9753
秋江独钓图	2617	秋林晚鸦	1574
秋江问趣	1891	秋临九寨沟	9090
秋江夕照	1783	秋令花鲜	2931
秋郊楼观图	2451	秋鹭	1783
秋瑾	4296, 5071, 5072, 5411, 5495, 5966, 6364	秋忙	1799, 3800
秋景	9124	秋梦	10527

书名索引

秋明长短句	8133, 8158	秋室印剩	8497
秋明室杂诗	8132	秋收	1993
秋苹印草	8502	秋收分粮图	3647
秋千上的姑娘	9704	秋收季节	9381
秋禽	1891	秋收乐	3647
秋情红艳	9906	秋收忙	12333
秋情鸟趣	2549	秋收霹雳	5411, 5495
秋趣	9351	秋收起义	13151
秋趣	2447, 2608	秋收起义歌	12204
秋趣图	1993	秋收起义文家市会师操坪	9338
秋泉	1922	秋收起义文家市会师旧址	9325
秋染山野	9922	秋收起义组歌	11968
秋容晓露	1783	秋收万斤粮	3600
秋色	9381, 9437, 9812, 9823, 9861, 9893, 9900	秋收舞曲	12163
秋色	2618, 2651	秋水	9393
秋色斑斓	9358	秋水鹅群	1663
秋色碧水图	2797	秋水兔鹭图	2618
秋色烂漫	1876	秋水群嬉	1945
秋色赛春光	4395	秋水轩印存	8489
秋山	9812	秋水伊人	9393
秋山垂瀑	2666	秋水园印谱	8489
秋山行旅图	1551	秋水园印说	8445
秋山行云图	4395	秋水湛湛枫叶红	9381
秋山红树图	4712	秋思	9471
秋山红叶	1945	秋思	2456
秋山楼观图	4630	秋堂吹箫图	2618
秋山听泉图	2044	秋堂印谱	8511
秋声 葫芦 稻草小鸡 菊花酒罐	4032	秋天	2731
秋声集	12878	秋天的白桦	2791
秋石印社作品集	8575	秋天的音乐会	12005
秋实	9309, 10115	秋庭集艳图	1676
秋实春华集	12911	秋翁遇仙	4084, 4143, 4296
秋实录	7159	秋翁遇仙记	4144, 4823, 4974, 5581, 5690
秋实图	4143, 9421	秋舞	9974
秋室印粹	8499	秋香	9529, 9760

中国历代图书总目·艺术卷

秋晓庵印存	8521	求是颂	11526
秋兴八景图册	1589	求是于古斋印存	8507
秋兴图	10439	求是斋印存	8524
秋汛时节	3002	求是斋印谱	8526
秋艳	1876, 1906, 4084, 4296, 9090, 9351, 9358,	求索	5967, 9488
	9407, 9437, 9455, 9900, 10439, 10458	求索	2044, 2256
秋艳	2605, 2651, 2670	求索斋书法	8319
秋艳飞雀	1860	求贤图	2367
秋艳图	2629	求雨算宝	4975
秋阳的情愫	11505	求知	4395
秋耀金华	2641	求志居集印	8516
秋野	9861	泅渡怒江破天险	11937
秋叶红似火	9381	泅渡乌江话当年 拉练娄山学传统	3891
秋夜	5966	泅渡演习 战胜江河	3738
秋吟百咏	7499	球操	9968, 9974, 9977, 9979
秋影庵主印谱	8511	球场风波	13232
秋游	9962, 9979	球场内外	5324
秋雨	2026	球场嫩苗	4144
秋雨初晴	1876	球迷	9553
秋雨迷濛	2731	球坛新秀	4296
秋雨中的少女	11981	球坛新主人	5291
秋园教学画稿	2208	球王	5967
秋园杂佩	384	球王贝利	5690
秋月琵琶	4213, 10465	球王李惠堂	6227
秋韵	4770, 9407, 9437, 9900	球星	9672
秋之恋	9381	球星的悲剧	5967
秋子书印作品集	8254	球星和他的妻子	5820
囚歌	5966, 11963	球员失踪	6110
囚禁西伯	5820	裘绛木画集	2334
囚徒	5967	裘沙画集	6608
求定斋印章	8481	裘盛戎唱腔选集	11867
求革命知识 学劳动本领	3738	裘盛戎生平和裘派艺术	12892
求教	4032	裘盛戎艺术评论集	12878, 12879
求师	3891	裘盛戎与京剧花脸艺术	12879
求师记	4974	裘在兹旅行速写集	2887

书名索引

裘兆明画集	2238	曲水轩印志	8480
区焕礼水彩画集	2950, 2957	曲坛奇葩	12972
区寄除盗	6674	曲体学	11074
区潜云书法集	8333	曲铁工艺	10640
区小队长的儿子	4915	曲香溢甘露	8840
曲调工尺大观	12099	曲祥笛子曲选	12271
曲调和对位	11072	曲项兵	5582
曲调作法	11070, 11088	曲学与戏剧学	12855
曲阜	9063, 9795	曲宴	12240
曲阜古今书画选	1479	曲艺一说唱的艺术	12976
曲阜孔庙	9297	曲艺创新录	12974
曲公印存	8566	曲艺创作表演浅谈	12965
曲海探宝	12968	曲艺的创作和表演	12962
曲尽人欢	2145	曲艺的写作和演唱	12962
曲景	4770	曲艺歌曲选	11469
曲径通幽	9847	曲艺漫谈	12968
曲靖版画院画集	3050	曲艺民俗与民俗曲艺	12696
曲靖地区戏曲志	12776	曲艺特征论	12972
曲靖市戏曲志	12771	曲艺小段选	12140
曲利明摄影作品选	8989	曲艺学习资料	12963
曲律	11136, 11822	曲艺艺术论丛	12968, 12969
曲牌子谱总本	12055	曲艺音乐改革纵横谈	11153
曲判记	9238	曲艺音乐概论	11156
曲谱辑抄	12056	曲艺音乐研究	11143
曲谱研究	11159	曲艺杂技志	12976
曲石精庐藏唐墓志	7878	曲艺志资料	12938
曲式分析基础教程	11095	曲鹰飞花	1906
曲式分析与作曲	11104	曲与画	2308
曲式及其演进	11099	曲园先生书札手稿	8029
曲式学	11069, 11078, 11080	曲园篆书	8029
曲式学大纲	11072, 11076	曲园篆书五种	8029
曲式学基础教程	11102	曲苑	12770
曲式与乐曲	11069	曲苑新书	12847
曲式与作品分析	11081	曲院风荷	4296, 9847
曲式与作曲技法	11094	曲院风荷秋色	9835

中国历代图书总目·艺术卷

曲院风荷映晴晖	9081	瞿琴	9407
曲院秋色	9072	瞿秋白	5967, 6014
曲韵	11158	瞿秋白笔名印谱	8556, 8562, 8592
曲韵易通	11145	瞿太夫人书般若波罗蜜多心经	8112
驱邪除害	4792	瞿塘峡	9861
驱邪除害	2088	瞿维钢琴曲集	12214
驱邪扶正 除恶安民	4631	瞿维文选	10833
驱邪魔 保平安	2088	瞿希贤歌曲选	12039
驱邪魔·保平安	2145	瞿希贤音乐创作浅论	11096
驱邪纳福	4713	瞿颖	9760
驱邪纳福	2088, 2089, 2145	瞿忠宣公遗墨	8022, 8041
驱邪迎财	4863	瞩仙神奇秘谱	12290
驱邪迎福	4792	衢州市曲艺志	12977
驱妖降魔	4823	衢州书画集	317
驱逐鲨鱼号	5291	取成都	5072
屈柳崖画集	2554	取缔租界内电影院交涉之经过	13169
屈辱的历史	6391	取东都	5967
屈巡按使巡视两浙摄影	8917	取回真经	5820
屈义林画集	2287	取金陵	5967
屈应超书法作品集	8279	取经	4214
屈原	4032, 4975, 5072, 5411, 5582, 5820, 12906	取经成功	6535
屈原《离骚》句	8197	取经归来	3800
屈原碑林	8308	取经归来	2183
屈原的传说	5967, 6364	取经路上五十年	12939
屈原的米和谷	5967	取枪记	5015, 5495
屈原赋	8027, 8034, 8041	娶新娘	12606
屈原造像	10440	去北京的路上	3842
蛐蛐	5690	去疾印稿	8568
鸜鸽	1726	去民校的路上	12590
渠畔新风	3936	去太空旅行	1971
渠水长流	5260	去玩吧	6564
渠水引来满山春	1850, 3936	趣	8849, 9351
渠亭印选	8538	趣经女儿国	6262
瞿谷量画集	1399	趣联巧对	7530
瞿谷量山水册	2462, 2465, 2468, 2472	趣墨	2223

书名索引

书名	编号	书名	编号
趣墨天成	2582	趣味识谱	11064
趣味编折	10698	趣味竖笛小品	12555
趣味变幻图案	10330	趣味陶瓷	434
趣味布贴图案精选	10720	趣味图案大全	10267
趣味长笛小品	12459	趣味小魔术	12992
趣味灯谜四体钢笔字帖	7621	趣味小魔术88套	12995
趣味的超魔术	13008	趣味一笔画	1115
趣味动物剪纸	10688	趣味折画	10685
趣味动物一笔画	1263	趣味折纸	10699, 10710
趣味动物装饰1000例	10325	趣味折纸游戏	10775
趣味儿童折纸大全	10693	趣味折纸与剪纸	10688
趣味钢琴技巧	12513, 12514	趣味纸粘土	8661
趣味工艺美术	10201	趣味字画技法	1131
趣味工艺制作	10762	觑	9761
趣味规律识字系列字帖	7499, 8392	圈操	9968, 9980
趣味黑白装饰画	10310	圈洞改河夺丰收	1850
趣味画技巧	10315	圈内圈外	13103
趣味家庭摄影艺术指南	8761	圈套	5072, 6110
趣味剪纸	10698, 10710, 10714	权新闻画选	2465
趣味简笔画	1110, 1119	全安德	10192
趣味科学	6710	全本工尺字	12272
趣味科学童话	6734	全部贩马记	11826
趣味科学童话故事	6564	全部红鬃烈马	11826
趣味刻纸	10714	全部龙凤呈祥	11827
趣味孔版画艺术	1213	全部四郎探母	12066
趣味魔术	12997	全彩色世界漫画精品	7006
趣味脑筋急转弯	6535	全大漫画	3447
趣味拼纸	10707	全党、全国工人阶级动员起来 为普及大庆式	
趣味乒乓球玩偶制作	10719	企业而奋斗	3281
趣味扑克牌魔术	12991	全党动员 大办农业 为普及大寨县而奋斗3258	
趣味人生	3513	全党动员 大办农业 为普及大寨县而奋斗	
趣味萨克斯管小品	12459		3240, 3257, 3281, 9278, 9279
趣味摄影	8740, 8754	全党动员 大办农业 为普及大寨县而奋斗!	
趣味摄影诀窍技法	8767		3240
趣味摄影入门	8796	全党动员，大办农业，为普及大寨县而奋斗	

3240, 3258
全党动员，大办农业，为普及大寨县而奋斗
3258
全党动员，大办农业，为普及大寨县而奋斗！
3258
全党动员，普及大寨县 3281
全党动员大办农业为普及大寨县而奋斗 3282
全党齐动员 普及大寨县 3891
全党齐动员普及大寨县 11681
全党全民大办农业大办粮食 3085, 3105
全党全民动员认真搞好第三次人口普查 3341
全党全民支援农业 3105
全党团结进军现代化 万众一心 阔步新长征
4032
全福 4296
全国"小百灵"赛歌获奖歌曲选 12035
全国(业余)绘画等级考核示范作品集 6767
全国百名将军百名公仆百名企业家书法作品集
8308
全国报刊电影文章目录索引 13111
全国储蓄书画选集 1302
全国大学生电影评论选 13133
全国大学生钢笔书法优秀作品 7430
全国大学生书法竞赛获奖作品集 8159
全国党刊装帧作品精萃 10390
全国第八届"群星奖"作品集 336
全国第二届楹联书法大展作品集 8295
全国第二届硬笔书法大展作品精选 7430
全国第二届正书大展作品集 8308
全国第二届中青年书法篆刻展览作品集 8188
全国第二届篆刻艺术展作品集 8572
全国第六届书法篆刻展作品集 8152
全国第六届中青年书法篆刻家展览作品集 8254
全国第七届美术作品展览中国画集 346
全国第三次人口普查的标准时间是1982年6月

30日24时 3341
全国第三届广告作品展优秀作品集 10379
全国第三届刻字艺术展作品集 8584
全国第三届书法篆刻展览作品集 8151
全国第三届中青年书法篆刻家展览作品集
8216
全国第三届篆刻艺术展作品集 8572
全国第四届钢笔书法大赛特等奖字帖 7454
全国第四届书法篆刻展览作品集 8151
全国第四届书学讨论会论文集 7328
全国第四届篆刻艺术展览作品集 8572
全国第五届书法篆刻展览作品集 8152
全国第五届中青年书法篆刻家展览作品集
8254
全国第一届扇面书法大展作品集 8319
全国第一届书法篆刻展览作品集 8151
全国第一届硬笔书法展览作品集 7582
全国第一届正书大展作品集 8268
全国电力安全漫画集 3464
全国电力教育系统美术书法摄影作品选集 315
全国电视科普节目稿选 13247
全国电子琴比赛规定曲目 12239
全国电子琴考级(比赛)曲目大全 12239
全国电子琴演奏(业余)考级基本练习合集
11288
全国电子琴演奏(业余)考级作品集 11288,
11291
全国电子琴演奏(业余)考级作品弹奏指南
11289
全国儿童简笔画大赛优秀作品选 6759
全国儿童美术作品 315
全国儿童艺术展览会纪要 206
全国二胡(业余)考级作品集 12285
全国二胡(业余)考级作品集诠释 11313
全国二胡演奏(业余)考级作品(一套、二套、三

书名索引

套）选集　　12288
全国二胡演奏（业余）考级作品集　12286，12287，12288
全国纺织优秀设计作品集　　10361
全国钢琴（业余）考级曲目辅导　　11253
全国钢琴（业余）考级作品集　　12213
全国钢琴（业余）考级作品集　　12213
全国钢琴演奏（业余）考级基本练习合集　　12214
全国钢琴演奏（业余）考级作品集　　12216
全国高等美术院校优秀图案作品集　　10330
全国高等师范院校音乐入学测试指南　　10833
全国高等艺术院校美术专业高考指南　　353
全国高等艺术院校素描习作选　　2868
全国高等院校美术师范专业学生色彩作品点评　　544
全国高等院校美术师范专业学生素描作品点评　　1128
全国高校建筑学学科教师美术作品集　　321
全国各民族大团结万岁　　3142，3694，3738
全国各族人民大团结万岁　　3209，3375，3377，3779，9276，9279
全国各族人民大团结万岁！　　8806
全国各族人民积极参加人口普查　　3341
全国各族人民衷心爱戴华主席　　3282
全国工业普查是重大的国情国力调查　　3365
全国工业学大庆会议提出的大庆式企业目前的标准　　3304
全国工艺美术展览资料选编　　10231
全国工艺美术展览作品选　　10231
全国古筝演奏（业余）考级作品集　　12319
全国国画展览会纪念画集　　1722
全国黑白摄影艺术展览作品集　　9327
全国回族书画展选集　　1342
全国获奖钢笔书法精品选　　7454

全国获奖新闻照片选介　　9288
全国获奖优秀群众歌曲　　11700
全国纪委书记监察局长书法选　　8295
全国建筑画选　　1306
全国交通系统第三届职工书画大展作品选集　　2334
全国金融广告作品选集　　10377
全国九大美术学院考生指导　　219
全国剧场资料汇编　　12768
全国抗战版画　　2977
全国科技书封面设计作品选　　10373
全国科学大会　　9285
全国劳动模范大会师　　9261
全国老干部书画作品选集　　218
全国历届钢笔书法大赛名手佳作　　7422
全国连环画、中国画展览　　1827
全国连环画、中国画展览中国画图录　　1827
全国连环画册获奖作品选：1963—1981　　6194
全国连环画获奖作品选　　6194
全国连环画中国画展览中国画选辑　　1818
全国漫画选　　3416
全国漫画作家抗战杰作选集　　3394
全国煤矿书法研究会会员作品集　　8207
全国煤炭系统中小学生书法大赛作品集　　8225
全国美术高考录取生"状元"试卷精选　　536
全国美术学院学生优秀素描　　2901，2905
全国美术学院学生作品选　　291
全国美术院校报考指南　　346
全国美术院校基础图案设计学生作品点评　　10218
全国美术院校研究生论文选　　024
全国美术院校装璜设计专业学生作品点评　　10390
全国美术展览会华东地区作品选集　　1359
全国美术作品展览　漫画选集　　3410

中国历代图书总目·艺术卷

全国美术作品展览版画选辑	1818, 3016	全国商业职工书画展品选	1307
全国美术作品展览会选辑1289, 1290, 2752, 3019		全国少儿书法大赛优秀作品集	8308
全国美术作品展览图录	1294	全国少儿书画集锦	6765
全国民族大团结	3695	全国少儿书画作品集	6765
全国民族音乐学第三届年会论文内容提要		全国少年儿童画选	6755
	11295	全国少年儿童书法作品选	8159
全国名优企业职工书法艺术大赛作品选	8238	全国少年手风琴考级实用指导	11250
全国年画、少年儿童美术作品展览年画选编		全国少数民族歌曲精选	11819
	3936	全国少数民族群众业余艺术观摩演出歌曲选	
全国女摄影工作者作品展览	8887		11625
全国琵琶演奏(业余)考级作品集	12318	全国少数民族群众业余艺术观摩演出歌曲选	
全国漆画艺术座谈会	1090		11625
全国青年歌手电视大奖赛歌曲精选	11926	全国少数民族群众业余艺术观摩演出歌舞器乐	
全国青年美术工作者作品展览会选集1283, 1284		曲选	11884, 12154
全国青年书法篆刻作品选	8188	全国少数民族群众业余艺术观摩演出会	9150
全国青少年神龙大奖赛书法篆刻作品选集		全国少数民族声乐教学会议资料汇编	11118
	8197	全国少数民族文艺会演优秀歌曲选	11803
全国青少年书法大赛作品集	8268	全国少数民族业余艺术表演	3738
全国青少年书法银河大奖赛获奖作品集	8188	全国摄影艺术展览	8882, 8883
全国青少年音乐培训等级考试教程	10839	全国摄影艺术展览工农兵形象选	8884
全国青少年指导教师书画优秀作品选	2308	全国摄影艺术展览在北京展出	9271
全国群星美术大展获奖作品集	1324	全国摄影艺术展览作品汇编	8884, 8885
全国群众歌曲评奖西南区获奖歌曲集	11574	全国摄影艺术展览作品选	8883, 8884
全国人民大团结万岁	3320	全国摄影作品汇编	8884
全国人民的心愿	13293	全国胜利在面前	11559
全国人民都爱唱	12408	全国手风琴教学论文集	11243
全国人民团结奋斗实现四个现代化	3304	全国手风琴演奏(业余)考级基本练习合集	
全国人民团结起来 争取更大的胜利	3173		11253
全国人民团结起来，坚决彻底、干净、全部地肃		全国手风琴演奏(业余)考级作品集	12216,
清一切反革命分子漫画集	3404		12217
全国人民团结一致为全面开创社会主义现代化		全国首届"美报杯"钢笔书法大赛作品选	7422
建设的新局面而奋斗	3350	全国首届青年影评征文获奖作品选	13124
全国人民心一条 永远跟着共产党	3111	全国首届少儿美术杯书画大赛精品集	6769
全国人民支援农业合作化	8875	全国首届硬笔书法大展作品精选	7417
全国萨克斯管演奏(业余)考试教程	11173	全国首届中国风俗画大奖赛获奖作品选集	1308

书名索引

全国首届中国山水画展览作品集	2484	全国业余歌曲创作比赛云南地区作品选集	
全国首届著名作家、诗人、书法家、画家联展作			11445
品集	2308	全国一等奖小学生作文精选钢笔字帖	7530
全国书法百家作品集	8334	全国一等奖中学生作文精选钢笔字帖	7530
全国书法邀请展作品选集	8254	全国艺术体操冠军——李卫红	9593
全国书法篆刻展览作品集	8197	全国艺术体操冠军王秀荣	9553
全国书画集邮珍品集	2224	全国印社篆刻联展作品集	8570
全国书画名家精品展作品集	2256	全国影展作品汇编	8884
全国书画作品精选	2272	全国硬笔临写传统碑帖展览作品精选	7439
全国书籍插图选	6603	全国优秀包装工作者、全国优秀包装产品资料
全国水彩、速写选集	2925	专集	10369
全国特邀书法家作品展作品集	8295	全国优秀包装选	10369
全国田径赛、体操、自行车运动会	13236	全国优秀摄影作品选	8887
全国铁路风景	9037	全国中国画艺术讨论会论文集	802
全国推荐二十四首"唱好歌"歌曲集	12039	全国中国人物画展览作品集	2410
全国推荐优秀歌曲集	11698	全国中青年画家中国画集	2287
全国微型电影评论选讲集	13129	全国中青年书法家22人集	8188
全国文史研究馆馆员书画作品选	2145	全国中小学生百首爱国主义歌曲	12046
全国文史研究馆书画藏品选	2145	全国中小学师生书法作品选集	8254
全国舞蹈创作会议文集	12569	全国中学生获奖作文精彩片断荟萃钢笔字帖	
全国小画家小书法家获奖作品大画集1345，1346			7530
全国小学生获奖作文精彩片断荟萃钢笔字帖		全国中学生优秀作文精选钢笔字帖	7477
	7530	全国中学生优秀作文选评钢笔行书字帖	7530
全国小学生作文大赛获奖作品钢笔字帖	7454	全国中学生作文大赛获奖作品钢笔字帖	7454
全国宣传画展览作品选	3359	全国中原杯书画名家作品选	2308
全国学雷锋钢笔书法大赛范本	7499	全国著名儿童漫画家作品精选	3494
全国学人民解放军 解放军学全国人民	3765，	全国著名老书法家16人集	8197
3800		全国专业团体音乐舞蹈会演	12671
全国学人民解放军 解放军学全国人民	3779	全国宗教界赞助残疾人福利事业募集书画纪念	
全国学人民解放军 解放军学全国人民	3197	集	1301
全国学生钢笔书法大赛获奖精品集锦	7454	全国总动员	4868
全国学生美术欣赏图库	111	全家都支持——终身只要一个孩	3327
全国学生音乐欣赏曲库指南	10883	全家福	1760，1971，4214，5099，6715
全国演出管理理论研讨会文集	13017，13018	全家福喜	4395
全国业余歌曲创作比赛得奖歌曲集	11445	全家光荣	3738

中国历代图书总目·艺术卷

全家红	3695，4975，12121	全民办铀矿	13246
全家欢	4296	全民动手炼钢铁	11430
全家乐	1972	全民动员·为钢而战漫画选集	3406
全家忙	3891	全民皆兵	3936，12589
全家齐上赛诗台	3891	全民皆兵 保卫祖国	3738
全家齐上阵	3842	全民皆兵 巩固国防	3738
全家送我上学堂	1760	全民皆兵 保卫祖国	1799，3128，3142
全家喜	4479，9740	全民皆兵 威力无穷	3142
全家学公报	6752	全民皆兵，保卫和平	3086
全家学理论	3891	全民皆兵力量大	11608
全家争五好 好了还要好	3738	全民皆兵准备打仗	3304
全歼黑山支队	5820	全民界马克思列宁主义者在反帝、反修斗争中	
全歼特工队	6110	联合起来！	3165
全景家庭装饰	10586	全民团结一致，永远跟着共产党！	3112
全军第二届硬笔书法"天马凌空"杯大赛获奖作		全民植树 治理河山	3351
品集	7455	全民植树造林 改造山河面貌	3155
全军第四届文艺会演歌曲选	11466	全仁歌曲集	12043
全军二届体育运动会	13232	全日本篆刻联盟上海展	8588
全军摄影展览作品集	8889	全山石素描选	2881
全军书法比赛获奖作品	8207	全山石新疆写生	2784
全军一齐唱	11608，11625	全山石油画集	2815
全力以赴，务歼入侵之敌	3173	全山石油画肖像选	2788
全力以赴地投入增产节约的洪流中	3085	全山石油画选	2788
全力支援农业四化！	3086	全社会都来关心残疾人	3368
全面"跃进"	3086	全身着衣人物	1155
全面发展茁壮成长	3371	全省美展四十年回顾展	1365
全面丰收	3566	全世界儿童同声歌唱	12443
全面高涨全面"跃进"	3542	全世界妇女团结起来保卫世界和平	3086
全面贯彻执行"鞍钢宪法"为普及大庆式企而业		全世界劳动人民大团结万岁	3086，3112，3142
奋斗	3282	全世界青年男女所喜爱的钢琴名曲集	12495
全面贯彻执行农业八字宪法	3282	全世界人民必胜	3197
全面规划 加强领导 加快建设社会主义大农		全世界人民大团结万岁	3086，3209
业	3241	全世界人民大团结万岁！	3105
全面规划的红旗农业社	8875	全世界人民行动起来	11633
全面开创社会主义现代化建设新局面	3341	全世界人民团结起来	3738，11642

书名索引

全世界人民团结起来，打败美国侵略者及其一		泉边	9342
切走狗！	3173	泉边	2666
全世界人民团结战斗	11681	泉城风光	2431
全世界人民心一条	11391	泉城济南	8964
全世界人民心一条！	11563	泉鸣虎啸	1922
全世界人民一定胜利	3184，11659，11665	泉南指谱重编	11031
全世界人民支援黎巴嫩！	11430	泉腔南戏概述	12950
全世界无产者，联合起来！	3165，3174，3184	泉声	9421
全世界无产者联合起来 3197，3241，3304，11619，		泉声咽危石 日色冷青松	4144
11957，11961，12170		泉水叮咚	4296，5820
全世界无产者联合起来！	3119	泉水叮咚响	11486，11698
全世界无产者联合起来反对我们的共同敌人		泉唐丁氏八家印谱	8524
	3119	泉唐朱研臣先生遗墨	8115
全世界无产者同被压迫人民、被压迫民族联合		泉韵	2045
起来！	3142	泉之歌	4863
全世界无产者同被压迫人民被压迫民族联合起		泉州地方戏曲	12934
来	3128	泉州古塔	9993
全宋词中的乐舞资料	12577，12578	泉州画粹	1370
全苏美术家代表大会报告、发言集	363	泉州画院画集	1366
全唐诗中的乐舞资料	12575，12579	泉州傀儡艺术概述	12980
全体公民都要知法守法	3368	泉州历史文化中心工作通讯	11336，11337
全体民兵积极行动起来，坚决贯彻十大倡议！		泉州木偶艺术	12979
	3105	泉州戏曲纸扎工艺	10666
全天候拍摄技巧	8775	拳打山田武夫	6110
全图四生全谱	2974	拳打镇关西	5411，5496，5820
全拓中国历代碑刻选	7727	拳皇	6734
全心全意	1818，3779，3842	拳皇99	6734，6735，6736，6737
全心全意培养共产主义接班人	3086	拳皇饿狼传说	6737
全心全意为人民	2747，3801	拳皇外传	6737
全心全意为人民服务	3142	拳魂	6194
全新的奇观	13063	拳击手	9725
全影电影技术研究	13299	拳师的孙子	6227
全中国儿童热爱毛主席	3936	拳石山房画说	672
诠释萧邦练习曲，作品廿五	12499	拳术	9254，9968
泉	1799，3982，6892，10447	拳王	5690，7115

中国历代图书总目·艺术卷

拳王幻梦	5690	群芳谱	2045
拳王雪耻记	6110, 6111	群芳吐艳	9082
拳指书法诗词欣赏	8268	群芳献寿	4552
犬笛	6111, 6112	群芳艺苑书画集	1279
劝善印谱	8513	群芳益人	4032
劝世良言钢笔字帖	7530, 7621	群芳争妍	8816, 9029
劝学	4395	群芳争艳	3982, 4713, 8831, 9345, 9358, 10579
阙汉骞书法艺术	8280	群芳争艳	2731
雀	1490	群峰壁立太行头 天险黄河一望收 两岸烽烟
雀墩	1876	红似火 此行当可慰同仇	8163
雀儿山下新龙舞	9965	群峰叠翠	9109
雀桥相会	9942	群峰浮水	9082
雀跃前庭	10625	群峰竞秀	1972, 9082, 9358
鹊	1727	群峰拥翠	2026
鹊唱枝头春来早	1876	群鸽图	1972
鹊华秋色	596	群公帖跋	7197, 7682
鹊华秋色图	1551	群鹤丹阳	4713
鹊化堂摘集古今印则	8484	群鹤飞鸣	4552
鹊梅	1542	群鹤鸣翠	2045, 2515
鹊梅	2641	群鹤图	1972
鹊桥	6112	群鹤图	2576
鹊桥会	1735	群鹤迎春	2515
鹊桥女尸	6112	群虎	2570
鹊桥仙	5582	群虎屏	4396
鹊桥仙侣	4843, 4851	群花飘香	10090
鹊桥仙侣	2089	群鸡	3566, 4032, 12091
鹊桥相会	4144	群龙聚会	6460
鹊喜迎风舞	1922	群驴图卷	2562
鹊喜迎风舞千红万紫春	4214	群马	1722, 1727, 1792, 1876, 1945, 1972, 1993
群策群力	3892	群马奔驰	1972
群鹅	4084	群马图	2010
群芳待屏开	4214	群猫	2652
群芳斗妍	4552	群猫欢乐	4552
群芳竞艳	8816, 8840, 9082	群猫扑蝶图	4479
群芳谱	4552, 5582, 8831, 9012, 11867	群猫趣	9315

书名索引

群猫图	10069	群星璀璨四季春	3377
群猫嬉戏	4552	群星璀璨迎春天	4479
群猫戏蝶	4713	群星欢聚	4144
群猫戏蝶图	4296	群星劲歌	11740
群魔闹金山	6112	群星精曲争霸	11746
群雀	2641	群星绝唱	11510
群鹊戏秋	1922	群雄反隋	5821
群山朝雾	2811	群雄救珠	6112
群山初醒	3007	群雄来归	6112
群山秋艳图	2089	群雁高飞	12650
群山万壑一城新	1799	群燕竞飞	3002
群山迎客图	2799	群妖赴宴	6112
群山迎客图	2089	群英除奸王	6112
群狮	1783	群英会 3542, 3647, 4084, 5412, 5690, 9232,
群狮图	4552	12086, 13105, 13232
群童戏水	4084	群英会屏	4863
群兔	2561	群英会上的好姊妹	3695
群侠大破铜网阵	5967	群英聚会	3647
群仙报春图	2641	群英聚会火神庙	6228
群仙报喜图	4479	群英聚义	5582
群仙高会赋	7946	群英献礼图	3566
群仙贺寿	8850	群英续集	12741
群仙会聚	4857	群玉别藏	418
群仙庆祝	1750	群玉别藏续集	434
群仙图	2010	群玉堂米帖	7977
群仙围攻金兜洞	5690	群玉堂米帖	7977
群仙围攻金兜魔	5967	群玉之山	4214
群仙游春图	2146	群众创作歌曲选	11456, 11593
群仙祝寿	10552	群众创作歌曲选集	11593
群仙祝寿	2089	群众创作歌曲选集	11593
群仙祝寿图	4479, 4552, 4713	群众创作选集	12597, 12608
群仙祝寿图	2089	群众的歌手	3647
群星灿烂	11498	群众点播歌曲100首	11703
群星灿烂：外国电影明星剧照精选	10144	群众发动起来了	3937
群星璀璨	8832, 9368	群众歌会金曲	11753

中国历代图书总目·艺术卷

群众歌集	11548, 11563	群众演唱选	11665
群众歌曲	11580, 11604, 11625, 11705, 11754	群众业余钢琴教材	11221
群众歌曲丛刊	11593	群众业余剧团配曲常识	11140
群众歌曲二十首	11625	群众业余剧团演戏常识	13014
群众歌曲钢琴小曲集	12187, 12188	群众业余木刻选	2994, 2995
群众歌曲教法讲话	11111	群众业余音乐舞蹈观摩演出会民间器乐曲选	
群众歌曲四十五首	11619		12247
群众歌曲选	11553, 11563, 11570, 11594, 11604,	群众音乐运动资料	10797
	11633	群众运动威力无穷	9268
群众歌曲选	11594	群众之歌	11559
群众歌曲选集	11580	纤夫根	3013
群众歌曲应征作品选集	11619	戌奶奶佳节到我家	4499
群众歌声	11550, 11553, 11559, 11578, 11580,	R	
	11604		
群众歌选	11568	"惹不起"和"沾不得"	5741
群众革命歌曲选	11625	"人民公社"大合唱	11946
群众画页	6598	"人民公社"四化屏	3696
群众幻术	12985	"人民公社"速写选集	2854
群众剧社歌曲选	11711	《人与人》连环画	6349
群众剧社回忆录	12773	《日出》导演计划	12802
群众口琴曲集	12188	[汝南公主墓志铭墨迹]	7834
群众口琴曲选	12190	然后有了光	13164
群众漫画选	3407	燃灯佛	6588
群众美术手册	485	燃灯舞	9977
群众实用美术	10178	燃烧爱情	11716
群众是真正的英雄	3222	燃烧吧！爱国的热情	3334
群众文艺选辑	1283	燃烧吧！我的青春	11698
群众文艺演唱材料	11612	燃烧的圣火	5690
群众舞蹈材料	12596	燃烧的石头城	6112
群众性学习马列主义、毛泽东思想运动蓬勃发		燃烧的旋律	1083
展	3258	冉茂魁版画集	3054
群众演唱	11625	冉茂魁藏书票集	3058
群众演唱材料	11612	冉天元传奇	6262
群众演唱材料选辑	11625	冉熙水彩画选	2941
群众演唱歌曲集	11619	染仓室印存	8534

书名索引

染血的情报	5821	让毛泽东思想占领一切文艺阵地！	3161
染织	10364	让美好成为永恒	9144
染织花卉图案设计	10363	让你的歌声更美妙	11125
染织设计	10366	让苹果	3982
染织设计入门	10366	让千千万万个王杰式的青年成长起来！	3142
染织图案基础	10254	让青春发出最美丽的火花	3334
染纸画技法	1260	让青春美在行为中闪光	3341
染纸图案	10244	让青春在拼搏中度过	3359
穰梨馆过眼录	1464	让色彩唱歌	564
穰梨馆过眼续录	1459	让社会主义更美好	3382
让·艾飞	6957	让生活充满欢乐的歌声	11698
让城乡人民一年四季吃到更多更好的蔬菜		让生活更加美好	4144
	3086	让氏规矩格书法入门训练	7358
让大地园林化	13232	让世界充满爱 4713, 11708, 11709, 11711, 12382,	
让大人委屈一天	6460	12383	
让地	12096	让世界充满爱	2089
让地雷活起来	11520	让他长的更健康	2923
让儿童们健康地成长！	3542	让她先玩	1945
让歌声更动人	11129	让堂砚谱	1050
让工人叔叔阿姨好好休息	12631	让桃	1972
让瓜	4396	让洼塘变富仓	3566
让郭兴福教学方法普及全军	3128	让我来回答	4085
让果果	4214	让我来算	3982
让孩子唱孩子的歌	12048	让我们荡起双桨	9393, 12045
让孩子们更喜欢	13301	让我们荡起双桨 我们在大地上栽种鲜花	12033
让汉字发出声音来	7636	让我们的城市更美好	3341
让花儿代代盛开	3334	让我们的生活更有秩序	3351
让吉他陪伴你	11202	让我想一想	4144, 8832, 9393
让克洛	8678	让我自己算	4144
让理想插上翅膀	3320	让无产阶级英雄人物占领银幕	9265
让理想插上金色的翅膀	4396	让先进种子遍地开花结果	3105
让妈妈放心	4085	让新的音乐生活活跃起来	11079
让妈妈先吃	4296	让徐州	12073
让马车	5210	让艺术美伴随着您	046
让毛泽东思想的伟大红旗万代飘扬	3282	让印度尼西亚民族电影当家作主	13179

中国历代图书总目·艺术卷

让哲学变为群众手里的尖锐武器	3184	热坝忙月	3779
让哲学从哲学家的课堂上和书本里解放出来		热唱金曲	12421
	3174	热带少女	9704
饶介草书习字帖	8419	热带鱼	1818, 1860, 1877, 4552, 10519
饶宗颐书画	2224	热带鱼图	2579
饶宗颐书画集	2089	热带植物园	10112
绕丛蛱蝶故飞飞	10433	热贡艺术	449
绕梁金曲钢笔字帖	7531	热河窗花集	10664
绕线	6887	热河都统衙门启送各项陈设数目清册	381
热爱工作	4975	热浪奔腾	13232
热爱共产党 热爱新中国	4396	热烈欢呼"四届人大"胜利召开	3174
热爱共产党 热爱毛主席	3695, 3696	热烈欢呼、坚决拥护党中央的两项英明决议	
热爱共产党，热爱祖国，热爱社会主义	3365		3258
热爱和平	8823, 8861	热烈欢呼《毛泽东选集》第五卷出版	3282, 3283
热爱和平热爱家园	7144	热烈欢呼《毛泽东选集》第五卷出版 掀起学习	
热爱集体劳动 勤俭节约持家	3647	毛泽东思想的新高潮	3258
热爱集体勤劳兴家	3600	热烈欢呼《毛泽东选集》第五卷出版发行	3283
热爱解放军	3385, 8861	热烈欢呼《毛泽东选集》第五卷正式出版歌曲专	
热爱科学	3359, 4032	集	11691
热爱劳动	3120, 3128, 3696, 3738	热烈欢呼党的"十大"胜利召开	3209
热爱劳动 生活俭朴	3327	热烈欢呼党的第十一次全国代表大会的胜利召	
热爱劳动做毛主席的好孩子	3128	开	3283
热爱毛主席 盛赞新中国	3155	热烈欢呼党的十一大胜利召开	3283, 11692
热爱农村 热爱劳动	3647	热烈欢呼党的十一胜利召开	11692
热爱社会主义祖国和社会主义事业	3371	热烈欢呼第四届全国人民代表大会的伟大胜利	
热爱我们的祖国	9770		3222
热爱新中国 热爱共产党	4713	热烈欢呼第四届全国人民代表大会胜利召开	
热爱英雄黄继光 学习雷锋好榜样	3647		3184, 3222, 3223, 3241
热爱中国共产党	3351	热烈欢呼第四届全国人民代表大会胜利召开!	
热爱祖国	4085, 4396		3223
热爱祖国 立志献身	3368	热烈欢呼第四届全国人民代表大会胜利召开沿	
热爱祖国 热爱社会主义 热爱共产党	3351	着毛主席的革命路线奋勇前进	3223
热爱祖国 勤奋学习	3334	热烈欢呼第五届全国人民代表大会的胜利召开	
热爱祖国热爱党	4214, 4713		3305
热芭的命运	4975	热烈欢呼第五届全国人民代表大会胜利召开	

书名索引

3283, 3304, 3305
热烈欢呼革命现代舞剧《红色娘子军》普及本出
版发行　　9268
热烈欢呼华国锋同志任中共中央主席中央军委
主席　　3283
热烈欢呼华国锋同志为我党领袖　　3258
热烈欢呼华国锋同志为我党领袖　热烈欢呼粉
碎王张江姚反党集团　　3258
热烈欢呼江西省第二届活学活用毛泽东思想积
极分子和"四好""五好"代表大会胜利
召开　　3174
热烈欢呼全国工业学大庆会议胜利召开　　3283
热烈欢呼四届人大的胜利召开　　3223
热烈欢呼四届人大胜利召开　　3184, 3223
热烈欢呼我国成功地进行了一次新的氢弹试
验!　　3165
热烈欢呼我国第一颗氢弹爆炸成功!　　3161
热烈欢呼我们党又有了自己的领袖　　3283
热烈欢呼五届人大的胜利召开　　3284
热烈欢呼五届人大胜利召开!　　3284
热烈欢呼西藏四十年取得的伟大成就　　3382
热烈欢呼新天津的诞生　　3161
热烈欢呼新宪法诞生　　3224
热烈欢呼中国共产党的第九次全国代表大会胜
利召开!　　3165
热烈欢呼中国共产党第八届扩大的第十二次中
央委员会全会公报的发表!　　3165
热烈欢呼中国共产党第八届扩大的第十二次中
央委员会全会公报发表　　3165
热烈欢呼中国共产党第九次全国代表大会的胜
利召开　　3169
热烈欢呼中国共产党第九次全国代表大会胜利
召开　　3169
热烈欢呼中国共产党第十次代表大会胜利召
开!　　3209
热烈欢呼中国共产党第十次全国代表大会胜利
召开　　3209
热烈欢呼中国共产党第十二次全国代表大会召
开　　3341
热烈欢呼中国共产党第十一次全国代表大会胜
利召开　　3284
热烈欢呼衷心拥护华主席为我们党的领袖　3259
热烈欢呼衷心拥护华主席为我们党的领袖
3284
热烈欢呼自卫还击战的重大胜利!　　3320
热烈欢呼纵情歌唱《毛泽东选集》第五卷的出版
11692
热烈庆祝党的十一大胜利召开　　3284
热烈欢庆中国共产党第十一次全国代表大会胜
利召开　　3284
热烈欢送知识青年上山下乡干革命　　3241
热烈欢迎全国工业学大庆会议代表　　3284
热烈庆祝党的"十一大"胜利召开　　3284
热烈庆祝党的第十一次全国代表大会的胜利召
开　　3284
热烈庆祝党的十二大胜利召开　　3341
热烈庆祝党的十届三中全会的胜利召开　　9283
热烈庆祝党的十届三中全会胜利召开　　3284
热烈庆祝党的十一大胜利召开　　3285
热烈庆祝第六届全国人民代表大会胜利召开
3351
热烈庆祝第四届全国人民代表大会胜利召开速
写选集　　2860
热烈庆祝第五届全国人民代表大会胜利召开
3285, 3305
热烈庆祝粉碎"四人帮"篡党夺权阴谋的伟大胜
利　　3259
热烈庆祝国庆，努力加快社会建设的步伐!
3209
热烈庆祝华国锋同志任中共中央主席、中央军

委主席　　　　　　　3259　　热烈拥护华主席　衷心爱戴华主席　　8807

热烈庆祝华国锋同志任中共中央主席、中央军　　热烈拥护新宪法坚决执行新宪法　　3306

委主席　热烈庆祝粉碎"四人帮"篡党夺　　热烈祝贺内蒙古自治区那达慕大会　　3382

权阴谋的伟大胜利　　　　3259　　热门1001流行歌曲大全　　11722

热烈庆祝内蒙古自治区成立四十周年　3371　　热门吉它曲集　　12182

热烈庆祝宁夏回族自治区成立二十周年　3305　　热门卡拉OK金曲　　11730

热烈庆祝全国科学大会的召开　　3305　　热门流行金曲100首　　11736

热烈庆祝四届人大胜利召开　　3185　　热门少年　　6998

热烈庆祝伟大的中国共产党诞生五十周年!　　热门舞大全　　12668

　　　　　　　　　　3185　　热门音乐发烧书　　10880

热烈庆祝五届人大胜利召开　　3285　　热娜的婚事　　5821

热烈庆祝中国共产党诞生五十五周年　3259　　热气腾腾　　3019

热烈庆祝中国共产党第九次全国代表大会胜利　　热情的印度人民　　8642

闭幕!　　　　　　　3169　　热情支持社会主义新生事物　　3259,3285

热烈庆祝中国共产党第十次全国代表大会胜利　　热热闹闹　　9437

召开　　　　　　3209,11456　　热瓦甫独奏曲选　　12313

热烈庆祝中国共产党第十次全国代表大会召开　　热血　　6112

　　　　　　　　　　3384　　热血浇开英雄花　　5496

热烈庆祝中国共产党第十一次全国代表大会胜　　热血英豪　　6194

利召开　　　　　3285,9283　　热心的读者　　3779

热烈庆祝中国共产党第十一次全国代表大会胜　　热心的人　　4975

利召开!　　　　　　3285　　热心助人的曹慧菊　　4975

热烈庆祝中国共产党建党60周年　　3335　　人　　088

热烈庆祝中国人民解放军建军五十周年　3285　　人·包装·自然　　10775

热烈庆祝中华人民共和国成立二十九周年　3305　　人·猿　　5691

热烈庆祝中华人民共和国成立二十五周年　3224　　人·资源·环境科普漫画选　　3433

热烈庆祝中华人民共和国成立三十五周年　3359　　人·自然　　102

热烈庆祝中华人民共和国成立三十周年　3320　　人,艺术和文学中的精神　　030

热烈庆祝中华人民共和国第四届全国人民代表　　人变狐狸　　5582

大会胜利召开!　　　　3224　　人不犯我　我不犯人　人若犯我　我必犯人

热烈庆祝自卫还击战的重大胜利!　　3321　　　　　　　　　　3185

热烈拥护党的第十一次全国代表大会的胜利召　　人不犯我,我不犯人　　12416

开　　　　　　　　　9283　　人参的故事　　4713

热烈拥护第五届全国人民代表大会胜利召开　　人参姑娘　　4085,5691

　　　　　　　　　　3306　　人参果　　5691

书名索引

人参娃娃	4144, 4214, 4297, 4480, 4552, 5125, 5968, 6658	人间	8819
		人间彩虹	5099, 13094
人参娃娃	2146	人间春色	10465
人参娃娃与梅花鹿	4631	人间词话	8254
人参仙女	5821	人间地狱	13251
人长寿	4215, 4480	人间福多寿也长	2089
人长寿	2659	人间富裕了	4480
人到中年	5968, 13119	人间更比天上好	4032
人道主义	8983	人间好	4032, 4144, 4214, 10403
人的千姿百态	8737, 8796	人间恋	9347
人的生命是有限的，可是为人民服务是无限的，		人间气象新 神州春意浓	1877
我要把有限的生命，投入到无限的为人		人间生活画集	3399
民服务之中去。	3306	人间胜仙境	2146
人丁口戏画集	3429	人间盛世玉兔归	2659
人丁兴旺菜果丰收	3542	人间世与理想国	13076
人定胜天 3105, 3259, 3647, 3892, 11686, 13232		人间双舟	6710
人逢佳节	5968	人间喜讯	4032
人逢盛世千家乐，户沐春阳万事兴	4758	人间仙境	2812, 4713
人逢治世居栖隐 运际阳春气象新	2045	人间仙境	2089, 2090, 2146, 2480
人工光摄影	8731	人间仙境蓬莱阁	4631
人工养殖获丰收	3801	人间鲜果香	4297
人工智能	6613	人间相	3393
人鬼鉴	5968	人间笑	6976
人和狮	5582	人间瑶池	10519
人和土地	13250	人间正道是沧桑	3982
人红谷满场 高产更高产	3738	人间重晚晴	5691
人狐斗	6112	人间自有真情在	13129
人欢马叫	1836, 5125, 5412	人见顺子的面包花	10748
人欢畜旺年丰	3647, 3648	人杰地灵	2010
人欢鱼大乐丰年	4713	人口·家庭装饰画集	10295
人欢鱼跃 1945, 3779, 3982, 4032, 4085, 4144, 4214, 4297, 4396, 4480, 4631		人口普查标语	3341
		人口普查人人有责	3341
人欢鱼跃	2089	人口普查是现代化建设和安排人民生活的需要	
人欢鱼跃金玉满堂	2146		3341
人家的船儿桨成双	11925	人口有余	2090

中国历代图书总目·艺术卷

人老心红	5291	人民的太阳	11553
人类的记忆	10151	人民的心愿 革命的武器	3285
人类的艺术	182	人民的新时代	2987
人类对世界的艺术掌握	048	人民的邮递员	12266
人类神秘失踪案	6535	人民的战士	3982
人类一家	10133	人民的重托——热烈庆祝五届全国人大胜利召	
人类艺术史	186	开	3285
人美鱼跃	2183	人民的嘱托	3842
人们向往的地方	11809	人民的总理	3982
人面桃花	4480, 4552, 4631, 4714, 9004, 11541,	人民的总理——周恩来	9025
	12071	人民电影初程纪迹	13183
人面桃花	2146	人民电影歌集	11889
人民唱片歌曲选	11574	人民防空常识	5125
人民崇尚这颗星	6430	人民防空知识	5359
人民大会堂	9294, 9989, 9994	人民歌唱手册	11571, 11573, 11575
人民大会堂珍藏书画	2334	人民歌集	11550
人民的安危冷暖要时刻挂心上	12124	人民歌曲	11554
人民的悼念	9002	人民歌声	11538, 11539, 11559, 11564, 11568
人民的儿子	11526	人民歌手洗星海	5691
人民的儿子邓小平	6535	人民公敌蒋介石	3112
人民的歌手	5412	人民公仆孔繁森	6460
人民的好车站	12121	人民公社旭日东升 锦绣河山四季长春	8135
人民的好儿子	5139, 5140	人民功臣	1945, 4480, 4552
人民的好干部——和振古	3128	人民功臣英雄战士	4793
人民的好女儿	4975	人民海军向前进	3026
人民的好医生	5291	人民好车站	3739
人民的好医生李月华	5260	人民呼声	11559
人民的好总理 1295, 2808, 2809, 5324, 5359, 9001		人民教师光荣	3306
人民的好总理	2146	人民教师吴佩芳	4975
人民的庐山	8870	人民解放大合唱	11937
人民的女功臣解秀梅	4883	人民解放军歌集	11554
人民的苹果	1818, 1827	人民解放军永远是个战斗队	3259
人民的勤务员	2935, 3566, 3738, 5181	人民解放军优良传统	3067
人民的勤务员高便三	4975	人民解放军支援农业合作化	8875
人民的荣誉	3086	人民警察爱人民	9766

书名索引

人民军队 所向无敌	4823	人民新歌声	11394
人民军队处处爱人民	3286	人民幸福	4838
人民军队党指挥	2768, 3982	人民一定能战胜	11761
人民军队所向无敌	4823	人民音乐半月刊选集	11353
人民军队永向前	3286	人民音乐出版社建社30周年图书目录	10805
人民军队永远向前进	3197, 3198	人民音乐家施光南歌曲101首	11498
人民军队永远向太阳	12235	人民音乐家冼星海	5691
人民军队忠于党	3286, 11612	人民英雄	4396, 4480
人民老师伊里亚	5291	人民英雄·保卫祖国	2146
人民力量的检阅	2768	人民英雄纪念碑	11945, 12227
人民列车	5210	人民英雄纪念碑浮雕艺术	8651
人民列车向前进	12266	人民英雄纪念交响诗	12230
人民领袖	4396, 4480, 4552, 4631, 4863	人民英雄卫国功臣	4553
人民领袖	2405, 2407	人民英雄永垂不朽	11942
人民领袖毛泽东	4770	人民英雄子弟兵	4297
人民领袖毛泽东	9761	人民战士爱人民	1799
人民民主国家歌曲集	12364, 12366	人民战士处处爱人民	3198
人民民主国家民间舞	12655	人民战士守边疆，幸福生活万年长	3648
人民女英雄刘胡兰	4874	人民战士为人民	3209
人民千字课	4880	人民战士心向党	3937
人民热爱子弟兵	3779	人民战士学人民	3224
人民日报黑白版画选	3007	人民战争必胜	8893
人民日报五十年珍藏书画选集	2308	人民战争的斗争颂歌	11223
人民生活水平日益提高	3359	人民战争的伟大史诗	12871
人民胜利了	1850	人民战争的伟大史诗 革命英雄的壮丽赞歌	
人民胜利万岁	12091		9176, 9177, 9264
人民送我上大学 我上大学为人民	3843	人民战争的绚丽画卷	12872
人民送我上大学 阶级委托记心间	3259	人民战争的壮丽颂歌	11223
人民送我上大学 阶级委托记心间	3259	人民战争胜利万岁	3155, 5140
人民忘不了 祖国忘不了	11483	人民战争威力无穷 全民皆兵无坚不摧	3801
人民卫士	4631, 9766, 9770	人民子弟兵	3382, 3696, 4214, 4215, 4396,
人民武装的两面红旗	3128		4480, 4714, 9672, 9725
人民西湖	8871	人民子弟兵	2392
人民心向共产党幸福日子万年长	3086	人命关天	5691
人民心一条	13236	人鸟之战	6113

中国历代图书总目·艺术卷

人品 艺境 商魂	13161	人人歌唱好八连	11619
人强马壮	3648, 5015, 5099, 10447	人人健康 年年丰收	3648
人强马壮夺丰收	3112	人人讲卫生 家家爱清洁	3756
人强马壮闹春耕	3739	人人讲卫生处处要清洁	3306
人强马壮庆丰收	3600	人人讲秩序	3342
人强马壮喜丰收	3697	人人勤生产 社社喜丰收	3600
人勤春来早	12279	人人上擂台	11604
人勤春早 3648, 3697, 3765, 4033, 4631,		人人守纪律	1945
10408, 10409		人人喜爱的外国单簧管独奏曲选	12456
人勤春早 劳动致富	4085	人人心向共产党	3105
人勤春早人寿年丰	4215	人人幸福	4553
人勤果硕 水暖鱼肥	4085	人人有余	4215
人勤果甜香满园	4215	人人运动, 个个健康, 生产有劲, 指标冲天	
人勤花香	3600		3087
人勤鸡壮	3937, 4297	人人争当红旗手	3128
人勤家富添百福, 和气生财纳千祥	4758	人人争当技术革命的标兵	3321
人勤年丰 四季平安	4085	人人争当神炮手	3697
人勤年丰, 花红果熟	10411	人人争当五好社员	3120, 3697
人勤年丰乐有余	4714	人人争五好 个个学先进 广泛开展群众性的	
人勤年丰送粮忙	3648, 3697	技术革新技术革命运动	3142
人勤畜旺	3648	人人争做红旗手纪念三八妇女节	3087
人勤猪壮	3843, 3892	人人争做计划生育的模范	3327
人人爱科学 户户读书声	3697, 3739	人人种树 绿化祖国	3128
人人唱	11373	人人种树 人人爱树	3128
人人唱好歌	11516	人生 5821, 5968, 6296, 13137, 13251	
人人称赞服务站办事热心又周全	3086	人生、事业、爱情、婚姻明星妙语钢笔字帖	
人人创成绩层层破纪录	3086		7531
人人动脑筋, 个个闹革命, 向机械化自动化进		人生不能没有交响乐	11272
军	3086	人生的答案	5821
人人动手 消灭四害	3335	人生的感悟钢笔字帖	7531
人人动手除害灭病	3209	人生的路	10527
人人动手搞好环境卫生	3142	人生的箴言	7568
人人动手消灭四害	3086	人生的滋味	6262
人人高唱"跃进"歌	11610	人生感悟	7597
人人搞革新处处有发明	3087	人生感悟钢笔字帖	7597

书名索引

人生格言	7621		10406, 10409
人生格言钢笔楷书字帖	7531	人寿年丰	2090, 2146, 2183
人生格言钢笔字帖	7554, 7568	人寿年丰 吉祥如意	4397
人生格言钢笔字帖系列	7499	人寿年丰 六畜兴旺	4085
人生格言书法手册	8268	人寿年丰 国泰民安	2090
人生金钥匙：人生修养格言	3494	人寿年丰·万象更新	1945
人生理想篇	7500	人寿年丰；幸福有余	4553
人生漫画	3398, 3400	人寿年丰奔四化	4397
人生没有单行道	6113	人寿年丰福临门	2146
人生妙语	7531	人寿年丰福满门	4553
人生妙语钢笔字帖	7531, 7597	人寿年丰民富国强	4297
人生奇观——戏剧	12727	人寿年丰千家乐，竹报平安永康宁	1993
人生曲	12444	人寿年丰庆有余	2183
人生是贡献不是索取	3368	人随春色到浦东	9342
人生缩影	8989	人体	1155, 8788, 10141
人生小曲	11367	人体·彩虹·青春	9037
人生小语钢笔书法	7531, 7568	人体·动物装饰	10290
人生小语钢笔字帖欣赏	7609	人体·人体结构·人体艺术	162
人生絮语钢笔书法	7477	人体·时装·动物装饰	10320
人生与虚无	6588	人体·肖像油画技法简论	1086
人生哲理钢笔字帖	7477	人体——水恒的美	10141
人生哲理探索硬笔书法	7568	人体、造型 ABC	1110
人生珍言钢笔四体书法参考	7430	人体百态简笔画	1101
人生箴言	7531	人体百姿	2879, 2911
人生智慧钢笔字帖	7597	人体表情美	060
人生忠告	7554	人体大探险	7141
人生忠告钢笔字帖	7597	人体的奥秘	6981
人世间	5821	人体的结构与形态	554
人世漫画	1239	人体的解剖与构成	160, 161
人手一拍，不让一个苍蝇漏网	3087	人体的诗 - 舞蹈美	12570
人寿丰年	9467	人体动能画法	625
人寿丰年民富国强	4215	人体动势 1700 例	127
人寿年丰	3601, 3648, 3697, 4033,	人体动态	163
	4085, 4144, 4145, 4215, 4297, 4396, 4397,	人体动态 1500	627
	4480, 4553, 4631, 4714, 4793, 4843, 9488,	人体动态 6000 例	873

中国历代图书总目·艺术卷

人体动态画法	162	人体摄影的艺术表现	8740, 8744
人体动态设计	631, 2883	人体摄影技法	8761
人体动作尺寸图集	1102	人体摄影教程	8747
人体动作速画法	1101	人体摄影艺术	8727, 8744, 8789, 10142, 10148
人体动作速画形象符谱教程	561	人体摄影艺术名作	10141
人体黑白画	10299	人体摄影艺术与技巧	8744
人体黑白画集	10285	人体圣经	10151
人体黑白装饰画	10290	人体水彩	2963
人体画	636, 6881	人体水彩基础技法	1189
人体画典	621, 622, 625, 1093	人体素描	1098, 1099, 2872, 2879, 2897, 2906
人体画名作选	6862	人体素描法	1110
人体基本姿势照片集	8744	人体素描构图范典	1094
人体结构	554	人体素描画法	601
人体结构漫画技法	1243	人体素描写生技法	1145
人体结构图例	552	人体素描旋转观察速成画法	1145
人体结构与艺术构成	561	人体素描选	2875, 2879
人体结构知识	563, 565	人体素描学习	1094
人体解剖入门	561	人体素描与人体结构	1155
人体律动的记忆	1115	人体素描与姿势	1105
人体律动的诗篇——舞蹈	12570	人体素描原理及技法	1155
人体美	455, 2875, 9015	人体素写	1099
人体美大观	070	人体速写	2873, 2891, 2907
人体美术	451	人体速写集	2891
人体美术资料	200	人体速写技法	1115
人体美术作品选	2797	人体速写技巧	1107
人体美学	070, 072	人体速写素描集	1092
人体美与性文化	072	人体速写原理及技法	1145
人体美之研究	060	人体图案	10285
人体美姿素描	1103	人体文化	12640
人体模特儿风波	070	人体线条素描	1113, 2879
人体模特造型写真	8796	人体写生教学丛书	1155
人体魔术——舞蹈	12572	人体写生姿态图例	9037
人体人物画集	1318	人体新观念	629
人体摄影	9015	人体艺术	2879
人体摄影 150 年	8709	人体艺术大观	451

书名索引

人体艺术解剖学	162	人物编	6497
人体艺术解剖资料	558	人物变形设计	126
人体艺术论	453	人物变形图谱	10758
人体艺术模特摄影技巧	8771	人物表情及画法	627
人体艺术摄影	9025, 9029, 10141	人物册	1694
人体艺术史略	184	人物大探险	7142
人体艺术欣赏	540	人物动物图案集	10263
人体艺术与表现	565	人物风景图案	10325
人体艺术原理及赏析	563	人物广告摄影技巧	8782
人体油画	2802, 2828	人物画	814, 884
人体油画技法奥秘	1086	人物画步骤	638
人体与绘画	553, 554	人物画参考资料	624
人体与健康	3513	人物画初步	621
人体运动画法	626	人物画创作选	6899
人体造形解剖学	160, 161	人物画的基本作法	622
人体造型基础	557	人物画典	2864
人体造型教学	559	人物画法	879
人体造型解剖	554	人物画法 1.2.3	872
人体造型解剖学	557	人物画范	1640
人体造型艺术	2836	人物画稿三千法	880
人体造型与人体形象	162	人物画集锦	2397
人体装饰	10290	人物画辑	2348
人体装饰艺术集	10310	人物画技法	871, 882
人体姿式 1500	161	人物画技法初步	631
人体姿态与解剖	161, 162	人物画谱	875, 876, 1474
人体资料集锦	559	人物画扇集	2359, 2403
人往高处走	13238	人物画素描法	1100
人望幸福树望春	11467	人物画速写	1119
人文电影的追寻	13134	人物画头像参考资料	624
人舞鱼歌	4631	人物画习作	2864
人物	1521, 1577, 1655, 1993, 9621	人物画习作选	1294
人物	2629	人物画习作选	2353
人物·景物图饰	10271	人物画线描技法	871
人物 服装 抽象装饰画图案	10310	人物画小品技法	879
人物半身像	1155	人物画选	2367

中国历代图书总目·艺术卷

人物画选集	2346	人物线描	625
人物画研究	621	人物线描	2355, 2359
人物画苑	1424	人物线描速写临摹范本	1136
人物画资料	1446	人物肖像摄影指南	8775
人物画资料集	1427	人物写生	2863
人物基础图案	10337	人物写生画稿	1346
人物剪纸	10674	人物写生选	2353
人物简笔画	1123	人物写真集的摄影法	8782
人物摄影	8737, 8740, 8761, 8796, 9529, 9673	人物形象选	1294
人物摄影 60 例	8789	人物形象与表情	9007
人物摄影技法	8796	人物与山水	867
人物摄影设计语言	8782	人物装饰画	10280
人物摄影术	8737	人物装饰画法	10275
人物摄影指南	8727, 8761	人物装饰图形	10310
人物生活馆	1520	人物作品集	9015
人物十八描	1642	人象摄影	8715
人物十八描示范图	878	人像	9644
人物水彩基础技法	1189	人像构图法	601
人物素描	1103, 1105, 2862	人像剪影法	10226
人物素描画	1103	人像迈向 21 世纪	9036
人物素描图集	6899	人像摄影	8727, 8737, 8747, 8754, 8767, 8771,
人物素描写生基础入门	1135		8775, 8783, 8789, 8796
人物素描选	2859, 2861, 2864, 2866	人像摄影的最佳角度	8761
人物速写	1135, 1155, 1156	人像摄影工作室	9036
人物速写基础入门	1141	人像摄影技巧	8789
人物速写技法	1135, 1145	人像摄影入门	8761
人物头像	1156, 2862	人像摄影术	8732
人物头像画法	631, 636	人像摄影新锐	8797, 8911, 9036
人物头像素描	1115	人像摄影艺术	8744
人物头像素描教学	1129	人像摄影艺术选集	9004
人物头像素描选	2863	人像摄影艺术纵横谈	8737, 8761
人物图案	1277, 10315	人像摄影艺术作品集	9006
人物图案集	10267	人像摄影用光法	8732
人物图案设计	10338	人像摄影造型与技法	8783
人物习作选	2858	人像摄影照明技巧	8783

书名索引

人像摄影作品选	9002	人证	5496, 5821
人像水彩基础技法	1185	人之初	5821
人像素描	1098, 1156	人之歌	13256
人像素描选	2879	壬戌销夏记	761
人像速写	2858	壬寅消夏录	761
人像写生	2862	仁奉印草	8504, 8505
人像写真	8754	仁山智水	849
人像照片整修	8687	仁声歌集	12354
人小办大事	4928	仁义缘	8832
人小志大	9593, 13246	忍辱著史	5968
人心	5412	忍者神龟大战太空人	7098
人心大快	1877	刃锋木刻集	2983, 2984
人性的欢歌	6497	认清形势　加强战备	3198
人性显微镜	3513	认识电影	13054, 13068
人畜两旺	3566	认识古代青铜器	418
人畜两旺的内蒙古草原	8871	认识你自己吗?	7084
人学王进喜厂举大庆旗	3306	认识我们的地球	3475
人蚁战争	5691	认识我们的身体	3476
人艺之友	12911	认真	4145
人鱼	5582	认真读书　深入批修	3185
人鱼传说	6998, 6999	认真锻炼身体好	3224
人鱼公主	5496	认真贯彻执行党的十二大精神加速实现四个现	
人与虫	5968	代化	3342
人与光的艺术	8744	认真看书学习　弄通马克思主义	3198
人与狼	6113	认真看书学习, 弄通马克思主义	3185
人与土地	8944	认真看书学习弄通马克思主义	3198
人与物	2836	认真落实"鞍钢宪法"夺取更大胜利	3241
人与自然	8915	认真落实农业"八字宪法", 誓夺农业大丰收!	
人猿泰山	6113, 6262, 7036		3174
人远天涯近	11986	认真落实农业"八字宪法"夺取粮食生产上《纲	
人约黄昏后	11986	要》	3209
人在花丛中	4215, 9553	认真上好文化课	3306
人在清幽——肇庆星湖	9922	认真实行三同　坚持继续革命	3286
人造光摄影	8716	认真思考	3779, 4085
人造卫星	5412	认真听讲　遵守秩序	3335

中国历代图书总目·艺术卷

认真宣传执行食品卫生法	3351	任伯年芦鸭	1652
认真学习、模范遵守新宪法	3321	任伯年年谱·论文·珍存·作品	804
认真学习党的十一大文件	3286	任伯年群仙祝寿图	1654, 1672
认真学习马列著作和毛主席著作深入揭发批判		任伯年人物花鸟	1670
"四人帮"	3286	任伯年人物花鸟册	1666
认真学习毛泽东思想	3087	任伯年人物画风	1691
认真学习毛泽东思想做党的好儿女	3087	任伯年扇面画册	1672
认真学习毛主席关于理论问题的重要指示		任伯年团扇集锦	1657
	3241	任伯年小品	1658
认真学习毛主席思想，加速社会主义建设		任伯年研究	798
	3087	任伯年作品	1691
认真学习毛主席著作	3286, 3937	任伯年作品集	1685
认真学习新党章加强党的建设	3351	任步武书法作品集	8334
认真执行"鞍钢宪法"依靠群众推动企业大上快		任步武书千字文	8225
变	3241	任达华心照	8909
认真执行和勇敢捍卫新的宪法	3241	任峰扬画集	2334
认真执行新宪法 勇敢捍卫新宪法	3241	任阜长精绘历代名将	1600
切庵集古印存	8553	任光歌曲选	11474
訄盦填词图	1708	任桂林戏曲文集	12725
任安义山水画集	2447	任桂子书法选集	8280
任颐时	6194	任继民画集	2415
任颐时诞辰九十周年纪念册	321	任君潇洒	9508
任伯年	1681	任兰新作品集	2832
任伯年册页	1694	任平钢笔书法	7531
任伯年的画	1653	任凭风云多变幻	3016
任伯年工笔人物画选	1694	任士荣手风琴演奏教学曲集	12215
任伯年荷塘双侣	1657	任叔衡行书滕王阁序	8280
任伯年花鸟	1661	任率英画辑	2090
任伯年花鸟四屏条	1673	任同祥唢呐曲集	12271
任伯年画册	1646, 1652, 1653	任渭长范湖草堂图	1630
任伯年画集	1655, 1681, 1684, 1696	任渭长高士传像	3040
任伯年画辑	1665	任渭长画传	1676
任伯年画选	1655, 1658	任渭长画传四种	3039, 3060
任伯年精品集	1685	任渭长剑侠传像	3040
任伯年课徒画稿	1655	任渭长列仙酒牌	3041

书名索引

任渭长木刻人物	2994, 3029	日本橱窗艺术	10744
任渭长人物	1632, 1644	日本创新性折纸	10745
任渭长人物花鸟册	1597	日本当代插图集	7064
任渭长四种	2973	日本当代摄影大师	8704
任渭长先生画传四种	3039	日本当代水彩画选	6911
任渭长于越先贤像	3041	日本的电话磁卡和商业名片集	10765
任锡海摄影集	8992	日本的黎明	12371
任兴画集	2308	日本的怒火	11962
任熊 任薰 任颐 任预 精品	1687	日本的音乐	10981
任熊 任薰 任颐 任预扇面精品	1687	日本的篆刻	8465
任熊《十万画册》	1682	日本迪斯尼	9982
任熊《姚燮诗意图册》	1669	日本电影的发展与繁荣的道路	13174
任熊画本	1622	日本电影的巨匠们	13313
任颐《仕女图册》	1679	日本电影风貌	13317
任政行楷千家诗帖	8433	日本电影教育考察记	13304
任政行书字帖	8427	日本电影史	13178
任政楷书成语习字帖	8388	日本电影新星	10159
任政隶书字帖	8238	日本电影演员	9621
任重道远	3843, 4033, 8163	日本电影演员田中裕子	9644
纫佩斋集印	8516	日本东京迪士尼乐园的灰姑娘城	9974
纫斋画剩	1600, 1601	日本东京迪斯尼乐园	9259
日阿闻夫	13215	日本动画片精选集	7115
日本 123	6958	日本风光 4758, 9082, 9134, 9138, 10165, 10527	
日本 POP 广告大全	10734, 10735	日本风景	10155
日本版画藏书票选集	6924	日本浮世绘画精选	6799
日本包装设计总览	10752	日本浮世绘简史	585
日本彩色商标与企业识别	10775	日本浮世绘精选	6925
日本藏中国古版画珍品	3065	日本浮世绘名作选	6926
日本插花	10740	日本浮世绘木刻	6919
日本插花入门	10744	日本浮世绘艺术特展	6927
日本插花艺术	10742	日本妇女	10458
日本插图小丛书	7060, 7061	日本富士山	9861
日本沉没	6391	日本歌曲	12374
日本齿轮座剧团访华演出大型话剧《波涛》剧照		日本歌曲 160 首	12380
	9208	日本歌曲集	12365

中国历代图书总目·艺术卷

日本歌曲选	12372, 12374		3087
日本歌舞伎艺术	13009	日本人民反帝斗争照片木刻集	359
日本古陶瓷	370	日本人民美术作品选集	6780
日本广告设计	10752	日本人民木刻	6917
日本国歌的由来	12393	日本人民艺术家木刻选集	6916
日本行脚	3429	日本人体绘画选	6795
日本画家丸木位里·赤松俊子作品选集	6779	日本人印象	8911
日本画与日本画技法	621	日本三千院	9823
日本环境雕塑	8679	日本山村风光	9885
日本皇家公园	10121	日本少字数书法刻字作品选	8594
日本绘画百图	6797	日本设计中心有限公司	10776
日本绘画史	575	日本摄影家作品选	10134
日本家庭幽默画精选	6958	日本神奈川《音乐爱好者》管弦乐团演奏中国钢	
日本剪纸艺术	10735	琴协奏曲《黄河》	9274
日本街头广告	10768	日本室内设计精华	10737
日本景年画谱	6896	日本书道与花道	8594
日本连续剧《阿信》主演田中裕子	9644	日本书道展	8159
日本流行歌曲	12403, 12405	日本书法史	8594, 8599
日本流行歌曲选	12405	日本书法通鉴	8595
日本美人画选	6788	日本水中雕塑	8673
日本美术的近代光谱	371	日本松山芭蕾舞剧团再度公演现代芭蕾舞剧	
日本美术馆巡礼	211	《白毛女》	9177
日本美术教育	210	日本陶瓷家原太乐陶艺作品展	10735
日本美术史	367, 368, 372, 374	日本纹身艺术	10141
日本美术史话	371, 374	日本戏剧概要	12687
日本名歌选	12379	日本现代花鸟画	6842
日本名歌一百首	12378	日本现代画展览会	6780
日本墨迹举要	8319	日本现代绘画欣赏	6797
日本木刻选集	6917	日本现代美人画选	6797
日本女人	10159	日本现代书法	8594
日本女书法家联展	8197	日本现代陶艺	10748
日本侵华大写真	8910	日本小猴王	7098
日本青年朋友,古城西安热烈欢迎!	3359	日本新工艺展览	10725
日本人民版画集	6916	日本新美术的新印象	357
日本人民的爱国正义斗争一定会取得胜利		日本演员高仓健	9644

书名索引

日本演员田中裕子	9644	日出	5691, 5821, 9812, 10484
日本一景	9835	日出东方一片红	11899
日本艺术史	193	日出印象	376
日本音乐发达之概观及其本质	10979	日出之前	5099, 5359
日本音乐简史	10983	日俄大海战	6113
日本音乐教育概况	10839	日汉对照歌曲集	11487
日本音乐史	10982	日记故事	2994
日本影视明星山口百惠	10159	日进斗金	4823
日本影星	10156, 10159	日剧游园地	12733
日本影星——氏多佳美	9593	日据时代台湾美术运动史	256, 257
日本影星池上季富子	10156	日据时期台湾新剧运动	12784
日本影星饭千惠子等	10156	日寇暴行写实	4871
日本影星高仓健	10159	日寇就歼记	4976
日本影星古手川佑子	10156	日丽鹤舞	2027
日本影星里见奈保	10157	日林斯基	6833
日本影星栗原小卷	10157, 10159	日林斯卡娅	374
日本影星名取裕子	10157	日美欧比较电影史	13187
日本影星山口百惠	10157, 10159, 10161	日暖江南春	9368
日本影星松田圣子	10159	日日红月月红满堂红	3087
日本影星田中好子	10157	日日平安	4397
日本影星由美馨	10157	日日招财	2090
日本影星沢口靖子	10159	日食和月食	5412
日本影星斋藤庆子	10161	日式住宅	10742
日本影星中野良子	9553	日坛·月坛	9327
日本幽默画集	6945	日下看花记	12736
日本原刻浮世绘	6927	日下梨园百咏	12856
日本之电影教育	13304	日新月异	3017
日本纸粘土作品集	10752	日夜守边防	4480
日本著名影星松板庆子	9593	日夜想念毛主席	11957
日本篆刻艺术	8599	日用编织图案	10351
日长如小年	1722	日用词语钢笔字帖	7477
日常生活的幻觉	12733	日用生活花卉图案	10285
日常生活摄影	8761	日用生活图案	10259
日常生活中的艺术	082	日用苏绣图案	10351
日常用词钢笔行楷字帖	7500	日月宝铜	4838

中国历代图书总目·艺术卷

日月神和云水神	5691	荣华富贵 白头偕老	4793
日月生辉	4793, 4823	荣华记	5968
日月生辉	2146	荣华书画社展览作品选	2090
日月生辉·万事如意	2090	荣记大舞台纪念特刊	12856
日月潭	5582	荣庆传铎	12957
日月潭的传说	5821, 5968	荣誉军人	2981
日月潭里斗恶龙	5822	荣誉属于为四化做出贡献的人!	3321
日月同辉松鹤增寿	4793	荣誉勋章	4915
日照两城镇陶器	402	荣臻元帅	4215
日照青山	4714	绒兔子·布老虎和铁皮小人	6460
日治时代台湾美术教育	273	绒线棒针花式编结法	10346
日治时期台湾电影史	13196	绒线服装编结法	10346
日子越过越香甜	4553	绒线童装编结法	10347
戎冠秀	3087	容	9455
戎马良缘	4714, 8840	容郎和红姑	4976
戎马一生建奇功	6391	容斋题跋	7687
荣宝斋	350, 688, 1482	蓉城之秋歌曲集	11474
荣宝斋藏三家印选	8544	溶洞奇景图	4631
荣宝斋的画	2090	榕鹤之乡	2812
荣宝斋的木版水印画	2990	榕江	8950
荣宝斋画廊书画家	1349, 1350	榕树寨	5412
荣宝斋画谱	1427, 1428, 1429, 1430, 1431, 1432,	榕荫古渡	9421
	1433, 1434, 1435, 1436, 1437, 1438, 1439,	融化了的仙女	6228
	1440, 1441, 1442, 1443, 1444, 1445, 1446	柔坚画谭	524
荣宝斋木版水印画展览	2988	柔密欧·幽丽亚	9945
荣宝斋木版水印书画选编	3047	柔密欧与幽丽叶	5691
荣宝斋三百年间	349	柔情	9437, 9455, 9740
荣宝斋三十五周年纪念册	1479	柔情 夏日少女	9746
荣宝斋三十周年纪念册	1891	柔情似水	9394
荣宝斋新记诗笺谱	2987	柔书	7358
荣宝斋制诗笺谱	1605	柔姿	9437
荣花双鸡	1735	柔姿凤舞	2090
荣华富贵	4297, 4631, 4823, 4857, 8832, 9421,	如此多情	13232
	9437	如此美国	3403
荣华富贵	2090	如此人生	6930

书名索引

如此汪精卫	3397	如来寿量品	7946
如此一个夜晚	13262	如来显神	5968
如歌的行板	193	如梦初醒	6194
如果敌人从那边来	1819, 1827	如琴湖晨曦	9875
如果敌人从那边来	2593	如诗如画	10897
如果他们要打　就把他们彻底消灭	3174	如实申报普查项目是每个公民应尽的义务	
如何表演山东快书	12962		3342
如何参观美术馆	210	如实申报情况　搞好人口普查	3342
如何看	475	如实填报搞好工业普查	3365
如何临习行书	7817, 7918, 8004, 8097, 8098	如是我闻	10880
如何临习楷书	7358	如是我云	11154
如何临写欧体《九成宫》	7290	如听万壑松	12307
如何拍出女性的魅力	8747	如韦馆墨评	1026
如何拍好荷花	8771	如意	5822, 9407
如何使用 35mm 相机	8740	如意　鹤寿　瑞福　新禧	4480
如何是好	13260	如意财神	2091
如何弹三弦	11335	如意吉祥	2045
如何欣赏电影	13103	如意良缘	8823
如何欣赏唐卡	462	如意瑞福鹤寿新禧	4397
如何学好素描	1125	如意幸福	4632
如何演奏莫扎特小提琴作品	11185	如意幸福	2091
如何引导观画者的视线	563	如玉年华	9673
如何抓住电影这武器	13168	如愿	4976, 8840
如何自拍婚纱礼服照	8761	茹桂书法教学手记	7380
如花	9456	茹可夫儿童生活画集	6774
如花少年	9673	茹可夫画集	6779
如花似玉	4714, 9020, 9025, 9673, 9704	茹阔夫斯基	13251
如今管地又管天	1827	茹茹公主墓志	7819
如今黄河服咱管	3843	茹烟吐翰	1602
如今山村喜事多	1972	儒道思想与中国书法	7380
如来	2371	儒法治军路线斗争故事选	5260
如来辨妖	5692	儒林外史	6228, 6229, 6460
如来佛显圣·唐僧救大圣	6334	儒林外史连环画	6588
如来佛智降孙悟空	6364	濡须之战	5072
如来神掌	6688	犐子牛	8634

中国历代图书总目·艺术卷

汝、官、哥、钧	429	软硬天师软硬 SHOW	3433
汝拉山区的牧羊女	6847	软语温馨	9407
汝南王修治古塔铭	7824	芮通斋先生印谱	8494
汝水巾谱	10343	芮金富刻纸集	10664
乳燕飞	4145, 4215, 4397, 5496	芮伦宝扬琴作品选	12324
乳燕迎春	4215	瑞安林氏印存	8489
乳燕欲飞	4085	瑞草延年	4085
乳燕展翅	9358	瑞茨	10151
入仓	3013	瑞典化学家爱弗雷·诺贝尔	3335
入党	2758, 5291	瑞典绘画	6782
入地牵龙	5210	瑞典火柴	5822
入队	3566	瑞典王国国歌	12395
入关之前	5260, 5359	瑞典乡村	9812
入门大吉出门大利	4480	瑞恩·列菲贝荷及马尔戈	6851
入社	1735	瑞谷新谣	11323
入伍第一课	3010	瑞鹤春晖	4793
入学	1972	瑞鹤飞舞春色新	4714
入学第一课	3843	瑞鹤吉祥	2147
入学通知书	3843	瑞鹤鸣祥	2091
阮籍长啸台	5822	瑞鹤图	1906, 4297, 4553
阮曲集	12315, 12316	瑞鹤献寿	4632, 4714
阮日春	5112	瑞鹤献寿	2208
阮氏丁香	5968	瑞鹤迎春	4632
阮氏三雄	5324	瑞金桥	9296
阮堂兰话书体	8152	瑞金日出	9321
阮堂书体般若心经	8152	瑞金云石山	1809
阮退之草书册	8415	瑞丽晨雾	10458
阮文追	5125	瑞莲游鱼	4397
阮演奏法	11337	瑞莲鸳鸯	1877
阮友充	5176	瑞鸟鸣祥	4863, 9421
阮芸台藏印	8489	瑞鸟祥花	4553
阮芸台珠湖草堂图	1612	瑞普的奇遇	5582
软笔书法字帖	7380	瑞气临门	4823
软硬笔楷书教程	7337	瑞气临门 美满幸福	2045
软硬漫画剧场	6296	瑞气满堂	2045, 2147

书名索引

瑞气盈门	4823	"三八"炼铁厂	2720
瑞狮呈祥	4397	"三八"养猪场长尹燕宜	4954
瑞狮起舞 喜庆丰年	3648	"三八"冶炼厂的先进事迹	5152
瑞士"古城堡"	9847	"三八线"上的战斗——《东方》	5527
瑞士风光4714, 9140, 10137, 10164, 10165, 10519		"三反""五反"漫画集	3403
瑞士行	2953	"三面红旗"万万岁	11440, 11444, 11608
瑞士家庭的鲁滨逊	6334	"三面红旗"万万岁赛歌会	11608
瑞士秋色	9885	"三年"影片艺术创作总结	13081
瑞士日内瓦	9823	"三人行动"案件	5622
瑞士四州湖	9875	"三字一话"通用教程	7388
瑞雪	1750, 1972, 9792, 9847, 9885	"杀人伞"案件	6024
瑞雪	2421, 2659	"上帝"的手艺	8612
瑞雪初晴	3022	"上甘岭素描组画"之一	2851
瑞雪纷飞传捷报	2423	"神龟"的故事	5622
瑞雪纷飞迎亲人	3779	"神龙"落网记	5883
瑞雪丰年	3601, 4216, 4397, 9875	"胜利杯"全国石油书法篆刻大奖赛获奖作品集	
瑞雪丰年竹爆平安	4216		8273
瑞雪红梅	4793	"狮鹰王国"的覆灭	6211
瑞雪锦鸡图	4480	"十大"喜讯传四海 浦江两岸尽朝晖	1823
瑞雪迎春	1799, 2780	"十二大"春风暖万家	1912
瑞雪迎春	2421	"水獭"的秘密	5741, 5883
瑞雪兆丰年	4397, 4480, 8832	"水仙花皇后"在羊城	2372
瑞雪兆丰年	2641	"睡美人"在行动	6279
瑞雪兆丰年 农业大发展	3697	"死亡"的艺术表现	082
瑞云	5692, 6194	"死亡线"上的搏斗	6174
睿智格言	7531	"四〇七"案件	5622
若芳唱片封面画选	6743	"四化"攀高峰 军民同学习	4172
若岭文学插图集	6611	"四化"早实五谷大丰收	3070
弱光摄影	8797	"四届人大"的召开是全国人民的心愿!	3178
弱国能够打败强国 小国能够打败大国	3185	"四人帮"扼杀《创业》说明了什么?	13099
箬庵画尘	467	"四人帮"是电影事业的死敌	13308
		《三滴血》主要唱腔选	11866
S		《三国演义》人物绣像	6604
"萨布罗什人"是怎样产生的	1068	《三国演义》五虎将	6422
"三〇一营"	5170	《三十六计》今译钢笔书法	7408

中国历代图书总目·艺术卷

条目	编号	条目	编号
《三线·创业者的歌》创作论	13084	[砂子灯画稿]	1698
《三字经》钢笔七体字帖	7576	[山水画集]	1596
《三字经》简繁体毛笔字帖	8244	[邵章印存]	8455
《沙家浜》唱段选	11851	[升平署戏单]	13009
《沙家浜》唱段选辑	11856	[十竹斋]石谱	1552
《沙家浜》花灯剧唱腔选段	11856	[十竹斋画谱]	1552
《沙家浜》一九七○年五月演出本主要唱段选辑		[十竹斋书画谱]	1552
	11842	[石斋逸诗]	8047
《沙家浜》主要唱段选辑	11850	[书法册]	8020
《闪闪的红星》电影歌曲	11909	[书法摹本]	8108
《闪闪的红星》评论集	13098	[书法正宗]	7221
《社会中坚》导演回忆录	13177	[书画传习]续录	846
《圣教序》钢笔字帖	7513	[四明遗韵画集]	1698
《十老诗选》四体钢笔字帖	7464,7465	[四忠祠碑]	7662
《十面埋伏》汇编	12317	[松风阁]指法	12293
《石门颂》萧娴临本	7765	[松鼠嬉戏图]	1729
《史记》故事精选连环画	6309	[苏东坡前赤壁赋]	7957
《史记》千秋	5741	[苏东坡书和柳子玉喜雪诗]	7948
《始平公造像记》《颜氏家庙碑》书法临习指导		[苏黄墨宝]	7945
	7806	[孙毓汶诗]	8015
《世界名画》1982年挂历	10453	单剑锋其人其画	812
《世界著名历险故事卡通系列》丛书	6515	睢宁儿童画选	6757
《收租院》雕塑集	8660	撒大泼	12106
《水浒》连环画	6515	撒谎的鼻子	13258
《水浒》宋江投降派的卑劣嘴脸	3232	撒拉族舞蹈《摘花椒》	9937
《水浒》一百零八将	6606	撒满人间幸福花	1972,4714
《水浒》中宋江投降派的丑恶嘴脸	3232	撒满人间幸福花	2147
《说文解字》与篆刻艺术	8476	撒满神州处处春	3351
《丝路花雨》剧照	9220	撒尼姑娘	9529
《斯坦尼斯拉夫斯基体系》研究文辑	12685	撒尼人民心向红太阳	11966
《四世同堂》电视剧讨论会文集	13117	撒尼社员庆丰收	12205
《苏联音乐简况》附件	10982	撒尼社员送公粮	12334
《孙子兵法》《三十六计》钢笔字帖	7465	撒什么种子开什么花	3843,3937
[萨迦阿书札]	8020	撒网	8802
[塞向老人遗墨遗诗等八种]	8044	撒向人间都是爱	4554

书名索引

洒满神州幸福种	4553	萨克斯基础教程	11175
洒热血 捍江山	9265	萨丽哈最听毛主席的话	11966, 12172, 12204
卅年一得	472	萨莫依洛夫	13216
飒爽英姿 1860, 3937, 8806, 9251, 9544, 9572,		萨仁高娃	9673
9593, 9725		萨若·白恩哈物肖像	6887
萨蒂钢琴作品集	12533	萨特论艺术	101
萨尔浒我心上的明珠	11526	塞北烽烟	5822
萨尔加多	10153	塞北小曲 30 首	12220
萨吉和白玛	5496	塞北严冬	9875
萨克管爵士乐教程	11175	塞茨初级小提琴协奏曲 5 首	12476
萨克管实用教程	11170	塞冈蒂尼	514, 6838
萨克管外国流行曲 45 首	12457	塞冈提尼	1074
萨克管外国名曲 100 首	12457	塞纳河畔	9847
萨克管演奏曲集	12456	塞纳河畔的姑娘	596
萨克管演奏实用教程	11170	塞上长城	3892
萨克管演奏艺术	11170	塞上春光	1771
萨克斯初级教程	11175	塞上春色	4086
萨克斯管（业余）考级教程	12458	塞上儿女	3739
萨克斯管超高音演奏教程	11172	塞上风光	9049
萨克斯管吹奏入门	11175	塞上枸杞	4086
萨克斯管独奏曲选	12456	塞上鸿	12297
萨克斯管二重奏曲集	12554, 12555	塞上江南	9812
萨克斯管教程	11170	塞上江南，我可爱的家乡	11089
萨克斯管进阶练习曲 50 首	12459	塞上飘歌稻谷香	11806
萨克斯管晋级教程	11175	塞上情	8840
萨克斯管爵士风格演奏教程	11172	塞上铁骑	12267
萨克斯管练习曲集	12162	塞上写生	2854
萨克斯管协奏曲集	12458	塞上新湖	1906, 4145
萨克斯管演奏风格	12458	塞上新花	13100
萨克斯管演奏技术教程	11175	塞上新貌	9061
萨克斯管演奏教程	11174	塞上忠魂	5822
萨克斯管音阶练习曲集	12161	塞尚	6772, 6785, 6797, 6828, 6833, 6881
萨克斯管音乐会曲集	12458	塞尚 凡·高 高更书信选	176
萨克斯管中外名曲集	12457	塞外春花	5291
萨克斯管自修教程	11172	塞外夺宝	6113

中国历代图书总目·艺术卷

塞外河子过"长江"	3801	三把镰	12121
塞外江南	2591	三百六十行	10708
塞外舞曲	12162, 12326, 12451	三百六十行大观	2907
塞外游侠	6262, 6263	三百六十行图说	2888
塞万提斯与勒邦德海战	5969	三百六十五里路	11712
塞向翁书札	8050	三百年沉冤	5582
赛车	8994	三百年前	13251
赛过阿童木	4297	三百篇声谱	12240, 12241
赛虎	5692	三摆服务台	5412
赛花灯	1760, 4397	三败高俅	4976, 5969
赛里木湖畔	9793	三拜花堂	4397, 4554, 5969, 13116
赛龙夺锦	12344	三宝佛	12227
赛龙凤	2147, 2675	三宝闹深圳	4759
赛洛夫与弗鲁贝尔的素描	6901	三宝图	3542, 3601
赛马会上	12265	三宝图	2091
赛马去	3739	三宝为民造福多	1945
赛纳河畔的尚善鲁塞	6847	三杯美酒敬亲人	3601
赛乃姆	10465, 12149	三辈儿	5260
赛跑求婚记	5822	三比零	9358
赛前	3892, 4145, 10426	三笔书法速成辅导	7380
赛球归来	9352	三笔血债	5099
赛球响彻《东方红》	3174	三笔字	7582
赛诗会	3843	三笔字简明教程	7298
赛文奥特曼大全	7054	三笔字临摹技法	7531
赛征歌集	11872	三笔字书法教程	7298
三"进士"	6296	三笔字书写教学与训练	7337
三、百、千硬笔楷书字帖	7477	三边一少年	5822
三○一营	5126	三鞭换两锏	4714, 5692
三T公司	4758	三步堂钢笔书法	7568
三八号	5291	三步舞	12642
三八号渔船下水	3843	三岔口	3567, 3601, 4033, 4554, 4915
三八红旗手李素琴	5015	三岔巷劫案	5692
三八机训班	3892	三唱春晓	1945
三八线上	5042	三丑会	12119
三八作风歌	11957	三川钢笔练习帖	7455

书名索引

三闯虎狼关	5496	三定桂	3892, 5324
三春过后又相逢	3892	三斗地头蛇	5292
三次突击	5496	三斗冷欣	5496
三次相见	4906	三斗杨跋扈	5969
三打"高刘集"	5042	三渡兵匪关	5969
三打白骨精	3601, 3937, 3983, 5822, 5969,	三断奇案	5583
	6263, 6535	三对半情侣和一个小偷	4771
三打白骨精·齐天大圣·大战哪吒	4397	三夺芙蓉剑	6229
三打白骨精·智激美猴王	6334	三朵小红花	12121
三打曹家	4976	三垛河伏击战	5260
三打陈黑鬼	5583	三访"野人区"	5969
三打成交	6113	三份牛排	4906
三打东兰	5583, 5822	三封电报	5210
三打陶三春	4297, 4793, 5496, 5692, 8810	三封密电	6114, 6194, 6296
三打铜锣	5151	三凤求凰	4145, 5693, 8823
三打瓦岗山	5692	三凤求凰	2147
三打祝家庄	1771, 3648, 3779, 4145, 4481,	三夫人	8816
	4793, 5042, 5412, 5969, 6114, 6588	三伏马天武	5015, 5072
三大白骨精	4714	三斧定瓦岗	5693
三大革命当闯将 妇女能顶半边天	3224	三赋帖	8013
三大纪律八项注意	3162, 6599, 6600, 11659,	三个"法庭"	5412
	11660, 11665, 11671, 11676, 11686	三个兵士	4871
三大戏剧体系审美关系初探	12703	三个臭皮匠	5969
三代怀斯	529	三个炊事员	4976
三代民兵	3739	三个呆子	5969
三盗芭蕉扇	4397, 4481, 5692, 6194	三个独生子	6114
三盗合欢瓶	5969	三个腐蚀点	5693
三盗九龙杯	5969	三个和尚	5693, 5970, 13294
三盗夜明珠	6194	三个和尚百态图	6611
三盗御杯	5583	三个火枪手	7054
三滴血	4481, 4715, 4976, 5072, 5583, 5692, 5822	三个结尾的故事	6460
三滴血主要唱腔及曲牌	11836	三个快枪手	6297
三地的战斗	5210	三个老老头	5126
三点潮	9753	三个母亲	4976, 13246
三调芭蕉扇	4481, 5497, 5694, 6263	三个女兵	6114

中国历代图书总目·艺术卷

三个少女	6860	三国人物	2362, 2383
三个舌头的百灵鸟	5693	三国人物——黄忠 赵云	4145
三个万岁	3542	三国人物画片	6604
三个小宝贝	12144	三国人物条屏	4086
三个小伙伴	5099, 5260, 9467, 9544, 9621	三国人物绣像	4216, 4715
三个小伙子	5970	三国蜀道觅胜	9144
三个小将军	8840	三国双雄	4632, 4851
三个小朋友	12001	三国唐五代画	1474
三个姓华的孤儿	5359	三国戏出	4145
三个侦探	6334, 6335	三国演义	1922, 3487, 3513, 4298, 4481, 4632,
三个字的谜	5015		4715, 6391, 6430, 6460, 6461, 6497, 6498,
三根羽毛和王子	6688		6535, 6565, 6588, 6589
三更天	12113	三国演义	2147
三恭富贵图	4554	三国演义儿童绘画本	6461
三恭喜	4398	三国演义故事	4632
三古镇	5693	三国演义故事	2147
三顾茅庐	1891, 1946, 4145, 4216, 5413, 5822	三国演义故事精选	6263
三怪客	5497	三国演义卷首句隶书字帖三体	8280
三关摆宴	4398	三国演义连环画	5823, 6229, 6263, 6297
三关点帅	4398, 8810, 9948, 13116	三国演义人物造型	2415
三国	579	三国演义绣像	6608
三国碑述	7328	三国演义英雄屏	4715
三国城	9134	三国英雄	4715
三国大计谋	6535	三国英雄赵云	4554
三国古址	402	三国志	3454, 3487, 6981, 7043
三国故事	3601, 4398, 4481, 4554, 4715, 5497,	三过八路屋	5583
	5823, 9012	三过卡子口	6114
三国故事屏	4216	三海旅行记	13260
三国归晋	5413, 5970	三号游泳选手的秘密	4906
三国画像	1602	三合屯村史	5072
三国画像	2371	三合一	13251
三国画像选	1679	三河大捷	5413
三国名将	4481, 4554	三河闸	8870
三国名将关羽 三国名将张飞	4481	三荷包	5823
三国人物	4086, 4298, 4398, 4481, 4632	三猴图	1760

书名索引

三呼万岁	11444	三晋古木雕艺术	8625
三虎图	4481	三晋戏曲漫话	12793
三户贫农坚决办社的好榜样	8875	三九隆冬打井忙	3892
三华绿化小红山	4915	三九一高地伏击战	6114
三化铜钱	5583	三救郎	8816
三环汉字正书格	8408	三军过后尽开颜	2768, 2780, 3983
三换肩	11832	三军女战士	9033
三换新郎	5823	三军受阅	4298
三回船	12121	三军小战士	8865
三会陈黑	5583	三军新容	8816
三击掌	12074	三军雄姿	10106
三积德曲谱	12130	三军仪仗队	10106
三计退杨林	5693	三军战中原	5970
三祭江	12276	三骏图	1771
三家分晋	5693, 5823	三开锁	5181
三家福	3649, 5970	三看《创业》	12125
三家巷	5693, 5823, 6263	三看御妹	4146, 4793, 9241, 9955, 9958
三件宝贝	6498	三看御妹刘金定	13116
三件宝器	5823, 6114	三棵芦花	5324
三件背心	5693	三棵枣树	5234
三件功绩	4916	三颗红色信号弹	5072
三剑客	5583, 6114, 13260	三口大锅闹革命	5151, 9266
三教同声	12292	三腊瀑布	9790, 9812
三节烈	5970	三老斗天	5140
三结鸾凤	4759	三里湾	4907
三姐妹	5823	三连环	12121
三姐下凡	4899	三林神威图	2147
三借芭蕉扇	5583, 5970	三六	12248, 12311
三借芭蕉扇	2091	三路进兵	4976, 5360
三进店	9955	三轮车工人的吼声	5015
三进连生店	5099	三马图	1906
三进芦花村	6114	三猫图	4216, 4298, 4398, 10050, 10057, 10064
三进三出抓俘房	5072	三毛 罗兰妙语钢笔字帖	7532
三进五窑村	5042, 5126	三毛爱科学	3413
三进校门	5165	三毛从军记	3400, 13146

中国历代图书总目·艺术卷

三毛的故事	6589	三明金叶奖中国书画精品展作品集	2272
三毛翻身记	3500	三明梅列	8947
三毛佳句钢笔字帖	7477	三明音乐	11534
三毛佳作硬笔书法欣赏	7477	三木健	10776
三毛今昔	3408	三木健的设计世界	10776
三毛历险上海滩	6722, 6723	三难苏东坡	5583
三毛流浪记	3418, 5970, 6195, 6521	三难苏学士	5583
三毛流浪记全集	3419	三年	3002
三毛流浪记选集	3408, 3409, 3425	三年歌选	11384
三毛名篇钢笔字帖	7477	三年苦斗	5140
三毛情语钢笔字帖	7621	三年来的中国旅行剧团	13011
三毛琼瑶影视歌曲集锦	11927	三年早知道	4398, 5015, 10406, 10409, 13232
三毛日记	3501	三娘子	4715
三毛外传	3419	三女夺牌	1760
三毛席慕蓉絮语硬笔字帖	7555	三女复仇记	6114, 6115
三毛小语钢笔字帖	7568	三女郎与婚姻之神	6887
三毛新事	3419	三女临境	9572
三毛学生意	13232	三女认子	9238
三毛迎解放	3411	三女性	13286
三毛珍言	7532	三女找红军	5042
三毛作品精言钢笔字帖	7500	三棚砖子伏击战	5823
三茅峰	1578	三品汇刻	089
三美巧会	6114	三浦友和与山口百惠	4398
三美人	2989	三气周瑜	4793, 4976, 5823, 5970
三门峡	13232	三千里江山	2736
三门峡畅想曲	12277	三千里江山	2733
三门峡史画	6565	三千里寻母记	6115
三门峡市曲艺志	12973	三千五百常用字楷行对照钢笔字帖	7568
三门峡市戏曲志	12789	三千五百常用字五体硬笔书法字典	7477
三民教育唱歌集	11365	三秦碑刻英华	7738
三民主义碑刻	8254	三琴趣斋藏印	8489
三民主义歌咏	11376	三擒草上飞	6195
三民主义故事画册	2980	三擒孟良	5693, 5823
三名文品	120	三青山云海	2456
三明地区参加福建省武夷之春音乐会	12559	三清山	8970, 10497

书名索引

三清山风光	9835	三十岁以后	11716
三清山之秋	9835	三十五举	8451, 8452, 8454
三清图	1679	三石选集	2147
三请樊梨花	4216, 4632, 5824, 6115	三世仇	5126
三请梨花	1946	三试浪荡子	8823
三请穆桂英	4554, 5824	三试新郎	4146
三请贤曲谱	12131	三室一厅布置	10595
三请诸葛	5970	三首革命歌曲	11686, 12399
三请诸葛	2666	三寿图	2027
三请诸葛亮	6535	三寿图	2609
三全其美	13116	三松堂藏字画目录	659
三跷寒桥	4976	三送水罐	5210
三让徐州	5413	三颂精拓本放大合册	7662
三人行	4886	三苏柯藏书画选	1512
三人小组舞	12652	三所里阻击战	5824
三山聚义	5042	三塔秋色	2802
三上轿	5824	三潭倩影	2091
三上穆柯寨	6115	三潭清漪	8816
三少年	12080	三潭夏荷	9109
三少年英勇机智救火车	3697, 3739	三潭印月	1727, 4086, 6115, 9061
三审绣花鞋	5694	三潭印月盛夏	9786
三十二剑客图	2974	三探穿山渠	4976
三十二年悲欢泪	5099	三探魔鬼湖	5584
三十二篆体金刚经	8357	三探无底洞	6535
三十九级台阶	5824, 5970	三探圆明园	6116, 13119
三十里铺	11786	三堂会审	8810, 12086
三十六计	3454, 5584, 6364, 6391, 6430	三套车	12411
三十六计钢笔书法	7455	三体钢笔字技法	7597
三十六计钢笔字帖	7555	三体三字经钢笔字帖	7598
三十六计经商格言多体钢笔字帖	7555	三体石经	8341
三十年代到四十年代	3413	三体书法集	7621
三十年代中国电影评论文选	13190	三条石的春天	11948
三十年奇遇	6115	三条石血泪史	3169
三十年前迎解放 世代感谢共产党	4033	三条小鲨鱼的故事	6297
三十年细说从头	13181	三帖释文	7832

中国历代图书总目·艺术卷

三推婚期	1819	三峡坝上第一县——秭归	8967
三脱状元	8823	三峡百万大移民	9292
三脱状元袍	5694	三峡丰碑	9292
三娃和小金马	4888	三峡风光	9790, 10511
三湾	1809	三峡赋	8308
三万六千顷湖中画舫录	1463, 1601	三峡宏图	9906, 9988
三王子盗仙水	5497	三峡揽胜	9134
三维立体画精品	1239	三峡旅情	8970
三维立体画欣赏	1237	三峡美	11477
三维立体画珍品	1239	三峡哨兵	5234
三维立体画最新集锦	1240	三峡神女	5824
三维立体精品欣赏	1240	三峡胜境	2797
三维立体魔眼大世界	7135	三峡胜览图	2010
三维立体视图	1237	三峡诗	8308
三维立体图画	1240	三峡素描交响音诗	12233
三味书屋	2731	三峡天下雄	1972
三希墨宝	7781	三峡写实	1404
三希堂二王小楷合册	7788	三峡新貌	4843
三希堂法帖	7716, 7717, 7718, 7747	三峡旋律	11526
三希堂法帖精萃	7718	三峡夜航	9959
三希堂法帖释文	7718, 7747	三峡夜航	2589
三希堂画宝	677	三下槐荫	8816
三希堂画谱大观	678	三下厩亭	5042
三希堂菊花谱大观	1472	三下西亭	4976
三希堂兰谱大观	934	三弦传统乐曲集	12316
三希堂米南宫法书帖	7946	三弦独奏曲六首	12310
三希堂苏长公法书帖	7946	三弦基础知识	11337
三希堂小楷八种	7718, 7775, 8378	三弦练习曲选	11337
三希堂小楷四种	7950	三弦谱	12297
三希堂续刻法帖	7833	三弦曲集	12316
三希真迹	7781	三弦弹奏法	11334, 11335
三稀珍本	7727	三弦演奏法	11333, 11336
三侠五义	6364, 6365, 6535, 13137	三弦演奏艺术	11338
三峡	9847	三弦艺术论	11338, 11339
三峡 1997	9293	三湘四水图	2424

书名索引

三象随笔	8991	三友百禽图	2308
三校联合美展专辑	365	三友寿鸟	4716
三笑	4086	三友寿鸟图	2515
三笑结良缘	4086	三友书画集	2224
三笑姻缘	6391, 8857	三友图	1946, 2011, 4632
三笑姻缘	2091	三友图	2148, 2618, 2670
三星岛奇遇	6116	三余印可	8512
三星登高图	4793	三虞堂论书画诗	782
三星高照	4715, 4759, 4823	三虞堂书画目	1473
三星高照	2091	三元宫传奇	5694
三星高照绘新图	4554	三元里	4977
三星高照金玉满堂	4794	三元里的怒火	5413
三星高照鹿鹤同春	4632	三愿堂遗墨	8052
三星高照五福临门	2091	三月	6879, 6882
三星图	2027, 2989, 3389, 4554, 4715	三月茶歌	11975
三星图	2091, 2147	三月三	5015, 5292, 12095, 12606, 12608
三星赞印谱	8489	三月桃泛	9358
三兄弟	5073	三月桃花红	10069
三兄弟踊跃从军	2981	三月雪	5694, 5971
三雄聚会	5824	三炸敌桥	5324
三续三十五举	8456	三炸龙桥	5497
三亚收藏名人书画选	2208	三战毒龙帮	6297, 6335
三眼怪人	6710	三战鬼头刀	5824
三羊开泰	4146, 4823	三战华园	5824, 5971
三羊开泰	2147	三战吕布	4146, 4555, 12131
三羊开泰，万事如意	2148	三战吕布	2356, 2371
三阳开泰	4481, 4759, 4823	三战四捷	5694
三阳开泰福满门	4771	三战王牌	5413
三要三不要	4883	三战尉迟恭	5584
三宜堂印谱	8516	三张彩礼单	12121
三英闽王府	6116	三找伯伯	5971
三英战吕布	4086, 4146, 4216, 4298, 4554	三只鸡	12106
三用败将	5824	三只鸟的记号	5584
三用儿童电子琴初级教材	11280	三只小猫	7031, 10025
三用外国电子琴曲选	12555	三只小蜜蜂	5360, 12008

中国历代图书总目·艺术卷

三只小猪	5694, 7142	桑鹏	10458
三只熊	6710, 12091	桑桐钢琴曲选	12212
三只眼	7041, 7042	桑园寄子	12086
三重奏鸣曲	11276	桑园姐妹	3739
三重奏七首	12338	桑园人家	12096
三柱难活	5971	桑园峡	1946
三姊妹	3601	桑原经理	6942
三字经	7569, 7598, 8217	桑子中画集	2922
三字经 百家姓 千字文钢笔字帖	7532	桑梓之遗书画册目录	1459
三字经、百家姓、千字文、声律启蒙钢笔字帖		噪音卫生与保健	11132
	7478	噪音与保健	11120
三字经钢笔行书字帖	7500	缫丝五姐妹	12590
三字经描红	8280	扫除文盲歌曲选	11430
三字经图画故事精选	6365	扫除脂粉呈风骨;褪却红衣学淡装	4555
三字经注解字帖	8225	扫窗会	12113
伞	4916	扫黄擒魔记	6335
伞兵团长	5260	扫盲识字课本	4916
伞舞	9148, 9962	扫盲小八路	4928
散朗轩刻印留痕	8535	扫平假西天	5497
散朗轩印存	8535	扫松	4907
散木手临九成宫醴泉铭	8188	扫塔辨奇冤	6263
散木书三都赋	8197	扫雪	8640, 12632
散木书陶诗	8381	色笔技法	1105
散氏盘 毳季子白盘铭文	8366	色彩 151, 153, 155, 553, 556, 557, 558, 561, 562,
散氏盘铭	8360	563, 564, 565, 1185, 1189, 2832, 6802
散氏盘铭放大本	8358	色彩·构成·设计	158
散氏盘铭文	8363	色彩·水彩风景	2965
散文佳作精选钢笔字帖	7500	色彩·水粉	565
散文精品钢笔字帖	7500, 7532	色彩·水粉风景	2965
散文名篇钢笔书法	7439	色彩·水粉画技法	1181
散文名篇钢笔字帖	7439	色彩·图案·艺术	10224
散文名篇选段钢笔字帖	7500	色彩、水粉	1195
桑弘羊舌战群儒	5260, 5292	色彩博览会	158
桑季诺和胆小鬼	6658	色彩常识	147
桑金兰错	5099	色彩初步	559

书名索引

色彩创意造型设计	150	色彩画	152, 560, 562, 1170
色彩辞典	150	色彩画的路	1180
色彩大师卫天霖	1079	色彩画技法教学新述	1181
色彩大系	148	色彩画教程	1182
色彩的发达	148	色彩基础教程	157, 563, 1185
色彩的管理	148	色彩基础教学	158
色彩的力量	154	色彩基础入门	562
色彩的冒险	149	色彩基础训练 100 例图解	564
色彩的魅力	148, 8754	色彩基础知识	564
色彩的妙用	147	色彩集	2819, 2824, 2828
色彩的魔力	157	色彩计划	149
色彩的盛宴	542, 545	色彩计划手册	154
色彩的探险	148	色彩技法	559, 562
色彩的应用艺术	151	色彩技法 100 例	155
色彩第一步	1195	色彩教学·室内写生	565
色彩调色版	148	色彩教与学	563
色彩法度	1082	色彩进程	637
色彩风景	637, 638	色彩静物	1186, 1195, 1342, 2832, 2955, 2963
色彩风景范画	1185, 1318, 2949	色彩静物范画	2949, 2958
色彩风景基础训练	1195	色彩静物基础训练	1195
色彩风景入门	1181	色彩静物技法实例	1086
色彩风景写生	1185	色彩静物入门	1181
色彩辅导	1178	色彩理论与设计表现	149, 150
色彩工学	156	色彩理论与应用	560
色彩构成	150, 151, 153, 155, 156, 158	色彩论	146
色彩构成必览	157	色彩美	562
色彩构成基础	157	色彩美的创造	148
色彩构成基础入门	155	色彩美学	151, 153
色彩构成设计	153, 156, 158	色彩平面构成	154
色彩构成图例	152	色彩起步	1176
色彩构成与绘画·设计艺术	565	色彩趣典	154
色彩构成与设计	155	色彩趣谈	149
色彩构成资料精选	157	色彩人体范画	1077
色彩关键	564	色彩人物范画	632, 636
色彩花卉写生	1182	色彩人物静物	2836

中国历代图书总目·艺术卷

色彩人像入门	634	色彩与音响	148
色彩认识论	146	色彩原理与色彩构成	158
色彩设计	153, 154, 156	色彩指导	1182
色彩设计初步	150	色到极点	158
色彩设计手册	158	色调表现	1195
色彩设计在法国	158	色粉笔画基础	1200
色彩史话	151	色粉笔画起步	1200
色彩世界	1087	色粉笔画入门奥秘	1201
色彩琐谈	554	色粉笔人体	1201
色彩王国	1248	色粉笔人体画集	2948
色彩写生基础	1189	色粉画	1199
色彩写生集	2963	色粉画技法	1169
色彩写生技法研究	1119	色粉画技法探新	1201
色彩写生教程	1189	色粉画教程	1201
色彩写生课程	1195	色界枭雄	550
色彩写生临摹指南	1176	色笼墨染	1715
色彩写生指南	1175	色谱	146, 149
色彩心理学	150, 157	色铅笔技法百科	1136
色彩选集	308	色套法的研究	148
色彩学	145, 146	色雅香浓	9358
色彩学 ABC	145	涩女郎	3417
色彩学纲要	145	瑟谱	12290, 12291
色彩学基础与银幕色彩	13075	森吉德马	12310
色彩学讲座	157	森吉德玛	11786
色彩学研究	146	森林	1722
色彩学指南	146	森林别墅的疑案	6263
色彩艺术	147, 148	森林打猎记	5497
色彩艺术表现	564	森林大帝	7032
色彩意象世界	149	森林的多种效益	3351
色彩与光	550	森林的早晨	6890
色彩与配色	148	森林飞箭	5324
色彩与设计	10247	森林公园	6645
色彩与生活	147	森林剿匪记	5971
色彩与世界	155	森林狂想曲	2893
色彩与艺术	150	森林里的房屋	6264

书名索引

森林里的秋天	5140	沙飞摄影集	9288
森林里有一条路	9900	沙孚	9422
森林枪声	6335	沙格德尔请客	6195
森林卫士	4632, 7073	沙恭达罗	5825
森林新城市	8642	沙桂英	5073, 5099
森林远处	6873	沙海行舟	8832
森林之边	6847	沙海魂	5825
森林之晨	6854	沙海绿洲	8926
森林之春	11945	沙海明珠	5584
森林之歌	6622, 10527	沙海银光	5497
森林之歌	12415	沙河破击战	5234, 6461
森林之美	2802	沙荒变良田	8871
森林之王	5584	沙荒风雷	5497
森林之战	5694	沙家浜	5126, 5151, 5165, 9150, 9177, 9195,
森林中的运动会	3601		9208, 11850, 11855, 11858, 12081, 12082,
森严壁垒 众志成城	8925		12083, 12084, 12123
僧怀索自叙真迹	7846	沙家浜(唱段选)	11858
杀敌英雄樊四得	6116	沙家浜杯全国"双拥"书法大赛作品集	8319
杀敌勇士	5824	沙家店粮站	5099, 13232
杀宫	9219	沙金	6783
杀虎妖	4928	沙龙钢琴曲 20 首	12538
杀牛庚	5099	沙龙钢琴小曲 20 首	12516
杀牛过年	5694	沙洛姆教授的迷误	6116
杀人鲸	6195	沙梅独唱歌曲	11939
杀人灭口	6116	沙梅歌曲集	11430
杀人之雾	6264	沙梅曲集	11937
杀四虎	5971	沙孟海	8295
杀婿逐主	5584	沙孟海翰墨生涯	8207
沙兵画集	1384	沙孟海行书	7609
沙场猛将	4794	沙孟海行书对	8188
沙丁木刻集	2981	沙孟海楷书字帖	8406
沙鸥	4870	沙孟海论书丛稿	7277
沙尔丹那柏勒王	6887	沙孟海论书钢笔字帖	7455
沙尔米柯	4886	沙孟海论书文集	7368
沙飞纪念集	8907, 9292	沙孟海书法集	8189

中国历代图书总目·艺术卷

沙孟海书学研究	7369	纱巾操	9968
沙孟海写书谱	8178	纱巾舞	9963, 9968
沙孟海真行草书集	8268	纱篓里长大的孩子	4977
沙漠·胡杨	9140	砂器	5585
沙漠变绿洲	9286	鲨颚	5825
沙漠的春天	5292	鲨海涛声	5825
沙漠谍影	6116	鲨鱼	5825
沙漠救险	5971	鲨鱼 TATA	5825
沙漠勘探	9263	鲨鱼侦察兵	5585
沙漠绿洲	8832	莎乐美	7009
沙漠擒匪	5497	莎士比亚	3389
沙漠王子	4398	莎士比亚《十四行诗》诗句并配画	10459
沙漠雄鹰	5073	莎士比亚的威尼斯商人	13011
沙漠战鸵鸟	6297	莎士比亚画廊	6926
沙努林	5210	莎士比亚名剧连环画	6297, 6430
沙鸥	5585, 13112	莎士比亚名言硬笔书法字帖	7500
沙坪联络站	5099, 5140, 5360	莎士比亚全集	6461
沙桥饯别	12078	莎士比亚四大悲剧	6297
沙清泉木刻选集	2987	莎士比亚喜剧四种	6297
沙丘披绿换新装	3892	莎士比亚戏剧故事	6461
沙区农垦新貌	9286	莎士比亚戏剧故事精选	6535
沙山春人物画谱	1637	莎士比亚戏剧故事全集	6536
沙山伏兵	5971	莎士比亚与电影	13113
沙石峪	5261, 5292	莎士比亚在苏联	13002
沙滩上	5042, 9835, 9875	莎士比亚在苏联舞台上	13002
沙滩上的少女	9704	莎士比亚在中国舞台上	12851
沙滩疑云	6461	莎士基亚	6843
沙田红缨	5360	啥人养活啥人	11626
沙乡怒火	5292	傻兵日记	6945
沙堰琴编	11332	傻蛋蛋和恐龙的牙齿	5498
沙浴	9456	傻负鼠	6461
沙原之歌	11378	傻瓜机与彩照	8740
沙源林海	9287	傻瓜相机摄影技巧	8797
沙舟钢笔书四体唐诗一百首	7439	傻瓜照相机拍摄技巧	8747, 8748
沙子岭机场	5165	傻伙计	3429

书名索引

傻强外传	5825	山川风物摄影作品选	9082
傻小子行侠记	4771	山川尽染	3843
傻子沉浮录	13161	山川竞秀	1676
晒谷场上	4146	山川竞秀	2148
晒龙袍的六月六	6297	山川四景	3649
山·水·云·石·草	9144	山川新曲	3029
山不转水转	13146	山川秀丽	4216, 9100
山茶	1735, 8803, 9381	山川秀色	4399, 4633, 4823
山茶	2629	山川悠悠	2456
山茶鹌鹑图	4481	山川悠远	909
山茶春禽	10459	山川壮丽欣重睹	4399
山茶逢春把花开	11582	山吹	9368
山茶芙蓉小鸟对屏	4298	山春子	5413
山茶花	10017, 10497, 11523	山村暮霭	1783
山茶花白描图集	2554	山村秋色	2591
山茶花正红	10057	山村变了样	6753, 12279
山茶锦鸡图	10036	山村朝阳	3937
山茶双蝶	10440	山村晨歌	12226
山茶双鸟图	2641	山村春夜	3843
山茶双禽	10459	山村的火花	4977
山茶水仙	2618	山村的未来	3892
山茶绽芳	9358	山村电站	9295
山城的灯	11469	山村飞来金凤凰	4216
山城谍影	6335	山村妇女将	3843
山城风云	5498	山村复仇记	5825, 6462
山城老屋	2901	山村富裕引凤来	4481
山城小景	2858	山村姑娘	9536
山城晓雾	3007, 3983	山村红医班	3892
山城新貌	4398	山村货郎担	3801
山城雄姿	1771	山村来了售货员	12266
山城夜景	9965	山村暮色	9835
山城疑案	5694	山村女教师	3843, 5324
山城在前进	9394	山村女教师	2349
山川出云图	2629	山村前后	3002
山川风光	3697	山村枪声	5324, 5360

中国历代图书总目·艺术卷

山村清夏	1993	山东版画作品选集	3049
山村秋景	3010	山东北朝摩崖刻经全集	7809
山村秋色	2748, 2752	山东曹县戏曲纸扎艺术	10693
山村十月	3019	山东大鼓	12138
山村水电放光彩	3892	山东大学校友诗书画专集	1316
山村晚炊	9804	山东当代摄影	8953
山村晚会	1819	山东地方曲艺音乐	12143
山村喜事多	4399	山东地方戏曲唱段欣赏	11875
山村夏忙	3697	山东地方戏曲剧种史料汇编	12758
山村小景	2027, 9847	山东地方戏曲音乐	10993
山村新灯	3765	山东电子琴演奏(业余)考级作品集	12240
山村新歌	12278	山东风光	4146, 8927
山村新户	3801, 3843, 3844, 3893	山东风俗组曲	12209
山村新貌	1735, 1819, 3844	山东风土人情油画选	2786
山村新曲	5210	山东风土人情油画作品选	2788
山村新校	3844	山东钢琴演奏(业余)考级作品集	12221
山村巡教	3844	山东歌声	11407
山村夜哨	5325	山东革命纪念地画册	1906
山村夜校红灯明	1819	山东工农兵画选	1357
山村夜校迎亲人	3844	山东古代书法论	7348
山村医疗站	5292, 5360, 6753	山东鼓吹乐	11352
山村医生	1799	山东鼓子秧歌	12613
山村有了电视机	3844	山东国画选	1771
山村运动会	3844	山东汉碑集字毛主席诗词十首	8147
山达	5694	山东获奖年画选集	4824
山大王	6536	山东姐妹学插秧	3739
山大王和小小鸡	6565	山东解放战争歌曲选集	11788
山丹丹花	10015, 10044	山东快书概论	12972
山丹丹开花红艳艳	11793, 12337	山东快书艺术浅论	12969
山丹花	10044, 10064, 11772	山东老国画家画选	1946
山道弯弯	5694, 5825, 5971	山东连环画展作品选	6264
山的儿子	5971	山东旅游	10497, 10511
山地冬播	3002	山东漫画作品选	3487
山东·海南书法联展作品集	8295	山东美术作品选	1360, 2752
山东百名书画家留真集	2256	山东民间歌曲论述	11804

书名索引

山东民间歌曲选	11795, 11799	山东省文史研究馆书画选集	2256
山东民间歌曲选集	11772, 11787	山东十年歌曲选	11609
山东民间剪纸	10668, 10706	山东首届硬笔书法大赛获奖作品选	7478
山东民间蓝印花布	10356	山东潍坊年画	3983
山东民间乐曲集	12341	山东武术队员段章丽	9572
山东民间乐曲选集	12343	山东舞蹈分级考试教材	12575
山东民间木版年画	2994, 2995	山东响马特刊	13288
山东民间年画	4033	山东新出土古玺印	8467
山东民间器乐曲选	12346	山东艺术学院建校四十周年美术作品集	336
山东民间舞选介	12611	山东筝曲集	12315
山东名山	3601, 3697	山东治淮国画选	1843
山东年画	4399, 4481	山东治淮新貌	3893
山东年画创作经验	1222	山东治淮影集	9285
山东年画选辑	3739	山东治维国画选	1843
山东平阴三山北朝摩崖	7819	山房十友图赞	1026
山东秦汉碑刻	7764	山峰百图	9144
山东琴书研究	12969	山高春更早	3893
山东琴书音乐	12138	山高林茂水秀长流	1922
山东青岛	9072	山高情深	3983
山东青年美术作品选集	1355	山高水长	1972, 2027, 4399, 4555, 10459, 11530
山东曲艺史	12975	山高水长	2045, 2442, 2452, 2456
山东三十年歌曲选	11467	山高水长情谊深	3017
山东摄影艺术作品选	8920	山高水长人长寿	2666
山东省"跃进"歌舞大会舞蹈选集	12638	山高水旺	3937
山东省"跃进"歌舞汇报演出大会歌曲资料		山高松青水长流	2027
	11430	山歌	4086, 12157, 12163, 12195, 12233
山东省"跃进"歌舞会演歌曲选集	11782	山歌唱得遍地春	11782
山东省第三届中等艺术学校美术作品巡回展获		山歌联唱	11782
奖作品选	1350	山歌水笑林有声	2858
山东省第一届音乐会演得奖歌曲集	11430	山歌晚会	3739
山东省立剧院第一周年纪念年刊	12747	山歌小调集	11769
山东省立剧院一览	12747	山歌越唱越开心	10406
山东省连环画展作品选	6264	山沟里的女"秀才"	5126
山东省农业学大寨展览	9271	山姑娘	1819
山东省女画家作品集	1368	山谷春深	1946

中国历代图书总目·艺术卷

山谷红霞	4977	山河秀色	2027, 9885
山谷鸣春	4794	山河镇争夺战	5971
山谷秋色	9885	山河之恋	9140
山谷人家——九寨风光	9835	山河重安排	3893
山谷松风阁墨迹	7950	山河壮丽	2011, 4716
山谷题跋	7682, 7683	山河壮丽	2434
山谷新泉	3801	山呼海啸	5413, 5498
山谷之春	9791	山虎出山	5694
山谷中的战斗	4977, 13260	山花	2791, 9317, 12438
山光烂漫	2666	山花	2091
山光水色	4633	山花集	12215
山光秀色	9861	山花烂漫	1860, 1877, 3893, 5126, 9922, 10036,
山海长寿图	2618		10069, 10251, 10254
山海丹	8225	山花烂漫	2598, 2618
山海关	9797	山花烂漫时	2768, 2769, 2778, 3983
山海关大战	6264	山花烂漫时	2598
山海经	3464, 4870	山花烂漫艳银妆	2011
山海经神话	6498	山花浪漫	2659
山海奇观	1760	山花怒放	3983
山河长春	4851	山花怒放	2629
山河长春	2442	山花吟	11808
山河的回音	11482	山花映红半边天	3779
山河多娇	5016	山环水绕	9082
山河锦绣	4843	山间春色	1922
山河锦绣	2452, 2641	山间铃响马帮来	4033, 13238
山河揽胜集	2885	山间小道	9885
山河颂	6601	山涧	9835
山河颂	2424, 2677	山涧秋色	9804
山河颂系列画	8841	山涧英姿	4482
山河万里一片春	2603	山静居画论	659, 660
山河无处不宜人	2183	山静居论画	660
山河新貌 1771, 1772, 1809, 3026, 3801, 3844,		山居秋意	4759
3937		山居图	1922
山河新貌	2589	山居消夏图	1792
山河新装	1827	山菊花	5695, 6116

书名索引

山俊明画集	2308	山明水秀春光艳·鸟语花香景色新	2428
山空无人听落花	1993	山南海北	2879
山口百惠	4555, 6195	山南海北都照红	11604, 11784
山口百惠·三浦友和	10155	山南论画	666, 667
山口百惠歌唱选	12430	山南山北好风光	11594
山口百惠和三浦友和	4555, 9536	山坪脱险	5972
山口百惠演唱歌曲集	12430	山坡羊	12056
山岚映辉	4858	山樵书外记	7237
山里的人	13232	山禽百图	9320
山里红	3801	山青水碧春意浓	2439
山里红梅	5261	山青水秀	4555, 4716, 9875, 9893, 9906, 9909
山里新"客"	5825	山青水秀	2148
山林	12209	山清水秀	1946
山林集兽	4399	山清水秀	2045
山林秋色	1877	山清水秀诗意浓	4555
山林之歌	1843, 12248	山区大学生	3893
山灵图	10447	山区放映员	4086
山岭火光	5498	山区公路通车了	12170
山岭里的枪声	5826	山区旧貌变新颜	3983
山楼观瀑图	2476	山区里"公社"的明天	3087
山楼远眺	4716	山区里的女农艺师	5016
山楼云起	1772	山区农民学大寨	3017
山鲁佐德入宫	5972	山区前途宽又广	11626
山绿人红	3013	山区秋晓	1760
山绿人红歌声扬	11440	山区生产	3739
山路松风图	2452	山区售货员	1819
山路松声图	2309	山区水库	9990
山峦秋艳	2809	山区土专家	5165
山猫咀说媒	9236	山区新貌	4086
山猫嘴说媒	5695	山区迎来幸福水	12154
山妹	5261	山区游击队	5360, 5826
山门、夜奔	12111	山泉	4771, 12209
山门新语	11330	山泉垂瀑	9100
山明水雾春光艳，鸟语花香景色新	1993	山泉清音图	1973
山明水秀	2045, 2427, 2439, 2452	山泉水清	9847

中国历代图书总目·艺术卷

山雀爱梅图	2618	山水画	924
山雀山雀别处啼	3601	山水画笔墨技法详解	924
山鹊山鹊别处啼	3567	山水画变革要述	908
山如碧玉簪	9368, 9422	山水画初步技法	626
山色葱胧水清清	2148	山水画刍议	902
山色空濛雨亦奇	9836	山水画传统技法解析	904
山色艳丽图	2799	山水画创意速写	2256
山山水水图案集	10271	山水画创作	912, 915
山陕商人与梆子戏	12955	山水画皴法、苔点之研究	903
山上开运河	13232	山水画皴法十要	909
山神的故事	4928	山水画点景人物集锦	2209
山神庙枪挑陆虞侯	6116	山水画法	902, 904, 912, 915, 916
山神土地大搬家	12093	山水画法 1.2.3	904
山石	1521, 6838	山水画法技法与修养百题	912
山石的画法	920	山水画法类丛	900
山石云水美术资料	10263	山水画法全图	911
山鼠"敢死队"	5972	山水画法入门	905
山水 805, 1577, 1666, 1673, 1735, 1750, 1772,		山水画稿	1446, 1449
1792, 1946, 2011, 4298, 4399, 4716		山水画构图	917
山水	2618, 2629, 2642	山水画基本技法临本	915
山水·花鸟	2148	山水画基础	924
山水·人物技法	865	山水画基础技法	902, 906, 918
山水百家	593	山水画基础技法临本	916
山水册	1694	山水画技法	912, 913, 921, 924
山水册	2480	山水画技法初步	637
山水纯全集	888, 889, 890	山水画技法基础	905
山水皴法	904	山水画技法基础入门	924
山水动物花卉	3029	山水画技法述要	906
山水对屏	4399	山水画技法析览	911
山水赋	467	山水画技法新编	914
山水国画	923	山水画技法研究	901
山水花鸟画技法	865	山水画技法与修养百题	636
山水花鸟画选	1946	山水画诀	900, 1424
山水花鸟屏	2148	山水画论	904
山水花鸟扇面	1582	山水画名作	2480

书名索引

山水画墨法特展图录	1482	山水情深	9109
山水画屏	4217	山水人物册	1694
山水画谱	902, 903, 913, 917	山水人物技法	865
山水画起步	916	山水入门	899, 900
山水画浅议	924	山水书画	4399
山水画入门	916, 917	山水四景	4298
山水画扇集	1712	山水四条	4399
山水画审美与技法	827	山水四条屏	4824
山水画树石技法	906	山水四条屏	2434
山水画谈	914	山水松石格	640
山水画探微	920	山水速写	2885
山水画图谱	915	山水速写集	2897
山水画写生	913	山水条屏	4086, 4298
山水画写生、创作画法	921	山水图	2011, 10459
山水画写生技法	915, 916, 924	山水图册	1679
山水画写生选	2423	山水图轴	2425
山水画新技法	916	山水闻见纪	1455
山水画选	2424, 2427	山水小品	2417
山水画艺术处理	909	山水写生范本	2485
山水画意境创造与笔墨理法	828	山水写生画稿	1346
山水画纵横谈	581	山水写生画稿	2442
山水集册	1559	山水写生引导	917
山水技法	903	山水新意境	626
山水家法	644, 748	山水园林图	2437
山水诀	660, 897, 899, 901	山水云石图案集	10295
山水课徒画稿	905	山同关蒲雪图	2642
山水楼阁图册	1679	山头妍敌记	5210
山水秘诀	906	山外山	920
山水名胜诗钢笔字帖	7423	山湾堡的斗争	5413
山水名作笔墨解析	820	山文琛书法艺术	8319
山水屏	1676, 4217, 4633	山窝里飞起幸福歌	11943
山水清音	596	山舞银蛇	9875
山水清音图	4851	山西版年画缩样	4555
山水情	4771, 9138, 11493	山西梆子音乐	12100
山水情浓	9893	山西碑碣	7740

中国历代图书总目·艺术卷

山西电视论丛	13156	山西省晋中地区书法篆刻作品选	8152
山西风光	10511	山西省曲沃县任庄村《扇鼓神谱》调查报告	
山西佛教彩塑	453		12950
山西歌曲选	11467	山西省摄影艺术作品选	8923
山西歌选	11400	山西省文化志曲艺史料集	12758
山西好风光	9127	山西省昔阳"人民公社"联社群众音乐生活	
山西剧种概说	12930		10903
山西老年书画选	2183	山西省音乐会演会刊	11355
山西琉璃	10650	山西省运城地区蒲剧团晋京演出资料汇编	
山西锣鼓	12323		12937
山西民歌	11769, 11811	山西十年创作歌曲选	11440
山西民歌300首	11809	山西石雕艺术	8649
山西民歌四十首	11782	山西书法通鉴	7168
山西民歌主题二首	11776	山西耍孩儿唱腔之源	12848
山西民间歌曲选集	11767, 11772, 11776	山西文艺创作五十年精品选	340, 8334, 8973
山西民间剪纸	10668, 10678	山西戏曲刺绣	10366
山西民间剪纸集	10664	山西戏曲脸谱	12942
山西民间剪纸选集	10669	山西新歌	11462
山西民间礼馍艺术	10714	山西新军影集	9326
山西民间器乐曲集	12345	山西新民歌选	11792
山西民间器乐曲选	12341	山西烟标	10396
山西民间器乐选	12343	山溪	9812
山西民间艺术	10688	山溪春晓	4633
山西年画	4716	山峡彩虹	3844
山西年画选辑	3740	山峡随想曲	12260
山西人看世界	8861	山乡晨歌	12267
山西人民歌选	11395	山乡晨曲	4399
山西省博物馆藏书画精品选	1492	山乡春早	1860, 2929, 12344
山西省第二次民间艺术观摩演出大会会刊		山乡风云	5498, 5585
	13014	山乡风云录	5126, 5498
山西省第三次民间音乐舞蹈会演会刊	12606	山乡红梅	5210
山西省第一届戏曲观摩演出大会几种剧种的访		山乡巨变	5016, 5360
问报告	13014	山乡美如画	1922
山西省古代书画珍品	1521	山乡亲人	3801
山西省晋剧院院志	12950	山乡人民学大寨	3893

书名索引

山乡四季图	3649	山中坚持	5126
山乡喜迎新一代	12267	山中旧事	6805
山乡新貌	3697	山中女"秀才"	3697
山乡新貌图	3740	山中奇遇	4482
山乡新社员	5325	山中运木	2720
山乡引来金凤凰	4399	山舟法书	8029
山阳墨萃	8254	山庄荷香	9067
山谣	2472	山庄清漪	9067
山野斗强寇	6116	山庄秋色	4633
山野清趣	9422	杉谷隆志中国百景画集	6842
山鹰	4928, 4977	杉林栾鹿	1783
山鹰依波	5826	杉林怒火	5413
山鹰之歌	5073, 5100	杉林青青	11483
山右戏曲杂记	12943	删定孙吴郡书谱叙	8056
山雨初晴	1772	珊瑚大海战	6589
山雨欲来	1783, 6264	珊瑚岛的秘密	5585, 5972, 6116
山园小梅	8207	珊瑚岛上的死光	5413, 5414, 5498, 5499, 13103
山月不知心里事	5972	珊瑚岛上一昼夜	5126
山岳摄影	8783	珊瑚笛	5585
山岳摄影技法	8797	珊瑚木难	734, 735, 736
山岳壮丽	4633	珊瑚情	9234
山斋	1026	珊瑚颂	11499, 11886, 11908
山斋清供笺	1058	珊瑚潭畔启示记	5126
山斋志	1056	珊瑚网	761, 762, 763
山寨的菩提	4977	珊瑚网法书题跋	7694, 7695
山寨火种	5413	珊瑚网法帖题跋	7694
山寨教练队	1819	珊瑚网法帖题跋	7694
山寨梨花	2618	珊瑚网名画题跋	763, 764
山寨里新来的年青人	3779	珊瑚舞	9951
山寨新风	12095	珊瑚鱼	10025
山寨新声	3019	珊网一隅	1463
山寨夜课	10425	闪	9437
山寨夜曲	11804	闪电哥顿	6365
山珍丰收	4217	闪光	1819, 1828, 1836, 5211
山中, 那十九座坟莹	6195	闪光灯 200 种使用诀窍	8729

中国历代图书总目·艺术卷

闪光灯的选择与使用	8779	陕北东汉画象石刻选集	8649
闪光灯摄影入门	8771	陕北丰收	1802
闪光灯应用技术	8740	陕北风光	9063
闪光的彩球	5826, 13112	陕北革命民歌选集	11795
闪光的红星	5826	陕北好	12266
闪光的葫芦	5826	陕北剪纸	10671, 10702
闪光的记忆	5292	陕北江南	1792
闪光的剑	5414	陕北江南——南泥湾	2998
闪光的金棕榈	13316	陕北民歌独唱曲集	11776
闪光的名珠	7455	陕北民歌合唱选集	11772
闪光的年代	9368	陕北民歌四首	12206
闪光的琴弦	5414	陕北民歌选	11761, 11762
闪光的青春	5826, 9746	陕北民歌主题变奏曲	12200
闪光的石头	5261, 5414	陕北民间剪纸释要	10710
闪光的团徽	11701	陕北四婆姨剪纸	10702
闪光的心灵	5695	陕北秧歌研究	12932
闪光的足迹	5972	陕北榆林小曲	12138
闪光人像摄影	8754	陕北之春	3002
闪光摄影	8714, 8762	陕北组曲	12224, 12230, 12329
闪光摄影和自制闪光器	8716	陕本虞永兴孔子庙堂碑	7845
闪击法兰西	6229	陕甘宁边区革命民歌选	11790, 11791
闪亮的金星	5972	陕甘宁边区革命民歌选	11790
闪闪的红星 3801, 5211, 5235, 5261, 6335, 6565,		陕甘宁边区革命民歌选(五首)	11791
13082, 13098, 13099		陕甘宁老根据地民歌选	11765, 11766
闪闪的红星——党的孩子	13099	陕甘星火	5972
闪闪的红星——刀劈胡汉三	13099	陕南民歌	11769
闪闪的红星——轻抚鞭痕	13099	陕南民间歌曲选	11782
闪闪的红星——仰望北斗星	13099	陕南素描三首	12161
闪闪的红星传万代	3844, 3893	陕南挑花	10259, 10353
闪闪红星传万代	1836, 3844	陕西	8944
闪闪红星照万代	3893, 13099	陕西宾馆	10519, 10527
闪耀着共产主义光辉的史诗	11609	陕西出土历代玺印续编	413
闪战歼敌	5972	陕西出土历代玺印选编	413
陕北传统民歌资料选	11794	陕西出土商周青铜器	394
陕北道情音乐	12137	陕西当代中国画集	2287

书名索引

陕西的鼓乐社与铜器社	11350	陕西省汉中市建设蔬菜生产合作社养猪经验	
陕西电影志	13198		4907
陕西风光国画选	2431	陕西省佳县白云观道教音乐	10920
陕西风貌	8932, 9255	陕西省首届篆刻艺术展作品集	8582
陕西佛教艺术	463	陕西省文史研究馆书画珍品选	1486
陕西工人漫画	3406	陕西省戏剧年鉴	12944
陕西工艺美术史	10201	陕西省戏剧志	12784, 12785
陕西古代石雕刻	8650	陕西省戏曲研究院六十年	13019
陕西古代石刻艺术	7737	陕西省戏曲研究院院志	13019
陕西国画院青年画家作品集	2334	陕西省咸阳市戏剧志	12773
陕西国画院作品选	2027	陕西省新闻摄影大赛作品选	9288
陕西国画院作品选	2287	陕西省影视评论选	13134
陕西国画作品选辑	1819	陕西省职工美术书法摄影精品集	323
陕西户县新向大队新貌	6749	陕西书画集	2334
陕西老年名家书画选	2183	陕西唐三彩俑	391
陕西老年诗词书法选	8268	陕西图画作品选辑	1360
陕西历代碑石选辑	7714	陕西文化艺术集锦	336
陕西民歌演唱集	11776	陕西戏剧史料丛刊	12758
陕西民间歌曲资料	11788	陕西戏曲剧种志	12928
陕西民间剪纸	10669	陕西戏曲音乐论文选	11150
陕西民间美术研究	10681	陕西戏曲在北京演出评论集	12921
陕西民间芯子	12986	陕西油画作品选辑	2758
陕西民间秧歌曲选	12148	陕西杂技	9251
陕西年画	4759	陕西珍贵文物	402, 9352
陕西皮影	10667	陕西赈灾书画古物展览会出品录	274
陕西青铜器	416	陕西筝曲	12320
陕西摄影史记	8704	陕西中国书画艺术理论研究会作品选	700
陕西省博物馆	10103, 10484, 10511	陕西著名企业家肖像集	9035
陕西省博物馆 陕西省文物管理委员会藏青铜		陕县戏曲志	12773
器图释	388	陕州衢斋二十一咏印章	8522
陕西省博物馆藏石刻选集	8648	汕头	10519
陕西省博物馆馆藏文物选	401	汕头风光	8941
陕西省第一届皮影木偶戏观摩演出大会会刊		汕头画院作品选	1366, 1369
	12978	汕头书院作品选	2027
陕西省第一届戏剧观摩演出大会纪念刊	13014	扇鼓舞	9951

中国历代图书总目·艺术卷

扇画清赏	2287	商标策略与商标设计	10384
扇画小品	3408	商标符号造形设计	10369
扇面	1699	商标设计	10369, 10381
扇面	2515	商标设计 1000	10369, 10374
扇面阿咪戏花图	2673	商标设计大全	10370
扇面百图	1483	商标设计战略	10375
扇面第三册	1637	商标图案	10369, 10776
扇面花香蝶舞	2673	商标图案设计(1308 种国际性商标图案的设计)	
扇面画选	1877		10368
扇面集锦	1783, 4298	商标与机构形象	10381
扇面山花烂漫	2673	商标与企业形象设计	10754
扇面书画	820	商标造形设计资料集	10374
扇面四条屏	4298	商场、橱窗展示设计	10612
扇面亭	9994	商场漫画	7022
扇面喜来临	2673	商场情场交际术	3454
扇舞	9961, 9974, 12607	商承杰兰花画集	2538
扇子操	9974	商承祚篆隶册	8152
扇子舞	1860, 3567	商城县戏曲志	12775
善本碑帖录	7718	商代书法	7674
善本碑帖品目	7670	商店橱窗、柜台的装饰和布置	10381
善成堂增订四体书法	7233	商店橱窗设计	10769
善良的塞拉	6688	商店家具设计	10619
善良的夏吾冬	5695	商店门面设计实例	10610
善良的札西	5695	商店室内设计	10610, 10613
善谋骁将 韩信	6462	商店室内装饰	10597
善吾庐印谱	8516	商店新风	6753
伤痕	5360, 5361, 5414, 5499	商店展示设计	10615
伤花怒放	10988	商家堡遇劫	6117
伤逝	5414, 5695, 5696	商洛整军	5414
伤心电影院	13166	商雒花鼓戏音乐	12109
商标·标志设计	10769	商品包装	10396
商标 牌匾 标志图案	10384	商品包装概论	10396
商标、标志图案资料	10369	商品包装设计	10769
商标标识应用系统设计	10769	商品橱窗的设计与陈列	10611
商标标志设计应用	10393	商品橱窗设计图例	10611

书名索引

商品房大众艺术装潢	10604	商业环境设计	10390
商品广告美术字	7648	商业绘画表现技法	10393
商品广告摄影	8775	商业家具	10619
商品广告摄影指南	8771	商业巨鲸刮刮乐	7029
商品货架设计	10612	商业空间	10614, 10620, 10762
商品美学入门	10375	商业空间透视图法	10610
商品摄影	8727	商业漫画技法资料	1231
商品摄影手册	10376	商业漫画角色	3420
商品摄影特集	8767	商业美工	10369, 10370, 10371
商品展示设计	10611, 10613	商业美术广告之研究	10368
商品展台设计	10613	商业美术设计	10375, 10396
商丘地区戏曲志	12773	商业美术设计大全	10612
商人谋国	5826	商业美术字体设计	7650
商三官	5972	商业名片创意设计	10755
商汤灭夏	5696	商业名片设计	10536, 10559, 10561
商鞅	5235, 5261	商业设计	10371, 10390
商鞅 荀况 韩非音乐论述评注	10961	商业设计年鉴	10377, 10387, 10401
商鞅变法	5292, 5972	商业设计入门	10368, 10377
商业逼真画的制作	10370, 10371	商业设计艺术	10373
商业插画	7065	商业摄影	10141
商业插图	1248	商业摄影表现技法	8783
商业插图技法 73 例	1235	商业摄影布光	8729
商业常用词语美术字	7650	商业摄影创意与技巧	8797
商业橱窗设计与陈列	10610	商业摄影的奥秘	8737
商业橱窗设计制作	630	商业摄影的设计和制作	8775
商业橱窗展示设计	10615	商业摄影广告	10149
商业传媒设计	10613	商业摄影技巧	8775
商业店面广告	10762	商业摄影技术	8797
商业购物空间设计与实务	10396	商业摄影与美术设计的配合	8767, 8768
商业广告美术字体设计	7643	商业实用美术	10384
商业广告设计	10381	商业实用美术基础	10191
商业广告设计教程	10396	商业室内设计图集	10575
商业广告印刷设计	10370	商业新风	3893
商业黑白画	10213	商业展示与设施设计	10615
商业黑白艺术人像摄影指南	8783	商业装璜	10371

中国历代图书总目·艺术卷

商业装饰与商品展示设计图集	10612	上步刺剑	9358
商用美术字体	7650	上场	3844
商用手绘广告	10381	上场之前	9572
商用外文艺术字设计	8598	上川岛风光	10511
商用中文艺术字设计	7646	上大学	5235
商用字汇	8344, 8348, 8403, 8430	上大学之前	1809, 1850
商用字款设计 2000 例	7651	上当先生	3476
商战三十六计	6430	上党课	6753
商周秦汉书法	7744	上党落子黎城史话	12959
商周青铜酒器特展图录	416	上党傩文化与祭祀戏剧	12960
商周青铜器纹饰	401	上党战役	6229
商周青铜粢盛器特展图录	402	上党之战	6117
赏春	9124, 9438	上帝爱滚笑	3525
赏荷承应玉井标名御筵献瑞提纲	13009	上帝之手	6723
赏花	8817, 10044, 10050	上甘岭	5073, 5696, 6462
赏花	2642	上甘岭组画	6598
赏花扑蝶	4298, 4555	上钢五厂工人理论队伍在斗争中成长	9276
赏花扑蝶	2091	上钢五厂工人理论队伍在斗争中前进	8925
赏花仕女图	1922	上古时代的音乐	10925
赏花图	4633	上古书法图说	7316
赏花养花与插花	10607	上谷李凌书法作品集	8308
赏鉴杂说	089	上官超英牡丹画集	2549
赏菊	8813, 10021, 10484	上官婉儿	9766
赏菊图	2618	上海	8804, 8857, 8915, 8919, 8920, 8921, 8922,
赏龙金秋	9117		8932, 8947, 8953, 8957, 9054, 9260, 9407,
赏奇轩合编	1459		9408, 10403, 10420
赏奇轩四种合编	1459	上海 山东 安徽 江西 江苏 浙江 福建	
赏秋	9347	肖像画展览图录	1295
赏陶识瓷	429	上海 阳泉 旅大工人画展览目录	1446
赏图品画	820	上海 阳泉 旅大工人画展览作品选	1291
赏夏	9957	上海、阳泉、旅大工人画展览作品选	1291
赏心集	8044	上海、阳泉、旅大工人画展览作品选集	1291
赏心悦目	9407	上海：1992	8857
赏延素心录	1063, 1064	上海百家企业形象标志	10390
赏玉识玉	418	上海百家艺术绘瓷集	6769

书名索引

上海百景中国画集	2256	上海的早晨	6117, 13134
上海百年掠影	8902	上海电视	13112
上海版画选集	3007	上海电视台演员宫仁	9621
上海宾馆	9998	上海电影四十年	13187
上海博物馆	7665	上海电影志	13198
上海博物馆藏瓷选集	394	上海东方明珠夜景	9983
上海博物馆藏画	1475	上海动物园	8977
上海博物馆藏历代法书选集	7713	上海儿童画选	6755
上海博物馆藏明清书法	8064	上海儿童手帕"黑猫警长"	10519
上海博物馆藏明清折扇书画集	1580	上海儿童手帕年历	10519
上海博物馆藏青铜镜	405	上海风光	2994, 4716, 8927, 8935, 8941, 10511
上海博物馆藏青铜器	405	上海风光	2720
上海博物馆藏四高僧画集	1683	上海风景	1357, 3697, 3698, 9042
上海博物馆藏印选	8539	上海风貌	1741, 3937, 3938, 9052
上海博物馆陶瓷选辑	393	上海钢笔书法名家精品选	7500
上海博物馆铜器选辑	394	上海港	9052
上海博物馆中国古代雕塑馆	8636	上海港之夜	9049, 9786, 9959
上海博物馆中国古代陶瓷馆	422	上海高等艺术院校(系)学生素描作品集	2918
上海博物馆中国历代绘画馆	1518	上海歌声	11431
上海博物馆中国历代书法馆	7738	上海个体劳动者艺术作品选	311
上海博物馆中国历代印章馆	8550	上海工人"跃进"摄影作品评选	8919
上海博物馆中国少数民族工艺馆	10228	上海工人创作歌曲选集	11431
上海彩灯	10673	上海工人画选	1354
上海菜篮子	8582	上海工人美术选集	278
上海插花艺术	10584	上海工人美术作品选	1361
上海城市雕塑	8635, 8637	上海工人摄影作品选	8918, 8926
上海出土文物	10420	上海工人业余摄影作品选	8923, 8924
上海橱窗	10610	上海工人之歌	11707
上海橱窗艺术	10613	上海工业区一瞥	9052
上海创作歌曲选	11454	上海工业新貌	9052
上海大阪书法篆刻展览作品集	8170	上海工艺美术	10226
上海大观园	4633	上海工艺美术作品选	10232
上海大世界	3601, 3740, 4716	上海姑娘	5585, 9704
上海大学美术学院建院十周年美术作品集	315	上海姑娘南国靓女	9029
上海的公园	8947	上海国画、摄影年历缩样	10484

中国历代图书总目·艺术卷

书名	编号	书名	编号
上海国际音乐比赛 1987 中西杯中国风格钢琴曲		上海漫画	3402，3494
获奖作品集	12212	上海美术	1362
上海海员俱乐部	8880	上海美术运动	245
上海户外广告设计制作 1000 例	10401	上海美术专科学校概况	343
上海沪剧志	12960	上海美术作品选	1358，1359，1360
上海花鸟画选	2496	上海美育节书画作品选	319
上海花鸟画选集	2490	上海民兵美术作品选	1361
上海画片出版社年画缩样	3531	上海民兵摄影作品选	8925
上海画院中国画专集	1877	上海民兵在前进	8883，9271
上海淮剧志	12959	上海民歌选	11791
上海黄浦江的早晨	3698	上海民间工艺美术	10711
上海黄浦江畔	9875	上海民间工艺美术小辑	10440
上海家庭布置 100 例	10589	上海民间器乐曲选集	12342，12343
上海建筑风貌	9302	上海民间舞蹈	12619
上海郊区风光好	12195	上海民居风情	2918
上海郊区农村	9052	上海南汇县老港乡农家渡桥仪式与桥文化	
上海郊区摄影作品集	8961		12789
上海郊区一瞥	8805	上海南京路之夜	9909
上海节日之夜	9977	上海年画	4298，4299
上海今昔	3128	上海农民画	6756
上海金城大厦	10005	上海农民画选	6756
上海京剧发展战略论集	12893	上海农业学大寨画展作品选	1362
上海京剧志	12896	上海浦江之夜	4217
上海精神文明	8861	上海钱币十五年纵横	10657
上海旧影	13020	上海青年书法家十人作品选	8255
上海科学教育电影制片厂 1959 年出品目录		上海青年书法家作品荟萃	8255
	13292	上海青年业余摄影作品选	8926
上海科学教育电影制片厂 1960 年产品目录		上海青年在新疆	9264
	13277	上海群众业余创作歌曲选	11447
上海科学教育电影制片厂 1961 年出品目录		上海群众业余创作画选	1358
	13292	上海群众业余美术作品小辑	1274
上海昆剧志	12900	上海人写真	9036
上海流行服装	9621	上海人在东京	13212
上海龙华盆景	10625	上海山东安徽江西江苏浙江福建肖像画展览图	
上海鲁迅纪念馆美术作品小辑	279	录	1446

书名索引

上海上山下乡知识青年画选	1361	上海市少年宫	9296
上海少年儿童画选	6750, 6753	上海市师范学校音乐教材	10797
上海摄影	8923	上海市书法篆刻作品集	8147
上海摄影年刊	8935	上海市学生合唱比赛歌曲选	11987
上海摄影史	8702	上海市一九五四年工人美展作品选集	1355
上海摄影艺术展览会作品选集	8919	上海市中小学歌咏活动推荐演唱歌曲选	
上海摄影艺术作品	8920		11499
上海摄影艺术作品选	8922, 8924	上海市中小学生美术作品选	1363, 2863
上海十大新景观	9917	上海手帕年历	9408, 9644
上海十年儿童歌曲选	12026	上海书法家作品集	8148
上海十年歌曲选	11444	上海水彩画 20 家作品集	2963
上海时装	9593	上海丝竹乐曲集	12338
上海时装新潮	9020, 9740	上海滩	4555, 6117, 6118
上海市 1958 年歌咏比赛宝山县创作评选资料		上海滩绑票奇案	6229
	11431	上海滩除奸	6413
上海市 1958 年歌咏比赛北郊区创作评选资料		上海滩刺杀风云	4838
	11431	上海滩故事	6536
上海市 1958 年歌咏比赛东郊区创作评选资料		上海滩历险记	6229
	11431	上海滩续集	6118
上海市 1958 年歌咏比赛嘉定县创作评选资料		上海体育馆	9297
	11431	上海铁路职工"大跃进"画选	1356
上海市 1958 年歌咏比赛上海县创作评选资料		上海图书馆藏藏书票作品选集	3058
	11431	上海外滩	4217, 9054, 9109, 9861
上海市 1958 年歌咏比赛西郊区创作评选资料		上海外滩的节日之夜	2456
	11431	上海外滩鸟瞰	9100
上海市参加第一届全国音乐周演出作品选集		上海万国摄影艺术展览会	10127
	11353	上海戏剧学院三十年	13017
上海市电影检查委员会业务报告	13169	上海戏曲史料荟萃	12771
上海市工业展览馆	9297	上海戏曲史资料荟萃	12690
上海市嘉定县民族民间器乐曲集成	12348	上海夏装	9644
上海市郊十个县 540 万亩耕地粮油菜大面积稳		上海县圣堂道院及其太平公醮考查记实	12947,
产高产	3142		12948
上海市群众业余美术创作展览会作品选集	1357	上海现代家庭装饰与布置	10579
上海市人民政府交响乐团音乐会节目汇编		上海小姐	9020
	12559	上海新架上画派	1371

中国历代图书总目·艺术卷

上海新景观	8964	上海中国画院藏画	1486
上海新貌	8921, 9134	上海中国画院程十发藏画陈列馆藏品	1488
上海新民歌创作选集	11776	上海中国画院画家作品丛书	2309
上海新外滩之夜	9983	上海中国画院近作选	2287
上海新姿	8967	上海中国画院作品集	2091
上海牙雕	8665	上海中老年迪斯科	12646
上海阳泉旅大工人画选	1361, 1362	上海中苏友好大厦	9294
上海阳泉旅大工人画选辑	1362	上海中小学生毛笔字作品选	7253, 8343
上海夜景	8967	上海中学生画选	1361
上海一家人	13142	上海住房装潢与布置	10587
上海一日	8897, 8953	上好紫砂器	10653
上海艺术史图志	273	上将英姿	4759
上海音乐学院声乐教学曲选	12559	上金山	12113
上海音乐学院音乐定级考试曲集	12318	上九天揽月	4633
上海印象	8915	上课了别迟到	1750
上海影坛话旧	13183	上林春色	1727
上海邮票设计者美术作品选	1372	上前线	11642, 12279
上海油画 22 家作品集	2836	上饶集中营	2849
上海油画史	1080	上饶市美术摄影书法作品选	281
上海游	8961	上任前夕	13262
上海玉雕	8665	上山	12080
上海玉雕小辑	8665, 8666	上山虎	1906, 4555
上海玉佛寺玉佛	450	上山入林小秋收 野生百宝下山来	3112
上海玉石雕刻厂老工人努力发展玉雕创作	9271	上山下乡的好青年	3142
上海豫园	3601, 4217, 9082, 9823, 9861	上山下乡干革命 广阔天地炼红心	3801, 3938
上海豫园全景图	4299	上山下乡怀壮志 广阔天地炼红心	3893
上海月份牌年画技法	1225	上山下乡怀壮志 战天斗地绘新图	3224
上海越剧志	12957	上山下乡就是好	12631
上海杂技团在圣马力诺访问	13015	上山下乡志不移	3224
上海之春	2447	上寿图	4300
上海之夜	9983	上天驾星星	5415
上海中等美术学校色彩试卷精选	2958	上天台	12074
上海中等美术学校素描试卷精选	2907	上完大学回来	3844
上海中国画名家作品	2209	上尉的女儿	5585, 5826, 5972, 13251
上海中国画选集	1877	上屋抽梯	5696

书名索引

上下场	12861	捎封信儿到台湾	4300
上下五千年画本	6498	捎口信	11945
上学	2924, 3649, 5140, 5415	烧火丫头 三关打焦 探双龙谷 平定边关	
上学第一天	4086, 4146, 4217		1877
上学路上	3780, 3801, 3893	烧绵山	4876
上学前	4716	芍药	9314, 10029, 10044, 10050, 10057
上学去	9358, 12228	芍药	2493, 2496, 2498, 2507
上学去	2728	芍药花	10029
上学之前	5211	芍药花	2720
上野公园——街头艺人们的舞台	8905	芍药牡丹画法	946
上夜校	3542, 3893	芍药绶带图	4482
上影 1956 年电影歌曲集	11893	芍药图	1668
上影 1958 年电影歌曲	11899, 11904	韶乐	10977
上影演员邬君梅	9673	韶山	1750, 1803,
上有天堂下有苏杭	9125		1810, 3019, 3698, 3759, 3984, 9038,
上虞风貌	8941		9045, 9046, 9049, 9054, 9274, 9321, 9325,
上谕奏议	11008		10100, 10417, 10498
上阵	3801	韶山	2417, 2720
上尊号碑	7745	韶山——红太阳升起的地方	3984
上尊号碑碑阴	7745	韶山——毛主席的故居	1760
尚·杜布菲回顾展	375	韶山朝晖	1860
尚存的故乡	8915	韶山春	9054, 9791
尚德义独唱歌曲选集	11990	韶山的歌	5499
尚华装饰速写	2919	韶山风景画集	2417
尚借粮	6195	韶山歌声	11432
尚炯访金星	5415	韶山灌区春常在	3984, 11681
尚连璧画集	2148, 2209	韶山灌区春常在	2598
尚师徒新文礼	2092	韶山灌区景色	9793
尚小云唱腔选集	11874	韶山红日颂	11692
尚扬	2816	韶山纪念品美术设计汇编	10231
尚扬画肖像	2883	韶山建党	2769
尚扬油画作品选	2824	韶山毛主席旧居	9295, 9296, 9325, 9989, 10100
尚意书风郄视	7290	韶山青松	3938, 10426
尚在人间	1383, 10258	韶山青松——毛福轩烈士	5415
尚祖虹山水画	2480	韶山松柏	3845

中国历代图书总目·艺术卷

韶山松长青	3938	少儿国画 ABC	713
韶山颂	2598	少儿国画教程	704, 707
韶山图意	1750	少儿国画入门	860
韶山一日	8957	少儿合唱队练声曲选萃	11129
韶山银河映朝晖	3938	少儿绘画辅导探索	480
韶舞九成乐补	10951, 12050, 12051	少儿绘画基础	614
少昂画集	1707	少儿绘画入门	1261
少儿电子琴初级教程	11287	少儿绘画艺术	1263
少儿电子琴教程	11285	少儿绘画造型 800 例	6723
少儿电子琴曲集	12239	少儿简笔画 50 讲	1258
少儿电子琴曲精选	12238, 12557	少儿金曲 100 首	12040
少儿电子琴弹唱曲集	12556	少儿经典名曲	12044
少儿二胡教程	11315	少儿口琴教程	11247
少儿二胡启蒙	11313	少儿乐理教程	11060
少儿房间布置艺术	10582	少儿毛笔书法三十六计	7396
少儿钢笔行书标准字范	7582	少儿美术创作技法指导	1265
少儿钢笔行书标准字范练习册	7582	少儿美术世界	697, 1119, 1257, 7307
少儿钢笔画入门	1260	少儿民族管弦乐队训练	12338
少儿钢笔楷书标准字范	7582	少儿器乐入门	11166
少儿钢笔楷书标准字范练习册	7582	少儿青年歌曲新作 156 首	12040
少儿钢笔隶书标准字范	7582	少儿趣味歌曲 60 首	12042
少儿钢笔隶书标准字范练习册	7582	少儿趣味剪纸	10683
少儿钢琴教程	12217	少儿趣味简笔画	2893
少儿钢琴教学与辅导	11263	少儿摄影	8779
少儿钢琴学习辅导：致学琴小朋友的家长们		少儿摄影入门	8771
	11245	少儿摄影三十六技	8797
少儿钢琴学习之路	11253	少儿声乐考级作品集	12392
少儿钢琴学习指南	11247	少儿十二生肖故事精品	6498
少儿歌曲 100 首	12044	少儿实用手风琴伴奏指导	11241
少儿歌曲手风琴伴奏编配法	11245	少儿手风琴教程	11239, 11243
少儿歌曲弹唱技法	11256	少儿手风琴曲精选	12507
少儿古诗词钢笔书法习字册	7621	少儿手风琴学习实用问答 100 例	11243
少儿古诗读写画	8389	少儿书法	7316
少儿古筝教材	11342	少儿书法百问	7316
少儿古筝教室	11342	少儿书法教程	7316, 7369

书名索引

少儿书法启蒙	7316	少儿影视歌曲100首	11929
少儿书法入门	7338, 7348, 8397	少儿硬笔书法三十六技	7621
少儿书法入门一百课	7396	少儿优秀歌曲二百首	12038
少儿书法学习范本	7328	少儿正楷字帖	8384
少儿书法字帖	8386	少儿智慧园	6737
少儿书画作品选	6760	少儿中国画教程	704
少儿竖笛教程	11171	少儿中国画入门	698, 706, 707, 708, 721
少儿素描三十六技	1145	少儿中国美术史话	269
少儿唐诗小楷字帖	8393	少儿自学五线谱速成指导	11061
少儿舞蹈基本训练	12634	少妇	2843, 9704
少儿舞蹈论集	12636	少妇复仇	6365
少儿舞蹈入门	12636	少妇像	6888
少儿西方美术史话	370	少妇与间谍	6297
少儿习字帖	7284	少耕草堂印草	8512
少儿小提琴集体课教程	11191	少华封王	5972
少儿小提琴教学曲集	12473	少华贤道人物写生	2393
少儿小提琴曲集	12471	少见多怪	6498
少儿小提琴曲选	12179	少将情报官拂晓归来	6297
少儿写古诗楷书习字指导	7328	少林大侠乔峰	6118
少儿新歌一百首	12039	少林弟子	4399
少儿学彩笔画	1195	少林弟子	2364
少儿学国画	697, 707	少林弟子破金兵	5972
少儿学画	1259	少林风云	4399
少儿学画百问	1266	少林功夫画册	8699
少儿学画画典	6761	少林豪杰武当英雄	4482
少儿学画素描	1136	少林和尚	5973
少儿学画新路：初级水彩	1182	少林和尚斗刁猴	5826
少儿学画新路：初级素描	1263	少林梦	5973
少儿学绘画百科图典	615	少林女杰	6335
少儿学摄影	8754	少林三德武僧	6118
少儿学书法	7290	少林僧兵平倭记	6119
少儿学素描	1156	少林山门	9297
少儿学线描	1156	少林胜境	2431
少儿学油画棒	1201	少林十八武僧	6195
少儿一笔画	1268	少林鼠	6298, 6335

中国历代图书总目·艺术卷

少林寺 1946, 1973, 3454, 4300, 4400, 4482, 5696, 6498, 9804, 11923, 13124

少林寺——白无瑕大战秃鹰　　4633

少林寺的传说　　5826, 5827

少林寺弟子　　5827

少林寺故事传说　　5827

少林寺日本两禅师撰书三碑　　7976

少林寺石刻艺术选　　8651

少林寺武僧　　5696

少林俗家弟子　　4633

少林武功　　8902

少林武功冠天下　　4300

少林武术　　1973, 4300

少林武艺　　1973

少林侠女　　9529

少林小子　　4555, 5973, 13116

少林演义　　6229

少林英豪——李连杰　　9553

少林英雄　　6737

少林正宗　　6536

少男少女的梦　　7500

少男少女钢笔赠言　　7569

少男少女钢笔字帖　　7555

少男少女漫画教室　　1245

少男少女梦幻金曲钢笔字帖　　7500, 7501

少男少女喜爱的一青春诗钢笔字帖　　7532

少男少女喜爱的纯情诗硬笔书法字帖　　7501

少男少女喜爱的青春诗　　7598

少男少女喜爱的人生格言　　7582

少男少女喜爱的人生妙语　　7501

少男少女喜爱的赠言　　7501

少男少女赠言钢笔字帖　　7621

少男少女赠言集锦钢笔字帖　　7532

少年, 你就是希望　　12448

少年, 少年, 祖国的春天　　12032

少年爱科学　　4033

少年百科全书　　019

少年鲍里斯　　5585

少年爆炸队　　5827, 5973

少年笔耕　　5499

少年从军记　　6498

少年儿童报头集　　10254

少年儿童表演歌曲选　　12027

少年儿童唱片歌曲选　　12008

少年儿童传统教育歌曲选　　12045

少年儿童创作歌曲选　　12032

少年儿童电影歌曲选　　12008

少年儿童电子琴初级教程　　11280

少年儿童电子琴高级教程　　11280

少年儿童电子琴晋级教程音乐会名曲 20 首　　12557

少年儿童电子琴中级教程　　11281

少年儿童二胡教程　　11312

少年儿童钢琴初步　　11222

少年儿童钢琴曲集　　12195

少年儿童钢琴曲选　　12208

少年儿童钢琴四手联弹曲集　　12214

少年儿童歌唱训练　　11129

少年儿童歌唱总路线　　12008

少年儿童歌集　　12002

少年儿童歌曲　　12008, 12012, 12020, 12025, 12026, 12027, 12028, 12029

少年儿童歌曲 100 首　　12025, 12034

少年儿童歌曲 160 首　　12005

少年儿童歌曲 280 首　　12444

少年儿童歌曲集　　12001, 12002, 12008, 12014, 12024, 12025, 12028, 12030, 12032, 12035

少年儿童歌曲十五首　　12005

少年儿童歌曲选　　12005, 12020, 12023, 12024, 12025, 12028, 12031, 12038

书名索引

少年儿童歌曲一百首	12031	少年儿童英语歌曲 101 首	12447
少年儿童歌曲应征作品选集	12019	少年儿童硬笔书法手册	7501
少年儿童古筝教程	11339	少年儿童政治思想品德教育歌曲集	12040
少年儿童好歌十二首	12035	少年儿童之歌	12008
少年儿童合唱歌曲选	12034	少年钢琴曲	12210
少年儿童合唱曲精选	12042	少年钢琴曲集	12192
少年儿童合唱曲选	12026	少年钢琴曲集	12489
少年儿童画集	6755	少年歌曲和舞蹈	12637
少年儿童画选	6746, 6748	少年歌曲选	12021
少年儿童绘画入门	1252	少年歌声	12022
少年儿童集体舞	12633	少年歌手	12412
少年儿童集体舞选	12632	少年宫	3542, 8804, 8870, 8880, 9989
少年儿童节奏音乐	12155	少年鼓号曲	12236
少年儿童口琴曲集	12191, 12210	少年鼓手	4892
少年儿童美术资料	6760	少年鼓手的命运	5499
少年儿童民歌 150 首	11800	少年管乐团 B 小号教程	11173
少年儿童民歌改编集	11776	少年国画入门	861
少年儿童琵琶教程	11340	少年合唱曲集	12050
少年儿童器乐曲选	12155	少年合唱训练	11135
少年儿童摄影初阶	8754	少年画创作教与学	1261
少年儿童手风琴独奏重奏曲集	12211	少年画库	6710
少年儿童手风琴曲集	12210	少年画库：益智篇	1327
少年儿童手风琴速学教程	11234	少年黄飞鸿	6710
少年儿童图画	6745	少年绘画初步	1113
少年儿童外国钢琴曲选	12517, 12518	少年绘画五十讲	1350
少年儿童小提琴基础教学	11187	少年集体舞	12594
少年儿童小提琴教程	11188	少年将军夏完淳	5973
少年儿童写古诗毛笔小楷字帖	8390	少年科学魔术	12992
少年儿童写好毛笔钢笔字	7298	少年科学魔术 100 例	12997
少年儿童新歌选	12021	少年科学魔术一百例	12997
少年儿童学柳体	7359	少年科学杂技 100 例	12994
少年儿童学书法	7298	少年科研小组	3740
少年儿童学颜体	7359	少年刻印入门	8466
少年儿童演唱歌集	12008	少年孔融	6119
少年儿童扬琴教程	11350	少年狂侠	7126, 7127

中国历代图书总目·艺术卷

少年鲁迅	5827	少年舞蹈	12626
少年毛泽东	4877	少年先锋队	9725
少年美术故事	485	少年先锋队员之歌	12009
少年美术教育	355	少年贤道人物写生	2885
少年美术艺术技术问答	054	少年线描资料图集	2238
少年民乐队	11350	少年小楷习字帖	8382
少年魔术师	12991, 12999	少年信号兵	3740
少年魔术王国	12996	少年学古诗画屏	8226
少年牧工	5126	少年学国画	704
少年女将穆桂英	6335	少年学美术	492
少年女将苟灌夺围	6119	少年学诗正楷钢笔字帖	7501
少年彭德怀	5827	少年学书法	7273
少年气象站	4033	少年杨家将	6119
少年勤学屏	3649, 4087	少年艺术史	169, 170
少年色彩入门	132	少年英豪	4716
少年少年祖国的春天	12032	少年英雄	2383
少年摄影	8738, 8783	少年英雄——赖宁	3382
少年摄影工作室	8717	少年英雄八大锤	4400
少年摄影入门	8754, 8779	少年英雄故事	6335, 6536
少年时代	5499	少年英雄何运刚	5415
少年书法	7256, 7273	少年英雄黄淑华	5827
少年书法讲座	7338	少年英雄林森火	5361
少年书法入门	7348, 7359, 7369	少年英雄陆文龙	9948
少年书法三百六十五天	7396	少年英雄裴元庆	2393
少年书法五十讲	7369	少年英雄夏完淳	5828
少年书法艺术技术问答	7369	少年硬笔书法	7430
少年书画作品选	6760	少年运动员	9248
少年素描初步	1136	少年运动员进行曲	12017
少年素描入门	1119	少年宰相	2371
少年速写入门	1136	少年增广	5696
少年提琴手演奏动作的培育	11187	少年侦探	6264
少年体操	4033	少年侦探与多面怪盗	6119
少年铁血队	6536	少年之歌	12001
少年武术	3984	少年植物园	4217
少年武术家	5973	少年装饰图案入门	10568

书名索引

少女	2842, 4771, 6885, 9025, 9536, 9544, 9594,	少女与摩托	13152
	9621, 9622, 9645, 9673, 9704, 9705, 9725,	少女与蛇郎	6229
	9740, 9753	少女与小狗	6861, 9673
少女	2383	少女与小鹿	10447
少女低吟曲	11931	少女之春	3389
少女的春天	9673	少奇百年祭	1350
少女的歌	9408, 10069, 11482	少奇同志回延安	5499
少女的命运	5828	少卿与广生	11838
少女抵御爱神的靠近	6891	少数民族[代表]参观上海豫园	4482
少女方程式	6536	少数民族歌曲选	11795
少女芳姿	9029	少数民族歌舞曲选	11764, 12656
少女和她的狮子狗	9673	少数民族乐器传统独奏曲选集	12258, 12345
少女和桃	376	少数民族器乐曲选	12260, 12336
少女和一千个追求者	6119	少数民族生活速写	2864
少女欢歌	8841	少数民族生活写生	2346
少女集	6910	少数民族图案教学与设计	10330
少女漫画绘画技法	1248	少数民族舞蹈	4146
少女梦	6911	少数民族舞蹈画册	12607
少女情	11730	少数民族艺术	083
少女情怀	9673	少数民族音乐资料索引	11292
少女少男	6695	少数民族用品资料集	10310
少女失踪案	6264	少帅除敌	6119
少女时代	9622	少帅传奇	5973
少女喜爱的歌	12386, 12406	少帅张学良	5828
少女遐想	9776	少侠奇缘	4759
少女鲜花	9726	少先队	6617
少女以上少年未满	7006	少先队鼓号队表演曲集	12237
少女燿星布鲁克·希尔兹	10137	少先队活动歌曲选	12032
少女与爱	6860, 6867	少先队金曲百首	12043
少女与白猫	9705	少先队日	9329
少女与雕塑	8850	少先队营火旁	12442
少女与海	9705	少先队营火旁	12442
少女与花	9705	少先队员的秘密	5828
少女与骏马	8841	少先队员旅行歌	12005
少女与老虎	9456	少先队员手册	5828

中国历代图书总目·艺术卷

少先队员游戏舞	12627	邵宗伯先生法书	8280
少爷的磨难	4716	绍间撷遗	7657
少爷和侯七	5042	绍剧发展史	12955
邵伯奇山水画选	2480	绍兴	8699, 8961, 9117, 9797, 9971
邵二泉诗卷真迹	8049	绍兴电影纪事	13193
邵瓜畴东南名胜图册	1565	绍兴东湖	1793, 9090, 9804, 9875, 9912
邵华泽书法集	8334	绍兴胜迹诗画集	2309
邵华泽书法选	8295	绍兴书画选	340
邵惠芳	9553	绍兴乡土文化	8991
邵家业摄影集	8983	绍尊刻印	8579
邵克萍版画集	3060	哨	1819, 1828
邵灵国画选	2148	哨	2591
邵洛羊画集	2334	哨声	5325
邵明江版画集	3065	哨所枪声	5499
邵僧弥画册	1571	猞猁木尔兹	5974
邵僧弥山水	1559	畲族民间歌曲集	11820
邵僧弥山水真迹	1559	畲族新医	9337
邵式平遗墨	8334	舌战群儒	5415
邵文君画集	2462	舌战群儒	2367
邵文君画选	2476	佘妙枝画辑	1891
邵严国风光摄影作品选集	8988	佘妙枝画集	1973
邵阳籍著名书画家精品集	1342	佘赛花	4716, 5043, 5585, 5696, 9004, 9530, 9594
邵一画集	2485	佘赛花	2092
邵一萍画辑	1906	佘赛花怒斗顽敌	4824
邵幼轩画集	1993	佘赛花招亲	4146
邵宇·速写·香港	2875	佘太君挂帅	5974
邵宇画集	1395	佘雪曼书法集	8189
邵宇文集	481	佘雪曼书画合集	289, 290
邵宇作品选集	1384	蛇	5696, 5828, 6264
邵玉铮隶书老子道德经	8319	蛇宝石的故事	6229
邵玉铮书法选	8198	蛇岛的秘密	5696
邵灶友画集	2468	蛇的故事	6537
邵灶友写生画选	1891	蛇斗	6264
邵增虎风景画选	2806	蛇国探秘	5828
邵志杰花鸟画集	2542	蛇祸之谜	6195

书名索引

蛇颈龙	10776	设计基础	128, 132, 134, 135
蛇窟擒敌	5696	设计基础平面构成	10213
蛇郎	6119	设计基础入门丛书	10390
蛇年欢歌	11489	设计基础图案	10215, 10304
蛇女王	6365	设计基础训练 100 例图解	10194
蛇湾的秘密	6264	设计集	10228, 10229
蛇王洞	5974	设计家宝库	10256
蛇侠	6119	设计家的明信片	10776
蛇医历险	6120	设计家手册	10737, 10752
蛇影	5828	设计交流	10765
舍赫拉查达交响组曲, 作品 35	12544	设计经典	10393
舍己救人的农民	5974	设计九三暨学员作品展	10234
舍命救君子	2984	设计魔术师	10762
舍身报国	4872	设计目标论	135
舍身闯敌船	6609	设计配色图典	151, 152
舍身护国宝	6264	设计色彩教学	158
舍身救列车的伟大战士邹前方	5211	设计色彩与表现技法	10390
设孤书	12351	设计色彩知识	148
设计	132, 10181	设计摄影	8772, 8779
设计——现代主义之后	10188	设计素描	1103, 1129, 1145, 1146
设计·工艺制作	10776	设计素描教学	1141
设计·观念·消费	10375	设计透视入门	132
设计·文明·生存	10191	设计透视学	144
设计 21th	132	设计网点图集	10325
设计策划	10188	设计性图画制作手册	610
设计从这里开始	10218, 10219	设计学概论	136
设计大世界	10758	设计艺术 6613, 8652, 10180, 10360, 10377, 10650	
设计的色彩	156	设计艺术教育方法论	10190
设计的色彩计划	151	设计艺术形态学	10191
设计底纹彩图精选	10320	设计艺术学研究	10193
设计店	10614	设计用外文字体手册	8596
设计概论	128, 135, 10220	设计与工艺	10191
设计关键	10222	设计运动 100 年	10198
设计过程与方法	10188	设计展览会海报	10776
设计绘画技法	10224	设计之外	10194

中国历代图书总目·艺术卷

设计指导	10190	社会主义教育运动歌曲选	11642
设计专业·素描	2919	社会主义教育运动好	11633
设色基础与配色	147	社会主义精神文明的新一代	3335
设色山水图册	2447	社会主义矿山的主人!	3198
社办工厂新产品	3845	社会主义矿山在前进	3224
社队干部带头参加生产	3088	社会主义美术摄影创作的丰硕成果	8882
社干会上	3010	社会主义突飞猛进资本主义望尘莫及	3088
社会·风景	2950	社会主义文艺百花争艳	3286
社会 电影 观众	13281	社会主义现实主义苏联艺术的创作方法	086
社会调查	3845	社会主义新生事物 男到女家结婚落户	3259
社会发展成就——湖北	8959	社会主义新生事物不可战胜	9276
社会公德四字歌名人名家书画展作品选	2287	社会主义新生事物好	3259, 9279
社会是课堂 拜群众为师	3241	社会主义新生事物在斗争中阔步前进	3260
社会素描	3394	社会主义新生事物赞	3845, 3938, 11686
社会舞蹈概论	12623	社会主义已来临	11412
社会舞蹈论文集	12570	社会主义阵营空前团结富强	3088
社会中坚	5016	社会主义祖国万岁	4400
社会主义 400 年	6498	社会主义祖国万岁!	3375
社会主义初级阶段的艺术文化	217	社会主义祖国欣欣向荣	3225, 3845, 11665,
社会主义春满园	10674		11682
社会主义大院好	3894	社交跳舞术	12661
社会主义到处都在胜利地前进	3224, 9276	社交舞入门	12662, 12663
社会主义的新愚公	3740	社交舞学习教室	12667
社会主义繁荣昌盛 伟大祖国兴旺富强	3984	社里的羊群	8642
社会主义放光芒	11945	社庆	12308, 12333
社会主义歌咏活动推荐歌曲集	11594	社庆日	3698
社会主义歌咏运动必唱歌曲	11432	社社队队过"长江"	3845
社会主义国家的造型艺术	013	社社队队粮满仓	3801, 3802
社会主义好	1843, 3377, 3649, 4300, 11594,	社社队队气象新	3845
	12598	社务委员	4899
社会主义好 共产党最亲	4400	社戏	5585
社会主义建设的总路线歌曲集	11594	社员的大喜事	3740
社会主义建设总路线图解	4916	社员的欢乐	12252
社会主义教育大展开	11633	社员都是向阳花	3698, 10414, 11449, 11626,
社会主义教育宣传图片	3128, 3129, 9264		11957, 12095

书名索引

社员俱乐部	444	摄影版画	8900
社员热爱华主席	3984	摄影报道的艺术技巧	8775
社员喜售丰收棉	3740	摄影表现技巧	8732, 8735
社员心里的太阳	3698	摄影表现手法	8696
社员心向共产党	11634, 11642	摄影不求人	8775
社员新歌选	11619	摄影布光技法	8724
社员需要的都带上啦	1828	摄影采访与图片编辑教程	8748
社员之家	1760	摄影场观光记	13199
射雕英雄	2011	摄影常见病解答	8748
射雕英雄传	6120, 6121, 6462, 6680	摄影常识	8720, 8722
射雕英雄传	2092	摄影常识词典	8762
射腕将军	5697	摄影成败指南	8768
射箭	3567	摄影成功启示录	8768
涉禽画法	995	摄影初步	8713, 8723, 8768
涉事画册	1477	摄影初学 365	8755
涉园墨萃	1061, 1063	摄影初学 ABC	8748
摄录步步高	13272	摄影创意 36 计	8706
摄录真美妙	13273	摄影创造思维	8710
摄像技巧与节目制作	13271	摄影创作初步	8683
摄像入门	8775	摄影创作的艺术表现	8687
摄像造型表现方法	13268	摄影创作实践	8687
摄像自学教程	13270	摄影创作实例	8732
摄影	8696, 8772, 8789, 10138	摄影创作手册	8710
摄影·怪圈·谜	8694	摄影创作与艺术欣赏	8772
摄影·篆刻·盆景制作	8797	摄影创作指南	8706
摄影——神奇的眼睛	8704	摄影丛刊	8684, 8685
摄影 150 年	8696	摄影大百科辞典	8772
摄影 250 忌	8762	摄影大词典	8696
摄影 999	8779	摄影大师—500 经典巨作	10151
摄影 ABC	8722, 8727, 8732, 8798	摄影大师的启示	8755
摄影爱好者实用指南	8768	摄影大师郎静山作品集	8980
摄影拔萃	8891	摄影的"天敌"与"良友"	8762
摄影百科辞典	8693	摄影的奥秘	8707, 8798
摄影百科全书	8700	摄影的辩证法	8768
摄影百问百答	8724	摄影的创造力	8762

中国历代图书总目·艺术卷

摄影的乐趣	8738	摄影化妆	8707, 8708
摄影的平面设计	8693	摄影画家	8938
摄影的曝光与测光	8779	摄影画面的虚与实	8702
摄影的取景和构图	8680	摄影画面构图的形式规律	8697
摄影的实践	8715	摄影绘图与绘画法	1231
摄影的探讨	8729	摄影机与绞肉机	13159
摄影的特性与美学	8702	摄影基本功	8722, 8789
摄影的文化阐释	8710	摄影基本技术	8682
摄影的艺术	8724	摄影基本知识	8720
摄影的艺术享受	8748	摄影基础	8721, 8748, 8775
摄影的哲学思考	8704	摄影基础教程	8732
摄影的正确曝光	8718	摄影基础与实践	8748
摄影二十年集	8881	摄影基础知识	8727
摄影范例解析	8780	摄影记录手册	8729
摄影方法	8762	摄影技法	8716, 8725, 8738, 8780
摄影风光集锦	9799	摄影技法50例	8789
摄影工作散论	8789	摄影技法与采访	8725
摄影工作者快门生涯转转弯	8710	摄影技法与欣赏	8783
摄影构画基础	8691	摄影技法作品选	8886
摄影构图 8681, 8687, 8688, 8689, 8694, 8703,		摄影技巧	8740, 8744
8706, 8709		摄影技巧400问	8798
摄影构图50例	8709	摄影技巧百问百答	8783
摄影构图的最佳选择	8703	摄影技巧金钥匙	8783
摄影构图技术	8689	摄影技巧图解——风光和人	8740
摄影构图入门	8682	摄影技巧研究	8732
摄影构图赏析	8710	摄影技巧与暗房技术	8755
摄影构图学	8687	摄影技巧指南	8775
摄影构图一百廿例	8687	摄影技术	8723, 8738, 8755, 8789
摄影构图艺术	8709	摄影技术200问	8725
摄影构图与表现方法	8685	摄影技术基础	8724, 8784
摄影构图语言	8707	摄影技术集锦	8725
摄影构图原理	8683, 8687	摄影技术技法	8772
摄影构图纵横谈	8691	摄影技术技巧	8748
摄影广告的艺术构思与表现	8735	摄影技术讲座	8740
摄影广告纵横谈	8755	摄影技术教程	8768

书名索引

摄影技术手册	8784	摄影美的创造	8695, 8711
摄影技术问答	8740, 8744, 8762	摄影美的探索	8688
摄影技术要诀	8798	摄影美的演替	8690
摄影技术与技法	8685	摄影美随想	8709
摄影技术与技巧	8744	摄影美欣赏	8693
摄影技术与艺术	8780	摄影美学	8686, 8703
摄影技艺	8732	摄影美学初探	8690
摄影技艺100例	8738	摄影美学基础	8708
摄影技艺百讲	8729	摄影美学论稿	8695
摄影技艺教程	8748	摄影美学漫笔	8691
摄影技艺手册	8789	摄影美学七问	8711
摄影佳作精析	8694	摄影美学特征	8693
摄影佳作欣赏	8681	摄影秘诀	8721, 8762
摄影家	10153, 10154	摄影名家经验谈	8763
摄影家参考丛书	8693	摄影名家名作	10135
摄影家创作经验谈	8691	摄影名作的诞生	8703
摄影家的眼睛	8689, 8705	摄影难题解答	8780
摄影家王国年	8915	摄影配方常识	8683
摄影鉴赏	8691	摄影配色	8689
摄影讲座	8735	摄影曝光	8784
摄影教程	8776	摄影曝光控制	8729
摄影解惑篇	8798	摄影曝光漫谈	8755
摄影解难	8780	摄影曝光指导	8749
摄影禁忌一百条	8749	摄影千题解答	8730
摄影经典	8732	摄影浅谈	8720
摄影经验谈	8720, 8725, 8726, 8735	摄影趣话	8768
摄影镜头的使用技巧	8755	摄影趣谈	8749
摄影揽趣	8755	摄影热线电话	8763
摄影理论和实践	8686	摄影人体艺术	10138
摄影理论年会论文稿	8685	摄影入门	8705, 8714, 8715, 8726, 8727, 8740,
摄影理论年会论文集	8685		8749, 8755, 8756, 8768, 8772, 8789, 8790
摄影理论与实践	8705	摄影入门100问	8735
摄影零话	8716	摄影入门技巧集锦	8776
摄影滤色镜使用法	8732	摄影入门问答	8780
摄影论	8708	摄影入门与深造	8780

中国历代图书总目·艺术卷

摄影色彩语言	8708	摄影通用教程	8784
摄影设计实务	8730	摄影万事通	8763
摄影摄像手册	13271	摄影万象	8744
摄影审美心理学	8691	摄影文化名人肖像	10143
摄影审美纵横	8707	摄影问答	8714, 8722, 8723
摄影失误100例	8798	摄影问题400解	8733
摄影师手册	8784	摄影洗印化学	8682
摄影师手记	13268, 13269	摄影向导	8763
摄影实践	8726	摄影小百科	8768, 8769
摄影实践指导	8740	摄影小经验	8716
摄影实习指导	8713	摄影小经验200条	8749
摄影实习指导书	8713	摄影小经验与小窍门333	8798
摄影实用技术集锦	8744	摄影小诀窍	8749
摄影实用袖珍手册	8738	摄影小说集	6229
摄影史话	10137	摄影小说选	8820
摄影史记	8697	摄影新知识指南	8798
摄影室与灯光	8798	摄影须知	8714, 8715
摄影手册	8714, 8716, 8724, 8727, 8732, 8733, 8763	摄影学 ABC	8713
		摄影学理论	8681, 8682
摄影术	8790	摄影要法	8763
摄影术精华	8730	摄影一点通	8790
摄影术语辞典	8697	摄影一月通	8745
摄影术语小辞典	8697	摄影一周通	8798
摄影瞬间语言	8707	摄影疑难诊断室	8798
摄影思维与艺术	8711	摄影艺术	8708, 8885, 9408
摄影四条屏	4087	摄影艺术表现方法	13265
摄影台湾	8887	摄影艺术的必由之路	8749
摄影探讨	8695	摄影艺术的美学特征	8705
摄影特集	8891	摄影艺术的造型技巧	8681
摄影特技	8726, 8730, 8738	摄影艺术的真谛	8776
摄影特技艺术	8776	摄影艺术构图	8700
摄影特区	8705	摄影艺术观念	8700
摄影特殊技法	8727	摄影艺术画片	8887
摄影特殊效果	8733	摄影艺术技巧	8749
摄影通	8768	摄影艺术鉴赏	8700

书名索引

摄影艺术讲座	8727, 8741	摄影之路	8735
摄影艺术论	8711	摄影之友	8689
摄影艺术论文集	8690, 8695	摄影之原理与技术	8680
摄影艺术论文选集	8683	摄影知识	8733, 8799
摄影艺术屏	8850	摄影知识浅谈	8741
摄影艺术赏析	8691	摄影知识手册	8695, 8733
摄影艺术图鉴	8780	摄影知识问答	8776
摄影艺术系统理论	8711	摄影指导	8733
摄影艺术欣赏	8693	摄影指南	8741
摄影艺术欣赏浅谈	8703	摄影指南 1220 条	8693
摄影艺术选集	8876	摄影指南全集	8799
摄影艺术学概论	8708	摄影中国	8887
摄影艺术与技法	8798, 8799	摄影注意事项 222	8799
摄影艺术与技巧	8700	摄影抓拍技巧	8756
摄影艺术与美学	8692	摄影自学 30 讲	8769
摄影艺术作品欣赏	8886	摄影自学教程	8741, 8745
摄影艺术作品选	8928	摄影综论	8684
摄影应用光学	8682	摄影纵横谈	8695
摄影用光	8723, 8738, 8756	摄影作品的鉴赏	8709
摄影与构图	8709	摄影作品赏析	8705
摄影与观察艺术	8690, 8692	摄影作品欣赏	8700
摄影与航空摄影	8745	摄影作品欣赏与创作	8711
摄影与幻灯教材制作	13303	摄影作品选	8925
摄影与集邮	8772	摄影作品研究	8707
摄影与流派	8703	摄苑撷英	8895
摄影与社会	8695, 8697	麝与麝香	5697
摄影与诗歌	8905	歙砚辑考	1049
摄影与视觉心理	8693	歙砚说	1009, 1010
摄影原理与表现技巧	8692	歙砚砚谱	1010
摄影原理与实用	8715, 8716	歙州砚谱	1010, 1011, 1012
摄影造型法则	8705	申东画集	1416
摄影造型基本原则	8682	申东速写作品选	2911
摄影照明术	8683	申江胜景图	1603
摄影者的足迹	8897	申克音乐分析理论概要	10877
摄影正误例解	8790	申玲	1083

中国历代图书总目·艺术卷

申沛农剪纸艺术	10681	深揭狠批"四人帮"掀起工业学大庆高潮	3286
申请入党	1819, 1828	深揭狠批"四人帮"衷心拥护华主席	3938
申请入党	2593	深林明珠	2938
申少君绘画	2309	深切的怀念	8152
申石伽山水竹石技法	866	深切怀念敬爱的恩来总理	9001
申石伽作品集	2148	深切怀念敬爱的周总理	9283
申氏吉他基本练习曲	12483	深切怀念周总理	11692
申屠娘子	5043	深切怀念朱德委员长	11692
申文定公百字铭大楷字帖	8386	深情	2748, 5828, 9345, 9766
申宪智	5145	深情的怀念	11740
伸张正气惩治邪恶	4482	深情厚谊寄五洲	1819
伸正气	2148	深情厚意渡重洋	3938
身不离劳动 心不离群众	5165	深情融透三尺雪	1760
身不离劳动 心不离群众	3174, 3209, 3241	深入调查到山村	1819
身残志坚干革命	5181	深入工农兵 改造世界观	3198
身段谱口诀论	12879	深入工农兵 演好革命戏	12874
身体的意象	635	深入虎穴	4977, 5211, 5361, 5697, 6121, 6498
身体好	4087	深入开展"五讲四美三热爱"活动	3351
身体好, 学习好, 工作好	3210	深入开展比学赶帮运动 大力推进生产建设新	
身体意象	079	高潮	3142
身无彩凤双飞翼	8817	深入开展工业学大庆的群众运动	3260
身陷都监府	5828	深入开展工业学大庆的群众运动!	3241
身在林区望北京	3845	深入开展教育革命 坚持开门办学	3260
身在煤海 放眼世界	3185	深入开展学习马列主义、毛泽东思想的群众运	
深翻	4977	动	3286
深粉月季	10029	深入开展以粮、钢为中心的增产节约运动	
深耕细作保苗丰收	3112		3088
深宫刺帝	4759	深入批判资产阶级的人性论	10859
深谷枪声	5828	深入生活创作优秀工艺品	9271
深谷秋艳	9812	深入生活到矿区	1877
深谷幽境	9847	深山宝藏任我取	1820, 1828
深海友情	13251	深山采宝	4087
深厚友谊	5043	深山除虎	5361
深揭狠批"四人帮"大治之年齐心干	3286	深山春来早	2748
深揭狠批"四人帮"革命生产打胜仗	3286	深山打虎	5211

书名索引

深山访友	2027	深圳	9422, 10520
深山鹤鸣	4633	深圳百景图	2472
深山红哨	5181	深圳风光	4771, 8938, 9132, 9885, 9893, 10511
深山虎戏	1923	深圳高等职业技术学院学生优秀设计作品集	
深山火种	5828		10235
深山歼敌	5181	深圳建筑风景画	2912
深山里的菊花	13232	深圳街景	9893
深山猎狐	5292	深圳荔枝园远眺	9100
深山猎虎	4977	深圳旅游	8936
深山林场	3845	深圳掠影	8938
深山密林一条路	4978	深圳罗湖	9100
深山奇猎	5974	深圳罗湖风光	9100
深山奇遇	5828	深圳美术家画库	1374
深山起宏图	1803	深圳企业标志大赛作品集	10387
深山擒敌	5261	深圳沙河湾游乐场	10105
深山人家喜看革命样板戏	3802	深圳少儿绘画书法作品选	6763
深山松瀑图	1677	深圳深南中路一角	9909
深山探宝	3740, 4087	深圳十五年	8961
深山探险记	5499	深圳世界之窗	9260
深山驼铃	3984	深圳世界之窗风光集锦	8959
深山问苦 发动群众	11858	深圳市古今来陶瓷世界艺术品图录	10660
深山响起马达声	3894	深圳市教育系统中泰杯硬笔书法大赛获奖作品	
深山雪景	9823	选集	7501
深山隐秀	2447	深圳市青少年优秀书画选	6766
深山钻井	5325	深圳特区打工妹	9033
深深的情意	8841	深圳特区新貌	9072
深水里的战斗	4978	深圳湾浴场	9861
深挖洞	3802	深圳西丽湖	9090, 9922
深挖洞 广积粮	3802	深圳西丽湖风光	9893
深巷	2929	深圳西沥湖风光	9100
深巷中	11482	深圳西朋湖	9117
深岩六昼夜	4978	深圳香密湖	9912
深夜不眠	3894, 6754, 6755	深圳香蜜湖度假村	9091, 9258
深夜静悄悄	5585, 5697	深圳香蜜湖渡假村	9100
深院芳姿	9358	深圳香蜜湖夏日	9100

中国历代图书总目·艺术卷

深圳新貌	9847	神采飞扬	9394
深圳岩湖温泉	9100	神采具备《百牛图》	2571
深圳一日	8961	神采奕奕	8850
深圳游	9971	神策军碑	7863, 7930, 7931
深圳游乐场	9326, 10105	神驰	9422
深圳游之九	9971	神铳手	5361
深圳游之三	9971	神出鬼没	6121
深圳游之五	9971	神灯	5500, 5586, 5829, 6265
深圳之最	9394	神的传说	11927
深圳中学学生美术书法作品选	320	神的食物	7054
什邡川剧团志	12758	神笛	5697
什景汤	11880	神笛与魔筒	6196
什密特钢琴手指练习	12518	神雕侠侣	6462
什密特钢琴五指练习曲	12523	神鹅传奇	6265
什么花开红又红	12012	神风神雷的灭亡	6196
什么是交响乐	11267	神峰溪流	4824
什么是沙龙摄影	8688	神甫、卢布和狐狸	5500
什么是舞剧	12561	神斧	5829, 6121
什么是戏剧	12679	神弓	4717, 13124
什么是艺术	001, 036	神功保良	8861
什么是奏鸣曲	11078	神功戏在香港	12854
什么是组曲	11078	神鬼不灵	5100
什皮兹之春	9381	神锅	5586
什瓦宾斯基	6795	神行太保	5974
什样锦	9394	神行太保戴宗	6498
神八路	5073	神乎其神	3487
神笔马良	4217, 4555	神话故事	6462
神笔娃娃	4634	神话故事屏	4146, 8823
神笔张	5829	神话故事影片"马兰花"中小兰和兔姐妹	13090
神鞭 4716, 4717, 4759, 6121, 6195, 6196, 6229,		神话世界	6863
6265, 13124		神话世界九寨沟	8931, 8936
神兵怒火	5500	神话中的女神与妖精	6863
神兵天降	5829	神火	5073
神捕铁中英	13152	神火将魏定国	4717
神采	8819, 9438, 9471	神火将魏定国 圣水将单廷珪	4634

书名索引

神火将魏定国·圣水将单廷珪	2027	神秘的保安司令	6265
神鸡童	4916	神秘的碧眼女郎	6335
神剑	307	神秘的大佛	5586, 5697, 13103
神剑出击	6230	神秘的公主	6298
神剑书法作品选	8189	神秘的宫殿	6658
神剑之歌	8226	神秘的古镜	6123
神箭	4916	神秘的主票	6298
神箭手	5586, 5697	神秘的黄玫瑰	5829
神箭手李淑兰	3698	神秘的交通员	6123
神箭手罗宾汉	6121	神秘的教堂	5415
神将虎威	4824	神秘的礼典	5698
神将图	2046	神秘的立体油画	5500, 6123
神静八荒	828	神秘的旅行	5829
神骏	4794	神秘的旅客	6609
神骏四条	4858	神秘的旅蒙商	5974
神骏图	1877	神秘的麻疯病人	6196
神骏图	2148	神秘的马队	5974
神力王	5974, 6121, 6122	神秘的马希纳	5500
神力王拳打"洋老虎"	6122	神秘的墓穴	5829
神猎手	5586	神秘的女友	6298
神龙百法	986	神秘的怒江	8973
神龙半印本	7775	神秘的棋手	5500
神龙大战	6710	神秘的乞丐	6365
神龙斗霸	6122	神秘的琴声	5698
神龙魔杰	7098	神秘的人	5698
神锣	6122	神秘的失踪	5586
神马驹	5586	神秘的失踪者	6335
神帽	6122	神秘的使命	5698
神门放舟	1760	神秘的使者	5829, 5974
神秘岛	5586, 5697, 5829, 6499, 6737, 7055	神秘的世界	6336
神秘的"03"	6122	神秘的手表	5698
神秘的"雪人"	7022	神秘的数字	5698
神秘的 115	6230	神秘的死城	5829
神秘的庵堂	6335	神秘的松布尔	5974
神秘的白龙洞	6123	神秘的太空来客	6123

神秘的太阳城	6123	神女峰的迷雾	5587
神秘的天空之城	6645	神女跨虎入山图	1946
神秘的香格里拉	8973	神炮手	5235
神秘的箫声	5974	神奇的"天鹅"	5500
神秘的信号	5586	神奇的 3D 立体画	1240
神秘的星星	7022	神奇的巴丹吉林	8964
神秘的野人谷	6738	神奇的棒槌孩	5698
神秘的医学	3513	神奇的灯影峡	6196
神秘的艺术世界	099	神奇的电波	5587
神秘的宇宙	3513	神奇的多来咪	12038
神秘的约翰九号	6265	神奇的故事	6499
神秘的指纹	6230	神奇的冠岩	5587
神秘的庄园	5698	神奇的火焰	5698
神秘高原探险记	5829	神奇的剑塔	6123
神秘凯旋	6196	神奇的绿宝石	4400
神秘客	5829	神奇的米姆谷	6688
神秘魔术不神秘	12991	神奇的魔术师	7073
神秘女郎	6265, 13152	神奇的魔水	6298
神秘生物大探险	7142	神奇的魔雾	7022
神秘失踪的船	13138	神奇的南瓜种子	5830
神秘世界漫游记	5829	神奇的森林工厂	7136
神秘水晶	6669	神奇的山城——本溪	9141
神秘武器	5586	神奇的山谷	9138
神秘衣	5586, 5587	神奇的手帕	6366
神秘追踪	6336	神奇的水晶镜	5975
神脑聪仔	6695, 6696, 6697, 6698, 6699, 6700	神奇的铁汉子	5830
神牛牵出牛王节	6298	神奇的土地	5975
神农尝药	5500	神奇的西藏	8861
神农架的传说	6365	神奇的小手帕	4899
神农架瀑布	9812	神奇的小羊羔	6265
神农架下	2046	神奇的新材料	3513
神农架之晨	2618	神奇的雪花莲	5975
神农氏	5698	神奇的咽音	11128
神女	5500, 9847	神奇的烟雾	5211
神女峰的传说	6366	神奇的药球	5975

书名索引

神奇的医生	6123	神僧伏魔	6265
神奇的音乐	10814, 10976	神射手威廉·退尔	5587
神奇的钥匙	5361	神圣的使命	5415, 5500, 5587, 5698
神奇的照相机	6230	神圣的使命	2149
神奇的植物世界	3476	神圣与世俗	13142
神奇飞兵	6196	神圣职责	4838
神奇画图模板	1258	神寿岁与东巴舞谱	12612
神奇美丽的神农架	8911	神思飘逸——影坛新秀董智芝	9594
神奇秘谱	12309	神锁	5830
神奇魔疗器	6710	神塔	6658
神奇魔术 54	12996	神坛前的女子	5975
神奇女警	6336	神探福尔摩斯	6537
神奇小子	6658	神探亨特	9705, 13129
神奇指印画	6769	神探马虎虎	6689
神骑佳丽	9766	神探威龙	6680
神气吗	9394	神通图	4482
神气猪	3429	神通小白鼠	6674
神枪库布拉	6298	神童	5073
神枪刘黑仔	5975	神童甘罗	5975, 6336
神枪猛伙斗顽匪	6123	神童妙笔	4717
神枪三陀古	5830	神童屏	4634
神枪狮子	6688	神童诗	7598
神枪手	3698, 6123, 9394	神童王勃	5698
神枪手大闹山门镇	5043	神童威与搞笑星	3501
神枪镇恶魔	6123	神童戏鱼	2092
神曲插图集	7064	神童献宝	4824
神拳儿女	6123	神偷救御史	6124
神拳万籁声	6124	神荼 郁垒	4717
神拳扬威	6124	神荼 郁垒	2046
神犬	5830	神荼·郁垒	2046
神犬阿银	7115, 7116	神腿	4556, 5975
神犬索龙	6265	神腿传奇	5975, 6462
神人斗士	6688	神腿杜心五	5830, 5975, 6499
神人交错的艺术	12953	神腿扫奸	6124
神僧	6589	神往	9422, 9438, 9456

中国历代图书总目·艺术卷

神威斗奇兽	6298	神州第一刀	13152
神威天将	2149	神州飞跃	4033
神仙的毁灭	6645	神州风采	2149
神仙贵寿	1713	神州风光	9091, 9862
神仙妹妹	12900	神州风光速写	2912
神仙枪	5587	神州风雷	5587
神仙鱼	1973, 9394, 9422	神州风雪	5587
神仙鱼舞	4217	神州共庆	4794
神霄玉清万寿宫诏碑帖	8001	神州国光集	1495, 1496
神医	5699	神州花烂漫 嫦娥回人间	4217
神医传奇	5587, 6124	神州健儿	2383
神医多立德	7022	神州精英	4717
神医奇遇	5830	神州九亿争飞跃	3984
神奕	9394	神州巨龙东亚醒狮	4300
神鹰敢死队	6196	神州揽胜	2447
神勇的侦察兵	6124	神州乐话	10974
神勇的侦察队	5127	神州描	4556, 6124, 6125
神勇二将	4717	神州旅游摄影创作	8769
神勇二将	2383	神州论画录丛刻	680
神勇小旋风全集	6680	神州名将	4717
神游丹青	809	神州名泉印谱	8575
神游太空	6658	神州名胜	8823
神游中华	2092	神州墨海	8164
神鱼驭屈原	6124	神州千秋	4717
神与物游	054	神州盛开文明花	3375
神哉! 毕卡索	6808	神州书画	2309
神掌小马龙	6124	神州四季	4858
神之恋	5975	神州腾异彩	4863, 4864
神指点化青楼女	6336	神州同唱回归曲	11526
神州百态	3447	神州万里处处春	4482
神州采风	2912	神州舞韵	12625
神州朝晖图	4863	神州喜讯	2046
神州春晓	2092	神州晓日	4851
神州大地	2946, 4771, 8841, 9117	神州艺萃	317
神州大地欣欣向荣	3359	神州英豪	8841

书名索引

神州展宏图	3984	生财创宝	2046
神州争飞跃健儿勇登攀	3321	生财有道	5976
神字集	8352	生财有路	2149
沈存中图画歌	640	生产必须安全 安全为了生产	3143
沈军	1077	生产大合唱	11937
沈鹏书画谈	542	生产斗争的闯将 阶级斗争的尖兵	3242
沈启鹏	805	生产队长	3845
沈铨研究	816	生产队长李春兰	13089
沈石田	788	生产队的"好头行人"——刘希廷	3120
沈阳工人美术作品选	1356	生产队的科研小组	6749
沈阳故宫博物馆藏画选	1276	生产队科研小组	3780
审"鬼"记	5100	生产队里气象新	1836
审查京剧本之准备	12858	生产发家	4300
审查戏曲	12745	生产歌声	11554
审鬼判官剖腹换心	6336	生产歌舞	12626
审核新学制艺术科课程纲要以后	239	生产更多更好的日用品满足人民需要	3112
审美场论	076	生产花棍舞	12603
审美的敏感	066	生产建设模范 科学实验标兵	4033
审美的银幕	13161	生产结合革新革新促进生产	3088
审美动力学与艺术思维学	026	生产联唱	11391
审美鉴赏心理分析	033	生产能手 模范夫妻	4087
审美人	6125	生产是能手运动是健将	3088
审美心理与编剧技巧	12702	生产小唱	11564
审美新空间	077	生产优质品光荣	3306
审判	6565	生产战线上打胜仗	11391
审妻	5415	生产战线是能手 保卫祖国是标兵	3740
审石得盗	5830	生产争模范 战斗比英雄	3698
审头刺汤	12079	生产支前歌曲集	11568
审椅子	3698, 5140, 12079, 12119	生产自动, 劳动轻松	3088
蜃楼谍案	5699	生产组曲	11391
慎思堂印谱	8512	生辰趣话钢笔字帖	7532
升官记	4300, 4400, 5699, 13119	生成与置换	198
升华之夜	12546	生存与美的探求	12704
升华之夜, 作品第4号	12551	生旦净末丑的表演艺术	12815
升馨	4824	生的伟大 死的光荣——刘胡兰	3382

中国历代图书总目·艺术卷

生活·爱情·幽默	6945, 6949, 6958, 6976, 7046,	生活摄影入门	8741
	7047, 7048	生活是艺术的源泉	3112
生活·创作·人	075	生活素描	6904
生活·书籍·插图	473	生活素描集	2852
生活·速写·创作	1156	生活速写画法	1125
生活·幽默·漫画	3438	生活习惯好 文明礼貌好 智力发展好 锻炼身体	
生活·真实·记录	13204	好	4217
生活、爱情、幽默	6949	生活小窍门	3438
生活，每天都是新的	8904	生活笑话	3513
生活百态	6689	生活需要安定四化需要安定	3371
生活比蜜甜	4300	生活艺术	8895
生活插花	10587, 10607, 10608	生活艺术·艺术生活	082
生活的颤音	5500	生活与插花	10587
生活的回声	8992	生活与美学	061
生活的聚光点	499	生活与旋律	11153
生活的抉择	6230	生活与音乐	10784, 10788, 10799
生活的凯歌	13232	生活越美歌越多	11701
生活的艺术·艺术与生活	082	生活在毛泽东的时代	11400
生活的真实和戏曲表演艺术的真实	12700	生活在闪光	5043
生活的重构	13069	生活在延安的儿童	4928
生活多美好	4300	生活在祖国的大家庭	11962
生活多甜蜜歌曲集	11493	生活铮言钢笔字帖系列	7501, 7502
生活花艺包装	10382	生活知识钢笔字帖	7502
生活花艺设计	10584	生活中的幽默	6938
生活快照	8756	生活忠告	3464
生活礼仪	3488	生机	2149
生活里的一件事	4907	生机勃勃	3984, 4482
生活里少得了音乐么	10794	生老病死	5830
生活恋歌	11985	生龙活虎	4400
生活门诊	3525	生茂歌曲选	11486
生活妙语钢笔书法	7569	生命	7137, 8633, 9471
生活妙语钢笔字帖欣赏	7621	生命·神祇·时空	8607
生活趣案	6430	生命不息 奋斗不止	5165, 5211
生活人像摄影	8776	生命不息 奋斗不止	3174
生活摄影	8700, 8738, 8756, 8784	生命不息，冲锋不止	3174, 3175

书名索引

生命的诞生与茁壮	1413	生死恨词谱	12066
生命的倒影	8947	生死记	6125
生命的放飞	11526	生死恋	5588
生命的故事	6125	生死恋树	6462
生命的火花	5100, 5127, 7609	生死侣	5831
生命的祭祀	7359	生死牌	5043, 5500
生命的家园	6499	生死为革命	5166
生命的凯歌	13243	生死未卜	5500, 5588, 5699
生命的律动	12573, 12623	生死缘	5699
生命的诗篇	11730	生死怨	12120
生命的摇篮	4978	生死之间	10126
生命的拯救者	5830	生死之谜	6125
生命交响曲	5976	生物大探险	7142
生命曲	5415	生物科学摄影技术	8750
生命圣诗	12445	生物弹开花啦	6689
生命线	5181, 5212	生香乐意	1592
生命意志	2836	生肖编折	10693
生命与科学	3513	生肖动物趣画	6462
生命之歌	4400	生肖硬笔字帖	7569
生命之光	2901, 11477	生意盎然	2652
生命之花	9352	生与死	6230, 13251
生命之树常青	10699	生云石传奇	6336
生命之水	6659	生在福中	4634
生男生女都一样	4400	声电光影里的社会与人生	13071
生气勃勃	3845	声东击西	3488
生气勃勃的小钢联	8884	声画集	736
生擒"壁虎"	5699	声朗画集	2465
生趣盎然	4217	声乐	11122, 11133
生日	7074	声乐表演艺术文献	11117
生日的祝贺	11516	声乐表演艺术文选	11117
生日快乐	9438	声乐创作知识	11119
生日祝词	7532	声乐的鉴赏	11112
生死场	6125	声乐发声练习法	11113
生死斗	6366	声乐分级教学	11131
生死恨	12074	声乐基础	11125

中国历代图书总目·艺术卷

声乐基础训练教材	11126	声乐与歌唱艺术	11127
声乐基础与教学曲选	11133	声乐与教学	11129
声乐基础知识与训练	11133	声乐语言艺术	11121
声乐家谈歌唱奥秘	11131	声乐之路	11131
声乐讲座	11118	声乐知识	11110
声乐教材	11113	声乐知识手册	11127
声乐教材	11113, 11114, 11116	声律启蒙	11019
声乐教程	11128, 11129	声律通考	11015
声乐教学笔记	11120	声律小记	11008, 11009
声乐教学法	11131	声律学	11019
声乐教学分级曲库	12392	声情并茂的歌唱艺术	11135
声乐教学曲选	11114, 11126, 11127	声情并茂的中国音乐	10973
声乐教与学	11132	声色之谜	13080
声乐教育手册	11129	声声传情	2092
声乐练习曲	12442	声声催山醒	1828
声乐练习曲 50 首, 作品 9	12444	声声歌颂毛主席	12027
声乐论文集	11114	声声喜庆有余年	2149
声乐曲选	11118	声音的艺术	13129
声乐曲选集	11120, 11121, 11128	声音的诱惑	11128
声乐曲选新编 300 首	11129	声音技术	12807
声乐入门	11125	声音可以改变你的人生	11135
声乐实用基础教程	11132	声音真好听	4087
声乐实用指导	11128	声与光的潮汐	13146
声乐问答百例	11121	声韵	11135
声乐心理研究	11124	声震山河	9042
声乐训练操	11123	声震四海	2092
声乐研究	11112	牲畜圈里勤打扫一年四季疾病少	3088
声乐研究法	11109, 11115	牲畜饲养经验交流会	6753
声乐演唱与伴奏	11132	牲畜兴旺	3567
声乐演唱与教学	11131	笙的吹奏法	11300
声乐艺术的民族风格	11119	笙的演奏法	11300
声乐艺术理论	11128	笙的演奏方法	11303
声乐艺术美学	11127	笙练习曲选	11303
声乐艺术知识	11121	笙曲集	12270
声乐艺术指导	11135	笙曲选	12268, 12269

书名索引

笙声凤舞	2011, 4556	圣迹之图	1588, 6196, 6197, 6265, 6298
绳操	9965, 9974	圣教歌选	12435, 12440
绳斋印稿	8532	圣教序	7821, 7824
省里送来的显微镜	3699	圣教序集要	7774
省屏中选图	2618	圣教序临习与创作	7821
圣·雷米病院	6851	圣教序习字帖	7819
圣彼得堡风光	9141	圣洁	2802
圣朝名画评	840	圣经	12298
圣传	6999, 7000, 7001	圣经故事彩色连环画库	7046
圣诞的祝福	10527	圣经故事精萃	6413
圣诞歌集	12433	圣经故事精品画集	6926
圣诞歌曲	12443	圣经故事连环画	6538
圣诞歌曲精选	12387	圣经佳言短曲集	12352
圣诞歌曲与文化背景	12409	圣经连环画	7049
圣诞欢歌	7055	圣经名画	6873
圣诞快乐	4824	圣经神话故事	6265
圣诞名歌赏析	12387	圣经图画故事	6366
圣诞琴谱	12434	圣经中的女性	6863
圣诞诗歌	12051	圣境接云	9456
圣诞夜	9974, 10116	圣狼约克	7048
圣地	6265	圣乐	12439
圣殿的巡礼	10927	圣门乐志	12602
圣殿外的歌声	10986	圣庙乐释律	11009
圣斗士星矢	7098	圣庙祀典爵里姓氏印谱	8516
圣斗士勇战五星怪	6680	圣母与婴儿	6888
圣歌	12433	圣母子	6888
圣歌宝集	12433	圣母子与圣约翰	6888
圣歌粹集	12438	圣诗	12441
圣歌汇集	12435, 12439	圣狮大队	3129
圣歌选	12440	圣手苏六郎	5043
圣歌选集	12433	圣水将单廷珪·神火将魏定国	4771
圣歌摘要	12434, 12439	圣宋皇祐新乐图记	10933, 10934, 10945
圣火点燃的歌	11722	圣堂教父	7050, 7051
圣迹全图	2972	圣体降福歌	12440
圣迹图	1205, 2974, 2991, 6431	圣田圣子	9422

中国历代图书总目·艺术卷

圣徒心声	12439	胜利进行曲	11548, 11573, 11749
圣贤道释四赞	7195	胜利凯歌响彻云霄	3894
圣婴、约翰与二天使	6883	胜利联唱	11937
圣咏作曲集	12439, 12440	胜利炼油厂雄姿	9336
圣谕乐本解说	11011	胜利了	4634, 9438
圣谕十六条印谱	8521	胜利木刻集	2982
圣战	7048, 7116	胜利属于巴拿马人民!	3129
胜春光	9508	胜利属于英雄的越南人民	11884
胜芳花灯	4482	胜利曙光	6431
胜国元声	10870	胜利颂	11695
胜景大观	9082	胜利一定属于多米尼加人民!	3143
胜景迎宾	4400	胜利油田	8927
胜境迎宾图	2092	胜利在前——毛主席, 周副主席, 朱总司令在西	
胜局	2936	柏坡	2769, 3938, 3939
胜利	12144	胜利在前——毛主席在西柏坡	2778
胜利必定属于英雄的越南人民!	3143	胜利在望	5140
胜利必将属于英雄的越南人民!	3129	胜利在召唤	12235
胜利大合唱	11937	胜利之歌	11988
胜利大逃亡	6125, 6126	胜利之花	11935
胜利大兆亡	6126	胜利之下莫骄傲	12984
胜利的歌声	11451, 11692	胜鬘经	6589
胜利的航程	2748, 2752, 3845	胜似春光	1973, 9408
胜利的呼声	11378	胜似春光	2659
胜利的节日	3984, 3985	胜似春光·国色天香·万紫千红·霜天艳照	
胜利的旗帜	9422		1994
胜利的启示	2980	胜天渠	3845
胜利的前奏	11951	盛伯羲祭酒手札	8022
胜利的日子	4033	盛大的节日	4794, 4851, 6589
胜利的颂歌——上海市第五届运动会团体操红		盛放	10090
五星组图	8805	盛洪义中国画集	2238
胜利的消息要传开	3938	盛华画集	2527
胜利歌集	11547, 11554	盛会的早晨	4718
胜利歌声	11559	盛会在前	4033
胜利归来	2769, 3143, 3649, 12266	盛京三陵	9118
胜利花开遍地红	11941	盛京之花	4301

书名索引

盛京之夜	9981	师长的女儿	5261
盛世报年丰	2149	师长和他的女儿	5699
盛世丰年	4400	师岱堂集墨	8319
盛世丰年喜万家	4718	师二云居画赞	672
盛世丰年喜有余	4771	师范标准唱歌教科书	10785
盛世丰年鱼满仓	4794	师范讲习科乐理教本	11031
盛世福至	9456	师范讲习科用唱歌教本	11109
盛世滋生图	1677	师范美术	343
盛唐乐舞	4556	师范生实用美术	10188
盛夏	4034, 9813	师范生书法	7396
盛夏图	2666	师范生字帖	7338
盛业千秋	2149	师范书法讲稿	7307
盛装女郎	9622	师范性 民族性 实用性	10837
嵊泗	8941	师范学校图画教学参考书	601
尸魔戏唐僧	5588	师范学校图画教学大纲	601
失火谢客	5043	师范学校新教科书乐典	10784
失空斩	3567, 5073	师范学校音乐教学参考书	10794
失落的发明	5588	师范学校音乐教学大纲	10793
失落的理性	6589	师范硬笔书法教程	7555
失落与超越	199	师范院校的学生是推广普通话的主力军·普通	
失眠的星光	3464	话是教师的职业语言	3368
失窃的甲骨文	5831	师范院校声乐教学常用曲目	11135
失去的世界	6391	师傅	5235
失去权力的将军	5976, 6462, 6463	师傅帮我戴红花	3780
失去影子的人	5588	师傅下田头 艺徒四方来	3740
失意女巧遇得意郎	5831	师公戏音乐	11149
失踪的档案	6366	师古堂说印	8501
失踪的灰壳堡·双城记	7098	师古堂印谱	8501, 8504
失踪的马队	6126, 6266	师虎武将	6266
失踪的女人	6126	师魂颂	2224
失踪的人	13251	师曼制印	8516
失踪的中卫	6538	师群画选	1399
失踪了的星星	5500	师生	9553
失踪了的侦察英雄	5588	师生情	9761
失踪之谜	5699	师生争夏	2720

中国历代图书总目·艺术卷

师生重逢	3894	诗经古谱	12242
师徒俩	5017	诗经今译钢笔字帖	7502
师徒智夺佛宝塔	6126	诗经乐谱	10951, 10952
师涛画集	2287	诗经隶书字帖	8372
师友集	12727	诗境	1483
师友赠言	7533	诗琳通公主诗文画集	6808
师云画选	2527	诗满工地	3939
诗·语言·思	036	诗墨余痕	8280
诗婢家诗残谱	1474	诗品	8036
诗词钢笔字帖	7431	诗品画谱大观	1636
诗词钢笔字帖——全国钢笔书法比赛一等奖获得者	7440	诗品印谱	8526, 8543
诗词歌曲集	11493	诗琴书画入宫苑	265
诗词光辉照油田	3939	诗情画意	536, 800, 820, 1947, 4634, 6392, 8281, 10520, 10527
诗词行楷字帖	8429	诗情画意	2149
诗词名句多体钢笔字帖	7582	诗情画意画谱	1424
诗词名句钢笔字帖	7440	诗情画意集	8900
诗词名句硬笔字帖	7455	诗情墨缘	8239
诗词名言佳句书法	8217	诗情凝固——雕塑	8610
诗词书法专辑	8280	诗情土地上的跋涉者	533
诗的音乐，音乐的诗	10865	诗人	13260
诗歌	12433, 12439, 12441	诗人、城市与海	2912
诗歌十首作品第十八号	11975	诗人、学者、民主斗士——闻一多	9035
诗光画彩照黎河	6598	诗人导演——费穆	13213
诗海彩珠	10471	诗人画册	1947
诗海南　书海南	8239	诗人莱尼斯	4978
诗画	2720	诗人涅克拉索夫	5976
诗画草原金曲50首	11534	诗山画海花果乡	4928
诗画舫	1270, 1510, 1511, 1601	诗书合璧书法	7338
诗画绘法入门	863	诗书画	2256
诗画满墙	6598	诗书画丛刊	2046, 2183, 2224, 2238
诗画屏	1994	诗书画印	1307
诗画四条屏	4301	诗书画印图	4824
诗画图	4824	诗书画缘	2335
诗话集锦	8108, 8112	诗书画缘探美	531

书名索引

诗书雅集	8207	狮王争霸	13152
诗文会	12889	狮舞 3985, 4034, 4147, 4218, 4301, 10406, 12199	
诗瀑	5699	狮舞盛世	4718
诗洋画海金束鹿	4928	狮舞颂四化	4147
诗意	2011	狮舞迎春	4401, 4718
诗意画片	6605, 6610	狮象虎豹	4034
诗意图	2149	狮子	2561, 2603
诗影交辉	8832	狮子峰阻击战	5501
诗余画谱	2970	狮子观海	9862
诗与画	2309	狮子观云海	9862
诗与画的和平对话	6767	狮子滚绣球	3601
诗与画三百期精选集	806	狮子和大象	5501
诗与景	8857	狮子和鲜鱼的故事	6499
诗禹漫画	3501	狮子回头望虎丘	5501
诗章颂词灵歌集	12441	狮子林	9091, 9875, 10511
诗中画	1603, 1677	狮子楼	4087, 5043, 5699, 5976, 6589
狮	1727	狮子楼	2150
狮	2559, 2561, 2562, 2563, 2629	狮子滩工地之夜	8643
狮峰湾	5261	狮子滩水电站工地画集	2852
狮吼惊五岳 虎啸震三山	4400	狮子王	6710, 6711
狮虎斗	6538	狮子王宝座之争	6538
狮虎将军	4718	狮子舞	1923, 3601, 4087, 4218, 12604
狮虎将军	2149	施蛰谋作品选	8655
狮虎图	2576	施伯云画集	1404
狮虎武将	4556	施大畏	2309
狮虎武将	2092	施大畏画集	2407
狮皮与英雄	5976	施德明	10193
狮身人面	5976	施定全印集	8581
狮胜雄威	4794	施佛法除妖擒贼	6266
狮头鹅图	2618	施光南歌曲选	11971
狮头岭战斗	5261	施江城长江三峡图卷	2272
狮驼洞	5588	施密特漫画全集	6949, 7014
狮驼伏三魔	5588	施明正诗·画·金石集	1389
狮驼岭	5588	施耐庵	6126
狮王出游	6538	施南池画兰谱	966

中国历代图书总目·艺术卷

施南池名胜纪游画集	2027	十部经典影片的回顾	13116
施荣宜林玉琦画集	6790	十大倡议诗画	4928
施汝墨迹	7657	十大光辉照前程	11676
施特劳斯 音诗	11277	十大昏君	3464
施特劳斯钢琴圆舞曲集	12523	十大奸臣	3464
施特劳斯圆舞曲集	12452, 12453	十大姐	12604
施友义国画选	2150	十大"巨星"百首金曲	11740
施展墨迹	1408	十大开国皇帝	3464
湿润的草地	6873	十大科学家故事	6728
十八一二十世纪俄罗斯绘画展览会	6844	十大路线指航向 满怀豪情夺丰收	3225
十八一十九世纪俄罗斯素描选	6900	十大名花	10064
十八班武艺	4556	十大名曲版本比较	10878
十八班武艺英雄谱	4556	十大农民起义故事	6728
十八般兵器	4401	十大诗人故事	6728
十八般武艺	4556, 8832	十大书画家故事	6728
十八般武艺英雄谱	4556	十大贪官	6413
十八及十九世纪中国沿海商埠风貌	6797	十大文学家故事	6728
十八罗汉	3377	十大喜讯 传四海 浦江两岸尽朝晖	1828
十八罗汉朝南海	9836	十大笑星话小品	12914
十八罗汉斗悟空 4401, 4718, 6298, 6299, 6463,		十大医学家故事	6728
6565, 6711		十大音乐家与名曲	10860
十八罗汉闹天宫	6463	十大优秀少年故事	6728
十八描研究	882	十大战将	3464
十八亩地	5127	十渡秋韵	9862
十八十九世纪法国风情画集	6879	十朵鲜花送北京	11440
十八世纪俄罗斯艺术发展的道路	360	十二把椅子	5831
十八世纪十九世纪前半叶俄罗斯艺术发展的道		十二大的召开是全党同志和全国各族人民的共	
路	360	同心愿	3342
十八天	5415	十二大开创了社会主义现代化建设的伟大新局	
十八相送	4301	面	3342
十八相送	2092	十二点差一分	5127
十八学士告身	379	十二个小戏法	12986
十八与十九世纪欧洲美术	172	十二个小英雄	6197
十百斋书画录	1462	十二个月	6197
十步香草	10551	十二古琴人家印谱	8562

书名索引

十二寡妇出征连环画套书	6197	十家手札	8041
十二件杰作	7035	十架受难圣曲	12441
十二金钗	1973	十九	6780
十二金钗图	1704, 4218	十九个鸡蛋的来历	5212
十二木卡姆	12343	十九粮店	5166, 5212
十二女将征西	6126	十九年的党支部书记	4978
十二品正官	5501	十九世纪的俄国石版画	6916
十二生肖	8832, 10511, 10520	十九世纪东方音乐文化	10983
十二生肖百刻图	8584, 8585	十九世纪俄国书籍插图史	573
十二生肖根雕艺术	8646	十九世纪俄罗斯风景画	6870
十二生肖贺年片	10511	十九世纪俄罗斯风景画选	6788
十二生肖明信片	10520	十九世纪法国农村风景画	6782
十二生肖屏	4634	十九世纪法国农村风景绘画	6847
十二生肖图	4482	十九世纪法兰西的美术	358
十二生肖图	2092	十九世纪末期中西画风的感通	6808
十二生肖图案集	10299	十九世纪欧洲名画展特辑	6866
十二生肖装饰画集	10295	十九世纪欧洲音乐赏析	10870
十二属相	4401	十九世纪前半叶俄罗斯艺术发展的道路	360
十二属相图谱	10275	十九世纪三十年代的法国政治漫画	6932
十二喜鹊图	4401	十九世纪西方音乐文化史	10924
十二小英雄	5588	十九世纪西欧人们的生存意识及其绘画特质	
十二姨太卖官	6266		577
十二音序列	11095	十九世纪匈牙利油画	6845
十二英烈	5976, 6463	十九世纪英国水彩画	6910
十二月花屏	3649, 4147, 4401	十里长亭十杯酒	11541
十二月花谱	9308	十里风雪	11882
十二只雁	5976	十里火龙闹天地	11776
十二种旧音乐期刊内容索引	10795	十里洋场斗敌记	5073
十二子接福	3377	十六家墨说	1060
十发小品	1784	十六金符斋印存	8520
十番乐谱	12325	十六世纪艺术大师丢勒作品展览	6777
十番锣鼓	12320, 12322	十六岁的花季	13134
十番谱	12325	十六岁花季	9740
十番音乐	12328	十六与十七世纪欧洲的美术	363
十级浪	5073	十驴图	1947

中国历代图书总目·艺术卷

十面埋伏	12246, 12308, 12309, 12313, 12338	十三陵水库之歌	11432
十年	10975	十三妹	4556, 4634, 5831, 13124
十年灯	096	十三妹	2367, 2383
十年电影贡献奖获得者王馥荔	9673	十三人演唱电影歌曲集锦	11924
十年规划颂歌	4034	十三辙	11145
十年规划一定要实现	3306	十三辙声乐练习曲	12052
十年规划展宏图	3306	十四个冬春	5699
十年画选	1369	十送红军	11619
十年来版画选集	2994	十体常用美术字	7643
十年来上海年画选集	3532	十体书法入门	7369
十年来宣传画选集	3088	十天	5501
十年流行歌曲经典	11749	十万个不要	8756
十年磨一剑	6766	十万楼船	6230
十年赞	11604, 11605	十万山人画集	2272
十年中国绑画选集	1286	十万图	1623
十评飞天奖	13318	十万图册	1694
十瓶斋印谱	8532	十五的月亮	3369, 3649, 4634, 4718, 9979,
十七帖	7809		11482, 11483, 11707
十七帖草书习字帖	7812	十五的月亮十六圆	12405
十七帖释文	7233	十五贯 3985, 4482, 4928, 5100, 5361, 5416, 5589,	
十七帖疏证	7227	9146, 9238	
十七帖述	7220	十五勇士战老山	6197
十琴轩黄山印册	8516	十五岁船长迪克·桑	5831
十全报喜图	4864, 6766	十五岁的船长	5976
十全十美万事如意	4759	十五体字帖	7653
十人桥	5181	十五小豪杰	5977
十日谈	6266	十相自在图	4838
十三棍僧救唐王	6299	十想毛主席	4916
十三行	7781	十样锦	4147, 12222
十三行灵飞经	8395	十一郎	4301, 9225, 9953
十三陵	10471, 10498	十一弦馆琴谱	12318
十三陵水库	8876	十用简笔画	2905
十三陵水库畅想曲	13243	十友图赞	1018
十三陵水库大合唱	11946	十月的风云	5361
十三陵水库画选	1284	十月的颂歌	11465

书名索引

十月的太阳当空照	11440	十竹斋竹谱	1556
十月歌选	11432	十转山上不老松	5181
十月革命	10127	十壮士	4883
十月革命的第一声炮响	10953	十字刺绣	10348
十月红旗迎风飘	11594	十字街头	5589
十月花更红	3939	十字军的覆灭	5977
十月怀胎	13152	十字军骑士	5700, 5831
十月进行曲	11391	十字路口之夜	6336
十月礼赞	11564, 11571	十字坡	4087
十月胜利颂	1363	十字绣花	10355
十月颂	12425	石庵法书	8029
十月小学	2929	石庵精楷	8041
十月赞	11605	石庵书	8041
十月战歌	11692	石庵先生法书神品	8058
十载寻觅	10402	石版画技法研究	1205
十枝花儿红	12251	石宝姑娘	6126
十钟山房印举	8489	石兵画集	2150
十钟山房印举粹编	8553	石长厚山水画集	2468
十钟山房印举选	8542	石成峰油画选	2816
十种景色 六种题材	8738	石成学艺	5589
十竹斋	1583	石城县戏曲普查资料汇编	12932
十竹斋果谱	1552	石冲	2824
十竹斋画稿	1552	石冲油画作品选	2824
十竹斋画谱	1552, 1553	石川 谢辉作品集	2309
十竹斋笺谱	1553	石村画诀	468
十竹斋笺谱初集	1553	石村素描集	2907
十竹斋兰谱	1553	石大法画集	2287
十竹斋翎毛谱	1553, 1554	石大虎	5212
十竹斋梅谱	1554	石丹花	5292
十竹斋墨华册	1554	石丹画集	6841
十竹斋墨华谱	1554	石雕的艺术	8623
十竹斋石谱	1554	石斗的故事	5073
十竹斋书画册	1554	石纲画集	2309
十竹斋书画谱	1554, 1555	石膏半面像素描	1146
十竹斋书画谱册	1555	石膏挂像	1156

中国历代图书总目·艺术卷

石膏几何	1156	石鼓洞	5501
石膏几何体画法	1146	石鼓文 8125, 8356, 8358, 8361, 8362, 8363, 8365,	
石膏几何形体	1156	8366	
石膏静物入门	1131	石鼓文·泰山刻石	8366
石膏素描	1146	石鼓文集联	8360
石膏素描技法范本	1146	石鼓文临习指南	8366
石膏素描技法专集	1107	石鼓文全集	8334
石膏素描选	2879	石鼓文书法之春	8334
石膏头像	1156, 2907	石观达摄影集	8970
石膏头像入门	1131	石寒画集	2335
石膏像	1156	石汉瑞	10194
石膏像·静物·人像素描画法	1107	石猴出世	5589, 5977
石膏像素描	1110, 1131, 1157, 2912	石猴初问世	6266
石膏像素描大观	1123	石猴观海	9836
石膏像素描范画精选	2901	石壶的艺术	10655
石膏像素描基础入门	1136	石壶画集	2028
石膏像素描解说	1102	石壶论画语要	519
石膏像素描指南	1119	石斛兰	10087
石膏写生	1107, 1125	石湖渔隐印稿	8530
石膏写生技法	1146	石虎画集	1393, 1416
石膏写生述要	1105	石虎画选	1994
石工	1741	石花洞	10520
石姑岭	10666	石华馆印集	8523
石谷洞庭秋色	1623	石华篆刻选集	8581
石谷洞庭秋色图长卷	1623	石画记	8017
石谷仿古山水十五幅	1597	石画与欣赏	527
石谷老年拟古册	1623	石灰窑	8643
石谷临安山色图长卷	1623	石挥、蓝马、上官云珠和他们的表演艺术	
石谷临宋元十二景	1636		13218
石谷山房印谱	8530	石挥谈艺录	12818
石谷生平第一精品临宋元十二景	1623	石矾娘娘凯旋归	10471
石谷太白观泉图长卷	1623	石家庄	8932, 8941
石谷新田	1820	石家庄地区戏曲资料汇编	12934
石谷诸人画虞山游宴册	1649	石家庄地区在前进	9288
石谷竹林渔村图长卷	1623	石家庄风光	10512

书名索引

石家庄市美术摄影作品选	280	石鲁绘画书法	2011
石匠工人闯新路	5151	石鲁书画集	2150
石匠与美女	5977	石鲁书画选集	1994
石脚印	5831	石鲁学画录	689
石碣村	5043, 5700	石鲁作品	2287
石君老人菊花画册	2530	石鲁作品集	1391
石开书法集	8281	石鲁作品选集	1793, 1973
石开印存	8570	石门二柳	5977
石刻	7707	石门汉魏十二品	7668
石刻铺叙	7701	石门铭	7781
石刻篆文编	7166	石门平坂	5416, 5831
石窟四景	4034	石门颂	7769, 8198, 8374
石窟艺术的创造者石窟艺术的创造者	1727	石门颂集联	7770
石磊园画集	1714	石门题跋	7687
石里溪画集	2476	石墨画集	2335
石梁飞瀑	4718	石楠	10406
石林 4759, 4838, 8973, 9054, 9797, 9804, 9847,		石牌坊	4899
9862, 10498		石屏姑娘	5700
石林——剑峰池	9788	石浦港书法藏品选	8217
石林春色	9125	石谱	907, 1557, 1558, 1601, 1679
石林风光	9847, 9885	石齐画集	1994
石林风景油画集	2799	石琪影话集	13166, 13167
石林剑峰	9823	石琴吟馆印存	8521
石林奇景	9862	石清虚	5700, 5977
石林秋色	9823	石渠宝笈	1494, 1495
石林幽奇	1793	石渠宝笈三编	1459, 1495
石榴	1860, 1973, 2028, 10104	石渠随笔	764
石榴	2618	石人望编配中外口琴名曲80首	12503
石榴、芭蕉	1735	石少华作品选	8978
石榴古桩	10625	石室印萃	8519
石榴花	5416, 5831, 5977, 10029, 13114	石台孝经	7889
石榴枇杷画法	950	石涛	312, 1683
石榴图	1947	石涛《墨竹》卷	1665
石鲁画辑	1891	石涛和尚花果册	1615
石鲁画论	721	石涛和尚兰竹册	1623

中国历代图书总目·艺术卷

石涛和尚山水集	1644	石涛作品	1694
石涛花卉册	1658	石田仿宋元各家册	1565
石涛画册	1679	石田光写真集	10147
石涛画东坡时序诗册	1644	石田生平第一仿宋元各家册	1566
石涛画集	1655	石田镇烽火	5589
石涛画谱	681	石头后面	5293
石涛画谱今译	682	石头记人物画	2355
石涛画选	1654, 1677	石头记新评	1700
石涛画学本义	918	石头梦	5501, 5589
石涛画语录	682, 913	石头人复活	5977
石涛画语录图释	1696	石头神	3464
石涛画语录译解	682	石头娃子	5235, 5325
石涛绘画研究	817	石头心	6299
石涛绘罗汉图册	1683	石娃的传说	5977
石涛美学思想研究	588	石湾陶瓷艺术史	8663
石涛名画册	1624	石湾陶器	8662, 10648
石涛墨笔山水精册	1629	石湾陶塑艺术	8627
石涛山水	1624	石湾陶艺：香港艺术馆	8659
石涛山水册	1601, 1624, 1666	石湾现代陶器	8661
石涛山水册叶	1378	石湾艺术陶器	8659, 8662
石涛山水册页	1658, 1659, 1668	石屋	10005
石涛山水册页	2419	石屋擒妖	5416
石涛山水画风	1687	石溪山水石涛书画合册	1648
石涛上人山水册	1624, 1642	石溪上人山水卷	1642
石涛世界	1681	石溪溪山无尽图卷	1648
石涛书法	8105	石像的追寻	5977
石涛书画集	1679	石秀算账	3601
石涛书画全集	1687	石秀探庄	12076
石涛蔬果画册	1683	石言馆印存	8555
石涛题画录	781	石言馆印课	8455
石涛题画录补遗	781	石言印稿	8572
石涛写东坡时序诗意册	1636	石岩底下牡丹开	12607
石涛研究	791	石彦与凤凰	5589
石涛与"画语录"研究	910	石隐山房印章	8509
石涛之一研究	215	石隐砚谈	1050

书名索引

石隐印玩	8490	时代歌声精粹	12387
石印刘静皆太史六则	8025	时代光点	8988
石印山房印谱	8523	时代回旋曲	11489
石应才画集	2836	时代胶囊	8973
石油城大阴谋	6197	时代劲歌	11716, 11730, 11740, 11741
石油工人好气派	12173	时代乐章	376
石油姑娘	11466	时代显影	13161
石油凯歌	3765	时代新装	9674
石油小唱	11626	时代正气歌	7609
石油与生活	3513	时代之歌	11380
石玉贞	5501	时代之星	6431
石缘斋印集	8581	时调工尺谱	11760
石云先生淳化阁帖释文考异	7695	时调与曲谱	11306
石云先生金石评考	7146	时光倒流	1245
石云先生印谱释考	8480	时光九篇	9438
石斋印存	8503	时和景泰	8832, 8861
石寨山古代铜铸艺术	388, 8629	时间	5140
石之漫画集	3391	时间·空间·人间	10396
石之美——玉	408	时间机器	7055
石钟山	9804	时间就是金钱 效率就是生命	3359
石钟山胜景图	2011, 4556	时间就是生命	3359, 3846
石钟山探奇	5700	时间隧道	6336
石竹	10625	时间之歌	12633
石祖敏	5299	时刻不忘虎狼在前	3286
石嘴山版画	3033	时刻警惕，保卫祖国！	3112
时报广告金像奖20年纪念专辑	10396	时刻警惕着	3699
时代的画卷 战斗的艺术	506	时刻守卫着	10669
时代的火花	4928, 5100	时刻准备打	11682
时代的骄子	13129	时刻准备立战功	11612
时代的脸	9010	时刻准备上战场	3260
时代的明星	13202	时刻准备着	3112, 3306, 3351, 3369, 3740,
时代的模版	6926		3894
时代的笑声	3476	时刻准备着，支援越南人民！	3143
时代的旋律	11493, 11520, 11730, 11753	时刻准备着，做一个共产主义接班人	3377
时代电影	13071	时刻准备着同越南人民一起打败美国侵略者！	

中国历代图书总目·艺术卷

	3143	时装皇后	9025
时刻做好准备 保卫社会主义祖国	3242	时装集锦	9705
时空寄情	8841	时装佳丽	9021
时来运转家昌盛 心想事成百业兴	8207	时装美	9021
时轮金刚	4759	时装模特	9029
时髦的泳装	9705	时装人物画	2375
时髦淑女素描	2883	时装摄影	8756, 8763
时盘棋新闻摄影四十年	9289	时装摄影精品赏析	8776
时迁大闹大名府	6299	时装摄影艺术	8784
时晴斋法帖	8018	时装四条屏	9674
时人隽语	7609	时装新花	4718
时人隽语四体钢笔书法	7598	时装演员李晓吟	9746
时人隽语四体钢笔字帖	7598	时装装饰画	10315
时尚花卉艺术	10604	时装装饰线描集	10363
时事歌片	11594, 11595	识破"还魂计"	5831
时事漫画	3401, 3402	识谱、指挥和教歌	10991
时事漫画宣传画选集	3069	识谱初步	11035
时事摄影珍选	10127	识谱法	11035, 11037, 11038, 11039
时事宣传画	3067	识谱与乐理	11058
时览书画集	1699	识药图	10433
时新包装	10376	识字牌舞	12589
时新广告报头封面设计图集	10752	实行计划生育，好生保育儿童	3306
时新中外广告装饰报头字体设计	10765	实行计划生育，是关系到我国建设高度的社会	
时薰室琵琶指径	11333	主义物质文明和精神文明的大事	3351
时装	9572, 9674	实行计划生育，是我国的一项基本国策	3351
时装·女乘凉装	9572	实行计划生育，做好儿童保健	9279
时装·女东方衫	9572	实行计划生育做好儿童保健	9279
时装·女连衣裙	9572	实行科学种田 粮食年年增产	3242
时装·女轻便套装	9572	实行老中青三结合 加强领导班子建设	3260
时装·女晚礼服	9572	实行三结合大搞技术革新和技术革命	3143
时装·中西式滚边女上衣	9573	实行晚婚、晚育、少生、优生	3351
时装店展示技术	10611	实行晚婚和计划生育 解放妇女劳动力	3242
时装广告摄影	8763	实幻画集	3047
时装画技法	10362	实践出真知	3780, 5181, 8217
时装画实用技法	630	实践盛开灿烂花	3765

书名索引

实践一次 提高一步	3210	实用报头·尾花	10285
实践与思考	13283	实用报头参考	10299
实践中来	1828	实用报头集	10290
实施计划免疫 保障儿童健康	3372	实用报头精萃	10310
实事求是	8207	实用报头精选集	10311
实事求是斋印谱	8513	实用报头美术字	10304
实水	4218	实用报头题图资料集	10330
实习报告	5235	实用报头图案选	10299
实习生	4978	实用报头尾花选	10330
实现河网化，开遍幸福花！	3088	实用变形美术字设计	7653, 7654
实现河网化天旱水涝都不怕	3088	实用标志符号百科	10742
实现四个现代化 国民经济大发展	3939	实用标准交际舞	12661
实现四化	4634, 10447	实用标准色卡	152
实现四化 岁岁丰收	4301	实用参考色样	152
实现四化喜多财广	4794	实用草书字典	8424
实现四化幸福多	4401	实用插花	10600, 10604
实现四化展宏图伟大祖国万年春	3306	实用插花 110 例	10601
实现总任务 完成新长征	4034	实用插花跟我学	10608
实现总任务完成新长征	3307	实用插花技法	10597
实现祖国四化 争取更大光荣	3335	实用插花要领与示例	10604
实现祖国统一大业是全国同胞的共同心愿	3351	实用插花艺术	10589, 10602
实验京曲工尺谱	12273	实用初级练习曲	12488
实验剧场	12791	实用橱窗广告技法	10613
实验审美心理学	073, 074	实用传统艺术图案装饰集萃 1000 例	10321
实验小曲工尺谱	12273	实用创意折纸	10776
实艺画典	626	实用创意自游字体	7648
实用·图解·速成钢笔书法系列教程	7569	实用春联百幅书法	8255
实用 POP 字体	10382	实用刺绣缝绣图案精选	10361
实用百体美术字	7650	实用大字帖	7380, 7931, 8009, 8439
实用板报美术字与花边	7652	实用的旅游摄影	8784
实用板报设计艺术	10330	实用电贝士吉他	11192
实用板报设计与装饰	10320	实用电脑报刊图案集	10315
实用板报装饰材料	10310	实用电声小乐队编配	11288
实用板报装饰资料	10330	实用电子琴进阶教程	11283
实用报刊美术资料选	10315	实用电子琴曲 100 首	12238

中国历代图书总目·艺术卷

实用动画图例	6715	实用广告彩技法	10377
实用动物图案	10325	实用广告画	10367
实用动物图形	10325	实用广告设计技法	10382
实用动物资料集	10304	实用广告摄影技法	10376
实用对联钢笔字帖	7455, 7502	实用广告图库	10396
实用对联精选	7455	实用广告学基础	10382
实用对联精选钢笔书楷行隶三体字	7440	实用哈农钢琴练指法	11247
实用对联精选钢笔字帖	7502	实用海报字体	10402
实用对联六体书法合璧	7669	实用汉字速写法	7583
实用对联美术字	7646	实用合唱与指挥基础教程	11127
实用对联书法欣赏	7348	实用和声学	11068, 11069
实用对位法	11072, 11082	实用和声学简明教程	11104
实用范例钢笔字书写要诀	7431	实用和声学教程	11076
实用服饰手工印染技法	10361	实用黑板报、壁报装饰集萃	10299
实用复调音乐初步教程	11076	实用黑板报报头	10271
实用钢笔楷书	7569	实用黑板报壁报插图设计 1000 例	10330
实用钢笔书法	7502, 7555, 7569	实用黑板报壁报字体设计 500 例	7652
实用钢笔书法 60 天速成技巧	7533	实用黑板报壁报最新设计 150 例	10330
实用钢笔书法教程	7455, 7598	实用黑板报精品	10338
实用钢笔书法速成教程	7533	实用黑板报设计	10338
实用钢笔书法自学教材	7455	实用黑板报题图尾花	10299
实用钢笔书写新技法	7502	实用黑板报头精选	10311
实用钢笔魏体、隶书字帖	7533	实用黑板报头图案集	10311
实用钢笔字速成	7455	实用黑板报展板设计手册	10338
实用钢笔字速成法	7455	实用花边百科	10264
实用钢笔字速成书写技法	7440	实用花边图案	10758
实用钢笔字帖	7533	实用花卉图案	10275, 10330
实用钢笔字写技	7478	实用花卉装饰纹样	10330
实用钢琴即兴伴奏编配法	11247	实用花束设计	10604
实用钢琴训练技巧	11250	实用花艺包装	10382
实用歌唱法	11110	实用画册	1426
实用歌曲作法	11085	实用绘画透视法	560
实用工体钢笔字帖	7478	实用绘画透视学教程	564
实用弓法	11182	实用绘画学	478, 479
实用公文写作知识钢笔字帖	7502, 7503	实用婚纱摄影&艺术照摄影学	8780

书名索引

实用婚纱与艺术照摄影	8790	实用美术	10175, 10176, 10177, 10227, 10267,
实用基础和声学	11098		10330, 10471, 10485, 10512, 10727
实用基础花型设计	10608	实用美术 ABC	10194
实用吉他重奏曲集	12184	实用美术百科图典	1234
实用家具装璜	10620	实用美术参考资料	624, 10249
实用家庭插花技艺	10597	实用美术基础	618, 10191
实用家庭装饰	10592	实用美术集	10193
实用剪贴外文字母	8595	实用美术集锦	10179
实用剪纸图案	10681	实用美术技法	618, 10181, 10182, 10184, 10186,
实用简谱读法	11044, 11063		10187
实用简谱与五线谱入门	11066	实用美术讲话	10174
实用键盘和声学	11226	实用美术设计基础	10179
实用交谊舞入门	12666	实用美术设计资料	10311
实用金融习字帖	7503	实用美术手册	10174
实用爵士钢琴金曲	12501	实用美术图案	10748
实用军乐配器法	11102	实用美术图案大全	10311
实用军事书法	7369	实用美术与广告	10374
实用楷行书法	7359	实用美术装饰图案集	10299
实用楷书钢笔字帖	7533	实用美术资料剪贴集	10264
实用楷书训练	7396	实用美术字	7631, 7633, 7637, 7641, 7650
实用楷书字典	8406	实用美术字 2000 例	7643
实用刊头尾花精选	10304	实用美术字画	7628
实用刊头资料集	10295	实用美术字精华	7646
实用科普美术资料	3335	实用美术字精选集	7646
实用口琴吹奏法	11212	实用美术字入门	7643
实用乐理	11066	实用美术字书写技法	7648
实用乐理教程	11064	实用美术字造型结构查考	7640
实用乐理手册	11057	实用美术字字典	7651, 7652
实用乐理知识简表	11053	实用民族乐器法	11297
实用隶书字典	8376	实用农村宣传广告装饰荟萃	10305
实用隶书字帖	8368, 8369	实用喷绘艺术	1091
实用隶体字帖	8369	实用扑克魔术大全	12997
实用六体书字典	7722	实用轻工美术资料 800 图	10295
实用毛笔书法教程	7328	实用区域曝光法	8776
实用美工大全	10740	实用三笔字速成新法	7397

中国历代图书总目·艺术卷

实用三体钢笔字帖	7598	实用书法对联荟萃	7621, 7622
实用色彩设计	157	实用书法基础	7291
实用色彩学	146, 147	实用书法讲话	7243, 7244
实用色谱	152, 156	实用书法教程	7298, 7328, 7338, 7359, 7381
实用摄像艺术	13272	实用书法手册	7298
实用摄影	8693, 8717, 8769	实用书法速成字帖	7369, 7381, 7397
实用摄影 66 讲	8784	实用书法要义	7348
实用摄影 300 问	8750	实用书法知识	7317
实用摄影构图	8709	实用书法字典	7153
实用摄影技法 108	8790	实用双喜图	10681
实用摄影技巧	8784	实用速写技法	1115
实用摄影技术	8780, 8784	实用太极吉祥字	7652
实用摄影技术技巧	8750	实用题花·墙报图案	10331
实用摄影技术讲座	8714, 8716, 8717	实用体育美术	10261
实用摄影技术问答	8756	实用挑绣图案	10353
实用摄影技术指南	8799	实用透视	563
实用摄影技艺	8769	实用透视画技法	565
实用摄影入门	8756	实用图案画	10238
实用摄影手册	8733, 8741, 8772, 8780	实用图案画典	10251
实用摄影特技	8741	实用图案画手册	10239
实用摄影学	8769	实用图案集	10315
实用摄影艺术	8721	实用图案集成	10745
实用摄影知识	8745	实用图案剪贴集	10285
实用摄影指南	8790	实用图案设计	10219
实用生活馈赠妙语行书钢笔字帖	7598	实用图案手册	10280, 10285
实用诗联书法	8239	实用图案与底纹集	10305
实用视幻图案集锦	10280	实用图样集	10325
实用手风琴曲 100 首	12215	实用外文字母	8598
实用手风琴训练技巧	11250	实用外文字体精选	8596
实用手绣机绣图案集	10295	实用外文字体手册	8594
实用书法 7278, 7308, 7316, 7348, 7369, 7380,		实用外文字帖	8597
7381		实用文书知识钢笔行书字帖	7455
实用书法大辞典: 楷行草隶篆五体注音	8255	实用文艺经营管理入门	209
实用书法大字典	7503	实用舞台技术	12826
实用书法对联	8255	实用舞厅名曲选	12150

书名索引

实用现代家庭装饰集	10587	实用篆刻起步	8475
实用线绣图案	10345	实用篆书字典	8364
实用小乐队编配法	11274	实用装潢设计手册	10376
实用小魔术 100 例	12997	实用装饰风景集	10295
实用小提琴演奏法	11191	实用装饰构图	10208
实用小提琴音阶练习	11179, 11180	实用装饰画精品集	10315
实用小学报头·题花装饰集萃	10311	实用装饰家具	10621
实用校园报刊图案装饰集萃 1000 例	10321	实用装饰刊头题花	10325
实用新魏书习字帖	8386	实用装饰美术字	7637, 7648
实用摇滚吉他弹唱	12481	实用装饰图案	10238, 10311, 10325, 10567
实用音乐大全	10823	实用装饰图案集	10285
实用音乐知识	10815	实用装饰图案精编	10321
实用印刷字体手册	7647	实用装饰图案设计	10213
实用印章起步	8468	实用装饰图案手册	10271, 10565
实用应酬文体钢笔字帖	7503	实用装饰图集	10305
实用英文书法艺术	8598	实用装饰小品集	10290
实用楹联	7533	实用装饰新报头	10290, 10325
实用影视剪辑技巧	13270	实用字体大全	7263
实用影视制片	13285	实用最新集体舞	12593
实用硬笔楷书行书对照字帖	7503	实斋印存	8524
实用硬笔书法	7503, 7598	拾不闲	1750
实用硬笔书法教程	7609	拾翠	8494
实用硬笔书法艺术	7569	拾大哥	5140
实用硬笔书法字帖	7478, 7503	拾到东西交阿姨	4147
实用硬笔字速成训练	7478	拾到五分钱	3780
实用硬笔字帖	7478	拾稻穗	5181
实用圆珠笔书写字帖	7440	拾海贝	9536
实用折纸	10777	拾荒者的足迹	5977
实用纸雕创作	10706	拾金不昧	3602, 3740, 4301
实用纸花设计	10711	拾金不昧的好孩子	4401
实用指弹吉他教程	11211	拾麦穗	1727, 4147
实用中外艺术字体装饰集萃 1000 例	7650	拾棉姑娘	13089
实用中学报头·题花装饰集萃	10311	拾棉花	12106
实用祝词钢笔书法	7478	拾叁勇士	13251
实用篆刻大字典	8466	拾婴记	5978

中国历代图书总目·艺术卷

拾玉镯 4087, 4147, 4301, 4824, 9221, 9229, 9942,	史可法扬州保卫战	5832
9945, 12074, 12076	史林评剧音乐创作集	11876
拾玉镯	2092	史努比全集	7022, 7023
拾镯赠情	4483	史前生物的奥秘	5589
食粮	5361, 5416	史前世界历险记	5832
食品	8790	史前世界旅行记	5416
食品店"飞"出腊肠	6266	史前艺术史	171
食品店大战	6689	史秋鹭画集	2272
食品图案资料集	10271	史诗	12163
食堂办得好社员干劲高	3088	史氏家藏左文襄公手札	8030
食堂的好管理员	4978	史坦尼斯拉夫斯基体系解说	12681
食堂第一天	12598	史特劳斯	10880
食堂家底发展好，社员生产干劲高	3089	史文登夫人	6888
食堂巧做千家饭，吃饱吃好又吃省	3089	史文鸿的电影评论	13142
食盐	13286	史文集书画	2273
史长江书法篆刻选	8239	史希光画集	2410
史晨碑	7767	史湘云	4147, 9674
史晨前碑	7767	史湘云醉眠芍药茵	3602
史晨前后碑	7767	史湘云醉眠芍药裀	3567, 4034, 4087
史楚金与斯坦尼斯拉夫斯基	12683	史湘云醉卧芍药床	4556
史楚金在电影中创造的列宁形象的人民性		史选红	9776
	13090	史亦芳水彩画集	2955
史达尼斯拉夫斯基论舞台艺术	12797	史印	8490
史达尼斯拉夫斯基体系与苏联戏剧	12680	史振峰画集	2183
史蒂芬·霍金	7022	史振岭画集	2549
史阁部草书杜诗真迹	8041, 8049	史正学画册	2273
史阁部为江文石先生书云洲子歌	8052	史正学画集	2209
史贵俊摄影集	8987	史宗毅歌曲选	11486
史国良画集	2405	矢岛功人物素描	632
史海波画集	2954	使命·职责·素质	8784
史海波水彩画作品集	2963	使命与情网	5978
史记	3439, 3455, 6463	使人发笑的画	1302
史记故事连环画	6366	使人发笑的中国漫画	3455
史进	6126	使我们中国人口能有计划的生育，是一个伟大	
史可法先生墨影	8058	的事业	3307

书名索引

始终保持革命警惕 时刻牢记阶级斗争	3939	世纪之交的电影嬗变	13318
士兵歌曲选	11362	世纪之交的上海美术	120
士兵是这样的人	11432	世纪之交千人千作	8334
士兵与万宝囊	5700	世纪之交中国画名家作品选	2335
士兵之歌	13094	世纪之交中国女性绘画走势	536
士美图	3567	世纪之桥	8861
士一居印存	8555	世纪之声	12391
世博礼仪小姐风采	8915	世纪转折时期的中国影视文化	13069
世代幸福	4301	世间万象	3525
世纪传薪	336	世界50大谜	6266
世纪丹青	1717	世界爱情小诗硬笔字帖	7583
世纪的交响	120	世界爱情幽默画	6976, 7014, 7023
世纪电影	13198	世界爱情幽默画赏析	1238
世纪洞	6366	世界奥林匹克纪念币精粹	10769
世纪风	2335	世界芭蕾史纲	12660
世纪风金曲集	11741	世界芭蕾作品介绍	12670
世纪行	13296	世界百部战争影片	13156
世纪行：四项基本原则纵横谈	13296	世界百科标志符号图典	10745
世纪画坛	2335	世界版面设计艺术精萃	10325
世纪画坛大典	2335	世界包装设计精选	10725, 10755
世纪辉煌	350	世界杯行动	6126
世纪漫画	1249	世界悲剧文学史	12786
世纪末的回声	1087	世界悲剧中的女性	519
世纪末的艺术反思	375	世界标志大典	10749
世纪末的艺术留言	033	世界标志商标设计大系	10755
世纪末绘画	6810	世界标志设计	10315, 10316
世纪末艺术	186	世界标志图案集	10735
世纪末艺术系列	550	世界标志艺术大观	10732
世纪末中国画人物画展览作品集	2402	世界表演艺术市场	12838
世纪情	2288	世界博物馆珍品大展	118
世纪上海	2485	世界彩纹大全	10725
世纪晚钟	111	世界插画设计	7060
世纪肖像	9037	世界插图艺术精品集	7062
世纪之光	313	世界插图艺术精品集曲	1232
世纪之光——九九归一翰墨抒怀	8320	世界产品设计商标设计包装设计广告设计精华	

中国历代图书总目·艺术卷

	10742	世界电影名篇探胜	13138
世界超级轿车	10699	世界电影名片手册	13319
世界超级球星	9029	世界电影明星特集	10164
世界超级影星史泰隆	9021, 10141	世界电影史	13180, 13182
世界成功促销广告十五例	10752	世界电影手册	13069
世界城市环境雕塑	8677	世界电影艺术发展史教程	13196
世界橱窗设计精华	10745	世界电影艺术史纲	13193
世界橱窗艺术	10752	世界电影主题曲	12420
世界传世名画	6833	世界电子琴名曲	12238
世界大都市	9134	世界电子琴曲选	12555
世界大师素描	6907	世界店面装饰设计	10755
世界大事装心中	1836	世界雕塑	8608
世界大探险	7048	世界雕塑名品图鉴	8612
世界大音乐家与名曲	10853	世界雕塑全集	8673, 8674, 8675, 8676
世界当代少儿美术书法摄影优秀作品精选		世界雕塑史	8607
	203	世界雕塑欣赏	8672
世界当代书画作品选	6826	世界顶级设计作品选	10777
世界当代艺术家画库	6828, 6829, 6833	世界动画精选	6659
世界当代艺术史	189	世界动物	10316
世界当代印坛大观	8592	世界动物故事画库	6413, 6414
世界的儿童	10133	世界动物图案 3300 例	10743
世界的公园	10127	世界动物幽默画	7009
世界第一高峰——珠穆朗玛峰	9054	世界独唱名曲选	12430
世界电视之窗	13184	世界儿歌集	12436
世界电影百科全书	13062	世界儿童唱和跳精选	12447
世界电影博览	13314	世界儿童钢琴名曲大全	12518
世界电影的裸变	13179	世界儿童钢琴名曲集	12507, 12514
世界电影广告 300 例	13142	世界儿童钢琴名曲选	12514
世界电影海报	6929	世界儿童钢琴曲集	12538
世界电影鉴赏词典	13138	世界儿童钢琴曲选	12511
世界电影鉴赏辞典	13138	世界儿童歌曲集锦	12444
世界电影经典	13071	世界儿童画大赛中国获奖作品选	6760
世界电影经典歌曲 500 首	12423	世界儿童画赏析	1263
世界电影美学思潮史纲	13074	世界儿童画选	1253
世界电影梦幻经典	13167	世界儿童节奏集	12487

书名索引

世界儿童书籍插图选	7066	世界各国国名国都书法篆刻集	8239
世界儿童书籍插图选粹	7065	世界各国音乐院校名录	10833
世界儿童文学插图	7062	世界工业设计史略	10198
世界发明发现大事典	3476	世界工艺	10184
世界风光	4034, 4087, 4088, 4147, 4301, 4401, 4718, 4759, 4760, 4771, 6788, 9063, 9064, 9077, 9082, 9091, 9109, 9118, 9144, 9876, 10144, 10147, 10148, 10157, 10159, 10164, 10459, 10512, 10520	世界工艺美术设计名作集成	10752
		世界工艺史	10201
		世界公园	10120
		世界古代后期艺术史	189
		世界古代前期艺术史	189
世界风光：英国、奥地利	9885	世界古代中期艺术史	189
世界风光 200 图	2879	世界古典装饰图案家具造形精华选粹	10725
世界风光集锦	4760, 9101	世界故事大王	6689, 7001
世界风光揽胜	10148	世界广告精选	10737
世界风光图案	10261	世界广告商标标志大全	10755
世界风景画选	6799	世界广告设计艺术	10749
世界风景名画临本	6870	世界广告摄影	10138
世界风情	9091, 9886	世界广告摄影名作选	10137
世界风情图画资料	6366	世界广告招贴艺术图集	10769
世界风俗画选	6799	世界瑰宝	203
世界佛教艺术源流	460	世界国歌博览	12400
世界服饰艺术大观	10740	世界合唱歌曲	12432
世界服饰艺术鉴赏	10777	世界合唱名歌	12425
世界钢琴名曲 70 首	12516	世界和平书画展精品集	2257
世界钢琴名曲集	12503, 12518	世界贺年片选	10735
世界钢琴名曲精选	12523	世界黑白画集萃	7144
世界钢琴王子理查德·克莱德曼最新情调钢琴		世界黑色幽默画	7009
金曲集锦	12516	世界花边图案 2200 例	10745
世界歌曲	12368	世界华侨华人摄影佳作选	10143
世界歌坛"巨星"	10926	世界华侨华人摄影家作品集	10138
世界歌星大会串	12403, 12407	世界华人画家三峡刻石	8677
世界歌选	12357	世界华人摄影作品选	10141
世界革命人民热爱毛主席	279	世界华人书画展作品集	6842
世界各地	9091, 9109	世界滑稽故事	6669, 6689
世界各国电影事业概况	13307	世界化石趣谈	3476
世界各国国歌	12400	世界化妆品造型图集	10769

中国历代图书总目·艺术卷

世界画坛的大师们	522	世界经典绘画鉴赏丛书	545
世界绘画	527, 536	世界经典漫画选编	7029
世界绘画大师	638	世界经典速写赏析	6907
世界绘画广告	7144	世界经典童话	6538
世界绘画珍藏大系	6833, 6834, 6835	世界经典影片分析与读解	13167
世界火柴盒贴设计集	10765	世界经典幽默与漫画	7009
世界火花设计精选	10765	世界惊险故事	6414
世界获奖电影介绍与欣赏	13130	世界精美装饰图集	10743
世界机智故事	6659, 6689	世界精品商店设计资料集	10749
世界吉它名曲	12484	世界静物画选	6799
世界纪录电影史	13188	世界静物名画临本	6873
世界纪录片史略	13298	世界巨商沉浮录	6431
世界家具与室内布置全集	10589	世界军事幽默画	7023
世界家庭住室装饰设计 100 例	10749	世界卡通精选	6659
世界见闻	13243	世界卡通剧场	6538
世界建筑画选	6799	世界卡通图案	7142
世界健康幽默画	7014	世界卡通形象大全	6723
世界舰船	10527	世界科幻电影经典	13301
世界交通工具 1000 例	10321	世界科幻电影史	13184
世界交通幽默画	7029	世界科幻故事画库	6392
世界交响名曲欣赏	11272	世界科幻名著编连环画	6392
世界杰出插画家	7063	世界科幻名著精编连环画	6336, 6463
世界杰出服装画家作品集	10728	世界科技发展史画库	6499
世界杰出服装画家作品选	10735	世界科技名人画典	633
世界金奖童画选辑	7144	世界科学巨匠画传	6565
世界金曲 200 首	12386	世界科学幽默画	7010
世界金曲总库	12410	世界科学幽默画赏析	1238
世界进阶钢琴曲集	12504	世界揽胜	10144
世界近代和现代建筑	5501	世界乐坛上的大师与名曲	10872
世界近代后期艺术史	189	世界历史名人画传	6392, 6393
世界近代前期艺术史	189	世界历史五千年故事连环画库	7046
世界近代中期艺术史	189	世界连环漫画杰作选	7001
世界经典电影荟萃	13161	世界流行服饰款式大全	10743
世界经典儿童文学名著卡通连环画	6738	世界流行歌曲大全	12408
世界经典儿童文学名著注音卡通	6738	世界流行交谊舞	12662

书名索引

世界流行霹雳舞通俗教程	12669	世界民间故事	6230, 6538
世界流行情歌	12407	世界民间故事画库	6366
世界流行通俗音乐之窗	10823	世界民主青年联盟理事会北京会议	9261
世界流行音乐群星	12404	世界民族音乐概论	10916
世界掠影	10167	世界名城	9118
世界裸体美术	6772	世界名城威尼斯	10512
世界裸体美术选	6773	世界名店设计选粹	10762
世界马戏幽默画	7014	世界名都	4401
世界满族书画大展	2224, 2257	世界名都——巴黎	9091
世界漫画长廊	7029	世界名歌	12379
世界漫画大奖赛作品精选	6945	世界名歌 100 首	12377
世界漫画大师精品珍赏	6958	世界名歌 110 曲集	12375
世界漫画杰作选	6940, 6942	世界名歌 300 首	12389
世界漫画精选	6940	世界名歌百首	12352
世界漫画小百科	6945	世界名歌集	12354, 12357
世界美术大师绘画技法	618	世界名歌精华	12381
世界美术大图典	188	世界名歌选	12354, 12368
世界美术概览	182, 183	世界名歌选萃	12390
世界美术馆全集	208, 209	世界名歌选粹	12354
世界美术画丛	6826	世界名歌选集	12356
世界美术家简介	502, 503	世界名画	6798, 6799, 6800, 6843, 6845, 6867,
世界美术鉴赏词典	105		6892
世界美术名作二十讲	515, 516	世界名画大宫女	6864
世界美术名作鉴赏辞典	104	世界名画故事	6864
世界美术全集	204	世界名画技法研究	602
世界美术史	179, 180, 183	世界名画家速写选	6902
世界美术史话	172	世界名画家与模特儿	588
世界美术书法家作品大画册	6838	世界名画鉴赏图典	540
世界美术图案大百科	10749	世界名画精品集	6809
世界美术之旅	186	世界名画全集	6782
世界美术作品选集	205	世界名画赏析	1074
世界面具	10749	世界名画欣赏	508, 512, 513
世界妙语精选钢笔字帖	7533	世界名画选	6785, 6787, 6788
世界民歌	12410	世界名画选集	6772, 6800
世界民歌 110 曲集	12412	世界名画与巨匠	6829

中国历代图书总目·艺术卷

世界名机	10527	世界名著故事集	6723
世界名家包装设计	10735	世界名著连环画精选	6538
世界名家包装设计专集	10735	世界魔幻奇术全书	13001
世界名家插画专集	7061	世界魔术大观	12991
世界名家儿童插画专集	7063	世界魔术大揭秘	13008
世界名家商业橱窗艺术设计	10745	世界魔术大全	13002
世界名家摄影专集	10137	世界魔术大师秘法大公开	13008
世界名家水彩	6910	世界魔术图说	13002
世界名家水彩专集	6910	世界末日	6689, 6690
世界名家水彩作品专集	6911	世界女性人体艺术摄影	10141
世界名家素描	6902	世界女子跳板跳水冠军史美琴	9553
世界名家素描鉴赏	1146	世界女子跳台跳水冠军陈肖霞	9553
世界名家油画专集	6861	世界喷绘艺术	6863
世界名酒的包装装潢集	10769	世界啤标 600 图	10755
世界名酒瓶型酒标图集	10769	世界啤酒商标集萃	10765
世界名兰	10512	世界平面广告创意精粹	10758
世界名兰明信片	10057	世界奇案	6197
世界名木刻欣赏	8618	世界奇观	10126, 10520
世界名牌产品商标包装设计大图典	10762	世界奇妙故事	6463
世界名片荟萃	13295	世界汽车集锦	10520
世界名曲	12508, 12509	世界青年歌集	11391
世界名曲 35 首	11236	世界轻音乐钢琴名曲选	12514
世界名曲经典	12390	世界人民反帝斗争必胜	3129
世界名曲欣赏	11270, 11271	世界人民歌曲集	12365
世界名曲欣赏辞典	10877	世界人民热烈欢呼中国共产党第九次全国代表	
世界名曲选萃	12514	大会胜利召开	3169
世界名曲与 CD 指南	10880	世界人体版画集	6926
世界名人传记	6431, 6565	世界人体插图选	7061
世界名人格言精华四体钢笔字帖	7456	世界人体雕塑选	8671
世界名人格言硬笔行书字帖	7503	世界人体绘画选	6795, 6826
世界名人画传	6299	世界人体摄影	10138
世界名人画典	7034	世界人体摄影技艺	10141
世界名人私人相册	10154	世界人体摄影名作	10127
世界名人肖像印	8588	世界人体摄影艺术	10141, 10154
世界名人赞桂林	8861	世界人体摄影艺术精华赏析	10139

书名索引

世界人体艺术鉴赏大辞典	102	世界摄影艺术流派图谱	10136
世界人体艺术鉴赏大典	459	世界摄影艺术名作纵览	10148
世界人体艺术摄影集锦	10133	世界摄影艺术图典	8711
世界人体艺术作品选	6800	世界摄影作品欣赏	8682
世界人物图案 2700 例	10743	世界神话画库	6336
世界人物图案资料集成	10725	世界生活幽默画	7010
世界人物装饰画艺术	10213	世界生活幽默画赏析	1238
世界三大宗教与艺术	453	世界声乐艺术珍品博览	12390
世界商标·标志	10728	世界胜景	9072
世界商标标志设计 4500 例	10752, 10753	世界十大爱情电影	6463
世界商标大典	10726	世界十大芭蕾舞剧欣赏	12670, 12671
世界商标合成字	10370	世界十大球星	10143
世界商标集锦	10727	世界室内装饰设计全集	10579, 10749, 10750
世界商标设计精华	10753, 10755	世界室内装饰史百图	10202
世界商标设计探秘	10769	世界手风琴名曲选	12506
世界商标造形设计	10735	世界手风琴名曲演奏技法	11239
世界商场·世界橱窗	10749	世界手提购物袋设计精选	10777
世界商店设计精华	10737	世界首尊金玉大佛	460
世界商店招牌设计图集	10769	世界书籍艺术流派	10198
世界商品包装设计 3000 例	10759	世界属于你	12405, 12407
世界商品包装装潢集	10765	世界水彩画家特集	6911
世界商企招牌设计集	10769	世界水彩画鉴赏	1181
世界商用购物袋设计集	10769	世界素描大师	6902
世界上从未有过的事——三槽出钢	4916	世界素描活页选人物 100 幅	6902
世界上最大的水电站	10128	世界素描新选系列	6908
世界上最早的邮票	5501	世界陶瓷艺术史	10202
世界少年奇才	6711	世界体育徽标图案	10740
世界摄影 150 年	10145	世界体育火花精品图录	10777
世界摄影大师	10151	世界体育幽默画	6949, 7014
世界摄影广告	10137, 10145	世界通俗小提琴名曲集	12473
世界摄影名作选集	10127	世界童话名著	6633
世界摄影年鉴	10127	世界童话名著精选	6197, 6266
世界摄影设计全集	10133	世界童话名著连环画	6266
世界摄影史	8686	世界童话名著连环画丛书	6393
世界摄影史话	8690	世界童话名著填色剪贴画册	10689

中国历代图书总目·艺术卷

世界童谣一百曲	12436	世界现代汽车	3389
世界图案精华	10726	世界现代前期艺术史	189
世界图案精选	10750	世界现代人体艺术鉴赏图册	201
世界图案装饰造型选粹	10738	世界现代商店橱窗设计经典	10763
世界图案资料集成	10248	世界现代商店室内设计经典	10763
世界图形·插画大图典	10750	世界现代设计	10191
世界图形设计丛书	10738	世界现代设计史	10202
世界土风舞	12657	世界现代陶艺	10777
世界万物的由来	6499	世界现代陶艺概览	10777
世界伟人画库	7048	世界现代著名企业家经营谋略	6393
世界文化名人关汉聊戏剧创作七百年纪念演出		世界现代著名企业家经营谋略图画	6393, 6394
周	13015	世界肖像画选	6800
世界文明史	375	世界小提琴名曲集	12468
世界文学名著	6230, 7036	世界笑画与笑话	6949, 6976
世界文学名著·欧美部分	6231	世界笑话集	6197, 6198
世界文学名著·亚非部分	6299	世界写真	3465
世界文学名著插图选	7060	世界新潮美术作品集	6798
世界文学名著精粹	7055	世界新潮童装图饰	10745
世界文学名著连环画丛书6231, 6299, 6300, 6336		世界新式战车艺术图片	2885
世界屋脊行	1374	世界新闻得奖年鉴	10135
世界舞蹈剪影	12577	世界新闻摄影比赛作品选	10139
世界舞蹈史	12578	世界新闻摄影得奖年鉴	10135
世界戏法魔术入门	13007	世界新闻摄影作品选评	10139
世界戏剧艺术的欣赏	12715	世界新型飞机精选	9328
世界现代标志图形设计	10765	世界烟标集萃	10750
世界现代城市雕塑	8672	世界岩画资料图集	411
世界现代吊牌卡片设计经典	10769	世界摇滚乐大观	10988
世界现代广告设计经典	10763	世界摇滚乐特集	10527
世界现代广告摄影经典	10149	世界一百名人画传	6394
世界现代广告招示设计经典	10766	世界一流标志设计	10753
世界现代后期艺术史	189	世界一流广告设计实例全集	10755
世界现代绘画选	6800	世界一瞬间	10144
世界现代流行时装画	10740	世界艺术百科全书选译	165
世界现代美术大师绘画技法	527	世界艺术大观	093
世界现代平面设计史	10204	世界艺术风采	094

书名索引

世界艺术历程	193	世界幽默漫画精选	6981
世界艺术摄影图库	10143	世界幽默名著	3502
世界艺术史	188, 192	世界幽默笑话博览	6976
世界艺术史话	191	世界幽默与漫画杰作	7029
世界艺术史图集	193	世界油画精选：爱神与普赛克	4858
世界艺术幽默画	7001	世界油画精选：柏柳索斯与四女神	4858
世界艺术幽默画赏析	1238	世界油画精选：被救出河的摩西	4858
世界艺术与美学	062, 063	世界油画精选：贤明的寓意	4858
世界音乐大师钢琴作品选集	12533, 12534	世界油画静物精选	6873
世界音乐大师钢琴作品选集	12533, 12534	世界语歌曲集	12381
世界音乐殿堂	10818	世界寓言名著	6500
世界音乐家名言录	10818	世界寓言名著·拉封丹篇	7142
世界音乐教育集萃	10821	世界原始美术图集	183
世界音乐教育集粹	10815	世界原始装饰艺术	10745
世界音乐谱	12449	世界展示设计全书	10745
世界音乐圣典	10897	世界战机	3389
世界音乐文丛	10825	世界战争电影奇观	13190
世界音乐幽默画	6958	世界珍藏邮票	10171
世界英文歌曲经典	12391	世界珍禽异兽图案	10740
世界影画艺术	10738	世界真奇妙	6394
世界影视市场	13284	世界之谜	6231
世界影视幽默画赏析	1238	世界之最钢笔字帖	7583
世界影坛佳话	13314	世界之最童话故事	6711
世界影星	13219	世界植物图案 3700 例	10750
世界影星玛丽莲·梦露	10167	世界中世纪艺术史	190
世界永恒的艳星——玛丽莲·梦露	8904	世界重要国际性视觉艺术展览及竞赛资料汇编	
世界优秀磁带·CD 装帧设计选	10759		212
世界优秀电影赏析	13161	世界著名包装设计作品选	10745
世界优秀名片信纸信封设计	10753	世界著名标志精选	10755
世界优秀童话连环画精选	6414	世界著名电影导演研究	13213
世界幽默画大观	6958	世界著名电影连环画	6366
世界幽默画精选	6942	世界著名电影综览	13184
世界幽默画精选 365	7002	世界著名歌唱家	11119
世界幽默画赏析大观	1238	世界著名歌曲选	12372
世界幽默漫画大师作品欣赏	6958	世界著名广告作品分析	10770

世界著名海战故事	6394	世界著名协奏曲欣赏	12553
世界著名交响曲欣赏	11277	世界著名序曲欣赏	11277
世界著名交响诗欣赏	12553	世界著名演讲词钢笔行书字帖	7583
世界著名景观折纸：埃菲尔铁塔(法国）	10699	世界著名摇滚乐吉他曲精萃	12482
世界著名景观折纸：德国古城堡	10699	世界著名摇滚乐吉他曲新编	12481
世界著名景观折纸：华盛顿国会大厦(美国）		世界著名摇滚乐吉他曲新编	12482
	10699	世界著名音乐家钢琴奏鸣曲精选	12523
世界著名景观折纸：泰姬·玛哈尔陵(印度）		世界著名影星凯茜·史密斯	10141, 10142
	10699	世界著名幽默童话	7002
世界著名景观折纸：特洛伊木马·荷兰风车		世界著名寓言	6539
	10699	世界著名圆舞曲欣赏	11271, 12452
世界著名景观折纸：悉尼歌剧院(澳大利亚）		世界著名展示空间道具设计大图典	10763
	10699	世界著名战车	10699
世界著名科幻故事连环画	6500	世界著名组曲欣赏	11278
世界著名空战故事	6394	世界专题漫画精品	7030
世界著名老式汽车手工制作	10708	世界装饰画	10738
世界著名历险故事连环画	6500	世界装饰画插图精品集	10258, 10267, 10729
世界著名陆战故事	6394	世界装饰画艺术图集	10770
世界著名漫画经典	7023	世界装饰卡通集锦	7116
世界著名情报战故事	6394	世界装饰图案全集	10770
世界著名摄影大师哈尔斯曼摄影艺术	10145	世界装饰图集成	10722, 10723
世界著名摄影家人体摄影艺术	10141	世界自然奇观	10149
世界著名神话	6538	世界自然与文化遗产	8915
世界著名史诗十二部	6395	世界足球明星	10137
世界著名水彩画家	6911	世界最新店面装饰设计 1000 例	10746
世界著名探案故事连环画	6500	世界最新建筑画	6805
世界著名通俗钢琴曲欣赏	11231	世界最新摄影构成与平面设计精品集	10151
世界著名童话：金星卷	6500	世上从此有坏蛋	5832
世界著名童话：银星卷	6500	世上无难事	1850, 3939, 3985
世界著名童话歌曲精选	12050	世上无难事 只要肯登攀	3894
世界著名童话故事连环画	7043	世上无难事 只要肯登攀	2769, 3260, 3335
世界著名童话精选	6464, 6690	世上只有妈妈好	11730
世界著名童话连环画库	6431	世世代代高举毛主席的伟大旗帜	3307, 9283
世界著名弦乐艺术家谈演奏	11184	世世代代铭记毛主席的恩情	11968
世界著名小提琴曲欣赏	11185	世世和平	2666

书名索引

世说新语	3488	事事如意	2093, 2150
世说新语·菜根谭	6395	事事如意 户户平安	2150
世俗的祭礼	12692	事事如意 年年有余	2150
世俗神话	13058	事事如意·户户平安	2093
世态画集	3398	事事如意；岁岁平安	4635
世象百图	3422, 3447	事事如意屏	4794
仕女	4218, 9007, 10447	事事如意庆有余	4557
仕女	2357, 2642	事事如意幸福来	2093
仕女白描画谱	879	事喜图	4557
仕女画的研究与技法	811, 873	事业报告书	13172
仕女画之美	1487	侍王的故事	5978
仕女人物图谱	2357	饰物编折	10227
仕女条屏	4147, 4218	饰物制作	10227
仕女图	2012, 8832	试比花娇	9705
仕女图	2606	试笔	7195
仕女图谱	1973	试播	3846
仕女戏鱼	4557	试车	3741
市长的报应	5978	试帆	3649
市场	1973	试耕图	3649
市郊新貌	1820	试航	3985, 4034, 4218, 4978, 5261, 9352
市井百态	3525	试航	2150
市美校刊	1354	试剑石	5978
市镇之晨	2930	试讲	1836, 3846
市政局艺术奖获得者作品展	344, 345	试讲儒法斗争史	3846
式古堂书画汇考	764, 765	试卷评析	115
式古堂书画汇考画考	765	试看天地翻覆	3985
式古堂书画考	1459	试论陈三五娘的两种形象处理	12815
式古堂书考	7657	试论中国戏曲舞台艺术的表演程式	12814
式古堂朱墨书画纪	1459	试帖小楷	8026
式熊印稿	8568	试新衣	4088
势不可挡	3894	试新装	4147, 4301, 4718, 9526
势与艺七篇	104	试验兵之歌	11487
势与中国艺术	036	试验田	3846, 4916
事茗图	4634	试映成功	4034
事事如意	4218, 4557, 4635, 4718, 4838	试泳	9394

试针	3765，3780	视觉识别设计	10396
试装	4916	视觉思维	054
视察途中	3985	视觉艺术	125，126，128
视察专员	13011	视觉艺术的含义	126
视唱	11042，11043，11063，11066	视觉艺术的社会心理	040
视唱初级练习	11058	视觉艺术鉴赏	130
视唱基础教程	11063	视觉艺术设计	129
视唱基础练习曲 105 首	11063	视觉艺术心理	057
视唱教程	11038，11043，11045，11048，11049，	视觉艺术与造形	132
	11050，11051，11061，11063，11066	视觉语言丛书	10777
视唱练耳	11054，11055，11056，11060，11065	视觉原理	067
视唱练耳电视讲座	11061	视频电脑广告设备原理及应用指南	10402
视唱练耳基础教程	11065	视学	552
视唱练耳基础训练及应试指导	11066	拭目以待	9394
视唱练耳简明教程	11061	柿熟满园	3602
视唱练耳教程	11052	柿子、枇杷	1735
视唱练耳教学法	11066	柿子红了	5235
视唱练耳入门	11065	是工地又是学校	8643
视唱练耳与乐理教学指导	11061	是你给我爱	11489
视唱练习	11040	是谁创造了人类世界　是我们劳动群众	3210
视唱艺术	11065	是谁吹起金唢呐	12035
视唱与练耳	11056	是我错	5978，8813
视错觉在设计上的应用	10178	适合纹样集	10256
视幻图案	10272	适时播种好处多	3105
视幻图案应用参考	10210	适时早播种　争取好收成	3112
视幻艺术	10338	适形花卉图案	10290
视觉表述	144	适应与征服	094
视觉表现 28 谈	10377	适俞氏姊墓志铭	8031
视觉传达基础	10390	适园印存	8490
视觉传达流程设计	10387	适园印谱	8509
视觉传达设计	10387	室静兰香	8281
视觉革命	128	室内·展示·设计	10614
视觉经验	126	室内布置实例 168	10574
视觉美学	072	室内陈设	10575
视觉生活	095	室内陈设艺术	10597

书名索引

室内陈设艺术设计	10608	室内装璜客厅布置家具全书	10616
室内陈设与绿化	10604	室内装饰	10579
室内观叶植物	10584	室内装饰 456	10582
室内花卉布置	10592	室内装饰 760 例	10598
室内花卉装饰技巧与实例	10608	室内装饰花漏图案选	10267
室内环境	8790	室内装饰画	10584, 10585
室内静物摄影技巧	8799	室内装饰技法 100	10582
室内绿化艺术	10582	室内装饰精华	10589
室内绿化装饰	10608	室内装饰美	10722
室内绿饰造景	10608	室内装饰设计	10576
室内商业展示设计	10615	室内装饰新款	10598
室内设计	10575, 10576	室内自然光摄影	8719, 8720
室内设计表现图技法	10770	释滚调	11137
室内设计彩色专辑	10723	释迦牟尼	4838
室内设计典藏集	10592	释迦牟尼佛	6500
室内设计观念	10746	释迦牟尼佛会图	1697
室内设计基础	10584	释迦牟尼佛像	450
室内设计鉴赏集	10595	释迦牟尼及二圣六庄严	6762
室内设计面面观	10595	释迦如来密行化迹全谱	8550
室内设计色彩技法	156	释娘牌子	12128
室内设计图解	10589	释然画文集	2309
室内设计小品	10575	释谈章	12298
室内设计学	10575	释智匠古今乐录	10964
室内设计与角	10587	誓把山河重安排	3210
室内摄影	8735, 8769	誓把遗愿化宏图	3155
室内特集	10584	誓夺红旗	3089
室内外绿化装饰图说	10608	誓夺煤炭高产	3210
室内效果图画法与技法	6744	誓将山河变新颜	3894
室内一角标本	1147	誓将无产阶级革命事业进行到底	3260
室内栽培柠檬	4899	誓将遗愿化宏图	2769, 2778, 3939
室内植物养护与布置	10598	誓师会上	1828, 3846, 3939
室内植物装饰	10600	誓死保卫祖国	12372, 12543
室内植物装饰与养护	10595	誓死保卫祖国，古巴必胜！	3112
室内装潢技巧	10617	誓死保卫祖国的神圣领土！	3169
室内装潢配色手册	10584	誓死保卫祖国神圣领土	3169

誓为革命多出煤	3242	手的语言	8902
誓为共产主义事业奋斗终身	3352	手动照相排字机字体样本	7632
誓为连理枝	11987	手风琴	11237, 11245, 11260
誓为农业 志在山乡	3699	手风琴——我们的好伙伴	11253
誓为实现共产主义伟大理想英勇奋斗	3185	手风琴伴奏编配法	11222
誓作越南兄弟的坚强后盾!	3155	手风琴伴奏歌曲6首	11449
誓做革命接班人	3846, 11909, 12023	手风琴伴奏歌曲12首	12205
收藏者说	820	手风琴伴奏歌曲集	12195
收伏魔王	6126	手风琴伴奏歌曲选	12197, 12201
收服红孩儿	6539	手风琴伴奏抒情歌曲集	11483
收复老山之战	6198	手风琴唱歌	11211
收复雅克萨	5832	手风琴初级教材	11234
收割	2720	手风琴初级教程	11247
收割的报酬	6847, 6848	手风琴初级综合教程	11260
收割油棕	9334	手风琴电视教程	11237
收割之前	3802	手风琴电子琴即兴伴奏法	11241
收工一把草	3846	手风琴电子琴速成训练	11237
收获	2979, 2988, 3567, 3741, 3765, 3802,	手风琴电子琴演奏基础	11234
	3846, 9394, 13251	手风琴独奏曲15首	12219
收获	2726	手风琴独奏曲八首	12197
收集标本	4088	手风琴独奏外国通俗名曲30首	12511
收姜维	9236, 12114	手风琴复调乐曲选	12509
收了一坡又一坡	2998	手风琴复调曲选	12534
收陆文龙	3649	手风琴合奏曲集	12541
收网图	1574	手风琴基础教程	11258
收租院	8659	手风琴基础教程与简易伴奏法	11241
收租院泥塑群像	8658	手风琴即兴伴奏法	11264
收租院泥塑图选	8665	手风琴技巧训练	11258, 12210
收租院泥塑选	8660	手风琴技术练习	11221
手	4148	手风琴技术训练与伴奏编配	11227, 12210
手把手教你拍摄	8784	手风琴简明教本	11237
手表的故事	5589	手风琴简谱演奏法	11220
手车	11391	手风琴简易记谱法	11230
手岛右卿书迹	8594	手风琴简易记谱法演奏教程	11230
手的动态	1102	手风琴简易演奏法	11220

书名索引

手风琴简易自修读本	11218	手风琴指法训练和检修	11242
手风琴教材	11218	手风琴重奏、合奏曲选	12237
手风琴教程	11231, 11237, 11264	手风琴重奏曲集	12193, 12197, 12214
手风琴教学与演奏	11264	手风琴重奏曲选	12236
手风琴爵士乐	12523	手风琴自修教程	11220
手风琴考级教程	11258	手风琴自学基础	11239
手风琴考级作品名家指导	11260	手风琴左手练习曲36首	12221
手风琴考级作品演奏辅导	11264	手扶拖拉机	3699
手风琴练习法	11215	手工	10178, 10180, 10181
手风琴普及教程	11223	手工劳动	4401
手风琴轻音乐曲选	12210	手工业合作化通俗画册	4899
手风琴曲集 12188, 12196, 12204, 12208, 12217,		手工艺术	10689, 10690
12514		手工印染技法	10366
手风琴曲选 12190, 12196, 12199, 12202, 12203,		手工印染艺术	10358
12219, 12502		手鼓舞	3650, 3985
手风琴入门	11230, 11243, 11256, 11264	手绘、扎染、蜡染技法	10363
手风琴入门基础教程	11264	手绘POP广告	10382
手风琴实用教材	11239	手绘POP广告专辑	10377
手风琴实用练习曲50首	12221	手绘POP设计	10382
手风琴世界名曲集	12509	手绘POP实例	10382
手风琴世界名曲选	12505	手绘POP字体字典	7647
手风琴是我的好朋友	11234	手绘个性字体	7647
手风琴手指练习	11234	手绘金融广告	10382
手风琴速学教材	11239	手绘校园海报150例	10331
手风琴速学教程	11239	手绘圆体字	7644
手风琴通俗名曲集	12210	手拉手	12047, 12406
手风琴通俗曲集	12215	手拉手的故事	6539
手风琴学习新法	11245	手铃舞	12627
手风琴演奏常识	11222	手拿碟儿敲起来	11883
手风琴演奏法	11215, 11223, 11231, 11232	手拿枪,心向党	11962
手风琴演奏基础	11258	手帕魔术集锦	12991
手风琴演奏教程	11229, 11237	手捧宝书心向党	3939
手风琴演奏入门	11237	手牵黄河上高山	2752
手风琴演奏中外儿童歌曲150首	12518	手牵黄河上高原	3939
手风琴演奏自学辅导	11239	手牵油龙下大海	3846

中国历代图书总目·艺术卷

手枪队	5832	首都风光	4218, 8944, 9064, 9067, 9068, 9072,
手枪队长	6464		9082, 9091, 9101
手枪队在行动	5978	首都风光——北海	9072
手巧鲜花香	4301	首都风光——北海公园	9072
手挽手	11799	首都风光——景山公园牡丹亭	9072
手扬鞭儿唱山歌	11788	首都风光——天安门广场	9072
守边关	4401	首都风光——颐和园	9072
守财门神	4864	首都风光——颐和园昆明湖	9072
守岛一条心 建岛一家人	3802	首都风光屏	4635
守调唱名视唱教程	11063	首都风景	4034, 8869
守护员	3002	首都古迹	405
守纪律 爱学习 讲卫生 助人为乐	3342	首都街头壁画选	6619
守紧前线	11539	首都节日盛况	4557
守林人的女儿	6848	首都老战士合唱团的十年	12559
守门将军	4719	首都农村金融系统书法绘画集锦	316
守如印存	8517	首都人民英雄纪念碑雕塑集	8649
守涛画集	2335	首都胜景	4719
守涛画选	2462	首都师范大学油画集	2832
守土抗战	11373	首都师范大学中国画集	2273
守望	2987	首都市花诗书画集	1367
守望电影	13159	首都数十万军民举行盛大庆祝游行, 热烈庆祝	
守卫海防	9523	伟大的中华人民共和国成立二十周年	
守卫在佧佤山上	11412		9266
守卫在桃花河畔	5074	首都速写	2849
守卫在祖国美丽的西沙	11466	首都舞台美术设计资料选	12827
守研生印存六卷	8519	首都新建筑	9302
守砚庐墨迹	8058	首都新貌	4760
守正庐画谱	1604	首都之春	1772
首调唱名法的理论与实践	11060	首都中国画选	1741
首都北京天安门	9989	首钢节日之夜	9960
首都博物馆藏瓷选	408	首届"先锋杯"全国硬笔书法艺术大展获奖作品	
首都博物馆藏砚拓片册	1063	集	7583
首都长安街	9141	首届当代名家书法精品展作品集	8320
首都城市"人民公社"速写	2855	首届当代艺术学术邀请展	350
首都的早晨	2713	首届国际篆刻艺术交流展作品集	8581

书名索引

首届华人平面设计大赛获奖作品选	10766	寿比南山贺吉祥	4795
首届话剧会演会刊	12906	寿比南山松·福如东海水	4760
首届青年钢笔书法大奖赛优秀作品集	7414	寿比青山水长流	4635
首届全国法院书法绘画展选集	2224	寿带海棠	1750
首届全国皇家杯书画大赛作品集	317	寿带鸣福	4858
首届全国昆剧青年演员交流演出资料汇编		寿带月季	1877
	12899	寿福	4302
首届全国少年儿童书法习字竞赛获奖作品集		寿福丰富	4402
	8207	寿高福大	2151
首届全国中小学生歌咏比赛必唱歌曲与推荐歌		寿酒图	4557
曲30首	12042	寿酒图	2093, 2151
首届中国广告协会学院奖获奖广告作品集		寿乐童欢	4557
	10402	寿鸣翠竹	2151
首届中国画学及中国画发展战略研讨会论文选		寿山福海	4825
	814	寿山石雕	8648, 8650
首届中国设计艺术大展作品集	10236	寿山石雕荟萃	8655
首任总统	6126	寿山石雕艺术	8654
首饰	10657	寿山石鉴赏	8623
首饰实用装饰艺术	10649	寿山石考	8655
首首新诗献给党	3846	寿山石全书	8654
首席法官	5700	寿山石图鉴	8654
首战传捷报	3780	寿山石文化	8655
首战大桥	6127	寿山石小志	8617
首战平型关	5043, 5127	寿山石欣赏	8623, 8625
首战万山群岛	5832	寿山石珍品集	8654
寿 4301, 4401, 4483, 4635, 4760, 4795, 8189		寿山石志	8618
寿	2150	寿上寿	2151
寿八仙	2093	寿石工甲戌刻印	8536
寿比南山 4402, 4483, 4557, 4635, 4719, 4760,		寿石山房摹秦范汉印存	8490
4795, 4824, 4825, 4851, 4864, 12055		寿石图	2151, 2209
寿比南山	2151	寿石斋砚谱	1052
寿比南山 福如东海	2093	寿世画宝	706
寿比南山不老松	4719, 4795	寿桃	1712, 1947, 1974
寿比南山不老松	2151	寿桃双猫图	2642
寿比南山高	4825	寿桃图	10485

中国历代图书总目·艺术卷

寿桃万年青	1906	兽类也下蛋吗	6711
寿同日月	2151	兽谱	633
寿翁献桃	8814	兽医多利德	7142
寿喜临门	4402	兽医姑娘	3699
寿喜图	4719, 4720	兽医历险记	6127
寿喜盈门	4720	绶带	4558
寿禧	4557, 8832	绶带长春	2652
寿禧图	4720	绶带牡丹	1751, 4148, 4402
寿禧图	2151	绶带与牡丹	1772
寿星	4483, 4720, 10485	瘦金书唐律诗字帖	8308
寿星钓鱼图	2093	瘦石遗墨	8148
寿星福	4557	瘦西湖	9823, 9900
寿星老	4558	瘦西湖一览图	2012
寿星图 3602, 4219, 4402, 4558, 4635, 4720, 4867,		瘦竹山房诗画合稿	1473
10459		书	7291, 7298
寿星图	2093	书本是知识的源泉	3366
寿衍千年	4858	书痴与卷中美女	6300
寿域无疆	4838, 4839, 4843	书萃	8178
寿增喜长	2151	书道·书缘·书趣	7369
寿者相	1715	书道技法 1.2.3	7273
寿祝万年	12897	书道绝句一百首	7733
寿字	4483	书道入门	7268
寿字大观	7737	书道犹兵	7397
寿字帖	8365	书断	7195, 7196
寿字图	8832	书断列传	7195
受禅表碑	7773	书筏	7210
受膏者	11939	书法	7148, 7165, 7185, 7186, 7242, 7273, 7284,
受降	4978		7299, 7308, 7317, 7328, 7338, 7369, 7381,
受苦人翻身大联唱	11936		7397, 7656, 7744, 8143
受苦人一心闹革命	11883	书法·绘画	7397
受骗到最后	6127	书法·美·时代	7329
受斋印存	8555	书法·篆刻	7359
受招安遭陷害	5832	书法百家墨迹	8207
狩猎民族原始艺术	260	书法百问	7260
授衣广训	2994	书法百问百答	7268

书名索引

书法百帧	8217	书法的形态与阐释	7329
书法备要	7211	书法的最高境界	7359
书法必稽	7200	书法第1步	7397
书法标准教材	7348	书法断论	7397
书法博览	7158, 7299	书法对联集	8208
书法阐微	7242	书法范本经典	7359
书法常识	7256, 7260, 7263, 7284, 7317	书法幅式指南	7329
书法常用诗词佳句手册	7673	书法改错	7329
书法成才初探	7291	书法概论	7265, 7273, 7291
书法成语典故辞典	7159	书法概论参考资料	7284
书法初步	7263, 7299	书法概说	7274
书法初阶	7291	书法概谈	7317
书法初学规范	7299	书法概要	7238
书法传流	7211	书法格言	7248
书法传世名作	7744	书法钩玄	7186, 7187
书法创作	7284, 7329	书法觳	7211
书法创作奥秘	7329	书法管见	7211
书法创作论	7329	书法规范	7196
书法创作入门	7338	书法瑰宝谭	7308
书法创作与评审	7359	书法画	8189
书法创作指南	7381	书法汇钞	7231
书法辞典	7291	书法基本技术	7308
书法丛刊	7150, 7151, 7152, 7153	书法基本指导	7244
书法丛谈	7258	书法基础	7274, 7284, 7308, 7317, 7348, 7381
书法粹言	7230	书法基础教程	7284, 7329, 7348, 7381, 7397
书法大成	7262, 7308	书法基础练习册	7397, 7440, 7569
书法大典	8344	书法基础训练	7381
书法大观	7722	书法基础训练指导	7317
书法大世界	7397	书法基础与技能训练教程	7338
书法大台历: 1986	10485	书法基础与练习	7284
书法大字海	8354	书法基础知识	7252, 7284, 7291, 7349
书法导艺	7299	书法基础知识挂图	7274
书法的奥秘	7359	书法集锦	8344
书法的实用与装饰	7291	书法集要	7222
书法的未来	7381	书法辑萃	8269

中国历代图书总目·艺术卷

书法辑要	7308	书法举隅	7241, 7248
书法技法简明图谱	7329	书法诀窍	7382
书法技法述要	7274	书法开窍	7382
书法技法意识	7317	书法考级指导	7398
书法技艺指导	7291	书法刻印	7148, 8143
书法家	7157	书法离钩	7222
书法家成功之路	7263	书法理论与实践	7330
书法家春联墨迹	8170	书法理论与书法百家	7285, 7330
书法家的故事	7249	书法联展作品精选	8281
书法简论	7299	书法练习册	7292, 7330, 8351
书法简明教程	7299, 7300, 7349	书法论	7222, 7223, 7300
书法鉴赏	7329, 7397	书法论丛	7254
书法鉴赏与收藏	7360	书法论文选	7330
书法教程	7278, 7285, 7291, 7300, 7308, 7309,	书法漫谈	7318
	7330, 7339, 7349, 7360, 7369, 7382, 7398	书法漫游	7382
书法教学	7260, 7382	书法美	7285, 7300, 7349
书法教学参考资料	7165	书法美的表现	7339
书法教学捷要	7300	书法美的探索	7370
书法教学理论与实际	7398	书法美术作品集	1343
书法教学通论	7292	书法美探奥	7300
书法教学指导	7330	书法美学	7330, 7360, 7398
书法教学指要	7269	书法美学简论	7256
书法教育	7382	书法美学教程	7339
书法教育家书作	8320	书法美学精论行书钢笔字帖	7533
书法教育学	7318	书法美学论稿	7398
书法结体研究	7300	书法美学史	7159
书法捷要	7285	书法美学思想史	7165
书法金针	7244	书法美学谈	7266
书法津梁	7240, 7300	书法美学通论	7360
书法经纬	7263	书法美学新探	7370
书法经验录	7246	书法美学引论	7278
书法精论	7241, 7245, 7263	书法秘诀	7241, 7242, 7278, 7309
书法精品	7161	书法妙语行书	8432
书法精言	7222	书法名家人生格言钢笔字帖	7456
书法举要	7260	书法名论集	7331

书名索引

书法名作欣赏	7285	书法探秘	7349
书法偶集	7239	书法探求	7263
书法评论文集	7339	书法探源	7250
书法奇观	7309	书法唐诗四首	4635
书法起步	7278, 7339, 7382	书法题词用语辞典	7160
书法起步教程	7931	书法题款艺术图解	7318
书法千字文	8025	书法通	7398
书法浅说	7252	书法通论	7274
书法浅谈	7256, 7274	书法通目录	7245
书法趣谈	7309	书法图式研究	7370
书法入门	7266, 7269, 7274, 7292, 7300, 7309,	书法文化丛谈	7161
	7318, 7339, 7382	书法文字学	7370
书法入门丛书	7339	书法问答	7285
书法入门典范	7331	书法问答一百题	7398
书法入门三字经	7382	书法五要	7285
书法入门新导	7301	书法五字诀	7319
书法入门与创作	7278	书法线条美的发现	7319
书法三昧	7197	书法小辞典	7285
书法三字经	7360	书法小学	7187
书法散论	7331	书法心理	7244
书法神品五年历	7669	书法心理学	7274
书法生态论	7318	书法欣赏	7269
书法诗·典·论百例诠译	7318	书法欣赏导论	7331
书法诗百首	8255	书法欣赏与学习	7279
书法十讲	7258, 7318	书法新蕾	8178
书法十四讲	7301	书法新论	7319
书法十五讲	7309	书法新探	7349
书法实用对联 500 例	8239	书法新义	7370
书法实用章法	7331	书法学	7319
书法史话	7266	书法学步	7340, 7360
书法史学教程	7339, 7340	书法学论文集	7349
书法述要	7274, 7318	书法学入门教程	7319
书法双勾习字册	8386	书法学习必读	7249
书法四条屏	4402, 8070, 8170	书法学习方法导引	7383
书法谈丛	7398	书法学习心理学	7285

中国历代图书总目·艺术卷

书法学习与鉴赏	7258	书法与文化形态	7383
书法学习与欣赏	7274	书法与现代思潮	7286
书法学习与指导	7340	书法与欣赏	7370
书法学习指南	7340	书法与中国大智慧	7383
书法学综论	7301	书法与中国人的心灵	7319
书法训练教程	7331	书法与篆刻	7162, 7163, 7167, 8152
书法雅言	7211	书法与装潢设计	10396
书法研究	7149, 7150, 7398	书法与装饰风景画700例	10299
书法要诀	7211, 7223	书法语钞	7211
书法要录	7199	书法源流概谈	7157
书法要略	7269	书法苑	8342
书法艺术	7153, 7156, 7274, 7279, 7285, 7301, 8152	书法约言	7211, 7212
		书法摘要善本	7227
书法艺术初步	7292	书法章法	7286
书法艺术初论	7370	书法章法导引	7301
书法艺术答问	7258	书法正传	7212, 7213, 7214, 7233
书法艺术大观	7309	书法正傅	7263
书法艺术的创作与欣赏	7309	书法正宗	7214
书法艺术基础知识	7340	书法之美	7292
书法艺术讲授纲要	7292	书法之美的本原与创新	7399
书法艺术教程	7331, 7383	书法之美特展图录	7994
书法艺术漫话	7340	书法知识	7399
书法艺术美学	7349	书法知识基础	7275
书法艺术赏析	7398, 7399	书法知识千题	7160
书法艺术审美论	7399	书法知识手册	7286
书法艺术探幽	7360	书法知识小百科	7163
书法艺术心理学	7319	书法执笔图说大观	7241
书法艺术与鉴赏	7360	书法指导	7242, 7258, 7319
书法楹联	4720	书法指南	7239, 7242, 7243, 7292, 7309, 7332
书法与绘画	7399	书法篆刻	7166, 7301, 7370, 7399
书法与老年健康	7331	书法篆刻辞典	7163
书法与美工	7331, 7360, 7383	书法篆刻基础	7292
书法与美术字	7636	书法篆刻术语辞典	7159
书法与认知	7349	书法篆刻选集	8335
书法与司法笔录训练	7340	书法篆刻装裱知识	7383

书名索引

书法自修	7279, 7736	书画集锦六条屏	4302
书法自修导读	7340	书画集英	1372
书法自学初阶	7301	书画记	660
书法自学从帖	7715	书画家成才之路	498
书法自学教程	7292	书画家格言荟萃	8208
书法自学入门	7361	书画家考	846
书法字典	7153, 7156, 7157, 7161	书画见闻表	771
书法字海	8351	书画鉴藏与拍卖市场	120
书法字帖	8335	书画鉴赏指南	809
书法纵横谈	7319	书画鉴影	1459
书法作品点评	7361	书画鉴真	540, 765, 820
书法作品选	8148	书画介绍	505
书法作品选集	7149	书画金汤	1454
书法作品章法	7309	书画经眼录	1459
书房客厅对联墨迹	8189	书画精品集	2209
书房奇案	6198	书画竞秀	1464
书概评注	7302	书画乐园	6769
书概释义	7238	书画论稿	7254
书海轻舟	7310	书画论评	517
书画	660, 8189	书画名家精品荟萃	1327
书画　摄影精品	321	书画目录	1464
书画跋跋	771	书画评	765
书画跋语精选	765	书画屏	4034
书画碑帖见闻录	7167	书画气功初探	487
书画笔谈	672	书画气功研究	488
书画裱糊的艺术	1068	书画千家诗	2257
书画册	1558, 1593, 1691	书画情缘	817
书画传习录	665	书画赏析	811
书画萃苑	748	书画涉笔	1464
书画答问百题	7383	书画涉记	1459
书画的装裱与修复	1065	书画审美基础	101
书画舫	674	书画史	844, 845
书画舫诗课	668	书画史论丛稿	848
书画估	1459	书画书录解题	686
书画集锦	320	书画说铃	765, 766

中国历代图书总目·艺术卷

书画四条	8198	书籍封面设计	10391
书画搜奇	1462	书籍是青年人的生命伴侣和导师	8198
书画所见录	1460	书籍是全世界的营养品，生活里没有书籍，就	
书画题跋	766	好像没有阳光……	3372
书画题跋记	766	书籍是知识的窗户	3359
书画题跋五种	767	书籍装帧	10391
书画同源	7370	书记搬家	5293, 5361
书画同珍二刻	1460	书记编在我们班	3939
书画心赏日录	1468	书记不减当年勇	3846
书画新作	312	书记大寨归	3780
书画续录	846	书记到第一线	3894
书画印	1278	书记到咱敖特尔	3846
书画用印选	8562	书记的假日	3847
书画与文人风尚	803, 804	书记的铺盖卷	5235
书画语言与审美效应	7350	书记蹲点	3847
书画真迹大全	1501, 1502	书记挂帅办好公共食堂	3089
书画知识	7399	书记来到青年点	3780
书画指南	467	书记下田间	3699
书画注录	1491	书记下田闹春耕	3741
书画著录	7383	书记下田头	3650, 3699
书画篆刻实用辞典	487	书记学手艺	3939
书画装裱	1065	书记学艺	3940
书画装裱技法	1065	书记也是老内行	3940
书画装裱技巧	1066	书记也要当内行	4035
书画装裱技艺辑释	1067	书记在车间	2350
书画装裱简易技法	1067	书记在第一线	2758
书画装裱浅说	1066	书记在工地	3802
书画装裱艺术	1066, 1067	书记在牧场	3699
书画装潢学	1066	书记在排演场	3847
书画装潢沿革考	1067	书记在这里	3894
书画作品集	1374, 1491	书记这月又满勤	3985
书画作品选	2184	书纪	845
书画作品选集	2310	书家	7214
书画作伪日奇论	772	书家毛泽东	8295
书辑	7197	书家要览	7214

书名索引

书家之路	7293	书谱解说	7192
书剑恩仇录	6127, 6300, 6500	书谱聚珍	7340
书经补遗	7214, 7985	书谱目录	10785
书镜	7236, 7239	书谱释文	7231
书聚	8022	书谱释义	7302
书春印痕	8581	书谱译注	7191
书诀	7187	书旅小品	1739
书诀百韵歌释义	7370	书情诗意影集	8309
书诀墨数	7187	书情养神	8269
书刊插图艺术集	6610	书山有路	8269
书刊广告设计及作品集	10770	书山有路勤为径，学海无涯苦作舟	8154
书来墨迹助堂堂	8148	书圣草字汇	8420
书林画苑	489	书圣故地古代金庭诗选	7456
书林纪事	7243	书圣故地近代金庭诗选	7456
书林尽知音	2335	书圣神品	7816
书林里的战斗	5978	书史	7173, 7174, 7215
书林藻鉴	7243	书史会要	7192
书林藻鉴 书林纪事	7266	书史纪原	7200
书林正宗	7214	书史与书迹	7361
书录	7223, 7230	书势	7240
书论	746, 7214, 7235, 7320	书坛纪事	7165
书论辑要	7286	书坛旧闻	7161
书论精粹	7478	书坛一杰	12975
书论选读	7286	书体篆印谱	8506
书论吟	8226	书童秋艳	9091
书品	7187, 7188, 7215, 7232, 7233	书童山	9906
书品后	7188	书童山春色	2629
书品画旨录	661	书童夏日	9010
书品优劣	7215	书为友	8208
书评	7188, 7189, 7215	书写基本技能训练	7350
书谱	7189, 7190, 7191, 7200, 7215, 7223	书写技法	7340
书谱·书谱译注	7192	书写摄影	8709
书谱·续书谱	7423	书写训练	7370, 7383
书谱，续书谱	7479	书写之门	7583
书谱解	7286	书信不求人	7479

中国历代图书总目·艺术卷

书信传友谊	1820	抒怀操	12298
书学	7243, 7245, 7246, 7247, 7253, 7279	抒情·韵律·刘启祥	109
书学丛言	7293	抒情钢笔书法	7504
书学大成	7197	抒情钢琴曲集	12215
书学导论	7286, 7350	抒情歌曲	11932, 11975, 11976, 11977, 11988
书学概论	7246, 7247	抒情歌曲 1993 年精选	11985
书学格言	7246	抒情歌曲集	11932, 11945, 11971
书学汇编	7215	抒情歌曲精曲总汇	11985
书学会编	7192	抒情歌曲精选	11981, 11987, 11988, 12431
书学简史	7159	抒情歌曲精选大观	11982, 11983
书学捷要	7215, 7216	抒情歌曲选	11970, 11983, 11984, 12431
书学论集	7247, 7262, 7269	抒情歌选	12424
书学南针	7227	抒情合唱曲	11933
书学拾遗	7216	抒情画集	6597
书学史	7147, 7148	抒情金曲	11736
书学手眼	7226	抒情金曲 100 首	12431
书学通论	7254	抒情民间歌曲选	11800
书学绪闻	7238	抒情名歌选	12425
书学印谱	8497	抒情男高音独唱歌曲选	12429
书学迁谈	7244	抒情曲	11936, 12163
书艺	7383	抒情曲集	11441, 12503
书艺符号的生命流	7384	抒情水彩	1195
书艺猎奇	7156	抒情新歌集	11934
书艺启蒙	7332	叔宝 敬德	4720
书议	7225	叔亮书画	1386
书影	8122	叔叔, 叔叔, 你们好！	12005
书与画	686, 687	叔叔保卫我们	4088
书缘	8309	叔叔更早	3894
书苑菁华	7174, 7175	叔叔喝水	1820, 1828, 1836
书苑漫笔	7340	叔叔夸我好孩子	4483
书苑徘徊	7370	叔叔快照吧	4636
书苑奇葩	7456	叔叔拉练过我村	3765
书苑拾遗	7661	叔叔请喝茶	4402
书则	7193	叔叔要走了	3894
书家碑	8030	叔叔野营到俺村	3802

书名索引

叔叔找来了	3986	舒伯展书画集	2310
叔叔真能干	2093	舒传曦画集	2046
叔叔最可爱	4720	舒传曦画选	1878
叔任对枪	8810	舒炯书法艺术	8309
叔任巧相逢	6127	舒克和贝塔	6674, 6680, 6681, 6690
殊死搏斗	5589, 6337	舒克和贝塔历险记全集	6690
梳辫子	9622	舒曼	10893
梳妆图	4636	舒曼 钢琴音乐	11264
淑度百印集	8560	舒曼 歌曲	10887
淑女	8850, 9622, 9705	舒曼 管弦乐	11167, 11278
淑女奋志屏	2093	舒曼钢琴曲选	12493
淑女集	6863	舒曼歌曲集	12366, 12367
淑女与猫	9645	舒曼歌曲选	12368
淑气庆集	8239	舒曼纪念图片	10132
淑士国	5832	舒曼论音乐与音乐家	10857
淑英开票	5361	舒模歌曲选	11386
舒柏特	10892	舒强戏剧论文集	12687
舒柏特钢琴奏鸣曲集	12502	舒适	9488, 10001
舒柏特歌曲集	12366	舒适的家	10577
舒柏特歌曲选	12378	舒体字帖	8309
舒柏特即兴曲和音乐瞬间	12511	舒铁云王仲瞿往来手札及诗曲稿合册	8041
舒柏特弦乐四重奏	12460	舒同书法集	8281
舒贝尔特弦乐四重奏, 作品 29a 小调	12540	舒同书法艺术	8198
舒倍尔脱独唱曲集	12425	舒同字帖	8159, 8414
舒伯特	6367, 11275	舒文燊书画作品选	2310
舒伯特 室内乐	11278	舒益谦画选	2224
舒伯特 200 年	10886	舒玉清书法作品选	8335
舒伯特的歌曲	10864	舒云	10625
舒伯特的魔王之研究	10865	舒展	9456, 9478
舒伯特钢琴奏鸣曲集	12502	疏勒河	11951
舒伯特歌曲集	12368	疏勒望云图题咏	7147
舒伯特歌曲选	12378	疏柳婆姿	9823
舒伯特即兴曲和音乐瞬间	12493	疏香阁眉子砚［图］	1055
舒伯特联篇歌集	12380	疏园菊谱	1603
舒伯特天鹅之歌	10893	疏枝横斜雪沁香	2093

中国历代图书总目·艺术卷

输电尖兵	5212	蜀素帖	8004, 8013
蔬菜	1710, 3567	蜀云藏龙记	6501
蔬菜、碗碟冷光集	1196	蜀中画苑	736
蔬菜、碗碟暖光集	1196	蜀中名将	4720
蔬菜丰收	3089, 3699	蜀中企业之花歌曲选	11489
蔬菜供应城市	8883	蜀中三张画集	1704
蔬菜满园	3567	鼠洞外的怪城	6690
蔬菜喜丰收	4402, 4844	鼠儿们	6565
蔬果	976, 1147, 1189, 1491, 2769	鼠年的礼物	10702
蔬果	2549, 2720	曙光	1820, 1860, 5416, 5501, 5589
蔬果·草虫·鳞介画法	700	曙光初照演兵场	3802
蔬果画法	624	曙光普照乾坤	2012
蔬果谱	2543	曙光照耀着我们	13256
蔬果图	3700	束鹿县群众业余画选	1360
蔬笋馆印存	8518	述古堂印谱	8507
熟能生巧	6501	述古印说	8500
暑假	3847	述乐	11009
暑假里的故事	5700	述书	7216
暑假作业	5501	述书赋	7223
暑天	1751	树	1521, 6881
属相图 二十四节气表	10477	树的故事	5978
属于个人的色彩	155	树和风的故事	13253
蜀本怀素自叙帖	7876	树化歌曲集	11365
蜀道奇	8148	树里人家	3007
蜀宫乐伎	1784	树立革命理想	3378
蜀汉名将屏	4558	树立共产主义道德	3352
蜀汉五虎将	4636	树立共产主义的远大理想	3360
蜀画史稿	847	树林边的草地	6873
蜀笺谱	1528, 1529	树林鸣泉震幽谷	2642
蜀江之晨	3940	树林中	9886
蜀锦谱	10199, 10344	树木的画法	918
蜀山行旅	1735	树木摄影	8790
蜀山水碧蜀山清	2652	树木图案	10239
蜀山翠翠	4558	树木图谱	946
蜀山之王	9118	树人	13073

书名索引

树石画法	865	数码字书写练习	7644
树石画谱	902	数码字书写练习册	7654
树石山泉画法	914	数目美术字实例1000	7639
树文明 立新风	4402	数数看	4088, 9553
树形图案	10259	数数我家多少机	4483
树形图案集	10262	数西调	12323
树雄心 立壮志 实现工农业生产新"跃进"		数星星 数灯灯 数也数不清	3360
	3175	数学故事	6539
树雄心 立壮志 向科学技术现代化进军!		数学卡通乐园	6723
	3321	数学魔术	12989
树雄心, 立大志, 争取做个"四高一好"的先进		数学神童: 高斯	6127
妇女!	3089	数字化电影制片	13284
树雄心立大志攀登科学技术高峰	3105	数字设计专集	7637
树雄心立大志齐"跃进"攀高峰	3089	墅园	8841
树雄心立大志生产自救重建家园	3089	漱芳书屋集古	8521
树雄心壮志攀科学高峰	3307	漱石轩印存	8514
树叶剪贴	10716	漱石轩印集	8490
树叶拼贴画100例	10719	漱玉泉畔	4148
树荫	9886	耍狗熊	12984
树正瀑布	9886	耍孩儿音乐	11838
树之情明信片	10520	耍猴阿虎	5978
树脂嵌花法	10717	耍金龙年年如意	4636
竖笛吹奏教程	11171	耍龙灯	12604
竖笛吹奏与五线谱常识	11170	耍狮灯	12604
竖笛演奏教程	11173	耍狮人传奇	6198
竖新塔	1829	摔不死的人	6232
庶联的版画	6913	摔倒了自己的冠军	5978
数	9352	摔跤大王	5590
数风流人物还看今朝	3542, 8881	摔跤能手	5833
数九春风	12095	帅鼎刻岳阳楼记	8582
数九寒天下大雪	11883	帅立功榕颂图卷	2238
数九练精兵	3847	帅立学粉笔画集	2955
数来宝的艺术技巧	12966	帅立志刻字艺术	8623
数理化通俗演义	6395	帅立志篆刻集	8579
数码美术字1000例	7644	帅旗飘飘	1760, 4978, 13243

中国历代图书总目·艺术卷

率真堂书画篆刻艺术	1415	双勾倩影	8473
栓柱和铁蛋	4928	双勾竹	1665
双"跃进"	4929	双钩	8841, 8850, 9974
双拜相曲谱	12131	双钩残宋拓瘗鹤铭四十七字	7659
双胞胎两兄弟	9705	双钩对刀剑	4636
双胞胎奇遇	6266	双钩十七帖	8412
双报喜	3069	双钩充宇子游碑	7754
双比武	12121	双怪客	4795
双笔书法速成辅导	7384	双冠龙飞车遇险	6589
双鞭呼延灼 双枪将董平	4402	双龟记	5833
双鞭双枪	4636	双鹤朝阳	2093
双彩虹	4978	双鹤鸣春	2151
双婵娟室印存	8505	双鹤图	1577, 1906, 4825
双城记	7055	双鹤图	2630, 2670
双锥	10029	双鹤舞梅	2012
双雏鸡	1751	双红桥	7144
双刀	9968	双忽雷本事	11331
双刀女侠	9021	双虎	1772, 1793, 1923, 1947, 1974, 4402, 4558,
双蝶	10036		10448, 10459
双钉冤	5978	双虎	2574, 2642
双鹅图	1662	双虎斗魔王	6128
双鹅嬉水	2093	双虎双将	2094
双丰收	2736	双虎图	1907, 1994, 3568, 3650, 4302, 4483,
双凤朝牡丹	3568, 4219		4558
双凤朝阳	4844, 10409	双虎图	2152, 2562, 2618, 2660, 2666
双凤除霸	9021	双花轿	5833
双凤贺喜	4636	双簧管吹奏入门	11176
双凤会	9244	双簧管独奏曲选集	12160
双凤图	4483	双簧管基本练习法	11167
双凤戏珠	4795	双簧管基础教程	12456
双凤迎春	4302	双簧管教学曲选集	12457
双福图	4402	双簧管练习法	11167
双高潮	13246	双簧管演奏法	11169
双鸽	10447	双簧管演奏教程	11173
双勾化鸟	2503, 2510	双簧管演奏艺术	11172

书名索引

双簧管中外名曲集	12458	双龙嬉子	4721
双鸡	1878	双龙戏珠	4219, 4636, 4795
双鸡	2619	双龙戏珠乐人间	4979
双鸡富贵	2630	双龙献宝	4795
双鸡教五子	3602	双龙引凤	4148
双鸡图	4302	双侣情深	9573
双鸡图	2565, 2609	双鹿	3602
双骥	10433	双鹿	2562
双尖山之战——《东方》	5501	双鹿百龄	2310
双铜将双鞭将	4795	双鹭图	1772
双建庵墨迹	8120	双马图	1947
双剑	9960, 9974	双马图	2673
双剑奇缘	4771	双猫	1907, 9311, 10019, 10036, 10044, 10050,
双剑侠传奇	7036		10057, 10064, 10069, 10075, 10353, 10433
双将	4721	双猫	2562, 2619, 2630, 2671
双将图	2012, 4402, 4558, 4636, 4721, 4795, 4825	双猫贺喜	4825, 9314
双将图	2574	双猫花卉对屏	4402
双姐妹	6128	双猫牡丹	4403
双鸠	1878	双猫扑蝶	4825
双骏图	1892, 1947, 4721	双猫图	4219, 4302,
双骏图	2046		4403, 4484, 4558, 4636, 4721, 9309, 9314,
双兰图	2619		10029, 10036, 10050, 10064, 10070, 10085
双狸图	1907	双猫图	2567, 2581, 2673, 2675
双鲤图	2660	双猫嬉戏屏	4219
双练	9968	双猫戏蝶	4148, 4219
双林寺	463, 9797	双猫戏蝶	2606, 2630
双林寺彩塑	462	双猫戏花蝶	1974
双林寺彩塑佛像	460	双猫绣	10466
双龙斗龟	3700	双猫悦春	2579
双龙会	5590	双猛	10440
双龙剑	8817	双年名家书画精品选	2310
双龙历险记	6300	双鸟	2619
双龙抢珠	4483	双鸟啄食	10057
双龙双将	2094	双女石	6232
双龙图	4483	双楼	6840

中国历代图书总目·艺术卷

双骑图	1525	双手开出大寨田	3802
双枪黄英姑	5833	双手绣出满园春	3802
双枪将董平	2383	双寿	1878
双枪将董平 双鞭呼延灼	4484	双寿图	1878
双枪将陆文龙	2346	双寿图	2630
双枪老太婆	3741	双寿迎春	2666
双枪老太婆	2348	双双富贵	4484
双枪陆文龙	6681, 8823	双双眼睛亮晶晶	5416
双枪女将	5833	双锁柜	9239
双枪市长	6267	双锁山	4979, 9236, 9239, 9951
双青图	4795	双塔情仇	5978
双清诗画集	1923	双塔镇传奇	5979
双清堂石刻	8027	双桐草堂印存	8521
双清图	1994, 2028	双童献寿	2094
双鹊报喜图	2675	双兔图	4219
双鹊红梅	2028	双兔献礼	4559
双鹊图	1923	双推磨	9146, 12136
双鹊喜临福祥门	2393	双武将	4825
双鹊戏水	4636	双喜	1947, 1974, 4148, 4219, 4302, 4559, 4721,
双鹊迎春	3986		9234, 10429
双人芭蕾	9971	双喜	2720
双人技巧	9965	双喜报春图	2666
双人摩托	8994	双喜到家	4795
双人体操	9971	双喜凤凰	4088
双人舞	9977, 12651	双喜和合	4771
双人艺术体操	9968	双喜临门	3568, 4035, 4148, 4219, 4302, 4303,
双尸之谜	6198		4403, 4484, 4559, 4636, 4637, 4721, 4795,
双狮	4219		4796, 4825, 5044, 9498, 10466, 12093
双狮双将	4825	双喜临门	2094, 2152
双狮图	1712, 1974, 3650, 4559	双喜临门 岁岁平安	4484
双狮图	2568, 2630	双喜临门 粮畜并茂	3568
双狮舞	4148	双喜临门，鸿福满堂	2152
双狮戏球	4148	双喜临门富贵来	4858
双狮戏球迎春好	4302	双喜临门家家欢	2094
双手换新天	3155	双喜如意	4796

书名索引

双喜如意	2152	双鱼吉庆	2152
双喜嫂	5212	双鱼吉庆贺新春	4484
双喜双凤图	4303	双鱼吉庆乐丰年	3602
双喜双寿	4721	双鱼吉庆喜有福	2094
双喜图 1974, 4088, 4148, 4219, 4403, 4559, 4796,		双鱼吉庆新春好	4796
4825, 8823, 10406, 10466		双鱼吉庆新年好	3568, 4088, 4149
双喜图	2094	双鱼吉祥	4796
双喜献宝	4839	双鱼齐跃	4559
双喜引凤	4303	双鱼跳龙门	2152
双喜迎春	1947, 4303, 4484	双鱼图	4088
双喜迎春图	2666	双鱼吐宝财源茂	4858
双喜盈门	4403, 4484, 4721	双鱼舞	13112
双喜鸳鸯	4403, 4637	双鱼婿子	4796
双喜鸳鸯图	4403	双鱼戏宝	4559
双虾图	1878	双鱼献宝	4844
双响炮	3447, 3525	双虞壶斋印存	8490
双小提琴协奏曲	12179	双玉蝉	5074, 5100, 5502, 9239
双辛夷楼书画	1648	双玉缘	5701
双星根	6267	双遇良缘	1994
双雄大决战	6711	双鸳鸯	12325
双雄会	13116	双镇山下结良缘	9008
双雄会武	6128	双雉图	1579
双雄图	1907	双珠凤 1923, 4088, 4219, 4303, 4403, 4559, 6590,
双鸭图	2666	8841, 9239, 9958, 13119
双艳	10057	双珠凤	2094
双燕	1663	霜红集	2273
双羊	1878	霜红龛法书	8050, 8055
双阳狄青结良缘	8824	霜红龛墨宝	8055
双阳公主	8824	霜红龛三世墨迹合册	8041
双隐楼印存	8530	霜红厦画剩	1709
双鹰图	4637, 4721	霜华集萃	8981
双影人	5701	霜林古刹	1735
双勇士	5590	霜妹子	5416
双鱼飞跃迎朝阳	4637	霜桐野屋书画集	2273
双鱼吉庆	1923, 4721, 4796	霜叶红于二月花	1907, 4637

中国历代图书总目·艺术卷

霜叶红于二月花	2612, 2642	谁是乖宝宝	6464
霜重色犹浓	1907	谁是冠军	6267
霜重色愈浓	2673	谁是朋友	5590
谁棒？	5502	谁是强者	5701, 5833
谁比谁傻	3525	谁是十八号	5417
谁不说俺家乡好	11957	谁是四脚蛇	5701
谁唱得最好	5074	谁是凶手	5590, 6337
谁的本领大	5590	谁是罪人	5502
谁的功劳大	6690	谁耍赖谁就是猪	7030
谁的拐棍	4403	谁听话	4220
谁的脚最有用	6128	谁偷了花生	5833
谁的劲大	1974	谁下的蛋	5701
谁丢了尾巴	5502	谁先到校	8640
谁对谁不对	6464	谁又替我把雪扫	3802, 3803, 10423
谁飞得最快	6711	谁愿当傻瓜	8769
谁敢侵犯我们就叫它灭亡	3175	谁在吹喇叭？宁宁和丁丁	5502
谁光荣	4979, 5017	谁在乎摄影	8709
谁和我玩	12144	谁之罪	5502
谁家粉本	519	水	5017, 5236, 5979, 6838, 9813, 13233
谁救了阿珠瑞娜	4979	水（傣族独舞）	9962
谁去挂铃	6367	水坝弯弯十里长	11776
谁诗彩练当空舞	3894, 3895	水笔画与金属丝画	6767
谁是"18"号	5833	水笔写字	7293
谁是"18"号？	5416	水碧鱼肥	4484
谁是"108"	5361	水兵和打鱼姑娘	4916
谁是"蝉蝉"？	5979	水兵与祖国	5044, 5140
谁是 078？	5416	水兵之歌	9770
谁是 M	5833	水泊梁山大聚义	4637
谁是 M?	6128	水泊梁山英雄谱	2367
谁是 M？	5833	水彩	1164, 1176, 1177, 1180, 1186, 2941, 2942,
谁是仇人我看的真	11883		2943, 6911
谁是出卖灵魂的人	6128	水彩·丙烯·油画基本画法	1177
谁是大力士	5417	水彩·水粉画	1183
谁是大侦探	7098	水彩、水粉	1180
谁是第一	4886	水彩创作实例	1196

书名索引

水彩大师教程	1196	水彩画基础教程	1173
水彩范画	1189	水彩画基础训练	1177
水彩风景	1189, 1196	水彩画基础知识	1170
水彩风景画	2922, 2923	水彩画基础知识与技法	1190
水彩风景画法	1166	水彩画技法 1163, 1165, 1167, 1170, 1183, 1186,	
水彩风景画技法	1164, 1172	1190, 1196	
水彩风景画技法与鉴赏	1190	水彩画技法·创意·赏析	1186
水彩风景画选萃	2958	水彩画技法初步	1170
水彩风景技法画例	1190	水彩画技法经验	1164
水彩风景写生技法	1183	水彩画技法举要	1167
水彩风景与花卉	1190	水彩画技法研究	1163
水彩花卉基础技法	1196	水彩画技法指导	1171
水彩画 1168, 1170, 1173, 1180, 1190, 1196, 2936		水彩画教学	1168
水彩画 水粉画	1172	水彩画教学新编	1183
水彩画 ABC	1196	水彩画临本	2922, 2926, 2927, 2930
水彩画百法	1162	水彩画入门大全	1166
水彩画表现技法	1178	水彩画色彩	1190
水彩画册	2923, 2926	水彩画示范	2963
水彩画初级教程	1196	水彩画特技	1173
水彩画创作技法	1172	水彩画特技初探	1173
水彩画创作经验谈	1175	水彩画帖	2926
水彩画的画法	1165	水彩画习作选	2947
水彩画的基础训练	1166	水彩画小辑	2926, 2927, 2932, 2938
水彩画的实际研究	1163	水彩画小技巧 100	1183
水彩画法 1.2.3	1168	水彩画欣赏	1173
水彩画范本	1164	水彩画新辑	2932
水彩画风景	2922	水彩画新技法	1175
水彩画风景写生法	1162	水彩画选	2927, 2935, 2944, 2947, 2955
水彩画概论	1162, 1163	水彩画选集	2926, 2930, 2936, 2937
水彩画纲要	1163	水彩画选辑	2930, 2937
水彩画绘法	1168	水彩画学习	1163
水彩画绘制技法	1169	水彩画学习资料	1164
水彩画基本技法	1165	水彩画研究	1186
水彩画基础	1190	水彩画要点 50 讲	1190
水彩画基础技法	1167	水彩画页	2930

中国历代图书总目·艺术卷

水彩画之新研究	1163	水彩素描	1178
水彩画着色法	1163	水彩肖像画法	1165
水彩画自学教程	1177	水彩小画片	2931
水彩画作品选	2945	水彩写生画选	2937
水彩基础技法	1190, 1197	水彩写生新教程	1172
水彩基础篇	1177	水彩艺术	1168, 1169, 1178, 1179
水彩技法	1169, 1171	水彩综合技法	1197
水彩技法八课	1168	水长鱼跃	4485
水彩技法百科	1178	水车叮咚响	5100
水彩技法百科全书	1178	水城威尼斯掠影	10512
水彩技法答问	1191	水从天上来	3007
水彩技法手册	1171	水到渠成	3568
水彩技巧训练	1191	水稻丰产模范陈永康	8995
水彩技巧与创作	1174	水稻姑娘	4929
水彩教程	1186	水滴石穿 绳锯木断	8164
水彩静物	1191, 1197	水的画法	910
水彩静物、风景画画法图解	1197	水电职工歌曲选	11717
水彩静物风景画法十二讲	1175	水调歌头	8189
水彩静物画	1178	水调歌头《粉碎"四人帮"》	8143
水彩静物画法	1177	水粉	1177, 1180, 1184, 1191
水彩静物画技法	1175	水粉 水彩	1198
水彩静物画技法与鉴赏	1180	水粉风景	1191, 2938, 2939
水彩静物画教程	1178	水粉风景画法	1184
水彩静物技法研究	1178	水粉风景画技法	1168
水彩静物写生技法	1186	水粉风景画速成	1186
水彩漫流法	1197	水粉风景教学问答	1186
水彩人体画选	2950	水粉风景教学新概念	1198
水彩人物	1191, 1197	水粉风景静物选辑	2939
水彩人物画法	1172	水粉风景临摹画帖	2949
水彩人物基础技法	1197	水粉风景写生技法	1184
水彩湿画法	1197	水粉风景写生研究	1191
水彩实践与鉴赏	1197	水粉花卉	2938
水彩手册	1169	水粉花卉静物临摹画帖	2949
水彩水粉	1183	水粉花卉写生	2936
水彩水粉技法与鉴赏	1183	水粉画 1177, 1180, 1191, 1192, 1198, 2937, 2952,

书名索引

2965		水粉静物技法画例	1186
水粉画 ABC	1198	水粉静物教学问答	1184
水粉画步骤图	1167	水粉静物临摹画贴	2947
水粉画法	1184	水粉静物写生	1172
水粉画法研究	1171	水粉静物写生步骤图例	1192
水粉画范本	1277, 2946	水粉静物写生范画集	1192
水粉画基础	1198	水粉静物写生技法	1185
水粉画基础技法	1169, 1170, 1174	水粉静物写生研究	1180
水粉画技法 1164, 1165, 1166, 1167, 1175, 1179,		水粉静物写生指导	1185
1184, 1186, 1198		水粉铅笔淡彩风景静物写生	1172
水粉画技法初步	1174	水粉人物	1192
水粉画技法教程	1198	水粉人物风景写生	1172
水粉画技法入门奥秘	1192	水粉人物画技法	1170
水粉画技法新探	1198	水粉人物写生技法	1185
水粉画教学	1198	水粉人像技法画例	1192
水粉画浅谈	1165	水粉水彩	1187
水粉画人物写生	2935	水粉水彩写生	2939
水粉画色彩与技法	1192, 1198	水粉写生	1165, 1192
水粉画习作	2935	水粉写生画选	2935, 2937
水粉画习作选	2947	水粉写生技法	1176
水粉画小辑	2931, 2932	水粉装饰技法画例	1192
水粉画写生技法	1166	水缸	5417
水粉画选	2944	水宫献宝	4721
水粉画研究	1168	水灌晋阳	5074, 5833
水粉画艺术教学创作	1181	水果	3986, 10104, 10112
水粉基础	1184	水果、瓦罐冷光集	1199
水粉技法	1192	水果、瓦罐暖光集	1199
水粉教学范画	1175	水果丰收	3602
水粉静物	1186, 1199	水果飘香	9327
水粉静物步骤	1199	水孩儿	6128
水粉静物范画精选	2963	水孩子	7142
水粉静物范图	2965	水禾田摄影集	8977
水粉静物风景写生技法	1199	水浒	6367, 6395, 6539, 6566
水粉静物画法	1184	水浒 108 将彩色连环画库	6337
水粉静物画技法	1167, 1174, 1184	水浒传 3455, 3488, 4637, 4722, 6267, 6414,	

中国历代图书总目·艺术卷

6415, 6432, 6464, 6501, 6738	水晶洞 5701
水浒传故事精选 6267	水晶花开 4220
水浒传绣像 6608	水晶少女 6711
水浒故事 4303, 5502	水晶鞋 5833
水浒故事屏 4484	水晶鞋与玫瑰花 5502
水浒后传 6128, 6539, 6590	水晶心 5833
水浒画谱 1604	水景摄影技法 8799
水浒画像 2974	水坑石记 1044
水浒全传 3488, 6501	水库成群渠道成网 3002
水浒全传插图 6597	水库带来了丰收 3741
水浒全传画本 6539	水库风光 9049
水浒全图 1559	水库工地摆擂台英雄好汉上阵来! 3089
水浒人物 4149, 4403, 4559, 4637, 4722, 6615	水库凯歌 12332
水浒人物 2393	水库上的歌声 4979
水浒人物——李逵 项充 2375	水库养鱼肥 1860
水浒人物全图 1582	水库引来金凤凰 12264
水浒人物全图 2383	水库鱼肥 3803
水浒人物图谱 1586	水落石出 4899, 5361, 5979
水浒人物绣像 4559	水牢仇 3847, 5261
水浒人物一百单八将 4560	水利工地春意浓 3986
水浒人物壹百零捌图 2868	水利花儿开满园 12638
水浒人物壹百零捌图 2410	水利化之歌 11444
水浒图赞 1559	水利是农业的命脉 3198
水浒叶子 2972, 3041, 3058	水利委员 4979
水浒一〇八将 4303	水帘洞 5074
水浒一〇八将 2367	水帘洞的秘密 5262
水浒一百单八将 4149	水莲 咱为铁牛洗个澡 12632
水浒一百零八将 4220, 4403, 10678	水流清清 5236
水浒一百零八将绣像图 5074	水陆两栖人 7142
水浒英雄 4560, 4722	水满山间鱼满筐 4303
水浒中传 6367	水漫金山 4088, 4220, 4485, 4560, 4722, 12139
水浒组画 6607	水漫金山寺 3602, 4088
水华集 13213	水蜜桃 4303
水滑脂凝 9706	水面饲料养猪好 3986
水既生书法篆刻选 8226	水面庄稼绿满湖 3940

书名索引

水墨苍劲	1589	水墨艺术	2288
水墨潮流	828	水墨造形游戏	861
水墨的诗情	820	水木清华图	1663
水墨雕塑	828	水泥船	5182
水墨动物画技法	997	水牛	2562
水墨风情书画作品集	2238	水暖鸭先知图	2652
水墨花鸟人物技法	866	水瓶鲸鱼漫画作品	3513
水墨画	681	水浅情深	2652
水墨画·花鸟篇	946	水禽	1878, 10017
水墨画·基础篇	856	水禽百图	9320
水墨画·山水篇	907	水禽花鸟	2576
水墨画抽象表现形式	862	水禽谱	2543
水墨画法	872, 905, 941, 942	水禽四季	2152
水墨画技法基础入门	863	水禽图	1860
水墨画技法解说	856	水擒庞德	4637
水墨画技法新探	857	水球规则	4907
水墨画技法与纠错	862	水泉社长	4979
水墨画讲	855	水泉新苗	5325
水墨画鹿	1003	水上碧波庄	9836
水墨画骆驼	1003	水上春秋	5017
水墨画马技法研究	1003	水上春早来	8819
水墨画鹰	1004	水上公园	9072
水墨画鹰技法研究	1004	水上交通站	3803, 5212, 5236, 5262, 5293
水墨经验	698	水上居民新居	3895
水墨人体艺术	880	水上联欢	3847
水墨人物画	876	水上练兵	10103
水墨人物画技法	874	水上猎人	3003
水墨人物画探	875	水上楼阁	10000
水墨山水	2485	水上擒敌	5293
水墨山水画创作之研究	917	水上轻骑	5166
水墨山水画技法 100 问	917	水深鱼大莲并蒂	3650
水墨山水写生画稿	2480	水是家乡甜	4722
水墨仕女画技法	879	水手长的故事	5074, 5100, 5101
水墨延伸	2415	水手两年记	7055
水墨研习坊	2288	水手舞	12651

中国历代图书总目·艺术卷

水树秋色	9836	水乡广积粮	9276
水塔花	10044	水乡好风光	4035
水甜心更美	1947	水乡集	9127
水土保持	8871	水乡集市	3568
水拓本瘗鹤铭	7785	水乡节日	3741
水娃的故事	5362, 6464	水乡名镇南浔	8857
水下碑林白鹤梁	7738	水乡暮色	9836
水下飞天	4485	水乡女英雄	5590
水下尖兵	5362	水乡人民送瘟神	3321
水仙 1751, 1784, 1878, 9309, 10014, 10015,		水乡涉趣	1878
10017, 10021, 10029, 10044, 10050,		水乡盛开大寨花	12336
10064, 10075, 10498, 10520, 10527		水乡四季	3700
水仙	2630	水乡送粮	12592
水仙鹁鸽	1664	水乡小英雄	5325
水仙操	12306	水乡新歌	12267
水仙花 1751, 3007, 4220, 10036, 10050, 10071,		水乡新貌	3847
10096		水乡一家人	5834
水仙花皇后	2383	水乡游击队	5362
水仙花鸟画选	2502	水乡余韵	8905
水仙牡丹	1711	水乡渔歌	3803
水仙牡丹	2609, 2612	水乡之晨	9823
水仙盆景	10622	水香秋色	2660
水仙小鸟	1772	水笑人欢	1820, 3700
水仙与茶花	973	水写画本	864
水乡 1820, 1892, 1994, 2748, 3003		水写毛笔字帖	7293
水乡春好	3602	水写书法字帖	8358, 8370, 8386, 8428
水乡春暖	10406	水写正楷字帖	8385
水乡春色	1735	水写纸字帖	7876, 8368
水乡春晓	12323	水写字帖	7771, 7821, 7822, 7923, 7924, 8013
水乡大寨好风光	1843	水榭红花	2642
水乡的春天	4979	水榭之晨	9804
水乡对歌会	3986	水心题跋	7687
水乡儿童团	5236	水秀山青	1860
水乡放鸭	1751	水淹开封	6128
水乡高歌	12313	水淹七军	4796, 5074, 5417

书名索引

水妖	6539	吮	9573
水引旱垣鸭嬉来	1892	顺昌会战	4979
水印版画	1212	顺德梁斗南等手书小楷	8022
水印版画技法	1210, 1211, 1215	顺德苏若瑚先生书学探微	7332
水印版画入门	1215	顺风耳 千里眼	4722
水印木刻集	3022	顺化怒火	5182
水印木刻技法	1210	舜的故事	5502
水印木刻选集	3037	瞬间	5834, 8697, 10144
水印木刻选辑	3019	瞬间的跋涉	8703
水映红叶	9862	瞬间的摄影	10135
水勇英烈传	5834	瞬间的艺术	2901
水源人民在继续革命的大道上奋勇前进	3175	瞬间构思	8697
水月镜花	12785	瞬间纪事	8707
水云笛谱	12261	瞬间凝固的美	8697
水云山梦	2336	瞬间造型	8700
水韵	2046	瞬息京华	6566
水战金鱼精	5701	说不尽的心里话	3895
水之情	9886	说草解法	7350
水中取火	13246	说唱：乡土艺术的奇葩	12974
水中之花——水中生物图案资料选辑	10256	说唱常用曲调集	12140
水珠	5502	说唱赣南	12138
水珠儿	5417	说唱歌曲集	12138
水竹村人花卉扇图册	1699	说唱艺术简史	12971
水竹村人山水画册	1699	说唱音乐	11145
水足肥饱夺丰收	3542	说唱音乐曲种介绍	11144
水族基础图案	10338	说唱音乐选集	12137, 12138
水族女英雄杨秀英	4979	说红书	3700
税款入门	6982	说红书赞英雄	3741
睡莲	1751, 9304,	说葫芦	10719
9306, 10015, 10016, 10025, 10029, 10037,		说谎话的老鼠	5834
10044, 10045, 10057, 10075, 10087, 10090		说谎者	12904
睡莲——花卉	10029	说假道真	3488
睡美人	2812, 6645	说句心里话	11505, 11511
睡狮猛醒	5834	说剧	12753, 12754
睡着的人和醒着的人	5834	说客	3455

中国历代图书总目·艺术卷

说民艺	450	硕果累累迎战友	3895
说墨贴兄孙西侯	1060	硕果满园	1843, 3780, 3895
说破·虚假·团圆	12733	硕果满园四季平安	4839
说书	12961	硕果满园英姿爽	3803
说书人训练班报告	12746	硕果飘香	4485, 8832
说书史话	12963	硕果屏	3780
说书小史	12962	硕果瑞鸟图	3650
说说唱唱	11626	硕果四季飘香	4560
说说地方戏	12955	硕果图	2507
说说快写钢笔字	7504	硕果献给党	4560
说太后	12129	硕果献亲人	3986
说谭	12856	硕果献英雄	9674
说唐	5701, 5702, 6464, 6539, 6566	硕士学位论文集	476, 10993
说唐全传	6501	司鼓伴奏	11157
说文部首	8018	司郎博士卷一	7117
说文部首许叙篆文墨迹	8116	司令部的枪声	6129
说戏	12710	司令与木匠	5502
说戏论艺	12932	司马东钢笔字速成新技法	7598
说砚	1051	司马光破缸救友	4303
说印	416, 8455, 8457	司马景和及妻孟氏墓志	7804
说岳全传	5979, 6367, 6464, 6501	司马景和妻墓志	7804
说杂技 道曲艺	12854	司马迁	5503, 5590, 5702, 5834
说篆	8453	司马温公告身	7958
朔二姐	3013	司马显姿墓志	7824
硕果	8865, 10108, 10112, 10115, 10120	司马彦钢笔书法字帖	7598, 7599
硕果传友谊	3847	司马彦钢笔字帖	7609
硕果丰盛鲜花香	2791	司马彦钢笔字帖系列	7555, 7583
硕果丰收	1878	司麦克绣花图案 100 例	10740
硕果丰收娃娃乐	2094	司雷春篆隶书诗册	8134
硕果丰收娃娃喜	4220	司棋与潘又安	5702
硕果丰盈	10104	司徒大豆	3513
硕果丰盈	2619	司徒华城小提琴曲集	12180
硕果累累	1836, 1860, 2799, 3847, 4220, 4303,	司徒乔画集	1380, 1892
	4722, 10102, 10106, 10114, 10121	司徒乔去国画展	1375
硕果累累	2152, 2642, 2666	司徒乔新疆写生选集	2852

书名索引

司徒越书法选	8190	丝路花雨——反弹琵琶	4089
司徒兆光雕塑集	8637	丝路花雨——反弹琵琶伎乐天	9940
司文郎	5834	丝路花雨——反弹琵琶伎乐天舞姿	9940
司务长的故事	5236	丝路花雨——盘上舞	4089
丝厂两姐妹	8998	丝路花雨——凭栏仙女	9941
丝绸古道行：求索集	1326	丝路画行	2786
丝绸美术设计	10348	丝路画踪	2897
丝绸图案设计基础	10362	丝路乐舞故事	10971
丝绸样品下乡来	3847	丝路情歌	11809
丝绸艺术史	10200	丝路诗词硬笔书法欣赏	7555
丝绸之路	9129, 10349	丝路驼铃	5702
丝绸之路——通向中亚的历史古道	8904	丝路之舞	9962
丝绸之路的音乐文化	10915, 10967	丝路作品精选	2810
丝绸之路黄金道：中国新疆昌吉	8861	丝桐协奏琴谱	12298
丝绸之路乐舞大观	10975	丝桐纂要	12298
丝绸之路乐舞艺术	12577	丝网版画	1212
丝绸之路艺术研究	265	丝网版画入门	1215
丝绸之路与中国书法艺术	7160	丝系衍纪	11323
丝绸之路造型艺术	516	丝织图案	10351
丝绸之路重镇——凉州	9804	丝竹乐谱	12326, 12331
丝带结饰技艺	10763	丝竹小谱	12325
丝道新景	10421	丝竹指南	11332
丝瓜·牵牛花·小鸡·金鱼	867	私奔	4760
丝瓜、葫芦	1735	私访独家城	6198
丝瓜凌霄画法	946	私立武昌艺术专科学校课程纲要、训育方案	342
丝瓜小鸟图	2642	私立武昌艺术专科学校学则	241
丝路	8565	私立武昌艺术专科学校一览	241
丝路采风	2897	私立新华艺术专科学校章程	343
丝路朝霞	9804	私人保镖	4851
丝路风光画集	2465	私生活与美术创作	528
丝路风情	8977	私刑	6198
丝路风情水彩画集	2950	思	9368, 9381, 9394, 9408, 9422, 9438, 12231
丝路亘古	3455	思辨新视角	8711
丝路花雨 4088, 4089, 4303, 5503, 5590, 9221,		思凡	4899, 11142, 12116, 12127, 12131
9940, 9942, 9943, 9948, 9958, 13114		思凡·下山	12106

中国历代图书总目·艺术卷

思红	9408	斯卡拉蒂钢琴奏鸣曲集	12528
思接千载	8647	斯卡拉蒂四十五首钢琴奏鸣曲	12502
思考	9333, 9345, 9358, 9381	斯科洛波加托夫	13216
思考 = 塑造	057	斯库台三英雄	5212
思陵翰墨志	7223	斯马连诺夫选集	6773
思陵书画记	638, 639	斯诺西行	6129
思茅地区戏曲音乐	12063	斯皮鲁海底擒匪	7036
思南傩堂戏	12948	斯坦伯格漫画集	6940
思念	5702, 8841, 9438, 9456, 9467, 12193	斯坦尼斯拉夫斯基创作遗产讨论集	12707
思齐堂琴音谱	12293	斯坦尼斯拉夫斯基的导演课	12802
思亲操	12298	斯坦尼斯拉夫斯基论文讲演谈话书信集	12686
思亲曲	4149	斯坦尼斯拉夫斯基全集	12684, 12685
思沁蒙古秘史人物画	6610	斯坦尼斯拉夫斯基谈话录	12682
思胜随缘	2273	斯坦尼斯拉夫斯基体系讲话	12681
思同铅笔画集	2847	斯坦尼斯拉夫斯基体系讲座	12682
思微室印存	8581	斯坦尼斯拉夫斯基体系精华	12694
思乡曲	12162, 12163, 12326	斯坦尼斯拉夫斯基体系论集	12688
思想革命化 粮食大丰收	3700	斯坦尼斯拉夫斯基体系问题	12682
思想红、作风好、工作硬的马万水工程队	5140	斯坦尼斯拉夫斯基学派演员的培养	12689
思想解放的先驱 捍卫真理的战士	3321	斯坦尼斯拉夫斯基与布莱希特	12690
思想品德教育漫画故事	3526	斯坦尼斯拉夫斯基在排演中	12682
思想战线上的电影	13307	斯特拉文斯基	10893
思一画集	2459	斯特拉文斯基一个士兵的故事	12352
斯巴达克思	5417, 5503, 6501	斯特拉之死	5590
斯大林	1276	斯土绘影	581, 592
斯大林歌集	12360	撕纸图案	10669
斯大林格勒血战记	6267	嘶马立幅	1793
斯大林和他的印刷机	4878	死城的传说	5979, 6129
斯大林集体农庄	4907	死而复生	5834
斯大林教了她	4892	死光	5503
斯大林万岁	12425	死海决斗	6395
斯大林像	2736, 2737	死河追踪	6396
斯大林永远活在我们的心里	13236	死灰 999	6267
斯大林之歌	12359, 12360	死魂灵——尼古拉·果戈理的诗篇	6913
斯佳丽	6464	死魂灵一百图	6913, 6915

书名索引

死酷党	6129	四川	1365, 8936, 8938
死里逃生	5979, 6232	四川"白毛女"	3129
死囚的新生	6232, 6267	四川白毛女	3129
死囚女	5979	四川版画	3010
死囚生还录	6198	四川版画形象选	3027
死神的火焰	5503	四川版画选	2995, 3030
死神的吻	5834	四川藏戏	12942
死神行动	6337	四川藏族民歌集	11782
死神狂舞	6712	四川茶铺	8954
死神来到之前	6129	四川大学	10520
死神手里的报告	5591	四川大邑地主庄园陈列馆收租院泥塑群象	8658
死神掌心的游戏	6267	四川灯会集锦	10512
死尸身上的国宝	6129	四川的劳动者	2848
死尸遗泪诸子	6396	四川电影宣传画	3378
死守扬州	5979	四川雕塑小辑	8630
死亡的古庙	6396	四川雕塑选	8630
死亡的镜子	6198	四川儿歌	4403, 4404
死亡的抉择	6268	四川风光	4220, 9068, 9092, 10485
死亡计划	6268	四川妇女自行车摄影考察队作品集	8893
死亡乐园	6300	四川歌声	11407
死亡旅馆	6268	四川工人哨子	11766
死亡峡之谜	6268	四川工艺美术史话	10197
死亡之岛	5702	四川工艺美术选集	10230
死性不改	3439	四川海螺沟	9109
死者不会控诉	5979	四川汉代雕塑艺术	8602
四百三十二峰草堂印章	8522	四川汉代画象艺术选	8662
四宝临门全面丰收	3543	四川汉代画象砖艺术	388
四本堂印谱	8501	四川汉代画像砖拓片	390
四本堂印史	8494	四川汉代陶俑	390
四婵图	2359	四川花灯歌曲	11832
四不弯腰屏	1843	四川黄龙寺	9072
四不象回祖国	5979	四川交警	8862
四彩魔枪和大盗巴黑	6539	四川近现代徽章集	8461
四朝宝绘录	1462	四川九寨沟静海晨雾	9061
四朝选藻	1472, 1523	四川九寨沟诺日朗大瀑布	9062

中国历代图书总目·艺术卷

四川九寨沟寨旁小景	9062	四川省江北县舒家乡龙岗村刘宅的还阳戏	
四川老根据地革命歌选	11580		12955
四川乐山	9813	四川省接龙阳戏接龙端公戏	12953
四川乐山栈道	9876	四川省芦山县清源乡芦山庆坛田野调查报告	
四川历代碑刻	7727		12786
四川连环画选页	5236	四川省绵阳市中区曲艺志	12973
四川美术学院附中色彩教学作品集	2953	四川省少数民族地区丰富多彩飞跃发展的多种	
四川美术学院附中素描教学作品集	2893, 2905	经营	3089
四川美术学院附中学生习作	320	四川省少数民族地区劳动人民当家做主幸福生	
四川美术学院作品选集	345	活日新月异	3089
四川苗族蜡染	10362	四川省少数民族地区农业生产飞跃发展	3089
四川民歌	11765, 11772	四川省少数民族地区新兴工业遍地开花交通贸	
四川民歌歌曲十首	11776	易星罗网布	3090
四川民歌集	11772	四川省少数民族地区畜牧业在发展中	3089
四川民间歌曲选	11795, 11803	四川省宜宾中山书画艺术研究社成立纪念	2094
四川民间剪纸	10671	四川省酉阳土家族苗族自治县双河区小闪乡兴	
四川民间剪纸刻纸集	10663	隆村面具阳戏	12948
四川民间蓝印花布图案	10352	四川省重庆市巴县接龙区汉族的接龙阳戏	
四川民间挑花图案	10254, 10264		12950
四川民族民间舞蹈集成	12618	四川省梓潼县马鸣乡红寨村一带的梓潼阳戏	
四川名胜山水	4304		12950
四川闹年锣鼓	12340	四川师范学院美术系教师作品集	356
四川皮影	10676	四川石宝寨	9823
四川普格温泉	9847	四川糖画	455
四川清音	12137, 12139	四川陶器工艺	10641
四川邛崃唐代龙兴寺石刻	8649	四川戏剧轶史	12781
四川群众美术作品选	1357	四川戏曲史料	12770
四川少数民族画家画库	1324	四川新歌	11791, 11792, 11794
四川摄影作品选	8930	四川新民歌歌曲选	11782
四川省创作歌曲选集	11441	四川新兴版画发展史	1212
四川省工艺美术艺人创作设计人员代表大会资		四川扬琴音乐	12321
料汇编	10177	四川扎染	10355
四川省工艺美术资料汇编	10229	四川中国画选集	2152
四川省剑阁县化林大队"农业学大寨"先进事迹		四川中青年国画家十一人集	2152
	5176	四打惠州	6268

书名索引

四大锤	2095	四化传捷报 佳节奏凯歌	4035
四大佛山	2447	四化宏图一统伟业	4485
四大金刚	4839, 5834, 6669	四化宏图展 征途气象新	4035
四大金刚	2375, 2393	四化花开	4404, 4485
四大金刚斗悟空	4560	四化花开连年有余	4560
四大美女	2407	四化花开庆有余	4304
四大名楼	4637	四化花开幸福来	4404
四大名松	2095	四化建设英雄谱	3352
四大名著绘画本	6566	四化快马 奔腾向前	1878
四大套	12055	四化如意	4304, 4485
四大天王	4637, 9032	四化如意国富民强	4560
四大天王	2095, 2152	四化舞东风 祖国万年青	4035
四大天王金曲特辑	11736	四化舞东风祖国万年春	3307
四大天王闹西周	6464	四化喜讯	4220
四渡赤水	5362, 5418, 5979	四化新标兵	4035
四方城	8964	四化引来家家余	4404
四方舞	12652	四化远景动人心，加快建设新农村	3543
四福图	2095	四化展宏图 祖国万年春	4035
四高僧画集	1483	四鸡图	2581
四个姑娘	2733	四季	12538
四个红领巾	5017	四季保平安	4637
四个守岛兵	12095	四季长春	4221, 4796
四个小伙伴	5702	四季长春繁花似锦	4305
四个新水兵	11782	四季长春迎兔年	2660
四姑娘	4404	四季长青	3543, 4485
四姑娘山	9145	四季常春	3650, 3780
四股弦音乐	11156	四季常春	2447
四国间谍战	5702	四季常青	1820, 1878, 3650, 3700, 4035, 4638
四海翻腾云水怒 五洲震荡风雷激	3757	四季常青兴五业 万象更新乐丰年	4220
四海无家	5503	四季春	4404
四海之内皆兄弟	13258	四季春	2437
四好民兵 五好社员	3741	四季翠竹	2508
四合工册	12326	四季翠竹通景	4638
四鸿四禧图	2095	四季的变化	13256
四虎图	2574	四季儿歌	12005

中国历代图书总目·艺术卷

四季发财户户春	2152	四季花鸟	1486, 3602, 3650, 3651, 3986,
四季芳香	3041, 9438		4035, 4036, 4089, 4149, 4220, 4221, 4304,
四季芳香	2513		4404, 4405, 4560, 4638, 4722
四季芬芳	4304, 4638	四季花鸟	2496, 2500, 2502, 2510, 2513, 2630
四季芬芳	2508	四季花鸟(春夏秋冬)	4149
四季芬芳	4560	四季花鸟屏	3602, 3700, 3986, 4036, 4089,
四季丰富	2095		4221, 4405, 4561, 4638, 4722, 4839
四季风光	9092, 9138	四季花鸟屏	2209, 2517
四季风光	2434, 2442	四季花鸟屏条	2508
四季风光屏	4796	四季花鸟条屏	4304
四季风景	4304	四季花鸟图	4723
四季风情	9134	四季花鸟图	2515
四季福	2153	四季花仙	4561, 4638
四季富裕	4404	四季花香	4089, 4149, 4221, 4304, 4405
四季歌	2012, 9118, 11769	四季花香	2500, 2502, 2508
四季瓜香	4220	四季花香：荷	2534
四季果香	4404	四季花香：菊	2534
四季和美	2095, 2184	四季花香：梅	2534
四季红楼	4304	四季花香：牡丹	2534
四季花	1723, 3568, 10030	四季花香屏	4796
四季花常开	4722	四季花香鱼儿肥	4723
四季花常开 幸福集体来	3650	四季花艳双飞屏	4864
四季花儿开	12607	四季画屏	4638
四季花果	4404	四季欢腾	4221
四季花果香	2095	四季欢舞	4638
四季花卉 3700, 3940, 3986, 4035, 4089, 4560		四季欢喜	4638
四季花卉	2504	四季吉祥	2095, 2153
四季花卉画谱	983	四季皆吉	4405
四季花卉屏	3986	四季金鱼屏	4638
四季花卉图轴	2612	四季康乐	4561, 8841
四季花开	4035, 4220	四季康乐	2095
四季花开	2515	四季康泰	4304
四季花开春常在	4089	四季丽人	8841
四季花开富贵有余	2515	四季猫戏图	2574
四季花开暖洋洋	11782	四季鸣翠	2095

书名索引

四季盆景	10576	四季小奏鸣曲	12509
四季盆景	2508	四季协奏曲：春、夏、秋、冬	12468
四季盆景仕女	2642	四季兴旺	4852
四季飘香	4304, 4405, 4638, 8832	四季幸福	4796
四季飘香	2153, 2508	四季莺歌	4723
四季平安	1923, 3603, 4221, 4305, 4405, 4406,	四季迎春	4561
	4485, 4561, 4639, 4723, 4825	四季有余	4149, 4406, 4639, 4723
四季平安	2046, 2095, 2153	四季有余	2576
四季平安百年康乐	4639	四季有余幸福来	4221
四季平安富贵有余	2153	四季有鱼	2568
四季屏	2096	四季鱼乐图	2581
四季屏农家历	9394	四季之鹿	9369
四季瓶花屏	3543, 4864	四季知识乐园	6590
四季青	1829	四季竹禽图	4406
四季青蔬菜生产合作社	8875, 9262	四家藏墨图录	1057
四季如春	3987, 4305, 4561, 10411	四姐妹夺夫	12114
四季如春	2424	四姐五姐本是亲姐妹	11957
四季如春喜事多	4639	四届"人大"传喜讯 满怀豪情促生产	3225
四季如意图	4485	四届"人大"胜利万岁	3225
四季山河	2428	四届人大传喜讯 团结胜利向前进	3225
四季山水	913, 4089, 4406, 4639, 4723	四届人大胜利万岁	3225
四季山水	2427, 2434	四进白云山	5979
四季山水——春夏秋冬	1727	四进士	4979, 5044, 9146, 12087
四季山水屏	2442, 2452	四景山水图卷	1541, 1547
四季山水图	2452	四君子	4639
四季摄影	8799	四君子梅兰竹菊	2096
四季生产屏	3651	四君子描法	856
四季诗句四体书	8226	四君子诗画舫	2974
四季仕女	4305	四君子珍禽图四屏	4639
四季仕女图	4561	四颗夜明珠	6198
四季水果	2841	四库全书	233, 234, 802
四季颂	3651	四库全书存目丛书 267, 848, 7672, 11028, 11029,
四季甜美	9456		11340, 12318
四季图	4406	四郎探母	4723, 9244, 11827
四季仙境	2447	四灵祥征	12736

中国历代图书总目·艺术卷

四路来财	2153	四十个南瓜	5702
四猫图(摄影）	4406	四十条纲要到农村	11432
四美钓鱼图	4149	四时报喜	2660
四美屏	2046	四时和乐	1994, 4561, 4639
四美堂柳公权字帖	7847, 7848	四时和气春常在 万民安乐庆丰年	4406
四美堂王羲之字帖	7789	四时花果	2949
四美堂颜真卿字帖	7847, 7848	四时花卉	4864
四美堂赵松雪字帖	7959	四时花似锦	2510
四美图3603, 4221, 4305, 4406, 4561, 4723, 8824,		四时花香	2630
8850, 9010		四时吉庆	4640
四美图	2096, 2367	四时佳果	9456
四美戏八戒	4305	四时佳果	2642
四美争艳	10090	四时佳果大丰收	3543
四猛八大锤	5979	四时山水屏	10409
四面楚歌	5591	四时田园杂兴六十首	8281
四明传奇	6198	四时雅趣	4562
四明山	4723	四世英雄	4562
四旁绿化	3352	四兽图	4036
四平山	3603	四书	6396
四漆屏	6268	四书五经佳句钢笔行书字帖	7599
四气王半夜	5591	四探无底洞	5591, 6268, 13127
四签名	5503, 5591	四体百家姓	8133, 8255
四人山水画集	2480	四体常用钢笔字帖	7423
四色梅	2517	四体大字典	8343
四色配色手册	156	四体钢笔书法字典	7622
四色配色手册：设计师必备色谱	562	四体钢笔字帖	7456
四僧绘画	1521	四体简化字谱	8342
四山摩崖	7825	四体千字文	7775
四山图	8841	四体书道百句歌	7302
四神童	4723	四体书法	7233
四声部和声听觉训练	11102	四体书法丛书	7302
四十八天歼灭战	5980	四体书法大字典	7361, 8352
四十春秋	352	四体书法概论	7320
四十二集电视连续剧《戏说乾隆》彩色连环画丛		四体书法启蒙	7320
书	6415	四体书格言警句选	8217

书名索引

四体书古今楹联选	8269	四眼先生	3476
四体书诗词名句选	8349	四野新曲	2153
四体书实用对联	7504	四友斋画论	675
四体书势	7216, 7217	四友斋书论	7239
四体书唐诗	8190	四月八	3700
四体唐诗	8198	四月之爱	6888
四体楹联	8347	四只脚的船	5835
四体硬笔书法教程	7570	四只小猫	4221
四体硬笔书法字典	7599	四只小天鹅	9594
四条屏	8170	四知堂印谱	8490
四铜鼓斋论画集刻	673, 674	四重奏演奏问题	11268
四王画集	1685	四子成材图	4305
四王画论辑注	706	四子争位	5702
四王吴恽画册	1640	四字书法	7235
四王吴恽绘画	1688	四卒千军	12924
四王吴恽山水合册	1624	似鸿轩印稿	8517, 8537
四味书屋珍藏书画集	1514	似江南	8902
四五队歌选十一曲	11378	似兰斯馨	1973
四喜登梅	10532	似潜庐印存	8523
四喜贺新年	2153	似升长生册	847
四喜临门	4485, 4640, 9234	似升所收书画录	1468
四喜临门	2096	似水流年	13119
四喜屏	4826	似玉	9726
四喜四受	12055	似曾相识	026, 9645
四喜同来	4839	寺观雕塑壁画白描资料集	2393
四喜同来发大财	4826	寺塔记	6621, 6622
四喜图 1907, 1923, 1995, 4485, 4640, 4724, 4796		寺院音乐	12351
四喜图	2630	汇觉亭印撷	8530
四喜献寿	4796	汇水关	6415
四喜迎春	4486	佀鸿轩印稿	8530
四喜祝福	2096	饲养场上春意浓	3895
四下河南	5702	饲养家禽益处多 增加收入好生活	3105
四仙女	2383	松	2652, 2666
四香堂摹印	8497	松柏庵传奇	12884
四新图	3847, 3895	松柏长青	4640, 5017

中国历代图书总目·艺术卷

松柏敏和嘎西娜	5835	松鹤长寿	4562, 4852
松柏名画集	1571	松鹤朝阳	1923, 4305, 4797, 4826
松柏万年青花开代代红	1861	松鹤富贵图	2671
松禅老人尺牍墨迹	8061	松鹤恒春	4852
松禅老人遗墨	8025, 8028, 8031	松鹤菊花图	2612
松禅戏墨	1649	松鹤鹿	1907
松禅遗墨	8045	松鹤牡丹	4305
松川事件	5074	松鹤牡丹	2619
松翠峻崖	2673	松鹤年图	1923
松舫居士印谱	8505	松鹤千年	8833
松风	11931	松鹤瑞气满神州	2096
松风阁琴谱	12298, 12314	松鹤同春	1995, 4089, 4149, 4486, 4562, 4640,
松风阁指法	11324		4844
松风国乐社曲谱	12244	松鹤同晖	4826
松风鹤韵	4826	松鹤同辉	2096
松风鹤志	8269	松鹤图	1668, 1670, 1878, 1892, 1907, 1923, 1995,
松风虎啸图	4640		2012, 2028, 3651, 4149, 4305, 4486,
松风楷书	8226		4562, 4640, 4724, 4797, 4826, 10459
松风流水	1659	松鹤图	2153, 2619, 2630, 2631, 2642, 2652, 2660,
松风清趣图	2153		2666, 2675, 2678
松风人语入流霞	1947	松鹤万古春	2028
松风堂读书图题辞	778	松鹤万年	4797
松风轩印谱	8524	松鹤遐龄	4839, 4844
松风自合琴谱	12298	松鹤遐龄	2224
松高洁——陈毅同志造像	1861	松鹤遐龄玉屏富贵	4562
松谷印遗	8490	松鹤旭日	2096
松海山水画集	2472	松鹤延年	1879, 1907, 1923, 1924, 1947, 2012,
松鹤	1665, 1666, 1772, 2012, 4305, 4640		3651, 4221, 4222, 4305, 4406, 4486,
松鹤	2612, 2630		4562, 4640, 4724, 4760, 4771, 4797, 4826,
松鹤长春	1892, 1995, 3603, 4149, 4150, 4305,		8833
	4306, 4407, 4641, 4724, 4864, 9484, 10512	松鹤延年	2046, 2096, 2153, 2631, 2652
松鹤长春	2096, 2153	松鹤延年 吉庆有余	4486, 4641
松鹤长春图	4724	松鹤延年四季屏	4864
松鹤长年	4852	松鹤延年图	4724
松鹤长青	2096	松鹤迎春	2680

书名索引

松鹤迎客	4724	松凌千峰	2028
松壑飞瀑图	4641	松龄长寿	4563
松壑鸣泉	2652	松龄贺寿图	4562
松壑泉鸣	2809	松龄鹤寿	1760, 1892, 1924, 1974, 1995, 2012,
松壑双鹊	4641		3651, 4222, 4407, 4562, 4563, 4641,
松壶画忆	468, 679		4844, 4864
松壶画赞	467, 468, 679	松龄鹤寿	2096, 2097, 2154
松壶先生集	778	松龄鹤寿图	4306
松虎图	4562	松龄鹤湿	4486, 4641
松化蛋	3488	松楼飞瀑图	2154
松花姑娘	5980	松楼观云图	2097
松花湖秋色	9862	松鹿图	2642
松花江	9824	松绿长青	4306
松花江的歌	11101	松峦叠翠	9862
松花江地区戏曲志	12781	松萝晚翠图	2619
松花江两岸	3024	松梅	1879
松花江畔	9793	松梅长寿	2609
松花江上	5101, 9824, 12206	松梅风雨	12900
松花江渔歌	12311	松梅寿鹤 山河壮丽	2452
松花江之春	9042	松梅双雀	2619
松江晨曦	9824	松梅颂	1850, 3940
松江急就篇	8074	松梅颂	2598, 2599, 2603
松江歼匪记	5980	松梅图	2652
松江农民丝网版画	3063	松年山水花卉杂册	1597
松江派山水	1569	松排山面千重秀	1908
松江清远	1589	松坡军中遗墨	8117
松江省第一届民间戏曲、音乐、舞蹈观摩演出		松瀑图	1974, 4641
大会会刊	438	松瀑图	2631
松江迎春	9813	松奇石秀迎客来	4486
松井桂三	10190	松虬鹤姿	4486
松壶画忆	469	松泉图	2047
松邻书札	7240	松山诗话	4864
松林	6873	松山祥鹤	4826
松林晨曦	6873	松山烟云图	2452
松林僧话图	1665, 1668	松石千古秀	4641

中国历代图书总目·艺术卷

松石万年	4486	松鹰	1727, 1736, 1751
松石斋书画琐言	568	松鹰图	1948, 1975, 1995, 3603, 4306, 4563, 4641
松鼠	3987	松迎山欢	8833
松鼠	2557, 2606, 2631	松雨楼画课	900
松鼠·葡萄画法	970	松园印谱	8501
松鼠葡萄	1879	松院闲吟图	2619
松鼠蔬果	1655	松月虎啸	4563
松鼠图	1597	松月居士集印	8490
松树百图	9320	松岳长青	9836
松树画法	942	松云观瀑图	4858
松树炮	5017	松筠桐荫馆集印	8490
松树王	12033	松筠桐荫馆集印补	8490
松树战	5213	松筠桐荫馆印谱	8501
松霜阁印集	8513	松赞干布	6129
松涛峰影	9847	松赞干布 文成公主	4641
松溪两岸稻花香	1843	松针鼠跃图	4641
松下吹箫	1727	松堆	1879
松下风云	4641	松竹兰梅	1975
松下清斋印集	8517	松竹梅	4563, 4642, 4724
松下赏月	1892	松竹梅三友图	4864, 4865
松弦馆琴谱	12289, 12314	松竹梅图	1924
松献英芝图	6843	松竹梅图	2047
松雪庐印汇	8523	淞滨花影	1603
松雪洛神赋	7961	淞沪前线	13286
松雪书道德经	7964	淞隐漫录	3476
松雪堂印萃	8497	嵩高灵庙碑	7776
松雪翁乐善堂帖	8004	嵩口司	5074, 5591
松雪斋与进之帖	7947	嵩龄喜寿图	4642, 4724, 4725
松仔子历险记	5418	嵩岭激战	5591
松崖藏印	8502	嵩岭喜寿图	2097
松阳书法集	8198	嵩明花灯音乐	12135
松阳书法艺术	7275	嵩山	9804
松阳县戏曲史料	12770	嵩山风光	9077
松荫待客	2154	嵩山画集	1708
松吟百咏	7504	嵩山练武 少林习艺	4407

书名索引

嵩山日出	9788	宋朝名画评	771
嵩山少林寺	4642, 9824	宋朝名将伍尚志、关铃	4563
嵩山四条屏	4407	宋程卓书吴愈州行状	7948
嵩岳少林	4407	宋楚泓水之战	5835
嵩云居藏印	8530	宋楚王元佐题	7948
宋·姜夔词乐之研析	10875	宋淳熙敕编古玉图谱	383, 384
宋·陆游《十一月四日风雨大作》	8170	宋词百首钢笔字帖	7479
宋·马远《踏歌图》	1810	宋词钢笔行楷字帖	7440
宋·十大词人词画雅鉴	1549	宋词钢笔字帖	7533
宋·苏轼《惠崇春江晚景》	8170	宋词画谱	1551
宋·王安石《泊船瓜洲》	8170	宋词精萃	7533
宋·徐元杰《湖上》诗	8190	宋词精选钢笔字帖	7570
宋·叶绍翁《游园不值》	8154	宋词楷书帖	8390
宋·朱熹《春日》	8171	宋词名篇毛笔行书字帖	8240
宋·朱熹春日诗	8155	宋词三百首钢笔书法	7583
宋安生画选	1400	宋词三百首书画集	2238
宋安生油画作品优选	1420	宋词三百首小楷	8387
宋敖陶孙诗评	8076	宋词三百首小楷墨迹	8296
宋柏松画集	2209	宋词说	3494
宋本梅花喜神谱	1535	宋词新歌集	11367
宋波	6585	宋词选萃	7555
宋伯鲁书淳化阁帖	8125	宋词选粹	8433
宋伯鲁一家四代书画集	2184	宋词一百首	7599
宋步云画集	1397	宋词一百首钢笔行书字帖	7555
宋蔡襄书刘蒙伯墓碣文	7981	宋慈	5980
宋蔡襄书洛阳桥碑	7978	宋大观法帖	7944
宋蔡襄谢赐御书诗	7974	宋代爱国诗人	2369
宋蔡襄自书诗	8009	宋代北方民间瓷器	8993
宋蔡襄自书诗札	7961	宋代的小品画	1541
宋蔡忠惠公墨迹	7956	宋代花鸟	2588
宋蔡忠惠公自书诗真迹	7950	宋代绘画美学析论	589
宋蔡忠惠书画锦堂记	7947	宋代民间陶院瓷纹样	389
宋查元方题	7948	宋代山水	10412
宋蝉翼拓黄庭经	7781	宋代山水画的创新与发展	585
宋朝皇帝墨宝	8009	宋代山水画南渡之研究	806

中国历代图书总目·艺术卷

宋代书画册页名品特展	1549	宋黄庭坚诗稿二种	7962, 7965
宋代书论	7399	宋黄庭坚书狄梁公碑	7987
宋代说书史	12756	宋黄庭坚书松风阁诗卷	7958
宋代文学故事	6300, 6367	宋黄庭坚书松风阁诗、华严疏卷	8006
宋代小品画	1540	宋黄庭坚五君咏	7987
宋代医学家杨介	4979	宋黄庭坚诸上座	7978
宋涤绘画近作	2257	宋黄庭坚诸上座帖	7974
宋定伯卖鬼	6396	宋徽宗	8422
宋恩珍	5101	宋徽宗、宋高宗墨迹	7990
宋丰光张锦平画集	2257	宋徽宗草书千字文	8007
宋福基草书选	8171	宋徽宗楷书千字文	7981, 7982
宋副主席和少先队员	3651	宋徽宗诗帖	7958
宋高宗草书习字帖	7998	宋徽宗瘦金书字帖	7970
宋高宗敕梁汝嘉墨迹	7955	宋徽宗书法选	7994
宋高宗米芾草书习字帖	8420	宋徽宗书诗卷	7950, 7958
宋高宗书马侍郎绘唐风图	1530	宋徽宗赵佶草书千字文	831, 7965, 7970
宋高宗书毛诗	7998	宋徽宗赵佶画迹真伪案例	7994
宋高宗书千字文	7961	宋徽宗赵佶全集	1549
宋高宗书千字文墨迹	7989	宋徽宗赵佶瑞鹤图	1879
宋高宗书真草习字帖	7989	宋徽宗赵佶书蔡行勒	7965
宋高宗赵构草书洛神赋	7964, 7965	宋徽宗赵佶书圜丘季享勒	7965
宋高宗赵构书白居易诗	7978	宋徽宗赵佶书园丘季享勒	7966
宋耕获图	1543	宋惠民油画作品集	2816
宋官窑特展	422	宋季丁书风	8335
宋浩霖画龙	638	宋佳	9622, 9645, 9706
宋河南穆府君墓表	7944	宋建华画集	2047
宋红岩摄影作品集	8990	宋建舞台速写集	2893
宋后军书法摄影作品选	336	宋江	5835, 6540
宋华花鸟画集	2549	宋江 晁盖	4725
宋画	1531	宋江杀惜	5044, 5702, 5835, 5980
宋画集粹	1550	宋姜白石创作歌曲研究	11078
宋皇祐新乐图记	10934	宋金采石之战	5703
宋黄山谷狄梁公碑初拓本	7950	宋金鼎画集	2154
宋黄山谷书墨竹赋等五种	7970	宋金和战	5980
宋黄庭坚草书诸上座帖	8010	宋金涛书法集	8320

书名索引

宋金元戏曲文物图论	12771	宋米芾墨迹三种	8010
宋金元诸宫调考	12742	宋米芾三帖真迹	7987
宋锦幡题	8045	宋米芾珊瑚帖 复官帖	7978
宋景诗	4979, 13233	宋米芾手札	7987
宋璟碑碑	5835	宋米芾蜀素帖	7985
宋巨然山水长卷神品	1535	宋米芾苕溪诗卷	7978
宋克君画选	2184	宋米芾向太后挽词	7978
宋刻梅花喜神谱	1446, 1532	宋米芾自书天马赋	7978
宋李迪山水册	1533	宋米南宫乐兄帖墨迹	7948
宋李迪雪树寒禽图	1543	宋米南宫书千字文	7960
宋李公麟维摩演教图卷	1545	宋米襄阳辨法帖真迹	7985
宋李龙眠白描九歌	1532	宋米元章题	7948
宋李嵩西湖图	1536	宋明音乐史料	10966
宋李唐万壑松风图	1548	宋明之画石谱	1566
宋李营丘山水真迹	1532	宋明织绣	10353
宋辽金画家史料	579	宋牟益搗衣图	1534
宋辽金西夏舞蹈史	12580	宋牟益搗衣图卷	1534
宋林逋行书自书诗并苏轼行书和诗	8010	宋奶奶和我们在一起	4486
宋林逋自书诗卷	7964	宋欧阳修诗文手稿	7962
宋林椿梅竹蜡嘴	1543	宋齐鸣油画作品选	2824
宋陵石雕	8650	宋庆龄藏印	8568
宋刘松年蚕织图卷	1532	宋庆龄和孩子们	5980, 9010
宋刘原父南华秋水篇墨宝	7950	宋庆龄和少年队员	2393
宋陆游怀成都赋	7998	宋庆龄和她的姊妹们	6367
宋陆游怀成都诗	7978	宋庆龄同志和孩子	4222
宋陆游自书诗	7966	宋人鹁鸽	1543
宋马麟静听松风图	1546	宋人白鹤猿猴	1543
宋马远水图	1540	宋人百花图	1540
宋米芾二帖册	7962	宋人词意	10440
宋米芾法书三种	7962	宋人法书	7957
宋米芾方圆庵记	8427	宋人峰岫楼阁	1543
宋米芾行书破羌帖题赞	8010	宋人寒鸦图	1547
宋米芾行书苕溪诗	8010	宋人花卉册	1534
宋米芾楷书三种	7962	宋人花鸟	1544, 1545
宋米芾墨迹	8004	宋人花鸟精品线描集	2511

中国历代图书总目·艺术卷

宋人画八高僧故实	1536	宋诗精萃	7534
宋人画八高僧故实图卷	1538	宋士杰	5503
宋人画册 1535, 1536, 1537, 1538, 1540, 1545,		宋氏三姐妹	6268
1549		宋氏文房谱	1044
宋人画评	828	宋守安山水画选	2462
宋人画选	1540, 1542	宋守宏水彩画选	2959
宋人画学论著	794	宋书记巧当六员	4980
宋人江天胜览图长卷	1535	宋书乐志校注	10963
宋人楷书选字帖	8381	宋思陵敕书四道墨迹	7948
宋人枯荷鹡鸰	1543	宋四家墨宝	7957
宋人榴枝黄鸟图	1836	宋四家书法析论	7266
宋人梅竹聚禽图	1547	宋四家书法字典	7994
宋人摹褚书乐毅论	7960	宋四家真迹	7958
宋人摹褚遂良乐毅论	8002	宋四家真迹精选	8002
宋人墨迹集册	7982	宋四贤尺牍	7978
宋人手写发愿经	7947	宋苏东坡赤壁赋	7986
宋人书翰	7961	宋苏东坡书天际乌云帖真迹昆阳城赋墨迹合册	
宋人蜀葵图	1543		7982
宋人四喜图	1539	宋苏轼行书治平帖	8010
宋人松溪话旧	1543	宋苏轼罗池庙神辞碑	7987
宋人物故事图卷	1751	宋苏轼墨迹	8005
宋人小品	1551	宋苏轼人来得书·新岁展庆帖	8013
宋人小品·临摹技法赏析	863	宋苏轼书爱酒歌真迹	7987
宋人雪麓早行图	1543	宋苏轼书前赤壁赋	7960
宋人遗裰杂抄	10343	宋苏轼治平帖	7978
宋人院体画风	1549	宋苏文忠公祭黄几道文真迹	7962
宋人作出水芙蓉	1544	宋苏文忠寄参寥诗卷真迹	7950
宋人作海棠蛱蝶	1544	宋拓多宝佛塔感应碑	7856
宋上华 杨令俗及秦腔名宿艺术丛谈	12959	宋拓九成宫醴泉铭	7855, 7856
宋省予册页选集	2543	宋拓麻姑仙坛记	7836
宋省予画集	2224	宋体美术字参考字汇	7630
宋师北征	5835	宋体字库	7644
宋师傅学外语	5151	宋拓《潭帖》	7736
宋诗词书法	8198, 8226	宋拓宝晋斋法帖	7964
宋诗钢笔书法	7599	宋拓本颜真卿书忠义堂帖	7913

书名索引

宋拓丙舍帖	7781	宋拓化度寺碑三种	7837
宋拓藏真律公帖	7850	宋拓怀仁集·圣教序	7818
宋拓澄清堂残本	7790	宋拓怀仁集书吴文碑	7789
宋拓褚河南哀册	7836	宋拓怀仁集王书圣教序	7791, 7792
宋拓褚河南圣教序	7836	宋拓怀仁集王羲之书圣教序	7792
宋拓褚河南雁塔圣教序	7836	宋拓怀素草书千字文	7864
宋拓淳化阁法帖	7709	宋拓皇甫诞碑	7844
宋拓淳化阁帖	7709, 7710	宋拓皇甫君碑	7843
宋拓淳化阁帖祖刻	7710	宋拓皇甫明公碑	7931
宋拓淳熙秘阁续法帖	7781	宋拓黄山谷题中兴颂崖下诗原刻孤本	7950
宋拓赐潘贵妃兰亭序	7775	宋拓黄庭经	7777
宋拓大达法师玄秘塔碑	7857	宋拓黄庭内景经	7775
宋拓大观集帖	7711	宋拓集王羲之书金刚经	7789
宋拓大观帖	7950	宋拓晋唐小楷十一种至宝	7661
宋拓大麻姑仙坛记	7843	宋拓九成宫碑	7885
宋拓大字麻姑仙坛记	7892	宋拓九成宫醴泉铭	7832, 7845
宋拓道因法师碑	7846, 7859, 7878	宋拓开皇本兰亭叙	7782
宋拓第一圣教序	7809	宋拓孔祭酒碑	7842
宋拓鼎帖	7711	宋拓孔庙碑	7748
宋拓定武本兰亭序	7782	宋拓孔宙碑	7748
宋拓定武兰亭	7781	宋拓兰亭序帖	7793
宋拓定武兰亭序	7781, 7782	宋拓兰亭续帖	7794
宋拓东方像赞	7782	宋拓郎官厅壁记	7842
宋拓东坡西楼帖	7947	宋拓乐毅论	7790
宋拓多宝塔碑	7831	宋拓礼器碑真迹	7754
宋拓房梁公碑	7832	宋拓李北海云麾碑	7831
宋拓孤本罗池庙碑	7836	宋拓李思训碑	7886
宋拓馆本十七帖	7793	宋拓李玄靖碑	7886
宋拓汉姜寿碑	7756	宋拓柳公权玄秘塔	7866, 7870
宋拓汉司隶校尉鲁峻碑	7757	宋拓柳临洛神赋十三行	7846
宋拓汉司隶校尉鲁峻碑阴	7757	宋拓龙藏寺碑	7840, 7841, 7844, 7951, 7957
宋拓汉西岳华山碑	7771	宋拓鲁峻碑及碑阴	7754
宋拓汉圉令赵君碑	7754	宋拓麓山寺碑	7841
宋拓河南本十七帖	7782	宋拓麓山寺碑并阴	7866
宋拓化度寺碑	7830, 7836	宋拓麻姑仙坛记合本	7833

中国历代图书总目·艺术卷

宋拓麻姑仙坛记三种	7850	宋拓王帖三种	7789
宋拓孟法师碑	7837, 7892	宋拓王右军金刚经	7785
宋拓米芾方圆庵记	7986	宋拓王右军书	7785
宋拓米襄阳行书	7958, 8424, 8427, 8429	宋拓卫景武公碑	7841
宋拓明拓褚河南枯树赋合册	7837	宋拓魏黄初修孔子庙碑	7782
宋拓墨皇本圣教序	7825	宋拓温虞恭公碑	7844
宋拓欧阳询缘果道场砖塔下舍利记	7844, 7882	宋拓西楼苏帖	7947
宋拓清远道士诗	7901	宋拓熹平石经	7755
宋拓群玉堂帖	7976	宋拓夏承碑	7747
宋拓善才寺碑	7831, 7986	宋拓玄秘塔	7843, 7845, 7849, 7886
宋拓神策军碑	7889, 7893	宋拓薛少保书随信行禅师碑	7837
宋拓圣教序	7787	宋拓薛少保书信行禅师碑	7837, 7886
宋拓十七帖	7790	宋拓薛绍彭摹刻兰亭叙	7972
宋拓十三行	7776	宋拓薛绍彭书谱	7239
宋拓石鼓文	7755	宋拓颜鲁公大麻姑仙坛记	7878
宋拓石门颂	7754	宋拓颜鲁公大字麻姑仙坛记	7879
宋拓蜀石经周官礼第九第十残本	7845	宋拓颜平原东方画赞	7837
宋拓司隶校尉鲁峻碑	7771	宋拓颜书李元靖碑	7831, 7982
宋拓苏长公雪堂帖	7954	宋拓颜真卿东方画赞	7931
宋拓苏东坡书丰乐亭记	7986	宋拓颜真卿书祭姪稿	7837
宋拓苏书丰乐亭记	7947	宋拓雁塔圣教序	7886
宋拓索靖月仪帖	7782	宋拓雁塔圣教序记	7893
宋拓太清楼书谱	7239	宋拓叶有道碑	7850
宋拓唐房梁公碑	7833	宋拓虞恭公碑	7831, 7837
宋拓唐怀仁集晋王羲之书圣教序	7792	宋拓虞恭公温彦博碑	7886
宋拓唐姜柔远碑	7837	宋拓虞世南东庙堂碑	7831
宋拓唐孔颖达碑	7833	宋拓虞世南庙堂碑集成全文本	7837
宋拓唐李邕行书李思训碑	7931	宋拓玉版十三行	7789
宋拓唐李邕书李思训碑	7861	宋拓元次山碑	8010
宋拓唐云麾将军碑	7837	宋拓岳麓寺碑	7841, 7846
宋拓唐昭陵六马图	1271	宋拓越州石氏帖	7782
宋拓绛帖后卷	7775	宋拓云麾碑	7837
宋拓天发神谶碑	7973	宋拓云麾李秀碑完本	7841, 7982
宋拓王大令洛神赋	7777	宋拓智永真草千字文	7866, 7867, 7872
宋拓王大令十三行	7789	宋拓智永正草千字文	8025

书名索引

宋拓忠义堂法帖之四	7870	宋学义在家乡	4980
宋拓砖塔铭	7837	宋阎次平牧牛图卷	1542
宋文天祥宏斋帖	7962, 7963	宋燕肃寒岩积雪图	1532
宋文天祥书木鸡集序	7966	宋杨无咎雪梅图	1541
宋文彦博三帖	7963, 7973, 7979	宋吟可画集	1892
宋文治	2310	宋吟可画集	2047
宋文治画集	2459	宋吟可画辑	1892
宋文治画辑	2427	宋吟可作品选集	1892
宋文治山水画集	2427	宋应星买书	5980
宋文治山水画辑	2439, 2442	宋英书法选	8335
宋文治山水画技法解析	921	宋永进人物速写集	2919
宋文治山水画选集	2434	宋游丞相藏定武兰亭王沇本	7786, 7787
宋文治山水小辑	1793	宋游丞相藏兰亭宣城本	7785
宋文治新作选	2047	宋游丞相藏兰亭玉泉本	7787
宋文治艺术馆藏品集	2336	宋游相藏定武兰亭王沇本	7785
宋文治作品选集	1380	宋渔父先生遗墨	8114
宋翁卷咏乡村四月诗	8164	宋雨桂画集	2310
宋吴处士墓志	7948	宋玉麟画集	2028
宋吴琚诗帖	7960	宋元宝绘	1532
宋贤笺牍	7958	宋元瓷器目录	434
宋贤书翰	7960	宋元扇页选	1548
宋贤遗翰	7958	宋元古印辑存	8549
宋湘先生翰墨	8094	宋元画册	1543
宋襄公	5591, 5835	宋元画萃	1532
宋小官团圆破毡笠	5835	宋元名画	1532
宋晓东画集	2209	宋元名画选	1539
宋孝宗赵昚草书赤壁赋	7966	宋元名人跋王大令保母志	7789
宋谢泌题	7948	宋元明清画家年表	573
宋新江画辑	2154	宋元明清名画大观	1472
宋新涛画集	2519	宋元明清书画	1527
宋新涛画辑	1975	宋元明清书画家传世作品年表	593
宋新涛画选	1975	宋元明清四朝名画留真	1501
宋星凤楼本黄庭经	7806	宋元墨宝	7953
宋宣和柳鸦芦雁图卷	1538	宋元青瓷	429
宋学义	4980	宋元人书学论著九种	7264

中国历代图书总目·艺术卷

宋元山水画册	1541	宋朱锐赤壁图	1535
宋元扇页选	2047	宋朱锐雪山行车	1543
宋元四大家书法墨宝	8001	宋朱熹书翰文稿	7967
宋元陶瓷大全	406	宋诸名家墨宝册	7958
宋元戏曲史	12742, 12743	宋庄之战	5836
宋元戏曲文物与民俗	12775	送宝到家	4797
宋元以来画人姓氏录	845	送宝图	4725, 4797
宋元以来名画集	1522	送宝图	2154
宋张樗寮华严经墨迹	7947	送菜到码头	1879
宋张樗寮写华严墨迹	7951	送菜籽	5044
宋张方平题	7948	送车记	5325
宋张即之楷书度人经	8010	送春灯	4407
宋张即之楷书合册	7974	送春归	10030
宋张即之书报本庵记	7966, 7967	送春集	11380
宋张即之书大方广佛华严经	7979	送春联	3603
宋张即之书杜甫七律两首	7979	送大竹	5236
宋张轼诗《立春偶成》	8178	送电进山村	1799
宋张择端清明上河图卷	1540	送朵红花给姐姐	3895
宋赵昌蛱蝶图	1541	送儿当红军	3568
宋赵昌写生蛱蝶图	1544	送饭	1761
宋赵芾江山万里图卷	1546	送饭到田间	3741, 8643
宋赵佶摹虢国夫人游春图	1879	送饭上茶山	3543
宋赵佶瘦金书	7982	送饭斩娥	12131, 12133
宋赵佶瘦金书选	8010	送肥	11962
宋赵佶真书千字文秾芳诗	7994	送肥记	12079
宋赵孟坚水仙图卷	1542	送肥忙	12174
宋赵子固兰谱	1532	送风冠	1924, 4642, 9241, 9957
宋振庭画集	1948	送俘房	5703
宋指导员的日记	5836	送给阿爸的礼物	3895
宋中兴馆阁储藏图画记	1461, 1462	送给嫁娶阿姨	4407
宋仲温藏定武兰亭肥本	7785	送给毛主席	2720
宋仲温草书杜子美诗	8053	送公粮	2737
宋仲温急就章墨迹	8051, 8053	送瓜记	5418
宋仲温书唐张怀瓘论用笔十法墨迹	8053	送鬼人	5074
宋仲温书唐张怀瓘论用笔十法墨迹	8051	送红灯	1975

书名索引

送花的艺术	10604	送书到山区	3803
送花楼会	4486, 8817	送书上山	3741
送货到草原	3700	送书下乡	3701
送货路上	5236, 13099	送水	3701
送货上门	1879, 3700, 3741	送饲料	12902
送货上门全心全意为人民服务	1801	送往人间	4797, 4852
送货下乡	3652, 3701, 3741, 12095	送瘟神	3143, 5166, 11634, 12648
送鸡蛋	5182	送瘟神 改自然 创高产——江西省余江县	3143
送鸡还鸡	12119, 12121		
送鲛珠	13091	送瘟神 三字经	8137
送教上门	3803	送瘟神三字经	3129
送金匾	3987	送我一枝玫瑰花	12149
送款	4900	送戏到村	3543
送来亲人信 带走好消息	3701	送戏上船	3895
送来阳光暖 留下万家春	1810	送戏上门	3652
送梨	5127	送戏下乡	9338
送粮车队山过山	12344	送信到田间	3803
送粮路上	12334, 12585	送学员	2769
送粮忙	3803	送盐	5418
送粮上门	3701	送医到田间	3895
送粮图	3701, 3847	送鱼	5236
送猎记	5127	送哨队长上北京	12611
送马	5213	送猪	5236
送锚	5262	送猪记	5127, 12121
送你一串南珠	11505	送猪肉	4886
送你一副金嗓子	11124, 11127	送子参军	3701
送你一束沙枣花	11480	送子到农村	3742
送年画	3701	送子观音	4642
送女务农	3848	送子图	2012, 4642
送亲人	3765	送子图	2097, 2154
送情报	5166, 5213	送子务农	3242, 3987
送去春消息	10057	送子务农 志在农村	3803
送上我心头的思念	11974, 11979	送字上门	3742
送石榴	12093, 12094	送走枯岗迎锦绣	1820
送书	2748	颂春	12177

颂大寨唱英雄	3940	廑石山水集	1706
颂鼎铭文	8363	苏百钧画集	2154
颂歌 300 首	11730	苏百钧扇面画艺术	2554
颂歌百首	11511	苏宝玺国画集	2485
颂歌声声传北京	9283	苏宝星篆刻集	8588
颂歌献给党	4407, 12042	苏葆桢画集	2012
颂歌献给华主席	3940, 3987, 9986	苏葆桢作品选	1893
颂歌献给敬爱的周总理	11968	苏北调变奏曲	12157
颂歌献给毛主席 3803, 3848, 3895, 3896,		苏北灌溉总渠	8871
11650, 11655, 11660, 11682, 11696, 12229		苏北花鼓简介	10993
颂歌献给毛主席 红心永向共产党	3765	苏北民间歌曲集	11765, 11767
颂歌献给亲爱的党	11499	苏北农村壁画集	6619
颂歌献给新中国 颂歌献给共产党	4407	苏北小调常用曲调	12121
颂歌献给周总理	11465	苏伯群牡丹画集	2523
颂歌一曲唱韶山	11671, 11968	苏步青业余诗词钞	8269
颂歌赞模范红花献英雄	4306	苏长公西楼帖	7946
颂清廉书画选集	2273	苏妲萝	10147
颂先进	1358	苏丹与皇帝	5980, 9008
颂先进鼓干劲漫画选集	3408	苏堤垂柳	9118
颂新春	3896	苏堤春晓	9824
颂赞诗歌	12440	苏堤夕照	9788
颂中华·唱贵州·赞家乡歌曲集	11749	苏丁风景静物画风	6868
颂主圣歌	12436	苏丁人物画风	6868
颂主圣歌附篇	12435	苏东坡	5703
颂主诗编	12434	苏东坡草书《念奴娇赤壁怀古》	7983
颂主诗歌	12435	苏东坡草书醉翁亭记	7981
颂主诗集	12436	苏东坡尺牍墨迹九种	7994
搜孤救孤	5044, 5591, 12074	苏东坡赤壁怀古	8171
搜尽奇峰打草稿	2891	苏东坡传奇	6129, 6501
搜尽奇峰打草稿图卷	828	苏东坡大楷字帖	8380
搜山图 挥扇仕女图	1518	苏东坡洞庭春色赋、中山松醪卷墨迹	7982
搜神记	3465	苏东坡洞庭春色赋中山松醪赋	7994
搜书院	4150, 4407, 5074, 5703	苏东坡法帖	8001
搜书院	2097	苏东坡丰乐亭记楷书字帖	8399
搜书院选曲	12109	苏东坡丰乐亭记字帖	7968

书名索引

苏东坡寒食图	7983	苏尔维格之歌	12494
苏东坡行书	7994	苏光画集	1400
苏东坡行书钢笔临本	7534	苏杭风景	4306, 9038
苏东坡行书习字帖	7995	苏杭名胜	4306
苏东坡行书至宝	7995	苏华画集	2154
苏东坡行书字帖	8007	苏华书法艺术	8208
苏东坡画扇判案	4150	苏环打虎	4980
苏东坡黄州寒食诗卷	8013	苏黄米蔡墨宝	7951
苏东坡金刚经	7951	苏活冥想曲	1391
苏东坡金刚经字帖	7989	苏加诺工学士、博士藏画集	6780
苏东坡楷书习字帖	7995	苏家芬水彩画集	2952
苏东坡眉山远景楼记真迹	7954	苏静作品	2412
苏东坡墨迹选	7972, 7974	苏剧曲调汇编	12117, 12127, 12128
苏东坡清虚堂诗	7951	苏剧曲调介绍	12105
苏东坡诗	8395	苏军红旗歌舞团劳特，尤瑟夫同志讲授声乐	
苏东坡书表忠观碑	8001		11110
苏东坡书表忠观记	7990	苏军红旗歌舞团在中国台本	13236
苏东坡书宸奎阁碑	7991	苏军卫国战争画史	4888, 10130
苏东坡书赤壁赋	7953	苏蘖照公事略集古草书本	8413
苏东坡书洞庭春色赋中山松醪赋	7953	苏里柯夫	504
苏东坡书法精品选	8010	苏里科夫	6879
苏东坡书法精选	7998, 8007	苏里科夫创作的世界意义	502
苏东坡书法选	7995	苏里科夫的创作方法	1069
苏东坡书丰乐亭记	7984, 7995	苏联	8898
苏东坡书怀素自叙	7947, 7955	苏联《星火》杂志插图作品选	7060
苏东坡书昆阳城赋	7951	苏联八位著名美术家作品展览	6777
苏东坡书武昌西山诗	7953	苏联巴蕾舞	12658
苏东坡司马温公碑	7961	苏联版画	6919
苏东坡西楼帖	7991	苏联版画、招贴画、书籍插图、复制画展览	6777
苏东坡养生论墨迹	7951	苏联版画集	6913, 6914
苏东坡字帖	7976	苏联版画新集	6914
苏东坡醉翁亭记	7955, 8013	苏联版画选	6918
苏俄的新剧场	12752	苏联藏书票选	6925
苏俄艺术总论	358	苏联藏中国民间年画珍品集	4772
苏俄音乐与音乐生活	10982	苏联插图画家创作经验谈	1221

中国历代图书总目·艺术卷

苏联城市雕塑	8672		10129
苏联大马戏团	9255	苏联第五个五年计划中的工业	10129
苏联当代画家十人集	6854	苏联第五个五年计划中的农业	10129
苏联当代水彩画选	6910	苏联电影	13088
苏联当代油画	6857	苏联电影·问题与探索	13184
苏联当代油画选	6857	苏联电影500个问答	13306
苏联的版画	6914	苏联电影报刊关于现代电影倾向及当代主人公形象创造的谈论	13308
苏联的电影	13304, 13305		
苏联的纺织工厂	10130	苏联电影插曲集	12414
苏联的高速切削能手	10130	苏联电影导演及其作品	13205
苏联的幻灯	13302	苏联电影的道路与莫斯科艺术剧院	13306
苏联的机器拖拉机站	10130	苏联电影故事	13290
苏联的集体农场	10127	苏联电影技术近况汇编	13201
苏联的集体农庄	4907	苏联电影教育	13200
苏联的建筑工人	10130	苏联电影介绍	13088
苏联的交响乐	11268	苏联电影三十年	13174
苏联的剧场	12751	苏联电影史纲	13176
苏联的美术	359	苏联电影史与电影理论工作问题	13175
苏联的棉花丰产经验	10128	苏联电影史中几个有待争论的问题	13176
苏联的农业机械化	10128	苏联电影四十年	13177
苏联的农业研究	10127	苏联电影文集	13094
苏联的清唱剧和大合唱	10981	苏联电影艺术的技巧问题	13200
苏联的体育冠军	13256	苏联电影制作中的组织与职权问题	13199
苏联的体育运动	10128	苏联电影中的摄影艺术	13263
苏联的舞蹈艺术	12561	苏联电影中的音乐	11141
苏联的戏剧	13002	苏联雕塑家夏达尔评传	8602
苏联的畜牧兽医站	4907	苏联雕塑家马尼泽尔创作经验谈	8602
苏联的选举	10129	苏联动画集锦	7099
苏联的选举制度	10129	苏联独唱歌曲集	12425
苏联的演剧	12711	苏联儿童钢琴教材曲选100首	12516
苏联的业余艺术活动	360	苏联儿童歌曲选	12442
苏联的一个国营谷物农场	10130	苏联儿童画选	6776
苏联的艺术	360, 361	苏联儿童舞蹈	12656
苏联的音乐	10979	苏联儿童戏剧	12711
苏联第五个五年计划对人民生活的提高		苏联妇女	10129

书名索引

苏联钢铁工业的新成就	8871	苏联画家描绘青年的油画	6844
苏联高等美术学校素描	1096	苏联话剧史	13005
苏联歌集	12359, 12360	苏联机械化的农业生产	4916
苏联歌剧创作问题	11140	苏联及各人民民主国家之歌	12361
苏联歌曲	12360	苏联集体农民的文化生活	4892, 8871
苏联歌曲 101 首	12386	苏联集体农庄	10128
苏联歌曲创作问题	11078	苏联集体农庄的好处说不完	10130
苏联歌曲汇编	12365, 12367	苏联集体农庄的幸福生活	10132
苏联歌曲集	12359, 12361, 12362	苏联集体舞	12653
苏联歌曲佳作选	12382	苏联纪念碑雕刻问题	8615
苏联歌曲新编	12360	苏联进行曲集	12541
苏联歌曲选	12359, 12381	苏联经济及文化建设成就展览会纪念画册	6843
苏联歌曲选集	12369	苏联经济及文化建设成就展览会美术作品选集	
苏联歌曲珍品集	12390		362
苏联歌舞艺术	12658	苏联经济及文化建设成就展览会图片介绍	6843
苏联歌选	12359	苏联经济及文化建设成就展览会油画选集	6844
苏联各民族实用艺术与民间工艺品选集		苏联经济文化建设成就展览会美术作品选集	
	10724		6844
苏联工人的幸福生活	4883	苏联科学技术的辉煌成就	4929
苏联工人的业余艺术活动	10130	苏联科学与技术	13262
苏联工人怎样创造了幸福生活	10130	苏联列宾美术学院素描教程	1116
苏联工业生产建设图片	10128	苏联流行歌曲 123 首	12405
苏联故事片摄制组规程及其分工	13274	苏联流行歌曲选	12407
苏联故事片生产的计划与组织	13306	苏联马戏团在中国	13004
苏联故事影片生产手册	13290	苏联漫画选	6930
苏联国的版画	6914	苏联漫画选集	6930
苏联国立大剧院	13013	苏联漫画展览	6932
苏联国立民间舞蹈团	12671	苏联漫画展览会作品选集	6932
苏联合唱歌曲集	12425	苏联美术家创作经验谈	362
苏联合唱曲选	12425	苏联美术家画丛	6774, 6775
苏联红军	8657	苏联美术教育及其它	012
苏联红军歌舞团	12671	苏联美术论文集	360
苏联画家崔可夫印度写生记	601	苏联民歌	12410
苏联画家的油画材料与技术	1069	苏联民间歌曲集	12410
苏联画家描绘儿童的油画	6844	苏联民间美术	10750

中国历代图书总目·艺术卷

苏联民间舞蹈	12655	苏联实用美术论文集	10724
苏联民间舞蹈基本训练	12656	苏联手风琴曲选	12511
苏联民间舞蹈与舞蹈基本知识	12655	苏联体育的光辉成就	10132
苏联名歌220首	12412	苏联图案集	10723
苏联名歌集	12355	苏联图案是怎样的	10723
苏联名歌选	12361	苏联图案选	10723
苏联名画欣赏	504	苏联土风舞	12655
苏联名画欣赏选辑	6779	苏联伟大卫国战争画集	6775, 7143
苏联木材工业的机械化	8872	苏联伟大卫国战争画选	6778
苏联木刻	6915	苏联卫国战争宣传画选	6928
苏联木偶戏	13003	苏联文学插图	7061, 7063
苏联农民的乐园	8868	苏联文学作品插图选集	7058
苏联农民的幸福生活	10129	苏联舞蹈	12653
苏联农业图片集	10128	苏联舞蹈集	12653, 12654
苏联农业展览会	8872	苏联舞蹈选	12652
苏联青年画家新作	6863	苏联舞曲	12451
苏联青年新歌集	12367	苏联戏剧大师论演员艺术	12813
苏联人民的疗养生活	10130	苏联现代雕塑	8672
苏联人民热爱中国艺术	8872	苏联现代雕塑选	8671
苏联人民艺术家尼古拉·康士坦丁诺维奇·契尔		苏联现代黑白插图	7062
卡索夫	13217	苏联现代绘画选	6854, 6857
苏联山区农民幸福生活的道路	10132	苏联小魔术	13003
苏联少先队歌集	12441	苏联小学歌曲集	12442
苏联少先队歌曲集	12443	苏联小学歌曲集	12442
苏联社会主义工业化给农民带来的好处		苏联校内与校外的合唱小组	12426
	10132	苏联新歌	12357
苏联摄影四十年	8682	苏联星火画报插图选	7060
苏联摄影选集	10130	苏联星火杂志插图选	7061
苏联摄影艺术作品选集	10132	苏联星火杂志最新插图集	7063
苏联生理学家巴甫洛夫	3335	苏联宣传画	6928
苏联诗歌寓言插图选	7058	苏联宣传画选集	6928
苏联十六个加盟共和国	10130	苏联学前儿童歌曲集	12442
苏联十月革命历史画	6845	苏联演剧电影	13305
苏联十月胜利集体农庄	4900	苏联演剧方法论	12675
苏联时事漫画选	6931	苏联演剧体系	13002

书名索引

苏联演员训练论文集	12812	苏联植物育种家米丘林	3335
苏联艺术的发展	359	苏联主题画中的冲突问题	473
苏联艺术电影发展的道路	13305	苏联著名木刻大师克拉甫钦珂木刻选	6919
苏联艺术家在北京的演出	9261	苏联装饰美术	10723
苏联艺术讲话	358	苏联作曲家第二次全国代表大会报告、发言集	
苏联艺术教育学院合唱队	10981		10793
苏联艺术理论四十年	363	苏六娘	4980, 8814
苏联艺术三十五年	359	苏六朋、苏仁山书画	1683
苏联音乐	10979, 12352	苏六朋中国画选集	1672
苏联音乐发展的道路	10980	苏鲁豫皖工艺美术萃举	10199
苏联音乐简况	10982	苏禄国王与中国皇帝	4725, 13127
苏联音乐教育	10980, 10987	苏梅纸艺术	10711
苏联音乐论文集	10980	苏米斋兰亭考	7217, 7218
苏联音乐论著选译	10791	苏娜娜·雷尔曼	6888
苏联音乐美学问题	10843	苏南创作歌选	11394
苏联音乐青年	10853	苏南吹打讲座提纲	11350
苏联音乐生活	10980	苏南吹打曲	12341
苏联音乐史	10986	苏南十番鼓曲	12345
苏联音乐问题	10980	苏南小调常用曲调	12121
苏联音乐欣赏会	10854	苏派油画技法入门	1082
苏联影片《恋人曲》	13101	苏平诗书画选集	2273
苏联影片评论集	13088, 13089	苏平书画	2184
苏联影片展览纪念手册	13298	苏区"红色戏剧"史话	12771
苏联影视	13313	苏区歌曲	11432, 11441
苏联幽默画集	6945	苏芮 徐小凤 刘德华三大歌星金曲精选	11730
苏联幼儿歌曲集	12443	苏芮演唱金曲	11722
苏联幼儿师范学校唱歌、音乐、节奏动作教学		苏萨宁的咏叹调	12416
大纲	10792	苏三	8824
苏联宇宙火箭到月宫	3090	苏三起解	12071
苏联造型艺术展览品目录	360	苏珊娜·富尔曼	6854
苏联展览馆	2715	苏珊娜·富尔曼肖像	6883
苏联展览会在北京	13256	苏氏印略	8481
苏联政治讽刺画选集	6931	苏轼	5591, 8010
苏联政治讽刺画选辑	6931	苏轼·赤壁怀古	8155
苏联政治讽刺宣传画	6931	苏轼·水调歌头	8155

中国历代图书总目·艺术卷

苏轼《寒食诗帖》	7989	苏维埃绘画与版画中的正面人物的形象	502
苏轼赤壁赋	8011	苏维埃社会主义共和国联盟国歌	12393
苏轼的书法艺术	7987	苏维埃社会主义共和国联盟国歌	12395
苏轼法书字典	8353	苏文忠公行书帖	7946
苏轼丰乐亭记	7969	苏文忠前赤壁赋	7959
苏轼行书技法要诀	7384	苏文忠书前赤壁赋	7955
苏轼行书习字帖	8005	苏文忠天际乌云帖真迹	7953
苏轼行书字帖	7995	苏卧农画集	2184
苏轼集	8007	苏武	5017, 5703, 11971, 12283
苏轼临颜真卿争坐位法帖	7991	苏武	2348
苏轼论画史料	692	苏武和李陵	6129
苏轼论书画史料	520	苏武牧羊	5591, 5980, 9953
苏轼论书选注	7286	苏武牧羊交响诗	12222
苏轼墨迹大观	7991	苏夏钢琴曲选	12221
苏轼诗《饮湖上初晴后雨》	8164	苏香画录	1471
苏轼书法精选	8424, 8438	苏小妹	4306, 5591
苏轼书法全集	8001	苏小妹洞房诗考秦少游	4306
苏轼书法选	8007	苏小妹考新郎	4222
苏轼书丰乐亭记	7998	苏小妹三难新郎	4150, 4222, 4642, 5703, 9948
苏轼书罗池庙迎享送神诗碑	7983	苏小妹三难新郎	2362
苏轼书欧阳永叔醉翁亭记	7976	苏小妹三试新郎	4407
苏轼书醉翁亭记	7998, 8001, 8011	苏小妹与秦少游	4306, 4486
苏轼水调歌头词	8178	苏小妹与秦少游	2362
苏轼题画文学研究	828	苏小明唱片、音带歌曲选	11974
苏轼天际乌云帖真迹	7986	苏小明独唱歌曲选	11973
苏轼选集	8013	苏小明演唱歌曲选	11706
苏轼与《前赤壁赋》	7384	苏小三	5703, 6337
苏轼寓惠诗意画	2209	苏小小	8833
苏轼中楷	8005	苏小小魂断西泠桥	6337
苏书荔子丹	7944	苏孝慈碑	7918
苏水龙山变乐园	11777	苏孝慈墓志铭	7879
苏体楷书间架结构习字帖	7384	苏孝慈志小楷字帖	7861
苏体醉翁亭记丰乐亭记标准习字帖	7384	苏新平画集	2554
苏天赐画选	2786	苏绣	10353, 10361, 10512
苏维埃俄罗斯美术	363	苏绣传统图案	10351

书名索引

苏绣精萃	10356	苏州梨园	12706
苏绣图	3652	苏州留园	9101, 9862
苏绣图案	10353	苏州留园水廊	9092
苏绣新花春常在	3848	苏州留园紫藤	10064
苏一民版画	3058	苏州美景	9109
苏友中画集	2225	苏州美术专科学校一览	570
苏斋论碑帖杂文	7695	苏州美专一九三二年级级刊	007
苏斋唐碑选	7269	苏州民间器乐曲集成	12350
苏斋题跋	7702	苏州民间音乐选集	11795
苏州 8919, 8954, 8967, 9330, 9369, 9394, 10498		苏州名胜	9092, 9110
苏州·退思园	9893	苏州名园狮子林	9862
苏州版画院作品选	3050	苏州盆景	10622, 10625, 10628
苏州北塔	10004	苏州评弹旧闻钞	12969
苏州博物馆藏画集	1277, 1475	苏州评弹艺术初探	12971
苏州彩画	1741	苏州评弹音韵	12965
苏州惩霸	6129	苏州胜景	8967
苏州传统版画台湾收藏展	3042	苏州狮子林 1908, 9092, 9110, 9129, 9900	
苏州刺绣	10349	苏州市书画研究会作品集	2336
苏州刺绣图案	10349	苏州市书学论文选	7371
苏州的天平山	9101	苏州水乡游	9836
苏州东园	10004	苏州水印木刻集	3041
苏州风光 4407, 4563, 9044, 9082, 9092, 9101,		苏州丝织图案集	10349
9824, 10498, 10520		苏州四季	9129
苏州风情	8865	苏州四季风光	9125
苏州更上一层楼	12115	苏州弹	12140
苏州工艺美术	10230	苏州桃花坞木版年画	4797
苏州国画选	1751	苏州天平山庄	9092
苏州河傍晚	9052	苏州退思园	9083, 9101, 9110, 9824
苏州河上的黄昏	3010	苏州网师园 9110, 9329, 10106, 10108, 10110,	
苏州虎丘	9893, 9900	10115	
苏州虎丘雪景	9836	苏州戏曲志	12791
苏州花鸟画小辑	3742	苏州现代书画选	1365
苏州环秀山庄	9092	苏州小景	2047
苏州建城二千五百年纪念	2012	苏州新貌	8970
苏州剧派研究	12782	苏州怡园	9804

中国历代图书总目·艺术卷

苏州影剧史话	13198	素描大要	1116
苏州园林 2930,3987, 4036,4089,4407,9044,		素描的技法	1103
9101,9110,9804,9824,9848,9862,9876,		素描的理论与实践	1103
9906,10272,10512		素描第1步	1158
苏州园林屏	9043	素描法度	1142
苏州园林图	1893	素描范画	1147
苏州园林小景	9862	素描风景	1158
苏州运河	2726	素描风景画技法	1137
苏州砖刻	8649	素描风景入门	1132
苏州拙政园 4408,4772,9092,9101,9876,9922		素描概论	1137
苏州拙政园之春	9329	素描和色彩	1158
苏子龙书法选	8281	素描花卉	2863
苏子瞻赤壁赋	8296	素描花鸟选	2497
酥庵百花画谱	940	素描画法	1158
肃亲王遗墨	8034	素描画法大全	1102
肃清一切反革命分子漫画选集	3404	素描画理72法	1158
素描 1094,1096,1098,1100,1101,1108,1111,		素描画入门	1124
1113,1116,1123,1125,1126,1129,1131,		素描画述要	1092
1132,1136,1137,1141,1142,1147,1157,		素描基础	1132,1147
1158,2868,2869,2893,2897,2905,2912,		素描基础步骤范图	1116
2919		素描基础步骤范图(人物)	1137
素描·半身像	2919	素描基础技法	1105,1158
素描·独立语言	1142	素描基础技法教程	1116
素描·色彩入门	1103	素描基础教材	1111
素描·水粉	2952	素描基础教程	1137,1158,1159
素描·速写	6902	素描基础教学	1147
素描·造型·艺术	1158	素描基础入门	1137
素描——具象研究	1124	素描基础训练	1108,1129
素描、色彩入门	1116	素描基础训练100例图解	1137
素描、速写	1111	素描基础知识	1101
素描ABC	1158	素描基础指南	1113
素描百科	1098	素描集	1147,2901,2905,6905
素描插画图案手册	10268	素描技法 1098,1100,1105,1108,1126,1137,	
素描初步	1094,1100	1138,1148	
素描初阶捷径	1100	素描技法初步	1113

书名索引

素描技法论要	1113	素描石膏范图	2919
素描技巧入门奥秘	1142	素描石膏头像	1132
素描技巧训练	1148	素描石膏头像画法	1149
素描教材	1108, 1119	素描石膏像范画	1111
素描教程	1138, 1148, 1159	素描实践讲话	1094
素描教学	1095, 1108, 1116, 1148, 1159	素描实践与鉴赏	1138
素描教学范画	1114	素描述要	1096
素描教学范例	1148	素描速写	1126, 1129, 1159
素描教学随录	1116	素描速写基础	1149
素描教学新述	1124	素描速写集	2852
素描教与学	1142	素描速写精选	1126
素描教与学同步	1148	素描速写艺术欣赏	1138
素描进程	1148, 1149	素描谈	1132
素描静物	1138, 2907, 2919	素描炭精画技法	1120
素描静物范画	1111, 2907	素描头像	1159, 2907, 2919
素描静物画法	1138	素描头像表现技法	1159
素描静物技法	1149	素描头像范画	2882, 2907
素描静物入门	1132	素描头像技法	1149
素描静物写生技法	1159	素描头像入门	1133
素描美术中考指南	1149	素描头像写生艺术	1138
素描起步	1114	素描头像与速写	1124
素描求索	1132	素描图案大全	2873
素描人体	1159	素描习作选	2865, 2866
素描人体范画	1120	素描香港	2919, 2920
素描人物	6905	素描肖像	2865, 6896
素描人物范画	2885	素描肖像艺术	1126
素描人像	1149, 2919	素描写生	1095, 1139
素描人像范画	1111, 1142	素描写生技法常识	1097
素描人像教学问答	1159	素描写生课程	1159, 1160
素描人像入门	1132	素描写生入门	1111
素描人像写生指导	1159	素描心事	7534
素描入门	1093, 1132, 1138	素描新技	1105, 1108
素描色彩	1079	素描形式与技法	1126
素描石膏	2919	素描选	2885
素描石膏范画	2907	素描选集	2882

中国历代图书总目·艺术卷

素描学	1102，1139	速度使您拥抱自然	9110
素描学习资料	2855	速写	1095，1100，1111，1124，1129，1130，1133，
素描训练	1117		1139，1142，1149，1150，1160，2859，2860，
素描研究	1094，1105，1106		2861，2866，2867，2883，2920
素描研究专集	1101	速写插画集	6602
素描要领	1129	速写范本	2855
素描要素	1111	速写范画	2891
素描艺术	1124，1126，2876，2901	速写风景画法	1160
素描引导	2885	速写钢笔字字帖	7534
素描与随想	2865	速写画法	1096，1097，1150，1160
素描真人头像画法	1142	速写基础技法	1160
素描知识与技法	1114	速写基础教程	1150
素描着衣人物线面画法	1142	速写基础教学	1160
素描自学辅导	1103	速写基础入门	1142
素描自学教程	1126	速写基础训练	1117
素描自学资料	1106，1108	速写基础训练100例图解	1160
素描作品赏析	1160	速写基础知识	1100
素描作品选	6896	速写集	2860，2901
素秋	5703，5980	速写记游	2873
索施、卡玛	6864	速写纪游	2873
索园石谱	1552	速写技法	1097，1133，1150
索月孤舟	4980	速写教程	1142
速成电声乐队配器法	11285	速写教学	1143
速成钢笔行书习字帖	7456	速写理论与技法	1095
速成钢笔楷书习字帖	7570	速写起步	1124
速成基本乐理自修手册	11046	速写人体技法画例	1150
速成吉他演奏法	11200	速写人物 风景	1161
速成简易识谱法	11044	速写人物步骤	1133
速成识谱法	11043	速写人物画法	1161
速成识谱教材	11044	速写入门	1099
速成识字歌曲	11395	速写探求	1106
速成书画装裱技法	1067	速写选集	2859，2860，2861，2863，2876，2905
速成写字教材	7249	速写选辑	2859
速成写字秘诀	7384	速写训练	1130
速成圆珠笔行书技法	7423	速写要领	1103

书名索引

速写要述	1139	隋太仆卿元智暨夫人姬氏墓志铭	7876
速写艺术	2876	隋唐工艺史	10199
速写引导	2888	隋唐故事屏	4222
速写与构图指南	1120	隋唐画家轶事	579
速写与教学笔记	1114	隋唐绘画	1528
速寻失主	3781	隋唐及宋代书画研究选编	690
粟庐曲谱	12101	隋唐人物	2383
粟香行隃印存	8511	隋唐宋印风	8554
粟裕大将	6367	隋唐五代绘画	537
塑料薄膜育稻秧	5127	隋唐五代音乐史料	10966
塑料薄膜育秧	3742	隋唐武将	4642, 4725
塑型化装艺术	13227	隋唐武将：魏文通、程咬金	2384
塑造基础与陶瓷雕塑	8624	隋唐武将屏	4487
塑作	8636	隋唐武将屏	2393
算算队里的丰收账	3803	隋唐演义	4725, 6540
算一算	4036, 9369	隋唐演义人物	4563
绥远歌声	11400	隋唐演义四条屏	4563
绥远剪纸窗花	10662	隋唐燕乐调研究	11032, 11033
绥远民歌合唱集	11763	隋唐以来官印集存	8532
绥远民歌集	11760	隋唐英雄大会贾家楼前本	3603
隋残碑	7829	隋文帝惩子	5592
隋代绘画	1528	隋学芳书前后赤壁赋	8179
隋丁道护书启法寺碑	7844	隋炀帝电影创作与隋炀帝研究	13161
隋董美人墓志	7874	隋炀帝看琼花	5703
隋董美人墓志铭	7886	隋易夫画集	2534
隋邶郸县令蔡府君故妻张夫人墓志铭	7832, 7841	隋易夫画辑	1975
隋龙藏寺碑	7870, 7874, 7886, 7913, 7940	隋元公姬夫人墓志	7833
隋末农民起义	5362	隋元公姬夫人墓志铭	7879
隋墓志三种	7870	隋智永真书千字文临习技法	7384
隋上方寺塔盘遗刻	7837	随便呼哨集	11931
隋室二帝	5981	随身音乐辞典	10807
隋苏慈墓志	7879	随时准备歼灭敢于入侵之敌	3260
隋苏孝慈墓志	8394	随时准备歼灭入侵之敌	3175, 3210, 3225
隋苏孝慈墓志楷书字帖	8399	随时准备消灭敌人	3112
隋太仆卿元公夫人姬氏合志	7932	随时准备战斗，随时准备参军，随时准备到任	

何地方去，战胜任何敌人！	3143	岁岁平安 四季发财	4826
随想曲	9456，12198	岁岁平安繁花似锦	4487
随想曲，作品第1号	12467	岁岁如意	4306，4642，4798
随心所欲的家庭装饰设计 180法	10587	岁岁如意年年丰收	4408
随园湖楼请业图	1642	岁岁是英雄 年年当模范	3701
随缘行	8950	岁岁甜	2028
随周恩来副主席长征	5592	岁岁兴隆 年年有余	4725
随周副主席长征	5017	岁岁有余	4150，4798
岁朝春色	3652	岁岁有余年年康乐	4726
岁朝清供	8803	岁岁增产 年年丰收	3652
岁朝清供	2660	岁岁增福	4642
岁朝清赏	2631	岁月回眸	8906
岁朝图 1727，1761，1773，4222，4306，4563，4760，		岁月留痕——月份牌	1350
10440		岁月燃烧	8947
岁朝图	2652	岁月如歌	12673
岁寒难耐鸟嘲啾	2642	遂庵印存	8517
岁寒曲	11383	遂初堂收藏书画目录	1460
岁寒三友 1908，1995，2012，4222，4306，4563，		遂川工农兵政府旧址	1810
4725，4797，9304		遂高园园额印章	8501
岁寒三友	2097，2154，2210，2652，2673	遂平歌声	11432
岁寒三友诗书集	8296	碎玉集	8072
岁寒三友图	1924，1975，1995，4725	隧洞擒敌	5293
岁寒三友图	2047，2184，2671	穗港澳摄影家作品展览摄影作品选	8876
岁寒四友	1975，1995，9358	穗港插花	10604
岁寒同心	2184	孙安动本	5044，5074，5075
岁寒图	4725，4852	孙宝林画集	2538
岁寒喜友	2154	孙膑斗庞涓	5503
岁时节令传说	6367	孙膑和庞涓	5704
岁岁安康	9328	孙膑下山	5592
岁岁丰收	3652	孙伯翔书法集	8281
岁岁丰收 年年有余	3603，3652	孙策大乔比武招亲	2384
岁岁康乐	4642	孙策招亲	4564
岁岁平安 2028，4408，4487，4564，4642，4798，		孙策周瑜	4564
4865，8841，9408		孙长青欧洲风情摄影作品选	8992
岁岁平安	2047，2097，2155	孙春山先生制印集	8497

书名索引

孙大贵中国画集	2225	孙猴巧行医	6268, 13130
孙大圣和猪八戒	6415	孙煌石刻版画	3033, 3049
孙大圣漫游人体世界	3526	孙慧玲	5162
孙大圣蓬莱遇三仙	4643	孙家潭印存	8583
孙大圣祝寿图	4867	孙家珍	9645
孙大石画集	1420	孙坚奋书画集	2238
孙栋梁现代钢笔字帖	7479	孙见光画集	1416
孙多慈描集	1376	孙建东中国画集	2239
孙恩同山水画集	2468	孙建平油画集	2824
孙二娘传奇	6232	孙建平油画作品选	2824
孙二娘打店	9954	孙江天书法选	8255
孙二娘外传	6300	孙节愍公遗翰	7832
孙过庭·草书《书谱》	7399	孙进摄影作品集	8915
孙过庭·书谱	7361	孙晋芳和郎平	9553
孙过庭《书谱》草书大字谱	7932	孙精国画集	2543
孙过庭《书谱》草书习字帖	7332	孙景波说速写	1161
孙过庭《书谱》今译	7320	孙景波素描集	2912
孙过庭《书谱》书法入门	7302	孙景墨兰	1605
孙过庭景福殿赋	7863	孙敬会、李明媚人物画选	2393
孙过庭书法精选	7915	孙敬修唱歌集	11386
孙过庭书法选	7909, 7924	孙敬修爷爷讲的故事	5981
孙过庭书谱	7254, 7255	孙君画集	2836
孙过庭书谱跋	7696	孙君良	2336
孙过庭书谱钢笔临本	7534	孙君良画选	2047
孙过庭书谱笺证	7252	孙克纲	1449
孙过庭书谱今注今译	7260	孙克纲	2310
孙过庭书谱精选	7399	孙克纲画集	1975
孙过庭书谱全译钢笔字帖	7431	孙克纲教学画稿	914
孙过庭书谱序	7234	孙克纲山水画法析览	907
孙过庭书谱真迹大字本	7302	孙里人画集	2239
孙过庭书谱字典	7895	孙立新油画集	2832
孙过庭书千字第五本	7868	孙粒文画选	2480
孙过庭书千字文第五本辽宁省博物馆藏	7868	孙璜书法选集	8269
孙过庭章草释文	7829	孙龙花鸟草虫册	1575
孙行者落难平顶山	6396	孙龙写生姚公绶题合璧	1582

中国历代图书总目·艺术卷

孙敏草书宋词作品集	8296	孙田成速写集	2912
孙明华速写集	2901	孙万千书法作品集	8309
孙鸣邨花鸟画集	2510	孙为民	2816
孙鸣邨山水画集	2442	孙为民素描集	2913
孙鸣邨艺术全集	2273	孙蔚画集	2288
孙洋石画选	1708	孙文斌花鸟画	2549
孙庞斗智	5592, 5836, 6337, 6502	孙文博钢笔字帖	7440, 7456
孙平书法	8198	孙文铎画集	2463
孙齐齐七十二变	6738, 6739, 6740	孙文明二胡曲集	12284
孙其峰花鸟画谱	976	孙武子演阵	5503
孙其峰画集	1976	孙悟空	4090, 6540, 6645, 7142
孙其峰画集	2257	孙悟空 哪吒	4150
孙其峰画辑	1948	孙悟空·猪八戒	2384
孙其峰绘画粉本精选	721	孙悟空——大闹天宫	3987
孙其峰教学画稿	960	孙悟空、猪八戒环球旅行记	6465
孙其峰扇画选	2047	孙悟空暗助花仙子	6681
孙其峰书法篆刻选	8296	孙悟空遨游太空	5836
孙其峰书画选	2184	孙悟空出世	5503
孙其峰书画选	2155	孙悟空除妖记	6465
孙其峰作品	2554	孙悟空除妖记连环画画丛	6269, 6270
孙虔礼 张旭草书习字帖	7901	孙悟空传	6681
孙虔礼书谱序真迹	7239	孙悟空大闹龙宫	4643
孙群钢笔画作品选	2912	孙悟空大闹天宫 2384, 3652, 5704, 6659, 13289	
孙仁英中国古典人物画	2397	孙悟空大闹通天河	5592
孙日晓画集	2210	孙悟空大战八大金刚	6465
孙日晓画选	2184	孙悟空大战二郎神	4643, 6465, 6540
孙善耕广播电视歌曲选	11928	孙悟空大战混世魔王	6540
孙氏家族捐赠上海博物馆明清书画集萃	1590	孙悟空大战老鼠精	4760
孙氏书画钞	1471	孙悟空大战哪吒	6465
孙氏养正楼印存	8505	孙悟空大战蓬莱三仙	6740
孙树梅画集	2273	孙悟空大战青牛精	6368
孙庶华庆香港回归散文小楷集	8403	孙悟空大战三妖	5704
孙思邈百字养生铭隶字帖	8369	孙悟空大战三妖精	5704
孙太仁画集	2257	孙悟空大战狮驼岭	8824
孙天牧北派山水画谱	910	孙悟空大战十万天兵	6540

书名索引

孙悟空大战四大天王	6740	孙悟空义救难婴	5592
孙悟空大战四海龙王	6540	孙悟空与阿童木丛书	6337
孙悟空大战太雷星	6465	孙悟空与猪八戒	6415
孙悟空大战蜘蛛精	4844, 6566	孙悟空增援特种部队	6682
孙悟空饭正	5592	孙悟空仗义救鸳鸯	5836
孙悟空和老博士	6270	孙悟空智降黄妖	5981
孙悟空激战太空堡垒	6681	孙悟空智破睡美人之谜	6682
孙悟空借芭蕉扇	4408	孙喜贵摄影作品选集	8990
孙悟空借扇	4487	孙宪速写选集	2891
孙悟空考验功夫小子	6681	孙小圣与猪小能	6465
孙悟空科学考察记	6396	孙晓画集	2554
孙悟空哪吒	4222	孙晓云楷书清词八首	8406
孙悟空怒擒耗子精	6566	孙学敏画集	1420
孙悟空怒砸老君炉	2393	孙雪居行楷真迹	8048
孙悟空屏	4307	孙雪泥梅花	1784
孙悟空七十二变	4222, 6465	孙永屹书法集	8296
孙悟空奇遇圣斗士	6681	孙玉娇与付朋	4223
孙悟空抢救大白鲸	6681	孙玉姣	9948
孙悟空巧扮忍者神龟	6681	孙玉敏	5704
孙悟空三打白骨精	1850, 3568, 3603,	孙玉敏作品集	2410
3652, 3701, 3941, 3987, 5044, 5045,		孙毓敏伴奏曲谱集	11878
5075, 5101, 5182, 5213, 5236, 5325, 5362,		孙毓敏唱腔伴奏曲谱集	11878
5418		孙毓敏谈艺录	12892
孙悟空三打白骨精	2347, 2353, 2599	孙月池素描集	2897
孙悟空三岛寻方	5836	孙增弟画集	2184
孙悟空三盗芭蕉扇	4222, 9225	孙增弟速写集	2897
孙悟空三调芭蕉扇	4150, 5704, 9221	孙振华西藏风情摄影集	8945
孙悟空三借芭蕉扇	4564, 6659	孙志钧画集	2273
孙悟空三救小飞龙	6682	孙智君	9573
孙悟空太空大战	6659, 6660	孙中山	5592, 5704, 5836, 13124
孙悟空外传	5836	孙中山大元帅	4487
孙悟空误入恐龙岛	6682	孙中山的故事	6396
孙悟空新历险记	5704	孙中山和宋庆龄	4307, 4408
孙悟空新七十二变	6465	孙中山名言钢笔字帖	7534
孙悟空学本领	5503	孙中山手书碑刻	8131

中国历代图书总目·艺术卷

孙中山先生墨迹	8117	索靖书出师颂	7784
孙中山像	2809	索靖书月仪帖	7800
孙中山遗嘱书法集萃	8296	索科尔尼基的麋鹿岛	6874
孙中山与宋庆龄	4643, 5704	索伦杆传奇	6130
孙仲起画集	2185	索洛维约夫–谢多伊歌曲选	12365
孙仲起山水画集	2456	索马里共和国国歌	12395
孙竹篱中国画精选	2273	索命飞刀	13152
孙竹篱画选	1996	索溪晨雾	2048
孙滋溪画集	1387	索溪群峰	9824
孙滋溪素描集	2913	索溪峪	9848
孙子	6502	唢呐传统乐曲选	12271
孙子兵法	3447, 6368, 6396	唢呐吹奏法	11300, 11302
孙子兵法	2155	唢呐管子曲29首及其演奏技法	12270
孙子兵法、韩非子	3455	唢呐咔腔演奏技法	11303
孙子兵法钢笔行楷字帖	7504	唢呐练习曲选	12271
孙子兵法钢笔书法	7504	唢呐情话	5836
孙子兵法钢笔字帖	7440, 7456, 7479, 7534, 7555	唢呐曲36首	12272
孙子兵法三十六计钢笔多体字帖	7555	唢呐曲集	12262, 12271, 12272
孙子兵法印谱	8575	唢呐曲牌荟萃	12271
孙子兵法硬笔书法四体字帖	7570	唢呐曲选	12262, 12269
孙子说	3447, 3502	唢呐演奏法	11302, 11303
孙宗泉泰山根雕艺术	8646	唢呐演奏实用教程	11305
孙宗慰画选	1387	唢呐演奏艺术	11303
笋妹	5418	琐言	663
娑罗花树馆藏印	8530	锁国秘事	5981
梭罗河	12372	锁海开启	5504
缩本唐碑精选	7913	锁金峡	5262
缩短时间节约原料生产又多又好的钢	3105	锁麟囊	12086
缩小三大差别 造就一代新人	3896	锁龙井	5363
所长	5811	锁住黄龙	13246
所罗门王的宝石矿	6368	锁子的故事	5045
所向无敌	4726	**T**	
索超 徐宁	4726		
索超·秦明	4798	"太阳红"	9348
索非亚国家艺术陈列馆	361	"炭古佬"当县长	4936, 5336

书名索引

"探宝山组画"之一	2851	调侃集	3476
"堂·吉诃德"插图	7058	调侃女人	3465
"逃兵"	5883	调皮的玲玲	9008
"桃花姑娘"的秘密	4936	调色板	118
"天狼星计划"幻灭记	6241	他不是小溪，是大海	10866
"天下第一店杯"全国漫画大赛优秀作品集	3491	他从香港来	5704
"跳跃"行动计划	7031	他的英名和事业永垂不朽	3352
"铁达尼号"：漂浮与沉没	13163	他的真名实姓	13258
"铁人"王进喜	5190, 5303	他和它俩	9573
"铁西瓜"开花	5170	他还在战斗	5418
"土改"木刻集	2983	他俩和他俩	4090
"团长"历验记	5053	他没有牺牲	5705
"推优"掀起"跃进"潮，闯将闯出路一条；试焊		他们朝气蓬勃	8923
又逢最优点，多快好省逐浪高。	3815	他们叫他"阿米哥"	13262
《塔里木夜曲》演员	9539	他们为什么中毒	6396
拓片、拓本制作技法	7671	他们也在战斗	5075, 5127
《挑滑车》中高宠	4340	他们又看见了	13257
《铁达尼号》中国公演珍藏集	13162	他们在相爱	5504, 5592
[台北]故宫名壶邮票暨茗壶特展专辑	408	他们掌握了高速切削法	4900
[台湾]第二届现代水墨画展	2295	他哪里去了	4980
[台湾]电影影片上映总目	13313	他山集	12758
[台湾]广告年鉴	10368	他上了光荣榜	4223
[台湾1991年]电影年鉴	13191	他是"傻瓜"吗?	4980
[台湾1998年]电影年鉴	13317	他是活着，还是死了？	5981
[唐太宗草书御屏书]	7834	他是谁	5592
[唐颜君碑]	7829	他是谁：中国孩子须知	6590
[天主教歌曲集]	12435	他死在黎明之后——为真理献身的青年英雄史	
[天主教弥撒圣歌]	12438	云峰	5592
[田蔫生草木花卉册]	1743	他乡趣	8850
[通俗谐语图画]	1596	他永远活在战士心中	5166
[同古堂印谱]	8455	他永远凝视着祖国的峡湾	10864
[图案]	1596	他与她	452
[退安墨迹]	8108	他者的眼光	077
佃介眉	2247	他做买卖回来	8643
调和配色事典	147	它们也是朋友	2048

中国历代图书总目·艺术卷

它是咱的好朋友	4826	塔塔尔族舞曲	12266
她，会回来的……	5836	塔影	9824
她爱上了故乡	13233	塔影集	9294
她从雾中来	5593	塔崎圃藏琴录	12244
她的爱情	6130	塔中捉二妖	6130
她的代号白牡丹	6130	踏遍高原千里雪	1799
她的道路	13251	踏遍黄山寻草药	9268
她的觉醒	4870	踏遍煤海千条巷	1836, 1843
她含笑死去	5705	踏遍青山	1820, 3803, 3848, 3941, 4408
她俩和他俩	5504, 10448	踏遍青山	2420
她们的声音	13212	踏遍青山的徐霞客	6566
她们在光荣的岗位上	3569	踏遍青山人未老	1773
她配戴团徽吗	5593	踏遍青山为人民	5182
她入了迷	9008	踏春	9824
她是顾客的知心人	3701	踏春图	4798
她是谁的女儿?	6130	踏歌图	2310
她替他	4929	踏花归来	9145
她在白山黑水间寻找：程捷电视艺术作品赏析		踏花载歌送新娘	3603
	13138	踏浪	9900
塔	9998	踏平南海浪	1761
塔尔寺	1879, 9059, 9073, 9092, 9359	踏平怒海万顷浪	4980
塔尔寺风光	9064	踏平双峰山	4980
塔吉克鼓舞	12200	踏青	9974
塔吉克人民怀念毛主席	11795	踏青图	4726
塔吉克苏维埃社会主义共和国	10131	踏伞	4150
塔吉克舞曲	12207	踏上艺术之旅	046
塔吉克族人民心花放	12159	踏雪赏梅	4487
塔拉池的少年们	5504	踏着"铁人"脚步走	11676
塔拉斯的火炬	5504, 5593	踏着晨光	5237, 5293
塔拉索娃	13215	踏着孔繁森的足迹	9036
塔里木舞	9963	踏着夕阳归去	11701
塔里木夜曲	9359, 9395	胎藏曼茶罗图像宝典	462
塔丽	5363	台北 故宫书画简辑	1665
塔娜	13262	台北电影院	13284
塔山英勇守备战画报特刊	3067	台北故宫宝笈	1478

书名索引

台北故宫博物院藏画	1346, 1520	台山籍书画家名录	1373
台北故宫博物院藏明代绘画	1583	台上·台下	12722
台北故宫藏画大系	1516, 1517	台上台下集	12726
台北故宫藏画精选	1510	台台都称心	3848
台北故宫名画三百种	1510	台台新车朝阳开	3848
台北故宫鸟谱	1518	台湾 1992 年电影年鉴	13190
台北故宫书画简辑	1579, 1665, 1666	台湾 1993 年电影年鉴	13317
台北故宫书画菁华特辑	1517	台湾 1994 年电影年鉴	13317
台北故宫书画图录	1513, 1514, 1518	台湾 1995 年电影年鉴	13317
台北国际生态艺术展	1350	台湾 1996 年电影年鉴	13317
台北国际陶瓷博览会	10755	台湾 1997 年电影年鉴	13317
台北恋情	8862	台湾啊！祖国的宝岛	11465
台北市立国乐团第七届中国作曲研讨会论文集		台湾啊台湾	11469
	11099	台湾百景	8955
台北市立美术馆典藏目录	336	台湾百石鉴赏	10720
台城曲谱	12131	台湾榜首卡拉 OK 金曲	11731
台儿庄某老太殉国记	4868	台湾传统版画源流特展	3039
台尔曼	4980	台湾传统工艺	10193
台尔曼纵队	12371	台湾传统美术工艺	10236
台风	5182	台湾传统戏曲	12791
台港 1990—1991 年排行榜金曲	11722	台湾传统音乐	10915
台港电影中的作者与类型	13138	台湾当代画家名鉴	1370
台港歌曲	11706	台湾岛啊！我的故乡	12207
台港金榜新歌名曲	11730	台湾的电影与明星	13314
台港"巨星"	9032, 9761	台湾的客家戏	12959
台港流行歌曲选	11706	台湾的皮影戏	12981
台港流行抒情歌曲集	11706	台湾的山岳摄影	9251
台港十大"巨星"金曲钢笔字帖	7504	台湾地名印谱	8563
台港最新百名歌星演唱歌曲选	11731	台湾第一广告人	10394
台阁佳器	413	台湾电视发展史	13191
台阶上的少女	9622	台湾电影	13319
台静农书法选	8190	台湾电影精选	13190
台闽少数民族的复音民歌	11810	台湾电影史话	13184
台南县六甲乡"车鼓阵"调查研究计划期末报告		台湾电影史简编	13181
	12960	台湾电影戏剧	13308

中国历代图书总目·艺术卷

台湾电影阅览	13164	台湾来的"渔船"	4981
台湾儿女爱祖国	4036	台湾历史博物馆馆藏石湾陶	8663
台湾飞行	8942	台湾流行音乐百张最佳专辑	10880
台湾风光	4090, 4307, 8930, 9083, 9141, 9797	台湾漫画40年初探	1238
台湾风情	8945, 10512	台湾没落的行业	8620
台湾福佬系民歌的渊源及发展	10911	台湾美术的人文观察	111
台湾福佬系民谣	11530	台湾美术发展史论	267
台湾高山风情	9141	台湾美术风云四十年	097
台湾高山族民歌合唱集锦	11806	台湾美术简史	585
台湾高山族舞曲	12148	台湾美术历程	260
台湾歌曲选	11800, 11801	台湾美术年鉴	234, 235
台湾歌星包娜娜独唱歌曲选	11981	台湾美术评论全集	550, 551
台湾歌星金曲	11722	台湾美术全集	1400, 1401, 1402
台湾歌谣乡土情	11821	台湾美术图绘	1368
台湾歌仔戏	12960	台湾美术影像阅读	540
台湾歌仔戏的发展与变迁	12957	台湾美术阅览	269
台湾各类型地方戏曲	12960	台湾美术作品选	307
台湾工艺之美	10235	台湾民歌选	11799
台湾古老火车站	635	台湾民间传说画丛	6130
台湾广告金像奖20年全集	10770	台湾民间工艺	10703
台湾粿印艺术	10722	台湾民间艺术	446, 10673
台湾孩子的心	4090	台湾民间杂技	12999
台湾黑猫旅社	6300, 6301	台湾民俗歌谣	11797
台湾后来好所在	12651	台湾民谣	11809
台湾画	1077, 1078, 1079	台湾民艺造型	10699
台湾画家六人作品选	1365	台湾名胜景观	4760
台湾画家评述	545	台湾木雕标本图录	8647
台湾画坛老顽童	533	台湾平剧发展之研究	12890
台湾怀乡诗意画	1976	台湾朴素艺术	323
台湾剑客	5836	台湾朴素艺术图录	320
台湾金榜新歌名曲	11499	台湾千印选	8570
台湾近代美术大事年表	272	台湾人民心向华主席	3941
台湾"巨星"	9761	台湾日月潭风光	9141
台湾剧场与文化变迁	12790	台湾少校	6232
台湾卡片设计精选	10552	台湾设计经验	10384

书名索引

台湾摄影家群象	8947	台湾小朋友欢迎您	4150
台湾摄影教育的想像、论述与实践	8711	台湾小语钢笔字帖	7555
台湾摄影隅照	8709	台湾校园歌曲	11472, 11474, 11703
台湾神像艺术	446	台湾校园歌曲乡土民谣	11803
台湾省第四十四届全省美术展览会汇刊	345	台湾校园民歌选	11801
台湾省通志稿	246	台湾新电影	13127
台湾识别设计精选	10382	台湾新电影的历史文化经验	13190
台湾视觉文化	537	台湾新生代美术巡礼	531
台湾书法三百年	7742	台湾新艺术测候部队点名录	111
台湾抒情歌曲	11487	台湾新音乐史	10973
台湾水果歌	12050	台湾音乐阅览	10977
台湾水墨画创作与环境因素之研究	828	台湾银器艺术	10653
台湾水牛集	2950	台湾印象海报设计全集	10402
台湾素人艺术	458	台湾幽默精选	3439
台湾特产工艺品图鉴	10231	台湾玉石全集	8667
台湾特产品工艺品图鉴	10231	台湾早期民艺	10685
台湾田野影像	8953	台湾早期书画展图录	1371
台湾同胞爱国怀乡诗意画选集	1948	台湾战后初期的戏剧	12942
台湾同胞各族兄弟欢迎你	3896	台湾政治漫画精选集	3425
台湾同胞是我们的骨肉兄弟	3307	台湾著名电影演员林凤娇	9622
台湾同胞我的骨肉兄弟 3896, 11676, 11965,		台湾宗教艺术	446, 447
12172, 12206, 12592		台湾最新百名歌星演唱歌曲选	11499
台湾同胞在大陆	8857	台湾最新流行歌曲 200 首	11717
台湾文艺美学研究	074	台下人语	12720
台湾舞曲	12452	台中县客语歌谣专辑	11799
台湾现代海报精选	3389	台中县立文化中心典藏目录	10654
台湾现代画家作品选	1365	台中县美术瑰宝	2828
台湾现代美术运动	585	邰清孝根艺作品选	8648
台湾现代陶艺之父	10655	邰兆雄画集	1408
台湾现代戏剧概况	13019	抬棺决战	6199
台湾乡情水墨画展	2336	抬花轿	4150, 4307, 4726, 4760, 5705, 13127
台湾乡土歌曲全集	11477	抬头见喜	4408, 4726, 4798
台湾香港澳门幽默画集	3434	抬头见喜	2097
台湾香港电影名片欣赏	13147	抬头有余喜自来	4798
台湾小剧场运动史	13020	苔芳馆印存	8565

中国历代图书总目·艺术卷

苔丝	5836, 7570	太行新家	3803
太白春暖	3848	太行新秋	3804
太白行吟图	1893	太行新曲	2434
太白酒家	6130	太行新装	3024
太白醉酒	4150, 4223	太行新装	2599
太尔亲王	5593	太行巡医	3848
太古传宗琵琶调西厢记曲谱	12303	太行展翅过江南	3896
太古释音琴谱	12292	太和正音谱	12135
太古遗音	12289, 12290	太后之死	5836
太古正音补亡篇	11331	太湖传奇	5981, 6130, 6270
太古正音琴经	12291	太湖春	9824, 10405
太古正音琴谱	12292	太湖春光	9836
太行"愚公"绘新图	9274	太湖帆影	2643
太行春早	2619	太湖风光	1761, 4643, 9900
太行风貌	9824	太湖风云记	4929
太行风情	9101	太湖美	11973
太行风情中国画集	2155	太湖美：桃花坞·菜花坞	9836
太行浩气传千古	1861	太湖奇缘	6301
太行揽胜	2888	太湖情	5705
太行烈士潭	2788	太湖日出	9824
太行民兵	3759	太湖胜景图	4726
太行木刻选集	3049	太湖盛开大寨花	3941
太行奇秀娘子关	4307	太湖夕照	9049
太行秋色	9790, 9792, 9836	太湖新歌	1829, 1836
太行三专区各县剧团联席会议总结	12679	太湖新歌	2594
太行山风光	9797	太湖新装	1820
太行山上稻谷香	3781	太湖秀色	9824
太行山上红旗飘	9268	太湖渔歌	12281
太行山上话当年	3652	太湖渔侠	6130
太行山上石姑娘	3941	太湖珍珠	9825
太行山音画	12156	太湖之滨	1820, 9794
太行石韵	8992	太湖之晨	1829, 9825
太行喜迎春	4036	太湖之春	9799, 10434
太行小兵	6502	太湖之春	2421
太行新歌	12268	太华朝霞	3987

书名索引

太极长寿图	4726	太平烽火	5262
太极拳冠军林秋萍	9573	太平富贵	2652
太极神功	13120	太平歌舞	12055
太极童子画册	6690	太平公主	9766
太极作曲系统	10851	太平鼓	12627
太监安德海之死	5981	太平广记	3476
太监秘史	13138	太平欢乐图	1604, 1688
太空堡垒	6674, 6675	太平军天京破围战	5705
太空城·拉善他	6660	太平军痛打洋枪队	5363
太空城堡	6645, 6646	太平令	12055
太空大决战	6337	太平锣鼓	12055
太空帝国	5705	太平山水图画	2973, 2974, 2978, 2980
太空儿UB	7084, 7085, 7086	太平盛世，家国富裕	2155
太空饭店	6740	太平天国壁画	438
太空飞行器	4643	太平天国绘画本	6590
太空花果园	4487	太平天国史画	4900
太空警长	6337	太平天国图画故事	6338
太空里的强盗	5504, 5705	太平天国艺术	457
太空历险记	5981	太平天国翼王题记	8041
太空联欢会	4090	太平王会	12897
太空旅行	4408	太平王燕帖木儿	5981
太空骑士	7030	太平洋作证	6232
太空擒顽敌	6660	太平镇血案	5593
太空曲	9941, 9943	太平奏	12304
太空人	7046	太上无极混元一气度人妙经	7951
太空三剑侠	7117	太史谋崔杼	5593
太空世界	4643	太守与歌妓	13124
太空探险记	7048	太太俱乐部	10585
太空娃大海探奇记	6566	太阳出来荔枝红	3653
太空喜相逢	1948	太阳出来了	11444, 11957
太空响彻东方红	3804	太阳出来晒山坡	11772
太空小伙伴	4487	太阳出来石榴红	11765
太空小精灵	6660	太阳出山	11792
太空小子	6465	太阳当空照	5045
太空勇士加森	6337	太阳岛的小姑娘	5837

中国历代图书总目·艺术卷

太阳的囚徒	7023	太原美术书法摄影作品选	340
太阳的摇篮	11731	太原民歌选集	11811
太阳底下花儿红	5213	太原民间锣鼓	12323
太阳刚刚出山	5045	太原戏剧史	12794
太阳和他的儿女们	6566	太原迎泽大街	9792
太阳河	317	太真调鹦图	2643
太阳河恋歌	11516	太子艾赫山	5593
太阳花	3502	太子奇遇	6130
太阳花的故事	6540, 6567	太子雪山	9813
太阳花向阳开	11468	太宗换太子	5981
太阳黄	9381	泰岱雄姿	1948
太阳山	4888, 4981, 5837	泰迪和泰希的故事	7014
太阳神鹰	6465, 6466	泰戈尔	3003
太阳一出满天红	11792	泰戈尔名言硬笔书法字帖	7504
太阳一出石门开	5075	泰戈尔散文诗钢笔字帖	7504
太阳医生	4878	泰戈尔散文诗集	7622
太阳与月亮的对话	12385	泰戈尔诗选	7456
太阳雨和观众:《太阳雨》开播1周年通信集		泰戈尔哲理诗选钢笔行书帖	7534
	11731	泰国芭提雅海滨城	9110
太阳灶到田头	4036	泰国大王宫	9909, 9912
太阳照红心	3742	泰国雕塑艺术	8670
太阳最红,毛主席最亲	11968	泰国风情	9259
太阳最红毛主席最亲	11692, 11696	泰国公园	9129
太一族的故事	6466	泰国古城公园	10119
太乙楼藏广东香港名家书画	1484	泰国玫瑰花园	10112
太乙楼藏中国近代书画	313	泰国民族传统艺术	191
太阴山	5593	泰国文化村	10147
太音传习	12291	泰国印象	8916
太音大全集	2998, 11317	泰晋争霸	5837
太音希声	12293	泰勒曼小幻想曲12首	12528
太清	8942	泰罗奥特曼大全	7055
太原	10521	泰纳	517, 6899, 6912
太原段帖	8067	泰山	9062, 9092, 9134, 9797
太原火车站夜景	9991	泰山	2423, 2424
太原剪纸	10670	泰山残石楼藏画	1570

书名索引

泰山残石楼藏画集锦	1570	泰山天下雄	9145
泰山出世	6199, 6301	泰山铁罗汉	6131
泰山春晖	2431	泰山通景	2434
泰山翠华	3007	泰山图	2660
泰山顶上一青松	1821	泰山脱险	6199
泰山风光	9073	泰山五千年	2097
泰山风景素描	2873	泰山新貌	1924
泰山伏虎	6199	泰山新姿	2028
泰山父子	6131	泰山雄姿	4151, 4487
泰山还乡	6199	泰山雄姿	2439
泰山金刚经	7784	泰山旭日	1976, 4487
泰山金刚经集联	7784	泰山旭日	2048
泰山金刚经暨集联	7669	泰山压顶不弯腰	3175, 3260, 5152
泰山劲松	5182	泰山一角	9876
泰山经石峪金刚经	7667, 7784, 7785	泰山中天门	9064
泰山经石峪金刚经集联	7785	泰坦尼克号	13164, 13297
泰山经峪金刚经集联	7785	泰坦尼克号大写真	13164
泰山凯旋	6131	泰兴市碑刻集	8269
泰山刻石选	8651	贪吃的蓝精灵	7074
泰山览胜图	2437	贪婪的巴依	5837
泰山揽胜图	2425	贪泉	5981
泰山蒙难	6131	贪玩的小雁	5504
泰山名胜印谱	8571	贪心的猴弟弟	5017
泰山奇遇	6131	滩头练武	3653
泰山秦篆二十九字南宋精拓本	7754	坛戒劲松	10037
泰山日出	1924, 4726	昙波	12750
泰山日出	2155	昙花	10019, 10021, 10030, 10045
泰山社会写生石刻诗画集	8648	昙花梦	6232
泰山摄影向导	9138	昙花一现	9304
泰山摄影艺术	8930	谈笔墨	721
泰山诗联集墨	8190	谈川剧表演艺术	12919
泰山四景	4036	谈川剧舞台人物的创造	12922
泰山松	1850, 10057	谈传统戏曲表演艺术的形体锻炼	12813
泰山颂	1976	谈东北林区劳动号子音乐	11801
泰山索道	9825	谈二部歌曲写作	11084

中国历代图书总目·艺术卷

谈钢笔字的书写	7418	谈谈看电影	13032
谈歌剧的创作	11145	谈谈我的肖象画工作	624
谈歌曲创作	11083	谈谈舞蹈艺术	12563
谈革命歌曲创作	11083	谈谈舞台效果的制作与使用	12826
谈构图	556	谈谈戏剧表演	12814
谈画	680	谈谈学写钢笔字	7409
谈画梅	950	谈谈组织农村业余剧团	13015
谈绘画	473	谈文艺和文艺工作	026
谈绘画的冲突问题	473	谈舞蹈编导创作	12583
谈绘画构图	555, 556	谈悟空戏表演艺术	12870
谈绘图构图	555	谈戏集	12685, 12687
谈剪纸创作	10676	谈戏曲表现手法	12813
谈交响乐的创作	11081	谈戏曲唱腔的创作与发展	11141
谈京剧《红色风暴》和《智取威虎山》	12866	谈戏曲的舞蹈艺术	12707
谈京戏的表演艺术	12863	谈戏说影录	12723
谈镜头前的表演	13218	谈笑凯歌还	3896, 3987
谈乐录	10813	谈艺录	501, 508, 516, 12819
谈连环画创作	1223	谈艺论美	074
谈论大事	3896	谈艺小札	095
谈梅兰芳	12875	谈艺续录	092
谈美国摄影	8703	谈艺综录	044
谈农业题材的宣传画	1220	谈音论乐	10815
谈拍摄背影	8769	谈印象派绘画	576
谈判	4981	谈影录	13138
谈麒派艺术	12867	谈政治宣传画	1219
谈迁	5045	谈中国画	681
谈琴论乐	11189	谈中国绘画	680
谈如何学艺	12866	弹拨乐曲	12311
谈史说戏	12772	弹唱流行名曲 150	12406
谈士匞作品集	2210	弹词开篇集	12140
谈速写艺术	1161	弹词曲调介绍	12139
谈谈草书	7264	弹词研究	12965
谈谈歌曲创造	11080	弹词音乐初探	11146
谈谈歌曲创作	11080	弹钢琴的艺术	11226
谈谈看地方戏	12920	弹好钢琴的秘诀	11225

书名索引

弹琴教本	12185	谭以文朱永灵书画作品选	2185
弹琴手形与打键方法	11235	谭咏麟 林忆莲 邝美云三大歌星金曲精选	
弹球术	12982		11731
弹奏钢琴的技巧	11224	谭咏麟演唱歌曲	11717
谭畅陶艺	10654	谭勇画集	2288
谭达人扇面画选	2155	谭玉书习字帖	8119
谭涤非画集	1393	谭云森水彩画选集	2947
谭涤夫油画集	2836	谭政大将	6369
谭涤夫油画作品集	2828	谭智生澳门速写集	2901
谭调指南	11136	谭智生水彩画集	2965
谭冬生画集	2155	谭壮飞先生遗墨	8022
谭冬幼	5157	谭组庵论诗书手札	8121
谭复生唐佛尘先生墨迹	8055	谭组庵墨迹	8121
谭复生先生墨迹	8055	谭祖安庐山纪游墨迹	8120
谭记儿智斗杨衙内	2097	谭祖安先生书麻姑仙坛记	8120
谭建春书法集	8255	潭西书屋集印	8531
谭铿作品选	2965	檀东铿扇面作品集	2530
谭门五代老生唱腔赏析	11158	檀青引	12750
谭曲杂札	11822	檀扇清风心悠悠	9110
谭仁杰书法集	8255	檀园题画诗跋	767
谭书《颜真卿麻姑仙坛记》选字本	8127	坦克勇士	6232
谭树桐美术史论文集	260	坦培拉绘画技法	1087
谭嗣同就义	5981	毯·被·帐叠花	10578
谭嗣同先生遗墨	8041	炭笔画	1099
谭嗣同真迹	8122	炭笔画技法	1114, 1133
谭天仁画集	2155	炭笔画技法基础入门	1150
谭小麟歌曲选集	11475	炭笔技法	1127
谭小麟室内乐作品选	12156	炭画讲义	1092
谭小燕	9706	炭精绘像讲话	1094
谭鑫培唱腔集	11834, 11835, 11869	炭铅笔建筑画	2888
谭鑫培艺术评论集	12884	探宝尖兵	4981
谭学楷国画选	2028	探宝历险记	5504
谭延闿临大字麻姑仙坛记	8128	探长贝尔拉赫	5593
谭延闿书风	8335	探长与小偷	6338
谭延闿书札	8112	探春	9422

中国历代图书总目·艺术卷

探春	2097	汤涤生纪年印存	8562
探春赋诗	10459	汤涤生肖形印谱	8562
探春令	8190	汤东结布	2028
探戈花样集	12662	汤怀王贵	4564
探戈之技巧	12663	汤集祥的画	1386
探虎穴	5363	汤姆·索亚历险记	5837, 6502, 6567, 7046
探姐姐	3987	汤姆·索耶历险记	7055
探矿——勘探尖林山之谜	13238	汤姆大伯的小屋	6131
探梅图	1593	汤姆和疯子	5045
探亲	3701, 3765	汤姆和吉瑞的环游世界	7129
探亲记	5418, 13233	汤姆和吉瑞的宴会	7129
探亲家特刊	13288	汤姆和吉瑞的一天	7129
探亲途中	3742	汤姆救公主	6691
探索	3502, 4307, 6131, 9359, 9381, 13050	汤姆历险记	3514, 5982
探索的舞台	12821	汤姆生儿童钢琴教程精选	11253
探索的银幕	13063	汤姆生现代钢琴教程精选	12518
探索的足迹	12915	汤姆叔叔的小屋	5982
探索电影集	13075	汤姆索亚历险记	6540
探索海洋奥秘	4408	汤沐黎油画	2836
探索海洋的秘密	4036	汤泉胜境	1976
探索号被劫	5593	汤万清作品集	2274
探索集	12942, 13069	汤文选花鸟画	2538
探索流行色的奥秘	148, 149	汤文选花鸟画集	2510, 2511
探索唐卡——佛部与菩萨部	1266	汤文选画虎	1004
探索与出新	551	汤文选画辑	1976
探索与创新	8887	汤文选画鸟	977
探索与决策	13284	汤文选作品集	2210
探索与追求	8708	汤显祖	6131
探望	1829, 3941	汤阴现代民间剪纸	10714
探险 500 年	6415	汤雨生罗浮十二景	1649
探险家哥伦布	6131	汤雨生全家夫妇子女画	1624
探险怒江	8973	汤雨生全家夫妇子女画山水花鸟仕女草虫合册	
探险奇观	6338		1638
探月先锋	6301	汤兆基书画篆刻集	1397
汤宝玲画集	2543	汤兆基印存	8577

书名索引

汤志伟的爵士音乐丛林	10897	唐、长安乐舞	9236
汤子博面塑选	10665	唐《九成宫醴泉铭》及其笔法	7902
唐·长安乐舞	12640	唐敖出海	5837
唐·杜甫《绝句》	8171	唐本庙堂碑	7838
唐·杜甫《望岳》诗书法	8171	唐伯虎	4760, 5705, 5837, 9244, 13138
唐·杜甫诗	8155	唐伯虎传奇	8833, 9236
唐·杜牧《江南春》绝句	8171	唐伯虎点秋香	4826, 5045, 8850, 9239, 9244,
唐·杜牧诗	8155	13152	
唐·怀素《小草千字文》及其笔法	7400	唐伯虎点秋香	2375, 2393
唐·吉诃德	5837, 13260	唐伯虎赴考	9241
唐·吉柯德	9345	唐伯虎赴考	2369
唐·李白《静夜思》	8171	唐伯虎行书习字帖	8084
唐·李白《早发白帝城》	8171	唐伯虎行书字帖	8084, 8101
唐·李白诗	8155	唐伯虎画扇	4487
唐·李白诗《送孟浩然之广陵》	8190	唐伯虎会秋香	2384
唐·刘禹锡《浪淘沙词》	8171	唐伯虎落第	6232
唐·孟浩然《春晓》	8171	唐伯虎落花诗	8098
唐·施肩吾《长安早春》	8171	唐伯虎落花诗帖	8103
唐·十大诗人诗画雅鉴	1527	唐伯虎落花诗真迹拓本两种合册	7669
唐·史惟则书营元惠碑	7940	唐伯虎书法精选	8094, 8101
唐·孙过庭：书谱	7400	唐伯虎书法选	8084
唐·王勃《滕王阁》	8171	唐伯虎先生集	643
唐·王维相思诗	8155	唐伯虎游春	8820
唐·王之涣《登鹳雀楼》	8155	唐伯虎游春	2384
唐·韦应物诗	8155	唐伯虎与秋香	4151, 9241, 9955
唐·武则天书升仙太子碑	7941	唐伯虎与秋香	2384
唐·玄林禅师碑	7941	唐伯虎与沈九娘	9244
唐·颜真卿书八关斋报德记	7941	唐伯虎智圆梅花梦	6397
唐·颜真卿书麻姑山仙坛记	7889	唐伯虎竹谱	1590
唐·颜真卿书麻姑山仙坛记选字	7889	唐伯虎作画	4151
唐·颜真卿书送裴将军诗	7890	唐伯虎做媒	4760, 6131
唐·颜真卿书元次山碑	7941	唐朝皇帝墨宝	7932
唐·张若虚春江花月夜诗摘句	8155	唐朝名画录	840
唐 欧阳询虞恭公温彦博碑	7940	唐城宾馆	10521
唐 章怀太子墓壁画之宫女头象	1821	唐褚遂良临兰亭帖	7849

中国历代图书总目·艺术卷

唐褚遂良临兰亭序	7902	唐代文学故事	5982, 6301, 6369
唐褚遂良孟法师碑	7882	唐代舞蹈	12576
唐褚遂良摹兰亭序	7859, 7882, 8060	唐代艺术	258
唐褚遂良墨迹	7924	唐代音乐文化之研究	10971
唐褚遂良倪宽赞	7886	唐代音乐与古谱译读	10965
唐褚遂良圣教序	7882	唐等慈寺碑	7876
唐褚遂良书倪宽赞	7847	唐东杰布	5705
唐褚遂良书雁塔圣教序	7902	唐都血案	6132
唐褚遂良书雁塔圣教序记	7874, 7932	唐杜甫诗《客至》	8159
唐褚遂良雁塔圣教序	7868	唐杜牧行书张好好诗	7932
唐褚遂良伊阙佛龛碑	7941	唐杜牧张好好诗	7871
唐褚遂良阴符经	7879	唐多宝塔碑	7932
唐传兰亭序帖疏证	7704	唐多宝塔宋拓本	7842
唐慈润寺故大灵琛禅师灰身塔铭文	7848	唐房梁公碑全本	7845
唐大安国寺故大德惠隐禅师塔铭	7848	唐风图	1530
唐大慈恩寺大法师基公塔铭	7848	唐封祀坛碑	7829
唐大檐雕塑选	8638	唐冯承素临兰亭帖	7850, 7851
唐代碑刻正书选粹	7902	唐冯承素摹兰亭帖	7859
唐代草书家	7890	唐冯承素摹兰亭序	7859
唐代吹笛仕女	2606	唐凤岐画集	2472
唐代雕塑选集	8628	唐千山水画集	2459
唐代工艺美术史	10204	唐罡草书三吏三别	8217
唐代绘画	1528	唐高宗撰书李勣碑	7902
唐代金银器	402	唐公主和亲	5593
唐代墓志纹饰选编	10299	唐宫恩怨	6132
唐代人物画	1524	唐故大德敬节法师塔铭	7848
唐代诗家诗意画	4408	唐故大德塔铭	7848
唐代诗论与画论之关系研究	817	唐故内供奉翻经义解讲律论法师辩空和尚塔铭	
唐代诗与画的相关性研究	809		7848
唐代石刻篆文	7882	唐故特进尚书右仆射上柱国虞恭公温公碑	7838
唐代书法	7879	唐故义福禅师塔铭	7848
唐代书法革新家	7887	唐故优婆姨段常省塔铭	7848
唐代书法考评	7320	唐故右武卫大将军李府君碑	7838
唐代四大家书法墨宝	7913	唐故云麾将军李公碑	7831
唐代图案集	10259, 10272	唐故张神师墓志铭	7848

书名索引

唐故左街僧录大达法师碑铭	7864	唐孔子庙堂碑	7932
唐国诠书善见律	7874	唐落霞琴题咏	11330
唐国诠小楷书善见律	7932	唐老鸭	6646, 6647, 7033
唐国子祭酒曲阜孔冲远碑	7833	唐老鸭·米老鼠	7074
唐韩滉五牛图	1524, 1525	唐老鸭——埃菲尔铁塔失踪记	7043
唐河生茂歌曲选	11470	唐老鸭——倒霉病毒	7043
唐河歌曲精选	11511	唐老鸭——动物旅馆	7036
唐贺季真草书孝经	7838	唐老鸭——斗鲨记	7044
唐贺知章书孝经	7879	唐老鸭——短暂的盟友	7044
唐贺知章孝经	7879	唐老鸭——宽边帽寻宝记	7042
唐贺知章咏柳	8190	唐老鸭——失踪的游客	7044
唐画诗中看	704	唐老鸭——运宝奇案	7044
唐怀仁集王书圣教序	7802	唐老鸭的成功之路	7074
唐怀仁集王书圣教序临习技法	7802	唐老鸭海上遇难	7074
唐怀仁集王羲之书圣教序	7802	唐老鸭和旧金币	7044
唐怀素草书千字文	8416	唐老鸭和孙悟空	6270
唐怀素草书食鱼帖	7867	唐老鸭还债记	6132
唐怀素苦笋帖卷	7852	唐老鸭井下探宝	7074
唐怀素论书帖	7852, 7860, 7861	唐老鸭开办狗浴室	7042
唐怀素三帖	7871	唐老鸭科幻惊险故事	6646
唐怀素书自叙	7862	唐老鸭梦游幽宫	6646
唐怀素自叙帖真迹	7879, 7913	唐老鸭赛车记	6132
唐皇甫诞碑	7851	唐老鸭上当记	6132
唐会稽遗墨	1704	唐老鸭脱险记	7074
唐集王圣教序	7802	唐老鸭与米老鼠的友谊赛	4726
唐集王圣教序记	7802	唐老鸭自欺欺人	7074
唐家兄妹	4900	唐乐	9369
唐建画选	2288	唐乐府谱	12241
唐解元仿古今画谱	1556, 2968	唐乐曲谱	12241
唐锦腾篆刻作品集	8588	唐李白上阳台帖	7909
唐净域寺故大德法藏禅师塔铭	7848	唐李北海书曹娥碑	7838
唐九成宫醴泉铭	7843, 7871, 7883	唐李北海书叶有道碑	7887
唐骏画集	2336	唐李怀琳绝交书	7838
唐卡艺术	454	唐李阳冰笔决	7218
唐克历险记	6691	唐李阳冰笔诀	7218

中国历代图书总目·艺术卷

唐李阳冰城隍庙记	7883	唐名妓李娃传奇	8850
唐李阳冰三坟记	7876	唐名家墨迹大观	7903
唐李阳冰书谦卦刻石集联拓本	7893	唐明皇鹦鹉颂	7663, 7846
唐李阳冰篆书二种	7902	唐明皇与杨贵妃	4643, 4726, 8814, 8862
唐李邕李思训碑	7941	唐明征君碑	7868
唐李邕书法华寺碑	7887	唐摹兰亭真迹	7838
唐李邕书李思训碑	7874	唐摹万岁通天帖	7890
唐李邕书麓山寺碑	7875	唐摹王羲之一门书翰	7853, 7861
唐李邕书少林寺戒坛铭	7890	唐摹王右军家书集	7852
唐炼百印稿	8586	唐墓壁画	6621
唐亮西洋画展览	1376	唐纳大帝	7074
唐灵飞经	7875, 7933	唐南国画选	2210
唐灵飞经及其笔法	7384	唐欧阳通道因法师碑	7941
唐灵画集	1404	唐欧阳通书道因法师碑	7879, 7903
唐刘凌墓志铭	7890	唐欧阳询行书千字文	7853, 7861, 7867
唐柳公权书金刚经	7887, 7913	唐欧阳询化度寺碑	7887
唐柳公权书兰亭诗	7857, 7860, 7861, 7871	唐欧阳询皇甫碑	7872
唐柳公权书神策军碑	7868, 7933	唐欧阳询皇甫君碑	7873, 7887
唐柳公权书玄秘塔碑	7864, 7871, 7883, 7933	唐欧阳询九成宫	7599, 7924
唐柳公权玄秘塔碑	7869, 7883, 7941	唐欧阳询九成宫碑临习技法	8403
唐柳公权玄秘塔碑及其笔法	7895	唐欧阳询九成宫醴泉铭	7933
唐柳公权玄秘塔碑集联	7933	唐欧阳询梦奠帖	7853
唐柳公权玄秘塔碑临习技法	7933	唐欧阳询书化度寺碑	7879
唐六如仿古今画谱	3060	唐欧阳询书皇甫府君碑	7924
唐六如画集	1574	唐欧阳询书九成宫醴泉铭	7869, 7933
唐六如画谱	641	唐欧阳询温公墓志铭	7887
唐六如山水人物册	1563	唐欧阳询虞恭公碑	7880, 7942
唐六如桐庐图卷	1565	唐裴休书圭峰禅师碑	7869
唐六如先生画谱	641, 642	唐前画家人名辞典	574
唐龙花寺内外临坛大德书和尚墓志铭	7849	唐全心水彩画作品	2963
唐鲁郡颜文忠公新庙记碑	8007	唐人工艺	411
唐陆東之书陆机文赋	7846, 7857, 7864	唐人画罗汉供佛图	1523
唐麓山寺碑	7883	唐人集王书金刚经	7822
唐麻姑仙坛记	8112	唐人街上的传说	5504
唐满城舞蹈文集	12640	唐人绝句的诗情画意	2155

书名索引

唐人绝句精华钢笔正楷习字帖	7479	唐赛儿·红娘子	2362
唐人绝句六体硬笔字帖	7570	唐三彩	394, 402, 429
唐人绝句五体钢笔字帖	7505	唐三彩鉴赏与收藏	422
唐人楷书选字帖	7863	唐三彩特展图录	429
唐人隶书小字帖	8367	唐三彩与苹果	10110
唐人临黄庭经	7857, 7858	唐僧出世	13120
唐人摹兰亭序墨迹三种	7863, 8139	唐僧故事屏	4772
唐人摹兰亭序三种	7825	唐僧怀素苦笋帖	7838
唐人摹兰亭叙	7858, 7861	唐僧怀素自叙帖	7850
唐人摹王羲之书兰亭序墨迹	7822	唐僧怒逐悟空	6132
唐人摩兰亭序墨迹三种	7862	唐僧巧过女儿国	2384
唐人诗意	2675	唐僧取经	4151, 4408, 5705
唐人诗意百幅画集	2210	唐僧收三徒	5837
唐人诗意仕女图	4307	唐僧收徒	5593, 5982
唐人诗意图	2029, 4643	唐僧途经女儿国	2393
唐人诗意图	2097, 2619	唐僧误陷盘丝洞	5705, 5982
唐人十二月朋友相闻书	7846	唐山渡海	3429
唐人书法华信解品	7833	唐山人民心向毛主席	5326
唐人书法与文化	7350	唐山人民在抗震救灾斗争中胜利前进	3260
唐人书学论著三种	7260	唐山市文化艺术事业史料	13018
唐人书郁单越经墨迹	7909	唐山陶瓷	10642
唐人书章草	7838	唐山新貌	8938
唐人娃和西洋妞	6712	唐善才寺碑楷书字帖	8399
唐人纨扇仕女图	1523	唐少林寺灵运禅师功德塔碑铭	7849
唐人王之涣诗《登鹳雀楼》	8150	唐神策军碑	7862, 7863, 7864
唐人五言诗二十四首	8437	唐师尧花鸟画选	2048
唐人小楷	7915	唐诗	8155
唐人小楷临习册	7880	唐诗·杜牧绝句《江南春》	8164
唐人小楷灵飞经	7883	唐诗·李白《黄鹤楼送孟浩然之广陵》·白居易	
唐人小楷选字帖	7865	《暮江吟》	8164
唐人小楷选字帖	7864	唐诗·宋词	3455
唐人游猎图	1908	唐诗《登鹳雀楼》	8190
唐若川篆书诗品	8027	唐诗百首	2310
唐赛儿	4036, 4727, 5325, 5837, 9948	唐诗百首古代名家集字帖	7674
唐赛儿	2362	唐诗百首书法百种	8208

中国历代图书总目·艺术卷

唐诗别解	3526	唐诗七言画谱	3060
唐诗大楷字帖	8164	唐诗三百首	3434, 7556
唐诗二首	8072, 8164	唐诗三百首	2288, 2336
唐诗钢笔行草字帖	7505	唐诗三百首多体钢笔字帖	7440
唐诗钢笔行书字帖	7622	唐诗三百首多用速成练习帖	8354
唐诗钢笔四体字帖	7418	唐诗三百首钢笔书法	7583
唐诗钢笔字帖	7479	唐诗三百首钢笔字帖	7412
唐诗行楷书字帖	8387	唐诗三百首书法艺术集	8296
唐诗行楷字帖	8226, 8255	唐诗三百首四体书法艺术 8344, 8345, 8346, 8352
唐诗行书字帖	8208	唐诗三百首小楷	8269
唐诗花鸟	2504	唐诗三百首小楷墨迹	8269
唐诗花鸟对屏	4408	唐诗山水四条屏	2443
唐诗花鸟画对屏	2502	唐诗赏析钢笔字帖	7534
唐诗画谱	2968, 2969	唐诗诗意图	4826
唐诗画意	4408, 4727, 4798	唐诗仕女	4727
唐诗精萃	7534	唐诗仕女对屏	4727
唐诗精萃钢笔字帖	7570	唐诗书法	8159, 8164, 8179, 8191, 8198, 8227
唐诗精粹钢笔楷书字帖	7583	唐诗书法：王之涣诗《登鹳雀楼》	8179
唐诗绝句八十首	7457	唐诗书画	4090
唐诗绝句二百首硬笔行书字帖	7534	唐诗书画屏	4090
唐诗绝句钢笔正楷字帖	7556	唐诗水写字帖	7361
唐诗绝句三百首行楷字帖	8429	唐诗说	3439
唐诗绝句五体钢笔字帖	7570	唐诗四季花卉对屏	2504
唐诗绝句一百首	7457	唐诗四首	4772, 8198
唐诗楷书帖	8296	唐诗四条屏	4844, 8150
唐诗楷书字帖	8152, 8179, 8208, 8256	唐诗宋词200首钢笔字帖	7505
唐诗六言画谱	3060	唐诗宋词多体钢笔字帖精选	7570
唐诗名句钢笔字帖	7423	唐诗宋词钢笔字帖	7535, 7556
唐诗名篇	8190	唐诗条屏	4307
唐诗名篇钢笔行书字帖	7505	唐诗五言画谱	3060
唐诗名篇钢笔楷书字帖	7583	唐诗小楷字帖	8179
唐诗名篇钢笔字帖	7622	唐诗选画本	6926
唐诗墨宝	4858	唐诗一百首钢笔行书字帖	7556
唐诗配画楷行对照钢笔字帖	7505	唐诗一百首钢笔楷书字帖	7535
唐诗屏	8217	唐诗一百首钢笔字帖	7423

书名索引

唐诗一首	8165, 8281	唐宋诗词五体书	8191
唐诗意画	10498	唐宋诗歌名句钢笔字帖	7457
唐诗印谱	8573	唐宋诗书画欣赏	809
唐诗硬笔书法字帖	7571	唐宋十二名家法书精选	7903, 7904, 7999
唐诗与音乐轶闻	10967	唐宋四诗人	4223
唐诗正·行·草三体钢笔字帖	7414	唐宋陶瓷纹样集	388
唐十八陵石刻	8651	唐宋元版画集	2980
唐石宋拓化度寺碑	7883	唐宋元明名画大观	1525, 1526
唐士名胜图会	3039	唐宋元明清画选	1508
唐释高闲草书千字文	7860	唐宋元十六家山水画技法图解	922
唐释怀素苦笋帖	7861	唐宋之绘画	571
唐释怀素圣母帖	7838, 7890	唐孙过庭《书谱》草书研究	7332
唐释怀素小草千文	7847	唐孙过庭草书千字文	7838
唐释怀素自叙帖	7903	唐孙过庭草书千字文第五本	7871
唐嵩山会善寺故景贤大师身塔石记	7849	唐孙过庭景福殿赋	7871
唐嵩山净藏禅师身塔铭	7849	唐孙过庭书谱	7193, 7599
唐宋白瓷	429	唐孙过庭书谱集联	7933
唐宋百家诗钢笔行书字帖	7457	唐孙过庭书谱临习技法	7371
唐宋伯康墓志铭	7890	唐孙过庭书谱墨迹	7238
唐宋传奇	6502	唐孙过庭书谱真迹	7238
唐宋词百首钢笔书法	7457	唐孙虔礼书谱序	7239
唐宋词三百首	7505	唐孙位高逸图	1523
唐宋词三百首	2336	唐孙位高逸图卷	1524
唐宋词三体钢笔字帖	7423	唐太宗	5418, 5837
唐宋词一百首钢笔行书字帖	7479	唐太宗晋祠之铭并序	7890
唐宋大曲之来源及其组织	10953	唐太宗求谏	4151
唐宋画家人名辞典	573	唐太宗书温泉铭	7890
唐宋绘画史	570, 573	唐太宗游春	6132
唐宋绘画谈丛	573	唐太宗与魏微	5705, 5982
唐宋绝句行楷字帖	8208	唐唐玄序集王羲之书金刚经	7825
唐宋名绘集册	1523	唐洮画选	2155
唐宋名家诗词四体钢笔书法	7423	唐体楷书间架结构习字帖	8385
唐宋诗词名篇钢笔书法	7479	唐体孝弟祠记标准习字帖	8385
唐宋诗词书法	8227	唐土名胜图会	6923
唐宋诗词书法篆刻精选	8199	唐拓褚遂良孟法师碑	7933

唐拓化度寺邕禅师舍利塔铭	7838	唐阎立本步辇图	1525, 1861
唐拓九成宫醴泉铭	7831	唐阎立本帝王图真迹	1523
唐拓柳书金刚经	7842	唐阎立本帝王真迹	1523
唐拓孟法师碑	7832, 7851	唐颜家庙碑	7839
唐拓欧阳询九成宫醴泉铭	7895	唐颜鲁公东方画赞	7839
唐拓全石唐顺陵碑孤本	7843	唐颜鲁公论坐位帖宋拓本	7839
唐拓十七帖	7788	唐颜鲁公书祭姪季明文稿	7846, 7847
唐拓颜鲁公多宝塔碑	7838	唐颜鲁公送刘太冲诗叙墨迹	7833
唐拓庆世南孔子庙堂碑	7887	唐颜勤礼碑	7852
唐王昌龄诗《芙蓉楼送辛弃疾》	8179	唐颜真卿《祭任稿》《争座位》	7599
唐王居士塔铭	7883	唐颜真卿传本墨迹选	7865
唐王摩诘关山霁雪图卷	1522	唐颜真卿大字麻姑仙坛记碑	7871
唐王之涣诗《登鹳雀楼》	8179	唐颜真卿多宝塔	7893
唐魏栖梧书善才寺碑	7873	唐颜真卿多宝塔碑	7893, 7942
唐温泉	7832	唐颜真卿多宝塔碑临习技法	7924
唐温泉铭	7842	唐颜真卿多宝塔铭	7887
唐五代画	1523	唐颜真卿郭家庙碑	7888
唐五代画论	713	唐颜真卿祭任稿及其笔法	8435
唐五代宋元名迹	1524	唐颜真卿祭任季明文稿	7384
唐舞	9422, 9438	唐颜真卿祭任文稿	7895, 7884
唐戏弄	12759	唐颜真卿墨迹四种	7890
唐贤首国师墨宝	7843	唐颜真卿书八关斋会报德记	7869, 7893
唐贤首国师墨迹	7838	唐颜真卿书东方画赞碑	7925
唐贤写经遗墨	7873	唐颜真卿书东方朔画赞	7867
唐小本释氏碑	7849	唐颜真卿书多宝塔碑	7865, 7872, 7880, 7934
唐写经残卷三种	7893	唐颜真卿书祭姪文稿	7846, 7847
唐兴福寺半截碑	7876	唐颜真卿书麻姑山仙坛记	7915
唐徐浩书不空和尚碑	7887	唐颜真卿书麻姑仙坛记	7934
唐徐浩书嵩阳观记	7871	唐颜真卿书颜家庙碑	7915
唐宣化寺故比丘尼坚行禅师塔铭	7849	唐颜真卿书颜勤礼碑	7873, 7934
唐玄秘塔碑	7851	唐颜真卿书元次山墓碑	7867
唐玄秘塔碑精拓本	7842	唐颜真卿书元结墓表	7890
唐玄序集王羲之金刚经	7800	唐颜真卿书争座位帖	7875
唐玄宗书纪泰山铭	7924	唐颜真卿小楷颜家庙碑	7891
唐荀作品选	2832	唐颜真卿元次山碑	7942

书名索引

唐颜真卿争座位帖	7876	唐张旭书古诗四帖	7880
唐颜真卿竹山堂连句	7865, 7872	唐张萱石桥图考	783
唐雁塔圣教序	8155, 8156	唐真化寺多宝塔院故寺主临坛大德尼如愿律师	
唐叶慧明碑	7891	墓志铭	7849
唐一禾画集	1376	唐知县审诰命	4090, 5706
唐一禾素描集	2913	唐钟绍京《灵飞经》	7599
唐易州新安府折冲李公石浮图之铭	7849	唐钟绍京书转轮经	7839
唐逸览	2549	唐装少女	9544
唐寅行书习字帖	8098	唐醉石治印选集	8571
唐寅画风	1586	堂·吉诃德	6660
唐寅画集	1381, 1578	堂吉诃德	5837, 6590, 7055
唐寅落花诗册	8063	堂吉诃德历险记	6540
唐寅落花诗钢笔临本	7535	棠棣之花	4907, 5593, 5837
唐寅书落花诗	8087	棠湖国际书法邀请展作品精选集	8217
唐寅书艺研究	7400	棠湖埙谱	12261
唐雍王李贤墓志铭	7891	塘边脚印	5213
唐永泰公主墓壁画集	6621	塘沽版画选	3037
唐勇力：工笔的写意性	884	塘沽新港	8872
唐勇力的画	2402	搪瓷工艺美术	10641
唐勇力课稿	716	糖公鸡的故事	5504
唐幽栖寺尼正觉浮图之铭	7849	糖心菠萝	10110
唐虞世南孔子庙堂碑	7942	螳螂	1908
唐虞世南临兰亭帖	7849, 7860	螳螂·倭瓜画法	970
唐虞世南庙堂碑	7888	螳螂拳	4772
唐虞世南书孔子庙堂碑	7875	螳螂拳演义	5982, 5983
唐虞永兴真草千字文墨迹	7839	螳叶隐形	5983
唐元赵行书千字文	8090	涛涛	5363, 9456
唐云花鸟画集	2504	绦帖	7661
唐云画集	1996	绦帖释文	7683
唐韵笙评传	12884	绦赖高鸣图	1652
唐韵笙舞台艺术集	12886	掏"鼠洞"	5504
唐张继枫桥夜泊诗	8199	掏鼠洞	5837
唐张去奢墓志	7891	掏心战	5706
唐张旭草书古诗四首	7876	韬庐隶谱	8366
唐张旭草书古诗四帖	7853, 7860, 7862, 7865	逃兵	13262

中国历代图书总目·艺术卷

逃婚	5706	桃花鸳鸯图	1652
逃亡	5983	桃花源	4564
逃亡的羚羊	7034	桃花源里人家	8961
逃亡曲	11888	桃花源里桃花观	1924
逃亡者	5504, 5593, 5594, 5706, 5838	桃花源书画集	1479
逃亡者归来	5838	桃金娘	5505
逃往雅典娜	6132	桃李报春图	10080
桃	1711, 1761, 1784	桃李不语——影坛新秀童智芝	9594
桃	2311	桃李春风	4036
桃红柳绿映碧池	9258	桃李芬芳	4090, 4643, 9498
桃花	10016, 10021	桃李芬芳时	4090
桃花	2619	桃李花香	3987
桃花春燕 荷塘鸳鸯 秋菊鹦鹉 红梅喜鹊		桃李劫	11362
	1879	桃李竞艳	5419
桃花岛	4564	桃李满山	4223
桃花飞燕	1773	桃李满天下	3987, 13087, 13251
桃花鸽子	1773, 1908	桃李梅3603, 4151, 4223, 4307, 5706, 5838, 8824,	
桃花公主	5045	9304, 13109	
桃花姑娘	5838	桃李梅闹婚	4727
桃花江	11542, 11888	桃李飘香	4036
桃花井	8824	桃李盛开	4036
桃花开	4892	桃李争春	11541
桃花妹子	5838	桃李争辉	3701
桃花梦	2097	桃实图	1713
桃花扇	4151, 5418, 6270, 6397, 12906, 13247	桃鲜	9456
桃花深处兴庆宫	9995	桃鲜果甜	1976
桃花双雀	2631	桃献千年	3604, 3653
桃花双雉	2619	桃献千年寿 花开万世香	3569
桃花坞木版年画	1222	桃杏熟了的时候	12603
桃花坞年画	4487	桃砚缘	5838
桃花坞年画木刻图四幅	12233	桃园	3604
桃花仙子	4564	桃园饭店	10471
桃花小鸟	1879	桃园父女	5101
桃花小鸟	2619	桃园记曲谱	12131
桃花依旧笑春风	9825	桃园佳话	12138

书名索引

桃园嫁女	5017	陶洪寿作品选	2274
桃园结义	5419	陶慧敏	9645
桃园三结义	4643	陶靖节先生草书真迹	7782
桃源春霭图	2631	陶烈哉画集	1420
桃子	2631	陶器鉴赏	418
桃子大娃娃壮	4223	陶情百友谱	10225
桃子熟了	5293	陶然西湖	9125
陶博吾书风	8106	陶三春	4307
陶瓷	411, 422, 429, 10641, 10653	陶三春成亲	8833
陶瓷彩绘艺术	10660	陶少波画集	1416
陶瓷的现代设计	10657	陶氏琴谱	12299
陶瓷雕塑	8623	陶说	381, 382
陶瓷雕塑术	8617	陶陶	9381, 9456
陶瓷工艺	10651	陶陶室卢画卷	1593
陶瓷鉴赏新知	426	陶屋	387
陶瓷款识与装饰鉴赏	416	陶冶美的情操 塑造美的心灵	3360
陶瓷美	10646, 10652	陶一清画辑	1924
陶瓷美学与中国陶瓷审美的民族特征	10181	陶艺的传统技法	8621
陶瓷谱录	10196, 10644	陶艺技法 1.2.3	8619
陶瓷器	426	陶艺讲座	10652
陶瓷设计专业·设计	10660	陶艺奇葩	10658
陶瓷述古	434	陶艺入门	10647, 10658
陶瓷图鉴	10759	陶艺小品造型图鉴	10647
陶瓷选辑	387	陶艺撷英	10655
陶瓷艺术	10655	陶俑	8658
陶瓷艺术文化审美	10658	陶渊明	5838
陶瓷造型设计	10648	陶渊明诗	8112
陶都精华	10648	陶渊明诗集文衡山写定	8015
陶钝曲艺文选	12970	陶枕	10640
陶峰小课	8506	淘哥哥与淘妹妹	3502
陶工怒火	5363	淘金记	5505
陶罐的故事	6567	淘气的比夫	6199
陶光书印选集	8150	淘气鬼王小椿	5983
陶行知	3378, 3389	淘淘	9754
陶行知诗歌歌曲集	11511	绦马桩	6246

中国历代图书总目·艺术卷

讨狐记	5594	特列恰科夫画廊藏画	6879
讨论选录与专题报告	10903	特罗瓦附近的塞纳河畔	6849
讨袁奇侠	6301	特洛伊木马	6369
套版简帖	3010	特派员虎口脱险	5983
套不住的手	5045	特区风光	9092
特别车队	4826	特区漫画志	3514
特别处方	5293	特区擒枭	6133
特别代号	5505	特区深圳风貌	9083
特别的爱给特别的你	11731	特区深圳西丽塔	9998
特别的记者	5983	特区新景	9110
特别的战斗	5326	特殊的任务	5838
特别观众	5237	特殊的摄影	8730
特别行动	6132	特殊的巡长	5838
特别行动小组	5706	特殊的战场	6133
特别快车	11539, 11541	特殊环境的拍摄	8757
特别礼物	5213	特殊环境摄影50例	8790
特别任务	4981, 5363, 13262	特殊任务	5213, 6133
特别通行证	6466	特殊摄影技术	8799
特别医院	5326	特殊摄影效果	8799
特别邮车	5838	特殊身份的警察	5706
特别纵队	6133	特殊身份的警官	5838, 5839, 5983, 5984
特等功臣李得学	4886	特殊使命	5706, 5984
特等功臣马毛姐	4883	特殊效果	8791
特高课在行动	5706	特殊效果摄影技法	8763
特混舰队的覆灭	5838, 6133	特殊性格的人	4981
特级英雄杨根思	1844, 5182	特务的奇遇	5707
特急行动	6133	特选歌集	11362
特技摄影	8745	特异小丫	6691
特技资料译文集	13227	特异小子	6691
特镜头	10151	特种兵	9740
特卡乔夫兄弟	6874	特种部队	5594, 6466, 6675
特刊	12602	特种刺绣与盘花	10364
特朗	6843	腾冲叠水河瀑布	9813
特列恰柯夫美术馆	6835	腾冲李氏碑志五种	8049
特列恰科夫国家画廊藏画	6874	腾冲美术展览会宣言	343

书名索引

腾冲皮影戏	10711	藤花摇曳群燕飞	2013
腾大尹鬼断家私	5707	藤花鱼藻图	2631
腾飞	4564, 9395, 9408	藤萝	1761, 1893, 10448
腾飞	2097	藤萝娘子	1751
腾飞吧，中华	4487, 4727	藤萝小鸟	2652
腾飞长江	8904	藤萝珍珠鸟	2609
腾飞的江宁	8857	藤圈操	9968, 9969
腾飞的岁月	8959	藤野先生	5839
腾飞的玉泉	8701	藤荫鱼乐	2720
腾飞图	4852	锡都新城——冷水江	8895
腾风	2619	踢健子	3604, 12590
腾蛟舞凤	8824	踢球跳绳打乒乓，体育场上歌声亮，练好身体	
腾克号开到莫旗	3653	为人民，革命意志坚如钢。	3198
腾龙江上	12095	踢球舞	12589
腾龙祝寿	4844	踢踏舞	12645
腾越李恭人墓表	8112	踢毽子	12609
腾越山林	4151	提埃坡罗 弗拉戈纳尔画风	6811
腾越书家墨迹	8281	提倡晚婚 计划生育	3804
誊印铁笔字	7431	提倡文明礼貌服务用普通话接待顾客乘客	3369
滕白也雕塑绘画润例	570	提倡文明新风尚发扬民族好传统	4308
滕黛梦画集	2239	提倡五讲四美学习雷锋精神	4308
滕王阁	8850, 9300	提高服务质量 做五讲四美带头人	3342
滕王阁杯全国少年儿童书法大奖赛优秀作品集		提高钢的质量 增加钢的品种	3105
	8227	提高机械化程度，向自动化半自动化前进！	
滕王阁绝唱	5839		3090
滕王阁序行书字帖	8240	提高警惕 保卫四化	4151
滕王阁序印谱	8544	提高警惕 保卫祖国	4090
滕王阁印	8514	提高警惕 保卫祖国 3765, 3781, 3804, 3896,	
滕王事	4643	3941	
滕文金木雕选集	8646	提高警惕 加强练兵	3804
滕亚林画集	2476	提高警惕 保卫国防	3120
滕知县断案	5839	提高警惕 保卫祖国	3169, 3170, 3175, 3185,
藤花的世界	10732	3199, 3210, 12630	
藤花蜜蜂	1784	提高警惕 保卫祖国 随时准备歼灭入侵之敌	
藤花亭书画跋	775		3170

中国历代图书总目·艺术卷

提高警惕 常备不懈	3144, 3242, 9269	啼笑谐趣	7505
提高警惕 捍卫领空	3112	啼笑因缘	5594
提高警惕 加强战备	3186, 3225	啼笑姻缘	5707, 6133
提高警惕 加强战斗准备	3113	缇萦救父	5707
提高警惕 随时准备歼灭入侵之敌	3225	题跋	736, 783
提高警惕 严守海疆	3210	题辞	775
提高警惕, 保卫社会主义建设!	3113	题花	10254, 10256, 10260
提高警惕, 保卫祖国!	3175	题花参考	10252
提高警惕, 保卫祖国!	3175	题花插图精选	6607
提高警惕, 保卫祖国! 随时准备歼灭入侵之敌!		题花集	10252, 10275, 10311
	3170	题花图案集	10256
提高警惕, 保卫祖国! 随时准备歼灭入侵之		题花艺术	10316
敌!	3175, 8805	题画诗	767, 935, 942
提高警惕, 加强国防, 保卫祖国建设	3090	题画诗钞	470
提高警惕, 加强国防, 支持越南人民的正义斗		题画琐存	771
争!	3144	题画杂言	7147
提高警惕, 加强战备!	3155	题头尾花集锦	10260
提高警惕保卫边疆	4308	题头尾花选	10325
提高警惕保卫祖国	3242	题图·栏花集	10295
提高警惕紧握五尺钢枪 保卫祖国苦练杀敌本		题图·尾花创意	10331
领	3804, 3848	题图、栏花	10276
提高路线觉悟 保证优质高产	3210	题图、尾花集锦	10299
提高路线觉悟 练好杀敌本领	3210	题图插花资料	10264
提高政治宣传画的思想艺术水平	1219	题图插图封面选集	6610
提供优质产品全心全意为人民服务	3307	题图花边设计	10338
提花意匠	10345	题图尾花	10272, 10276
提前实现农业发展纲要, 多快好省建设社会主		题图装饰画集	10290
义	3543	题砚丛钞	1055
提琴类弦乐器演奏法	11177	题赠名言钢笔书法	7535
提琴名曲集	12460	蹄莲鸡雏	1879
提琴演奏法	11176	体	3372
提善	6779	体操	9250
提膝按钩	9965	体操队员	9645
提香	504, 6855	体操集锦	4037
啼笑皆非	3439	体操名将吴佳妮	9554, 9594

书名索引

体操明星童非	9573	体育舞蹈	12644, 12645, 12665
体操王子李宁	4727	体育舞蹈的理论与实践	12645
体操新秀	9645	体育新花	9554
体操运动	9959	体育新花	2353
体热	8910	体育新苗	1837, 3941
体态律动学教程	10819	体育宣传画选	3307
体坛名将	4643	体育月历(立式台历)	10426
体坛明星与影坛明星——周晓兰与龚雪	9544	体育运动	10237
体坛奇才李宁	6199	体育运动从小抓起	3352
体坛蔷薇	3447	体育造型装饰画	10276
体坛新花	9674	体育之春	9250
体坛新葩	9674	体育之光	13251
体坛新秀	9554, 9573, 9594	体育之花四季开	4090
体坛涌新秀武术观英姿	4308	体育装饰	10254, 10321
体型与演员的健美训练	12818	体育装饰画	10286, 10311
体音美欣赏	10837	体智德美育新苗	4643
体育	3372, 9969	杨庵印谱	8490
体育爱好者	9554	替身历险	6633
体育大看台	9251	天安门	4564, 8916, 9998, 10007, 10008
体育花朵向阳开	3804	天安门参观纪念	8903
体育花开四季香	4151	天安门的早晨	2987, 9046, 9049, 9989
体育画资料集锦	3090	天安门的早上	9990
体育皇后	11363	天安门广场	1924, 3389, 8858, 9073, 9110, 9298,
体育集锦	9251		9299, 9991, 9992, 9995, 9999
体育简报	13233	天安门广场	2155
体育刊头集	10251	天安门广场鸟瞰	9058
体育漫画集	3434	天安门红旗飘	11939
体育美术资料	10272	天安门节日之夜	9974
体育摄影	8720, 8738, 8757, 8770, 8800	天安门前	3848, 8916
体育摄影理论与实践	8750	天安门上	10002
体育摄影术	8739	天安门盛景	9988
体育摄影作品选	9250	天安门诗抄	6602, 8148
体育世界	10527	天安门诗词	8148
体育四条屏	4090	天安门世纪珍藏	2336
体育速写	2870, 2880	天安门雄姿	9298

中国历代图书总目·艺术卷

天安门珍藏书画集	312	天地广阔 前程似锦	3242
天安门之夜	9985	天地人神鬼	457
天崩地裂撑得住，泰山压顶不弯腰，重灾面前		天地同辉	9902
不低头，强渡"长江"志更坚	3242	天地新春我们开	11682
天兵门神	4644	天地悠然	817
天兵天将	2098	天地之间的歌	12035
天兵扬威	6233	天都峰	1880
天兵镇邪	4798	天鹅	1663, 1880, 5707, 10030, 10050, 10090,
天波府	5984		12090, 12464
天波楼	5840	天鹅蛋	3653
天不下雨人降雨	3781	天鹅歌剧	11878, 11879
天才，就是百分之二的灵感加上百分之九十八		天鹅姑娘	5840
的汗水	3372	天鹅湖 5707, 5840, 7142, 8895, 9797, 9799, 9825,	
天才老妈	6958	12451	
天才小钓手 6982, 6983, 6984, 6985, 6986, 6987,		天鹅潮	2452
6988		天鹅湖畔	4727
天才之悲剧	519, 524	天鹅湖畔	2048, 2447, 2671
天朝风云	13116	天鹅湖序曲·小天鹅舞曲	12542
天成佳偶	8841	天鹅湖组曲	12453
天成佳配	8858	天鹅华尔兹	6567
天呈漫画	3514	天鹅拢翅	10459
天池	9060, 9129, 9793, 9825, 9836	天鹅起舞	10057
天池初雷	10459	天鹅图	1761
天池初夏	9813	天鹅王子	5984
天池的传说	5707, 5840	天鹅舞	9573, 9954
天池风光	9083, 9788	天鹅戏水	4727
天池瀑布	1793	天鹅戏水屏，鸟鸣花香屏	2448
天池瑞雪	9825	天鹅与王子	9536
天池小瀑布	9863	天鹅之歌	6133, 10057, 12374
天池秀色	9863	天鹅转子中提琴协奏曲	12477
天池捉鳖	5594	天发神谶碑	7774
天赐好运	4844	天发神谶碑文	7773
天赐奇缘	5840	天翻地覆慨而慷	3366
天大旱 人大干	3848	天翻身 地打滚	11811
天地	1169	天方夜话	6338

书名索引

天方夜谭	5840, 6270, 6432	天绘阁扇粹第一集	1570
天方夜谭故事精选	6502	天基圣节排当乐次	10939
天方夜谭续集	6270	天际乌云帖卷题跋	7696
天风海涛	12237	天际乌云帖真迹	7983
天府滴翠	9110	天将神威	2098
天府揽胜	8833, 9110	天将图	2155
天府三杰——张蓉芳 梁艳 朱琳	9594	天降神兵	6133
天府胜览图	1976	天降雨钱见人心	6338
天府之花	12928	天骄	5984
天罡剑	5840	天界窥影	9138
天高地远	8833	天津	8804, 8936, 8942, 9327, 10421
天高任鸟飞	2515	天津八家书法集	8320
天高任我管	3848	天津北郊现代民间绘画	6760
天官赐福	4859	天津碧波山庄	9300
天冠山诗帖	7983	天津碧波庄风光	13130
天国悲剧	5984	天津彩塑	8658
天国春秋	5984, 9945	天津彩塑作品选	8660
天国春秋 （上）	5984	天津残人	8930
天国的召唤	6502	天津草织品	10674
天国女帅	5326	天津创作歌曲选	11791
天国女状元	8817	天津得奖歌曲集	11415
天国序幕	5984	天津风光	9813
天国英雄	5045	天津歌声	11405
天海雄风	8842	天津工农兵美术作品选	1361
天寒心暖	3941	天津工农兵摄影作品选	8923
天行健君子以自强不息	8207	天津工人画集	1354
天河飞架	9336	天津工艺品	10232
天河配	2809, 3604, 4090, 4487	天津古长城·蓟县太平寨	9848
天河体育城	9999	天津古文化街	9848
天河通水	3848	天津黄崖关长城竹刻名联集	8623
天衡艺谈	541	天津黄崖关长城篆刻碑林集	8578
天衡印谭	8477	天津近代人物蜡像馆图册	8663
天湖女侠	4760, 13130	天津绢花	10673
"天皇巨星"	13139	天津柳织品	10675
天绘阁画粹	1570	天津铝版漆画	2789

天津美术学院中青年教师素描作品集	2920	天津永兴国剧社周年纪念册	12859
天津美术学院作品集	321	天津遇险	6133
天津美术作品选	1363	天津杂技	8884
天津民俗剪纸	10714	天京锄奸记	5419
天津名伶小传	12738	天京风云	5984
天津人民公园之春	9102	天京之变	6133
天津人民美术出版社藏画选	1673	天空的召唤	13251
天津三百年书法选集	7671	天空神探	6301
天津少儿书法作品集	8296	天空在召唤	13251
天津师范大学美术系	1373	天来知音	11886
天津十番	12348	天籁	9381
天津十番全谱	12349	天籁阁旧藏宋人画册	1533
天津十年歌曲选	11441	天籁阁琴谱	12299
天津市群众歌咏活动推荐歌曲	11619	天籁之声	10897
天津市小学唱歌课本	12003	天兰路大合唱	11939
天津市艺术博物馆藏法书作品选	7725	天蓝色的车厢	5840
天津市艺术博物馆藏古玺印选	8550	天乐图二集	1593
天津市艺术博物馆藏画集	1284, 1285	天龙八部	6466
天津市艺术博物馆藏砚	1062	天龙八部漫画	3526, 3527
天津市艺术博物馆藏玉器	392	天路历程	2288
天津市艺术博物馆建馆三十周年纪念文集	345	天伦之乐	2156
天津水晶宫饭店	10001	天罗地网	3701, 5152
天津水上公园	9102, 9328, 10103, 10108, 10114	天马	2048
天津水上公园假日	9102	天马行空	2098
天津水上公园鸟瞰	9253	天马送宝	2098
天津水上公园鸳鸯亭	8824	天门第一指	6233
天津水灾照片	9261	天门坎远眺莲花峰	1893
天津丝毯	10350	天门神将	2098
天津戏剧纪事	12768	天门阵大捷	6134
天津戏剧年鉴	12927	天民楼藏瓷	405
天津小书画家	1370	天民楼青花瓷特展	411
天津新车站	9301	天民台律历小记	11019
天津许氏新阡表	8112	天明了	11541
天津杨柳青版	10555	天目纪游草	8027
天津杨柳青画社藏画集	2029	天目山藏书画精选	2274

书名索引

天幕景片临摹台	12827	天山风雪	4907
天南地北	1976	天山歌曲选	11801
天南海北	2880	天山歌声	13246
天倪阁印谱	8526	天山归牧	3007
天女的仙锅	6301	天山行	5840, 5984
天女散花 1880, 1996, 3569, 3604, 4090, 4151,		天山豪侠连环画	6415
4152, 4223, 4488, 4644, 4728, 4826, 8824,		天山红玫瑰	11487
9064, 9381, 9395, 9674, 10440		天山剑客	6134
天女散花	2098, 2606, 2609	天山历奇	6134
天平	1578	天山明珠	9369
天平楼画集	2257	天山牧场	9825
天平山秋色	9886	天山牧歌 1837, 1844, 3848, 12160
天瓶斋书画题跋	767	天山南北集	1924
天瓶斋书画题跋补辑	782	天山南北情谊深 民族兄弟访亲友	3569
天气100问的奥秘	7010	天山全景	4827
天堑变通途	1829	天山深处	5707
天堑变通途	2594	天山深处的"大兵"	5840
天堑通途	1829	天山天池	9068
天堑一线通——重庆索道	9825	天山铁骑	9338
天然博物馆	4037	天山夏牧场	2839
天然的盟友	5707	天山小卫士	5326
天然动物园	4308	天山新歌	12159
天然妙趣的实物版艺术	1214	天山遗恨	6199
天然图画	8850	天山赞歌	11692
天然习画帖	1422	天山战士	11963
天人短歌	12440	天山之晨	2769
天人合一	8992	天山之春	9791
天人乐舞	10839	天上白云飘下来	3604
天人论	479	天上人间	9382
天山	8928, 9060	天上太阳红彤彤	11736
天山彩虹	8907	天上无云不下雨 地上无土不生根 如果没有
天山的春天	12155, 12311	共产党 各族人民哪能翻身	3106
天山的红花	5127, 5128, 5326, 5505	天上星星伴月亮	11787
天山电影制片厂志	13282	天上星星对我笑	12034
天山风光	9848	天上银河落太行	3849

中国历代图书总目·艺术卷

天上银河落太行	2595	天天发财	2156
天上之爱与人间之爱	6861	天天进宝	4827, 4852
天神大将	4644	天天向上	1861, 3090, 3765, 3941, 4223, 12017
天使的愤怒	6134	天天学 天天用	3155
天使的花环	2802	天童十景印谱	8563
天使的遭遇	5984	天外来客	5840
天使少女	6740	天王	2029, 4827
天使音乐教法	10833	天王·金刚	2156
天使之谜：中国儿童玩具透视	10720	天王守户	2098
天使之声	12441	天威勇士	6338
天水关	3653, 5419	天闻阁琴谱	12307
天水画册	8948	天下第一大行书字帖	7815
天水书画作品选集	1374	天下第一鼓	12624
天孙巧织话锦绣	10227	天下第一行书	7302, 7400, 7622
天台花园	4488	天下第一剑	13130
天台山	9797	天下第一剑	2156
天坛	9299, 9302, 9993, 9995, 10403, 10555	天下第一楷书	7622
天坛百花园	9315	天下第一帖	7736
天坛春色	9836	天下画集	6502, 6503, 6504, 6505, 6506
天坛公园	9327	天下事难不倒共产党员	1274
天坛公园双环亭	9302	天下太平人康寿	4844
天坛秋意	2643	天下为公	4728, 8208, 8217
天坛双环亭	9994, 9996, 10000	天下无敌	4798
天坛双环亭·首都风貌	10000	天下无难事	13244
天坛双亭	9297, 9298, 9996, 9998	天下雄关——嘉峪关	9848
天坛所藏编钟编磬音律之鉴定	11022	天下有山堂画艺	933
天坛之春	9102	天下有山堂墨竹兰石谱	933
天堂乐园	13077	天下最笨	6988
天堂泪	6134	天下最蠢	6988
天堂里的笑声	13252	天下最逗	6988
天堂美	4728	天下最混	6989
天堂圣火	1083	天下最精	6989
天堂之鸟	9029	天下最妙	6989
天梯	5707	天下最傻	6989
天天锻炼身体好	3366	天下最歪	6989

书名索引

天下最糟	6989	天雨花	10096
天仙配 4037, 4090, 4091, 4152, 4488, 4644, 6590,		天雨流芳	8916
8833, 9021, 9239, 10440		天元童声合唱歌曲集	12446
天仙配	2156	天云山传奇	5594, 13103, 13112
天仙配选曲	12106	天增岁月人增寿	2098, 2156
天仙送喜	2156	天增岁月人增寿 春满乾坤福满门	2048
天仙祝福	2156	天增岁月人增寿，春满人间福满楼	4761
天香翠羽	1996	天真 4223, 9345, 9369, 9422, 9438, 9467, 9478,	
天香福荣	2013	9484, 9536	
天香画谈	859	天真可爱	1948
天香一品	6199	天真烂漫	4772, 9530, 9645
天香引蝶	2660	天真浪漫	9622
天香云外楼画美传	847	天之娇女	5985
天心与人心	057	天之骄女	9236
天形道貌	867	天竹	10017
天涯斗敌	6134	天竹	2631
天涯断肠人	5594	天竹翠鸟	4223
天涯芳草	2013, 5707	天竹腊梅	1784
天涯海角	9408, 9438, 9478, 9488, 9893	天竹幽禽	1664
天涯海角	2156	天竺	1578
天涯海角多知音	3321	天竺公主	13130
天涯海角风光美	9912	天竺国	5045, 5505, 5841
天涯海角篇	12810	天竺灵签	2991
天涯海角追穷寇	5363	天竺梦	5985
天涯寄情	5840	天竺收玉兔	6271, 13152
天涯沦落人	5841	天竺之谜	6134
天涯情侣	5707	天柱山雷公瀑秋色	1996
天涯游	9977	天柱山胜境	2013
天涯追踪	4152	天柱山雨后图	2667
天眼重开	4929	天姿	9438
天一阁藏书画选	1487	天子传奇	6691, 6692, 6693
天一阁宋拓刘熊碑双钩本	8054	天子山	9825
天音民谣吉他教室	11209	天子山春色	9825
天懒庵笔记	668	天子山风光	9092
天佑中华	2693	天子山观景	9863

中国历代图书总目·艺术卷

天子山全景图	4488	田梁迎春	5262
天子山胜景	1976	田零画集	1279
天子山云海	1996	田零画选	2098
天作之合 双喜临门	4223	田螺姑娘	4224, 5985
添红	4408	田螺精和蛇师	6271
添上新彩盛美酒 喜试新衣迎新年	4091	田螺仙女	3653
添新仓	3804	田七郎	5841
田伯平楹联书法作品集	8309	田七郎舍身报友	6301
田博庵画集	2098, 2336	田瑞花鸟画集	2534
田成科印稿	8568	田舍郎画集	2538
田承强摄影作品集	8903	田世光	1448
田丹丹画集	2485	田世光中国画选集	2210
田登五画集	2527	田树苌书法集	8335
田东辉画集	2048	田田采蜜	5505
田端推云书法选	8240	田头大批判	3804
田耳作词歌曲选	11499	田头花开送暖来	3941
田蚧暴死	5841	田头乐	4488
田风生打死阎王	4900	田头偶语	684
田歌歌曲选	11977	田头卫生员	3702
田横五百士	1723	田头新课	3941
田家祥负病做耕犁	4883	田头宣传	3225
田稼戏剧研究	12916	田头演唱	3702
田间	2720	田头阵地	3897
田间表演	3543	田万荣书画篆刻集	2225
田间抽水站	2752	田溪书屋藏画	1535
田间传艺	3702, 3742	田辛甫画选	1908
田间课堂	3742, 3781	田野春光	4409
田间文化站	3896	田野的希望	219
田间新课	3765, 3849	田野风	8911
田间休息	3702	田野秋光	9804
田间休息	2726	田野上的雷雨	4981, 13252
田捷新闻作品集	9290	田英章钢笔字帖	7505
田婕画集	2412	田英章临欧书皇甫君碑	8217
田黎明画集	2185	田镛花鸟画集	2543
田黎明课稿	716	田雨欣隶书帖	8375

书名索引

田园	1193	甜蜜蜜 1977, 4224, 4409, 9352, 9395, 9409, 9467,
田园风光	2844, 10521	9754
田园交响曲	12540	甜蜜蜜 2156
田园情	9438	甜蜜生活 9382
田园如画	9791	甜蜜事业 4152
田园似锦	4152	甜蜜幸福 1977
田园新歌	11701	甜妞 9726
田园艺术	1374	甜女 13152
田原硬笔书法	7423	甜葡萄 9312, 10075
田源作品集	2225	甜酸苦辣 5841
恬静 4839, 8850, 9030, 9369, 9408, 9438, 9456,		甜甜 4091, 4409, 9369, 9382, 9395, 9423, 9439,
9706		9457, 9467
恬美	8850, 9408, 9422, 9439, 9456	甜甜 2671
恬适人生小语钢笔书法	7505	甜甜的刺莓 5985
甜 1880, 4152, 4308, 4409, 4488, 4564, 4772,		甜甜的梦 10521
9352, 9359, 9369, 9382, 9395, 9408, 9409,		甜甜和黑鼻头 6590
9439, 9457, 10440		甜甜蜜蜜 4488
甜鼻子	6199	甜甜蜜蜜 2156
甜岛少年	5326	甜在心里 1821
甜歌五打	11367	挑绷绷 3543, 3569, 9530
甜歌一打	11363	挑补绣花图案集 10349
甜果果	10114	挑担茶叶上北京 12205
甜美	9352, 9369, 9488	挑担女 9746
甜梦	8842	挑灯迎夜战 3849
甜蜜	9369, 9409, 9422, 9439	挑花 10348
甜蜜的歌	4091	挑滑车 3653, 4488, 12076, 12078
甜蜜的果儿	2013	挑女婿 8814
甜蜜的回忆	9439	挑起"公社"半边天 11642
甜蜜的季节	4409	挑战! 第5条街 7099
甜蜜的竞赛	5708	挑战罗布泊 8988
甜蜜的生活	4091	挑战者 9645
甜蜜的事业	5419	眺 9409
甜蜜的童年	2098	眺望桂林市 9038
甜蜜的笑	9342	眺望无垠 6906
甜蜜的韵律	11722	跳吧! 小伙伴 12633

中国历代图书总目·艺术卷

跳步背棍	9965	铁壁铜墙	6199
跳动的火焰	6567	铁臂阿童木	6932, 6933, 6934, 6958, 6959, 7002,
跳个丰收舞	4037		7003
跳来跳去的女人	5841, 5985	铁臂郎与雅沙	5708
跳龙灯	12164	铁臂扫群奸	5594
跳龙门	1977, 4308	铁禅杖破疯魔棍	6199, 6200
跳起来	11489	铁杵磨针	3543, 4037
跳绳	12328	铁窗烈火	13233
跳水表演	9959	铁胆轰隆	6540
跳水女皇陈肖霞	6233	铁旦	5594
跳舞场	12560	铁蛋	5708
跳舞的艺术	12660	铁蛋钓鱼	5101
跳舞石	6134	铁道儿童团	5364
跳舞照相集	9247	铁道女卫士	3897
跳舞之后·天亮以前	12729	铁道上的暗礁	4981
跳元宵	12163	铁道卫兵	5213
跳跃的袋鼠	6660	铁道卫士	5182
跳蚤之歌	12370	铁道小交通	5985
贴窗花	9573	铁道小卫士	3988, 4091
贴春联	4152	铁道小侦察	6233
贴花与编织图案	10346	铁道勇士	5293, 5326
贴心的喃叶暖心窝	4409	铁道游击队	3604, 4981, 5017, 5046, 5128, 5364,
贴心话	1851, 3942		5365, 5594, 4466, 6506, 13233
贴心连长	5293	铁道游击队的小队员们	6740
贴心人	3897, 4308	铁堤	1799
贴心人 知心话	3942	铁佛寺	3037
贴心商店	3766	铁耕小筑印集	8526
贴绣图案	10300	铁耕斋印存	8527
铁坝中队	5213	铁弓李贵	5594
铁笔集	1203	铁弓缘	4091, 4152, 5505, 9943, 9945, 12076,
铁笔留痕	8531		13103, 13106
铁笔御史	5101	铁姑娘爆破组	3942
铁壁	6199	铁姑娘之歌	3804
铁壁岛	5363, 5364, 5419	铁骨生春	2098
铁壁合围列宁格勒	6432	铁骨忠魂	5985

书名索引

铁拐李	6200	铁路工人的儿子	5141
铁拐李和景州塔	6134	铁路图案刊头集	10276
铁拐李卖油	6369	铁路修到毛家寨	3766
铁拐李三斗曹太岁	6233	铁锚兰	1728, 1784
铁拐李智惩刘知府	6134	铁梅庵先生真迹	8020
铁函斋书跋	7696	铁梅居士印存	8533
铁函斋书跋补	7696	铁面人	5985, 5986, 7055
铁汉娇娃	4152	铁面无私	5293
铁虎	5237, 5262	铁明画集	6769
铁虎除奸	5419	铁木儿和他的队伍	5708, 5986
铁虎锄奸	5419	铁木前传	6135
铁花怒放	4929	铁牛	4929, 5293
铁华庵印谱	8490, 8491	铁牛奔驰	5294
铁华北游摄影集选集	9037	铁牛高唱迎丰收	12267
铁画艺术	8619	铁牛高歌传万里	3988
铁环	5841	铁蒲书画集	2311
铁甲 008	5708	铁骑	2978, 5294
铁甲飞车手	6200	铁骑(下)	5326
铁甲虎将	5841	铁骑闯阵	6233
铁甲雄风	9289	铁骑歼匪记	6135
铁甲英雄	5985	铁骑破敌阵	4981
铁甲战士	7117	铁枪庙中	6135
铁匠炉下乡	4981	铁桥三传奇	5986
铁脚女中锋	5985	铁拳	6740
铁金刚	4981	铁拳打过长龙岛	6233
铁可戏剧评论自选集	12730	铁拳烈火	5075
铁榔头——郎平	9573	铁人	5326, 10414
铁岭钟声	5365	铁人还在大庆战斗	8926
铁流	5985	铁人精神代代相传	3805
铁流版画集	2979	铁人精神永放光芒	3307
铁龙穿过万重山	3849	铁人精神永远放光芒——向中国工人阶级的先	
铁龙山	12078	锋战士王进喜同志学习	3199
铁笼山	5419	铁人巧手	4982
铁卢印存	8524	铁人王进喜	5262
铁路穿天山	8928	铁柔铁笔	8535

中国历代图书总目·艺术卷

铁如意室题画杂缀	1270	铁血山	5419
铁如意斋印存	8522	铁血双雄	6233
铁山春雷	2755	铁心建设大寨县	11682
铁山雷鸣	3849	铁心务农	3026, 3897
铁山妹	5326	铁辛手书诗词初稿选	8227
铁山怒火	5214	铁扬画集	1397
铁扇公主	5595, 5708, 5841	铁艺世界	10777
铁石头智斗魔王子	6233	铁玉鱼画册	1637
铁手创江山	5141	铁源歌曲 101 首	11484
铁水奔流	4982, 13233	铁云藏印初集	8511
铁水奔流	2726	铁云藏印续集	8511
铁水沸腾迎亲人	3897	铁云藏印选	8544
铁水金花映太行	3781	铁掌峰顶	6135
铁算盘	4982	铁掌擒魔	5841, 6271
铁索桥畔	1810, 1837	铁证	12139, 13240
铁锁崖	4982	铁柱子	5182
铁塔的故事	5986	帖笺	7200
铁蹄下的玫瑰	5708	帖录	7658
铁蹄下的童年	5046	帖目	7657
铁蹄下的勇士	5986	帖剩	7696
铁厅烈火	6135	帖学举要	7722
铁头英雄	5986	汀江红旗颂	11971
铁腿红心	5214	汀鹭画集	1704
铁娃和小白鸽	5262	听——东方红	3604
铁娃看桃	5327	听，云雀	9423
铁网珊瑚	736, 737, 767, 776, 778	听，听，云雀	12428
铁网珊瑚	2660	听阿姨讲故事	9369
铁网珊瑚歌	737	听春新咏	12735
铁网珊瑚画品	737, 738	听春新咏别集	12735
铁网珊瑚集	738	听从党的召唤 立志扎根农村	3849
铁网珊瑚书法	7683	听从党召唤 建设新农村	3942
铁网珊瑚书品	7683, 7684	听党的话 跟党走 把心交给党	3120
铁网珊瑚图	2620	听党的话，做一代有文化的农民，建设社会主	
铁仙鹤救灾	6135	义的新农村	3090
铁血兵器十八杰	6506	听党话跟党走 不断革命彻底革命	3155

书名索引

听得秋林铃铛声	1793	听泉图	4308
听帆楼集帖	8021	听松别馆印存	8517
听帆楼书画记	1463	听涛室剧话	12722
听帆楼书画记续刻	1463	听天阁画谈随笔	497
听歌	1851	听听云雀	12357
听歌、唱歌、写歌	11127	听我唱支抒情的歌	11974
听歌(台湾同胞我的骨肉兄弟)	1844	听我们歌唱毛泽东	11451
听歌曲学	12444	听雨庵印存	8522
听歌想影录	12862	听雨楼画谱	1629
听革命家的歌	3514	听云阁雷琴篇	11325
听革命老妈妈讲故事	3702	听者有心	10887
听故事	3766, 3781	听筝	10471
听话要听党的话	11634	听众点播	12408
听话要听党的话 戴花要戴大红花	3702, 3742	听众点播的歌曲集锦	11703
听讲革命斗争故事	3702	听众点播歌曲100首	11707
听解放军叔叔讲故事	3543, 3544, 3781	听众点播歌曲集锦	12402
听解放军叔叔讲战斗故事	4037	听众点播歌曲选	11487
听觉测验	11054	听众喜爱的广播歌曲	11698
听来的故事	5595	听众喜爱的广播歌曲	11698
听老师讲课	8996	听众喜爱的广播歌曲(十五首)	11698
听雷锋叔叔讲故事,学习雷锋叔叔的榜样	3653	亭台楼阁	9298
听鹂轩印稿	8517	亭亭历险记	6934, 6940
听妈妈讲故事	3849	亭亭幽姿	9622
听妈妈讲那过去的事情	12031	亭亭玉立	9573, 9674, 9706, 9761
听毛主席的话	2737	亭榭赏翠	9102
听毛主席的话 做革命的接班人	3702	亭园日丽	9118
听毛主席的话 做革命接班人	3742, 3942	亭园赏花图	4827
听毛主席的话 向白求恩学习	3144	庭园赠锡	2667
听毛主席的话 移风易俗 搞好卫生	3129	庭院飘香	4564
听毛主席话	3702	庭院飘香	2502
听毛主席话 跟共产党走	3742	庭院秋色	2434
听毛主席话 做毛主席的好学生	3742	停云曲集	12339
听琴	1893, 4728, 9439, 10440	停云小单色画胜	1603
听琴	2606	停战以后	5075, 5101, 5128, 5419
听秋山馆印谱	8512	挺	1491

中国历代图书总目·艺术卷

婷立	9726	通俗吉他弹唱	12183
婷婷	9706	通俗键盘和声与钢琴即兴伴奏	11741
婷婷玉立	9554, 9573, 9622, 9675	通俗抗战画曲集	3066
婷婷玉女	9622	通俗色彩理论	157
挺进报	5101, 5365, 5841	通俗识谱讲座	11045
挺进大西南	4728	通俗手风琴曲集	12211
挺进两湖	5365	通俗四手联弹钢琴曲集	12516
挺进野猫湖	5841	通俗弦乐四重奏(小合奏)曲五首	12236
通吃小霸王：杨小邪	6712	通俗小提琴曲选	12179
通过大凉山	5420	通俗音乐漫话	10822
通过艺术的教育	210	通天洞	5420
通海秀山	9863	通天河	5841, 5842, 5986, 6135
通航了	4091	通天河除妖	5595
通化文艺史料	12937	通天河畔	2098
通缉令	5986	通天河畔战鱼精	6135
通礼修文 以书养德	7400	通途剪上彩云间	1810
通书	7245	通途剪上彩云间	2589
通俗唱法金曲集萃	11736	通向电影圣殿	13316
通俗电影美学论稿	13078	通向歌星之路	11123
通俗电子琴教程	11283	通向拉萨的公路	8872
通俗电子琴曲集	12239	通向明星之路	13220
通俗电子琴入门	11283	通向世界摄影名作之路	8712
通俗二胡小曲集	12286	通向延安的路	5505
通俗钢琴曲集	12193, 12212, 12509	通向音乐之路	10897
通俗钢琴曲选	12511	通向优美照片的20条路	8701
通俗歌曲创作漫谈	11099	通晓鸡语	5101
通俗歌曲创作十讲	11098	通信兵歌曲集	11493
通俗歌曲大全	11712	通讯	10965
通俗歌曲集锦	11746	通用电子琴教程	11283, 11284
通俗歌曲精品赏析	10878	通用汉字7000钢笔行楷字帖	7571
通俗歌曲精选	11712	通用书法教程	7287
通俗歌曲卡拉OK演唱技法	11124	通州塔	4907
通俗歌曲演唱与伴奏	11129	全延魁作品集	1372
通俗歌曲与演唱技法	11132	同安县农民画展作品选	6748
通俗画法大要	617	同伴	5102

书名索引

同唱幸福歌	4309	同心同德改变旧面貌 群策群力建设新国家	
同仇敌忾	3849		8135
同仇敌忾，随时准备和越南人民并肩作战		同心同德干四化	4091
	3144	同心同德搞四化	3321
同窗伴读·十八相送·楼台相会·比翼齐飞	2156	同心同德搞四化 五业兴旺气象新	4091
同读西厢	9342	同心同德搞四化 群策群力绘宏图	4037
同耕共读	3703	同心喜结美姻缘	9012
同馆词翰	8022	同心协力	1837, 2769
同怀振兴中华志	4309	同心协力 大办农业	3703
同欢共乐	3604, 3605, 4309	同心协力 增产丰收	3703
同济大学校景	10105	同心协力全力保钢	3090
同劳动 夺丰收 同练武 保国防	3743	同心赠言	8112
同里摄影作品选集	8973	同学	4892
同谱胜利曲	3942	同学	2349
同奏团圆曲	4488	同学们要做德智体全面发展的社会主义新人	
同青少年谈写字	7262		3307
同庆丰年	3605, 3805, 9894	同学喜逢	3805
同庆丰收乐	4037	同学之间	5986
同庆富裕年	4409	同业余演员谈演技	12812
同庆辉煌	2336	同一条江	5046, 5128
同声二部合唱曲集	12424	同医同学	4037
同声歌唱	3988	同志 你走错了路	12906
同声歌唱华主席	12028	同志，你走错了路！	5046
同声雅集	8112	同志的荣誉	13252
同声赠言	8112	同志们，勇敢地前进	12411
同喜同贺	4564	同志们应该警觉了	4892
同心岛上同声歌	2839	同志之间	5046
同心富贵	4409	同治甲子未上书	11016
同心歌谣	11486	同治圣德颂千字文	8027
同心合力	1925	同舟共济	4869
同心汇集	8112	同州梆子音乐	12100
同心结	5046, 5708, 9943	佟惠文摄影书法作品集	8988
同心曲	4728	佟世清	5075
同心同德 振兴中华	3360	佟韦书法集	8296
同心同德发展生产 爱国爱社喜庆丰收	3703	佟韦书法近作选	8309

中国历代图书总目·艺术卷

佟铸隶书作品集	8269	铜管乐器练习谱	12454
彤彤	9439	铜管乐器演奏入门	11174
形相辉映	8842	铜管乐器演奏艺术	11169
桐柏英雄	5214, 5237	铜罐驿	1736
桐江雨	13124	铜镜图案	10272, 10276
桐阶副墨	12982	铜梁龙灯欣赏与制作	10679
桐岭村村史	5102	铜铃丁当	4409
桐芦小景	1829	铜马皇帝	5986
桐庐	1793	铜墙铁壁	2748, 2755, 2769, 2778, 3805, 5262,
桐庐花卉	1784		5365, 5420, 6753, 9286
桐叶村的秘密	5708	铜墙铁壁	2157
桐阴画诀	668, 669	铜仁地区建国以来美术摄影作品选集	288
桐阴论画	669, 670	铜水壶	4908
桐阴论画二编	670	铜头铁罗汉	13139
桐阴论画三编	670	铜元锁	5842
桐荫春意图	2653	铜铸铁打的姑娘	4982
桐园草堂琴谱	12303	童安格歌曲集	11493
桐园卧游录	1464	童笛	10528
桐月修箫谱	12261	童第周	5505
铜版画工作室	1216	童服装饰图案	10352
铜版画技法	1205	童歌金曲	12046
铜版画技法研究	1205	童工仇	5420
铜版画入门	1215	童规	4852
铜版画艺术	1211, 1212	童和平画集	2311
铜棒的秘密	5294	童画诗情集	1384
铜车马	396, 401	童话	12193
铜城杯书画艺术大观	320	童话 ABC	6466
铜川画册	8898	童话饼干屋	6590
铜川矿务局	8858	童话大世界	6712
铜锤换御带	4644	童话大舞台	6540
铜豆子	5420	童话故事卡通简笔画	6723
铜都颂	11755	童话号火箭	6466
铜鼓	6135, 6136	童话降落伞	6541
铜鼓书堂藏印谱	8502	童话名著人物简笔画	6907
铜鼓艺术研究	11348	童话世界	1278, 6633, 9471

书名索引

童话游乐宫	6506	童西爽花鸟草虫册	1644
童话与传说	6541	童心	5420, 9622, 9645, 9675, 9726
童话之父 安徒生	6233	童心·爱心·匠心	323
童欢鱼跃	2157	童心画集	2893
童寓画选	2938	童心曲	4152
童寓素描选集	2869	童心天趣	2029
童乐有余	4409	童心童趣	6767
童男童女	6466	童星	9622
童年 2748, 2753, 2981, 4488, 5102, 5182, 5214,		童学书程	7198
5595, 9530, 9536, 9544, 9554, 9573, 9594,		童雪鸿书画选	1908
9622, 9645, 9675, 9706, 9741, 9746, 9766,		童雅	9423
12022, 12035		童衍方	8320
童年 在人间 我的大学	5420	童谣百首	6770
童年当长工的地方	1800, 3743	童谣歌曲十五首	12005
童年的斗争	5141	童谣童画	6767
童年的梦	6759, 9645	童婴书桃花源记	8269
童年的小摇车	11480	童原山花鸟册	1637
童年乐	2938, 9675, 9741	童真	9726
童年梦	9468	童稚	8842
童年童年	8833	童中焘画集	2465
童年与故乡	6931, 7024	童装补花图案	10360
童年之歌	12020	童装补绣图案	10355
童邱龙捐献书画集	1488	童装花样	10352
童趣	9594, 9675, 9726, 9766	童装饰物图案	10311
童趣系列单片	9706	童装贴花图案	10357, 10360
童声保护和训练	11124	童装图案新花样	10360
童声合唱的训练与指挥	11123	童装绣花图案	10354
童声合唱教材	12447	童装装饰图案	10276
童声合唱实用手册	11130	童子喜庆寿万年	4798
童声合唱选	12043	童子招财·吉星进宝	4761
童声合唱训练	11132	潼关大战	5420
童饰趣味装饰画	10300	潼关突围	4037
童书业美术论集	101	统计学原理在电影发行中的应用	13285
童书业说画	828	统计知识台历：1987	10498
童淑英	6466	统耕担架	5505

中国历代图书总目·艺术卷

统帅夸咱本领强	3988	投奔闯王	5595
统一六国	5595	投票的日子	2924
统一中原	5842	投枪	3395
统一祖国书法篆刻展览作品选集	8179	投向"四○一"的魔影	5842
痛打红枪会	6136	投影画	552
痛打索天响	6136	透光彩灯箱广告设计与制作	10394
痛苦与欢乐	5505, 5506	透光镜的故事	5987
痛快	9382	透明的上海特刊	13288
痛说革命家史	11793, 12125	透明水彩画技法	1176
偷吃人参果	5595, 6200, 6271, 6647	透明水色(彩色墨水)画技法	1179
偷吃仙桃	5987	透明印象纸幻灯片制造法	13302
偷蛋龙上当	6567, 6590	透纳	6787
偷渡的人	5842	透纳 康斯泰勃尔画风	6868
偷梁换柱	5708	透视	144, 553, 565
偷奶喝的老鼠	6369	透视、色彩、构图、解剖	127
偷拳	5708, 6136	透视和体视	144
偷拳(续)	5987	透视画法	552, 553
偷师学拳记	5987	透视画法问答	560
偷太阳的人	5987, 6136	透视基础入门	562
偷袭秘密火箭场	6200	透视基础知识	563
偷袭与报复	6200	透视理论	144
偷袭珍珠港	6136, 6233	透视术便览	143
偷运伤员	5842	透视图法	554
偷自行车的人	13256	透视图画法研究	556
头等大事	3805, 3897	透视图新技法	144
头骨之谜	6200	透视网格与阴影画法	561
头号间谍生死录	6301, 6338	透视现代美术	476
头和手素描法	1127	透视学	142, 143, 144
头巾	10359	透视学撮要	142
头饰·面具·脸谱	12836	透视学入门	144
头手素描画法	625	秃秃大王	6136, 6369
头像素描	1117, 1133, 1139	突发事件	10147
头像素描范画精选	2920	突破"肉丝网"	5420
头像素描写生基础入门	1139	突破技术关攻上文化山	3544
头像素描指南	1117	突破乌江	5017, 5842

书名索引

突泉漫画选	3502	图案入门	10215
突然袭击	6660	图案色彩技法	10220
突围陷敌	6136	图案设计	10213, 10219, 10225
突袭波兰	6136	图案设计构成研究	10210
突袭尚河桥	5506, 6466	图案设计基础	10210, 10214, 10216, 10222
图案 10206, 10209, 10212, 10215, 10219, 10224,		图案设计技法	10216
10237, 10331, 10356, 10357, 10361,		图案设计全集	10300
10364, 10368		图案设计原理	10214
图案·构成	10366	图案世界	10738
图案·快速设计	10224	图案纹样参考资料	10251
图案 刺绣 扎染	10552	图案纹样集	10258
图案 第12辑	10212	图案问题的研究	10207
图案百科	10276	图案习作选集	10243
图案百种	10239	图案小品	10268
图案参考资料	10242	图案写生变化	10316
图案丛书	10213	图案新编	10240
图案的组织	10243, 10247	图案选集	10242
图案法 ABC	10204	图案艺术	10325
图案构成	10300	图案艺术精品集	10300
图案构成法	10205	图案与装潢	10219
图案画初步	10207	图案造型设计	10211
图案画法	10205	图案之构成法	10205
图案画范本	10268	图案字画手册	7627
图案画构成技法	10219	图案字选集	7627
图案画资料	10268	图案字作法	7628
图案基础	10208, 10211, 10215, 10216	图画	5102
图案基础画法	10212	图画宝鉴	1469
图案基础技法	10222, 10224	图画本典故故事 500	6432
图案基础设计	10220	图画参考资料	6899
图案基础知识	10254	图画常识	472
图案技法	10222	图画的鉴赏	501, 502
图案家	10213	图画歌	468
图案剪纸技法	10693	图画见闻录	833
图案教材	10205, 10237	图画见闻志	833, 834, 835
图案起步	10316	图画精意识	661

中国历代图书总目·艺术卷

图画考	642	图解扑克魔术大全	12997
图画三字经	6369	图解扑克牌魔术100招	12997
图画示范	1426	图解闪灯人像摄影	8727
图画手册	1426	图解摄影构图技术	8689
图画书创作的ABC	1238	图解摄影技法译丛	8800
图画唐诗百首	2311	图解摄影入门	8736
图画暂用教材	485, 486	图解世界通史	6567
图画展览会	12502, 12548	图解书法指南	7293
图画总汇	3422	图解夜景与弱光摄影	8736
图绘宝鉴	835, 836, 837	图解艺术人像摄影	8727
图绘宝鉴校勘与研究	849	图解中国通史	6567, 6568
图绘宝鉴续	841	图解中华民族传统美德故事	6466
图绘宝鉴续编	841	图解中英美术字写法	7635
图绘宝鉴再续	846	图里古尔歌曲集	11807
图绘史记全集	6415	图录	1299
图绘宗彝	2969, 2970	图录上海大趋势	8961
图解Cakewalk8.0	11104	图们江	12359
图解彩色艺术摄影	8733	图们江上的友谊	5102
图解大众魔术	12998	图片画册样本	1427
图解电影语言的文法	13082	图片剪裁	8681
图解动体摄影技巧	8733	图片设计	10777
图解风景摄影技巧	8730	图片音乐史	10923
图解根雕艺术	8625	图式与精神	376
图解工艺用陶磁器	10738	图释弟子规·图释增广贤文·图释三字经	6397
图解国际标准舞	12667	图释三字经	6338
图解交际舞	12663	图书府[印谱]	8491
图解金瓶梅	6397	图说儿童摄影	8906
图解近摄技术	8736	图说假日摄影	8780
图解居室装潢制作大全	10589	图说精神文明	6541
图解礼品包装技法	10383	图说景物摄影	8763
图解流行交际舞	12668	图说人物摄影	8764
图解录音技法入门	11163	图说摄影构图	8706
图解欧、颜、柳、赵大楷习字帖	7332	图说生活摄影	8791
图解喷笔画技艺	1082	图说十二生肖	3447
图解扑克魔术45招	13008	图说香港电影史	13195

书名索引

图说影楼摄影	8780	屠琴隅印谱	8527
图说中国成语故事	6467	屠茹英	9646
图说中国成语谚语俗语故事	6507	屠一道根艺	8622
图说中国典故故事	6467	土菜专家	4929
图说中国俗语故事	6467	土地	4876, 4878
图说中国谚语故事	6467	土地的主人	13252
图说中国艺术史	273	土地改革到了每个村	11564
图唐卡门王陵秘辛	5987	土地改革歌集	11568
图腾艺术史	177, 181	土地改革歌曲选	11568
图文造形	7635	土地改革前后的湖南农村	8869
图象符号和电影语言	13056	土地回老家	4883
图像的威力	10212	土地与歌	10916
图像与观念	139	土耳其的蛇刀	5595
图像与眼睛	487	土风舞	12654
图像札记	6611	土风舞全集	12657
图形创意	10220, 10225	土改大合唱	11939
图形设计	10216, 10219, 10222	土改队长老柯	5075
图形设计实用技巧	10222	土改歌曲选集	11568
图形图案	10264	土改素描集	2849
图形想象	139	土高炉，土专家	1800
图形与想象	10326	土工机械	13256
图章汇篆	8491	土行孙	5709
徒工	4929	土行孙盗宝	6136
徒工恨	5128	土行孙反殷	5709
徒工造机器	4982	土家吹打乐	12338
涂夫水彩画选	2949	土家山寨换新天	5166, 5182
涂克画集	2791	土家族彩织图案集	10348
涂克画辑	2784	土家族挤钹牌子	11351
涂麟清国画作品集	2311	土家族舞蹈学术讨论会专辑	12613
涂抹成才	1117	土库曼、爱沙尼亚、卡累利民间舞蹈	12657
涂墙壁	7075	土库曼苏维埃社会主义共和国	10131
涂同源画集	2485	土里巴人	12626
涂涂画画	605	土炮大队	5365
屠赤水先生手写闵咏	8056	土壤妈妈	4982
屠夫状元	4409, 5708, 13106	土星小姐	9726

中国历代图书总目·艺术卷

土圆仓前话当年	3759	团代会上	1829
土寨怒火	5595	团的儿子	6136
土寨晴云	4761	团结、战斗、友谊	3242
土专家	3743	团结备战国富强 防病治病民安康	3988
土族民歌主题随想曲	12227	团结的种子	5421
土族舞蹈《春燕展翅》	9937	团结反帝大合唱	11963
吐尔逊的故事	5506, 5596	团结奋斗 为振兴中华做贡献	3360
吐尔逊的奇遇	5596	团结奋斗 建设四化	3342
吐金吐银的孩子	5842	团结河边	5294
吐鲁番	8945	团结互助好学习	3942
吐鲁番·敦煌佛教艺术	452	团结建设新新疆	11764
吐鲁番柏孜克里克千佛洞壁画	10498	团结就是力量	11613, 11626, 11698
吐鲁番柏孜克里克石窟壁画艺术	6625	团结力量大	4488
吐鲁番出土彩色雕塑	395	团结马	5365
吐鲁番出土文物	10498	团结起来 争取更大的胜利	3176, 3199, 3210
吐鲁番的葡萄熟了	11480	团结起来，为建设社会主义的现代化强国而奋	
吐鲁番风光	10498	斗！	3307, 3308
吐鲁番风情画集	1301, 1302	团结起来，为建设社会主义现代化强国而奋	
吐鲁番葡萄丰收	9334	斗！	3360
吐鲁番苏公塔	9068	团结起来，为开创社会主义现代化的新局面而	
吐鲁番速写	2867	奋斗！	3342
吐纳英华	078	团结起来，在社会主义大道上胜利前进！	
兔床清玩录	382		3225
兔姑娘	4917	团结起来，争取更大的胜利	3170, 3287, 3308
兔猫装饰纹样	10331	团结起来，争取更大的胜利！	3210, 3211
兔年报喜	4565	团结起来，争取更大的胜利！	3225, 3226, 8806
兔年庆丰收	4565	团结起来，争取更大的胜利！	3243
兔形装饰图集	10331	团结起来，争取更大胜利	8805
兔兄兔弟	4886	团结起来，争取伟大事业的新胜利！	3342
兔子	1880	团结起来，争取更大的胜利	11665
兔子的故事	6541	团结起来到明天	3186
兔子和猫咪	10050	团结起来到明天，共产主义一定要实现	3199
兔子和拿破仑	6647	团结起来到明天，英特纳雄耐尔就一定要实现	
兔子和松鼠	12627		3199
团城	627	团结起来力量大	2353

书名索引

团结起来为建设社会主义的现代化强国而奋斗		团契诗歌	12434
	3308	团山怒火	5183
团结起来为实现新时期的总任务而奋斗	3321	团扇	2549, 2599
团结起来争取更大的胜利	3186, 3199	团团转	5987
团结桥	4982	团圆	5596, 9225
团结胜利	3988, 12187	团圆	2098, 2660
团结胜利的党的第十次全国代表大会万岁	3211	团圆酒	4644
团结胜利的党的第十次全国代表大会万岁		团圆曲	4409
	9274	团圆幸福	4565
团结胜利的凯歌	5183, 5214	团圆之后	5046, 5075
团结塘畔鱼水情	4037	武拜之战	5706
团结一心 前程似锦	3335	武修斯的故事	5983
团结友爱	4091	推车的猴子	12978
团结友爱幸福	3090	推翻前人	109
团结友爱一家亲	3327	推钢姑娘	5262
团结友谊 团结友谊	3321	推广歌曲	11595
团结友谊和平进步	3360	推广普通话是实现四个现代化的需要	3369
团结友谊进行曲	12159	推广优良品种，争取粮食更高产	3226
团结有力量	3805	推荐歌曲	11449
团结在一起 战斗在一起 胜利在一起	3162	推荐歌曲12首	11470
团结战斗	11626	推荐革命歌曲十首	11613
团结战斗 严阵以待——上海警备区83303部		推进祖国和平统一	8320
队	3243	推手	13202
团结战斗 沿着社会主义道路胜利前进	3226	推雪	2927
团结战斗反帝反霸	3226	退庵题跋	7696, 7697
团结战斗加速建成大寨县	3260	退避三舍	5596
团结战斗谱新歌	10426	退补斋印谱	8524
团结战斗人定胜天	3261	退蛋	5421
团结战斗生气勃勃	3226	退休不卸革命担	5183
团结战斗学大寨 大干大变夺丰收	3243	退役军犬黄狐：动物故事专辑	6271
团结战斗学大寨 誓把山河面貌改	3261	退斋印类	8500
团结战斗奏凯歌	3897	吞吐江河水友谊连五洲	3988
团结治水	3849	瞍琴茨婆婆	7036
团聚	4038	屯田令	5262
团契圣歌集	12434	托儿所	3003

中国历代图书总目·艺术卷

托儿所的早晨	3605	拖拉机出厂	9335
托儿所里宝宝乖 妈妈安心去生产	3653	拖拉机队的新人	4908
托儿所里好宝宝健又壮	3544	拖拉机来了	3653，3743
托儿所里学来的乖	3544	拖拉机收麦子	8867
托尔斯泰	3007	拖拉机手之歌	12281
托尔斯泰名言硬笔书法字帖	7505	脱困火山口	6541
托尔斯泰与造型艺术	367	脱胎漆器	10643
托孤救孤	5709	沱江的早晨	5018
托卡塔曲	12199	驼背的故事	6201
托卡塔与赋格	12503	驼峰上的爱	6338
托马斯·拜乐作品集	10766	驼铃	11973
托马斯·亨特·摩尔根	3336	驼铃响幸福来	4309
托姆插花	10628	驼骆泉传奇	6338
托姆林船长的宝藏	6397	鸵鸟传奇	5842
托沙遗作选集	275	鸵鸟牧羊	5987
托塔李天王	4982	鸵鸟小莎莎	6271
托塔李天王	2371	妥木斯油画选	2789
托塔李天王·三眼二郎神	2371	妥木斯油画作品选	2824
托塔天王 赵公元帅	4728	庹氏回米格	8403
托塔天王李靖 二郎神杨戬	4644	庹氏回米格标准字帖	8403，8404
托塔天王赵公元帅	4644		